KB237404

중세의 가을

요한 호이징가 著
최 흥 숙 譯

1988

차   례

제 1 장
삶의 쓰라림

　세계가 지금보다 5세기 가량 더 젊었을 때, 삶에 일어난 많은 일들은 지금과 현저히 다른 모습과 윤곽을 띠고 있었다. 불행에서 행복까지의 거리도 훨씬 멀게 여겨졌고, 모든 경험은 기쁨과 고통이 어린 아이의 정신 속에서 갖는 것 같은 그런 즉각적이고도 절대적인 강도를 띠었다. 매 행동과 매 사건들은 언제나 일정한 의미를 갖는 형식에 둘러싸여졌고, 또 그 형식들은 거의 의식(儀式)의 높이에까지 올려졌다. 탄생과 결혼과 죽음 등의 주요 사건들은 성례(聖禮)를 통해 신비의 후광을 띠었고, 여행·직무·방문 같은 대단치 않은 사건들조차도 강복식(降福式)이니 의례(儀禮)니 서식(書式) 따위를 동반하였다.

　재난과 빈곤 같은 것도 그것을 줄일 수 있는 방법이 오늘날보다 훨씬 적었다. 그것은 훨씬 더 무섭고 잔혹했던 것이다. 질병과 건강은 훨씬 더 뚜렷한 대조를 보였고, 겨우내 추위와 어두움도 훨씬 더 쓰라리게 느끼는 고통이었다. 그 당시 사람들이 부(富)와 영예로운 직위에 더 탐닉하였다면, 그것은 오늘날보다 훨씬 더 그것들이 주위의 비참함과 큰 대조를 이루었을 것이기 때문이다. 모피로 안을 댄 웃저고리와 밝은 불빛, 포도주와 즐거운 담소, 안락한 침대 등은 영국 소설 *romans anglais* 에 그토록 오랫동안 살아남은 완벽한 행복의 묘사의 표본이었다. 그런가 하면 한편으로는 삶의 모든 것이, 비참한 것이건 자랑스러운 것이건, 남김 없이 공개되었다. 문둥병자들은 따르라기를 울리며 줄지어다녔고, 거지들은 교회당에서 뒤틀린 사지를 내보이며 구걸하였다. 신분·서품·직업은 각각 의복만 보아도 알 수 있었다. 여행길에 오를 때 영주들은 무기며 제복 차림의 하인들을 줄줄이 휘황하게 대동하고 다님으로써 존경심과 부러움을 자극하였다. 형 집행과 경매, 결혼식과 장례식 등은 행렬·외침·애곡·풍악 소리에 의해 공공연히 예고되었다. 사랑에 빠진 남자는 연인이 좋아하는 색깔의 옷을 입고 다녔고, 길드의 견습공들은 자기네 조합의 표장을 달고 다녔다. 별동대들 역시 주군(主君)의 휘장과 문장을 달았다.

도시와 시골 사이에도 현격한 대조가 있었다. 중세의 도시는 구질구질하게 뻗은 교외 변두리를 볼 수 없었다. 도시는 사면 벽으로 둘러싸인 채 수많은 탑들이 우뚝 선 밀집대형으로 건설되었기 때문이다. 귀족들과 대상인들의 석조 건물들이 위압적으로 솟아 있었으나, 그 우뚝 솟은 건물 집단 위로 교회가 더욱 높이 솟아 도시 전체에 군림하였다.

빛과 암흑, 침묵과 소요의 대조 역시 오늘날보다는 훨씬 컸다. 현대 도시는 중세식의 절대적 암영(暗影)이나 절대적 침묵을 알지 못하며, 그 같은 고립무원한 빛이나 외침의 효과도 알지 못한다.

모든 것이 정신에 그렇게 비쳤던 그 상징적 형태들과 영속적인 대조들이 일상 생활에 감동성을 부여하였던 것이다. 그 감동성은 절망 아니면 희열, 잔혹함 아니면 애정 등의 극단으로 나타났고, 중세의 삶은 그 두 극단을 왔다갔다 한다.

하지만 생활의 모든 소요를 지배하고 모든 것을 고요와 질서로 감싸는 한 소리가 있었으니, 곧 교회 종소리가 그것이었다. 교회 종소리는 누구나 알 수 있는 톤으로 기쁨과 슬픔, 평온과 위험을 알려주는 영감이었다. 사람들은 종소리마다 '뚱보 쟈클린 *la grosse Jacqueline*'이니, '롤랑의 종 *la cloche Roland*'이니 하는 이름을 붙였고, 여러 종소리가 갖는 각각의 의미를 알고 있었다. 그리고 그 종소리는 수세기 동안 계속되었음에도 불구하고 사람들의 영혼에 매번 그 온전한 효과를 간직하고 있었다. 1455년 발랑시엔 Valenciennes의 두 부르조아 사이에 그 유명한 법적 결투가 벌어졌을 때도, ──그 결투는 온 도시와 부르고뉴 궁정을 초긴장 상태로 몰아넣었다──계속해서 종소리가 맹렬하게 울렸고, 샤틀랭 Chastellain 은 그 소리가 "몹시 듣기 싫었다"고 적고 있다.[1] '소네 레프르와 sonner l'effroy'니, '페르 레프르와 faire l'effroi'니 하는 것들은 경종을 의미했다.[2] 일례로 앙베르 Anvers 의 노트르-담 Notre-Dame 사원의 경종은 1316 년 이래 오늘날까지도 '무서운'이란 뜻의 '오리다 Orida' 란 이름을 갖고 있다. 교황이 선출되어 오랫동안 심화된 교회 분열에 종지부를 찍게 될 것이라든가, 부르고뉴 Bourgogne 와 아르마냑 Armagnac 인들간에 평화 조약이 체결되었다든가 하는 것을 알리기 위해, 아침부터 밤까지 혹은 밤새도록 파리의 모든 성당과 수도원에서 종을 쳐대는 것을 상상해보라. 그리고 그 종소리가 야기시킬 일종의 도취 상태를 말이다.[3]

성체 거동 역시 깊고도 감동적인 영향을 미쳤으리라. 분쟁이 있는 날이면──이런 일은 수없이 많았다──매일 수주일 계속해서 성체 거동이 집전되었다. 오를레앙 Orléans 가와 부르고뉴가간에 고질적 불화가 내란으로 화했을 때도, 1412 년 국왕 샤를르 Ⅵ세가 아르마냑 인들에 대해 정복의 깃발을 높이 들었을 때도, 왕이 적지에 발을 내딛는 순간부터 파리에서는 매일 성체 거동을 실시하라는 명령이 내렸다. 이 행렬은 5 월말에서 7 월초까지 계속되었는데, 매일 새로운 교단과 새로운 수도회로 구성된 새로운 그룹에 의해 새로운 길로 새로운 성유골을 멘 채 거행되었다. "이제껏 보아온 중에 가장 경건한 행렬"이었던 것이다. 제후 회의 참석 자격을 가진 영주로부터 가련한 부르조아에 이르기까지 모두가 맨발이었으며, 모두가 금식한 채였다. 할 수만 있으면 모두 촛불이나 횃불을 들었고 수많은 어린이들까지 합세하였다. 이웃 마을에서는 맨발의 가난뱅이들이 몰려왔고, 사람들은 행렬의 뒤를 따르거나 "눈물에 젖은 채, 한없이 눈물을 흘리며, 신앙심에 가득차" 행렬을 지켜보았다. 게다가 비는 매일 억수같이 쏟아졌다.[4]

그런가 하면 영주들의 '즐거운 입성식 joyeuses entrées'도 있었다. 거기엔 가능한 한 모든 사치와 예술의 재원을 총동원하였다. 그리고 끊임없이 형 집행이 거행되었다. 교수대의 광경이 주는 잔인한 흥분과 거친 연민은 민중의 정신 생활에 중대한 영향을 미쳤다. 도덕적 선도라는 명목의 잔인한 광경이었으며, 무서운 범죄를 막기 위해 더 무서운 형벌을 고안해내는 식이었다. 브뤼셀에서는 방화죄와 살인죄로 기소된 한 청년에게, 불붙은 나뭇단이 둥그렇게 놓인 위를 쇠사슬에 매달려 빙글빙글 돌도록 하는 참형이 부과된다. 이는 감동적인 교훈으로서 백성들의 본이 되며, "사람들 마음을 격동시켜 보는 사람 모두에게 동정의 눈물을 흘리게 하였다." 그리고 "촉구된 목적 역시 지금까지 보아온 중에 가장 아름다운 것이었다."5) 1411년 부르고뉴 공포 정치중에 아르마냑인으로 파리에서 목이 잘린 망사르 뒤브와 Mansart du Bois 경은, 용서를 구하는 사형 집행인에게 용서를 베풀고 심지어 그에게 입을 맞춰달라고 청하기까지 한다. "그것을 지켜본 수많은 군중은 뜨거운 눈물을 흘렸다."6) 희생자가 대영주일 경우—이런 일은 흔히 있었다—백성들은 이중의 만족감을 얻었다. 즉 정의의 엄격한 이행을 보는 만족감과, 죽음의 무도 danses macabres 에서보다 훨씬 더 충격적인 방식으로 만족감을. 그래서 사법관들은 그 광경에 한치의 부족함도 없도록 배려하였다. 제후들은 옛 위용을 말해주는 휘장을 두른 채 체형에 처해졌다. 왕의 시종장이었던 쟝 드 몽테귀 Jean de Montaigu 는 쟝 상 푀르 Jean sans Peur 의 미움을 받아 희생될 때, 두 명의 나팔수를 앞세운 채 수레 위에 높이 앉아 교수대로 향한다. 게다가 그는 현수포. 나사 외투, 반은 붉고 반은 흰 긴 양말, 발에 황금 박차를 걸치는 등 평상시의 화려한 외관을 그대로 갖춘 채이며, 목이 잘린 시체로 교수대에 매달려 있을 때도 발에는 황금 박차가 빛난다.

1416년 아르마냑인들의 복수에 희생된 부유한 참사회원 니콜라스 도르쥬몽 Nicolas d'Orgemont 은 두 동료의 교수형을 참관키 위해, 현수포와 긴 자주색 망토를 걸치고 분뇨차(糞尿車)에 올라탄 채 파리시를 가로지른다. 그리고 얼마 안 있어 그 자신도 "슬픔의 떡과 고뇌의 물을 마시는" 영구 감옥에 보내진다. 의회 참석을 거부했던 우다르 드 뷔시 Oudart de Bussy 경은 루이 XI세의 영에 따라 무덤이 파헤쳐지고, 그의 관은 "의회 고문관들이 걸치는" 모피로 안을 댄 현수포로 덮여 에스뎅 장터에 전시된다. 관 밑엔 짧은 시구가 설

명조로 붙여지는데, 왕 자신이 그에 대해 잔혹한 조롱의 글을 쓴 것이다.[7]

한편 순회 전도사들의 설교도 빼놓을 수 없는 것이었다. 그것은 종교 행렬이나 형 집행처럼 자주 열리진 않았으나 간간이 그 웅변으로 민중의 마음을 뒤흔들어놓았다. 우리는 신문이나 읽기 때문에 만족을 모르는 무지한 영혼들에게 말이 얼마나 강렬한 인상을 야기시킬 수 있을까를 상상할 수 없다. 후에 쟌 다르크의 고해 신부가 될 수사 리샤르 Richard 는 민중 설교가의 전형으로, 1429 년 파리에서 연속 10 일간이나 설교를 했다. 그는 아침 5시에 시작해서 밤 10시나 11시가 되야 설교를 마쳤는데, 특별히 이노상 Innocent 묘지를 설교 장소로 택하였다. 그 유명한 죽음의 무도가 그려진 벽 위에 서서 그는 해골들이 가득 쌓여 노출되어 있는 납골당을 뒤로 한 채 열변을 토했다. 열흘이 다 가고 오늘이 마지막이며 더 이상은 설교를 할 수 없도록 되어 있다고 그가 말할 때, "사람들은, 마치 가장 친한 벗의 매장이라도 보는 양, 어른 아이 할것없이 슬피 울었으며, 설교자도 따라 울었다." 다음 주일날 그가 생-드니 Saint-Denis 에서 설교하리라고 여긴 6 천여 대중은, 파리의 한 부르조아의 말에 따르면, 토요일 저녁 때 파리를 빠져나와 오직 좋은 자리를 차지하겠다는 일념으로 한데서 밤을 새웠다.[8]

프란체스코회 소속 앙트완 프랑댕 Antoine Frandin 은 파리에서 학정 비난 욕설을 했다는 이유로 설교를 금지당했다. 그러나 그는 그 덕택에 하층민의 지지를 얻게 되었다. 그들은 프란체스코회 수도원에서 밤낮으로 그를 지켰으며 여자들까지 재와 돌멩이로 무장한 채 보초를 섰다. 이를 금하는 포고령이 내렸지만 사람들은 막무가내로 코웃음을 칠 따름이었다. 즉 왕은 아무것도 모른다는 것이다. 마침내 추방령이 떨어졌고, 프랑댕이 시를 떠나야 했을 때는 민중이 "애곡과 탄식으로 그의 떠남을 슬퍼하며" 그를 호위하였다.[9]

유명한 도미니크회 수사 뱅상 페리에 Vincent Ferrier 가 설교를 하러 오면,[10] 민중은 물론 행정관·성직자·주교·고위직 사제들까지 마을을 빠져 나와 찬송을 부르며 그를 맞이하러 나간다. 그는 여행시에 한 떼의 추종자들을 동반하고 다니는데, 그들은 매일 저녁 해진 후 자기 몸을 채찍으로 치면서 찬송을 부르며 행렬을 지어 시내를 돈다. 가는 곳마다 도시마다 새로운 군중이 운집한다. 페리에는 이 군중들의 잠자리며 먹을 것을 저명 인사들에게 부탁한다. 모든 수도회 소속의 수많은 사제들이 고해성사 및 미사집전을 돕기 위해 그를 수행한다. 공증인 몇 사람도 그를 수행하는데, 그들은 그 존귀한 전도자가 고취한 중재(仲裁)를 법적으로 인정하는 일을 맡게 될 것이다. 스페인의 오리후엘라 Orihuela 시의 한 행정관은 뮈르시 Murcie 주교에게 보내는 편지에서 자기 시에서만도 무려 123건의 사건——그 중 67건이 살인 혐의였다——이 페리에 덕택에 해결되었다고 쓰고 있다. 뱅상 페리에가 설교할 때는 그와 그의 수행원들을 보호하기 위해, 그의 손과 옷에 입을 맞추고자 몰려드는 군중들을 나무철책으로 막아야 했다. 그는 청중들을 매번 감동의 도가니로 몰아넣었으며 그들로 하여금 눈물을 쏟게 했다. 최후의 심판과 지옥의 고통, 그리스도의 수난을 외치면서 그는 청중과 함께 뜨거운 눈물을 흘렸으며 눈물이 멎기를 기다려 다음 말을 이어야 했다. 바로 그때 죄지은 사람들은 땅에 엎어져 눈물을 흘리며 군중이 보는 앞에서 자신의 죄를 고백하는 것이었다. [11]

1465년 오를레앙에서는 올리비에 마이야르 Olivier Maillard에 의한 사순절 설교가 실시되었다. 수많은 사람들이 지붕 위에까지 올라가는 바람에 설교가 끝난 뒤에는 기와공들이 64일 동안이나 작업을 해야 했다. [12]

뱅상 페리에의 공적에 대한 서술이 전기 작가의 맹목적인 과장이라고 생각지는 말자. 건조하고 침울한 몽스트를레 Monstrelet의 기록에 따르면, 토마스 Thomas 수사란 자의 설교가 1328년 북불(北佛)과 플랑드르 Flandre 지방에 미친 영향도 그와 비슷했다. 그자는 자기를 카르멜 Carmel 수도회 소속이라고 말하고 다녔으나 후에 알고 보니 사기꾼이었다. 그런데도 행정관들이 마중나갔는가 하면 귀족들이 그가 탄 노새의 고삐를 잡았던 것이다. 몇몇 영주들과 숱한 사람들이——몽스트를레는 그 이름까지 밝히고 있다——가정도 버리고 따라 나섰다. 유지급 부르조아들은 그를 위해 세운 강단에 구할 수 있는 한 가장 값비싼 융단을 깔았다. 민중 설교자들이 청중을 매

료시킨 것이 사치와 허영을 버리라는 외침 때문이었는데도 말이다. 몽스트를레에 따르면 민중이 토마스에게 특별히 좋아하고 따랐던 것은 그가 주로 귀족과 사제들을 공격했기 때문이었다. 그는 청중 속에서 뾰족꼴 머리장식을 단 귀부인을 보면, 소년들을 부추겨 (면죄부를 주겠다는 약속으로였다고 몽스트를레는 확언한다) "뿔 달았네, 뿔 달았네!" 하고 야유를 퍼붓게 하였다. 그러면 여자들은 더 이상 그런 머리장식으로 나다닐 엄두를 내지 못하였고, 수녀처럼 그냥 후드를 쓰고 나다니는 것이었다. "그러나 여자들은, 사람이 곁에 지나가면 뿔을 속으로 감추고 밖으론 아무것도 내놓지 않는 달팽이처럼, 설교자가 그곳을 떠나기가 무섭게 곧 그 교훈을 망각하고 다시 이전 상태로 돌아가버렸다. 여자들은 점차 전의 차림새로 돌아가 평소에 하고 다니던 만큼 혹은 더 크게 뾰족꼴 모자를 만들어 쓰고 다녔다"[13]고 연대기 작가는 쓰고 있다.

리샤르 수사와 토마스 수사는 둘 다 장작더미 위에 사치품을 모아 불사르기 일쑤였다. 사보나롤 Savonarole 이 60 년 뒤 플로렌스에서 같은 일을 함으로써 돌이킬 수 없이 막대한 예술품의 손실을 가져온 것처럼 1426 년과 1429 년, 파리와 아르트와 Artois 에서는 남자 여자 모두 자원하는 마음으로 카드며 놀이판·주사위·가발·장신구 등을 가져다 태웠다. 15 세기 프랑스와 이탈리아에서는, 이 같은 번제(燔祭)가 허영과 쾌락에의 거부를 축성(祝聖)하는 하나의 의식처럼 성행했다. 이는 결국 모든 것에 의식을 만들어내던 당시의 시대 정신과 일치되는 것으로서, 깊은 내적 감동을 공개적이고 장중한 행위 속에 구체화하려는 노력에 다름아니었다.

이 시대 삶이 갖는 격렬한 취향과 강렬한 색채를 이해하려면, 우리는 먼저 이 시대의 감수성과 쉽게 감동되는 경향, 눈물 잘 쏟는 민감한 성향과 정신적 기복(起伏)을 상기해야 할 것이다.

당시에 애도를 표하는 공적 표현은 거의 참극(慘劇)에 가까왔다. 샤를르 Ⅶ세의 장례식에서 장례 행렬을 지켜본 모든 사람들은 격한 감동을 느낀다. 궁정 고관들 모두가 "슬픔에 가득찬 상복 차림이었고 보는 사람 모두가 슬픔을 느꼈다. 주군의 죽음 앞에 그들이 표한 그 큰 슬픔과 비탄은 온 시(市) 전체에 통곡과 울부짖음을 낳았다." 여섯 명의 시동(侍童)들이 검은 우단이 덮인 말에 타고 있었다. "저들이 주군에 대해 얼마나 큰 슬픔과 고통을 느끼는가는 하나님만이 아실 거야!" 감동에 찬 백성들은 저 시동 중 한 사람은 슬픔 때문에 4일 동안이나 아무것도 먹지도 마시지도 않았다더라고 소근거렸다. [14]

그런데 눈물은 상복이 주는 감동이나 격한 설교, 종교적 신비극 따위만이 흘리게 하는 것은 아니다. 세속적 성격의 엄숙한 의식 같은 것도 눈물을 쏟게 한다. 프랑스 왕이 보낸 한 사신은 필립 르 봉 Philippe le Bon 에게 긴 전언을 전하면서 여러 번 눈물을 터뜨린다. 부르고뉴 궁정의 쟝 드 코앵브르 Jean de Coïmbre 의 출발시에도, 프랑스 왕태자 영접식에서도, 영국왕과 프랑스왕의 회담시에도 열석한 사람들은 눈물을 흘린다. 루이 XI세까지도 아라스 Arras 에 입성하면서 눈물을 흘린다. 샤틀랭은 루이 XI세가 왕태자 시절 부르고뉴 궁정에 머무르는 동안 여러 차례 오열을 터뜨렸다고 기록하고 있다. [15] 물론 이 같은 묘사에 어느 정도의 과장은 있을 것이다. 쟝 제르맹 Jean Germain 은 1435년 아라스 평화 회의 때 대사들의 열변을 듣던 회중이 너무 감동한 나머지 땅바닥에 엎드려 탄식과 눈물과 울부짖음을 쏟았다고 쓰고 있다. [16] 아마 그렇게까지는 하지 않았을지 모르겠다. 그러나 샬롱 Châlons 의 주교가 그것을 사실이라고 생각한 것을 보면, 과장은 있을지언정 어느 정도 진실을 말하고 있음이 분명하다. 이 시대는 18세기 감상주의자들이 그러했듯이 눈물을 아름답고 감화적인 것이라 여기던 시대였던 것이다.

15세기를 현시대와 구분짓는 민감성의 예는 또 다른 영역에서도 찾아볼 수가 있다. 현대에 사는 우리는 체스놀이보다 더 조용한 놀이를 상상하기 어렵다. 그런데 15세기에는 장기판을 둘러싼 언쟁이 자주 일어났고 그 때문에 언성을 높이기가 일쑤였다. "가장 침착한 사람들까지도 침착성을 잃곤 했다"고 라 마르슈 La Marche 는 쓰고 있다. [17] 장기판을 가운데 두고 영주들 사이에 싸움이 벌어지는 것은 무훈시 Chanson de geste 에서만큼 15세기에도 흔한 일이었다.

일상 생활 속에서도 감정의 격발과 공상의 가능성은 무한정 있었다. 중세 연구 사가(史家)들은 흔히 연대기들에 진실성이 결여되어 있다는 이유로 가능한 한 공식 자료에만 의거하려 함으로써 심각한 오류를 범하곤 한다. 공식 자료들은 15세기와 우리 시대를 가르는 색채의 차이를 거의 밝혀주지 못한다. 중세의 삶이 갖는 격한 파토스를 보지 못하게 하는 것이다. 이 자료들은 중세의 삶을 고무시켰던 그 모든 격정에 대해, 그 열망과 격함에 대해 단지 약간 언급만 하고 있을 뿐이다. 공식 자료들에 시기·싸움·복수 등이 그토록 자주 반복적으로 등장하는 것을 보고 놀라지 않을 사람이 누가 있겠는가? 그러나 일단 삶 전체를 움직이던 전체적 격정들과 관련지어 보면 그러한 특성들은 곧 이해하고 받아들일 수 있게 된다. 그리고 15세기를 이해하고자 하는 사람에게는 연대기 작가들의 기록들을 ──비록 사실에 있어서는 좀 피상적이건 엄격하건── 연구하는 일이 필수적인 것도 바로 그 점 때문이다.

15세기의 삶은 여전히 많은 관계 밑에 아직도 요정 이야기의 색채을 띠고 있었다. 역대 제후들을 받들던 연대기 작가들은 유력하고 박학했던 것에는 틀림없으나, 구태의연한 종교적 방식으로밖에는 그려낼 수가 없었다. 이 같은 조건하에서 민중들의 순진한 상상력에 왕권이 갖는 마술적 광휘가 어떠했겠는가! 샤틀랭의 연대기 속에는 이에 관한 좋은 예가 있다. 그 당시 아직 샤롤레 Charolais 백작의 신분이던 젊은 샤를르 르 테메레르 Charles le Téméraire 는 슬뤼이스 Sluys 를 떠나 고르쿰 Gorkum 에 당도해서야 비로소 자기 아버지가 그에게서 연금과 특권을 몰수한 사실을 전해 듣는다. 그러자 그는 모든 수행원들, 심지어 요리사가 부리는 부엌 하인들까지 다 한 자리에 불러모은다. 그리고는 그는 감동적인 일장 연설을 통해 그들 모두가 백작이 당한 불행을 함께 지겠다는 쪽으로 마음을 움직이게 만든다. 우선 그는 여전히 감동적인 그 일장 연설로 잘 못 알고 있는 공작에게 경의를 표한 후, 자신이 식솔들의 안위를 얼마나 생각하며, 또 모든 수행원들을 얼마나 사랑하는지를 이야기한다. 나름대로 살 방도가 있는 사람은 곁에 남아 운명이 변하기를 기다려 달라. 그는 또 가진 게 없는 자는 떠나도 좋다고 허락하면서 이 왕태자의 운명이 회복되는 날 다시 돌아오라고 타이른다 "다른 사람을 대신 앉히진 않겠소. 그때 여러분은 자기 자리를 되찾게 될 것이며 기꺼이 환대받고 환영받을 것이오. 그리고 여러분은 나의 명예에 관해 보여준 인내를 보상받게 될 것이오……." "그러자 일제히 함성이 터진다. 눈물이 쏟아지고 아우성이 일어난다 : 우리 모두는, 우린 모두 다, 전하, 우린 전하와 함께 살고 전하와 함께 죽을 것입니다." 이에 깊이 감동된 샤를르는 그들의 맹세를 받아들이기로 결심한다 : "그럼 그리하고 견뎌주시오. 나 역시 여러분을 위해 인내하겠소. 여러분이 먼저 그리하겠다고 하니." 그러자 귀족들이 다투어 나서서 자기들이 가진 바를 바친다. "한 사람이 말한다 : 난 천(千)이 있오. 또 다른 사람 : 난 만(萬)이 있오. 또 다른 사람 : 난 이것, 이것이 있는데, 전하를 위해, 전하의 미래를 기다리기 위해 이것을 바치겠읍니다." 그리하여 모든 것이 평소와 다름없이 되어 나갔다. 부엌엔 통닭 한 마리도 전보다 부족하지 않았다.[18]

이 광경은 샤틀렝에 의해 어느 정도 각색은 되었을 것이다. 따라서 우리는 이 이야기가 얼마만큼 사실과 부합되는지는 알 수 없다. 그러나 중요한 것은 이 연대기 작가가 자기 영주님을 서민적 발라드의 소박한 형식 밑에 보고 있다는 점이다. 그의 눈에는 사건 전체가 상호간의 충실성이라는 원초적 감정에 지배되고 있는 것이다.

사실 통치 구조는 이미 복잡한 형태를 띠게 되었다. 그럼에도 불구하고 민중의 상상력에는 그것이 고정된 다소 단순한 형상으로 그려지고 있다. 그 당시의 일반적 정치 사상은 발라드 *ballade* 와 기사도 로망 *le roman de chevalerie* 의 그것을 여전히 따르고 있다. 이를테면 왕들은 문학적 모티프와 일치된 몇 가지 유형으로 구분된다. 고결하고 정의로운 왕, 간신들의 충고를 받아들이는 왕, 가문의 명예를 되찾기 위해 복수하는 왕, 충신들의 지지를 받는 불행에 처한 왕 등등. 무거운 세금에 시달리면서도 자기들이 낸 돈의 사용처에 관해 아무런 감사도 실시할 수 없던 중세의 부르조아들은, 자기들이 낸 돈이 나라의 복지와는 아무 상관도 없는 데에 사용되고 탕진된다는 염려 속에 살아간다. 이 같은 불신은 다음과 같은 순진한 형태로 나타난다. 즉 왕은 탐욕스럽고 교활한 측근들에 둘러싸여 있으며 왕궁의 사치야말로 나라가 겪는 온갖 재난의 주요인이라는 것이다. 그리하여 정치적 문제들이 민중에게는 단순한 모험담으로 귀착된다. 필립 르 봉은 백성에게 어떤 언어로 이야기해야 하는지를 잘 알고 있었다. 네덜란드인들과 프리슬란드인들에게 자기가 우트레히트 Utrecht 주교구를 정복할 만한 충분한 돈을 갖고 있다고 과시하기 위해, 그는 1456년 라 헤이 La Haye 에서 축제를 배설하고 천 마르크짜리의 값비싼 식기들을 진열케 하였다. 그는 또 릴 Lille 로부터 20만 개의 황금사자(獅子)가 든 상자 둘을 실어오게 하여, 백성들로 구경케 하는 한편 손으로 직접 그 무게를 가늠해볼 수 있도록까지 하였다. [19] 국가가 지불 능력이 있음을 입증키 위해, 이같이 장터의 여흥 같은 형식을 취했던 것이다.

그 당시의 왕의 생활은 『천일야화』에 나오는 칼리프를 연상케 하는 그런 환상적인 요소가 있었다. 가장 냉정해야 할 정치적 기도에서조차 왕은 무모하고 성급한 행동을 하기 일쑤였고, 자기의 개인적 변덕을 만족시키기 위해 자기 생애와 사업을 위험에 빠뜨리곤 하였다. 몇 번에 걸친 노략질을 복수하기 위해 스페인 상선단을 나포하려던 에드워드 Edward Ⅲ세는 영국 황태자 *le Prince de Galles* 로서의 자신의 목숨과 국사를 한꺼번에 망칠 뻔한다. [20] 또 필립 르 봉은 자기의 사수(射手) 하나를 릴의 부유한 맥주 양조업자의 딸과 결혼시키려는 생각을 가졌다. 이를 반대한 처녀의 아버지가 파리 의회에 소송을 제기한다. 화가 치민 공작은, 중대한 업무 때문에 네덜란드를 떠날 수 없었음에도 불구하고, 자기의 변덕스런 계획을 성취시키려고 로테르담 Rotterdam 에서 슬뤼이스 Sluys 까지 위험스런 해상 여행을 감행한다. [21] 그것도 부활절 전 성 칠일(聖七日) 동안에 말이다! 또 한번은 아들과 다툰 끝에 화가 머리끝까지 치민 그가 혼자서 브뤼셀에서 빠져나와 밤새도록 숲에서 배회한다. 그를 달랠 까다로운 임무를 맡은 능숙한 궁정인 기사 필립 포 Philippe Pot 는 멋진 말을 생각해낸다. "안녕하십니까, 전하, 평안하셨습니까, 대체 무슨 일이십니까? 전하께선 지금 아더 Arthur 왕 역을 하고 계신가요, 랑슬로트 Lancelot 역을 하고 계신가요?" [22]

머리를 박박 깎으라는 의사들의 처방에 머리를 깎아야 했던 필립 공작은 모든 귀족에게 다 자기처럼 하도록 명령하였다. 그리하여 피에르 드 하겐바흐 Pierre de Hagenbach 는 완강히 버티는 귀족들의 머리를 박박 미는 임무를 맡았다. [23]

프랑스의 젊은 국왕 샤를르 Ⅵ세는 변장을 한 채 친구와 함께 같은 말을 타고서 자기의 약혼녀 이사보 드 바비에르 Isabeau de Bavière 가 입성하는 것을 보러 간다. 거기서 그는 치안경관의 채찍에 얻어 맞는 변을 당한다. [24]

15세기의 한 시인은, 제후들이 부르고뉴가의 광대 코키네 Coquinet의 경우처럼 그들의 어릿광대나 악사들을 대신이나 고문의 서열로 높이는 현상을 비난하고 있다. [25]

이처럼 아직 통치 체제가 관료주의와 의례 속에 갇혀있진 않다. 왕은 언제든지 그 두 영향력에서 벗어나 다른 데서 방침을 구할 수 있다. 15세기의 왕과 제후들은 국무 처리에 있어서 환상을 보는 고행 수도승이나 열광적 설교가들에게서 자문을 구하곤 한다. 드니 르 샤르트뢰 Denis le Chartreux 나 뱅상 페리에가 정치 고문으로 등장했고, 열광적 연사였던 올리비에 마이야르 Olivier Maillard 가 공작들의 궁정의 비밀 사건에 연루되었다. [26] 일종의 종교적 압력이 고위층 정계에 세력을 떨쳤던 것이다.

14세기말과 15세기초 유럽 왕국들의 정치 무대는 격렬하고도 비극적인 알력들로 가득차 있었다. 따라서 백성들은 왕위를 마치 피비린내 나는 혹은 로마네스크한 사건의 연속처럼 생각하지 않을 수 없었다.

1399년 9월, 한 달 동안 웨스트민스터에 모인 영국 의회는, 조카 랭카스터에게 패해 포로가 된 리챠드 Ⅱ세가 왕위를 포기하였음을 공인한다. 같은 달 마인쯔 Mainz 에서는, 모인 유권자들이 영국의 그의 처남만큼이나 결단성 없고 변덕스럽고 통치 능력 없는 웽슬라스 드 뤽상부르 Wenceslas de Luxembourg 왕을 폐위시킨다. 보다 덜 비극적인 운명을 타고난 웽슬라스는 수년간을 보헤미아의 왕으로 머물렀다. 리챠드의 경우는 훨씬 더 비극적이어서 왕위를 내놓은 지 얼마 안 되어 감옥에서 감쪽같이 살해되었다. 이는 70년 전에 있었던 증조부의 살해 사건을 연상시키는 것이다. 이 시대는 왕위에 위험이 따르던 시대가 아니었던가?

미치광이인 샤를르 Ⅵ세가 프랑스 왕좌에 앉아 있고 얼마 안 가 나라 전체는 내전에 휘말리게 된다. 1407년, 오를레앙가와 부르고 뉴가간의 경합은 공공연한 적대감으로 화한다. 국왕의 동생 루이 도 를레앙 Louis d'Orléans 이 조카 쟝 상 푀르가 고용한 자객들의 칼에 맞아 쓰러진 것이다. 복수는 12년 뒤에 행해진다. 1419년, 몽트로 교(橋)에서 열린 회담중 쟝 상 푀르가 쥐도새도 모르게 살해된다. 이 두 살해 사건은 복수에 복수, 전쟁에 전쟁을 연발시키면서 한 세 기 내내 프랑스 역사에 음산한 증오의 색깔을 드리웠다. 백성들은 프랑스가 겪는 비운을 이 드라마틱한 커다란 동기로만 해석한다. 그 들은 역사적 사건에 개인적 경쟁과 격정 이외의 다른 이유가 있을 수 있다는 것을 전혀 상상하지 못한다.

이 같은 재난들 외에도 터키의 위협이 여전히 증대되고 있었다. 바로 수년 전 1396년에만 해도 터키인들은, 당시의 느베르 Nevers 백작 쟝 드 부르고뉴 Jean de Bourgogne 가 일으킨 무모한 전쟁중 니코폴리스 Nicopolis 전투에서 프랑스의 그 웅대한 기사도를 납작하 게 만들어놓았다. 그런가 하면 교계 역시 4반세기 전부터 계속된 교회 분열로 사분오열 찢겨 있었다. 두 명의 교황이 서로 대립된 두 부류의 서구 국가들에 의해 각각 지지를 받았다. 그 후 곧 있을 1409년 피사 종교회의에서는 교회 통합에의 노력이 결렬되고 세 사람이 교황권을 놓고 싸우게 될 것이다. 고집스런 아라공 Aragon 인으로 브느와 Benoît XⅢ세란 이름하에 아비뇽 Avignon 에 웅거한 피에르 드 루나 Pierre de Luna 는 프랑스인들에 의해 통칭 '달의 교 황 Le Pape de la lune'이라 불리웠다. 이 '달의 교황'이란 이름이 무식한 백성들에게 어떤 환상을 불러일으켰을지?

제후들의 궁정에는 왕위를 찬탈당한 수많은 왕들이 배회하고 있었 다. 그들은 대부분 포부만 클 뿐 재산은 거의 없었다. 과거 그들이 원정한 바 있는 아르메니아 Arménie 니, 키프로스 Chypre 니 혹은 뒤에는 콘스탄티노플 Constantinople 이니 하는 곳들이 그들을 경이 로운 동방의 후광으로 감싸고 있었다. 모두 다 왕관과 홀을 지닌 왕 들이었으나 갑작스런 몰락으로 운명의 수레바퀴에서 내던져진 흔한 표상들이었다. 그러나 르네 당쥬 René d'Anjou 는 비록 왕관 없는

왕이긴 했지만 그런 부류에 속하지는 않았다. 그는 보다 나은 운명
의 소유자로 앙쥬와 프로방스에 막대한 재산을 소유하고 있었다. 그
러나 그 역시 변화무쌍한 운명을 겪어야 했다. 번번이 기회를 놓친
이 프랑스 가문의 왕은 헝가리, 시실리, 예루살렘 등지를 정복하고
그곳의 왕이 될 꿈을 꾸었다. 그러나 그 꿈은 번번이 무산되고 그
는 긴 포로 생활과 위험한 탈주만을 경험했다. 보좌를 빼앗긴 왕-
시인은 전원시와 세밀화에 몰두함으로써 잔혹한 운명을 잊으려 했
다. 그는 생전에 자기 자식들이 몰살당하는 꼴을 보아야 했으며, 하
나 남은 딸마저 자기보다 훨씬 비참한 운명에 떨어지는 것을 목격
해야 했다. 영감과 야심에 찬 마르그리트 당쥬 Marguerite d'Anjou
는 16세에 생각이 단순한 영국왕 헨리 Ⅵ세와 결혼하였다. 그곳 궁
정은 알력과 반목으로 가득찬 그야말로 생지옥이었다. 정치적으로
왕가에의 불신, 강력한 신하들의 왕위에 대한 불만, 그리고 예방 조
처로건 음모로건 공공연히, 은밀히 행해지는 살해 사건 등이 영국
보다 더 많이 연루된 곳은 없었다. 이 같은 박해와 불안 속에서 마
르그리트가 여러 해를 보내고 있을 때, 급기야 요크 York가와 남
편 집안인 랭카스터가 사이에 피비린내나는 내란이 일었다. 마르그
리트는 폐위당하고 재산까지 몰수당했다. 흑·백 양 장미간의 잇단
전쟁은 그녀에게 무섭고도 쓰라린 비운만을 안겨주었다. 그녀는 부
르고뉴 궁정에 피신하여 거기서 그 궁정의 연대기 작가인 샤틀랭에
게 자기가 겪은 감동깊은 모험담들을 생생하게 들려주었다. 어떻게
어린 아들과 함께 강도의 손에 들어갔는가며, 또 어떻게 한 스코틀
란드 태생 사수(射手)에게 미사에 낼 헌금 한푼을 구걸했는가며, 또
그 사수가 "반은 냉담하게 반은 아까와하며 큼직한 스코틀란드제 동
전 한 닢을 지갑에서 꺼내 그녀에게 건네준" 장면이며. 그 같은
불행담에 감동을 느낀 선량한 사료 편찬관은 그녀를 위로하기 위해
『복카치오의 사원 le Temple de Boccace』.[27] 즉 "변덕스럽고 기대에
어긋나기 잘하는 성격에 발붙이고 있는 운명에 대한 소론"을 헌정
한다. 당시의 처방에 따라 그는 제후들의 불행담을 엮은 어두운 회
랑을 그녀 앞에 펼쳐보인 것이다. 이 불행한 왕녀를 위로하는 데
이보다 더 좋은 방법이 없다고 판단했던 것이리라. 그도 그녀도 더

불행한 일이 닥치리라고는 꿈에도 생각지 못했다. 1471년, 랭카스터가는 튜스크스버리 Tewskesbury에서 결정적으로 짓밟혔다. 하나뿐인 아들은 전투에서 쓰러졌거나 후에 살해되었고 남편 역시 은밀히 살해되었다. 그녀는 5년 동안이나 런던탑에 갇히는 신세가 되고, 급기야 에드워드 IV세에 의해 루이 IX세에게 팔리며, 풀려난 대가로 아버지 쪽 유산을 포기해야 했다.

왕의 후예들이 이 같은 운명을 겪었을 때, 파리의 부르조아들이 방랑자들의 흥미와 동정심을 자극하려 한 몰락한 왕국 이야기와 추방담들을 곧이곧대로 믿은 데 대해 놀랄 게 뭐가 있겠는가? 1427년 파리에서는 일단의 집시들이 나타나 스스로 고행 수도회원이라 자칭하였는데, "공작 한 명, 백작 한 명 외 열 명으로 모두 말을 타고 있었다." 이집트에서 오는 길이라는 그들은 반역죄에 대한 벌로 교황에게서 7년 동안 침대에서 자지 말고 방랑하라는 명을 받았다는 것이며, 처음엔 1200명이었으나 도중에 왕과 왕비 및 여러 사람들을 잃었다는 것이며, 교황이 그들을 위로할 유일한 방도로 모든 주교와 사제들에게 명해 각각 200수우씩 내놓아 그들에게 주게 하였다는 것이다. 파리쟝들은 이들 이국인들을 보러 구름떼같이 몰려들었다. "그리하여 그들은 여자들에게 손금을 보게 하였으며 그 여자들은 그야말로 귀신 같은 수법으로" 그들에게서 돈을 울궈내었다. [28]

모험과 열정의 분위기가 제후들의 삶을 감싸고 있었고, 그것은 단순히 민중들의 상상력의 소산만은 아니었다. 우리는 그것이 중세 특유의 과장벽이나 감동성이라고만 생각할 수는 없다. 만약 공식 자료에만 의거한다면 그것이 제아무리 믿을 만하다 할지라도 중세 말기에 대해 중대한 요소 즉 제후들과 백성들을 고무하던 격한 열정이라는 요소를 빠뜨리는 결과가 될 것이다. 정치계에서는 오늘날도 여전히 열정적 요소가 지배하고 있을 것이다. 그러나 오늘날에는 사회 생활의 복잡한 메카니즘이 그것을 억누르고 있다. 중세 때는 그렇지 않았다. 열정적 요소가 정치에 자유로이 스며들었고 간혹 가장 유효하고 합리적인 구상마저도 뒤엎곤 했다. 제후들에게서 보듯 감동성은 권력 감정과 합해져 두 배의 격렬함으로 작용하였다. 샤틀랭이 표현하고자 한 것도 그것이며, 그는 제후들이 서로 적대감을 갖고 사는 게 별로 놀랄 일은 아니라고 말한다. "제후들도 인간이며, 그들의 사업은 드높고 예리하기 때문이다. 그들의 성품은 증오나 시기심 같은 여러 가지 격정에 쉬 사로잡히며 그들의 가슴은 군림해야 하는 영예로 인해 진짜 정념의 아지트를 이룬다."[29] 그야말로 부르크하르트 Burckhardt 가 '지배자의 정념 das pathos der Herrschaft'이라 부른 것에 어느 정도 가깝지 않은가?

부르고뉴가의 역사를 쓰려면 그 속에 복수와 상처입은 자존심이란 테마가 표현되야 한다. 그래도 우리는 15세기가 자신의 역사에 대해 가졌던 단순한 개념으로 돌아가지는 못할 것이다. 우리는 프랑스와 오스트리아간에 세기적 갈등을 야기시킨 이해 관계와 세력 다툼이 단순히 발로아 Valois 가문의 양대 파벌, 즉 오를레앙가와 부르고뉴가간의 잇단 복수에서 유래한 것이라고만은 보지 않는다. 그러나 그 당시 사람들에게는, 사건의 주모자건 관망자건, '피의 복수'라는 모티프가 그 지역 주민들과 제후들의 행동 및 운명을 좌우하는 결정적 모티프였다는 것을 잊어서는 안 될 것이다. 그들에게 있어서 필립 르 봉은 무엇보다도 "복수심에 불타는 인간"이었고, "쟝 Jehan 공작에게 가해진 모욕을 앙갚음하기 위해 16년 동안이나 전쟁을 한 복수자"였다.[30] 그는 신성한 의무라도 되는 양 이 복수의 임무를 떠맡았다. "가장 범죄적이고도 치명적인 원한으로 그는 신이 허용하기 전에 죽음의 복수로 내달았다. 그리하여 몸과 영혼, 궁정과 국가 전체를 운명의 모험에 내맡겨버렸다. 운명을 저버리는 것보다는 운명에 맡기는 것이 더 신의 뜻일 것이며, 더 유익하다고 믿으면서." 1419년 한 도미니크회 수사가 살해된 공작의 장례식 설교에서 복수를 않는 것이 그리스도인의 의무라고 감히 말했을 때 사람들은 몹시 불만을 표했다.[31] 라 마르슈의 말을 따르면 공작의 신하들에게서도 역시 명예 및 복수의 의무가 정치의 주된 방침이었다. 그래서 공작 휘하 모든 사람들이 일제히 복수를 외쳤다고 그는 기록하고 있다.[32]

1435년 아라스 협정은 프랑스와 부르고뉴 사이에 평화를 가져 온 것 같았다. 그런데 그 협정서 첫머리에는 몽트로 Montereau 살해사건의 응징으로서 다음과 같은 벌칙을 이행하도록 명시하고 있다:징 공작이 묻힌 바 있는 몽트로 교회내에 예배당 하나를 증축하고 거기 서 매일 진혼곡을 부르게 할 것, 같은 도시내에 성 브뤼노 교단의 수도원을 하나 건립할 것, 살해당한 다리 위에 십자가 하나를 세울 것, 그리고 부르고뉴 공작들이 묻힌 디종 Dijon 의 샹몰 Champmol 수도원에서 한 차례의 미사를 올릴 것.[33] 이는 롤랭 Rolin 추기경이 공작측에 요구한 벌칙의 일부일 뿐이다. 즉 로마, 강, 디종, 파리, 생 쟈크 드 콩포스텔 Saint-Jacques de Compostelle, 예루살렘 등지에 는 성당을 여럿 짓고 교회 참사회를 둘 것과 벌칙 조항을 기념하는 간결한 비문들을 새겨넣을 것 등도 포함되어 있었다.[34]

이렇게 상세한 형태로 표현된 복수심은 정신적인 면이 우선시되 었음을 확연히 드러낸다. 그러니 백성들로서는 영주들의 통치에 대 해 증오와 복수라는 단순하고 원초적인 모티프보다 더 쉽게 납득이 가는 게 무엇이 있었겠는가?

백성들이 영주에 대해 갖는 애착심은 아직도 어린 아이 같은 충 동적 성격을 띠고 있었다. 그것은 충성심과 연대 의식에의 자발적 인 욕구로서 과거 봉건적 개념의 확대였다. 정치적 감정이라기보다 는 당파심이었던 것이다. 중세의 마지막 300 년간은 파벌간의 대격 전기였다. 이탈리아에서는 13 세기에 이미 파벌이 강화되며, 프랑 스와 네덜란드는 14 세기에 이르러 세력을 다진다. 그런데 현대의 사가들은 이러한 파벌 형성을 단순히 정치―경제적 요인으로만 설 명함으로써 그것을 설명하는 데 그다지 효과를 보지 못하고 있다. 일반적으로 파벌 형성의 근거로 여겨져 온 경제적 경쟁은 의도는 훌 륭하지만 우리 앞에 놓인 자료들에서 끌어낼 수 없는 도식적 구조 이다. 물론 경제적 요인이 없다고는 할 수 없다. 그러나 파벌간 싸 움을 설명하기 위해서는 잠정적으로나마 사회학적 관점이 정치―경 제적 관점보다 우세하다고 여겨지는 것이다.

자 그러면 문헌에 의거해서 파벌 형성을 어떻게 설명할 수 있을 지 보기로 하자. 중세 시대의 사적 원한은 다른 사람의 소유를 탐 내는 일과 서열 다툼 외엔 달리 설명할 길이 없다. 가문의 긍지, 복 수에의 열망, 모든 시련을 견디는 지지자들의 충성심 등이 싸움의 직접적 요인이었다. 처음엔 고립돼 있던 가문끼리의 싸움이 왕권 강화와 확장에 따라 차츰 뭉치게 되었고 그리하여 파벌로 통합되어갔다. 그리고 파벌간에 서로 가깝고 적대적이고 하는 것은 전통과 유대감과 명예 외에는 다른 이유를 갖지 않는다.

그 당시의 한 동시대인은 네덜란드의 '후 Houx'파와 '카비요 Cabillauds'파간의 싸움을 지켜보면서 그 싸움에 아무런 합리적 동기도 없었다고 쓰고 있다.[35] 사실 에그몽 Egmont 가 사람들이 '카비요' (역주 : 생선대구란 뜻임)가 되고 바스나에 Wassenaer 가 사람들이 '후' (역주 : 호랑가시나무를 뜻함)가 된 데는 아무런 만족할 만한 설명도 가할 수가 없다. 왜냐하면 그들을 둘로 갈리게 한 경제적 대립이 사실은 원인이라기보다는 결과, 즉 오히려 왕을 둘러싼 이들 가문의 상황 즉 양측 파벌에 가담한 상황의 결과였기 때문이다.[36]

중세의 역사서들은 영주를 향한 충성심이 얼마나 깊고 자발적이었는가를 매 페이지마다 반증하고 있다. 『마리켄 드 님뻬겐 Marieken de Nimwegen』이란 신비극을 보아도 알 수 있다. 거기서 시인은 마리켄의 숙모가 그 도시 부르조아들과, 아놀드 드 겔드르 Arnold de Gueldre 대 아돌프 드 겔드르 Adolphe de Gueldre 의 싸움을 놓고 격하게 다툰 끝에, 머리끝까지 화가 치밀어 자기 질녀를 어떻게 집 밖으로 내쫓았는가를 그리고 있다. 나중에 마리켄의 숙모는 늙은 공작이 감옥에서 풀려나는 것을 보고 분노가 치밀어 자살하고 만다. 이처럼 시인은 당시의 파벌 정신이 어느 정도 위험 수위였는가를 보여준다. 자살이라는 극단적 예를 취한 데는 어느 정도 과장이 없진 않으나, 그러나 파벌 정신이 갖는 격한 성격은 잘 드러내주고 있다.

한편 보다 위안이 되는 경우들도 있다. 일례로 아베빌 Abbeville 의 행정관들은 한밤중에 종을 울린다. 이유인즉 샤롤레 백작의 전령사가 부르고뉴 공작의 쾌차를 빌기 위해 그 도시에 기도를 부탁하러 도착한 것이다. 겁에 질린 부르조아들은 교회로 몰려갔고 밤새도록 촛불을 켠 채 무릎을 꿇고 혹은 엎드려 울며 기도하였고 그 동안 종은 계속해서 크게 울린다.[37]

1429 년 부르고뉴가를 지지하는 파리인들은 열렬한 설교로 그들을 감동시키던 리샤르 수사가 아르마냑인이라는 것을 알게 된다. 그

가 여러 도시에 다니며 설득전을 편다는 것을 안 그들은 하나님과 성자들에 맹세코 그를 저주한다. 그들은 리샤르가 준 예수 이름이 박힌 메달을 버리고 부르고뉴가의 표장인 성 안드레 십자가를 취한다.[38] 그리고 그들은 "그의 설교에도 아랑곳없이" 그가 그토록 반대한 주사위 노름을 다시 시작했다고 파리의 부르조아는 쓰고 있다.

서유럽의 교권 분열은 결코 교리 문제 때문이 아니었다. 그런데도 그것이 서로 멀리 떨어진 두 지역, 즉 두 교황에 대해서 아는 것이라곤 이름뿐인 두 지역 로마와 아비뇽간에 격렬한 지역 감정을 유발할 수 있었다는 것을 상상하기란 쉽지가 않다. 그러나 교권 분열은 실제로 마치 신자와 불신자를 대립시키는 것과 흡사한 그런 광적인 증오심을 야기시켰다. 브뤼쥬 Bruges 시가 아비뇽 교황에게 붙자 많은 사람들은 집과 사업과 성직록을 버리고 자기네 파벌 감정에 일치하는 우트레히트, 리에쥬 등 로마 교황에 충성하는 다른 교구로 옮겨갔다.[39]

1382년 로제벡 Roosebeke 전투가 있기 전 프랑스 군 지휘관들은 신성한 목적에만 들 수 있는 국왕기를 플랑드르인들에 대해서도 들 수 있는가 자문한다. 결국 결심은 그렇다는 쪽으로 굳혀진다. 이유인즉 플랑드르인들은 도시놈들이고 따라서 불신자기 때문이라는 것이다.[40]

작가이자 프랑스 고위 관리였던 피에르 살몽 Pierre Salmon 은 우트레히트를 방문하던 중 심한 박대를 당한다. 한 명의 사제도 그를 부활절 모임에 받아주지 않은 것이다. "그것은 그가 스스로 교권 분리주의자라 하면서 반교황파 베네딕을 신봉한다고 말했기 때문이었다." 그래서 그는 예배당 안에서 마치 사제 앞에서 하듯 홀로 고해 성사를 하고 성 브뤼노 교단의 수도원에 가서 미사를 듣는다.[41]

파벌 감정과 영주에의 충성심은 색깔·표장·구호·외침 등의 외적 표지가 갖는 암시적 힘에 의해 더욱 강화되었다. 이러한 것들은 잇달아 계속되었고 빈번히 학살을 초래하기까지 하였다. 행복한 사건을 예고하는 일은 극히 드물었던 것이다. 1380년 젊은 샤를르 Ⅵ 세가 파리에 입성할 때, 마중나간 천여 사람들은 모두 녹색과 흰색 옷을 입고 있었다. 1411년부터 1413년까지 파리시는 세 차례에 걸처 그 휘장을 바꾸었다. 성 안드레 십자가가 그려진 자주색 현수포가 흰색 현수포로 바뀌었고, 다시 또 자주색으로 되었다. 사제들은 물론 여자들과 아이들까지도 이 표지를 달고 다녔다. 1411년 부르고뉴파가 장악한 공포 정치 동안 파리에서는 매주 일요일마다 종소리에 맞추어, 아르마냑인들이 추방되었다. 성자들의 화상도 성 안드레 십자가로 장식되었고, 어떤 사제들은 심지어 미사나 세례식에서조차 십자를 정통으로 긋는 대신 성 안드레식으로 그었다. [42]

사람들이 자기 파벌과 영주에게 바친 그 맹목적 정열은 부분적으로는 중세 특유의 그 확고한 정의감 즉 모든 현상은 인과응보를 요한다는 확신의 표현이었다. 사실 이 같은 정의감은 그 4분의 3은 여전히 이교적인 것이었다. 곧 복수에의 요구였던 것이다. 평화와 용서의 감정에 호소하면서 교회가 형 집행 관습을 완화시키려 애쓴 것만은 사실이다. 그러나 다른 한편으로 교회는 복수에의 요구에 죄에 대한 증오심을 가중시키면서 정의에의 요구를 과장하였다. 격하고 충동적인 정신들에게는 죄는 자주 적의 행위를 지칭하는 또 다른 방식일 뿐이었다. 그리하여 정의감은 복수라는 야만적 개념과 죄에 대한 종교적 두려움을 양 축으로 그 사이에서 긴장의 극대치에 도달하였던 것이다. 게다가 국가는 점점 더 엄격한 형벌을 내려야 할 의무감에 시달렸다. 만성적 불안정 상태로 당국은 공포 정치적 조처를 취하지 않을 수 없었던 것이다. 범죄가 사회에 대한 위협이 되며 신성한 위엄에 대한 반란이라는 생각이 확고해져감에 따라 대역죄를 용서해주는 사면 개념은 후퇴하게 되었다. 중세 말기는 이제 형 집행상 더할 나위없이 혹독한 시대가 되었다. 사람들은 단 한 순간도 죄인이 응분의 벌을 받아 마땅하다는 것을 의심치 않았다. 백성들 스스로 영주가 가하는 가장 혹독한 형벌을 인정했던 것이다. 때때로 행정관들은 산적들·마술사들·남색가들에 대해 참으로 가혹한 토벌 작전을 벌이곤 했다.

그러나 형 집행의 잔혹성에 있어서 우리를 놀라게 하는 것은 범죄 자체의 사악함이라기보다는 오히려 민중들이 거기서 맛보는 동물적이고도 짐승 같은 쾌락이며 축제와도 흡사한 기쁨이었다.

몽스 Mons 시민들은 굉장히 비싼 값으로 강도 한 명을 사들였다. 그것은 능지처참의 광경을 구경하기 위한 것으로, "민중은 성체 하나가 새로 부활한 것보다 그것을 더 재미있어했다."[43] 1488년 오스트리아의 막시밀리안 Maximilien d'Autriche이 브뤼쥐에 포로로 잡혀 있을 때, 시장 한가운데 높은 단상 위에 고문대가 설치되었는데 그것은 모든 사람들로 하여금 왕족 출신의 죄수를 구경토록 하기 위한 것이었다. 민중은 반역죄로 잡힌 관리들에게 가혹한 고문이 가해지는 것을 구경하는 데 물릴 줄을 몰랐다. 가련한 죄수들은 속히 끝내달라고 애원했지만, 사람들은 백성이 보다 오래도록 고문 광경을 즐기게 하기 위해 형 집행을 질질 끌었다.[44]

프랑스와 영국에서는 사형수에게 임종시의 성체 배령뿐 아니라 고해성사까지도 금하는 풍습이 있었다. 그것은 그들의 영혼을 구원받지 못하게 할뿐더러, 지옥에 가서 엄청난 고통을 받게 될 것이라는 생각으로 그들의 단말마의 고통을 가중시키기 위해서였다. 1311년 교황 클레망 Clément V세가 고해성사를 허락하라는 칙령을 내렸지만 헛일이었다. 이상주의자 필립 드 메지에르 Philippe de Mézières도 샤를르 V세와 후에 샤를르 Ⅵ세 곁에서 고해성사 승인령을 얻어내려고 애썼다. 그러나 메지에르의 말을 빌면 맷돌보다도 더 움직이기 힘든 '냉혹한 머리통'을 가진 추기경 피에르 도르쥬몽 Pierre d'Orgemont이 이에 극렬 반대하였다. 결국 그토록 현명하고 온화한 성품을 가진 샤를르 V세까지도 자기 생전엔 그 관습을 조금도 변경할 수 없다고 선언하였다. 쟝 제르송 Jean Gerson이 메지에르의 주장을 계속 밀고나간 후에야 비로소 1397년 2월 12일 죄수에게 고해성사를 허락하라는 왕령이 떨어졌다. 피에르 드 크라옹 Pierre de Craon은——그 결정은 그의 노력의 결과였다——교수대 곁에 돌십자가를 하나를 세웠는데, 그것은 프란체스코회 수사들이 서서 회개하는 사형수들은 돕는 장소를 표시하였다.[45] 그러나 야만적인 관습은 그때까지도 사라지지 않았다. 1500년 직후 파리 주교였던 에티엔 퐁쉬에 Étienne Ponchier는 클레망 V세의 법령을 다시 부활시켜야 했을 정도였다. 1427년 파리에서는 한 귀족 출신 강도가 교수형에 처해진다. 막 사형을 집행하려는 순간 오를레앙공의 대출납관이 다가오더니 증오에 찬 욕을 퍼부어댄다. 고해성사를 못하도록 방해하려는 것이다. 그는 마구 욕을 퍼부으며 교수대 뒤편으로 올라가 몽둥이로 죄수를 패는 한편, 죄수에게 구원을 생각하라고 이르고 있는 사형 집행관에게도 몽둥이질을 퍼붓는다. 겁이 난 사형 집행관이 허둥지둥 일을 서두르고, 그 바람에 줄이 끊어진다. 가련한 사형수는 바닥에 떨어져 다리와 갈비뼈가 부러지는 참상을 입고 그 상태로 다시 교수대에 올라야 한다. [46]

중세 시대는 오늘날 우리의 정의 개념을 흐리게 하고 주저하게 만드는 그런 생각들을 전혀 알지 못했다. 완화된 책임 개념이며, 누구라도 과오를 범할 수 있다는 감정이며, 또 사회가 공모자라는 생각이며, 벌 주기보다는 선도하려는 마음 등을. 그러나 이러한 생각들이 표현된 것은 아니지만 이따금씩 범행과는 별도로 잔혹한 정의 실현을 막고 돌연 용서하는 연민의 감정들 속에 그러한 생각들이 잠재돼 있었다. 현대의 우리가 망설임으로 완화된 절제된 형벌만을 아는 데 비해, 중세 시대는 완전 징벌 아니면 완전 은총의 양 극단만을 알고 있었다. 사면을 할 때도 그 죄인이 어떤 특별한 이유로 은총을 받을 만한가 아닌가 따위는 고려하지도 않는다. 모든 죄가 심지어 현행범일지라도 은총을 받을 수 있다. 그러나 실제에 있어서는 사면 결정이 언제나 순수한 연민에서만 비롯되는 것은 아니었다. 어떤 죄인은 막강한 친척의 중재로 사면장을 얻기도 했는데 그 당시 사람들은 이것을 아주 자연스럽게 여겼다. 그러나 대부분의 사면장은 백성 중 가련한 자들에 관계된 것이다. [47]

잔혹함과 동정심의 대조는 중세 관습 어디서나 지배적이다. 가난한 자들과 병자들과 광인들은 가장 깊은 연민과 우애의 대상이다. 그러나 한편으로는 그들은 믿기지 않을 만큼 잔인한 학대와 조롱의 대상이기도 하다. 연대기 작가 피에르 드 프넹 Pierre de Fenin은 산적 일당의 죽음을 이렇게 결론짓는다 : "그리고 사람들은 크게 야유를 퍼부었다. 왜냐하면 그들 모두 불쌍한 신분의 사람들이었기 때문이다. "[48]

1425년 파리에서는 네 명의 소경이 돼지 새끼 한 마리를 걸고 무기를 들고 싸우는 '심심파적'이 열렸다. 경기 전날 밤 그들은 무장

을 갖춘 채 백파이프 연주자와 돼지 그림이 그려진 깃발을 앞세우고 밤이 새도록 마을을 돈다. [49]

난장이들은, 벨라스케즈 Vélasquez 가 그들을 그토록 서글픈 모습으로 그려냈던 시대에 스페인 궁정에서 그랬던 것처럼, 15세기 제후들의 궁정에서도 놀림감으로 인기가 높았다. 궁정 대축제의 예술적 '앙트르메 entremets' (역주 : 요리명으로 로스트와 디저트 사이에 나오는 음식) 동안, 그들 난장이들은 기형적인 몰골을 지어 보이며 재주를 피웠다. 필립 드 부르고뉴가 소유한 금발의 여자 난장이 도르 부인 Mme d'Or 도 사람들 사이에 잘 알려진 난장이였는데, 곡예사 한스 Hans 를 상대로 싸워야 했다. 1468년 샤를르 르 테메레르와 마르그리트 됴오크 Marguerite d'York 의 결혼식 축제 때는, "부르고뉴 영애 소유의 여자 난장이"가 목녀(牧女)로 변장하고 말보다 더 큰 금박칠한 사자를 탄 채 사람들 앞에 나타난다. [50] 사자가 입을 벙긋거리며 환영가를 부르고, 목녀는 젊은 공삭 부인에게 바쳐져 식탁 위에 앉혀진다. [51] 이들 여자 난장이들의 운명을 불쌍히 여기는 동정의 말은 전혀 전해지지 않고 있다. 다만 우리는 그들에 관한 기록을 읽으면서 그들의 슬픈 운명에 대해 훨씬 많은 것을 듣게 된다. 어느 공작 부인이 여자 난장이 하나를 손에 넣었는데, 그 아비나 어미는 가끔씩 그 애를 보러와서 사례금을 받아갔다. "딸애를 보러온 어릿광대 블롱 Belon 의 아비에게……." 같은 해 블로아 Blois 에 사는 한 자물쇠 제조공이 쇠목걸이 두 개를 만들어 바쳤다. 하나는 "어릿광대 블롱의 목에 걸기 위한 것이었고 다른 하나는 공작부인의 암원숭이 목에 걸려는" 것이었다. [52]

왕의 신분이면서도 보통 사람들과는 다른 취급을 받은 샤를르 Ⅵ 세에게 어떤 조처가 취해졌는가에 대한 세세한 기록을 통해 우리는 당시 광인들이 어떤 취급을 받았는지를 짐작해볼 수 있다. 그에게 속옷을 갈아입히려면 악마처럼 보이도록 얼굴에 검정칠을 한 장정 12명이 그를 덮쳤다. [53]

그러나 이 시대의 냉혹한 마음 속엔 아주 솔직한 면이 있어 그걸 정죄하기가 힘들다. 흑사병이 파리를 휩쓰는 속에서도 부르고뉴와 오를레앙의 공작들은 유희를 위해 사랑의 궁정 une cour d'amour 을 세우도록 요구한다. [54] 1418년 아르마냑인들에 대한 무시무시한 학살이 잠시 중단된 동안 파리 시민들은 성 외스타슈 Saint-Eustache 교회내에 성 앙드레 상연단을 조직한다. 사제들과 속인들은 붉은 장미로 된 화관을 쓰고 교회당 안은 "장미수로 씻은 듯" 장미향을 풍긴다. [55] 1461년 아라스 시민들은 전염병처럼 도시를 휩쓴 마법 재판의 폐지를 축하하기 위해 '교화 소극(敎化笑劇)' 경연 대회를 열었다. 일등상에는 은제 백합꽃, 4등상에는 거세된 수탉 두 마리가 걸려 있었다. 그들은 고문으로 죽어간 수많은 희생자들에 대해서는 까마득히 잊고 있었다. [56]

피비린내와 장미향이 뒤섞인 속에서 삶은 그토록 격렬하고 대조적인 양상을 보였다. 이 시대 사람들은 마치 어린 아이의 머리를 한 거인들처럼 지옥의 공포와 순진한 쾌락, 잔인무도함과 부드러움 사이를 왕래한다. 지상의 쾌락에 대한 절대적 경멸 아니면 지상의 쾌락에 대한 미칠 듯한 탐닉, 그리고 증오 아니면 선량함 등 둘 중 하나이다. 언제나 극에서 극으로 치닫는 것이다.

이 시대가 가졌던 밝고 즐거운 면은 별반 전해지지 않고 있다. 그러나 15세기 영혼의 행복한 온화함과 평온함은 당시의 그림 속에 잘 용해돼 있으며 당시 음악의 맑은 청순함 속에 잘 응결돼 있다. 그 세대들의 웃음 소리는 들려오지 않는다. 그러나 그 시대의 삶의 취향과 무심한 기쁨은 당시의 민중 가요와 소극 속에 고스란히 살아남아 있다. 예술 작품 바깥은 도처에 어둠뿐이다. 설교집의 위협적인 경고 속에, 문학에 표현된 탄식과 권태 속에, 연대기와 기록들의 단조로운 이야기 속에 도처에, 죄가 소리지르며 참혹한 신음 소리를 토해낸다.

중세 이후로는 교만·분노·탐심 같은 주요 죄악들이 전세기들의 삶에서 보던 것 같은 그런 뻔뻔스런 오만함을 보이지 않게 되었다.

부르고뉴 가문의 전역사는 영웅적 오만으로 가득찬 하나의 서사시이다. 필립 르 아르디 Philippe le Hardi 의 운명을 탄생시킨 기사적 용맹담, 쟝 상 푀르의 뼈저린 질투심, 그의 죽음에 따른 복수심의 발생, 또 다른 대제 필립 르 봉의 사치 선호, 그리고 르 테메레

르의 무모한 광기와 고집 등 모두가 그렇다. 그들의 땅은 유럽에서
도 가장 비옥한 땅이었다. 포도주와 곡물 생산이 많은 부르고뉴 지
방과 '성마른' 피카르디 지방, 부유하고 미식가인 플랑드르 지방이
그들의 것이었다. 그곳은 또한 그림·조각·음악이 찬란하게 꽃핀
곳이다. 그러나 그곳은 한편으로 귀족과 부르조아들 사이에 가장 맹
렬한 복수심과 가장 격렬한 야만성이 자유롭게 펼쳐지던 땅이기도
하다. [57]

이 시대가 가장 의식한 죄는 탐욕이었다. 교만은 소유와 부가 아
직 거의 유동적이지 않은 봉건 계급 시대의 죄이다. 권력은 아직 돈
과 그렇게 압도적으로 결탁하지는 않고 있다. 권력은 보다 개인적
인 것이며, 그것을 두루 과시하기 위해서는 수많은 충성스런 수행
원들과 값비싼 장식품들, 영주의 인상적인 입성식들로 선포되어야
한다. 외적인 형식들에 의해서만 다른 사람들보다 우월하다는 의식
이 유지된다. 무릎꿇기, 가신이 되는 서약, 충성에의 맹세, 호사스
런 외관 따위가 권세를 실질적으로 정당한 것으로 쓰이게 하는 것
들이었다.

교만은 상징적인 죄인 동시에 신학상의 죄이다. 만악의 근원은 교
만이며, 루시퍼의 교만이 멸망의 근원이고 원인이었다. 성 어거스
틴도 그렇게 판단했고 사람들도 계속해서 그렇게 생각했다. 위그
드 생-빅토르 Hugues de Saint-Victor 는 교만이 모든 죄의 근원이며,
모든 죄악은 뿌리요 줄기와도 같은 교만에서 생겨난다고 말하고 있
다. [58] 하지만 성서는 "교만은 패망의 선봉 *A superbia initium sum-
psit omnis perditio*" [59] (역주 : 잠 16 ; 18)이라는 말로 그 같은 개념을 표
현하고 있는 한편, 또 "탐심이 일만 악의 뿌리가 되나니 *Radix
omnium malorum est cupiditas*" [60] (역주 : 딤전 6 : 10)라고도 말하고 있
다. 그래서 13세기 이래 사람들은 모든 악의 근원을 교만으로 보기
보다는 오히려 탐욕 곧 탐심, 즉 단테가 말한 맹목적인 탐욕 *cieca
cupidigia* 으로 보기 시작한 것 같다.

탐심은 교만이 갖는 것 같은 그런 상징적이고 신학적인 성격은 갖
지 않는다. 그것은 순전히 현세적인 죄이며 본성과 육신의 충동이다.
탐심은 곧 권력의 조건이 화폐 유통에 따라 변형되던 시대의 주된

죄악인 것이다. 인간의 존엄성의 문제는 산술적인 숫자의 문제가 되어버린다. 광포한 탐욕을 채우고 부를 축적코자 하는 자에게는 무한정 거대한 영역이 열린다. 게다가 이 부는 아직은 차후로 신용에 기초한 자본주의가 주게 될 손에 잡히지 않는 그런 유령 같은 성격을 갖고 있지 않았다. 부(富) 그것은 노랗고 손에 만져지는 상상 속에서 떠나지 않는 황금 그 자체이다. 부를 누리는 일은 직접적이고도 원초적이다. 그것은 아직 자동적이고 눈에 보이지 않는 축적의 메카니즘에 의해 경감되지도 않는다. 사치와 낭비 속에서건 거친 탐욕 속에서건 사람들은 부자라는 만족감을 찾아낸다. 탐욕은 부의 소비 속에서 교만과 합쳐진다. 교만은 아직 강력하게 살아 있었던 것이다. 봉건적이고 계급적인 사고 방식은 여전히 그 광채를 잃지 않고 있었다. 위용을 갈망하는 마음도 여전히 생생하게 살아 있었다. 이처럼 원시적인 교만과 탐욕의 결합은 조락기의 중세에 후세대에게서는 결코 볼 수 없는 과장된 정열의 톤을 부여한다. 이러한 톤은 다음 시대에는 사라지는 듯 보이는데, 그것은 프로테스탄티즘과 르네상스가 탐심에 윤리적 근거를 제공했기 때문이었다. 즉 탐욕은 행복을 낳는 유익이라고 봄으로써 그것을 합법화했던 것이다.

연대기들과 문헌 즉 속담에서 경건시(敬虔詩)에 이르기까지 모든 문헌 속에는 부자들에 대한 증오와 영주들의 탐욕에 대한 불평이 한결같이 나타나 있다. 일종의 모호한 계급 투쟁의 개념이 윤리적 분노의 톤으로 표현된 것이라 말할 수 있을 것이다. 이 주제에 관해서는 공식 자료들도 연대기만큼 많은 것을 애기해준다. 재판에 관한 공식 기록들 속에는 가장 파렴치한 탐욕들이 널려 있다.

1436년 파리의 한 성당에서는 두 거지가 싸움판을 벌여 성당 안을 피로 얼룩지게 한 일이 있었다. 그로 인해 이 성당은 주요 성당의 하나였음에도 불구하고 22일간이나 미사가 중지되었다. 그 당시 주교였던 쟈크 뒤 샤틀리에 Jacques du Châtelier는 "매우 위선적이고 탐욕스럽고 또 지위가 요하는 이상으로 세속적 쾌락을 쫓는 인물이었는데" 불쌍한 그 두 거지에게서 상당 금액을 받기 전에는—하지만 그들은 그 돈이 없었다—결코 봉헌식을 다시 올릴 수 없노라고 완강히 버티었다. 그런가 하면 1441년 그 후임자 드니 드 물

랭 Denys de Moulins 하에서는 한층 더 나쁜 일이 일어났다. 이 자
는 그 유명한 이노상 묘지에 넉달 동안이나 시체 매장과 장례식을
금지시켰다. 이유는 그가 요구한 세금을 교회측이 지불할 수 없기
때문이었다. 이 주교는 "돈이나 값 나가는 선물을 갖다 바치지 않
는 사람에겐 가차없이 대하는 사람이었다. 실제로 그는 의회에서 50
차례 이상의 소송을 가졌는데, 소송 없이는 그에게서 아무것도 내
놓게 할 수 없었기 때문"이었다. [61] 부자들에 대한 민중의 극렬한
증오심과 또 설교가들과 시인들의 맹렬한 비난을 이해하기 위해서
는 당시의 "신흥부자들" 이를테면 도르쥬몽가의 내력 따위를 살펴
보아야 한다. [62]

백성들은 자신의 운명과 자기 고장의 운명을 학정과 착취, 전쟁
과 약탈, 기근과 페스트의 연속이라고밖에는 생각할 수가 없다. 계
속되는 전쟁, 위험한 하층민들이 도시며 농촌에 야기시킨 끊임없는
혼란, 냉혹하고 불신받는 계속적인 재판의 위협, 게다가 지옥·아
마·마녀 등에 대한 공포와 불안, 이 모든 것이 삶에 어두운 그림
자를 던지며 보편적인 불안을 야기시켰다. 비단 가난한 자들의 삶
만이 불안과 위험에 처해 있는 것은 아니었다. 귀족들과 관리들의
삶 역시 위험과 운명의 격변으로 가득차 있었다. 피카르 마튜 데쿠
쉬 Picard Mathieu d'Escouchy 는 15세기에 흔히 볼 수 있던 그런
역사가 중의 하나이다. 그의 연대기는 단순하면서도 세밀하며 편
협하지도 않고 또 기사도적 이상과 도덕에 대한 존경심으로 가득차
있어서 마치 세심한 역사 연구에 몰두할 수 있었던 그런 여유 있는
교양인의 저서로 보인다. 그러나 뒤 프렌 드 보쿠르 du Fresne de
Beaucourt 가 고문서들을 발굴해낸 이후로 우리는 저자의 생애에 대
해 잘 알 수 있게 되었다. [63] 1440년부터 1450년 사이에 고문관과
부행정관, 배심원, 페론 Péronne 의 재판관 등을 지낸 그는 경력 초
기부터 쟝 프로망 Jean Froment 이라는 검사 가문과의 싸움에 말려
든다. 싸움은 여러 차례의 재판을 거쳐 해결된다. 다시 검사편에서
데쿠쉬를 무고죄 및 살인죄·'폭행죄·침해죄' 등으로 고소한다. 이
번엔 재판장 쪽에서 적의 미망인에게 이미 혐의가 있던 마녀 심문
의 올무를 건다. 그러자 미망인 편에서는 데쿠쉬로 하여금 그 심문

올 법의 손에 넘기지 않을 수 없게 하는 위임장을 얻어낸다. 이 사건은 파리 의회에까지 올라가고 데쿠쉬는 처음으로 감옥 맛을 본다. 이후 그는 한번은 전쟁 포로로 나머지는 범죄 사건으로 여섯 차례에 걸쳐 감옥 신세를 지며, 번번이 쇠고랑을 차는 신세가 된다. 또 우연한 기회에 프로망의 아들이 그를 상해한다. 두 파는 서로 습격하려고 산적까지 끌어들이며 이 긴 싸움이 기록에서 사라질 때쯤해서 또 다른 습격이 발생한다. 재판장이 한 수사에 의해 상해를 받아 새로운 소송들이 제기된 것이다. 1461년 데쿠쉬는 넬 Nesles 시로 살러가나 거기서 또 범죄 혐의를 받은 것 같다. 하지만 이 같은 범죄 경력이 직업을 갖는 데 방해가 되진 않는다. 대법관과 리브몽 Ribemont 의 재판관을 거쳐 생-캉텡 Saint-Quentin 에서 왕의 대리인까지 된 그는 작위까지 받는다. 1465년 몽트레리 Montlhéry 에서 국왕편에 속해 샤를르 르 테메레르에 대항해 싸운 그는 거기서 포로가 된다. 또 다른 전투에서는 팔다리를 잃고 돌아와서는 결혼한다. 그러나 평온한 삶이 시작되는 것은 아니다. 그는 다시 또 도장 위조죄로 기소되고, '사기죄 및 살인죄'로 파리에 송환되며, 콩피에뉴 Compiègne 시 행정관과의 싸움으로 고문을 당하고 상소 기각되어 형을 받고 복권되고, 다시 또 유죄 판결을 받는 등, 그 행적이 공식 기록에서 사라지기까지 증오와 박해의 일생이 계속된다.

이 시대가 겪은 동요와 불안이 어떠했는가를 알려면 우리는 비용 Villon 이 그의 『유언집 Testament』에 언급 또는 겨냥한 인물들에 관하여 피에르 샹피옹 Pierre Champion 씨가 수집한 특징들과[64] 혹은 『파리의 한 부르조아의 일기 le Journal d'un bourgeois de Paris』에 대한 튀테 Tuetey 씨의 주석을 읽어보아야 한다. 그야말로 소송·범죄·싸움·박해의 끝없는 연속일 뿐이다. 재판 기록과 종교 문서 그리고 그 외 다른 자료들에서 들춰지고 우연히 포착되는 삶의 모습도 마찬가지이다. 대역죄만 모아 기록한 쟈크 뒤 클레르크 Jacques du Clercq 의 연대기나 메츠 Metz 의 부르조아 필립 드 비널 Philippe de Vigneulles 의 『일기 Journal』를 살펴보면[65] 우리는 그들의 시대에 대해 더욱 더 암울한 이미지만을 갖게 될 것이다. 한편 사면장들도 마찬가지인데 그것은 그것들이 범죄만을 다루었기 때문이다. 그 어면 개인의 생애를 뒤져보아도 가장 어두운 면만을 재현해줄 뿐이다.

참으로 악한 세계이다. 증오와 폭력이 횡행하고 불의가 만연하며 악마는 그 어두운 날개 밑에 땅을 암흑으로 뒤덮고 있다. 그리고는 전반적인 쇠퇴가 찾아온다. 그러나 인간성엔 변함이 없다. 교회는 싸우고 설교가와 시인들은 슬퍼하고 권고한다. 그러나 아무 소용이 없다.

제 2 장
보다 아름다운 삶에의 열망

시대 전체가 보다 아름다운 삶을 열망한다. 현재가 어둡고 혼란스러울수록 그 같은 열망은 더욱 더 깊은 바람을 띠게 마련이다. 중세말의 삶은 침울한 멜랑콜리로 가득차 있다. 15세기의 프랑코-부르귀뇽 Franco-Bourguignon 세계에서는 르네상스기를 꿰뚫고 울려오는 저 대담한 삶의 기쁨, 인간 자신의 힘에 대한 신뢰의 기색 따위를 거의 들을 수가 없다. 그렇다면 그 시대는 다른 시대에 비해 더 불행한 시대였는가? ──간혹 그렇게 믿으려는 경향이 있다. 전통적으로 역사가들·시인들·설교집들·신학 논문들, 심지어는 공식 기록들까지 모두 다 증오와 분쟁, 악행과 탐욕, 야만성과 비참함만을 그리고 있다. 따라서 우리는 이 시대가 교만·잔혹·무절제 이외의 다른 즐거움을 전혀 모르지 않았나 자문하게 된다. 그러나 사실 매시대마다 행복한 기억보다는 불행과 고통의 흔적을 더 많이 남긴다. 주로 불행한 일들이 역사로 남는 것이다. 한 가지 잘못된 생각이 우리에게, 인간에게 부여된 기쁨과 평화의 총 합산은 한 시대에서 다른 시대로 넘어가도 변하지 않는다고 말한다. 게다가 중세의 기쁨은 아직도 섬광을 발하고 있다. 즉 그것은 민요·음악·풍경화의 평화로운 정경, 초상화의 엄숙한 자태 속에 그대로 살아 남아 있는 것이다.

그러나 15세기에는 드러내놓고 삶을 찬양하는 일은 풍토에 맞지 않았고 또 점잖치도 못한 일이었다. 삶에 대해서는 고뇌와 절망만을 이야기하도록 되어 있었다 : 세계는 종말을 향해 나아가고 있고 지상의 모든 것이 타락 일로에 있다. 그 당시 프랑스 정신에서는 르네상스에서부터 18세기까지 증대될 낙관론은 아직 낯선 것이었다. 희망과 만족감을 갖고서 자기네 시대를 논하기 시작한 **최초**의 사람들은 누구일까? 그들은 시인도 종교가도 정치가도 아닌 **박**학자와 인문주의자들이었다. 사람들에게 처음으로 자기 시대에 대한 기쁨의 탄성을 발하게 만든 것은 고대의 예지를 재발견한 자부심이었다. 곧 지성의 승리였던 것이다. 울리히 드 후텐 Ulrich de Hutten 의 다음과 같은 잘 알려진 탄성을 들어보라 : "오 세상이여! 오 학문이여! 삶의 기쁨이여! *O saeculum! O literæ! Juvat vivere!*" 인간 예찬이라기보다는 지식인 예찬이다. 우리는 시대의 탁월함을 노래한 16세기초의 수많은 찬사들을 인용할 수 있을 것이다. 그러나 그 찬사들은 대부분 정신에 관계된 것들의 재생을 찬미하고 있을 뿐이며, 전반적인 삶의 기쁨을 찬양하고 있지는 않다. 게다가 인문주의자들은 세계에 대한 구태의연한 종교적 경멸로 그나마 낙관론을 경감시키고 있는 것이다. 인문주의자들이 삶을 어떻게 평가했는가를 보려면 지나치게 자주 인용되는 후텐의 말보다 차라리 1517년에 씌어진 에라스무스 Erasmus 의 편지들을 참조하는 편이 보다나을 것이다. 1517년초에 그는 볼프강 파브리시우스 카피토 Wolfgang Fabricius Capito 에게 다음과 같이 쓰고 있다[1] : "나는 그다지 삶에 집착하지 않습니다. 그것은 내가 이제 51세의 나이에 접어들어 충분히 오래 살았다고 생각하기 때문이며, 또 내가 삶에서 그다지 멋지고 유쾌한 것, 즉 기독교 신앙에 의해 훨씬 행복한 삶, 신앙에 온 힘을 기울인 자들을 위해 예비된 삶에의 소망을 부여받은 자가 탐낼 만큼 그렇게 멋지고 유쾌한 것을 전혀 발견하지 못하기 때문이기도 합니다. 그럼에도 불구하고 지금 나는 아주 가까운 장래에 일종의 황금 시대가 열릴 것을 내다보며 다만 얼마 동안만이라도 다시 젊어져보았으면 하고 바라게 됩니다." 그리고 그는 유럽 제후들간에 화합의 기운이 일며 그들이 평화를 원하게 되었다고— 이것은 그에게 매우 **중요한** 사실이다—서술하면서 다음 말을 잇는다. "이 모든 것을 볼 때 나는 미풍양속 및 기독교 신앙의 부활과 만개, 진정하고 순수한[2] 문예 및 예술 분야의 재생에 대한 소망을

보다 아름다운 삶에의 열망 **41**

확신하게 됩니다.” 즉 제후들의 보호하에 그럴 것이라는 것이다.
“마치 신호라도 떨어진 듯 이름높은 천재들이 일제히 각처에서 눈
을 뜨고 일어나 문예 부흥에 협력하는 현상은 모두 다 그들(제후들)
의 신앙심 덕택임을 알아야 합니다”(『최고의 문예 부흥을 향해 *ad
restituendas optimas literas*』).

르네상스와 인문주의의 지배적 감정 곧 16세기 낙관론의 순수한
표현은 그와 같다. 그것은 흔히 그 시대의 특징이었으리라 믿는 충
일한 삶의 기쁨과는 전혀 다르다. 삶의 기쁨을 언급하는 에라스무
스의 어조는 매우 조심스럽고 어색하며 무엇보다 지적인 것에만 국
한되고 있다. 그러나 15세기에는 이 정도도 이탈리아를 제외한 나
머지 곳에서는 전혀 들을 수 없는 것이었다. 1400년경만 해도 프
랑스와 부르고뉴에서는 작가들이 온통 삶에 비난만을 퍼부어대고
있다. 그리고 특기할 점은(하지만 그에 비교되는 것이 없지는 않다. 이
를테면 바이런이즘 *Byronisme*을 생각해보라) 사교계 생활과 관련이
많을수록 그들의 기질이 더욱 어둡다는 점이다. 그 당시 특유의 이
멜랑콜리는 수도 생활이나 연구 생활에 묻혀 세상을 등지고 산 은
자들보다는 오히려 연대기 작가들과 궁정시인들에 의해 더욱 깊게
표현된다. 높은 교양도 갖지 못하고 지성의 즐거움도 누릴 수 없는
그들은 세계의 조락을 슬퍼하며 정의와 평화에 대해 절망하는 것
이다.

모든 선(善)의 상실에 대해 외스타슈 데샹 Eustache Deschamps 만
큼 애통해하는 사람은 없었다.

　고뇌와 유혹의 때,
　눈물과 시기와 고통의 시대,
　초췌함과 저주의 때,
　종말이 가까운 동요의 시대,
　모든 것을 왜곡시키는 공포로 가득찬 때,
　교만과 시기로 가득찬 거짓된 시대,
　명예도 진실한 판단도 없는 때,
　생명을 단축시키는 비탄의 시대[3]

그는 같은 톤과 같은 주제 위에 음울하고 단조로운 변조의 발라

드 12편을 썼다. 귀족 사회에서는 일반적으로 이 같은 멜랑콜릭한 경향이 만연했던 것 같다. 그렇지 않다면 이 같은 시들이 유행한 것을 설명하기가 어렵기 때문이다.

> 모든 기쁨이 자취를 감추고,
> 모든 마음은 슬픔과 우울에
> 사로잡히누나[4]

장 메쉬노 Jean Meschinot 는, 데샹보다 약 70 여 년 후에도 여전히 똑같은 톤으로 한숨짓고 있다.

> 오 비참하고도 서글픈 인생이여!……
> 우리에겐 전쟁과 죽음과 기근만이 있구나;
> 추위와 더위와 낮과 밤이 우리를 초췌케 하고
> 벼룩과 옴벌레와 수많은 다른 벌레들이
> 우리를 침노하니, 요컨대, 비참함이
> 우리네 고약한 육신을 지배하며, 그나마 그 사는 날은 또 얼마나 짧으냐.

그 역시 모든 게 나빠져간다는 생각에 사로잡혀 있다. 더 이상 정의는 찾아볼 수도 없고, 강자는 약자를 짓밟으며, 약자들은 또 약자들끼리 서로 물고 뜯는다. 그는 그의 우울증 때문에 거의 자살 직전에 와 있다. 그래서 그는 다음과 같이 쓰고 있다.

> 그리하여 나, 이 가엾은 작가는,
> 서글프고 나약하고 허허로운 가슴으로,
> 각 사람에게서 비탄을 보나니,
> 근심만이 나를 사로잡누나;
> 내 눈엔 항상 눈물이 고여
> 나는 죽음밖에 바라는 게 없어라.[5]

우리가 위대한 사람들의 영혼의 상태에서 보게 되는 것은 모두 다 침울한 생각에 잠기려는 감정적 욕구뿐이다. 그들은 거의 모두 자기네가 비참한 것만 보았고, 또 앞으로는 더 나쁜 것이 올 것이며, 따라서 두번 다시 자기네가 산 길을 살고 싶지 않다고 말하고 있다.

"고통에 찬 인간인 나는, 어둠이 잠겨오는 때, 애통의 안개가 짙게 깔리는 때에 태어났도다." 샤틀랭 Chastellain 은 이렇게 자신을 표현하고 있다.[6] 그의 후임자로 샤를르 르 테메레르 Charles le Téméraire 의 시인이자 연대기 작가였던 한 사람은 "라 마르슈는 그토록 고통을 겪었도다"는 말을 입버릇처럼 쓰고 있다. 그는 삶에게서 쓰라린 맛을 발견한다. 우리는 그의 초상화를 대할 때 그 시대의 얼굴들에서 흔히 볼 수 있는 그런 특유의 침울한 표정을 보고 충격을 받는다.[7]

그 어떤 생애도 필립 르 봉 Philippe le Bon 의 생애보다 더한 현세적 교만과 위용으로 채워진 생애는 없으며 그보다 더 승리로 관 씌워진 생애도 없으리라. 그러나 그 같은 영광 밑에도 역시 그 세기 특유의 절망이 깔려 있다. 한 살난 아들의 사망 소식을 접한 그는 다음과 같이 외친다 : "내가 그렇게 어린 나이에 죽는 것이 하나님의 뜻이었다면 난 스스로 행복하게 여길 텐데."[8]

그 시대에는 멜랑콜릭이라는 말이 슬픔과 진지한 사색·환상 등을 배합한 의미였다는 것을 특기하자. 마치 정신의 모든 진지한 관심이 비애와 동일시되어야 한다는 듯이. 어떤 통첩을 받고 생각에 잠긴 필립 다르트벨드 Philippe d'Artevelde 에 대해서 프로아사르 Froissart 는 다음과 같이 쓰고 있다. "잠시 멜랑콜리에 잠긴 후(여주 : 잠시 생각한 뒤) 그는 프랑스 왕의 사신들에게 회답할 말을 찾아냈다." 상상을 초월할 만큼 못생긴 사물을 언급하면서도 데샹은 다음과 같이 말하고 있다 : "어떤 예술가도" 그것을 그릴 만큼 "멜랑콜릭하지는 *merencolieux* 않을 것이다."[9]

이처럼 환멸과 회의로 가득찬 페시미즘은 종교적인 그러나 대단치는 않은 한 요소를 내포하고 있다. 그들의 멜랑콜리 속에는 탁발 수도회의 설교 내용에 의해 정신에 새로운 힘과 새로운 색채로 새겨진 임박한 세계 종말에의 기다림이 있다. 게다가 그 시대의 비애와 변천, 끊임없는 전란 등은 그 같은 생각을 더욱 강화시켰던 것이다. 14세기 말엽에는, 교회 분열 이후로 천국에 들어간 사람이 한 사람도 없었다는 믿음이 민간에 퍼졌던 것 같다.[10] 그러나 대다수의 궁정인들이 가졌던 윤리적 침체 경향은 종교와는 별 상관이 없다. 종교적 사고는 기껏해야 그러한 절망의 기조에 약간의 영향을 주었을 뿐인 것이다.

　삶을 우울하고 어둡게 보려는 갈망은 사실은 진정한 종교적 영감과는 전혀 거리가 멀다. 데샹은 삶이 마치 어린 아이 상태로 되돌아간 늙은이 같다고 읊고 있다. 세계는 처음엔 순진했다. 그 후 세계는 오래도록 현명하고 정당하고 덕스럽고 용감했다 :

> 그런데 지금은 무력하고 허약하고 나른하며,
> 늙고, 탐욕스럽고, 생기가 없도다.
> 나는 실성한 여자들과 미친 놈들밖엔 볼 수가 없어 :
> 진실로 종말은 다가오니……
> 모든 것이 쇠해만 가네……[11]

　단순히 염오(厭惡)만이 아니고 삶과 불가피한 근심에 대한 두려움인 것이다. 데샹의 시는 삶에 대한 하찮은 비난들로 가득차 있다. 아이를 안 가진 자는 복이 있나니, 어린 것들은 그저 울기나 하고, 더럽고 걱정거리고 근심거리며, 입히고 신기고 먹여야 한다. 아이들은 또 언제나 떨어지고 다칠 위험이 있다. 병에 걸리고 죽기 일쑤다. 아니면 크더라도 잘못되어 감옥에 간다. 그러므로 걱정거리와 슬픔 외에 아무것도 아니다. 근심·노고·교육비를 보상해줄 아무 즐거움도 없다. 게다가 기형아라도 갖게 되면 이보다 더 큰 불행이 어디 있겠는가? 기형아들에 대해 그는 동정의 말은 한 마디도 않고 있다. 기형적 인간은 유해한 존재이기 때문이다. 이렇게 말하면서 그는 성서의 권위를 원용하고 있다. 한편 독신인 사람은 복이 있나니, 남자가 만약 못된 아내를 얻는다면 삶은 지옥이기 때문이다. 어쩌다 좋은 아내를 얻는다 해도 그는 그녀를 잃을까 두려워해야 한다. 다시 말해서 불행을 피하는 만큼 즐거움도 피하는 것이다. 시인은 노년에서 질병과 혐오거리, 영혼과 육신의 서글픈 노쇠, 우스꽝스러움과 무미건조함만을 본다. 노쇠도 빨리 와서 여자는 30세 남자는 50세며, 둘 다 한계 나이는 60세이다. [12] 이처럼 우리는 단테 Dante가 노년의 품위를 묘사했던 『콘비비오 Convivio(향연)』의 평온한 이상주의로부터 너무도 멀리 떨어져 있는 것이다. [13]

보다 순수하고 고결한 금욕주의의 표현에서조차 우리는 진정한 신
앙심보다는 오히려 삶에 대한 두려움을 본다. 나무랄 데 없는 대학
총재요 신학계의 등불인 쟝 제르송 Jean Gerson 이 결혼 계획을 포
기하라고 권할 목적으로 누이들을 위해 한 논문을 쓰면서 결혼에 따
르는 갖가지 불행의 리스트를 길게 늘어놓는다. 남편이란 자는 술
이나 마셔대고 낭비벽이 심하며 노랭이이기 일쑤다. 어쩌다 그가 선
량하고 착하다 할지라도 흉년이 들거나 가축이 죽거나 파산을 해서
재산을 잃을 수가 있다. 또 임신하는 일은 그 얼마나 비참한 일이
냐! 얼마나 많은 부인네들이 아이를 낳다 죽어가느냐! 또 아이에
게 젖을 먹여야 하는 어머니는 휴식도 기쁨도 맛보지 못한다. 아이
들은 기형아일 수가 있고 혹은 말을 안 듣고 속을 썩일 수도 있다.
그런가 하면 남편이 죽어 근심과 가난 속에 과부가 될 수도 있는 것
이다. [14]

인간 세계의 비참상이 야기한 깊은 절망이다. 순진하고 자발적인
기쁨이나 맹목적인 향락이 사색과 대체되면서 인간의 영혼을 채운
감정은 바로 이와 같다. 그렇다면 각 시대가 동경한 그 아름다운 세
계란 도대체 어디에 있단 말인가?

모든 시대에는 이상적 삶에 이르는 세 가지 길이 있다. 우선 세
계에 대한 거부가 있다. 여기서는 완벽성이란 삶과 시간 저 너머에
있는 것으로, 이승의 것들에 눈을 돌리는 일은 약속된 참행복을 지
연시키는 것일 뿐이다. 위대한 문명들은 모두 이 길을 따랐다. 기
독교 사상은 정신 속에 개인적이고 사회적인 완성의 기반처럼 이 거
부의 이상을 강하게 각인찍어 놓았었고, 따라서 세계를 의식 있게 개
선시키고 완성시키는 두번째 길을 따르는 일이 오래도록 불가능했
다. 중세는 그 길에 대해 거의 알지 못했다. 그 시대 사람들에게는
세계는 전적으로 선하거나 악하거나 하였으며, 모든 제도는 신에 의
해 세워졌으므로 선했다. 다만 인간들의 죄가 세계를 비참함에 빠
뜨린 것이다. 그러니 정치적·사회적 제도를 개선하고 개혁하려는
의식적인 노력의 개념이 존재할 수가 없었다. 자신의 길에 최선을
다하는 것만이 세상에서 유익한 유일한 미덕이었던 것이다. 게다가

그나마 진정한 목표는 저세상이었다. 사람들은 사회에 어떤 새로운 형식을 창안해낼 때조차 우선은 그것이 선한 옛 법칙을 재정립하는 것이라 믿었고 아니면 단지 악습을 개선하는 것에 불과하다고 믿었다. 새로운 조직을 의식적으로 설립하는 일은 극히 드물었다. 심지어 성(聖) 루이 왕에서 시작되어 프랑스 군주제가 시도하였고, 또 부르고뉴 공작들이 자기네 정체에서 계속한 대 입법 작업에서조차도 그러하였다. 그들은 이 작업을 통해 사회 질서가 보다 유효한 형태로 발전·완성되게 된다는 것을 거의 의식하지 못하였다. 그들은 확고한 정치 일정을 눈앞에 갖고 있지 않았다. 명령을 발포하고 평의회를 세우고 한 것은 단지 자신들의 힘을 행사하고 공공의 안위를 위해 자기들의 임무를 수행한 데 따른 것일 뿐이었다.

전반적으로 이 세상의 것들을 완성시키려는 확고한 결의가 없었다는 점만큼 그 당시의 일반적인 페시미즘의 팽배를 부채질한 것은 달리 없었다. 세상에 사는 동안 개선의 여지와 희망이 전혀 없다면 보다 나은 사회 질서를 열망하는—그럼에도 불구하고 이 세상을 거부하기에는 너무도 이 세상을 사랑하는—사람은 자연히 절망에 빠질 수밖에 없다. 이렇게 되면 세계를 의식 있게 개선하려는 열망과 함께, 삶에 대한 두려움이 용기와 희망으로 바뀌는 새로운 시대가 열리게 될 것이다. 실제로 처음으로 이 개념을 가져온 것은 18세기였다. 르네상스는 또 다른 만족감 속에 그 나름의 삶에 대한 정력적인 수용을 길어냈었다. 18세기는 인간과 사회의 완성 가능성을 중심적 도그마로 끌어올린 세기이다. 다음 세기에 오면 이러한 순진한 믿음은 잃게 되지만 그래도 그 믿음이 낳을 용기와 낙관주의는 그대로 보존될 것이다.

보다 아름다운 세계로 이르는 제3의 길이 있다. 이는 셋 중에서 가장 쉬우면서도 가장 허구적인 것으로, 꿈의 길이 바로 그것이다. 현실은 너무나도 비참하고 세계를 거부하는 일도 너무 어렵다. 그렇다면 환상의 세계에서나 살자. 이상의 엑스타시 속에서 현실을 잊자. 취할 듯한 둔주곡이 흐르는 데는 단순한 하나의 조율만으로도 충분하다. 꿈 같은 과거의 행복, 과거의 영웅주의와 그 미덕에로, 아니면 자연 속에 묻혀 사는 기쁨에로 시선을 고정시키는 것이다.

고대 이래 모든 문학적 연마는 바로 이 단일한 테마들, 영웅적 테마와 현자적 테마와 목가적 테마 위에 기초하고 있다. 중세·르네상스·18세기·19세기는 단지 나름대로 옛 곡조의 변주들을 찾아낸 것에 불과하다.

그러나 보다 아름다운 삶에 이르는 이 세번째 길이 단순히 문학에만 국한된 것일까? 아니다. 그 이상이다. 그것은 사회 생활의 형태와 토대에 동시에 관련되며 문명이 원초적일수록 더욱 그러하다.

옛 시대의 완벽함에 대한 꿈은 삶과 삶의 형태들을 고상하게 만드는가 하면 삶의 형태를 아름다움으로 채우고 또 그것을 하나의 예술품으로 만든다. 삶이 하나의 고상한 유희처럼 조절되는 것이다. 그러나 그러한 삶의 기법은 엘리트가 아니면 충족시킬 수 없을 정도로 높은 요구 조건을 갖게 마련이다. 영웅이나 현자를 모방하는 일은 모든 사람이 다 할 수 있는 일이 아니다. 삶에 서사시적인 혹은 전원시적인 색채를 부여하는 일은 값비싼 도락이다. 또한 이러한 아름다움에의 꿈은 일종의 원죄처럼 그 자체내에 귀족적 배타주의를 내포한다. 따라서 우리는 이제야 중세말의 문명을 고찰하기에 적합한 관점에 도달한다. 그것은 다름아닌 이상적 형태들, 즉 기사도적 로망티즘에 의해 귀족 계급의 삶을 미화하기이며 곧 원탁의 장식하에 변장한 세계인 것이다.

아름다운 삶에의 이 같은 열망은 흔히 르네상스만의 특성으로 여겨지고 있으나 사실은 이탈리아의 '15세기 *quattrocento*' 보다도 훨씬 더 오래된 것이다. 다른 것도 그렇지만 이 점에 있어서도 중세와 르네상스 사이의 경계선은 너무 뚜렷하게 그어져왔다. 그러나 플로렌스인들이 채택한, 삶을 미화하는 방식들은 사실은 옛 중세적 모티프들에 다름아니다. 로랑 드 메디치 Laurent de Médicis 는 과거 르 테메레르 le Téméraire 가 그랬던 것처럼 여전히 기사도적 이상에서 삶의 가장 고귀한 형태를 발견한다. 그는 부르고뉴 공작들이 보인 바 그 야만적인 웅장함에도 불구하고 그들에게서 모델을 취하고 있다. 물론 이탈리아가 아름다움에 새 지평을 열고 또 삶에 새로운 톤을 부여한 것은 사실이다. 그러나 삶을 하나의 예술품의 높이로 끌어올리려는 노력은 대체로 르네상스 고유의 특성으로 여겨지고 있지만, 사실은 전적으로 르네상스에 의해 고안된 것만은 아니라는 점이다.

중세 말기에는 원칙상 옛적부터 있어온 신과 이 세상 사이에 선택의 문제가 여전히 존재하고 있었다. 그래서 현세적 삶을 완전히 거부하든지 아니면 영혼의 위협을 무릅쓰고라도 현세의 쾌락과 아름다움을 무모하게 받아들이든지 둘 중의 하나였다. 아름다움은 죄의 흔적을 갖고 있고 따라서 그것을 온전히 안전하게 누리려면 종교에 헌신하게 만듦으로써 그것을 승인해야 했다. 그리하여 주제가 갖는 거룩한 성격이 회화와 세밀화가 가질 수 있는 위험스러운 면을 줄일 수 있었던 것이다.

하지만 그건 그렇다치더라도 기사도 스포츠와 궁정 의상들의 육체 숭배, 신분과 명예에 의한 교만 및 그것에의 갈망, 사랑의 쾌락 등의 것들은 어떻게 승화시켜 고상하게 만들 것인가? 결국 이 점에 있어서는, 이들을 그 옛날의 환상적 이상의 광재로 넛입히기 위해, 지난날의 아름다움에의 꿈이 필요하게 되었다. 그리고 바로 이 같은 특성이 12세기 프랑스의 기사도 문화를 르네상스에 연결시키는 점인 것이다.

플로렌스에서 그렇듯 프랑스와 부르고뉴에서도 중세말의 모든 귀족 생활은 꿈의 광경을 재현하려는 노력이다. 언제나 똑같은 꿈, 영웅과 현자, 기사와 소녀를 테마로 한 단순하고도 만족스러운 꿈을. 프랑스와 부르고뉴가 다소 옛스런 취향으로 이 곡을 연주한다면 플로렌스는 같은 테마를 보다 새롭고 아름답게 연주하는 법을 창안해낸 것이다.

귀족들과 제후들의 삶은 갖가지로 꾸며지며 표현의 최대치를 수용하기까지 치장된다. 그들의 행위는 준(準)상징적 형식을 띠며 신비의 대열에까지 고양된다. 탄생·결혼·죽음 등의 사건들은 아름답고 장엄한 형식으로 둘러싸여진다. 그러나 이 같은 경향이 특별히 중세적인 것만은 아니다. 문명의 원시적 단계들에서도 이 같은 경향이 발견되는 것이다. 그리하여 우리는 그것을 중국 취향이니 비잔틴이즘이니 하고 부른다. 그리고 그것은 중세와 더불어 사라지는 것이 아니라 후대에도 계속되는 바 그 증거로 태양왕을 들 수 있다.

궁정은 이 같은 탐미주의가 가장 잘 꽃필 수 있는 영역이었다. 부르고뉴 공작들이 자기네 저택을 호사스럽게 꾸미는 데 얼만큼 중요성을 부여했는가는 잘 알려진 사실이다. 그들은 무사의 영예 그 다음으로는 최우선적으로 궁정의 형세에다 관심을 쏟았다. 샤를랭 Chastellain 은 궁정의 검사 및 유지가 무엇보다 중요하게 여겨졌다고 쓰고 있다. [15] 한편 샤를르 르 테메레르의 의정관이었던 올리비에 드 라 마르슈 Olivier de la Marche 는 영국왕 에드워드 Ⅳ세의 요구에 따라 의식과 범절의 모델로서 부르고뉴가의 약전에 대한 개론서를 썼다. [16] 이 의례 준칙은 합스부르크가 사람들이 전수받아 스페인과 오스트리아에 물려주게 되며 이는 최근까지도 계속해서 꽃을 피웠다. 그만큼 부르고뉴 궁정은 그 당시 가장 질서가 잘 잡힌 궁정으로 이름이 높았던 것이다. [17] 샤를르 르 테메레르는 특히 절서와 규칙을 각별히 존중하는 격렬한 정신의 소유자로, 그 후에는 무질서밖에 남기지 않았지만, 호화로운 위용을 드러내기를 열렬히 좋아했다. 좋은 영주가 되려면 약자들의 하소연을 잘 들어주고 그들에게 직접 판결을 내려줘야 한다는 환상을 여전히 갖고 있던 그는 그 낡은 환상을 떠들썩하고 위엄있게 보존하려 들었다. 일주일에 서너 번은 꼭 식사 후에 공판을 열었고 각자 그에게로 나아와 탄원서를 제출하게 하였던 것이다. 이때는 가문의 모든 귀족들이 열석해야 하며 감히 아무도 멀리 가 있어선 안 되었다. 모두들 각자 서열에 따라 공작의 보좌 앞으로 이르는 길 양측에 늘어앉았다. 발치에는 두 명의 청원관과 정리 한 사람 그리고 비서 한 명이 꿇어앉아 청원서를 읽는 일과 영주의 명령에 따라 그것들을 처리하는 일을 맡았다. 홀 주변의 난간 저편으로는 궁정의 하급 관리들이 서 있었다. "그것은 호화롭고 크게 영예로운 일이었다"고 샤를랭은 쓰고 있다. 그러나 그는 당시의 다른 영주들에게서는 그런 일을 볼 수 없었다고 말하면서 그 같은 재판의 유용성 여부에 대해서는 일말의 회의를 나타내고 있다. [18]

샤를르 르 테메레르에게는 오락이나 놀이 역시 엄숙한 형식으로 둘러싸여져야 했다. "그는 항상 하루중 얼마 동안은 자기의 태도와 품행에 대해 숙고·검토하였으며, 놀이와 웃음이 어우러진 속에서도 마치 웅변가처럼 멋진 말로 귀족들에게 미덕에 대한 일장 훈계를 늘어놓기를 좋아했다. 그래서 그는 여러 차례 아름답게 장식된 등받이 높은 의자에 앉아서 귀족들을 앞에 모으고 때와 원인에 따라 다양한 훈시를 늘어놓곤 했다. 언제나 모든 사람의 우두머리요 영주로서 다른 모든 사람들에게 호화롭고 웅장하게 보이려는 습관이 있었던 것이다."[19] 이 같은 의식적인 기교는 엄격하고 순진한 형태에도 불구하고 르네상스의 정신 속에서 완벽하게 되찾아볼 수 있다. "독특하게 보이고 주목받고자 하는 마음의 드높은 위용"이라고 샤틀랭이 표현한 그것이야말로 부르크하르트식으로 말하면 르네상스기 인간의 가장 주된 특징이라 할 수 있을 것이다.

가문의 서열에 따른 배치는 특히 주방에 관련될 때 거의 팡타그뤼엘 Pantagruel 식의 풍취를 띤다. 제식에 가까운 위엄으로 배열된 샤를르 르 테메레르의 식사는 빵 관리인들, 잔뜩 점잖빼는 시종들. 술관장들, 주방장들 등으로 거의 장대한 연극 무대의 한 장면을 연상케 했다. 열 명씩 그룹을 지은 궁정인들은 각기 분리된 방에서 식사를 제공받고 주인처럼 시중을 받으며 식사하였고, 모든 것이 서열과 신분에 따라 조심스레 배열되었다. 그리고 그들은 식사가 끝나면 아직 식사중인 공작에게 "경의를 표하러 갔다."[20] 주방 안에는 (남아 있는 유일한 것으로 디종의 공작 궁에 있는 7개의 거대한 굴뚝을 갖춘 웅장한 주방을 상상해보라), 화덕과 식기장 사이 높은 의자 위에 주방 전체를 감독하는 주방장이 앉아 있다. 그는 손에 커다란 나무 주걱을 들고서 그것으로 포타쥬와 소스의 맛을 보기도 하고 또 부엌 하인들 각자에게 일을 분담시켜 쫓아보내기도 하며 필요에 따라서는 그것으로 두들겨 패주기도 한다. 또 아주 드물긴 하나 특별한 날 즉 이를테면 맨 처음 송로가 나온다거나 처음으로 신선한 정어리가 나오는 날에는 주방장 자신이 직접 촛대를 들고 식탁을 차린다.

우리에게 이것들을 이야기하는 이 궁정인에겐 그것은 마치 일종의 스콜라적 지식을 갖고서 경외심을 표하며 이야기해야 할 신성한 비의 같은 것이다. 그는 독자에게 자리 배치의 상석과 예의범절에 관한 중요한 질문들을 제기하면서 또 그것들을 매우 박식하게 풀어나간다. 주인이 식사를 할 때 '부엌 시종' 대신 주방장이 대거하는 것은 무엇 때문인가? 주방장을 지명하기 위해서는 어떤 절차를 거치는가? 주방장의 자리가 비면 누가 그 자리를 대신하게 되는가? '구이 요리사'인가 아니면 '수프 조리사'인가? 이에 대하여 그는 지혜롭게 답한다. "영주의 궁정에서 주방장의 직책이 비면, 집사장들은 부엌 시종들 및 주방에서 요리를 돕는 모든 사람들을 한 사람씩 불러낸다. 그리하여 맹세를 앞세운 엄숙한 투표에 따라 주방장이 임명된다." 두번째 질문에 대한 답은 "그도저도 아니다. 주방장 대리는 선거에 의해 지명된다." "빵관리인과 술 관장들이 거드름장이 시종들이나 요리사들보다 서열이 높은 이유는 무엇인가?"— "그것은 그들이 빵과 포도주 즉 성례에 의해 신성한 성격이 부여된 것을 맡고 있기 때문이다."[21]—

이 점에서는 보다시피 종교 문제와 궁정의 범절 사이에 진짜 연관이 있다. 그러나 그 이외에는 상석권과 정치 문제들은 관례적 차원에 놓이며 그 점은 그 문제들에 특별한 중요성이 부여된 것을 설명해준다. 가끔은 형식이 지나치게 우선시되어 내용의 중요성이 망각되는 일도 많다. 일례로 프랑스 기사 4명이 크래시 Crécy 전투가 있기 전 영국군의 전열을 정찰나갔다. 소식을 기다리다 초조해진 왕은 말을 타고서 들판을 가로질러 그들을 마중나간다. 왕은 멀리서 그들이 오는 것을 발견하자 멈추어 선다. 기사들은 전사들의 열을 헤치며 왕께로 나아갔다. "소식은 어떻소, 그대들?" 왕이 묻는다. 기사들은 서로 쳐다만 볼 뿐 말이 없다. 서로 다른 동료보다 앞서 입을 열고 싶지 않은 것이다. 한참 후 그들은 서로 권한다. "각하, 폐하께 고하십시오. 제가 어찌 각하보다 먼저 말씀을 드리겠읍니까." 그러자 또 한참 동안 논쟁이 벌어진다. '명예를 걸고' 아무도 먼저 고하기를 원치 않는 것이다. 결국은 왕이 그들 중 하나에게 대답하도록 명령한다.[22]

형식의 미를 지키려다 본래의 목적을 망각해버린 또 하나의 예가 있다. 1518년 파리에서 순찰대원을 지낸 고티에 랄라르 Gaultier Rallart경은 순찰을 돌 땐 반드시 서너 명의 악사를 앞세워 금관악기들을 명랑하게 불게 하는 습관이 있었다. 그래서 백성들은 마치 경관의 우두머리가 범인들에게 스스로 모든 것을 알려주는 격이 아

니냐고 수군거렸다. [23)]

이런 경우만 있는 것은 아니다. 1465년 에브뢰 Évreux의 주교 쟝 발뤼 Jean Balue는 나팔과 트럼펫, 심지어 "순라꾼들이 잘 안 쓰는" 다른 악기들까지 동원하여 야경 순찰을 돈다. [24)]——교수대에서까지도 신분에 따른 체면이 고려된다. 생-폴 Saint-Pol 원수를 위해서는 교수대에 백합꽃이 풍성하게 둘러쳐진다. 무릎꿇는 방석과 눈을 가릴 수건은 진홍색 우단으로 만들어진다. 사형 집행인도 아직까지 한번도 사형 집행을 해본 적이 없는 초심자이다. 귀족 출신 사형수를 위한 특별 배려인 것이다. [25)]

지금은 소시민적 특성을 띠게 된 예절에 대한 경쟁도 옛날 15세기 궁정에서는 극도로 발달해 있었다. 자기에게 돌아온 자리를 웃사람에게 드리지 않는 것은 수치였다. 부르고뉴 공작들은 사촌간인 프랑스 왕족들에게 한치 양보하는 예의를 보이고자 열망했다. 쟝 상 퍼르 Jean Sans Peur는 며느리인 미셸 드 프랑스 Michelle de France에게 가장 깊은 존경심을 표하기를 잊지 않는다. 그는 며느리를 마담이라고 부르며 그녀 앞에서 땅에 무릎을 꿇는가 하면 시중을 들겠다고 나선다. 그녀 역시 그것을 받아들일 수 없다. [26)] 필립 르 봉의 경우도 마찬가지이다. 그는 사촌인 프랑스 왕태자가 부왕과의 불화로 브라방 Brabant에 피신해 있는 것을 알게 된다. 프리슬란드 정복에 첫발을 내디딘 중에 있었던 그는, 그럼에도 불구하고 황급히 데방테 Déventer의 포위를 풀고 귀한 손님을 맞기 위해 브뤼셀로 돌아온다. 상봉 시간이 가까와 오자 그는 말을 달리는 중에도 자기가 먼저 왕태자에게 경의를 표해야겠다고 생각한다. 필립은 말을 탄 채 질주하면서 왕태자에게 전령을 보내 자기를 마중 나오지 말아주십사 간청한다. 만일 그러지 않으면 아예 오던 길로 되돌아가겠으며 왕태자께서 자기를 찾지 못하도록 멀리 가버리겠다고 선언한다. 왜냐하면 공작으로서는 그것이 전세계가 그에게 영원토록 비난을 돌릴 수치요 조롱거리가 되리라는 것이다. 평소에 하는 의례도 거부한 채 필립 르 봉은 브뤼셀에 입성한다. 황급히 말에서 내린 그는 황공하옵게도 프랑스 왕태자가 그 명예를 존중하는 궁정에서 공작 부인을 대동하고 거처를 나와 두 팔을 벌린 채 그에게로 나오는 것을 목격한다. 늙은 공작은 서둘러 모자를 벗고 무릎을 꿇어 절한 후 다시 걸음을 옮긴다. 공작 부인은 왕태자가 걸음을 옮기려는 것을 막기 위해 그를 붙잡는다. 왕태자는 공작이 무릎꿇는 것을 만류하기 위해 공작을 헛되이 붙들고, 다시 일으켜세우려 하나 뜻을 이루지 못한다. 샤틀랭이 기록한 바에 따르면 두 사람 모두 감동하여 눈물을 흘리고, 보고 있던 사람들 역시 눈물을 흘린다. 나중엔 가문의 가장 끔찍한 원수가 될 왕태자가 공작의 궁에 머무르는 동안 공작은 내내 겸손한 태도를 보인다. 그는 자기와 자기 아들을 지칭하여 "이렇게 보잘것없는 인간들"이라고 부르며, 60 대 노인인 자기 머리를 왕태자 앞에 숙여 마구 키스를 퍼붓게 맡기는 한편 또 자기의 전소유지를 왕태자에게 제공하기까지 한다. [27] "자기보다 고귀한 사람 앞에 겸손하게 행동하는 사람, 스스로에 대해 명예를 높이고 키우는 사람, 그의 얼굴엔 선량함이 더욱 빛나고 넘치도다." 샤틀랭은 영국 왕비 마가리트 Marguerite와 그 아들의 손씻은 대야에서 같이 손씻기를 끝까지 사양한 샤롤레 Charolais 백작의 겸양지심을 묘사한 후에 이와 같이 결론을 내린다. 귀족들은 온종일 그 일에 대해 이야기했다. 이 일은 필립 르 봉의 심판에 붙여져, 그는 두 궁정인으로 하여금 샤롤레 백작의 행동에 대한 찬반 논쟁을 벌이게 하였다. 봉건적 명예감이 그만큼 강했고, 따라서 이 일들은 흥미롭고 아름다우며 감화적인 것으로 여겨졌던 것이다. 앞질러 가기를 사양하는 것도 15 분 이상씩 지체되는 것이 보통이었다. [28] 사양하면 할수록 더 높이 평가받는 것이다. 손에 입맞춤받을 자격이 있는 사람이 그 영예를 피하느라 손을 감춘다. 스페인의 왕비도 젊은 필립 르 보 Philippe le Beau 대공에게 그렇게 한다. 필립 르 보 대공은 잠시 기다렸다가 기회를 보아 왕비의 손을 얼른 붙잡고 입을 맞춘다. 그러자 스페인의 근엄한 궁정이 웃음을 억제치 못한다. [29]

애정의 표현 역시 모두 세심한 규제를 받는다. 손을 내밀 수 있는 궁정의 귀부인은 누구누구인지, 또 상대에게 신호하여 친밀함을 표하도록 부추길 수 있는 귀부인은 누구누구인지, 모든 게 범절에 따라 자세히 규정된다. 부르고뉴 궁정의 의례 범절을 묘사한 노궁녀 알리에노르 드 프와티에 Alienor de Poitiers 는 이 신호를 할 수 있는, 즉 '부추길 수' 있는 권리는 테크닉의 문제라고 쓰고 있다.[30] 또 사람들은 거의 무례할 정도의 강청으로 손님이 떠나는 것을 막는다. 루이 XI세의 신부는 며칠 동안 필립 드 부르고뉴의 손님으로 묵는다. 왕은 그녀의 귀가 날짜를 미리 정해주었었다. 그런데도 공작은 왕의 노여움을 살까봐 두려워하는 왕비와 그 수행원들을 한사코 못 떠나도록 붙든다.[31]

괴테는 말했다 : "깊은 도덕적 근거를 갖지 않은 피상적인 예의 표시는 있을 수 없다." 에머슨 Emerson 은 예의를 "도에 지나친 미덕"이라고 불렀다. 15세기에 사람들이 예절의 윤리적 가치를 의식하고 있었으리라고 말하는 것은 과장일 것이다. 그러나 확실히 그들은 예절의 미학적 가치는 느끼고 있었고, 이것은 애정의 진지한 표현과 예절의 경직된 형식주의간의 전이를 나타낸다.

당연한 일로, 삶을 이처럼 풍부하게 미화하려는 작업은 특히 그것에 몰두할 만한 시간적·공간적 여유를 가진 제후들의 궁정에서 꽃피었다. 하지만 이 같은 형식 숭배는 중산층까지 확산되며, 사회 상층부에서는 이미 시대에 뒤떨어진 낡은 예법이 되어버린 후까지도 중산층에서는 계속 유지되었다. 손님에게 같은 음식을 두어 번씩 덜어주며 많이 먹으라 권하는 것이나, 좀더 오래 머무르라고 강청하는 것이나, 앞질러가기를 사양하는 것 등의 관습은 오늘날 상층 부르조아지에서는 거의 사라졌다. 그러나 15세기에는 그것은 사회의 풍자거리가 되면서도 여전히 세심하게 지켜졌다. 예절의 아름답고 장황한 표현 무대는 특히 교회였다. 우선 봉헌식부터 그렇다. 누구도 제단 위에 첫번째로 헌금 놓는 사람이 되려 하지 않는다.

——먼저 가세요. ——아니에요. ——앞서 가시래두요!
먼저 하셔야지요, 사촌누이.
——아니에요. 그럴 수 없어요. ——이웃분을 먼저 가시게 해요.
그 여자분이 먼저 내는 게 나을 거예요……
——그런 일을 겪으셔야 되겠어요?
이웃 여인의 말이다 ; 그건
내 소관이 아녜요 : 어서 갖다 내셔요, 사제들도

면치 못하는 일이 당신께 달려 있는 거에요. [32]

결국 가장 유력한 사람이 앞장을 섰다. 그러나 곧 똑같은 논쟁이
되풀이된다. 입술에 직접 '평화'의 입맞춤을 하는 대신에 새로 생
긴 관습으로, 아그누스 데이 *Agnus Dei*(역주 : 가톨릭 미사 중의 한 순
서로 화답하는 말 '신의 어린양') 후에 나무나 은·상아로 만든 작은
원반 '폐 *paix*'(역주 : 평화를 뜻함)에 입을 맞추는 습관이 있었는데,
사람들은 이 '폐'에 가까이 오는 순간 또다시 똑같은 입씨름을 벌
인다. [33] 서로 먼저 입맞추기를 사양하는 동안, '폐'는 손에서 손으
로 옮겨지고, 한사코 예배의 진행을 중단시켰다.

> 젊은 여인은 이렇게 대답해야 한다.
> ──자 잡으세요, 전 잡지 않겠어요, 부인.
> ──아니예요, 자 하세요, 잡으세요, 친절한 부인.
> ──절대, 절대로 잡지 않겠어요 ;
> 그녀는 아래로 내게 그것을 내밀었다.
> ──입맞추셔요, 마르모트 양.
> ──그럴 순 없어요. 예수 그리스도께서 제게 금하시는걸요!
> 에르망가르 부인께 드리세요.
> ──부인, 자 잡으셔요. ──성모 마리아여,
> 대법관 부인께 평화를 주소서.
> ──오 아니예요. 총독 부인께 드리셔야죠. [34]

심지어 프랑소아 드 폴 François de Paule 같은 성자도 이 같은 관
습을 따르는 것이 의무라고 믿고 있었다. [35] 그리고 그의 그러한 태
도는 그를 성인품에 올리는 심사 과정에서도 큰 겸손의 증거로 생
각되었다. 이는 곧 형식에 집착하는 윤리 개념이 완전히 사라지지
않았음을 보여준다. 게다가 이 형식주의는, 심지어 서로 그토록 정
중하게 양보하는 교회의 상석에 있어서까지도 격렬하고 치열한 싸
움들의 반대 급부였다는 것을 생각할 때 더욱 더 충격적인 의미를
띤다. [36] 그것은 여전히 격렬하게 느껴지던 귀족 계층과 부르조아지
의 교만을 칭찬할 만하게 완화시키는 역할을 하였던 것이다.

이 모든 입에 발린 인사치레와 더불어 예배 역시도 미뉘엣의 보조를 취한다. 교회문을 나서면서도 똑같은 예절 경쟁이 되풀이되는 것이다. 신분이 더 높은 사람에게는 오른편을 양보해야 하며, 다리를 건널 때나 좁은 길로 들어설 때는 한 발 양보해야 한다. 집에 당도하면(지금도 스페인의 풍습은 그것을 요구한다) 무리를 안으로 청해 술을 대접해야 한다. 일동은 공손히 사양하고, 주인은 그들의 사양에는 아랑곳없이 그들을 안으로 청해들여야 한다. [37]

이같이 쓸데 없는 형식들은 그것이 오만과 분노를 억제하고자 애쓰는 난폭하고 거친 세대에게서 나왔다는 점에서 우리를 감동시키는 면이 있다.

자주 예절이라는 표층을 뚫고 순박한 난폭함이 터져나온다. 리에쥬에서 뽑힌 쟝 드 바비에르 Jean de Bavière 는 파리의 손님으로 온다. 귀족들이 베푼 축제 동안 그는 도박에서 연신 돈을 딴다. 그러자 제후 중의 하나가 더 이상 못 참고 소리를 지른다. "이 무슨 악마 같은 사제람? 뭐야 이 자가 우리 돈을 몽땅 울거갈 셈인가?" 이에 쟝 드 바비에르가 응수한다. "난 사제가 아니오. 그리고 난 당신 같은 작자의 돈은 필요없소."

그리고는 그자를 붙잡아 방 저편으로 내던진다. "그러자 여러 사람이 그 무람없는 짓에 놀라 기도를 드린다."[38] 또 위 드 라느와 Hue de Lanoy 는 공작 앞에 꿇어앉아 소송을 제기하고 있는 사람을 쇠장갑으로 두들겨 팬다. 드 바르 de Bar 추기경도 국왕 면전에서 한 설교자의 말을 반박, 그를 멸시하고 개 취급한다. [39]

형식을 존중하는 마음은 너무도 커서 만약 범절을 어기고 조금만 결례를 범해도 치명적인 모욕으로 받아들여진다. 쟝 상 푀르로서는 화려한 행색을 하고 그를 마중나온 파리의 사형 집행관 카플뤼슈 Capeluche 에게 인사를 한 것과 또 마치 고귀한 영주라도 대하듯 그와 악수를 한 것이 지울 수 없는 수치로 남는다. 결국 그 사형 집행관이란 자가 죽어 없어지는 것만이 받은 모욕에 대한 보상이 될 것이다. [40] 1380년 샤를르 Ⅵ세의 대관식 축제 때 필립 르 봉은 수석 귀족으로서 그에게 돌아올 자리 즉 왕과 앙쥬 공작의 사잇자리를 강제로 차지한다. 공작의 수행원들은 벌써 외침과 위협을 내지르며 폭

력으로 해결하려 든다. 그러나 왕이 그것을 진정시키고 부르고뉴파
의 요구에 양보함으로써 대립은 일단 진정된다. [41] 군대 생활의 근
엄함 속에서조차 형식의 침해는 결단코 그냥 용인되지 않는다. 일-
라당 l'Isle-Adam 이 '백회색 *blanc-gris*'의 차림으로 나타났을 때 영국
왕은 참을 수 없는 모욕을 느낀다. [42] 한 영국군 지휘관은 상스 Sens
시가 완전 포위된 가운데서도 면도를 하지 않고 왔다는 이유로 전
령을 되돌려보내며 가서 면도하고 다시 오라고 명한다. [43]

그 당시 사람들이 그토록 찬탄해 마지않던[44] 부르고뉴 궁정의 그
웅장한 질서는 사실 프랑스 궁정의 혼란과 비교될 때만 그 온전한
의미를 갖는다. 데샹이 그 수많은 발라드에서 궁정 생활의 비참함
을 슬퍼할 때, 그 애통은 단지 궁정에 대한 경멸이라는 우리가 잘
아는 흔한 테마의 변주만은 아니다. 맛없는 식사와 불편한 숙소,
끊임없는 소란과 혼잡, 욕지거리와 싸움, 시기·질투와 모욕적인 언
사들……. 결국 궁정은 죄의 웅덩이이며 지옥의 문이다. [45] 왕위에
대한 신성한 경외심과 의전 행사들의 자랑스런 정돈에도 불구하고
가장 엄숙해야 할 경우조차 예절은 종종 가장 수치스런 방식으로 땅
에 떨어지곤 한다. 1422년 생-드니 Saint-Denis에서 거행된 샤를르
VI세의 장례식에서는 왕의 관을 덮은 관포의 소유권을 놓고 그 수도
원 소속 수사들과 파리의 '염세(鹽稅) 관원들'간에 큰 싸움이 일어난
다. 서로 갖겠다고 다투는 가운데 관포는 손에서 손으로 밀고 당겨
진다. 결국 베드포드 Bedford 공작이 나서서 사건을 조정하고 법원
감독하에 분쟁을 유보시키고서야 비로소 "시신은 땅에 묻힐 수 있
었다." [46] 1461년 샤를르 VII세의 장례식 때도 똑같은 일이 되풀이
된다. 생-드니로 가는 중 라 크로아 드 피엥 la Croix de Fiens에
도착한 염세 관원들은 그 수도원 소속 수사들과 대판 싸움을 벌이
고, 10리브르의 파리지 *Parisis*(역주 : 옛날 파리에서 주조된 화폐)를
내놓기 전에는 왕의 유해를 옮기지 않겠다고 버틴다. 행렬은 관을
길 한가운데다 내려놓은 채 한참 동안이나 정지될 수밖에 없다. 왕
실 마사대감(馬事大監)이 염세 관원들에게 자기 돈으로 지불해주겠
다고 약속할 즈음은 이미 생-드니의 부르조아들이 그 일을 맡겠다
고 나선 후다. 행렬은 다시 움직이기 시작하고 목적지에는 저녁 8

시에야 도착한다. 시신을 매장한 후에는 다시 또 관포 문제를 놓고 수도사들과 왕실 마사대감 사이에 분쟁이 일어난다. [47] 이처럼 의전에 쓰인 물건의 소유권 문제를 둘러싸고 주먹다짐이 벌어지는 것은 비일비재한 일이었던 것으로 보인다. 엄숙한 의전 형식을 침해하는 것 자체가 또 하나의 절차처럼 되어버렸던 것이다. [48]

왕들의 삶의 주요 사건들을 일반 사람들에게 널리 공개하는 풍토는 루이 XIV세 때까지도 살아 있었고, 이것은 종종 가장 엄숙해야 할 경우까지도 엉망진창으로 만들어버리기 일쑤였다. 1380 년 대관식 때는, 몰려든 관객·손님·하인 등의 무리가 하도 엄청나 사령관과 드 상세르 de Sancerre 원수 같은 사람도 손수 말 먹이를 줘야 할 지경이다. [49] 1431 년 파리에서 영국의 헨리 IV세가 프랑스 왕으로 축성될 때, 새벽부터 밀어닥친 백성들은 축전이 거행될 궁궐의 대회장으로 몰려가 구경하고 훔치고 먹어댄다. 의회와 대학의 주요 인사들과 파리 시장, 행성관들이 가까스로 식당에 도착했을 때는, 이미 온갖 장인들에 의해 자리가 점거된 후다. 어르신네들은 그들을 비키게 하려 하지만 소용이 없다. "한두 명을 가까스로 일으키면 다른 쪽에서 예닐곱이 우르르 몰려드는 것이었다. "[50] 1461 년 루이 XI세의 대관식 때는 랭스 Reims 성당의 문을 일찌감치 닫게 하고 문앞에는 문지기를 세워 성가대석에 수용될 수 있는 인원만 들어오게 한다. 그러나 밀어닥친 구경꾼들은 왕이 축성받고 있는 제단 주위까지 몰려들고, 대주교를 보좌하던 주교들마저 옴짝달싹못하게 만드는 한편 왕통을 이어받은 제후들까지도 그들의 명예석에서 거의 질식할 지경에 이른다. [51]

파리의 교회는 자기네 주교가 상스 대주교구 소속이라는(1622 년까지) 생각을 거의 참을 수 없어했다. 그래서 그들은 온갖 수단을 다 동원하여 자기들이 대주교의 권한 밑에 종속되기를 원치 않는다는 것을 대주교의 귀에 들리게 한다. 그리고는 그들은 교황의 면제장에 호소한다. 1492 년 2 월 2 일 상스의 대주교는 파리의 노트르담에서 왕이 참석한 가운데 미사를 집전하였다. 축도를 하자마자 그는 왕이 교회 문을 나서기도 전에 십자가를 앞세우고 물러나버린다. 노한 참사회원 두 명과 뒤따르는 하인들의 큰 무리가 그들의 뒤를 덮친다. 십자가가 부러지고 십자가를 든 손목에 골절이 일어나는 등 난동이 벌어진다. 그 와중에 대주교의 보좌신부는 머리털을 뽑히기까지 한다. 대주교가 난투극을 진정시키려고 애쓰는 동안, "말없이 다가선 뤼이예 Lhuillier(성당 참사회장)가 팔꿈치로 대주교의 배를 쥐어박았고, 또 다른 사람들은 대주교관과 술장식을 찢어발겼다." 또 다른 참사회원은 "대주교의 얼굴에 삿대질을 하면서 욕을 퍼붓고, 팔목을 붙잡고 늘어지면서 대주교의 로셰툼 *rochet*(역주 : 素白衣. 주교나 추기경이 걸치는 옷의 일종)을 찢었고 팔을 뻗쳐 얼굴을 후려쳤다." 결국 이 사건은 차후 13년 동안이나 계속될 소송을 낳는다.[52]

열렬하고 격하며, 냉혹하면서도 동정적이며, 세계에 대해 절망하면서도 또 세계의 다채로운 아름다움에 탐닉하는, 이 시대의 정신은 엄격한 형식주의를 필요로 할 수밖에 없었다. 그 같은 감동들은 관례적 형태라는 엄격한 틀 속에 당겨져야만 했던 것이다. 따라서 사회 생활 역시 그 같은 방식으로 배열되었다. 삶의 사건들은 아름다운 광경이 되었고, 고통과 기쁨 역시 비장하고 극적인 방식으로 입혀지고 단장되었다. 감동을 표현하는 수단에는 단순하고 자연스러운 방식이 결여되어 있었다. 감정은 단지 그 미적 표현에 의해서만 그 시대가 열망하던 그 높은 단계의 표현에 도달할 수 있었던 것이다.

물론 이 형식주의 즉 탄생과 결혼과 죽음을 둘러싼 이 형식주의가 그러한 목적에서 세워진 것이라는 말은 아니다. 관습과 의례들은 본래는 원시 신앙과 숭배에서 나온 것이다. 그러나 그 관습과 의례들을 탄생시켰던 본래 개념은 이미 오래 전에 시야에서 사라졌고, 하나의 새로운 미학적 가치가 그것을 대체하게 된 것이다.

이 같은 감동의 연출이 가장 암시적인 형태를 띤 것은 성대한 장례식에서였다. 거기에서는 엄숙한 척하는 고통의 과장에 무한정한 영역이 열려 있었고, 이는 곧 궁정의 굉장한 축제들에서 볼 수 있는 즐거움의 과장에 대한 반대 급부가 아닐 수 없었다. 여기서 상복의 어두운 의상이나 영주들의 죽음에 따른 성대한 장례식 미사 따위를 묘사하지는 않겠다. 그런 것들은 특별히 중세말에만 국한된 것은 아니기 때문이다. 군주국들은 오늘날까지도 그것을 지켜왔으며 부르조아들의 호사스런 영구(靈柩)들은 그러한 관습의 잔재라고 할 수 있다. 영주들이 죽었을 때, 궁정과 관리들과 길드 단체들과 백성들이 입은 검은 상복의 인상은 일상적인 도시 생활의 잡다한 색깔과 대조를 이룸으로써 더욱 강조되었을 것이다. 쟝 상 퓌르의 장례식은 분명히 강렬한 인상을 주려는 목적에서 준비되었고 정치적 의도마저 없지 않았다. 필립 르 봉이 프랑스 왕과 영국 왕을 영접하러 나갔을 때, 그를 수행한 호위대는 2000 개의 검은색 작은 깃발과, 검은 비단 술장식에 금빛 문장을 수놓은 혹은 그려넣은 7 온스 길이의 깃발과 휘장들을 펄럭이면서 나갔다. 공작의 호사스런 보좌나 마차도 경우에 따라서는 검은색을 칠했다. [53] 트로아 Troyes 에서 열린 엄숙한 회담 때 필립 르 봉은 말을 탄 채 프랑스 왕비와 영국 왕비를 수행하는데 이때도 그는 땅에까지 끌리는 검은 우단으로 된 긴 망토를 입고 있다. [54] 그 후 오랜 뒤 공작과 수행원들은 언제나 검은 상복 차림만 하게 될 것이다. [55]

가끔 화려한 색이 검은색과 대조를 이루면서 검은색의 효과를 강조하기도 했다. 온 궁정이(심지어 왕비까지도) 검은색 상복을 입은 때에, 프랑스 왕은 혼자만 붉은색 상복을 입는다. [56] 그리고 1393 년, 파리 사람들은 추방된 채 죽은 아르메니 레옹 드 뤼지냥 Arménie Léon de Lusignan 의 관이 온통 백색으로 꾸며진 것을 보고 경탄을 금치 못했다. [57]

아마도 이 검은색이 종종 진정 깊은 고통을 내포한 것은 사실이다. 죽음에 대한 공포, 인척 감정, 영주에 대한 애착심 등은 영주의 죽음을 진실로 감동적인 사건이 되게 하였다. 자존심이 극도로 강한 한 가문의 명예가 걸려 있고, 또 복수를 하는 것이 신성한 의무인 양 불가피한 때, 이를테면 쟝 상 퓌르의 암살 사건 같은 때, 장례식의 성대함은 곧 마음의 고통의 크기와 일치하는 것이었다. 샤틀랭은 공작의 죽음이 전해진 미학적 방식을 쾌히 서술하고 있다. 투르네 Tournai 의 대주교가 그 당시 강 Gand 에서 젊은 공작에게 그 무서운 소식, 곧 필립과 그 아내 미셸 드 프랑스 Michelle de France 의 장엄한 애통에 대해 마음의 준비를 시키느라 했다는 그 긴 장광설을 샤틀랭은 그 장중한 수사학의 무겁고도 질질 끄는 듯한 단조로운 문체로 조작하고 있다. 하지만 이야기 내용까지 의심스러운 것은 아니다. 젊은 공작이 신경의 발작을 일으킨 것이며 그의 아내가 기절한 것, 또 온 궁정이 혼란에 빠진 것이며 온 도시가 애통한 것 등 요컨대 극도의 고통 속에 그 소식이 들려졌다는 사실만은 그대로이다. [58] 1467년 필립 르 봉의 죽음 앞에서 샤를르 르 테메레르가 보인 고통을 기록한 샤틀랭의 또 다른 이야기도 진실의 흔적을 띤다. 그 상황에서는 충격이 덜 심했다. 거의 노망한 늙은 공작은 오래 전부터 쇠약해지고 있었고 마지막 몇 년간은 아들과의 관계도 전혀 다정하지 않았다. 따라서, 샤틀랭이 말하는 것처럼, 돌아가신 부친의 침상 곁에서 울며 통곡하며 손을 쥐어짜며 땅바닥에 엎드려 "진정도 절제도 못 하는" 샤를르를 보는 사람들의 놀라움은 매우 컸으며, "그는 그의 그 지나친 고통으로 모든 사람을 깜짝 놀라게 했다." 공작이 운명한 브뤼쥐 Bruges 시에서 "사람들이 어떻게 울부짖고 눈물짓고 어떻게 통곡과 비탄을 쏟았는가를 전해들은 그는 몹시 슬퍼했다." [59]

이 같은 서술에서 어느 부분이 고통의 떠들썩한 과시를 찬탄하고 인정하는 사제 정신에 귀속되는 부분이며, 또 어디까지가 그 시대 고유의 깊은 감동성에 귀속되는 부분인지를 가려내기는 어렵다. 그러나 거기에는 아마도 다음과 같은 강한 원초적 요소가 잔존하고 있었으리라 : 즉 곡비(哭婢)(역주 : 혹은 哭女. 장례식 때 직업적으로 곡하는 여자나 노비)들에 의해 양식화되고 '곡반(哭班) plourants'들——그 시대의 묘지 조각술에 그토록 감동을 주었던——에 의해 예술적으로 표현된 애곡들이 존속하고 있었던 것이다.

원시적 관례와 감동성과, 형식주의의 이 같은 결합은 죽음을 알릴 때에 겪던 커다란 두려움 속에서도 여전히 나타나고 있다. 사람들은 임신중에 있는 샤롤레 백작 부인에게 부친의 사망 소식을 숨긴다. 병환중인 필립 르 봉에게는 조금이라도 충격을 줄까봐 어떤 죽음도 감히 알리지 않으며, 아돌프 드 클레브 Adolphe de Clèves는 자기 부인의 상복조차 입을 수가 없다. 공작은 니콜라스 롤랭 Nicolas Rolin 추기경의 사망 소식을 소문으로 듣고 그를 문안하러온 투르네

Tournai 주교에게 그게 사실이냐고 묻는다. 이에 주교는 말한다 : "전하 그는 사실 죽었다고 할 수 있읍니다. 왜냐하면 그는 늙고 노쇠하고 거의 오래 살기 어려우니까요—제기랄, 내가 알고 싶은 건 그게 아니오. 그가 진짜로 '죽음을 죽었는가, 진짜로 사망했는가' 하는 것이오. 공작이 소리친다—아! 전하, 죽지는 않았읍니다. 단지 한 쪽이 마비되고 그 때문에 아마도 죽은 것으로 여겨진 것 같습니다. 주교의 대답이다. 이에 공작이 분노를 터뜨린다. '교활한 사기꾼 같으니! 그가 죽었는지 내게 분명히 말하라니까!' 그제서야 주교는 말한다 : '예, 정말입니다. 전하, 그는 실제로 사망했읍니다.'"[60] 사망 소식을 알리는 이 같은 이상한 방식은 사실 환자를 아끼는 배려에서라기보다는 오히려 옛 미신의 흔적을 내포하고 있는 게 아닐까? 이는 루이 XI세가 나쁜 소식을 들은 순간에 입고 있던 옷이나 타고 있던 말을 다시는 사용하지 않은 것과, 또 새로 태어난 아들의 사망 소식을 들은 그 숲의 일부를 베어버리게 한 것과 비슷한 심리 상태를 나타낸다.[61] 1483년 5월 25일자 편지에 그는 다음과 같이 쓰고 있다. "대법관, 나는 그대의 편지에 감사하고 있소. 하지만 바라건대 내게 그 편지를 가져온 그 자를 통해서는 더 이상 서신을 보내지 말아주시오. 왜냐면 전에 본 이래로 그의 얼굴이 무섭게 변한 것을 발견했기 때문이오. 맹세코 그는 내게 무서움을 주었소. 그럼 안녕히."[62]

그 속에 숨겨진 타부가 어떤 것이건 장례 관습은 문화적 가치를 지닌다. 그것은 고통에 형식과 리듬을 주며 고통을 미화하고 승화시킨다. 실제 생활을 비극의 영역으로 옮기며 비극을 연출하게 하는 것이다. 원시 문명에서는, 예를 들어 아일랜드에서는, 장례 의식과 사자(死者)들에 대한 시적 탄식 les complaintes poétiques이 동일시된다. 그 점은 부르고뉴 궁정의 장례식에서도 마찬가지이다. 즉 그것이 애가 l'élégie와 밀접한 관계에 있다고 생각하는 이외에는 달리 이해할 수가 없는 것이다. 신분이 높으면 높을수록 애도는 더욱 더 영웅적이 되어야 한다. 프랑스 왕비는 자기 남편의 죽음을 전해 들은 그 방에서 1년 동안이나 바깥 출입을 하지 않는다. 제후의 부인들에게는 칩거 기간이 6주간이다. 샤롤레 백작 부인인 이사벨 드 부르봉 Isabelle de Bourbon은 아버지의 사망 소식을 전해 듣고, 우선 코우벤베르그 Couwenberg 성에서 있은 장례 미사에 참석한 후 6주 동안 자기 방에서 칩거하는데, 방석들에 의지한 채 가슴수건을 두르고 두건과 망토를 그대로 착용한 채 침대에 누워 지낸다. 그녀의 방과 커다란 대기실에는 검은색 벽포가 둘러쳐지고, 마룻바닥에도 커다란 검은 천이 덮여진다. 귀족 부인들은 남편이 죽은 때도 6주간 침대에서 누워지낸다. 부친상과 모친상에는 9일 동안 침대에 누워 있은 뒤 다시 6주 중 그 나머지 기간 동안 검은 양탄자를 깔고 그 침대 앞에 앉아 있어야 한다. 윗형이 죽으면 6주 동안 방에서 두문불출해야 하며, 침대에 누워 있지는 않아도 된다. [63]

이처럼 떠들썩한 범절 밑에서 감동은 오히려 쉬 사라지는 경향이 있다. 비장한 태도는 무대 뒤에서는 쉽사리 번복되게 마련이다. 따라서 사람들은 외양과 실제 생활간에 순진한 구분을 둔다. 그리고 이는 노궁녀 알리에노르 드 프와티에의 글 속에서도 명백히 나타나 있다. 그러나 그녀 역시도 의식을 성스러운 신비인 양 존중하고 있다. 그녀는 이사벨 드 부르봉의 장엄한 비탄을 묘사한 뒤 이렇게 덧붙이고 있다 : "부인은 혼자 있을 때는 늘상 누워만 있는 것은 아니었고 방 안에 틀어박혀 있지만도 않았다." 여기서 방 *chambre*이란 거처 하나를 꾸미는 데 쓰인 장식 벽포 · 융단 · 이불 따위의 총체를 의미하며, 즉 특별히 꾸민 호화로운 방을 의미한다. [64] 알리에노르는 또 다음과 같이 말하고 있다 : "남편을 위해서는 적어도 재혼을 하지 않는 한 2년 동안은 상복을 입어야 한다." 그러므로 정확히 말해서 상류층 사람들 즉 제후들은 매우 빨리 재혼을 한다. 일례로 어린 헨리 Ⅳ세의 프랑스 섭정이었던 베드포드 Bedford 공작은 다섯 달도 채 안 돼서 재혼을 한다.

아름다운 예법과 계급 구분의 호기회를 제공하는 것으로, 초상 다음으로는 분만실이 있다. 그것은 계급에 따라 색깔까지 정해진다. 전 시대엔 흰색이었던 반면 15세기에는 초록색이 왕비 및 제후 부인들의 특권이 된다. '초록색 방'은 백작 부인들에게조차 허용되지 않는다. 재료며 모피옷이며 깔개 색깔이며 침대보 따위도 모두 규정되어 있다. 식기대 위에는 은빛 촛대 속에 커다란 촛대 두 개가 계속 타고 있다. 15일이 지나기까지는 방의 덧문을 열지 못하게 되어 있기 때문이다. 하지만 더욱 특기할 것은, 스페인 왕의 장례식의 화려한 사륜마차들처럼 텅텅 비어 있는 화려한 침대들이다. 젊은 산모는 벽난로 앞 작은 침대에 누워 있고 아기인 마리 드 부르고뉴 Marie de Bourgogne는 아기 방 요람 속에 누워 있다. 한편 산모의 방 안엔 푸른색 휘장이 예술적으로 드리워진 커다란 침대 두 개가 있고, 아기 방에도 역시 푸른색과 바이올렛색의 벽포가 쳐진 두 개의 커다란 침대가 있으며, 대기실 안에도 진홍색 비단 휘장을 두른 커다란 침대 하나가 놓여 있다. 그것들은 아기의 세례식 때 엄숙하게 사용될 것이다. [65] 이 같은 '장식방'은 전에 우트레히트 Utrecht 주민들에 의해 쟝 상 푀르에게 제공되었던 것으로, 거기에서 '우트레히트방'이라는 이름이 붙게 되었다.

일상 생활 속에서도 똑같은 탐미주의가 만연하였다. 옷감·색깔·노끈 등에 엄격한 계급이 있어 계층을 구분지었고 동시에 그것은 위엄의 감정을 지켜주며 찬연히 빛나게 하였다. 그러나 이 같은 탐미주의의 욕구는 필수적인 의례들에 의해 겉치레가 불가피했던 출생·결혼·죽음 등의 엄숙한 기쁨과 고통에만 한정된 것은 아니었다. 모든 윤리적 사건이 기꺼이 아름다운 치장으로 싸여졌다. 아그네스 소렐 Agnès Sorel이 "자신의 죄를 회개하는 수많은 아름다운 고행"을 한 것처럼 성자들이 죄를 회개키 위해 실행한 겸양과 고행 속에서 우리는 그 같은 탐미주의를 되찾아볼 수 있다. [66]

사회 생활의 모든 관계가 나름의 양식을 가진다. 사적인 내밀한 관계들도 은밀히 유지되기보다는 밖으로 전시되며 일종의 공적 광경이 된다. 15세기의 삶 속에서는 우정 역시 세심하게 구상된 나름의 형식을 갖는다. 피와 무기로 이루어진 옛 형제애 곁에는 미뇽 *mignon*이라는 단어로 표현되던 감정적 우정의 한 형태가 있어서 귀족들 속에서뿐 아니라 평민들 사이에도 유행한다. [67] 제후가 갖는 이 총신(寵臣) *mignon*제는 16세기 동안과 17세기 일부까지도 지속될 것이며, 영국의 쟈크 Jacques I세와 로버트 카르 Robert Carr나 죠르즈 빌리에 George Villiers 사이의 관계, 또 기욤 도랑쥬 Guillaume d'Orange와 양위(讓位) 시의 샤를르 V세 사이의 관계 등이 그것이다. 『제왕(諸王)의 밤 *La nuit des Rois*』에 나오는 세자리오 Cesario 에 대한 공작의 감정을 이해하기 위해서는 이 같은 형태의 우정을 눈앞에 떠올려보아야 한다. 그 당시 사람들에게는 그것이 궁정식 사랑 *amour courtois* 의 대응으로 보인다. "그대가 연인도 총신도 못 갖고 있다면"이라고 샤틀랭은 말한다. [68] 그러나 이러한 관계들을 그리스의 우정 관계에 비견케 할 만한 암시는 전혀 없다. 사람들이 그것을 이야기함에 있어서 그렇게 솔직한 점과 또 그 시대 자체가 남색 *crimen nefandum* 을 비난하던 시대였다는 점을 감안해볼 때 그 점은 의심할 여지가 없다. 베르나르댕 드 시엔 Bernardin de Sienne 은 자기 동향인들에게 남색 없는 프랑스와 독일을 모범으로 제시하고 있다. [69] 공식적인 미뇽과의 사이에 금지된 관계를 가진 것으로 사람들이 비난하는 유일한 경우는, 저주받은 한 영주 곧 리챠드 II세와 로버트 드 베르 Robert de Vere 의 경우뿐이다. [70] 대개는 다 의심스럽지 않은 관계이고 총신의 명예를 위해서 그리고 또 그것을 자랑으로 여긴다. 코민 Commines 은 자기가 루이 XI세에 의해 어떻게 특별히 구별되는 영광을 누렸는가 그리고 심지어 자기는 늘 왕과 똑같은 옷차림을 하고 다녔다고 말하고 있다. [71] 왜냐하면 그것은 그 관계의 외적 표지이기 때문이다. 왕은 언제나 정식 자격을 갖고 비슷한 복장을 한 미뇽을 대동하고 다니며 회견시에도 그에게 기대고 있다. [72] 가끔 나이는 비슷하나 신분이 다른 두 친구가 똑같은 옷을 입고 같은 방에서 심지어는 한 침대 위에서 잠이 들기도 한다. 젊은 가스통 드 포아 Gaston de Foix 와 사생아인 이복 형제 사이에, 루이 도를레앙 Louis d'Orléans 과 피에르 드 크라옹 Pierre de Craon 사이에, 또 젊은 드 클레브 공작 de Clèves 과 쟈크 드 랄랭 Jacques de Lalaing 사이에 그 같은 떨어질 수 없는 우정 관계가 존재한다. 한편 제후의 부인들도 똑같은 복장에 서로 미뇬 *mignonne* 이라고 부르는 친밀한 여자 친구를 갖는다.

이처럼 양식화된 아름다운 형식들은 외적인 조화 밑에 사실은 잔인한 현실들을 숨기고 있었다. 그러나 삶의 위대한 기법의 일부를 이루었던 이 같은 형식들은 예술 속에서는 별로 흔적을 남기지 않았다. 겸양과 이타주의라는 매혹적인 허구를 가진 예절의 형식들과,

위엄과 종교적 전통에 따른 엄숙함을 갖는 궁정의 성대한 의례들과 예의 범절들, 그리고 결혼식이며 분만실의 유쾌한 치장들 등 이 모든 아름다움은 예술과 문학 속에서는 별로 직접적인 흔적을 남기지 않았으며 거의 완전히 소멸되었다. 그것들을 결합하는 표현 수단은 예술이 아니라 양식인 것이다. 그러나 15세기에 있어서는, 양식 혹은 말하자면 복장의 영역은 사람들이 보통 생각하는 것보다 훨씬 더 예술의 영역에 가깝다. 기사들이 입는 갑옷에 보석과 세공한 금속들을 주렁주렁 매다는 방식은 의상에 수공 예술의 직접적인 요소를 가져왔다. 그러나 여전히 의복 양식과 예술은 공통적으로 스타일과 리듬이라는 필수적 특성들을 갖는다. 중세 말기는 복장 속에 하나의 양식 곧, 지금은 대관식의 성대한 절차에서나 그에 대한 희박한 개념을 짐작할 수 있는 그런 양식을 계속적으로 표현하였다. 일상 생활에서 모피옷·색깔·머리쓰개·현수포 들이 갖는 구분은 계급의 엄격한 배치와 오만한 위엄, 기쁨이나 고통의 상태 및 우정과 사랑의 부드러운 관계들을 강조했던 것이다.

공동 생활의 모든 관계들은 가능한 한 표현력이 풍부한 방식으로 다듬어진 나름의 미학을 갖고 있었다. 아름다움과 도덕성이 풍부하면 풍부할수록 그들의 표현은 순수 예술에 가까왔다. 공손함과 예절바름도 생활 자체, 복장 및 외관 속에서만 그 표현의 미를 찾았다. 그러나 애도만은 묘비 속에 강력하고 지속적인 예술 형식을 남기는데 그것의 종교와의 결합은 교화적 가치를 드높인다.

그러나 역시 탐미주의의 가장 풍성한 개화는 용기와 명예와 사랑이라는 삶의 세 가지 요소 속에 잔존되어 있었다.

제 3 장
사회의 위계 개념

　18세기말 낭만주의가 막 생겨나던 초기에 중세 역사는 처음으로
관심과 찬탄의 대상이 되기 시작하였다. 그때 사람들이 맨 처음 발
견한 것은 기사도였고, 갓 피어난 낭만주의는 그것을 중세 자체와 동
일시하는 경향이 있었다. 사람들은 도처에서 물결치는 깃털장식만
을 보았고 그것은 매우 역설적으로 보일지는 모르나 어떤 의미에서
는 매우 옳았다. 하지만 보다 깊은 연구를 통해 기사도는 그 시대
문화의 여러 국면 중 하나일 뿐이며 또 사실은 사회적·정치적 발
전의 대부분이 기사도 밖에서 이루어졌다는 사실이 밝혀졌다. 순수
한 봉건 제도와 기사도 만개 시대는 13세기에 이르러 이미 쇠퇴한
다. 그 다음은 자치 도시와 영주들의 시기로 제후들의 재력을 지탱
해주던 부르조아지의 상업 세력이 국가와 사회의 지배 요인으로 등
장한다. 따라서 이미 도처에서 날개를 잘려 힘을 잃은 귀족 계급에
눈을 돌리기보다는 강 Gand 과 리용 Lyon 과 아우구스부르크 Augus-
bourg 에, 즉 막 탄생하던 자본주의와 그 새로운 정치 형태들에 눈
을 고정시키는 것이 우리에겐 더 익숙하게 되었고, 그것은 또 아주
근거 없는 일도 아니다. 역사 연구 자체도 낭만주의 이후로는 민주
화되었던 것이다. 하지만 이처럼 중세 말기를 정치—경제적 관점에
서만 보도록 습관지어진 사람은 15세기의 연대기 및 문학들이 귀
족 계급과 기사도에 대해 우리가 생각하는 것보다 훨씬 더 큰 위치
를 부여했다는 사실에 깜짝 놀라지 않을 수 없을 것이다. 이 같은
불균형은 기사도적 삶의 형식들이 귀족 계급이 이미 사회 조직으로

서의 그 우세한 의미를 상실한 후까지도 계속해서 그 사회에 영향
력을 미쳤다는 데 그 원인이 있다. 15세기의 정신 속에서 귀족 계
급은 사회의 한 요소로서 이론의 여지없이 아직도 그 최우선의 위
치를 차지하고 있다. 그 당시 사람들에게는 귀족 계급의 중요성이
과장되는 반면에 부르조아지의 중요성은 과소 평가된다. 그들은 사
회 발전의 원동력이 되는 진정한 힘이 호전적인 귀족 계급의 생활
과 행동 이외에 어떤 다른 데 있으리라는 생각을 거의 할 수가 없
다. 따라서 사람들의 잘못은 15세기 자체와 또 15세기의 견해를 아
무 비판 없이 그대로 따른 낭만주의에서 유래하며 반면에 현대의 연
구들은 중세의 삶의 진정한 관계들을 제대로 규명하였다고 주장할
것이다. 사실 정치 경제적 삶에 관한 한은 옳은 말이다. 그러나 한
시대의 문명을 인식하기 위해서는 당시 사람들이 실제로 그 속에서
살았던 그 착각까지도 진실의 가치를 지님을 알아야 한다. 기사도
라는 것이 비록 단지 삶에 덧칠한 에나멜에 불과했을지라도 삶이
이 에나멜칠의 광택으로 덧입혀져 있는 채로 보는 것은 역사에 있어
서 필수적인 일인 것이다.

　　그러나 사실 기사도는 그보다 훨씬 더 이상의 것이었다. 사회가
'신분들 ordres'로 나뉘어져 있다는 개념은 모든 신학적·정치적 사
고에 그 골수까지 침투되어 있었다. 이는 세 계급 곧 승려·귀족·
제3계급에만 국한된 것이 아니며, '신분' 개념은 훨씬 더 큰 의미
와 넓은 사정거리를 갖는다. 일반적으로 각 그룹·기능·직업은 하
나의 '신분'이 된다. 그 결과 사회는 세 계급으로 나뉘는 데 비해
한 계급은 각각 12신분쯤으로 나타날 수가 있다.[1] 왜냐하면 '직업
estat'은 곧 '신분 ordo'이며 신에 의해 고안된 현실이라는 생각이
지배적이기 때문이다. 중세 시대에는 'estat'(역주 : 'estat'는 'état'의
중세어)라는 말과 'ordre'라는 말이 우리가 볼 땐 전혀 유사성이 없
어 보이는 많은 수의 인간 그룹들에게 적용된다. 왕국의 'états'라
고 하는가 하면 또 직업들에도 사용하였고, 기혼 'état'와 처녀 'état,'
죄의 'état,' 궁정에서의 4 'estats de corps et de bouche(신체와 입에
관련된 4가지 신분)' 즉 빵 관리인들과 술 관장들과 고기 자르는 관원
들과 주방장들, 또 승려의 'ordres,' 즉 사제들과 부제(副祭)들과 부

부제(副副祭)들, 수도사들의 'ordres'와 기사단 'ordres' 등이 있다. 결국 중세적 사고 속에서는, 'etat'나 'érdre'의 개념이 이처럼 각 그룹들은 하나의 신성한 제도를 나타내며, 그것은 또 천지창조의 구성 속에서 천사들의 서품의 천상 보좌와 그 힘에 맞먹는 똑같이 실제적이고 존경할 만한 한 요소라고 믿는 일치된 확신을 받아들이고 있는 것이다.

국가와 사회에 대해 사람들이 갖고 있던 웅장한 이미지 속에서 하나의 신분은 각각의 서열들로 분할되었다. 그러나 이러한 분할은 실제 체험된 효용성에 따른 것이기보다는 오히려 그 광채와 성스러움의 정도에 따른 것이었다. 그러므로 사람들은 승려층의 타락과 기사도적 미덕의 쇠퇴를 한탄하면서도 그 이상적인 이미지만은 포기하지 않을 수 있었다. 즉 인간의 죄악상이 이 이상의 실현을 방해할 수는 있다. 그러나 이 이상은 여전히 사회적 사고의 근간이자 방침으로 남는다. 그리하여 중세가 사회에 대해 품은 이미지는 역동적이기보다는 정적인 것이다.

샤틀랭 Chastellain 은 필립 르 봉 Philippe le Bon 과 샤를르 르 테메레르 Charles le Téméraire 에 의해 정식으로 임명된 사료편찬관이었다. 그의 풍부한 저술은 그 시대의 사고를 가장 잘 반영한 거울로 남아 있는데 그는 자기 시대의 사회상을 일종의 기이한 빛에 비추어보고 있다. 샤틀랭은 플랑드르의 초장에서 자라난 사람이었다. 따라서 그의 눈앞에는 부르조아지의 눈부신 발전이 펼쳐지고 있었다. 그런데도 그는 부르고뉴 궁정의 휘황한 광채에 눈이 멀어 국가 내의 모든 힘의 근원으로서 기사도적 용기와 미덕만을 보고 있다.

신은 일하고 땅을 경작하고 상업에 의해 생활에 필요한 일용품들을 얻게 하기 위해 백성들을 생겨나게 하였다. 또 신은 신앙의 임무를 수행토록 하기 위해 사제 계급을 만들었다. 하지만 미덕을 가꾸고 정의를 보전키 위해 또 행사와 관례에 의해 다른 모든 사람들의 모범이 되게 하기 위해 신은 귀족 계급을 만들었다. 그리하여 샤틀랭은 국가의 가장 고귀한 임무를 귀족 계급에게 부여한다. 교회를 지키며 신앙심을 돈독히하고, 학정으로부터 백성을 지키며 공공의 번영을 유지시키며, 난폭함과 전제 정치에 대항하여 싸우고 평화를 공고히하는 등 진실과 용맹과 윤리와 자유가 귀족 계급 고유의 특질이라는 것이다. 그리고 이 과장된 찬가 집필자는 프랑스의 귀족이야말로 이 이상적인 이미지에 완벽하게 부합된다고 말한다. [2] 샤틀랭은 그의 저술 전체에서 귀족 개념에 대한 그의 착각을 통해 그 시대의 사건들을 보고 있다.

부르조아지의 중요성에 대한 그릇된 인식은 사람들이 제3계급을 상상하던 유형이 여전히 교정되지 않고 또 초점이 전혀 어긋나 있는 데서 유래한다. 그 유형은 달력의 세밀화나 혹은 그 해의 일정 즉 노동에 지친 농부나 솜씨 좋은 장색(匠色)이나 활동적 상인 등을 나타낸 저부조(低浮彫)처럼 간단하고 단순했다. 교양 있는 신사의 자리를 대신한 강력한 특권 계급의 모습도 이 들에 새긴 유형들 가운데서 투쟁적인 길드 대표와 그의 자유의 이상을 나타낸 형상이 차지한 것보다 더 많은 자리를 차지하지는 않았다. 제3계급의 개념 속에서 부르조아들과 노동자들은 전혀 분리되지 않았으며 이 같은 현상은 대혁명 때까지 지속되었다. 가난한 농민의 이미지가 호사스럽고 한가로운 부르조아의 모습과 번갈아 나타난다. [3] 하지만 이 제3계급은 아직 그 경제적이고 정치적인 진정한 기능에 부합되는 마땅한 정의(定義)를 전혀 부여받지 않고 있다. 1412년 어거스틴파의 한 수도사가 내놓은 개혁안은 진지한 어조로 프랑스내에 사는 귀족 아닌 모든 사람은 한 가지 직업 또는 경작에 종사해야 하며 그렇지 않을 경우 나라에서 추방시켜야 한다는 조건을 내세우고 있다. [4]

따라서 우리는 샤틀랭처럼 윤리적 환상에 젖어 있고 또 정치 문제에 대해서는 순진하기 그지없는 사람이 귀족 계급에게는 가장 높은 자질을 부여하는 반면 제3계급에는 열등하고 노예적인 미덕들만을 부여하는 것을 이해할 수 있게 된다. "전체 왕국내에서 제3계급에 대해 볼 것 같으면, 그것은 선량한 도시인들과 상인들과 노동자들로 구성된 계급으로 다른 계급보다 별로 그다지 길게 설명할게 없는 계급이다. 그 계급은 그 자체로서는 높은 평가를 내리기가 불가능한데 그것은 그 계급이 노예 같은 상태에 있기 때문이다." 그 계급의 미덕이라면 단지 열심과 겸양, 왕에의 복종과 영주들을 기쁘게 하는 순종심뿐이다. [5]

어쩌면 이처럼 이상한 개념이, 부르조아들의 힘과 자유로운 미래를 간파하지 못하도록 하면서, 귀족 계급의 미덕에서만 인간성의 행복을 기대하던 샤틀랭 같은 정신들 속에 그러한 페시미즘을 생겨나게 한 것이 아닐까?

샤틀랭은 아직도 도시의 부자들을 단순히 '그 쌍것들'이라고 부른다.[6] 그는 부르조아의 명예에 대해서는 조금도 생각지 않고 있다. 필립 르 봉은 부유한 부르조아의 미망인들이나 딸들을 자기의 사수들이나 소귀족층의 하인배들에게 결혼시키려 하여 그를 위해 권력을 남용하는 습관이 있었다. 그래서 부모들은 가능한 한 딸들을 빨리 결혼시켰으며 과부들 역시 같은 이유에서 남편을 장사 지내기가 무섭게 재혼하였다.[7] 한번은 공작이 릴 Lille 의 한 부유한 맥주 양조업자의 완강한 거절에 부딪힌다. 공작은 소녀를 감옥에 가둔다. 모욕을 당한 그 아버지는 공작의 사법권 밖으로 나가버린다. 그는 그 사건을 파리 의회에 손쉽게 제소할 수 있도록 자기 전재산을 챙겨 투르네 Tournai 로 옮겨가버린 것이다. 이 일로 그는 근심과 고난만을 짊어지게 되고 급기야 슬픔으로 병이 나고 만다. 공작은 결국 간청하는 어미에게 그 딸을 돌려주나 사면장에는 치욕과 수치의 말을 덧붙인다. 샤틀랭은 종종 주군의 일을 못마땅히 여겨 비난의 말을 서슴지 않는 사람임에도 불구하고, 여기서는 전적으로 공작에게 동조하고 있다. 모욕을 당한 그 아비에 대해서 그는 "그 버르장머리없는 반역자 양조업자"니 또는 "게다가 그 고약한 쌍놈"[8]이라느니 하고 말하고 있을 뿐이다.

기사도적 영예와 불운이 공허하게 메아리치는 사원(寺院), 『복카치오의 사원 le Temple de Boccace』에서, 샤틀랭은 대금융업자 쟈크 쾨르 Jacques Cœur 를 단 한마디의 변명의 말로써 받아들이고 있을 뿐이다. 반면에 샤틀랭은 무시무시한 악행에도 불구하고 그가 단순히 고귀한 태생이라는 이유로 질 드 레 Gilles de Rais 에게는 쉽사리 접근을 허용한다.[9] 샤틀랭은 또 강 Gand 시(市) 앞 대전투에서 무참히 쓰러진 부르조아들의 이름에 대해서는 언급조차 할 필요가 없다고 생각한다.[10]

제 3계급에 대한 이러한 멸시 곁에, 기사도적 이상과 귀족 계급에 귀속되는 미덕과 임무의 실천 속에는, 대조적으로 평민에 대한 동정의 요소가 있다. 한편에는 『쌍놈들의 노래 *Kerelslied*』라는 플랑드르어로 쓰어진 시와 『쌍것들의 격언집 *Proverbes del vilain*』이라는 속담집에 표현돼 있는 것 같은 도시 사람에 대한 증오어린 경멸의 조롱이 있는가 하면, 다른 한편으로는 전쟁에 시달리며 관리들에게 착취 당하고 궁핍과 비참 속에 살아가는 가련한 백성에 대한 연민이 있다.

　　우직한 사람들은 배고픔으로 죽어가는데,
　　커다란 이리들은 날마다 그들로 배를 채우네.
　　놈들은 수천수백의 유사 보석들을
　　긁어 모으니 ; 그것은 곧 곡식알, 곧 밀이요
　　땅을 가는 가난한 사람들의
　　뼈와 피라네, 그들의 영혼은 소리높여
　　하느님께 복수를, 영주께는 보호를 간구하누나. [11]

　각자가 농민의 희생으로 살고 있었고 농민들은 참을성 있게 견디어냈다. "영주님은 이에 대해 아무것도 모르시지." 그리고는 가끔씩 투덜거리고 당국을 비난한다. "불쌍한 양떼들, 가련한 바보 같은 백성들." 그러면 영주는 단 한 마디 말로 그들을 진정시키고 잘 알아듣도록 타이른다. 백년 전쟁의 결과로 프랑스 전국에 황폐와 불안정이 시시각각으로 확산되어갈 때 농촌 사람을 위한 불평과 하소연은 지칠 줄 모르고 이어지며 점차 특수한 형태를 띠어간다. 농민은 양진영의 군사들에게 약탈당하고 방화당하고 학대당하며 군사들이 타는 말에 뜯어먹힌 채 헐벗은 농민들은 심지어 집에서 쫓겨나기까지 한다. 1400년경 개혁을 주장하는 우호적인 두 고위 성직자의 하소연이 바로 이와 같다. 니콜라스 드 클레망쥬 Nicolas de Clemanges 는 그의 『정의의 실추와 혁신에 관하여 *Liber de lapsu et reparatione justitiae*』[12]에서, 또 제르송 Gerson 은 1405 년 11 월 7 일 파리에 있는 왕비의 궁에서, 섭정들과 궁정인들이 모인 자리에서 '왕이여 만세 *Vivat Rex*'라는 테마로 행한 용기있고 감동적인 정치 설교에서 그 같은 하소연을 하고 있다. "그 가련한 사람은 우연히 호밀이나 보리 약간을 손에 넣는 외에는 먹을 빵이 전혀 없을 것입니다. 부인은 곧 아이를 낳게 되며 집안에는 너덧 명이나 되는 아이들을 갖게 될 것입니다. 화덕은 있으나 거의 불기가 없고 아이들은 빵을 달라고 졸라댈 것이며 배고픔으로 울부짖을 것입니다. 그리하여 가엾은 어머니는 잇사이로 빵조각을 다시 밀어내야 하고 혹은 소금밖에 없을지도 모릅니다. 이 정도도 아주 비참한 일입니다. 그러나 거기다가 또 모든 것을 뒤져갈 악당들이 밀어닥칠 것입니다. 그들이 와서 모든 것을 다 앗아가고 남김없이 쓸어갈 것입니다. 누가 갚아줄지 물어보십시오."[13] 보베 Bauvais 의 주교였던 쟝 쥬브날 Jean Jouvenel 도 1433 년에는 블로아 Blois 정부에서, 또 1439 년에는 오를레앙 정부에서 백성들이 겪는 참상을 신랄한 어조로 설명하고 있다.[14] 백성들이 겪는 참상에 대한 테마는, 논쟁의 형식하에, 알랭 샤르티에 Alain Chartier 의 『비난의 카드릴로그 le Quadriloge invectif』, 그리고 거기서 영감을 받은 또 다른 시,[15] 즉 로베르 가갱 Robert Gaguin 의 『농부와 사제와 경관의 토의 le Débat du laboureur, du prestre et du gendarme』속에서, 다른 신분들의 불평과 대립되어 다루어지고 있다.[16] 연대기 작가들 역시 같은 주제를 자주 반복해서 다룬다. 그 테마가 그들로 하여금 재차 그것을 다루도록 하기 때문이다.[17] 몰리네 Molinet 는 『힘없는 백성의 의지할 것 Ressource du petit peuple』[18]이라는 시를 쓰고 근엄한 메쉬노 Meschinot 는 귀족과 영주들에게 백성들이 처한 참상에 대해 끊임없이 경고한다 :

> 오 하나님 일반 민중의 저 빈곤을 보시옵소서.
> 열심으로 저들을 살피소서
> 아아 ! 배고픔과 추위, 두려움과 비참함으로 저들은 떨고 있으니
> 저들이 죄가 있고 과실을 범했다치더라도,
> 놈들이 저들에게서 탈취해간 재산이 딱하지도 않습니까 ?
> 이제 저들은 풍찻간에 가져갈 밀도 없습니다.
> 놈들은 저들에게서 양털과 린넨까지 강탈해갔읍니다.
> 이제 저들에게 마실 거라고는 물밖에 남지 않았읍니다.[19]

1484 년 투르 정부의 현황에 대하여 왕에게 제출된 한 보고서에

서는 이 같은 하소연이 일종의 정치적 상소의 형식을 띤다.[20] 그러나 백성에 대한 연민은 여전히 천편일률적이며 여전히 부정적인 채로 남아 있다. 즉 그것은 아무런 프로그램도 갖지 못하고 사회 개혁에의 욕망도 전혀 없다. 그리고 똑같은 테마가 전혀 변화없이 라 브뤼에르 La Bruyère 나 페늘롱 Fénelon 에게서도 발견되며 그것은 18세기까지도 여전히 반복된다. "이 사람들의 친구"라는 그 미라보 Mirabeau 후작의 탄식 역시 그것이 이미 반란을 예고케 하는 것이었음에도 불구하고 그 이상의 것은 내포하지 못하고 있기 때문이다.

혼히 기대할 수 있듯이 시대에 뒤진 낡은 기사도적 이상을 옹호하는 사람들도 덩달아 이 같은 연민의 표현에 어깨를 나란히한다. 게다가 약자를 보호한다는 기사도적 이상이 그것을 요구하지 않았겠는가? 그리고 궁정적 이상 특유의 똑같이 천편일률적으로 이론뿐인 생각이 미덕을 갖춘 귀족이야말로 진정한 귀족이며 인간은 그 근본에 있어서는 다 같이 평등하다는 생각이다. 사람들은 가끔 이 두 가지 개념들의 역사적 의미를 과장하였다. 심정적 귀족이 진정한 귀족이라는 생각은 르네상스가 얻은 승리라고 여겨졌고 그래서 사람들은 『귀족성에 관하여 De nobilitate』에서 포제 Pogge 가 표현한 생각들을 인용하곤 한다. 그리고 존 볼 John Ball 의 다음과 같은 혁명적 문장들에서 평등주의의 첫 신호를 확인하고 싶어한다. "아담이 땅을 파고 이브가 길쌈할 때는 누가 귀족이었겠느냐?" 그래서 사람들은 귀족 계급이 흔들리고 있었던 게 분명하다고 믿는다.

하지만 그 두 개념은 구제도하의 살롱들에서뿐 아니라 오래 전부터 있어온 궁정문학의 혼해빠진 테마였다. 심정적 귀족이라는 개념은 트루바두르 troubadour(역주 : 중세 시대의 음유시인들)들의 시와 궁정식 사랑 amour courtois 에의 찬가에서 나온 것으로 단순한 윤리적 고찰이었을 뿐 아무런 사회적 목적성도 없는 것이었다.

> 지고의 귀족성은 다 어디서 나오는 것일까?
> 고상한 품성을 갖춘 고결한 마음에서 나오는 것
> ……천박한 것은 조금도 그의 마음을 뒤흔들지 못하지.[21]

평등이란 개념도 사실 교회 교부들에 의해 키케로와 세네카에게서 빌어온 것이었다. 그레고아르 르 그랑 Grégoire le Grand은 갓 시작된 중세에 다음과 같은 문장을 주었었다 : "우리는 모두 사실은 동일한 인간성을 갖고 있다 Omnes namque homines natura aequales sumus." 이후 이 말은 갖가지 어조로 되풀이되었지만 거기엔 기존의 불평등을 감소시킬 어떤 의도도 들어 있지 않았다. 중세 시대의 사람들에게는 이 생각은 불가능한 미래의 어떤 평등을 겨냥한 것이 아니고 죽음에서 누리게 될 아주 가까운 평등을 의미했다. 외스타슈 데샹 Eustache Deschamps에게서 우리는 이 삶의 불의를 위로하기 위해 만들어진 죽음의 무도와의 직접적 관련하에 그것을 본다. 아담 자신이 그 후손에게 다음과 같이 말하고 있다 :

자녀들이여, 하나님 다음으로 첫 아비인
나 아담에게서 나온 자녀들이여,
모든 사람은 그에게 지음받아 의당
내 옆구리와 너희 어미 이브에게서
나온 자손들이라. 그런데 어찌하여
너희 형제 중 어떤 자는 천민이고
어떤 자는 귀족 성을 갖는단 말이냐?
그 귀족이라는 게 어디서 나왔는고?
나는 알 수가 없도다. 덕스러운 사람과
만악(萬惡)을 범하는 비열한을 가리키는 게 아니라면,
너희 모두는 단지 껍질을 덮쓰고 있을 뿐.

하나님이 나를 진흙으로 빚으실 때, 나는
죽을 수밖에 없는 인간으로 약하고 둔하고 헛된 존재였네
또 내게서 이브를 만드셨을 때, 그는 우리 모두를 벌거벗은 채로 창조
하셨네.
하지만 우리에게 영을 가득 불어넣으셨지.
영원토록, 그 후 우리는 목마름과 배고픔,
노동과 고통을 갖게 되었고 비탄 중에 아이를 갖게 되었네.
우리 죄를 인하여 모든 여인은
고통 속에 아이를 낳게 되었지 : 여인들은 천하게 아이를 배었도다.
바로 거기서 그 이름 천민이 나온 것.

천민이라는 그 이름, 마음에 거슬리는 그 이름이 어디서 나왔는가?
너희 모두는 단지 껍질을 덧쓰고 있는 것일 뿐.

막강한 왕들과 백작들과 공직들,
백성의 통치자들과 주권자들,
그들도 태어날 땐 무얼 입고 있었는가?
피로 얼룩진 더러운 살갗뿐,
……제후들이여, 가련한 백성들을 경멸만 말고
죽음이 그 날뛰는 것을 겪는다는 것을 생각하구려. [22]

기사도적 이상의 열렬한 추종자들이 가끔 농민 출신 영웅들의 행적을 부각시키고 또 그로써 "귀족들은 촌놈 취급하는 농민 출신 영웅들이 간혹 훨씬 더 큰 용맹을 떨치고 있다"는 사실을 귀족들에게 가르치려 한 것도 그러한 생각을 따른 것이다. [23]

왜냐면 이 모든 생각들의 근간은 귀족 계급이 궁정적 이상을 준수함으로써 세계를 지탱하고 순화할 의무를 갖는다는 것이기 때문이다. 귀족들의 생활과 덕행은 현시대의 불행을 씻는 치유책이며, 교회의 복지와 평화, 정의의 실현 역시 그들 귀족들의 손에 달려 있다. [24] 그토록 고귀하고 탁월한 기사 계급은 백성을 보호하고 지키며 평화롭게 하기 위해 설립된다. 왜냐하면 백성들은 전반적으로 가장 전쟁에 시달리기 때문이다. [25] 때늦은 기사도적 이상의 가장 순수한 구현이라 할 수 있는 부시코 Boucicaut 의 생애에서 우리는 다음의 것을 읽는다 : 즉 신적이고 인간적인 법 체계를 떠받치기 위한 두 기둥으로서 신의 의지에 의해 다음 두 가지가 세워졌다. 그것 없이는 세상은 혼돈일 뿐이다. "기사도와 학문이 바로 그것인데 이는 서로 매우 잘 합치되는 것이다." [26] "학문과 신앙과 기사도야말로 필립 드 비트리 Philippe de Vitry 가 말한 '백합꽃 제단'의 세 송이 백합화이다. 이는 각각 세 신분을 나타내는 것으로, 귀족 계급은 다른 둘을 보호할 임무를 갖는다." [27]

기사도와 학문에 부여된 대등한 품격, 곧 기사도의 직함에 부여되는 권리들과 똑같은 권리들을 박사의 직함에도 부여하려는 경향은, [28] 궁정인의 이상에 부여된 매우 큰 윤리적 가치를 증명해주는

것이기도 하다. 사람들은 한편으로는 용맹스러운 용기를 찬양하면
서도 또 다른 한편으로는 박식한 지식을 찬양한다. 즉 사람들은 두
가지 방식의 경배를 보다 높은 삶에 바친다. 그러나 둘 중에서 보
다 큰 효력을 갖는 것은 기사도적 이상이다. 왜냐하면 기사도적 이
상은 윤리적 가치 이외에도 정신에 가장 큰 시사를 던질 수 있는
미적 요소의 다양성을 내포하고 있기 때문이다.

제 4 장
기사도의 관념

　일반적으로 중세의 사고는 종교적 개념들로 가득차 있다. 마찬가지로 보다 제한된 영역 즉 궁정과 귀족 계급내에서는 모든 사람들의 사고 속에 기사도적 이상이 가득 배어 있다. 그리고 이것은 종교적 영역까지 침범한다. 예를 들어 천사장 미가엘의 무훈은 "위급한 때 무훈을 세운 최초의 기사도적 군대요 무훈"이었다. "지상(地上)의 군대요 인간 기사단"으로서 하나님의 보좌를 에워싼 천사들의 찬양대를 모형으로 한 기사도는 바로 거기서 유래한 것이다.[1] 스페인의 시인 후안 마누엘 Juan Manuel 도 기사도를 일종의 성사(聖事)로 부름으로써 영세나 혼례 미사에 비교하고 있다.[2]

　귀족 계급에 기초한 이 드높은 열망은 구체적인 형태를 띠는가? 또 그것은 이 계급의 의무와 관련된 어떤 일정한 정치 사상에까지 이르는가? 그렇다. 그 사상이란 여러 왕들의 연합에 기초한 만국 평화의 수립과 예루살렘 정복 및 터키족 축출을 위한 싸움이다. 지칠 줄 모르고 뭔가를 계획하는 필립 드 메지에르 Philippe de Mézières 는 템플 기사단 l'ordre des chevaliers de la milice du Temple 과 자선 수도회 Hospitaliers 의 옛 세력을 능가할 새로운 기사단을 꿈꾸며 그의 『노 순례자의 꿈 le Songe du vieil pélerin』에서 가까운 장래에 세계 복지를 확보할 멋진 계획안을 구상한다. 프랑스의 젊은 국왕은——이는 1388년경 그 많은 희망 사항들이 불행한 샤를르 Ⅵ세에 근거를 두었던 그 당시에 씌어진 것이다——젊고 또 그래서 옛 전쟁의 책임이 전혀 없는 영국왕 리챠드와 쉽게 화친하게 될 것이다.

그들은 개인적으로도 서로 평화를 유지해야 하며 평화를 예고해온 놀라운 계시들을 서로 이야기해야 한다. 협상은 사제나 법조계 인사들 또는 군대의 장(長)들에게 맡기기만 하면 빝반 어려운 난관을 빚지 않을 것이며, 또 그럴려면 치사한 이해 관계 따위는 버려야 한다. 프랑스 국왕은 국경 지방의 몇몇 도시와 성들을 양도해야 하며 평화 협정이 체결되는 즉시로 십자군 원정이 준비될 수 있을 것이다. 곳곳에서는 묵은 씨움들과 묵은 원힌들이 기라앉을 것이고 나라의 전제적 통치도 개혁될 것이다. 전도(傳道)만으로 타타르인·터키인·유태인·사라센인들을 개종시키기가 충분치 않다면, 모든 공의회는 기독교도 제후들을 전쟁에 소집할 것이다.[3] 이 모든 중대한 구상들은 그럴싸함 때문에 심지어는 셀레스틴회 수도원에서 메지에르와 젊은 루이 도를레앙 사이에 있은 비밀 대담에서까지 논의되었다. 도를레앙 자신도 실제적이고 타산적인 정치적 구상을 거기에 섞긴 했지만 평화와 십자군에 대한 꿈 속에 살고 있었다.[4]

하지만 기사도에 기초한 사회라는 이 같은 환상은 기묘하게도 현실과는 상당한 대조를 이루었다. 14세기와 15세기에 잘 알려진 프랑스의 아무 연대기 작가라도 들어보자. 프로아사르 Froissart와 몽스트를레 Monstrelet, 데쿠쉬 d'Escouchy, 샤틀랭 Chastellain, 라 마르슈 La Marche, 몰리네 Molinet 등 아무라도. 코민 Commines과 토마스 바쟁 Thomas Basin을 제외하고 이들 모두는 다 글 서두에 자기들이 기사도적 덕행과 명예로운 투사의 행적을 찬양하기 위해 이 글을 쓴다고 호언하고 있다.[5] 그러나 그 말을 끝까지 믿고 나가는 사람은 아무도 없으며 그나마 가장 성공하고 있는 것도 샤틀랭뿐이다. 기사도 서사시의 뒤늦은 결실이라 할 수 있는 초공상적인 시 『멜리아도르 Méliador』의 작가 프로아사르도 이상적 무용담들과 '군대의 대무훈들'로 머릿속이 꽉 차 있다. 그러나 저널리스트적인 그의 필치하에서는 배신 행위와 잔혹 행위, 권력의 탐욕스러운 남용밖에는 발견할 수가 없다. 몰리네의 경우도 마찬가지여서 그는 자신의 기사도적 의도를 망각한 채 단순하게 사건 나열만 해나간다 (그것도 과장된 문체로 된 추상화만을). 그러는 중에 그는 때때로 처음의 의무로 삼았던 고귀한 치장들을 상기시키기 위해서만 그 이야기들을 중단할 뿐이다.

기사도라는 개념은 이들 작가들의 피상적인 정신에게는 당시의 사
건들을 스스로 납득하는 데 도움을 주는 일종의 마술 열쇠와도 같
은 것이었다. 그 시대의 정치가 그러했듯이 전쟁 역시도 극도로 조
잡했고 십중팔구는 지리멸렬하기 일쑤였다. 거대한 영역 위에서 산
발적으로 흩어진 채 각각 고립되어 싸웠고 소규모 국부전들이 만성
적 상태를 이루고 있었다. 외교술은 복잡하고도 결함이 많은 방편
으로서 한편으로는 매우 일반적인 전통적 사고의 지배를 받는가 하
면 또 한편으로는 국부적이고 사소한 권리 문제들의 잘 풀리지 않는
거대한 총체에 의해 좌우되기도 하였다. 역사는 결국 실제의 사회
발전을 식별할 수가 없었으므로 기사도적 이상이라는 허구를 사용
하였으며, 그것의 힘을 빌어 세계를 제후들의 명예 및 궁정적 덕행
이라는 아름다운 이미지의 범주로 축소시키면서 질서의 환상을 만
들어냈다. 이 같은 역사적 기준은 말하자면 투키디데스식 판단에 비
유될 수 있으며 그다지 질이 좋다고는 볼 수 없는 것 같다. 그렇게
생각된 역사는 기껏해야 군대 생활의 멋진 행적들과 장엄한 의례들
에 대한 단순한 진술로 끝나고 말기 때문이다. 또 그런 관점에서라
면 진짜 역사가는 과연 누구겠는가? 프로아사르의 생각으로는 군
사(軍使)들과 군대의 장(長)들이다. 그들이야말로 이 고귀한 행적의
목격자요 증인이므로 그들이 이 행위들을 공식적으로 판단해야 한
다. 그들은 명예와 그에 관한 문제에 있어서 숙련된 전문가들이며
또 이 두 가지는 역사의 주제이기까지하다.[6]

황금양털 기사단의 규약이 기사도적 군대 행적들의 관계를 명했
다. '황금양털 *Toison d'Or*'이란 별명을 가진 르페브르 드 생-레미
Lefèvre de Saint-Rémy 와 군사(軍使) 베리 Berry 는 연대기적 군대 영
웅의 전형들이다.

삶의 이상으로서 기사도의 개념은 매우 특수한 성격을 띤다. 본
질상 그것은 환상과 영웅적 감동에서 나온, 그러나 외관에 있어서
는 윤리적 이상을 담당한 하나의 미학적 이상이었다. 중세적 사고는
기사도의 개념을 종교와 미덕에 결부시키면서만 그 기사도적 개념
에 귀족적 위치를 부여할 수 있었다. 하지만 기사도는 결코 완벽하

게 이 윤리적 기능의 높이에까지 이를 수 없을 것이다. 그 지상적 (地上的) 기원이 그에게 그것을 막는 것이다. 왜냐하면 그 같은 이상의 본질은 미(美)의 위치까지 올려진 교만이기 때문이다. 샤틀랭은 이것을 잘 이해하고 있었고 그래서 다음과 같이 말한다. "제후들의 영예는 교만으로 기울어 큰 위험을 내포하고 있다. 모든 주요 권력들은 교만이라는 한 좁은 점으로 수렴되고 있다."[7] 교만은 양식화되고 찬양받으면서 기사도적 삶의 축이라 할 수 있는 명예를 탄생시켰다. 테느 Taine 는 중간 계층과 하위층의 사회적 관계 속에서는 이해 관계가 그 주된 원동력인 반면에 귀족 계급에서는 교만이 그 큰 동력이 된다고 말한다.[8] "그러므로 인간의 깊은 감정들 중에서 그보다 더 청렴함과 애국심과 양심으로 변모되기에 적당한 것은 없다. 자부심이 강한 인간은 스스로에 대한 존경심을 필요로 하고, 그것을 얻기 위해서 그는 그에 합당한 자가 되려 하기 때문이다." 확실히 테느는 귀족주의를 미화하는 경향이 있다. 사실상 귀족 계급의 역사는 도처에서 파렴치한 에고이즘과 결합된 교만의 이미지를 제공한다. 그럼에도 불구하고 이러한 말들이 귀족적 이상에 대한 좋은 정의인 것은 여전하다. 그리고 그 말들은 부르크하르트가 르네상스 시대의 명예감에 대해 판단한 것과 관련이 깊다 : 즉 양심과 에고이즘의 이 기이한 혼합이야말로 수많은 악행과 양립할 수 있으며 극도의 착각을 가능케 한다. 그러나 한 인간 속에 순수하고 귀족적인 것으로 남아 있는 모든 것은 거기에 의거하며 바로 거기에서 새로운 힘을 길어올릴 수 있을 것이라는 것이다.[9]

개인적 영예에의 갈망은 부르크하르트에 의해 르네상스기 인간의 특성처럼 생각된다.[10] 그는 이탈리아 외부에서 중세적 삶을 고무하는 계급적 명예 및 영광에 대립시켜 단테 이래 과거 모델들의 영향하에 이탈리아 정신이 멸망한 인간적 영광 및 명예심을 대립시킨다. 하지만 내가 볼 때는 이것은 부르크하르트 자신이 중세와 르네상스 또 서유럽과 이탈리아 사이의 거리감을 지나치게 과장하는 점 중의 하나인 것 같다. 르네상스기 인간 특유의 이 명예심과 영예욕은 본질상 전시대의 기사도적 야심이기도 하다. 그것은 프랑스에 그 기원을 둔다. 그리고 그것은 봉건적 감정은 제거되고 고대적 사고에 의해 윤색된 확대된 계급적 명예심이다. 후세에게서 찬양받으려는 열렬한 희구는 15세기의 이탈리아의 예술 운동을 주도한 아름다운 정신들에게서보다 12세기의 궁정기사나 14세기의 거친 장수들에게서 더 낯선 것은 아니었다. 프로아사르에 따르면, 로베르 드 보마노아 Robert de Beaumanoir경과 영국인 장수 로버트 밤보로 Robert Bamborough 사이에 30인 전투(1351년 3월 27일) 전에 체결된 협정서는 다음과 같은 말로 끝을 맺었다 : "그러므로 우리는 다 가을 시대에 홀이나 궁정, 공회당 그리고 전세계 다른 장소들에서 사람들이 그에 대해 이야기할 수 있도록 실행할 것이다. "[11] 기사도적 이상을 존중하는 점에 있어서는 완벽하게 중세적인 샤틀랭도 다음과 같이 쓸 때는 매우 르네상스적이다.

명예는 온갖 고귀한 성품을 심어
그 자체로서 고결한 모든 것을 사랑케 한다.
귀족성은 거기에 또 공정함을 덧붙이도다. [12]

다른 데서 그는 또, 유대인과 이교도들에게서는 명예가 훨씬 더 소중한 것이었는데, 그것은 기독교도들이 명예를 종교에 의해 천국에서 받을 보상에 대한 소망 속에 받아들인 반면, 유대인과 이교도들에게서는 명예가 그 자체로서 현세적 칭송의 기대 속에 길러졌기 때문이라고 말한다. [13]

프로아사르도 이미, 종교적이고 윤리적인 동기를 벗어버린 용맹성, 즉 영광과 명예를 얻기 위한 그리고──얼마나 앙팡 테리블 *enfant terrible*(역주 : 무서운 아이란 뜻)인가──경력을 만들기 위한 단순하고 순전한 용맹성을 권고한 바 있다. [14]

기사도적인 영광과 명예에의 추구는 영웅 숭배와는 뗄레야 뗄 수 없는 관계에 있다. 그리고 그 영웅 숭배 속에는 중세적 요소와 르네상스적 요소가 뒤섞여 있다. 기사도적 삶은 하나의 모방, 즉 아더왕 서사시군(群)의 영웅들이나──또 아무려면 어떤가──고대 영웅들에의 모방이라 할 수 있다. 알렉산더 대왕은 궁정식 로망 *Roman courtois*이 꽃피어난 시대 이후로는 기사도적 범주에 들어가지 않았던가? 고대 역사는 여전히 경이로운 원탁의 나라들과 뒤섞인다. 르네 René 왕은 그의 여러 시 가운데 하나에서 랑슬로트, 시저, 다윗, 헤라클레스, 파리스, 트로일루스 Troïlus 등의 무덤들이 나란히 각각의 문장들로 장식된 채 있는 환상을 묘사한다. [15) 기사도 자체도 로마에 기원을 둔 것처럼 여겨졌다. "그리고 그는——영국의 헨리 V세에 대한 이야기다——옛 로마인들이 그랬던 것처럼 기사도 계율을 잘 지켰다. "16) 고전주의는 점차 비중을 갖게 되면서, 사람들이 고대에 대해 갖고 있던 이미지에 수정·정화를 가져온다. 포르투갈의 귀족 바스크 드 뤼센 Vasque de Lucène 은 샤를르 르 테메레르를 위해 『켕트-퀴르스 *Quinte-Curce*』를 번역하면서 150 년 전 야콥 판 마에르란트 Jacob van Maerlant 가 선언했던 것처럼 정통 '알렉산더 대왕'을 제시함으로써 다른 작가들이 역사를 왜곡시킨 그 거짓말들을 남김없이 제거하겠다고 선언한다. [17) 그러나 그런 만큼 제후에게 하나의 본받을 만한 모범을 제시하려는 의도가 강하며 또 샤를르만큼 의식적으로 고대인들의 위대하고 혁혁한 행적들에 필적하기를 원한 제후도 달리 없었다. 어린 시절에 이미 그는 고뱅 Gauvain 과 랑슬로트 Lancelot 의 영웅담들을 읽혀 들었다. 후에 고대인들을 더 좋아하게 된 그는 잠들기 전 한두 시간씩 '고대 로마의 역사책들'을 읽혀 듣곤 하였다. [18) 그는 특히 시저, 한니발, 알렉산더를 좋아했고 "그들을 본받고 모방하고 싶어했다. "19) 그의 모든 동시대인들은 그의 행적의 모든 원동력을 이 같은 의도적인 모방 속에서 보고 있다. "그는 거대한 영예를 갈망했다. 그리고 이 점이 그 어떤 다른 점보다 더 그를 전쟁에로 내모는 요인이었다. 그는 죽은 뒤에도 늘 사람들의 입에 오르내리는 그의 옛 왕들을 닮고 싶어했다"20)라고 코민은 적고 있다. 샤틀랭은 이 위대한 행적들과 고대의 멋진 무용담들에 대한 취향이 그에게서 처음으로 실행되는 것을 보았다. 1467 년 말린 Malines 에서 그의 공작으로서의 입성식이 그러했다. 그는 반란을 진압해야 했고 그 일은 잘 합의되었다. 형식에 따라 판결이 떨어졌고 주모자 중 하나는 사형, 다른 하나는 영구 추방이 언도되었다. 공작은 장터 광장에 세워진 교수대 앞에 앉아 있고 죄인은 무릎을 꿇고 사형 집행관은 이미 칼을 빼든 찰나다. 이 때 지금껏 자기 의도를 숨기고 있던 샤를르가 돌연히 외친다. "멈춰라 ! 그

자에게서 눈가리개를 벗기고 그 자를 일으켜 세워라!"

"그러자 나는 알아챘다. 그의 마음이 후세를 위해 그리고 독특한 행동을 함으로써 영예와 명성을 얻으려는 마음이라는 것을"[21] 하고 샤틀랭은 말한다.

샤를르 르 테메레르의 예는 르네상스의 정신 즉 고대인들의 모범에 따라 삶의 아름다움을 추구하려는 열망이 어떻게 기사도적 이상 속에 뿌리를 갖고 있는가를 잘 보여주는 예이다. 르 테메레르를 동시대 이탈리아인들과 비교해본다면 그들 사이에는 단지 독서와 취향의 차이밖에는 없다. 샤를르는 아직 고전 작품들을 번역판으로 읽었고 또 그가 선호한 형식들이 플랑보아양 *flamboyant* 식의 고딕 양식에 속했을 뿐이다.

기사도적 요소들과 르네상스적 요소들은 여전히 아홉 용사들에의 숭배 속에 불가분적으로 연결되어 있다. 이 아홉 용사군은 이교도 셋과 기독교도 셋으로 이루어져 있으며 1312년경 자크 드 롱기용 Jacques de Longuyon 의 『공작새의 맹서 *Vœut de paon*』에서 처음으로 나타난다. [22] 이 영웅들의 선택은 기사도 로망과 밀접하게 연결되어 있는데 헥토르, 시저, 알렉산더, 여호수아, 다윗, 쥬다스 마카비우스, 아더, 샤를르마뉴 그리고 고드프로아 드 부이용 Godefroid de Bouillon 등이다. 외스타슈 데샹은 스승 기욤 드 마쇼 Guillaume de Machaut 에게서 그 개념을 물려받아 이 아홉 영웅들에게 수많은 시를 바쳤다. [23] 중세에 그토록 강력하던 균형의 요구에 따라, 아홉 용사들에게 각각 9명의 용감한 여인들을 짝지은 것도 아마 그였을 것이다. 그는 쥐스탱 Justin 과 다른 작가들에게서 팡테실레 Penthésilée, 토미리스 Tomyris, 세미라미스 Sémiramis 등의 기이한 고전의 여주인공들을 끌어냈다. 그리고 주저없이 그들의 이름들을 변형시켰다. 이것이 성공하려는 생각을 방해하지는 않았으며, 『르 쥬방셀 *Le Jouvencel*』같은 이후의 작품들에서 우리는 그 용사들과 여걸들을 다시 보게 된다. 양탄자에는 그들의 그림들이 새겨지며 사람들은 그들에게 문장까지 만들어준다. 1431년 파리 입성 때 영국의 헨리 Ⅵ세는 그들 전부를 앞세우고 들어온다. [24]

이 같은 표상이 얼마큼 유행이었는가는 다음과 같은 패러디에 의해 증명된다. 몰리베는 아홉 '대식가(大食家) 용사들'에 대해 능변을 발휘하였다. [25] 또 프랑소아 I 세는 아직도 때때로 용사들 중의 하나를 나타내고자 고대식 차림을 하였다. [26]

대상은 한 술 더 떴다. 그는 막 생겨나던 군사적 애국심에 고대 영웅들에의 숭배를 연결시켜, 그 당시 프랑스 사람인 베르트랑 뒤 게스클랭 Bertrand du Guesclin 을 열번째 용사로 덧붙였다. [27] 이 같은 생각은 성공을 거두어 루이 도를레앙은 쿠쉬 Couchy 성의 큰 홀 안에 열번째 용사로서 용맹한 원수의 조각상을 세우게 하였다. [28] 도를레앙이 뒤 게스클랭의 기억을 기념한 것은 당연한 일이었다. 뒤 게스클랭은 세례반 위에서 도를레앙을 붙들어주었던 사람이며 그의 작은 손에 칼을 쥐어주었던 사람이다. 사람들은 11번째 여걸로서 쟌 다르크를 기대한다. 그리고 실제로 15세기는 그녀에게 그 위치를 부여하였다. 루이 드 라발 Louis de Laval 은 인척 관계로 뒤 게스클랭의 손자뻘되는 사람으로서 쟌 다르크의 군대 동료들의 형제였는데, 그는 예배당 전속 신부 세바스챤 마므로 Sébastien Mamerot 에게 아홉 용사 이야기를 쓰도록 명하고 거기에 뒤 게스클랭과 쟌 다르크를 집어넣으라고 명했다. 그러나 마므로의 작품을 보전하는 수사본(手寫本) 속에서는 그 두 이름이 빠져 있다. [29] 그리고 쟌 다르크에 관해서는 그 생각이 성공했으리라는 증거가 전혀 없다. 영웅들에 대한 국민적 숭배는 15세기 프랑스에서 생겨나는데 맨 먼저는 그 용감하고 신중한 브르타뉴인에 관련된다. 당시 사람들의 상상 속에서는 쟌느 편에서 혹은 쟌느에 대항해서 싸운 모든 유의 장수들이 동레미 Domrémy 의 작은 처녀 농부보다 더 크고 명예로운 위치를 차지했다. 많은 사람들이 아직 아무런 감동도 존경심도 없이 단순히 하나의 호기심에서 그녀 이야기를 한다. 샤틀랭은, 프랑스인의 비장한 충성심을 증거하기 위해선 경우에 따라 그의 부르고뉴적 감정을 제쳐둘 줄 알았던 사람이나, 샤를르 VII세의 죽음의 '미스테리'를 쓸 때, 거기서 왕편에서 영국인들에 대항해 싸웠던 모든 장수들을 마치 용사들의 화랑처럼 등장시켜 각자 자신들의 무훈을 적은 시행들을 노래하게 하고 있는 반면 즉 뒤노아 Dunois, 쟝 뒤 뷔이으 Jean du Bueil, 크생트라이으 Xaintrailles, 라 이르 La Hire

등과 또 그보다 덜 유명한 다른 사람들은 등장시키고 있는 반면[30] 그 처녀 쟌 다르크에 대해서는 한마디도 언급하지 않고 있다.

부르고뉴 공작들은 자기네 보고(寶庫) 속에 영웅들의 진기한 유물들을 많이 보존하고 있었다 : 이를테면 그의 문장들로 장식된 생 죠르쥬 Saint Georges 의 칼과 베르트랑 드 클레켕 Bertran de Claiquin(드 게스클랭)경의 소유였던 또 다른 검 하나, 가랭 드 로에랭 Garin de Loherain 의 멧돼지 이빨 하나와 성(聖) 루이가 어렸을 때 공부한 성가집 등.[31] 여기에는 얼마나 기사도적인 환상과 종교적 상상력이 결합되어 있는가! 게다가 한 술 더 떠서 우리는 교황 레옹 X세가 엄숙하게 성유물(聖遺物)로 인정한 바 있는 티트-리브 Tite-Live 의 팔도 볼 수 있다.[32]

중세말 이 영웅들에 대한 숭배는 완벽한 기사들의 전기 속에서 그 문학적 형식을 발견하였다. 이는 가끔 질 드 트라즈니 Gilles de Trazegnies 처럼 전설적 인물들이기도 했으나 보다 흥미를 끄는 것은 부시코 Boucicaut 같은 당대 인물들의 모습이다. 일반적으로 부시코 원수라고 불린 쟝 르 멩그르 Jean le Meingre 는 곤경에 처한 나라를 구하는 데 이바지한 인물이었다. 1396 년 그는 쟝 드 느베르 Jean de Nevers 와 함께 니코폴리스 Nicopolis, 곧 터키인들을 유럽에서 몰아내고자 출발했던 프랑스 군대가 술탄 바자지드 Bajazid 에게 전멸당한 그곳에 있었다. 1415 년 아쟁쿠르에서 다시 포로가 된 그는 포로가 된 지 6 년 만에 죽었다. 1409 년에는 이미 그의 찬미자 중의 하나가 그의 무훈담을 썼다. 그것은 매우 확실한 자료에 입각하여 쓴 것이나 동시대 역사의 한 페이지를 기록하려는 의도에서라기보다는 단지 완벽한 기사의 이미지를 만들어내려는 의도에서 쓴 것이었다.[33] 따라서 이상적 영웅주의의 외관 밑에 파란만장한 생애의 사실들은 사라지고 없다. 이 『사실의 책 Livre des faits』에서는 니코폴리스의 무시무시한 비극적 종말이 단지 희미한 색채만을 띠고 있다. 부시코는 절도 있고 경건하면서도 은근하고 학식 있는 기사의 전형으로 묘사되고 있다. 부시코의 부친을 통해서는 기사 고유의 특성인 재물에 대한 경멸이 그려진다. 소유 재산을 결코 늘이기도 줄이기도 원치 않았던 그는 다음과 같이 말하고 있다 : 내 아이들은 정직하고 용감하기만 하다면 그들은 그것으로 충분할 것이다. 그리고 만약 그 애들이 그만한 자격이 없다면 그들에게 그렇게 많은 재산을 남겨준다는 것은 오히려 해로운 일이다. [34] 부시코의 신앙은 퓨리턴적 성격을 띤다. 그는 아침 일찍 일어나 세 시간씩 기도로 보낸다. 그는 아무리 바쁘고 급해도 매일 무릎 꿇고 두 번씩 미사를 드리며 금요일엔 반드시 검은 옷을 입는다. 주일과 축제일에는 언제나 걸어서 순례를 행하며 성자전(聖者傳)이나 "로마 혹은 다른 곳의 용맹스런 고인들의" 이야기의 낭독을 경청하고 경건한 주제 위에서로 대화를 나눈다. 절제 있고 말이 적은 그는 말을 할 때도 늘 하나님과 성자들, 미덕과 기사도에 대한 이야기만 한다. 그는 하인들에게도 예절과 경건에 길들게 하였으며 욕설은 입에 담지도 못하게 하였다. [35] 또 그는 여성 숭배의 열렬한 지지자의 한 사람으로 여인들을 보호코자 '레퀴 베르 아 라 담 블랑슈 l'écu verd à la dame blanche'라는 기사단을 세우며, 이는 크리스틴 드 피장 Christine de Pisan 의 찬사를 불러일으킨다. [36] 그는 어느 날 자신이 프랑스왕 샤를르 Ⅵ세의 섭정으로 있었던 제느 Gênes 에서, 우연히 만난 두 부인의 인사에 정중하게 답례하였다. "각하, 각하께서 그토록 존경심을 표한 두 부인은 누구입니까?" 그의 종자(從者)가 묻는다——"제기랄, 모르겠는데." 그의 대답에 시종이 말한다. "각하, 그 여자들은 창녀들입니다."——"창녀라고. 제기랄, 선량한 부인 한 사람에게 결례를 범하느니 차라리 창녀 열 명에게 예의를 갖추는 게 낫지"[37] 하고 그는 대답한다. 그의 좌우명이라 할 수 있을 "당신이 원하신다면 Ce que vous vouldrez"은 보통 금언이 그렇듯 의도적으로 수수께끼 같은 뜻을 내포한다. 그것은 자기가 충성을 맹세한 부인에 대한 그의 자발적인 의향의 헌신을 의미하는 것일까? 아니면 후대에나 발견하기를 기대할 수 있는 태도 즉 삶 앞에서의 일반적 체념을 거기서 보아야 할까?

사람들이 이상적인 기사에게 부여한 감정은 그와 같이 경건과 엄격함과 충실함의 감정이었다. 실제의 부시코가 그 같은 이미지에 항상 부합되지는 않았으리라는 것에 놀랄 사람이 누가 있겠는가? 난폭함과 탐욕은 그의 계급에 그토록 흔한 것이었고 따라서 이 고귀

한 인물에게서도 항상 낯선 것만은 아니었다. [38]

하지만 본이 되는 기사는 가끔 다른 유형이기도 하다. 쟝 드 뵈이으 Jean de Bueil의 전기적 로망으로 부시코의 생애 후 약 반세기가 지난 뒤에 쐬어진 『르 주방셀』은 부분적으로 다른 개념을 표현하고 있다. 쟝 드 뵈이으는 쟌 다르크 휘하에서 싸운 장수였고 후에 프라그리 Praguerie 반란 때와 공익(公益) Bien public 전쟁 때도 참전한 바 있으며 1477년에 죽었다. 그는 왕의 총애를 잃은 1465년경 세 명의 하속들에게 자기 생애담을 시사해주었다. [39] 허구적인 내용을 역사적 형식으로 싸고 있을 뿐인 부시코의 생애와는 달리, 『르 주방셀』은 허구라는 면모하에 적어도 제1부에 있어서만은 강력하게 사실적인 성격을 감추고 있다. 작품의 나머지 부분에서는 저자들이 쟝미향의 로망티슴에 빠져 있는 것이다. 일례로 우리는 거기서 1444년 스위스 영토로의 프랑스패의 무시무시한 원정과 생 쟉크 쉬르 라 비르스 le combat de Saint-Jacques sur la Birse 전투——거기에서 바젤 Bâle 지방 농민들은 그들의 데르모필 Thermopyles 을 발견했다——등이 전원시의 낡은 틀 속에 제시되고 있는 것을 본다.

그러나 반대로 제1부에서는 『르 주방셀』은 그 시대의 전쟁에 대한 매우 간결하고도 진실한——그래서 사람들은 그 시대의 문학 속에서도 그와 유사한 것을 찾으려고 헛되이 애쓸 정도다——묘사를 우리에게 제공한다. 세 저자들 역시 쟌 다르크에 대해서는 침묵한다. 그들의 주인이 그녀의 군대 동지였음에도 불구하고 그들은 주인의 무훈담만을 찬양하고 있다. 하지만 쟝 드 뵈이으 자신은 또 얼마나 충실하게 그들에게 자기의 군대 생활의 이야기를 들려주었겠는가? 여기에서 후에 총사와 근위병과 1차 대전 용사들의 상(像)을 만들어내게 될 프랑스 정신이 예고된다. 기사도적 의도는 단지 책의 첫머리에서 젊은이들에게 이 책에서 군대 생활을 배우라고 권하고 또 그들에게 교만·정욕·탐심을 경계하라고 가르치는 것 외에는 나타나지 않는다. 『르 주방셀』의 제1부에서는 부시코의 생애에서 볼 수 있는 것 같은 사랑의 요소는 물론 경건의 요소 역시 찾아볼 수 없다. 여기서 우리는 단지 전쟁의 비참상과 그 곤궁함 그리고 근심만을 읽게 되며 기근과 위험을 견디는 용기만을 보게 된다. 한 영주

가 그의 수비대를 소집한다. 말은 비쩍 마른 것 15필밖에 없고 그
것도 태반은 편자도 안 박은 것이다. 말 각각에 두 명씩 타고 그 사
람들 역시 거의가 애꾸눈이거나 팔다리가 잘린 사람들이다. 장수
의 옷을 꿰매려고 적의 내의를 훔친다. 전장에서의 심야의 파병 장
면을 읽으면서 우리는 우리 자신이 진짜 밤공기와 침묵 속에 휩싸인
듯이 느끼게 된다.[40] 『르 주방셀』에서 기사도의 유형은 비로소 국
민군의 유형으로 넘어간다. 즉 주인공은 그들이 선량한 프랑스인이
된다는 조건으로 죄수들을 석방한다. 영직(榮職)에 이른 주방셀은
모험과 자유로 가득찬 자신의 생을 아쉬워한다.

　이 같은 사실적인 기사 유형은 매우 프랑스적인 산물이다. 부르고
뉴 문학은 훨씬 더 고풍스럽고 웅장하며 훨씬 더 봉건적인 형태 속
에 갇혀 있는 그 특성 때문에 그처럼 사실적인 유형을 만들어낼 수
가 없었을 것이다. 주방셀에 비한다면 부르고뉴의 영웅 쟈크 드 랄
랭 Jacques de Lalaing은 질롱 드 트라즈니 Gillon de Trazegnies처
럼 편력기사라는 낡고 흔한 유형에 기초한 하나의 옛 호기심에 불
과하다. 이 영웅의 무훈담은 진짜 전쟁보다는 로마네스크한 마상
(馬上) 시합으로 더 많이 채워져 있다.[41]

　전사의 용맹함이 『르 주방셀』의 대목들에서보다 더 간결하고 표현
적으로 묘사된 것은 없었다.[42] "전쟁이란 즐거운 것이다……. 사람
들은 전쟁시 그토록 서로 사랑한다. 자기네 편의 싸움이 잘 되어가
고 또 자기네 혈족이 잘 싸우는 것을 볼 때 사람들의 눈엔 눈물이
흐른다. 우리 창조주의 명령을 이루기 위해 그렇게 용감하게 자기
몸을 내놓는 친구를 볼 때 충성심과 연민에 가득찬 마음에는 애정
이 싹튼다. 그리하여 사람들은 그와 더불어 죽고 그와 더불어 살겠
다는 각오를 하게 되며 사랑하므로 결코 버리지 않겠다는 결심을 하
게 된다. 바로 거기서 말로 다 할 수 없는—말로 표현하려고 시도
해보지 않은 사람이 누가 있겠는가—극한 기쁨이 생겨난다. 이것
에 직면한 사람이 죽음을 두려워하리라 생각하는가? 결코 아니다.
그는 자신이 어디 있는지도 모를 만큼 힘을 얻고 완전히 넋을 잃는
다. 그래서 그는 진짜로 아무것도 겁내지 않게 된다."

　이러한 말들은 15세기의 기사에 의해서만큼 현대의 병사에 의

해서도 그만큼 잘 씌어질 수가 있었을 것이다. 이 말들은 특별히 중
세적이랄 게 전혀 없다. 그리고 우리에게 전장의 용맹성의 진수를
보여준다. 위험 한가운데서 자신을 망각하는 것이며 동료의 용기에
감동을 느끼는 것, 또 충성심과 희생 정신의 극한 희열 등등, 이 같
은 원시적인 금욕주의는, 기사도적 이상이 남성적 완벽성의 고귀한
표현 즉 그리스인들의 '칼로카가티아 *Kalokagathia*'에서 표현된 것
같은 아름다운 삶에로의 열망에까지 고양되는 기반이 된다. 이 이
상이야말로 수세기 동안 하나의 에네르기의 원천으로 남을 것이며
…… 또 모든 에고이즘과 난폭함의 세계를 뒤에 숨긴 마스크로 남
을 것이다.

제 5 장
영웅주의와 사랑의 꿈

기사도적 이상이 간절히 추구된 곳에서는 어디나 이 이상이 내포하고 있는 금욕적인 요소가 대단히 중요성을 띤다. 따라서 십자군 시대에는 이 이상은 수도원적 열망과 합쳐지면서 템플 기사단과 같은 군대와 종교적인 것이 결합한 기사단들을 만들어냈다. 편력기사란 가난해야 하며 현세적 관계들을 끊어야 한다. 이처럼 가진 게 전혀 없는 고결한 전사의 이상이야말로 "비록 현실적으로는 아니라 할지라도 감정적으로나마 여전히 삶의 전사적(戰士的)이고 귀족적인 개념을 지배하고 있다"고 윌리암 제임스 William James 는 말한다. "기사에게서야말로 우리는 모든 질곡으로부터 완전히 자유로운 인간상을 보며 그를 찬미하게 된다. 자기 생명 외에는 아무것도 가진 게 없으며 필요하다면 언제고 생명을 내걸 각오가 돼 있는 그는 이상적인 방향으로 향한 완전한 자유의 대표자이다."[1]

그러므로 기사도적 이상이 동정(童貞)이나 충성·정의 같은 윤리적인 요소들과 맺는 관계를 인위적이고 피상적인 것이라 여기는 것은 옳지 못하다. 그러나 그렇다고 해서 기사도를 아름다운 삶의 개념에까지 드높인 것은 기사도가 뿌리박고 있는 그러한 감정들이 결코 아니며 또 남성적인 용기 역시 아니었다. 이 생각들과 이 열망들의 총체에 삶의 열기를 준 것은 다름아닌 사랑이었다.

기사도적 이상의 특징인 금욕주의와 용감한 희생 정신 등은 하나의 에로틱한 기반을 갖는다. 그것들은 어쩌면 그 속에 억제된 욕망들이 윤리적 변신을 한 것에 불과하다. 사랑에다 형식과 양식을 부

여하려는 욕구는 단순히 문학이나 조형 예술 등에 의해서만 만족될
수 있는 것이 아니며 삶 자체 속에서 예절바른 대화며 사교적·유희,
스포츠 들에 의해서도 충족되어야 한다는 것을 상기해보자. 사랑
은 거기서도 그 숭고하고 로마네스크한 표현을 발견하는 것이다. 삶
이 문학에서 그 형식들을 빌어온다면 문학 역시도 삶에서 모든 것
을 길어올린다. 결국 사랑의 기사도적 성격은 문학에서 태어난 게
아니며 삶에서 생겨난 것이다. 그리고 기사도적 테마와 가장 사랑
하는 연인이라는 테마를 제공한 것도 역시 삶의 실제적 관계들이다.

기사와 귀부인, 사랑에 의한 영웅주의, 이는 어디서나 늘 나타나
게 될 소설의 모티프이다. 그것은 관능적 욕망이 자기 희생—즉 윤
리적 범주의 일부인 양 보이는 희생—으로 변하는 즉각적 변신이
다. 그리고 이 같은 개인의 전적 포기는 가장 사랑히는 부인에게 자
기 용기를 과시하려는 의지, 즉 위험을 무릅쓰고 고통을 견디며 강
인해 보이려는 청년기 특유의 열망에서 나온 것이다. 욕망의 표현
과 충족은 둘 다 불가능해 보인다. 그러므로 이는 보다 고양된 한
가지 즉 사랑에 의해 시도된 영웅적 행동이라는 승화된 형태로 변
모된다. 그리하여 죽음만이 유일하게 욕망 성취에의 양자택일적 대
안이 되며 결국 어떤 식으로든 해방은 보장된다.

그러나 마음을 가득 채운 이 영웅주의 꿈은 시시각각으로 발전되
어간다. 첫번째 테마는 단순하여 금방 낡아진다. 정열은 고통과 거
부의 꿈에 보다 강렬한 색채를 부여한다. 영웅적 행동은 급박한 위
험에서 부인을 구출해내는 데 있을 것이며 그리하여 새로운 자극이
원초적 생각에 첨가될 것이다. 기사도적-사랑의 시의 본질적 모티
프는 대개 젊은·영웅에 의한 처녀 구출이 될 것이다. 침략자가 간혹
용이라 해도 별 상관은 없다. 거기엔 에로틱한 요인이 숨겨져 있는
것이다.

우리는 50년 전의 비교신화학이 처녀 구출이라는 테마—이러한
착상은 생활 속에서조차 우리에게 그토록 가깝다—를 설명하기 위
해 기상학적 현상들에 도움을 청하고 있는 것을 보면 놀랄 것이다.
하도 자주 반복되어 닳아빠진 이것은 가끔 버려지는 때도 있으나 또
다시 새로운 유형들, 예를 들어 로마네스크한 영화의 카우보이의 테

마 같은 유형들을 만들어내면서 재차 나타나게 된다.

중세는 이처럼 청년기의 채울 길 없는 욕망을 가지고서 틀에 박힌 테마들을 길러냈다. 문학의 보다 고상한 쟝르들, 이를테면 서정시 같은 것에서는 사랑의 갈증을 표현하는 방식이 훨씬 더 세련되고 절제된, 더 정신적인, 그러나 그만큼 더 암시적인 형태를 취한다. 반면에 로망은 무한정 새롭고 언제나 똑같은 모험들을 계속 반복하는데 그러면서도 그것은 우리로선 거의 이해할 수 없는 매력을 지속적으로 지닌다. 우리는 때늦은 기사도 로망들 즉 프로아사르의 『멜리아도르 *Méliador*』나 혹은 『페르스포레 *Perceforest*』 같은 것이 이미 14세기에 시대 착오들이었다고 상상하는 경향이 있다. 그러나 그것들은 오늘날 센세이션을 일으키는 소설들처럼이나 시대 착오가 아니었다. 그것은 한편 또 엄격한 의미에서 문학이라고만도 하기 어려우며 오히려 응용 예술에 해당한다고 할 수 있을 것이다. 에로틱한 상상을 위해서는 모델들이 필요했고 이 필요야말로 그 쟝르를 생기 있게 하고 새롭게 할 동인이 되었다. 르네상스 시대에는 이러한 모델들은 『아마디스 드 골 *Amadis de Gaule*』 작품군(群)에서 다시 나타나는데 16세기 후반에 프랑소와 드 라 누 François de la Noue 는 자기 세대에 — 위마니즘 *humanisme*에 푹 잠겼던 세대임에도 불구하고 — 아마디스 *Amadis* 로망들이 거의 "현기증이 날 만큼 황홀한 기분"을 일으킨다고 쓰고 있다. 이를 볼 때 우리는 1400년대 균형 잃은 세대의 로망들이 얼마나 그 수용성이 컸는가를 미루어 짐작하게 된다.

로마네스크한 사랑의 격정은 독서의 형태로만 주어진 것이 아니고 무대의 형태하에서도 주어졌다. 이 유희는 두 가지 형식을 가질 수 있는데, 연극적 상연과 스포츠가 그것이다. 스포츠는 중세엔 훨씬 더 중요하다. 대체로 드라마는 아직 성스러운 주제만을 다루었다. 그래서 드라마에 있어서 사랑의 모험은 극히 예외적일 뿐이었다. 반면 중세의 스포츠 특히 기마 시합은 그 자체로서 고도의 드라마틱한 것이었고 게다가 강력한 에로티즘을 내포하고 있었다. 스포츠는 늘 어디서나 드라마틱한 것과 애정이라는 두 요소를 결합하고 있기 마련이었다. 하지만 현대의 스포츠가 거의 그리스적인 단순성으로 향하는 반면, 중세말의 기마 시합은 그 풍성한 장식과 연출로 말미암아 드라마 자체의 기능들을 수행할 수 있었다.

15세기는 귀족 사회의 지적·감정적 생활이 하나의 사회적 유희로 화해가는 쇠퇴기 중의 하나이다. 현실은 난폭하고 냉혹하며 잔인하다. 사람들은 이 현실을 기사도적 이상의 꿈으로 환원시킨다. 사람들은 랑슬로트의 가면을 쓴다. 그것은 하나의 거대한 기만이며 약간의 빈정거림으로 완화되고서만 견딜 수 있는 일종의 속임수다. 결국 15세기의 전기사도 문화는 감수성과 빈정거림간의 위험한 줄타기이다. 명예·충성심·사랑 등의 기사도적 덕목들은 가장 심각하게 취급되는 한편 또 그 엄격한 위엄은 종종 웃음으로 느슨해진다. 그러나 의식적(意識的)인 패로디가 우세하게 되는 곳은 이탈리아뿐이며 풀치 Pulci 의 『모르강테 *Morgante*』와 보이아르도 Boïardo 의 『오를란도 이나모라토 *Orlando innamorato*』에서 그러하다. 그리고 이러한 기사도적 감수성은 결국 그 고유 영역을 뇌찾아, 우리는 아리오스트 Arioste 와 더불어 심각함과 웃음을 넘어서 그 감수성이 가장 고전적인 표현을 발견하는 명정의 범주로 고양된다.

1400년경의 프랑스 사회의 기사도적 이상의 진지성을 누가 의심할 수 있겠는가? 모범적 기사의 전형이라 할 수 있는 부시코에게서 로마네스크한 바탕은 아직 매우 확실하다. 그는 젊은이들의 가슴속에 고결한 기사도적 무훈에의 갈망이 생겨나게 하는 것은 사랑이라고 말한다. 그는 궁정식 사랑의 옛 법칙들에 따라 자기의 귀부인을 섬긴다 : "모든 것이 한 여인에 대한 사랑을 위해 바쳐졌고 모든 것이 그것을 찬미하는 데 바쳐졌다. 그의 사랑하는 귀부인 앞에서만은 그의 말씨는 우아했고 예의발랐으며 조심스러웠다."[2]

부시코의 문학적 태도와 그의 생애의 잔혹한 현실 사이에는 우리가 볼 때 거의 이해할 수 없는 대조가 존재한다. 이 행동가는 그 당시 정치의 전면에 있다. 1388년 그는 동방으로의 첫번째 여행을 시도한다. 세 군대 동료들, 즉 필립 다르토아 Philippe d'Artois 와 그의 집사 그리고 크레세크 Cresecque 라는 사람 등과 함께 여행하면서, 그는 궁정의 사랑 *amour courtois* 을 옹호하는 시 『100편의 발라드로 이루어진 책 *Le Livre des cent ballades*』을 쓰면서 그 시대를 요약하고 있다.[3] 그 후 7년 뒤, 그는 젊은 느베르 Nevers 공작(훗날 쟝 상 쾨르가 됨)의 스승으로서 술탄 바쟈지드에 대한 무모한 십자군 전쟁의 모험에 참가한다. 그리고 그는 세 동료를 잃은 그 끔찍한 니코폴리스 참사의 증인이 되어 프랑스 귀족의 꽃이 산산조각나는 것을 목격한다. 그렇다고 그 때 그가 그 기사도적 환상에서 깨어났으리라고 생각할 수 있을까? 그렇지는 않다. 오히려 그는 억압당하는 여성들을 보호하기 위해 '레퀴 베르 아 라 담 블랑슈 l'escu verd à la dame blanche 기사단'을 창설하고, 1400년경 궁정 사회를 열광케 했던 논쟁, 즉 진지한 사랑과 경박한 연애간의 문학적 논쟁에 참가한다.

치정적인 내용이 빠져버린 모든 로마네스크한 형태들이 다 그렇듯이 문학과 삶 속에서의 이 같은 궁정식 사랑의 표현은 가끔은 매우 무미건조하고 우스꽝스럽게 보인다. 정교하게 다듬은 시행들과 화려한 기마 시합이 표현하던 그 정열은 꺼져버렸다. 그것은 이제 몇몇 천재의 희귀한 작품들 속에서밖에는 살아 남아 있지 않았다. 하지만 예술 작품으로서는 열등한 이 모든 작품은 삶의 치장과 감정 표현이라는 면에서는 크나큰 의미를 갖는 것이었다. 그 중요성을 이해하려면 그것에 새로이 생기를 주는 정열을 불어넣어야 한다. 우리는 사랑의 시들과 기마 시합의 묘사들을 읽으면서 비록 그 갈매기형의 눈썹과 좁은 이마 밑에서 깜박거리는 눈들을 떠올릴 수는 없다 할지라도 거기서 그 당시의 역사적인 세세한 점들을 인식할 수는 있다. 수세기 이래 꺼져버린 그 눈빛들은 한때는, 훨씬 뒤까지 살아 남아 폐허처럼 쌓인 모든 문학보다도 훨씬 더 중요한 것이었다.

오늘날 우리로 하여금 이 사회적 형식들의 치정적(癡情的) 의미를 간파할 수 있게 해주는 것도 이 우연한 섬광이다. 다음은 『에롱의 맹세 Le Vœu du Héron』에서 쟝 드 보몽 Jean de Beaumont이 전투에 임하는 기사도적 맹세를 요청받고서 어떻게 자신의 뜻을 표현하고 있는가 하는 것이다.

주막에서 우리가 독한 술들을 마시고 있을 때

가녀린 숙녀들이 우릴 쳐다보며 지나가네.

새하얀 목덜미에 꽉죄인 동옷을 입고

그녀들의 다채로운 눈빛은 미소띠며 아름답게 빛나누나.

하여 본능은 우리에게 욕망으로 타는 가슴을 갖게 하네.

……그 때 우리는 요몽 Yaumont 과 아굴랑 Agoulant 을 정복하고[4]

도 다른 이들은 올리비에 Olivier 와 롤랑 Rolland 을 정복하리.

그러나 우리가 전장에서 달리는 군마 위에 앉아 있을 때

방패를 목에 걸고 창을 아래로 내려드린 채

매서운 추위가 우릴 온통 얼어붙게 하고

사지는 힘이 없어 무너질 듯하고 힘없이 앞뒤로 흔들거릴 때

그리고 적들이 우리를 향해 달려들면

그럴 때 우리는 일찍이 한 번도 본 적이 없는

큰 방 안에 있었으면 하고 바라게 되리.[5]

"오호라 샤를르 르 테메레르 진영에서는 전투·해산·돌격·창겨
누기 따위를 시키기 위해서가 아니라, 우리를 보살펴주고 우리에
게 잘하라고 격려해주기 위해 여자들이 있는데!"[6] 하고 필립 드
크르와 Philippe de Croy 는 쓰고 있다.

기마 시합의 에로틱한 요소는 기사가 자기가 사모하는 부인의 베
일이나 옷을 걸치고 나오는 습관 속에서 분명히 나타난다. 시합의
열기 속에서 여자들은 몸에 걸친 장신구들을 하나씩 벗어던지고 마
침내 경기가 끝나면 그녀들은 머리에 아무것도 걸치지 않은 채 팔
과 어깨마저 소매 없이 맨살을 드러낸다.[7] 이는 13세기 후반기의
한 파블리오 *fabliau* 『세 기사와 셔츠 *Des trois cheaalier et del chain-
se*』[8]에서 강렬한 방식으로 표현되었다. 한 부인이 고귀한 관용으
로 가득찬 그러나 싸움은 별로 좋아하지 않는 남편을 갖고 있다. 그
녀는 자기를 사모하여 섬기는 세 기사에게 자기의 셔츠 *chainse*——
속옷의 일종——를 보낸다. 그들 중 하나에게 그것을 갑옷 위에 걸
치는 겉옷 *cotte d'armes* 대신 걸치고 흉갑도 입지 않은 채 그녀 남
편이 베풀기로 돼 있는 다음 번 기마 시합에 참가하라는 것이다. 첫
두 기사는 그 제안을 거절한다. 가련한 세번째 기사만은 그 셔츠를
끌어안고 열렬히 애무한 뒤 기마 시합에 그것을 입고 나간다. 그는

크게 다치고 셔츠는 찢어져 피로 물든다. 그의 용맹은 상을 받고,, 그는 부인에게 한 가지 보상을 요구한다. 즉 그는 그녀에게 피로 얼룩진 그 옷을 돌려보내며 그녀로 하여금 기마 시합을 마치는 폐회 축하연 동안 그것을 옷 위에 걸쳐입고 있으라 요청한다. 그녀는 피투성이가 된 셔츠에 부드럽게 입맞추고는 그것을 걸쳐 입는다. 대부분의 참석자들이 그녀를 비난하고 남편은 당황하여 수치를 느낀다. 시인은 우리에게 다음과 같이 질문한다 : "이 두 연인 중 누가 더 상대를 위해 큰 희생을 치루었는가?"

기마 시합을 둘러싼 격정의 분위기는 교회가 이 스포츠를 꺼린 이유를 설명해준다. 이 경기는, 1389년의 기마 시합에 대해 생-드니의 수도사 le Religieux de Saint-Denis 와 그의 말을 믿은 쟝 쥬베날 데 쥐르생 Jean Juvénal des Ursins 이 증거하듯이, 가끔씩 명백한 간통 사건을 유발시켰다. [9] 교회의 사법권은 이미 오래 전부터 기마 시합을 금하고 있었다. 처음엔 전투 훈련을 위해 실시되었던 기마 시합이 그 과도함과 남용에 의해 더 이상 참고 볼 수 없는 것이 되었다. [10] 모랄리스트들은 기마 시합을 경멸하였고, [11] 위마니스트들 역시 마찬가지였다. 페트라르카는 묻는다. "키케로와 스키피오가 기마 시합을 했다는 말을 어디서 읽었는가?" 그리고 그 파리의 부르조아 역시 한 유명한 기마 시합에 대해 이렇게 말하고 있다 : "그자들은 알 수 없는 미친 짓으로 싸움판을 벌인다."[12]

그러나 귀족 계급만은 기마 시합과 마상 경기에 가장 큰 중요성을 부여하였다. 옛 관습은 유명한 시합 장소에 기념비를 세우기를 원했다. 생-토메르 Saint-Omer 근처에 있는 '라 크로아 펠레렝 la croix pélerin'도 그 중 하나인데, 그것은 라 펠레렝에서 벌어진 유명한 시합중에 생-폴 Saint-Pol 의 서자와 한 스페인 편력기사 사이에 벌어진 결투를 기념하는 것이었다. 반 세기쯤 후에 바이야르 Bayard 는 기마 시합이 열리기 전 그 곳을 순례하였다. [13] 또 라 퐁텐데 플뢰르 la Fontaine des Pleurs 에서의 시합중에 사용되었던 장식품과 의상들은 축제가 끝난 뒤에 블로뉴 Boulogne 에 있는 노트르-담성당으로 엄숙하게 옮겨져 교회 안에 걸어두었다. [14]

중세기의 기마 시합과 마상 경기들은 그리스의 경기나 현대 스포

츠들보다 훨씬 덜 단순하다. 귀족적 오만과 사랑 그리고 예술 등이
그 시합들에 짜릿한 묘미를 부여한다. 과도한 장식과 호사로 둘러
싸인, 그리고 영웅적 환상들로 가득찬 기마 시합들은 그야말로 드
라마틱한 공연이며 갈망과 꿈들의 실현이다. 군대 생활과 궁정 생활
은 영웅주의적인 사랑의 감정들에 별로 실질적인 기회들을 제공해
주지 못했다. 그러나 마음은 그러한 영웅주의로 부풀어오르고, 사
람들은 그것을 살아보고자 원했다. 따라서 그들은 호사스런 마상 시
합을 통해 스스로 보다 아름다운 삶을 창조해냈다. 기사도덕 마상
시합에 있어서도 그리스의 5종 경기 *pentathlon*(역주 : 경주·넓이뛰
기·투원반·투창·레슬링)에 못지않게 진정한 용맹의 요소는 중요하
다. 피튀기는 난폭성을 요구한 것은 바로 우리가 이야기한 바 그
에로틱한 성격이다. 기마 시합은 그것을 고무시키는 모티프들로 보
아 옛 힌두 서사시에서 나오는 전투들과 매우 흡사하다. '마하바라
타 *Mahâbhârata*'에서도 역시 중심 생각은 여성을 위한 싸움인 것
이다.

　기마 시합의 연출은 원탁기사 로망의 연출이었다. 즉 그것은 요
정 이야기식의 어린아이적 환상을 갖고 있었다. 거인들과 난장이들
을 만나는 허구적인 모험이 거기서는 궁정식 사랑의 감상주의와 연
결되어 있었다. 15세기의 기마 시합은 상상적이고 로마네스크한 모
험에 기초를 둔다. 배경도 '눈물의 샘'이니 '샤를르마뉴의 나무'니
하는 감동적인 이름을 갖는다. 샘은 그러한 효과를 위해 구상된
다.[15] 샘터 앞에는 정자가 있고, 거기에는 일년 내내 한 귀부인이 앉
아(물론 초상화다) 방패 셋을 든 일각수(一角獸) 하나를 붙들고 있다.
매달 초하룻날이면 무명의 기사 하나가 그 방패를 만지러 올 것이
다. 방패를 만진 기사는 모두 기마 시합의 '조항들 *chapitres*'에 명
시된 조건 속에 격투에 참가해야 한다.[16] 곧 방패들을 명중시키되
말을 탄 채여야 하며, 기사들은 언제나 이러한 용도를 위해 완벽하
게 채비가 갖추어진 말들을 발견하게 될 것이다.

　'앙프리즈 뒤 드라공 l'emprise du dragon'의 경우에는 4명의 기
사들이 십자로에 서 있다. 어떠한 부인도 이 길을 지날 때 그녀를
위해 창 두 자루를 부러뜨릴 기사 한 명을 대동하지 않고는 그 길

을 지날 수가 없다. 그러지 않으려면 그녀는 담보물을 내야 한다. [17] 지금도 아이들이 열중하는 벌금놀이는 퐁텐 데 플뢰르의 '조항들'이 증거하듯 옛날의 사랑을 위한 기사도적 결투의 흔적이다. 싸움 중 땅에 나둥그라진 사람은 열쇠를 갖고 있는 부인을 발견하기까지는 자물쇠가 달린 황금팔찌를 끼고 다녀야 한다. 그녀는 그가 그녀를 섬긴다는 조건으로 그를 풀어주게 될 것이다. 또 다른 경우는 난장이를 가둬두고 있는 거인이다. 그 근처에는 황금나무가 있고 "비밀의 섬에 한 귀부인"이 있다. 혹은 한 "고결한 기사로, 세계에서 가장 큰 금발의 가발을 쓴 아름다운 거녀에게 노예가 되어 있는 기사"이다. [18] 그는 언제나 이름을 알 수 없는 익명의 기사로 '흰 기사' '알 수 없는 기사' '편력기사' 등으로 표현된다. 그는 가끔 소설의 주인공으로 나타나며, 백조의 기사라고 불리거나, 랑슬로트, 트리스탕 Tristan, 팔라메드 Palamedes 의 무구(武具)들을 소지하고 있다. [19]

한편 그 모든 행위에는 매번 일종의 우수의 베일이 드리워진다. 퐁텐 데 플뢰르(여주 : 눈물의 샘이란 뜻)라는 이름조차도 매우 암시적이다. 방패는 하얀 눈물이 방울방울 맺힌 흰색·자주색·검은색 방패들이다. 사람들은 '눈물의 귀부인'에 대한 연민 때문에 그 방패들을 만지게 된다. 딸 마르그리트가 영국 왕비가 되어 떠날 때 거행된 '앙프리즈 뒤 드라공'에서, 르네 René 왕은 검은색 마의(馬衣)를 입힌 검은 말에 올라앉아 검은색 창과 은빛 눈물 방울들이 달린 검은색 담비로 된 방패를 들고 흑기사의 모습으로 나타난다. '샤를마뉴의 나무 l'Arbre Charlemagne'에서는 방패는 검정 혹은 황금빛 눈물 방울들이 달린 검은색과 자주색 방패이다. [20] 그러나 늘 톤이 어두운 것만은 아니다. 르네 왕은 소뮈르 Saumur 에 있는 '조아외즈 갸르드 joyeuse garde' 숲의 성에서 부인과 딸 그리고 그의 두번째 부인이 될 쟌 드 라발 Jeanne de Laval 과 함께 40 일 동안 축제를 벌인다. 이 축제는 쟌 드 라발을 위해 비밀려에 준비된 것이다. 그 성은 임시로 지어진 것으로 붉은색과 흰색으로 칠하고 같은 색 벽포를 둘렀다. 그의 '파 다름 드 라 베르제르 pas d'armes de la Bergère (여주 : 목녀의 시합이란 뜻)'에서는 배경이 전원풍으로 장식되며, 귀

부인들과 기사들도 목동의 지팡이와 뿔나팔을 든 목동과 목녀로 꾸
미고 모든 것이 황금과 은으로 장식된 회색빛이다. [21]

제 6 장
기사단과 서약

　명예와 용기와 충성의 이상은 기마 시합이라는 형태 이외에도 또
다른 중요한 표현 형태를 갖고 있었다. 즉 기사단들이 그것인데 그
들은 기마 시합이라는 호전적인 경기와는 또 다른 면에서 고도의 귀
족 문화에 대한 취향을 마음껏 펼칠 수 있는 풍부한 영역을 열어주
었다. 기사단들은 기마 시합이나 기사 서임식의 갑옷—투구 입히기
와 마찬가지로 아주 오랜 옛날의 신성한 제의에 뿌리를 박고 있다.
그것은 따라서 그 종교적 기원이 이교적이며 단지 봉건적 사고 체
계에 의해 기독교적 외관을 띠게 되었을 뿐이다. 기사 서임시 검으
로 어깨를 치는 의식은 말하자면 일종의 성년식이며 젊은 전사의
무장 열병식으로, 사람들은 그것에 윤리적이고 사회적인 가치를 부
여하였다. 기마 시합도 똑같이 오래된 것으로 옛날에는 신성한 의
미를 갖고 있었다. 기사 서임식은 실상 원시 민족들에게 있어서 '종
교 단체들'과 분리될 수 없는 것이다.
　하지만 이 관계는 여기서는 증거 제시 없는 하나의 견해로 제시
될 수밖에 없다. 즉 이는 하나의 사회학적 가설을 지지하려는 것보
다는 오히려 만개한 기사도의 관념들의 가치를 눈앞에 펼쳐 보이려
는 것이다. 그리고 이 가치 속에 원초적 요소들의 그 무엇이 남아
있다는 것을 누가 부인할 수 있겠는가?
　아마도 거기서 기독교적 요소는 큰 비중을 차지할 것이다. 그리
고 기사단과 서약들은 중세적 제도로 간주할 수 있을 것이다. 하
지만 기독교적인 요소는 부차적이고 보다 후기의 것이며, 전세계

적으로 인류학적인 상사점(相似點)들을 그 증거로 제시할 수가 있을 것이다.

세 개의 큰 성지(聖地) 기사단들과 세 개의 스페인 기사단들은 수도원적 이상과 봉건적 이상이 상호 침투하여 만들어진 것으로 얼마 안 있어 곧 정치적이고 경제적인 대제도의 성격을 띠게 되었다. 템플 기사단 Templiers과 성 요한 기사단이 성지에서 크게 활약하는 동안 기사도는 정치면에서나 사회면에서나 실질적인 기능을 수행하였다. 그러나 곧 기사단의 종교적·기사도적인 요소들은 그것들의 정치적이고 재정적인 중요성 앞에서 잊혀지고 말았다. 그리하여 보다 가까운 시대에 기원을 둔 기사단들에서는 클럽·유희·귀족 연맹의 개념이 다시 나타나게 된다.

14세기, 15세기에 오면 기사단들은 매우 거대한 수효로 창설되지만, 정치적·군사적인 중요성을 거의 상실하고 단지 일종의 고상한 유희로 전락하고 만다. 그리하여 그들이 공언하는 열망들도 그것이 대단히 윤리적이고 높은 정치적 이상주의를 표명함에도 불구하고 단지 꿈과 환상, 헛된 가도에 불과하게 된다. 유명한 이상주의자 필립 드 메지에르는 '수난 기사단'이라는 새로운 기사단을 창설하여 그 시대의 악과 불의를 퇴치할 것을 꿈꾼다.[1] 세 계급이 거기에 참여할 것이다(십자군의 대기사단들은 이미 비귀족층의 협력을 확보해 두었었다). 귀족 계급이 대장과 기사들을 이룰 것이며, 승려층은 대주교 및 주교들을 이룰 것이고, 부르조아들은 수도사들·경작자들·보좌신부들이 될 것이다. 이와 같이 하여 수난 기사단은 바야흐로 터키인들에 대항해 싸울 모든 계급의 연합체가 될 것이다. 청빈과 복종과 순결이라는 수도원식 세 서약은 약간 수정되어 세번째 것이 풍토와 유혹을 이유로 결혼 생활의 충실로 대체된다. 그리고 거기에다 필립 드 메지에르는 개인적 완성이라는 제4계명을 덧붙인다. 그는 그의 예수 그리스도 수난 기사단 Militia passionis Jhesu Christi을 '하나님과 기사도의 4가지 메시지'라고 선전하기를 마지않았다(그들 가운데는 그 유명한 오트 드 그랑송 Othe de Granson도 있었다). 그리하여 그들은 "여러 나라와 왕국들에 네 복음의 사도들처럼 그 성스러운 기사도를 널리 전파하러" 갈 것이다.

'단(團) ordre'이라는 말은 여전히 대부분 종교적인 의미를 간직하고 있었다. 사람들은 가끔씩 그 단어를 '회(會) religion'란 단어로 대체했고, 따라서 우리는 '회'가 종교적 수도회들에 한정된 것이라고 믿어서는 안 된다. 일례로 올리비에 드 라 마르슈는 '아비회의 기사 chevalier de la religion de Avys'인 한 포르투갈인에 대해 이야기하고 있다. 2) 샤틀랭도 황금양털 기사단을 '회'라고 부르며 그것을 마치 신성한 비의처럼 이야기한다. 3) 이 기사단의 규칙들은 게다가 성직자적인 정신 속에 구상되며, 따라서 미사며 장례식 등에 큰 비중을 둔다. 또 기사들은 특별석에 참사원들처럼 앉게 되어 있다.

그러므로 우리는 그 단원들이 서로 어떤 신성한 끈으로 묶여 있다고 느끼는 데 대해 하등 놀랄 것이 없다. 일례로 영국왕 존 Ⅱ세의 별 기사단원들 les chevaliers de l'Étoile 은 가능한 한 다른 기사단에는 들지 않는 것이 의무로 되어 있다. 4) 또 젊은 필립 드 부르고뉴 Philippe de Bourgogne 는 베드포드 공작이 간곡히 제의한 가터 기사단 l'ordre de la Jarretière 의 명예직을 끝내 거절한다. 그것은 자신이 영국 왕과 영구적으로 묶여 있다고 느끼지 않기 위해서였다. 5) 그리고 후에 이 서품을 받아들인 샤틀르 르 테메레르는 루이 Ⅺ세로부터 프랑스 국왕의 동의도 없이 영국과의 동맹을 금한 페론 Péronne 조약을 어긴 데 대해 질책을 당한다. 6)

하지만 이 같은 신성한 분위기에도 불구하고 14세기와 15세기의 제후들의 서클들은 많은 사람들에게서 기사단은 헛된 장난이라고 여겨진다는 느낌을 갖는다. 그리하여 기사단들이 고상하고 중요한 목적을 갖는다는 천명이 재삼재사 되풀이된다. 운문 수사학자인 미쇼 타이으방 Michault Taillevent 은 고귀한 필립 드 부르고뉴가 황금양털 기사단을 세운 것은 다음과 같은 목적에서라고 말한다.

"장난으로도 유희로도 아니고
오직 무엇보다도 하나님께 찬미를 드리고
또 선량한 사람들에게 영예와 드높은 명성을
돌리려는 목적에서"7)

마찬가지로 기욤 필라스트르 Gillaume Fillastre도 책 서두에서 황금양털 기사단의 고결하고 드높은 가치를 밝히고 또 기사단이 결코 하찮고 헛된 일은 아니라는 것을 알리기 위해 황금양털 기사단에 관한 책을 쓴다고 밝힌다. 그는 샤를르 르 테메레르에게 다음과 같이 쓴다 : "전하의 부친께서는 결코 사람들이 흔히 말하는 것처럼 그렇게 쓸데 없이 이 기사단을 창설하신 것이 아닙니다. "8)

확실히 필립 르 봉이 바라던 것처럼 황금양털 기사단에 최상의 위치를 부여하려면 그 고귀한 목적을 강조할 필요가 있었다. 왜냐하면 14세기 중반부터는 기사단을 창설하는 일이 유행처럼 되었기 때문이다. 모든 제후와 모든 상류 귀족층 멤버들이 자기의 기사단을 갖고 싶어했다. 우리는 부시코 Boucicaut 가 자기 기사단을 창설한 것을 보았다. 존 왕도 1351년 노트르-담 드 라 노블 매종 Nostre-Dame de la Noble Maison 이란 기사단을 창설하였고, 이는 대체로 그들의 표장에 따라 별 기사단원들 Chevaliers de l'ordre de l'Étoile 이라고 불리웠다. 라 노블 매종 La Noble Maison 은 생-드니 근처 생-투앙 Saint-Ouen 에 그 '타블 도뇌르 *table d'oneur*(명예의 탁자)'를 갖고 있었고, 엄숙한 의식이 거행되는 동안에는 거기에 가장 용맹스런 영주 세 명과 기령(旗領) 기사 세 명 그리고 기사 후보자 세 명이 자리하였다. 한편 피에르 드 뤼지냥 Pierre de Lusignan 은 검 기사단 l'ordre de l'Épée 을 창설하고 멤버들에게 순결한 생활을 요구하였다. 그들 기사단원들의 표장은 황금줄을 늘어뜨렸는데, 그 사슬의 고리들은 침묵 *Silence* 이란 단어의 첫 글자를 의미하는 S자형으로 되어 있었다. 그 후로 아메데 드 사보아 Amédée de Savoie 는 라농시아드 l'Annonciade 기사단을, 루이 드 부르봉 Louis de Bourbon 은 황금 방패 기사단 l'Écu d'or 과 샤르동 le Chardon 기사단을, 앙게랑 드 쿠시 Enguerrand de Coucy 는 돌아온 관 une Couronne retournée 이란 기사단을(왜냐면 그는 제국의 왕관을 원했기 때문이다), 그리고 루이 도를레앙은 포르-케픽 Porc-Épic(역주 : 고슴도치) 기사단을, 또 올랑드-에노 Hollande-Hainaut 는 그 시대의 많은 초상화들에서 흔히 볼 수 있는 T자형 십자가와 작은 종을 지닌 성-앙트완 Saint-Antoine 기사단을 만들었다. 9)

가끔 하나의 중요한 사건을 기념하기 위해서도 기사단이 창설되었다. 일례로 루이 드 부르봉은 영국의 군인 감옥에서 풀려나 고국으로 돌아오게 된 것을 기념하기 위해 기사단을 창설하였다. 다른 한편으로, 기사단은 오를레앙의 포르-케픽 기사단의 경우처럼 자기에 대한 비난들을 부르고뉴 쪽으로 돌리려는 식의 정치적인 목적에서 창설되기도 하였다. 혹은 종교적인 성격이 우세하기도 하였는데 프랑슈-콩테 Franche-Comté에서의 성 죠르쥬 saint Georges 기사단은 필리베르 드 미올랑 Philibert de Miolans이 그 성인의 성유골을 가지고 동방으로부터 돌아왔을 때 창설되었다.

한편 기사단은 그 멤버들의 상호 보호를 위한 일종의 동업조합에 불과한 경우도 있었다. 이는 1416년 뒤셰 드 바르 Duché de Bar의 귀족들이 세운 레브리에 Lévrier 기사단의 경우가 그러하다.

그러나 황금양털 기사단에 최고의 위치가 주어진 것은 결국 부르고뉴 가문의 거대한 부 때문이었다. 아마도 그 기사단을 둘러싼 웅장함은 그 기사단의 유리한 상징과 더불어 황금양털 기사단으로 하여금 다른 모든 기사단들에 비해 압도적인 영예를 누리게 하는 데 상당한 이유가 되었다. 원래 황금양털 기사단은 아르고노트 les Argonautes에서 나온 것이 분명하다. 제이슨 Jason의 모험담은 모두에게 친숙한 것이었고 프로아사르도 그 이야기를 한 전원시에서 목동의 입을 통해 노래하고 있다.[10] 그러나 제이슨의 영웅주의에는 그가 자기 맹세를 어겼다는 한 가지 결점이 있었다. 그리고 그것은 부르고뉴 공작들의 대 프랑스 정책에 대한 불유쾌한 암시거리가 되었다. 알랭 샤르티에 Alain Chartier는 그의 시구에서 다음과 같이 읊고 있다.

하나님과 인간들 앞에 가증도 하여라,
거짓말과 배신이여.
그러한 이유로 제이슨의 이미지는
용사들의 대열에 놓이지 못하누나.
그는 콜코스 Colcos로부터 황금양털을 탈취해오는데
서슴없이 자신의 맹세를 깨뜨린 자니
도둑질은 좀체로 숨기지 못하는 법.[11]

샬롱 Châlons 의 박식한 주교이며 그 기사단의 총재였던 쟝 제르맹 Jean Germain 은 필립에게 기드온이 하늘의 이슬을 받기 위해 펼쳤던 양털의 존재를 상기시켰다.[12] 이는 그 총재의 아주 그럴싸한 영감이 작용한 것으로 기드온의 양털은 동정녀 잉태의 가장 의미심장한 상징들 중의 하나였기 때문이다. 이리하여 성서의 영웅이 황금양털 기사단의 수호성인으로 등장, 이교적 영웅을 압도하여버렸다. 그리고 쟈크 뒤 클레르크 Jacques du Clercq 는 필립 르 봉이 제이슨이 맹세를 깨뜨린 바 있기 때문에 그를 일부러 거부했다고 주장할 수 있었다.[13] 샤를르 르 테메레르의 한 송가(頌歌) 작가는 그 기사단을 '기드온의 징표 Gedeonis signa'라고 부른다.[14] 하지만 연대기 작가 테오도리쿠스 파울리 Théodoricus Pauli 와 다른 사람들은 계속해서 '제이슨의 양털 Vellus Jasonis'이라고 말하고 있다. 쟝 제르맹에 이어 그 기사단의 총재가 된 기욤 필라스트르 Guillaume Fillastre 주교는 그의 선임자들보다도 한 술 더 떠서 성서 속에서 새로운 양털 네 가지를 발견해냈다. 즉 야곱의 양털, 모압 왕 메사 Mesa 의 양털, 욥의 양털, 그리고 다윗의 양털이 그것이다.[15] 그는 그것들로 각각 4 가지 기본 덕목을 나타내게 하고 그 여섯 양털 각각에 책 한 권씩을 써서 바치기로 결심하였다. 그러나 그것은 좀 너무 심했다. 필라스트르는 야곱의 "얼룩이 지고 흠 있는 양들을" 한 트와종 toison 곧 양털로 취해 그것들로 '정의'를 나타내게 했다.[16] 전혀 의미를 판별하지도 않은 채 그는 단순히 라틴어역 성서가 'vellus(역주 : 양피, 양털의 뜻의 라틴어)'라고 언급한 곳이면 다 찾아 취했다. 알레고리를 사용하고자 하는 욕망이 그를 거기까지 끌어갔던 것이다. 그의 생각은 그리 성공을 거둔 것 같지는 않다.

모든 기사단들에 공통된 관습 중 하나로, 이 제도들의 원초적 특성을 드러낸다는 점에서 특기할 가치가 있는 한 가지 관습은 원시적이고 신성한 한 가지 유희의 관습이다. 즉 군대의 장들 les rois d'armes 과 군사(軍使)들 les hérauts 과 추격자들 les poursuivants 이 상징적인 이름들을 갖는 것이다. 황금양털 기사단에서는 군대의 장은 황금양털이라고 불린다. 군사들은 샤롤레 Charolais 니 젤랑드 Zélande 니 하는 지방 이름을 갖는다. 추격자들 중 첫번째 사람은 필립 르 봉의 문장(紋章)인 부싯돌에서 착안, 부싯쇠 Fusil 라고 불린다. 다른 사람들은 몽트레알 Montréal 같은 로마네스크한 성격의 이름을 가지거나 혹은 페르세베랑스 Persévérence(인내심) 같은 모랄적인 이름을 갖는다. 혹은 욍블 리케스트 Humble Requeste(겸손한 요청), 두스 팡세 Doulce Pensée(달콤한 생각), 레알 푸르슈이트 Léal Poursuite(추격) 같은 상징적인 이름을 갖기도 하는데, 이 마지막 세 이름은 『장미 로망 Roman de la Rose』에서 따온 것이다. 지금도 영국은 가아터 Garter 니 노로이 Norroy 니 하는 이름의 군대장들과 루쥬 드라공 Rouge Dragon(붉은 용) 같은 추격자들을 갖고 있다. 또 스코틀란드는 군대장으로 라이언 Lyon(사자)을, 추격자의 하나로 리코른 Licorne(일각수)을 갖고 있다. 큰 축제 동안 추격자들은 술 세례를 받으며 그 기사단의 총재에게 엄숙하게 세례를 받거나 혹은 그들의 서열이 높아짐에 따라서 이름이 바뀐다.[17]

기사단이 부과하는 서약은 기사가 영웅적인 행동을 수행하겠다고 선서했던 그 개별적인 맹세의 집단적이고도 일정한 한 형식일 뿐이다. 기사도적 이상의 토대가 드러나는 것은 바로 여기서이다. 이 서약식에서는 그것의 야만적인 성격이 그토록 분명하게 드러나서 기사도와 기마 시합 그리고 기사단들이 원시적인 관습과 관련됨을 의심할 수 없다. 우리는 고대 인도의 브라탐 Vratam 에서, 유대인들에게서, 그리고 보다 분명히는 아이슬랜드의 사가스 Sagas 족의 스칸디나비아적 관습들에서 그에 대응되는 것들을 볼 수 있으며, 결국 기사도적 이상이라는 것도 그런 고대적 의식들의 자취임을 알 수 있다.

여기서도 우리는 인류학적 관심은 접어두고 단지 중세말의 정신생활 속에서 서약식이 어떤 의미를 갖고 있었는가를 알아내는 데만 전념하기로 하자. 기사도적 서약은 종교적이고 윤리적인 의미를 갖는다. 이것이 기사도적 서약을 종교적 서약과 동등한 위치에 놓이게 한다. 그런데 또 기사도적 서약은 로마네스크하고 치정적인 성격을 가질 수 있다. 따라서 그것은 궁정적 오락거리로 전락할 수도 있다. 그리고 이 세 가지 성격이 사실 여전히 공존·통합되어 있다. 서약은 삶을 하나의 엄숙한 이상으로 성별(聖別)하는 봉헌이다. 하지만 그것은 또 용기니 사랑이니 국가의 이해니 하는 것을 조금은 우롱하고 경시하는 비웃음이기도 하다. 놀이의 요소가 점점 강해지 면서 선서식은 궁정 축제에 윤과 광택을 주는 방편에 불과하게 된다. 하지만 그럼에도 불구하고 선서식은 여전히 에드워드 III세의 프랑스 침입과 필립 르 봉의 십자군 계획 같은 진지한 전쟁의 시도들과 연결되어 있다.

여기서 다시 우리는 마상 시합에 대해 했던 말을 반복하지 않을 수 없다. 그런 시합들이 우리 눈에는 따분하고 진부한 것으로 보이듯이 꿩의 맹세, 왜가리의 맹세, 공작새의 맹세 등의 맹세들도 그것들을 고무하던 그 정열을 발견해내지 못하는 한 우리 눈엔 헛되고 거짓된 말에 불과하게 된다. 결국 그러한 형식들은 코슴 Cosme 이나 로랑 Laurant 이나 쥘리앙 드 메디치 Julien de Médicis 의 축제들이 플로렌스에서 그랬듯이 아름다움을 향한 꿈의 실현이었다.

마상 시합의 바탕을 이루는 이 남욕주의와 에로티슴의 결합을 우리는 기사도적 서약 속에서 재발견한다. 라 투르 랑드리의 기사 Le Chevalier de la Tour Landry 는 자기 딸들에게 교훈을 주기 위해 쓴 그의 책 속에서 젊은 시절 포아투 Poitou 와 다른 지역들에서 있었던 고귀한 태생의 남녀 연인들로 이루어진 이상한 기사단에 대해 이야기한다. 그들은 각각 갈로아 Galois 및 갈로아즈 Galoises 라고 불리웠고[18] "몹시 야만적인 규칙"에 복종하고 있었다. 즉 그들은 여름이면 두터운 옷과 털외투, 모직으로 안을 댄 두건 따위를 입어야 했고 아궁이에 불을 지펴야 했다. 또 반면 그들은 겨울이 되면 털이나 모피로 안을 대지 않은 얇은 옷 하나만을 걸쳐야 했다. 돌이 갈라질 정도로 꽁꽁 얼어도 그들은 망토나 모자나 장갑 등을 끼어서는 안 되었다. 겨울이면 그들은 땅바닥에 나뭇잎을 깔고 벽난로는 나뭇가지 밑에 숨긴 채 침대 위엔 얇은 홑이불밖에 덮지 않았다.[19] 우리는 상궤를 벗어난 이러한 이상한 행동 속에서 금욕적인 고행에 의해 사랑의 욕망을 증대시키려는 갈망 이외에 다른 것을 볼 수가 없다. 갈로아 및 갈로아즈들의 규칙은 똑같이 하나의 원시적인 특성을 갖는다. 한 갈로아즈의 남편은 치욕을 무릅쓰고 손님에게 자기 집과 아내를 내주어야 했다. 라 투르 랑드리의 기사는 또 그 기사단의 여러 멤버들이 추위로 얼어 죽었다고 덧붙이고 있다 : "이러한 상태와 이 같은 사랑으로 죽은 갈로아들과 갈로아즈들이야말로 사랑의 순교자가 아니었나 하고 많은 사람들은 생각한다."[20]

기사도적 서약의 야만적 특성을 밝히기 위해 또 다른 예들을 인용할 수 있을 것이다. 별로 역사적 가치가 없는 이야기이긴 하지만 『에롱의 맹세 Le Vœu du Héron』는 로베르 다르토아 Robert d'Artois 가 왕과 귀족들을 부추겨 프랑스에 대해 전쟁을 일으키게 한 당시의 에드워드 Ⅲ세하의 궁정을 묘사하고 있다. 축제 동안 살리스버리 Salisbury 백작은 사랑하는 연인의 발밑에 앉아 있다. 그가 서약할 차례가 되었을 때 그는 그의 귀부인에게 자기의 오른쪽 눈 위에 손가락 하나를 대어달라고 요청한다. "그러죠. 둘이라도요" 하고 말하면서 그녀는 얼른 행동에 옮겼다. "아름다운 이여, 잘 감겨 있읍니까?"—"네, 그럼요."

> 그러자 그는 마음의 생각을 입술로 옮긴다.
> 전능하신 하나님과 찬란한 아름다움의 온화한
> 성모께 약속하고 맹세하노니
> 이는 폭풍에도 바람에도 병에도
> 박해에도 괴롭힘에도 열리지 않으리이다.
> 내가 프랑스 땅, 선량한 사람들이 있는 그 곳에 있게 될지라도,
> 그리고 내가 그 군대를 완전히 전복시키고
> 그리고 그토록 용맹하다는 필립의 사람들에 대항해 힘써 싸우기까지……
> ……이제 무슨 일이건 일어나라, 그러지 않을 수 없으니.
> 그러자 여인이 손가락을 치웠다.
> 그 눈은 감긴 채로 있었다, 사람들이 보았듯이.[21]

이 문학적 모티프는 사실적 근거가 아주 없지는 않다. 프로아사르는 영국인들 가운데 자기들이 한 맹세, 곧 프랑스 땅에서 어떤 혁혁한 무공을 세우기까지는 한쪽 눈으로만 보겠다는 맹세를 실현할 동안 한쪽 눈을 헝겊으로 가리고 다니는 영국인들을 본 적이 있다고 진술하고 있다.[22] 『에롱의 맹세』 속에서는 야만적인 과거의 잔인성이 잘 표현되어 있다. 즉 쟝 드 포크몽 Jehan de Faukemont 은 에드

워드 왕을 위해서라면 수도원이고 제단이고 임신한 여자고 아이고 부모고 친구고 할것없이 한 가지도 한 놈도 남기지 않겠다고 맹세한다. 또 왕비 필립 드 에노 Philippe de Hainaut는 왕에게 다음과 같이 맹세를 촉구하고 있다.

그러자 왕비가 말한다. 난 이미 오래 전부터
내가 아이를 수태하였음을 알고 있으며 내 몸이 그것을 느끼고 있다오
얼마 전부터 내 몸에서 변화가 일어난 것을.
나는 나를 창조하신 하느님께 맹세하여 서약하노니……
아이는 결코 내 몸에서 나오지 못하리,
당신이 몸바친 그 맹세를 진척시키기 위해
나를 그 나라로 데리고 가기를 거절한다면.
그리고 만약 그것이 나오려고 하면, 그럴 필요가 있을 땐
나는 커다란 강철 칼로 내 몸을 찔러 죽이리
그러면 내 혼은 떠나가고 태 속의 아이도 죽으리라!

공포에 찬 침묵이 잠시 이 불경한 맹세에 뒤따르고 시인은 다시 이렇게 덧붙인다.

왕은 이 말을 듣자, 그것을 깊이 생각해보고는
이렇게 말하였네 : 암 그렇고말고, 아무도 그 이상 맹세치 못하리

중세말의 서약에서는 머리털과 수염이 중요한 역할을 하는데 도처에서 그것들은 마술적인 힘이 부여된다. 아비뇽에 갇힌 브노아 Benoit XIII세는 풀려나기 전에는 결코 면도를 하지 않겠다고 맹세한다.[23] 잔인한 네덜란드의 해적 뤼메 Lumey도 1568년 에그몽 Egmont 백작에 대한 복수를 놓고 똑같은 맹세를 한다.

대개 맹세에 의해 사람들은 스스로에게 하나의 금기를 부과하는데 이 같은 금기는 오히려 약속한 행동을 끝까지 수행해내는 데 있어 하나의 촉진제가 된다. 금기는 자주 식사에 관해 이루어진다. 필립 드 메지에르가 첫번째로 그의 수난 기사단에 입단을 허용한 한 폴란드인은 9년째 식탁에 앉아 먹고 마셔본 일이 없는 사람이었다.[24] 베르트랑 뒤 게스클랭 Bertrand du Guesclin도 이런 유의 서약

을 곤잘 한다. 한 영국인이 그를 선동하자, 그는 성삼위(聖三位)께 맹세코 자기에게 도전한 자와 싸우기까지는 수프(포도주에 담근 빵) 세 개씩밖에는 먹지 않겠다고 선언한다. 한번은 또 그는 몽콩투르 Moncontour 를 붙잡기 전에는 결단코 고기를 입에 대지 않겠으며 옷도 벗지 않겠다고 맹세한다. 그리고는 심지어 그는 그 영국인과의 결투를 수행하기까지는 전혀 먹지도 않을 것이다. [25]

분명히 이 14세기의 한 귀족은 금식의 기초가 되는 마술적 의미에 대해서는 더 이상 의식하지 못했다. 이 마술적 의미는 똑같은 서약의 표시로서 쇠사슬을 차는 관습에서도 볼 수 있다. 1415년 1월 1일, 쟝 드 부르봉 Jean de Bourbon 은 "나태함을 벗고자 또 거기서 아름다운 명성과 우리가 사모하여 섬기는 매우 아리따운 부인의 은총을 사려는 생각에서" 16명의 다른 기사들 및 시동들과 더불어 2년 동안 매주일마다 왼쪽 다리에 서열에 따라 황금이나 은으로 된 죄수용 쇠사슬을 차고 다니기로 서약한다. 그들은, '최후까지' 그들과 도보로 싸울 각오가 돼 있는 16명의 기사들을 발견하기까지는 그 일을 계속하기로 결의한다. [26] 1445년 쟈크 드 랄랭은 앙베르 Anvers 에서 쟝 드 보니파스 Jean de Boniface 라는 한 시실리인 기사를 만난다. 그는 '모험 기사 chevalier aventureux'로 아라공 Aragon 의 궁정에서 오는 길이다. 그는 왼쪽 다리에 황금 사슬에 부착된 검 하나를 달고 있는데, 그것은 그가 싸우고 싶어한다는 의미의 일종의 '앙프리즈(얽매임)'이다. [27]

『프티 쟝 드 생트레 le petit Jehan de Saintré』에서 기사 로아즈랑 슈 Loiselench 는 그를 그 '앙프리즈'에서 '벗어나게 해줄' 기사를 만날 때까지 팔과 다리에 각각 황금고리 하나씩을 끼고 다닌다. [28] 라 퀴른 드 생-팔레 La Curne de Saint-Palaye 는 이미 똑같은 관습이 타키투스가 이야기한 옛 샤티 Chatti 인들에게도 있었음을 지적한 바 있었다. [29] 순례중의 고행 수도회원들이나 경건한 금욕가들이 차는 족쇄들도 기사도적 '앙프리즈'와 똑같은 뿌리에 연결되어 있다.

1454년 필립 르 봉은 릴에서 십자군 원정을 준비하는 의미에서 연회를 베푼다. 거기에서 그 유명한 '꿩의 맹세 Vœux du Faisan'

가 열리는데 우리는 궁정의 아름다운 장식의 하나가 되어버린 옛 관습의 마지막 현현을 보게 된다. 물론 위험에 처할 때나 격한 감동을 느낄 때 맹세를 하는 습관은 사라지지 않았다. 그것은 강한 심리적 뿌리를 갖는 것으로 문명이나 종교적 믿음에 의거하지 않는다. 그러나 삶의 장식으로까지 고양된 기사도적 서약은 부르고뉴 궁정의 거창한 기상천외와 더불어 그 마지막 형세에 돌입한다.

그 의식은 매우 오래 된 것이다. 사람들은 식사 중에도 맹세를 하며 상 위에 올려놓은 곧 먹어치울 가금 한 마리를 놓고도 맹세를 한다. 축연이 벌어지는 동안 거나하게 취한 노르만인들은 요리하기 전에 산 채로 가져온 멧돼지에 손을 얹고 맹세하며 서로서로 더 거창한 맹세들을 경쟁하듯 쏟아놓았다.[30] 이 같은 형식은 부르고뉴인들의 시대에도 여전히 보존되어, 그들은 릴의 축제 때 꿩 위에 손을 얹고 맹세한다.[31] 신에게, 동정녀 마리아에게, 귀부인들에게, 새에게 닥치는 대로 맹세가 행해진다. 신성(神性)이 주된 역할을 하지 않는다고 가정해도 좋다. 대부분이 귀부인과 새에게만 맹세하니까.[32] 그리고 사람들이 부과하는 금기에는 거의 변함이 없다. 금기는 특별히 잠자리와 식사에 관련된다. 어떤 한 기사는 사라센인 하나를 쳐부수기 전엔 토요일마다 침대에서 자지 않겠으며, 15일을 연속 같은 마을에 머무르지도 않겠다고 선언한다. 또 다른 기사는 대터키제국의 기를 포획하기까지는 결코 고기를 먹지 않겠다고 맹세한다. 또 다른 기사는 금기 사항을 더 많이 가중시켜 갑옷을 입지 않겠다거나, 토요일마다 포도주를 마시지 않겠다거나 침대에서 자지 않겠다거나 식탁에 앉지 않겠다거나 혹은 말총으로 만든 고행옷을 입고 다니겠다거나…… 한다. 그리고 그 서약한 맹세를 완수하는 방식은 세밀하게 묘사된다.[33]

이 모든 것을 진지하게 받아들여야 할 것인가? 필립 포 Philippe Pot 경은 오른쪽 팔을 노출시킨 채 터키인과 싸우겠다고 맹세한다. 그러자 공작이 서면으로 한 이 서약에 수정을 가한다 : "필립 포 경이 공작을 수행할 때 혹은 그가 맹세한 그 성스러운 원정을 할 때에 그가 팔의 의장을 푼 채로 다니는 것을 보면 우리의 황공하옵신 주군께서는 기뻐하지 않으실 것이다. 주군께서는 그가 적절하게 무장을 충분히 잘 하고 다니는 것을 좋아하신다. "[34] 따라서 우리는 맹세 속에 확고한 의지가 내포되어 있으며 그에 따른 위험이 여전히 심각했음을 짐작할 수 있다. 기이한 전투에서 대터키 제국과 싸우겠다는 공작의 맹세가 전체적인 감동을 자아낸다. [35] 몇몇 기사들도 덩달아 서약을 하는데 그러나 그들의 서약은 신중하고 조건부적이다. 이는 사람들에게 있어서 맹세가 진지한 의도로 받아들여졌으며 따라서 그들이 모면할 핑계거리를 찾았다는 것을 보여준다. [36] 어떤 맹세들은 이미 그것의 빛바랜 파생물인 '필리핀 Philippine' 놀이를 닮고 있다. [37]

그 무시무시한 '에롱의 맹세'조차 어느 정도는 빈정거림의 요소가 없지 않다. 로베르 다르토아는 여기서 별로 전쟁을 즐기지 않는 것으로 표현된 왕에게 새 중에서도 가장 겁이 많기로 유명한 '에롱 héron (왜가리)'을 선물한다. 에드워드가 맹세할 때 모든 사람이 웃는다. 같은 경우, 쟝 드 보몽 Jean de Beaumont은 자기에게 가장 관용을 크게 베푸는 영주를 섬기겠다는 식의 시니컬한 맹세를 한다. 이 때도 역시 영국의 영주들은 웃음보를 터뜨린다. [38] 그토록 성대한 의식과 위용을 자랑하던 '꿩의 맹세'에서도 우리는 쟈넷 드 르브르비에트 Jennet de Rebreviettes의 맹세를 통해 탁자 주위에 감돌았을 기질을 파악할 수가 있다 : 그는 만약 원정을 떠나기 전에 자기의 사모하는 귀부인에게서 사랑의 표시를 얻지 못한다면 돌아와 2만 에퀴를 가진 첫번째 여자와 '그녀가 원하기만 한다면' 결혼해버리겠다고……[39] 맹세한다. 하지만 그 르브르비에트조차도 "가난한 방패들이 시종"으로서 모험을 찾아 떠나며 쇠트 Ceute 와 그라나다에서 회교도에 대항해 싸운다.

모든 것에 싫증이 난 귀족 계급은 이처럼 자기 스스로의 이상을 비웃는다. 상상력과 예술과 부의 온갖 자원으로 자신의 영웅주의에의 꿈을 치장하고서도 결국 삶이 그다지 아름답지 못하다고 여긴 귀족 계급은 스스로 그것을 비웃는다.

제 7 장
군사 기술과 정치에 있어서
기사도적 이상의 중요성[1]

현대의 역사가들은 대개 공식 자료들 속에서만 중세 말기의 현상과 상황들의 전개를 추적하려 하기 때문에 일반적으로 기사도적 관념들에 그다지 중요성을 부여하지 않는다. 그래서 그들은 기사도적 관념들을 실질적 가치는 없는 단순한 하나의 양식으로 혹은 사회의 단순한 장식물로 치려는 경향이 있다. 그 시대를 엮은 사람들 즉 제후들과 귀족 출신의 고위 성직자들 그리고 부르조아들은, 그들 눈에는 결코 몽상가가 아니며 오히려 냉정하고 치밀한 정치가이거나 상인들이었다. 어쩌면 일리가 있는 말이다. 그러나 문명사는 단순히 주민의 수나 세금 따위만이 아니라, 아름다움과 꿈 그리고 로마네스크한 환상에 대해서도 주의를 기울여야 한다. 게다가 그 기사도적 이상은 매우 복잡하고 진부한 것이긴 하지만, 15세기 정치사에 있어서는 보통 생각하는 것보다 훨씬 더 막강한 영향력을 행사했을 수가 있다.

부르조아들의 눈에 비친 귀족 생활 특히 그 예의범절이라고 하는 것은 부르조아들에게는 거의 거역할 수 없는 매력을 지니고 있었다. 그래서 부르조아들은 그것을 모방하는 데 온 힘을 다 기울였다. 우리는 반 아르트벨드 Van Artevelde 가(家) 사람들에 관해, 그들이 자신들의 부르조아지성과 단순성을 자랑스러워하는 제 3 계급 사람들이었으리라고 상상한다. 그러나 그것은 전혀 그렇지가 않다. 일례로 필립 반 아르트벨드는 언제나 제후 못지않은 행렬을 끌고 다녔다.

"그는 날마다 하인들에게 자기의 저택 앞에서 자신의 만찬과 저녁 식사를 알리는 종을 울리고 나팔을 불게 하였으며 플랑드르 백작처럼 은제 그릇들을 사용하였다." "그는 또 붉은 천과 진홍색 옷을 입고 다녔고, 브래방 Braibant 의 공작들이나 에노 Hainnau 의 백작들이 하듯 가는 모피천을 둘렀다." 그는 외출할 때는 꼭 말을 탔고 자기 집 문장이 그려진 기를 앞세웠다. [2] 한편 샤를르 7세의 재무관으로 은빛 현수포가 셋 달린 검은 담비천의 옷을 입는 돈많은 거부 자크 꾀르 Jacques Cœur 보다 더 근대적으로 보일 사람이 누가 있겠는가. 그러나 그 거부 금융업자는 쟈크 드 랄랭 Jacques de Lalaing 의 기록에 따르면 에노주(州)의 영웅이 펼친, 시대에 뒤떨어진 편력기사도에 강한 흥미를 느꼈다는 것이다. [3]

기사도적 관념의 사회학적 중요성을 완전히 이해하려면 그것을 셰익스피어나 몰리에르 시대를 거쳐 현대의 젠틀맨에 이르기까지 추적해봐야 할 것이다. 그러나 여기서 우리가 할 일은 단지 이 이상이 중세말의 현실에 미친 영향이 어떠했는가 하는 것이다. 정치며 전쟁 등이 이 기사도적 이상의 관점에 의해 입은 영향은 어느 정도였을까? 분명히 그리고 대개는 가장 크게 손해를 입는 쪽으로였다. 중세의 비극적 오류들은 대개 이 이상 속에서 그 비극의 원천을 갖고 있었고, 오늘날도 역시 마찬가지로 가장 큰 오류들은 민족주의나 인종적 오만에서 저질러지고 있지 않은가. 준(準)독립적 부르고뉴 정부의 창설은 프랑스가 범한 가장 큰 정치적 실수의 하나였는데, 그것 역시도 기사도적인 모티프를 갖는다 : 존 왕은 매우 머리가 둔한 사람으로 1363년 그는 프와티에 Poitiers 에서 그의 곁에 고히 남아 있던 막내아들에게 공작 작위를 물려주었다. 그러자 손위 형들은 도망을 쳐야 했다. 또 그 동시대인들의 생각 속에서 1419년 이후 부르고뉴가의 반(反)프랑스 정책을 납득할 수 있게 해주는 것은 오직 몽트로 Montereau 교(橋)의 살해 사건에 대한 복수 곧 기사도적 명예의 고수라는 생각뿐이었다. 물론 이 모두가 냉정하게 계산되고 앞을 내다본 하나의 정책에 의해 일어난 일이라고 설명할 수도 있을 것이다. 나 역시 그것을 모르는 바 아니다. 그러나 그렇다고 해서 1363년의 조약이 그 당시 사람들에게 그 나름의 의미와 상징을 갖지 않은 것은 아니었다. 그들은 그것을 제후들 식으로 보상받아야 하는 기사도적 용기라고 보았던 것이다. 부르고뉴가가 급속히 번창한 것은 위의 그 치밀한 계획과 계산의 결과임이 분명하다. 그러나 그런 부르고뉴가의 정책도 늘 기사도적 이상이라는 형식을 띤다. 공작들에게 붙여진 이름, 즉 상 뾔르 Sans Peur(역주 : 무겁〔無怯〕)니 르 아르디 le Hardi(대담한)니, 키 캉 옹뉴 Qui qu'en Hongne (필립에게 붙이도록 되어 있었던 이름인데, 후일 르 봉 le Bon〔착한〕으로 대체되었다)니 하는 이름도 각각 궁정의 문필가들에 의해 제후들을 이 이상으로 향하게 하기 위해 의도적으로 고안된 것들이다. [4] 그런가 하면 또 그 시대의 가장 큰 정치적 열망들은 대개 예루살렘으로의 십자군 원정이라는 대명분과 연결돼 있었고, 따라서 기사도적 꿈이 큰 비중을 차지하였다. 왜냐하면 그것은 유럽 제후들이 당면한 정치 사상들 중에 가장 위대한 것으로 보였기 때문이다. 여기서 기독교계의 진짜 의도와 그 생각이 취한 외적 형태 사이에 기묘한 대조가 있었음을 알아야 한다. 14, 15세기의 기독교계는 가장 시급한 동방 문제에 직면해 있었다. 터키인들이 이미 앙드리노플 Andrinople 을 점령했고(1378년), 또 세르비 Serbie 왕국을 점령(1389년)하였다. 따라서 그들을 어떻게 물리치느냐가 최대의 관심사가 되었다. 물론 위험은 발칸 반도에만 국한된 것이었지만 그래도 유럽인들은 십자군이야말로 유럽 정치상 가장 시급하고 불가피한 일이라는 오랜 옛 관념에서 벗어날 수가 없었다. 결국 유럽은 터키 문제야말로 옛날 조상들이 예루살렘 탈환에 실패했던 그 임무를 다시 완성하는 성스럽고 위대한 임무의 일부라고 확신해 마지않았을 것이다.

이 같은 생각에 의해 기사도적 이상은 가장 첫째 위치에 올려지게 되었고 아울러 특별히 큰 영향력을 행사했을 것이다. 예루살렘 탈환, 그것은 신앙심과 영웅주의 즉 기사도에 관계된 일일 수밖에 없었다. 하지만 또 한편으로는 터키와의 전쟁 패배는 어느 정도로는 동방 문제를 논함에 있어서 그들이 지나치게 종교적이고 기사도적인 이상만을 강조한 데에 큰 원인이 있었다. 무엇보다도 정확한 계산과 치밀한 준비를 필요로 했을 대원정이 정반대로 로마네스크한 색채의 흥분된 정신 가운데서 허황하고 치명적이기까지 한 계획하에 구상되었다. 1396년 니코폴리스 Nicopolis 의 대참패는 호전적인 적과 싸우러 가는 대원정을 마치 프러시아나 리투아니 Lithuanie 의 몇 안 되는 이교도들을 섬멸하러 가는 정도로 생각한 것이 얼마나 위험한 일이었는가를 보여준다. 도대체 이 같은 십자군 계획을 누가 세웠을까. 바로 필립 드 메지에르 같은 몽상가들이었다. 그는 거기에 자기 전생애를 바쳤지만 그는 한갓 몽상가에 불과했다. 필립 르봉이 그러했듯이 그 모든 계산과 책략에도 불구하고 결국 하나의 공상적 정치가에 불과했던 것이다.

이 시대의 모든 왕은 아직도 자기들이 예루살렘을 해방시켜야 한다고 생각했다. 1422년, 영국의 헨리 V세가 죽는다. 그는 루앙 Rouen 과 파리를 정복한 젊은 정복자로, 전프랑스를 쑥밭으로 만든 전쟁의 와중에서 목숨을 잃는다. 의사들은 그가 앞으로 2시간 밖에는 살 수 없다고 예고한다. 고해 신부와 사제가 오고 속죄의 시편이 낭송된다 : 주의 은택으로 시온에 선을 행하시고 예루살렘 성을 쌓으소서 *Benigne fac, Domine, in bona voluntate tua Sion, ut aedificentur muri Jerusalem.*[5] 이에 왕은 잠시 침묵을 명하고, 큰 소리로 자기도 프랑스를 평정한 뒤에는 예루살렘을 탈환하러 갈 예정이었다고 외친다 : "그를 제 명대로 다 살게 하는 것이 창조주 하나님의 기뻐하시는 뜻이었더라면." 그런 다음 그는 낭독을 계속하라고 명하고 잠시 후 세상을 뜬다.[6]

사실 십자군은 오래 전부터 특별세 부과의 한 구실이 되어왔다. 그리고 필립 르 봉은 그것을 광범위하게 이용하였다. 하지만 그에게서도 십자군은 전적으로 탐욕만을 염두에 둘 수는 없다.[7] 거기엔 미묘한 감정적 엇갈림이 있다. 즉 기독교를 구원하는 일과 아울러 프랑스와 영국 왕의 영광을 기울게 해보자는 진지한 노력과 의도가 숨어 있다. 그리하여 '터키 원정'은 그에게는 결코 내놓을 수 없는 으뜸패가 되었다. 샤틀랭은 공작이 그 계획을 진지하게 구상했다는 것과, 그러나 여러 가지 커다란 난관이 가로놓여 있었다는 것을 해명하기 위해 노력한다 : 아직 때가 이르지 않았으며, 영향력 있는 유력 인사들은 그런 나이에 공작이 자기 나라와 왕조를 위해 그토록 위험한 원정을 시도하는 것을 애석해했다. 벌써 교황이 기를 보냈고 그 기는 라 헤이 La Haye에서 필립에 의해 엄숙하게 인수되며 장엄한 행렬 속에 과시된다. 릴의 축연에서는 이미 맹세가 반포된다. 죠프르와 드 트와지 Jeoffroy de Toisy는 시실리 항구를 탐사하고 투르네 Tournai의 주교인 쟝 슈브로 Jean Chevrot는 동지들을 규합한다. 기욤 필라스트르도 군비를 확충, 선박들의 징집을 완료한다. 그런데도 사람들은 원정이 일어나지 않을 것이라는 막연한 예감을 갖고 있다.[8] 게다가 릴에서의 공작의 맹세는 매우 조건부적인 것이었다 : 즉 공작은 하나님이 그에게 맡겨주신 자기의 영토가 평화롭고 안전하다는 조건하에만 원정을 떠날 것이다.[9]

그토록 세심하게 구상되고 요란스럽게 선전된 군사 원정이 실제로는 거의 전혀 구체화되지 않았고, 따라서 그것은 십자군과는 무관한 일종의 정치 선전 수단에 불과했던 것처럼 보인다. 1383년 영국의 대 플랑드르 원정도, 또 슬뤼이스 Sluys 항구에 이미 출범 준비가 완료된 거대한 함대가 진치고 있었던 1387년 필립 르 아르디의 대 영국 원정도 사정은 마찬가지였다. 그리고 1391년 샤를르 Ⅵ세가 구상한 대 이탈리아 원정 때도 사정은 전혀 다르지 않았다.

정치적 선전을 강하게 느끼게 하는 기사도쇼, 픽션으로서 매우 특수한 또 하나의 형태가 존재했다. 제후들 사이의 결투가 바로 그것인데,[10] 제후들은 늘 예고만 해놓고 실행에 옮기는 일은 극히 드물었다. 나는 이미 앞에서 15세기에 정치적 분쟁이 어떻게 파벌간의 싸움 즉 개인적인 일로 생각되었는가를 설명한 바 있다. 이를테면 사람들은 "부르고뉴가의 싸움 querelle des Bourguignons"이라고 한다. 따라서 제후 자신이 그 원인을 종식시키기 위해 결투에 나서는 것은 지극히 당연한 일이었다. 그리고 사실 이 같은 해결책은 정의라는 원천적 감정과 기사도적인 환상을 동시에 만족시킬 수 있다는 점에서 자주 각광을 받았다. 우리는 제후들간의 장황한 결투 준비 과정을 읽으면서 이 모든 것이 단지 그럴싸한 과장이 아니었을까, 혹은 양 결투자들이 진짜로 싸울 의도를 갖고 있었을까 자문하게 된다. 하여튼 그 당시 사료 편찬관들은 이것을 진지하게 받아들인다. 1383년 영국 왕 리챠드 Ⅱ세는 그의 세 숙부 랭카스터, 요크, 글로

체스터 공작들과 함께 프랑스 왕 샤를르 Ⅵ세와 그의 숙부들 앙쥬, 부르고뉴, 베리 공작 들에 대항하여 결투를 벌이기로 제안한다.[11] 또 몽스트를레 Monstrelet 는 그의 연대기 첫 머리에서 영국왕 헨리 Ⅳ세에 대한 루이 도를레앙의 결투 신청에 관해 상당 부분을 할애하고 있다.[12] 특히 필립 르봉은 이런 식의 해결 방안을 높이 평가한다.

1425 년 그는 험프리 드 글로체스터 Humphrey de Glocester 에게 결투를 신청한다. 그 동기란 "기독교도의 피흘림을 막고 내가 긍휼히 여기는 내 백성을 파멸에 몰아넣지 않기 위해서," "내 한 몸에 의해 이 전쟁이 더 이상 확산되지 않고 끝을 맺도록 그리고 더 이상 전쟁의 길로 나아가지 않도록 하기 위해, 또 전쟁이 일어나 수많은 귀족들과 다른 사람들 즉 당신네 백성들과 우리 백성들이 끝내는 가련한 최후를 맞는 것을 막기 위해서다."[13] 결투를 위한 모든 준비가 완료된다. 값비싼 장비와 공작이 입을 웅장한 의상들이 제작된다. 천막이며 기·휘장 들이 만들어지고 군사(軍使)들과 추격자들의 갑옷들이 준비된다. 그리고 그 모든 것들은 그 지방의 문장과 표장들, 즉 부싯돌과 성 안드레의 십자가로 생각된다. 공작은 "음식을 절제하고 호흡을 조절하며" 자기 몸을 단련한다.[14] 그는 날마다 에스덩 Hesdin 공원에서 노련한 장수들과 더불어 기량을 연마한다.[15] 이를 준비하기 위해 들어간 비용은 드 라 보르드 De la Borde 가 펴낸 계산서에 자세히 언급되어 있다. 그리고 1460 년까지도 사람들은 릴에서 이를 위해 제작된 웅장한 천막들을 볼 수 있었다.[16] 그러나 결투는 결코 시행되지 않았다.

그래도 역시 공작은 후일 룩상부르 Luxembourg 문제에 관련하여 삭스 Saxe 공작과의 분쟁을 결투에 의해 단독으로 해결하겠다고 나섰다. 또 릴의 축연에서 필립은 60세의 나이에도 불구하고 내키기만 하면 언제든지 터키의 황제와 육박전을 벌이러 가겠다고 호언하였다.[17]

이러한 태도는 이탈리아 르네상스 때까지도 여전히 존속한다. 프란체스코 곤자가 Francesco Gonzaga 는 세자르 보르지아 César Borgia 에게 결투를 신청, 검과 단검에 의해 이 폭군으로부터 이탈리아를 해방시키겠다고 장담한다. 다행히도 프랑스 왕 루이 XII세가 개입하여 결투를 막고 모든 것은 감동적인 화해로 끝이 난다.[18] 샤를르-캥 Charles-Quint은 또 두 번씩이나, 즉 1526년과 1536년, 프랑스 왕에게 단번의 결투를 통해 자기들 사이의 분쟁을 해결짓자고 공식적으로 제안한다.[19] 심지어는 1674년에도 샤를르-루이 Charles-Louis 라는 궁정 백작이 —— 루이 XIV 세에게가 아니고 사실은 튀렌 Turenne 에게 보낸 것이지만 —— 보낸 결투 신청이 이 일련의 것들에 덧붙여진다.[20]

한편 제후들의 결투와 흡사한 진짜 결투가 1393년 부르-강-브레스 Bourg-en-Bresse에서 있었다. 거기서 기사-시인으로 유명한 오트 드 그랑송 Othe de Grandson은, 사보아 Savoie의 아메데 Amédée VII세 시해 사건에 공모했다는 혐의를 받고, 보드 Vaud 지방의 여러 도시에서 제일 가는 투사 제라르 데타베이에 Gérard d'Estavayer 와의 결투에서 죽임을 당했다. 이 결투는 사람들에게 굉장한 감동을 불러일으켰다.[21]

부르고뉴 지방과 북불(北佛) 지방에서는 싸움을 매우 좋아했던 관계로 법적인 혹은 자발적인 결투의 풍습이 강하게 뿌리박고 있었다.

결투는 사회의 상층으로부터 하층에 이르기까지 탁월한 판결 방식으로 생각되었다. 이 개념은 그 자체로서는 그다지 기사도적 이상과 관계가 없었고 오히려 훨씬 더 오랜 옛날에 그 뿌리를 두고 있었다. 기사도는 기마 시합장의 격투를 유행시켰다. 그러나 결투는 귀족 계급 밖에서도 성행했고, 그것은 귀족적 범주를 벗어날수록 그 시대의 난폭성을 유감없이 드러내었다. 결국 기사들은 결투가 그들의 명예라는 법칙 밖에서 이뤄질수록 그 광경을 더 많이 즐겼다. 1455년 발랑시엔의 두 부르조아 사이에서 벌어진 법적 결투만큼 귀족들과 사료 편찬관들에게 큰 흥미를 불러일으킨 것은 없었다.[22] 그것은 드문 일이었고 근 100년 전부터 그와 같은 일은 전혀 일어나지 않았다. 발랑시엔 사람들은 어떤 희생을 치르고라도 그 결투가 꼭 일어나기를 바랐다. 거기에는 그들의 옛 특권 중의 하나를 존속시키는 문제가 달려 있었던 것이다, 그러나 필립의 부재로 당시 권력을 대행하고 있던 샤를르 백작이 그것을 차일피일 미루었고, 두 적수 쟈코탱 플루비에 Jacotin Plouvier 와 마위오 Mahuot 는 값비싼 두 마리의 싸움 닭처럼 보관되었다. 마침내 공작이 돌아오고, 곧 싸움이 결정되었다. 필립 자신이 그것을 참관하기를 원했고, 그래서 그는 이를 목적으로, 브뤼즈 Bruges 에서 루뱅 Louvain 으로 가던 길을 우회하여 발랑시엔을 거치기로 한 것이다. 샤틀랭과 라 마르슈 같은 연대기 작가들은 귀족들의 '경기'를 묘사할 때는 전혀 사실적 색조를 찾아내지 못하는 데 비해, 이 사건만은 온전히 힘찬 사실적 색채를 부여하는 데 성공하고 있다. "매우 아름다운 의식"의 온갖 세세한 것들을 웅변조로 묘사하곤 하는 샤틀랭 속에서, 거칠기 짝이 없는 플랑드르인이 다시 등장한다. 샤틀랭은 주변의 투기장이며 좌석들을 세밀하게 묘사한다. 가련한 희생자들은 각자 검술 사범을 두고 필요한 훈련을 받는다. 원고인 쟈코탱이 먼저 입장한다. 머리엔 아무것도 쓰지 않고 머리카락은 짧게 깎았으며 몹시 창백하다. 코르도바식 옷을 꿰어 걸친 그는 먼저 무릎을 꿇고 철망 너머에 앉은 공작에게 경의를 표한다. 그런 다음 두 적수는 각자 검은 천이 드리워진 두 의자에 앉아서 서로 마주 본 채 기다린다. 영주들은 서로 속삭이며 자기네 견해들을 피력하고 행여 놓칠세라 뚫어지게 주목한다. 마위오가 복음서에 입맞추며 창백해진다. 두 명의 하인이 투사들에게 머리부터 발끝까지 기름칠을 한다. 쟈코탱은 기름이 즉각적으로 가죽 속에 침투되는데, 마위오에게서는 그렇지가 않다. 이 전조는 두 사람 중 누구에게 더 유리한가? 투사들은 각자 손에 재를 묻혀 문지르고 입에 설탕을 머금는다. 그러자 사람들이 그들에게 몽둥이와 방패를 갖다준다. 그 위에는 헌신의 이미지가 그려져 있고 그들은 거기에 입을 맞춘다. 그들은 뾰족꼴이 위로 가게 방패를 잡고 손에는 '헌신의 깃대'를 쥔다.

키가 작은 마위오가 방패 끝으로 모래를 떠 쟈코탱의 눈에 뿌리면서 싸움이 시작된다. 광포한 육박전이 뒤따르고 마위오는 땅에 쓰러지고 만다. 쟈코탱이 엎어진 사람 위에 뛰어들어 눈과 입에 모래를 처박는다. 그러자 마위오가 적의 손가락을 이빨로 깨문다. 쟈코탱은 마위오의 눈두덩에 주먹 세례를 퍼붓고 가련한 외침에도 불구하고 등에 뛰어올라 그를 꺾어뜨린다. 죽어가는 마위오는 고해 성사를 하게 해달라고 헛되이 간청한다. 그는 소리친다. "오! 부르고 뉴 각하여, 전 강 Gand 전투 때 각하를 섬겼던 사람입니다. 오! 각하, 하나님의 이름으로 나를 불쌍히 여겨주십시오. 내 생명을 구해 주십시오!"[……] 샤틀랭의 이야기는 여기서 끝을 맺는다. 뒤의 몇 장은 찢어져버리고 없다. 다른 기록들은 마위오가 반은 죽은 채 사형 집행관에 의해 목매달려 죽었다고 기록하고 있다. 샤틀랭은 어쩌면 그 이야기를 고상하고 기사도적인 명상으로 마치지 않았을까? 라 마르슈가 바로 그렇게 하고 있다. 그는 우리에게 귀족들이 그들이 참관한 그 사건에 대해 느낀 수치를 전해준다. 그리고 나서 이 어쩔 수 없는 궁정 시인은 하나님이 이 기사도적 결투를 허락하셨으며, 또 여기서 일어난 모든 일은 나무랄 데 없는 방식으로 이루어졌다고 쓰고 있다.

기사도 정신과 현실 사이의 갈등이 가장 첨예하게 드러난 것은 전쟁에서이다. 기사도적 이상은 전사(戰士)의 감정에 형식과 힘을 부여한 게 사실이지만 한편으로 그 영향은 오히려 치명적이었다고 할 수 있다. 왜냐하면 기사도적 이상은 미학적 권리를 위해 전략적 권리를 희생시키는 데까지 나아갔기 때문이다. 여러 경우 가장 훌륭한 장수들과 심지어 왕들까지도 로마네스크한 모험의 위험에 자신들을 내맡긴다. 에드워드 III세는 스페인 상선단에 대한 위험천만한 공격에 자신의 생명을 내건다.[23] 별 기사단 l'ordre de l'Étoile 의 기사들은 전투시 결코 4에이커 이상은 후퇴하지 않기로 맹세한다. 차라리 죽든지 나아가든지 할 것이다. 그리고 이 이상한 규칙은, 프로아사르의 말에 따르면, 기사단 창설시부터 그들 가운데 9명 이상의 목숨을 앗아갔다고 한다.[24]

1415년 영국의 헨리 V세는 아쟁쿠르 Azincourt 전투 직전 프랑스인들과 대치하러 간다. 저녁 때 그는 실수로 산개기병(散開騎兵)들이 그에게 숙소로 지정해준 마을을 지나친다. 그런데 왕은 "매우 칭송할 만한 명예 의식을 지닌 사람으로서" 전투복 차림으로 후퇴하지 않도록 정찰중의 기사들에게 갑옷을 벗도록 막 명령한 참이다. 이제 왕 자신이 갑옷을 입은 채고 그 역시 그대로는 돌아올 수가 없다. 하는 수 없이 왕은 있는 그 곳에서 밤을 지새기로 하고 이 새

로운 계획에 맞춰 전위 부대를 재배치시킨다. [25]

1382년 플랑드르 지방 대공략에 앞서 프랑스는 계속 자신들의 기사도 정신이 좋은 전략에 대립됨을 본다. "만일 우리가 오른쪽 길 외에 다른 길을 모색한다면 우리는 우리 자신이 정의로운 기사들임을 보여주지 못할 것이다." 이는 클리송 Clisson 과 쿠시 Coucy 가 예상밖의 지름길로 공격해 들어가자고 제안했을 때 사람들이 한 대답이다. [26]

1404년 프랑스인들이 영국 해안을 침공하기 위해 다트마우드 Dartmouth 를 침략할 때도 사정은 매한가지다. 장수들 중의 하나인 기욤 뒤 샤텔 Guillaume du Châtel 이 바닷가에 참호를 파고 진지를 구축한 영국군을 측면으로 공격해 들어가자고 제안한다. 그러나 그들을 한 떼의 농부들 정도로 생각한 제이으 Jaille 경은 그런 놈들 때문에 정도(正道)를 버리는 것은 수치라고 주장한다. 그리고는 동료들에게 용기를 가지라고 북돋운다. 그러자 샤텔이 자존심이 상해 외친다 : "고결한 브르타뉴의 심장은 두려워하지 않을 것이오. 내기를 해도 좋소. 승리보다는 죽음이 기다리고 있을지라도 주저하지 않을 것이오." 그리고 그는 지더라도 조명(助命)을 빌지 않겠다는 맹세를 덧붙이고 공격에 나선다. 결국 그는 목숨을 잃고 그의 전군대도 비참하게 궤멸당하기에 이른다. [27]

플랑드르 공략시 사람들은 서로 전위 부대에 참가하려고 애쓴다. 후위 부대로 배치받은 한 기사는 맹렬하게 이의를 제기한다. [28]

우리는 두서넛의 적대자들간에 벌어지는 결투에서도 전쟁시 적용되는 기사도적 이상을 되찾아볼 수 있다. 그 전형적인 경우로 1351년에 브르타뉴의 플로에르멜 Ploërmel 에서 보마누아 Beaumanoir 가 지휘하는 프랑스군 30인과 영국인·독일인·브르타뉴인 들로 이루어진 그룹간의 그 유명한 30인 전투를 들 수 있다. 프로아사르는 그것이 매우 아름다웠다고 적고 있지만 이야기 끝에 다음과 같이 지적하기를 잊지 않는다 : "어떤 이들은 그것을 용맹하다고 보고 또 어떤 이들은 그것을 명예 훼손 혹은 크나큰 오만이라고 본다." [29] 1386년 기 드 라 트레모이으 Guy de la Tremoïlle 와 영국인 피에르 드 쿠르트네 Pierre de Courtenay 간의 결투는 영국인이 우수하냐, 프랑스인이 우수하냐를 판가름할 좋은 기회였는데, 애석하게도 마지막 순간에 부르고뉴와 베리 두 프랑스 섭정들에 의해 중단되고 만다.[30] 『르 쥬방셀』은 이 같은 용맹의 과시에 대해 비난의 뜻을 표한다. 게다가 이미 보았듯이 기사도 정신이 군인 정신으로 대체된 것도 바로 이 책에서이다. 이 로망 속에서 베드포드 공작이 열두 명 대 열두 명의 결투를 신청했을 때, 프랑스인 대장은 다음과 같이 답한다 : "속담에 적이 발의한 일에 대해서는 아무것도 할 필요가 없다는 말이 있다. 우리가 여기 있는 것은 적을 그 위치에서 쫓아내기 위해서며, 이것만으로도 우리가 할 일은 충분하다." 그리고 결투는 거절되었다. 또 다른 곳에서 『르 쥬방셀』은 그의 사관 중 하나에게 결투를 금한다. 그런 식의 시도는 결코 허용치 않겠다고 선언하면서(그는 결국 자신의 결정을 취소한다). 그것은 금지된 것들이다. 결투를 좋아하는 사람은 왕과 공적인 일에 대한 의무는 소홀히하면서 스스로 헛된 영광만을 구하여 다른 사람에게서 그 영광을 빼앗는 사람이다.[31] 이것은 새로운 시대에서 나온 목소리처럼 들린다. 그러나 그 맞겨룸의 결투의 습관은 중세를 훨씬 넘어서까지 지속되었다. 이탈리아 원정은, 1501년 '바를레타의 결투 Sfida di Barletta'에서, 그에 대한 유명한 예 즉 바이야르 Bayard와 소토메이요 Sotomayor 간의 결투를 보여준다. 우리는 네덜란드의 대 스페인 전쟁에서 또 다른 예들을 보게 된다.

대체로 전쟁의 전략은 기사도적 개념들을 뒤로 밀치게 마련이다. 하지만 이성이 늘 우세하지만은 않다. 앙리 드 트랑스타마르 Henri de Transtamare 는 어떤 희생을 치르더라도 적과 평원에서 싸우기를 원한다. 그래서 그는 자진하여 자기의 유리한 위치를 포기하며 결국 나제라 Najera 전투에서 패하고 만다(혹은 나바레트 Navarrete 전투에서 1367년에). 또 1333년 한 영국군 군대는 스코틀란드인들에게 보다 잘 싸우기 위해 평지로 내려가자고 제안한다. 칼레 Calais 를 되찾기가 어렵다는 것을 간파한 프랑스 왕은 영국인들에게 다른 전투 장소를 택하라고 정중하게 요청한다. 기욤 드 에노 Guillaume de Hainaut 는 한 술 더 떠서 프랑스 왕에게 군대가 서로 만날 수 있도록 다리를 놓기 위해 3일 동안 임시 휴전을 갖자고 제안한다.[32]

위에 인용된 케이스들에서는 기사도적 요구가 무시된다. 대신 전략이 우선시되며 이는 필립 르 봉에게서도 마찬가지이다. 그는 같은 날 세 번씩이나 전투 신청을 거절해야 했는데 이 때 그의 기사도적 명예는 이만저만 손상된 것이 아니었다.[33]

이처럼 보다 심각한 이해 때문에 기사도적 이상은 어느 정도 양보를 해야 했지만, 그렇다고 해서 그것이 전쟁의 장대한 배경 속에서 덜 중요한 위치를 차지한 것은 아니었다. 아쟁쿠르 전투가 있기 전날 밤, 두 군대는 어둠 속에 서로 대치한 채 트럼펫 소리로 사기를 북돋운다. 하지만 프랑스인들은 그 소리가 '자기들을 흥겹게' 하기에는 충분치 못했다고 불평하면서, 자기네 용기가 덜 북돋아진 것은 그 때문이라고 투덜댄다.[34]

15세기말에 이르러 처음으로 독일인 용병들은 동방에서 기원한 북의 사용을 도입한다.[35] 따라서 북은 그 최면적이고도 불협화적인 효과와 더불어 기사도 시대와 현대 군사 전략 시대의 일대 전이 (轉移)를 상징하게 된다. 즉 전쟁의 기계화에 한몫을 담당했던 것이다. 그러나 아직도 1400년경에는 투구 꼭대기 장식과 문장들, 그리고 깃발과 전투의 외침 등이 전투에 개인적인 특성과 고결한 경기의 외관을 보존하였다. 날마다 오만함 속에 경합을 벌이는 영주들의 외침이 소리높이 울려퍼진다. 전투 전과 전투 후에는 반드시 아콜라드 *accolade*(역주 : 기사 서임식 때 검으로 어깨를 탁 치는 것)의 서열 승진의 의식들이 행해지고, 전투는 늘 이 의식들에 의해 신성화된다 : 기사들은 '그들의 삼각기(역주 : 기사가 창끝에 매달았던 기)의 꼬리'를 자르면서 기령기사(역주 : 깃발 아래 부하를 거느리고 출전할 수 있는 기사)가 된다.[36] 뇌스 Neuss 앞에 진친 샤를르 르 테메레르의 유명한 야영 부대는 마치 궁정의 축제를 방불케 한다. 몇몇 우두머리들은 재미삼아 그들의 텐트를 회랑과 정원까지 딸린 성채 모양으로 세우게 했다.[37]

기사도적 관점은 연대기 작가들에게서 전쟁 무훈의 분류를 주관하는 좌표가 된다. 이들 작가들은 하나의 교전(交戰)을 단순한 참전 *engagement* 과 구분하려고 애쓴다. 각각의 교전이 영예의 기록 속에서 고유의 위치를 차지해야 하기 때문이다. 몽스트를레는 다음과 같

이 적고 있다 : "이날로부터 이 일은 몽스 앙 비뫼 회전 le rencontre de Mons en Vimeu 이라고 불리게 되었다. 그리고 이것은 교전이라는 말로 선언되진 않았는데 그것은 부분부분들이 흩어져 아무렇게나 접전을 벌였기 때문이며, 또 깃발이 전혀 펄럭이지 않았기 때문이다."[38] 헨리 V세는 자신의 대승리를 '아쟁쿠르 전투'라고 명명한다. 그것은 "모든 전투 *batailles* 는 그들이 싸운 가장 가까운 요새의 이름을 따야 하기 때문"이다.[39] 한편 전장에서 밤을 새우는 일은 승리의 확실하고 인정된 표지였다.[40]

전투에서 제후의 용맹은 가끔씩 다소 꾸민 듯한 성격을 띤다. 칼레에서 있은 한 프랑스인 귀족에 대한 에드워드 Ⅲ세의 격투에 대한 프로아사르의 묘사는 우리로 하여금 그 접전의 진지성 여부를 의심케 한다. "거기에서 왕과 위타스 Ustasse 경은 서로 오랫동안 격전을 벌였다. 그들을 구경하는 일은 몹시 재미있었다." 결국 프랑스인이 항복하며, 싸움은 왕이 포로에게 제공한 저녁식사로 끝이 난다.[41] 생-리키에 Saint-Riquier 전투에서, 필립 드 부르고뉴는 위험하다는 이유로 자기의 거대한 장비를 다른 사람에게 들게 한다. 그러나 연대기 작가들은 그것은 단순한 전사처럼 싸움으로써 자기의 가치를 더 잘 증명해 보이려는 의도에서였다고 쓰고 있다.[42] 또 베리와 브르타뉴 공작들은, 르 테메레르가 공익(公益) Bien public 전쟁에서 했던 것을 본따, 황금 징이 박힌 수자 흉갑을 입는다.[43]

기사도적 환상을 보존키 위한 모든 노력에도 불구하고 기사도적 환상은 모든 부분에서 현실과 부딪치며, 결국은 문학과 축제 그리고 유희 속에서밖에는 피난처를 찾을 수가 없다. 영웅적인 삶의 이상은 귀족이라는 한 계급내에서밖에는 제 위치를 찾을 수가 없었다.

기사도 정신이 하층 계급 사람들과 관련될 때는 얼마나 결핍되었는가를 알면 깜짝 놀랄 것이다. 귀족인 샤틀랭은 부유한 양조업자가 그 딸을 공작의 사수에게 시집보내기를 거부하면서 끝내 생명과 재산까지 위태롭게 했던 그 부르조아의 명예라는 것을 전혀 이해하지 못한다. 또 프로아사르는 샤를르 Ⅵ세가 필립 다르트벨드의 시체를 어떻게 취급했는가를 조금의 경외심도 없이 이야기한다. "사람들은 그가 한 곳에 있는 것을 보자 그를 거기서 치워 나무에 매달았다. 그것이 필립 다르트벨드의 최후이다. ” 왕은 그를 “천인 취급하면서” 발로 걷어차는 일을 서슴지 않았다. [44] 프로아사르는 1382년 강 Gand 의 부르조아들에게 행한 귀족들의 잔인무도한 행위 앞에 서조차 기사도에 대한 그의 열심을 간직한다. 샤틀랭은 쟈크 드 랄랭의 무공에 대해서는 그토록 흔쾌히 진술하면서도, 혼자서 랄랭을 공격한 무명의 강 Gand 의 젊은이가 보여준 용맹스러운 행적에 대해서는 차갑게 언급하고 있을 뿐이다. [45] 라 마르슈도 평민 출신의 한 강 Gand 인이 행한 무훈을 이야기하면서 순진하게도 이 행동이 ‘귀족 출신’에게서 나왔더라면 아주 중요한 것이 되었을 것이라고 말한다.

기사도는 이제 군인의 원칙으로서는 불충분한 것이 되었다. 병법은 이미 오래 전에 기사도적 규범에 맞추기를 포기하였다. 전쟁은 14, 15세기에 오면 은밀한 기습과 급습 등으로 이루어진다. 기사들에게 도보로 싸우게 하는 풍습이 영국에서 들어왔고 그것이 비록 기사도 정신에 어긋난 것이긴 하지만 프랑스인들은 그것을 채택하였다. [46] 1455년경 영국에 대한 프랑스의 우월성을 주장한 『프랑스와 영국의 군사(軍使)들에 대한 논쟁』을 읽어보면 기사도적 개념들은 얼마나 유치하고 불충분한가? 영국인 군사가 프랑스인 동료에게 묻는다 : 프랑스 왕은 왜 영국 왕만큼 막강한 해군력을 갖지 못하는가? 프랑스인의 순진한 대답 : 우선은 프랑스 왕이 그것을 필요로 하지 않기 때문이고, 다음으로는 귀족 계급이 육지에서 싸우기를 더 좋아하기 때문이다. “(바다에서는) 위험이 따르고 생명을 잃는 수가 있다. 게다가 폭풍이라도 몰아치면 그 무슨 변이겠는가. 또 바다의 병은 여러 사람에게 얼마나 지독하고 견딜 수 없는 것이냐. 그리고 그렇게 피로운 생활을 하는 것은 귀족들에게 전혀 맞지 않는 일이다. ”[47] 그러나 대포의 등장은 아직 제한된 수의 행동에 대해서긴 하지만 군사 전법에 일어날 획기적인 변화들을 예고하였다. 부르고뉴풍의 편력기사의 꽃 쟈크 드 랄랭이 대포의 포탄에 맞아 숨진 것은 운명의 아이러니가 아니겠는가? [48]

한편 귀족들의 군사 경력에는 누구도 피할 수 없는 재정적 측면이 있었다. 중세말의 군대사의 매 페이지마다에서 우리는 석방금 문제를 보며, 유력 인사를 나포하는 일이 중요했던 것도 바로 그 석방금 때문이었음을 읽게 된다. 프로아사르는 운좋은 주먹 한방이 그 공략에서 얼마를 벌게 했는가를 특기하기를 잊지 않는다. [49] 그리고 직접적인 이득과는 별도로 기사에게는 은급과 연금과 총재 자리에 대한 희망도 아울러 있었다. 흔히들 사람들은 진급을 목표로 한다. 외스타슈 드 리뵈몽 Eustache de Ribeumont 은 "난 진급을 바라는 가련한 자입니다"라고 말한다. 프로아사르는 자신의 여러 행적을 이야기하면서 "군대 경력을 통해 승급하기를 원하는" 많은 용감한 자들에게 하나의 모범을 제시하기 위해서라고 말한다. 외스타슈 데샹도 한 발라드에서 부르고뉴의 기사들, 시종들, 궁정의 집달리들이 보상을 바라는 모습을 다음과 같이 읊는다.

　　그리고 그 보고(寶庫)는 언제나 올까? [50]

샤틀랭은 현세적 영광에 도달하기를 원하는 사람이 "은급이건 연금이건 관리로서건 혹은 종교적 실무로건 많은 돈을 갖기를 바라며" 탐욕스러운 것은 당연하다고 본다. [51] 또 고결한 부시코조차도 그 탐심을 아주 버리지는 못한다. [52] 코민은 봉급에 따라 귀족을 평가한다 : "20 에퀴를 받는 귀족" 등. [53]

　한편 기사 생활의 요란한 영광 속에서도 가끔 불협화음의 소리가 들린다. 귀족 자신들이 전쟁 생활과 기마 시합의 겉만 번지르한 궁핍함과 그 허구성을 간파했던 것이다. [54] 그러므로 우리는 루이 XI 세와 필립 드 코민과 같이, 기사도에 대해 조소와 경멸밖에 갖지 않은 두 시니컬한 정신을 만나도 별로 놀랄 것은 없다. 몽트레리 Montlhéry 전투에 대한 코민의 묘사는 사실성에 있어서 완전히 현대적이다. 거기엔 영웅적 행위도 드라마틱한 장면도 없다. 단지 계속적인 주저와 의혹 그리고 두려움, 그리고 그것에 대한 가벼운 야유가 있을 뿐이다. 코민은 수치스런 도망과 위험이 지나간 뒤에야 용감한 척하는 비열함 따위를 묘사하는 데 일종의 쾌감을 느끼는 듯하다. 그는 명예라는 단어를 거의 사용하지 않으며 그 자체를 하나의 필요악으로 취급한다. "내 생각엔 그가 그날 밤 가버리려 했대도 그건 잘한 일이다…… 그러나 아마도 그는 거기서 명예를 얻고 싶었고 다시 겁장이로 취급받고 싶지가 않았다." 피튀기는 접전에 대해 이야기할 때조차, 그의 이야기에서 기사도적인 용어를 찾는다는 것은 헛일이다.[55]

기사도는 만약 그것이 사회 발전에 크게 가치 있는 요소들을 갖지 않았고, 또 윤리적이고 미학적인 관점에서 필요로 되지 않았다면 그처럼 수세기에 걸친 이상이 될 수는 없었을 것이다. 그리고 그 웅대한 과장에서조차 이 이상(理想)의 힘은 발견되었다. 난폭할이만치 격렬했던 중세의 정신은 어쩌면 교회의 이상이나 기사도적 이상 같은 지나치게 높이 설정된 이상에 의해서밖에는 묶어둘 수가 없었다. "남자들과 여자들이 가진 이 방침의 격렬함이 없이는, 그리고 그 얼마간의 완고함과 광신이 없이는, 정열도 효과도 있을 수가 없다. 목표에 도달하기 위해, 우리는 목표보다 더 높은 곳을 겨냥한다. 모든 행위는 그 자체로서 어느 정도 과장의 허위를 갖게 마련이다."[56]

그러나 사회적 이상이 초월적인 미덕을 요구할수록, 사회적 형식주의와 현실 사이에는 그만큼 더 불일치가 커진다. 결국 기사도적 이상은 반은 종교적인 취지와 아울러 가장 직접적인 것에는 눈을 감고 가장 큰 환상에 스스로를 내맡기는 한 독특한 시대에 의해서만 경험될 수 있었다. 새로 태어나는 새 시대는 이처럼 지나치게 높은 열망들을 죄다 내버리기를 요구했다. 기사는 여전히 일련의 명예 개념과 계급적 편견들을 갖고 있긴 하지만 스스로를 더 이상 신앙의 옹호자나 약자의 보호자로 내세우지는 않는 17세기 프랑스의 쟝티옴 gentilhomme 이 된다. 그리고 프랑스 귀족의 전형도 기사의 연장선상에서 나온 것이긴 하나 보다 절제되고 세련된 '젠틀맨'의 전형으로 대치된다. 결국 이상은 이처럼 연쇄적인 변모 속에 덜 과장된 형태의 삶의 개념에 부합되어간다.

제 8 장
양식화된 사랑

    12세기에 트루바두르들이 채울 길 없는 갈망을 사랑이라는 시적 개념의 한가운데에 놓았을 때에, 중세 정신은 중요한 한 전환점에 도달했다. 사랑의 이상이 처음으로 부정적 기반 위에 발전하게 된 것이다. 고대 역시 사랑의 욕망과 고통을 노래했던 것은 사실이다. 그러나 고대는 그것들을 확실하게 보장된 행복에의 기다림이나 자극제로 생각하였다. 『피람과 티스베 *Pyrame et Thisbé*』, 『세팔과 프로크리스 *Céphale et Procris*』 같은 비극적 이야기들의 감정적 '계기'도 희망의 부질없음이 아니라 이미 이루어져 결합한 두 연인의 죽음에 의한 잔인한 별리 속에 있다. 따라서 고통스런 감정은 채울 길 없음에서가 아니라 불운의 재난에 의해 초래된다. 채울 길 없는 갈망이 처음으로 주요 테마로 등장한 것은 '궁정의 사랑 *amour courtois*'에서이다. 그리하여 처음으로, 관능적 사랑과의 밀접한 관계를 거부하지 않으면서도 또 모든 본성의 윤리적 열망을 흡수할 수 있는 에로틱한 이상이 만들어졌다. 여성 숭배, 곧 모든 보상에의 희망을 포기한 숭배가 이 관능적 사랑에서 나온다. 그리고 사랑은 미학적이고도 윤리적인 모든 완성이 꽃피어나는 밭이 되었다. 궁정식 사랑을 하는 사람은 그 사랑으로 인해 덕스럽고 순결해질 것이다. 서정시 속에서, 정신적 요소는 점점 더 중요성을 띠게 되고, 급기야 사랑은 『신생(新生) *Vita nuova*』에서 성스런 지복과 신성한 지식의 상태가 되었다. 단테와 그 동시대인들의 '새로운 매혹적인 양식 *Dolce stil nuova*' 속에서 그것은 그 극에 달하고 그 후로는 내리막을 겪는다.

페트라르카는 궁정의 사랑과 고대의 모델에서 새로이 끌어낸 영감 사이를 왔다갔다 한다. 그리고 페트라르카로부터 로랑 드 메디치 Laurent de Médicis 에 이르기까지, 서정시는 이탈리아에서는 그토록 찬미의 대상이 된 고대의 작품들을 꿰뚫는 그 자연스러운 관능성의 길을 다시 따른다. 한편 프랑스와 프랑스식 정신적 상승세를 겪은 모든 나라들에서는 에로틱한 사고의 진전이 훨씬 더 미묘하고 복잡했다. 궁정식 사랑의 틀은 그대로지만 그 정신은 완전히 일신된다. 『신생』이 정신화된 정념 속에서 그 영원한 조화를 발견하기 전, 『로망 드 라 로즈 *Roman de la Rose*(장미 로망)』는 궁정의 사랑의 옛 형태들 속에 전혀 새로운 생각들을 쏟아넣었다. 1240년 이전 기욤 드 로리스 Guillaume de Lorris 에 의해 시작된 이 작품은 1280년 이전 쟝 쇼피넬 드 묑-쉬르-로아르 Jean Chopinel de Meung-sur-Loire 에 의해 완결되었다. 그리고 이 『로망 드 라 로즈』만큼 한 시대의 삶에 그렇게 깊고도 지속적인 영향력을 행사한 책은 달리 없었다. 그 유행은 적어도 200년간은 계속되었고, 이 『로망 드 라 로즈』는 그야말로 중세 말기 사랑의 귀족적 관념을 형성하는 데 결정적인 역할을 하였다. 그 백과전서적인 풍부함은 교양 있는 세속 사회가 그 모든 박학을 길어내기에 족한 가장 명백한 보고(寶庫)였다. 우리는 한 시대 전체의 지배 계급이 이 '사랑의 기법'의 틀 속에서 그 모든 지적·윤리적 개념들을 받아들였다는 사실에 주목할 필요가 있다. 사랑의 이상에 기반을 둔 교양의 이상, 이것이야말로 그 어떤 다른 시대도 알지 못한 그 시대만의 혼합물이었다. 스콜라 철학이 모든 철학적 사고를 통합하려는 중세 정신의 웅대한 노력을 대표하듯, 궁정식 사랑의 이론은 보다 덜 높은 영역에서 고상한 삶에 관계된 모든 것을 포괄하고자 하였다. 『로망 드 라 로즈』는 그 체계를 부수지 않고 그 경향들을 변형시켜 그 내용을 풍부하게 하였다.

사랑에 하나의 양식을 부여하는 것, 그것이야말로 사람들이 그 의례적 표현과 영웅적 표현을 더욱 높여 다시 그리던 그 아름다운 삶에의 열망에 대한 최고의 구현이었다. 아름다움은 오만이나 권력에

서보다는 사랑 속에 더 많이 존재한다. 그리고 그것은 하나의 사
회적 욕구이며 풍습이 난폭하고 사나울수록 더욱 더 급박해져만 가
는 요구이다. 사랑을 제의(祭儀)의 높이에까지 드높여야 한다. 정열
의 넘칠 듯한 격렬함이 그것을 요구한다. 형식과 규칙 속에 끼워넣
지 않는 한 정념은 야만스러운 것이다. 교회는 백성들의 난폭성과
방종을 억제할 임무를 가졌지만 그것으로 충분치는 않았다. 귀족
계급은 교회의 가르침들 외에도 자체적인 자기 문화 즉 쿠르트와지
courtoisie(역주 : 정중함・예의)를 갖고 있었다. 그리고 그들은 거기에
서 자신들의 행동 규범을 길어내었다. 문학과 양식과 대화는 에로
틱한 생활에 제동을 걸고 그것을 규제하여 세련되게 만들고자 애를
썼다. 그리고 그것들은 비록 그렇게 하는 데 성공하지는 못했어도
적어도 궁정식 사랑의 규범에 부합되는 사회적 생활의 외양을 만들
어냈다. 실제에 있어서는 상류 계급의 성(性) 생활은 경악할이만치
거친 채로 남아 있었다.

　확실히 중세 시대에 사랑에 관계된 개념들에는 전혀 다른 두 가
지 흐름이 있었다. 극단적인 방종함은 문학에서뿐 아니라 실제 풍
습에서도 자유로이 펼쳐지면서, 정숙한 척하는 고도의 형식주의에
대립된다. 부르고뉴 공작은 발랑시엔에서 한 영국 대사 부인을 기
다리면서 그 도시의 목욕탕들을 예약한다. "그들 두 사람과 또 그
들의 모든 수행원들을 위해 정사(情事)에 필요한 모든 것을 갖춘 목
욕탕들로, 기호에 따라 원하는 대로 선택할 수 있으며, 일체의 비
용은 공작이 부담키로 하고"[1] 예약한다. 사람들은 샤를르 르 테메
레르에게 너무 절제한다고 비난하며, 제후에게는 그 같은 절제가 몸
에 해로운 법이라고 충고한다.[2] 에스댕 정원의 놀이터에 있는 놀이
도구들 중에는 지시문에 다음과 같이 설명한 것이 있다 : "아랫도
리 밑으로 지나가며 부인네들을 흥분시키기 위한 기구."[3] 왕궁과
제후들의 궁정에서는 결혼식에 온갖 종류의 방종한 유희가 수반되
었으며, 그 같은 풍습은 두 세기 이후까지도 사라지지 않았다. 우
리는 프로아사르가 샤를르 Ⅵ세와 이자보 드 바비에르 Isabeau de
Bavière의 결혼식을 묘사한 것 속에서 그 당시 궁정의 음탕한 농담
들을 듣게 된다.[4] 데샹은 앙트완 드 부르고뉴에게 극도로 음탕한

결혼 축가를 헌사했다. [5] "고귀한 귀족 장 레니에 Jean Régnier는 부르고뉴 부인과 궁정의 모든 부인들의 요구에 따라 선정적인 발라드 하나를 쓰노라."[6]

비슷한 풍습들이 쿠르트와지가 부과한 구속과 정숙함에 완전한 대조를 이루었던 것 같다. 성적인 관계에 있어 그렇게 뻔뻔스러움을 나타냈던 풍토에서조차 궁정식 사랑의 이상만은 존중할 것이 공언되었다. 그렇다면 그들의 논리에서 위선을 보아야 할 것인가? 아니면 실제 풍습에서 귀찮은 형식들에 대한 시니컬한 포기를 보아야 할 것인가?

그것들은 차라리 서로 포개져 있는, 서로 모순되면서도 공존하는 문명의 두 층이라 보아야 마땅할 것이다. 아주 최근에 문학에서 기원한 궁정적 양식 곁에는, 에로틱한 생활의 모든 원시적 형태들이 모든 힘을 그대로 지닌 채 공존하고 있었다. 중세 문명이라는 이 복잡한 문명은 때로는 서로 대립되고 때로는 서로 혼돈되기도 하는 여러 개념들과 모티프들과 형식들을 한 무더기 물려받았기 때문이다.

원시 시대의 에로틱한 시는 무엇보다도 결혼 축가이다. 결혼과 결혼식 축제들은 우선은 단 하나의 성스러운 제의를 형성할 뿐이며, 그 양성(兩性)의 접근은 더할나위없는 신비이다. 교회는 곧 사람들이 성스러운 것으로 찬미하던 그것에 대립한다. 교회는 결혼의 신성한 요소를 성례 속에 이전하면서 그 신비만은 그 자체로서 남겨놓았고, 결혼 축가적 장치는 신성한 성격이 제거되긴 했지만 이전보다 더 자유롭게 번창하면서 결혼식 축제 속에서 그 주된 요소로서 중요성을 보존한다. 결국 이 같은 풍습과 거친 상징의 방종은 피할 수 없는 것이었다. 교회는 그것을 억누르기에는 너무도 무력했다. 가톨릭의 계율도, 개혁파 퓨리터니즘도, 17세기까지 남아 있고 널리 유행하던 하나의 풍습 곧 결혼 첫날밤 잠자리를 거의 공개하는 풍습을 사라지게 할 수 없었다.

그러므로 중세 문명에서 마주치게 되는, 그리고 결혼 축가 쟝르에 널려 있는 그 수많은 음탕함과 모호한 비유들과 에로틱한 상징의 무더기들은 인류학적 관점에서 고찰해야 할 것이다. 신비의 나머지 부분들은 유희나 오락거리로 전락한다. 그러나 분명히 알 수 있는 것은 그 시대 사람들이 궁정 법규의 규정들을 굳이 저버릴 마음을 갖지는 않았다는 것이다. 그것은 전혀 다른 영역이었고 쿠르트와지가 통하지 않는 땅이었다.

에로틱한 문학에 있어서 모든 희극적 쟝르가 다 결혼 축가에서 나온 것이라고 말하면 과장이 될 것이다. 확실히 외설스런 쟝르들과 소극(笑劇)들 그리고 음탕한 노래들은 오래 전부터 그 형식이 거의 변치 않은 한 쟝르를 따로 형성하고 있었다. 거기에서는 음탕한 알레고리가 지배적이었으며 갖가지 수법이 거기에 동원되었다. 그 시대의 문학은 대개 기마 시합과 사냥·음악 등에서 빌어온 상징들로 가득차 있다. 그러나 역시 가장 크게 유행을 누린 것은 종교적 변장을 한 에로티시즘이었다 : 'saints(성자들)'과 'seins(젖가슴)'의 동음이의어적 재담들, 혹은 'bénie(봉헌된)'나 'confesser(고백하다)' 같은 종교 용어들을 음탕한 뜻으로 사용하기 등, 『상 누벨 누벨 Cent nouvelles nouvelles(역주 : 백 개의 새로운 이야기라는 뜻)』식의 거친 희극과는 멀리 떨어져서, 에로틱하고 교화적인 알레고리들이 보다 세련된 형태를 띠곤 했다. 샤를르 도를레앙 Charles d'Orléans 측근의 시인들은 자신들의 사랑의 비탄을 고행자나 순교자의 고통에 비유한다. 그들은 자신들을 프란체스코 수도회가 겪은 준엄한 개혁에 비유하면서, 스스로를 "사랑의 계율에 매인 순교자들 les amoureux de l'observance"이라고 명명한다. 샤를르 도를레앙은 다음과 같이 노래하였다 :

이것들은 십계명에 해당하노니,
참된 사랑의 신이 ……[7]

그는 또 죽은 연인을 위해 이렇게 탄식한다 :

내 사랑하는 연인을 나는 장사지냈네
사랑의 사원 속에.
그리고 그녀의 혼을 달래는 진혼의 미사가
비통한 사색에 의해 노래불려졌네.
수많은 가련한 탄식의 촛대가

그녀를 비추며 타고 있었지.
또한 나는 회한으로
무덤을 만들었다네……8)

  그 세기말의 부드럽고 순수한 시 『사랑의 계율의 수도승이 된 연
인 *l'Amant rendu Cordelier de l'Observance d'Amour*』에서는 위로할
길 없는 연인이 사랑의 순교자들의 사원으로 들어가버린다. 여기서
우리는 달콤하고도 멜랑콜릭한 희극의 모든 효과들이 한데 어우러
진 것을 본다. 마치 에로틱한 시는 반드시 어떤 값을 치르더라도 기
독교가 금지한 것들과 접촉해야 한다는 듯이.
  사람들은 종종 골르와 *gaulois* 정신(역주 : 좀 상스럽고 쾌활한 골
Gaule 지방 사람들다운 성격)과 궁정식 사랑의 규범과를 대치시키고
거기서 로맨틱한 개념과는 전적으로 대조되는 사랑의 자연주의적 개
념을 보기를 좋아한다. 하지만 실상은 골르와즈리 *gauloiserie*(역주 :
좀 상스러운 농담·음담)도 쿠르트와지만큼이나 로맨틱한 허구이다.
에로틱한 생각이 문화의 가치를 획득하려면 반드시 양식화되어야 한
다. 그리고 그것은 단순화되고 환상적인 형식하에 복잡하고 고통스
러운 현실을 담아야 한다. 결국 골르와즈리를 이루는 모든 것, 즉
제멋대로의 방종함과 사랑의 자연적이고 사회적인 모든 복잡화에 대
한 경멸, 성 생활에서 빚어지는 거짓말과 이기주의에 대한 너그러움,
그리고 무한한 쾌락에의 비전 등은 실상은 보다 행복한 삶에의 꿈
을 현실에 대체하려는 강렬한 인간 욕구를 만족시키려는 것뿐이다.
이는 여전히 다른 것과 똑같이 숭고한, 그러나 이번에는 동물적인
면에서 숭고한 삶에의 열망이다. 이것도 하나의 이상이며 음탕함의
이상이다.
  모든 시대의 현실은 궁정적 예의범절의 세련된 탐미주의가 지향
하는 것보다는 훨씬 더 나쁘고 난폭했으며, 반면 사람들이 사실주
의라고 오인하는 톤의 속됨보다는 훨씬 더 정숙했다.
  에로틱한 시는 그것이 간접적인 한에서만 문화의 한 요소가 된다.
만약 그것이 결혼 축가처럼 욕구 충족 그 자체를 테마로 삼는다면
그것은 전적으로 상황적이다. 사교적 생활을 미화하고 모델을 부여

하기 위해, 에로틱한 시는 늘 행복의 가능성·약속·갈망·초췌함·기다림 등을 테마로 취해야 한다. 따라서 에로틱한 시는 사랑을 더 작게도 더 크게도 다루며, 사랑의 슬픔을 기쁨으로도 이해하며, 무한히 더 높은 미학적·윤리적 가치를 띠게 될 것이다. 왜냐하면 그것은 사랑의 영역 속에 명예와 용기, 충성심과 도덕적 삶의 다른 모든 요소들을 도입하게 될 것이기 때문이다.

13세기의 백과전서적 정신은 『로망 드 라 로즈』에서 그 세속적 승리를 맛보았었다. 사랑의 사고는 거기에서 완벽하고도 체계적인 표현을 발견할 수 있었다. 게다가 그 유명한 시는 사교계적 재료에 있어서 그 교리와 의식과 전설의 진정한 보고였다. 그리고 그토록 성격이 다른 두 시인의 작품인 로망의 그 모호한 성격은 그것을 사랑의 교리의 경으로서 훨씬 유효하게 만들었다. 그리하여 사람들은 그 속에서 모든 관습을 위한 텍스트를 보았다.

기욤 드 로리스는 두 작가 중 시기적으로 앞선 시인으로 궁정적인 옛 이상을 여전히 가꾸었다. 그토록 매혹적인 구상과 주제의 부드럽고도 즐거운 개념은 그에게서 나왔다. 3월의 어느 아침, 시인은 나이팅게일과 종달새 소리를 들으러 집을 나선다. 강을 따라 걷는 그 길은 마침내 그를 사랑의 정원의 담벼락으로 이끌어가는데, 그 담벼락 위엔 증오 Haine, 배신 Trahison, 속됨 Vilenie, 탐욕 Avarice, 질투 Envie, 우울 Mélancolie, 늙음 Vieillesse, 위선 Papelardise, 가난 Pauvreté 등의 반궁정적 anti-courtois 특질의 이미지들이 그려져 있다. 그러나 정사(情事) Déduit 의 친구인 나태한 부인 Dame oiseuse 이 그에게 정원 문을 열어준다. 그 안에는 환희 Liesse 가 춤을 인도하고 있으며, 사랑의 신 Dieu d'Amour 이 미 Beauté 와 부 Richesse 와 선 Bonté 과 솔직 Franchise 과 정중함 Courtoisie 과 기쁨 Joie 과 더불어 춤추고 있다. 나르시스의 샘 곁에서 시인은 장미꽃 봉오리에 넋을 잃은 채 명상에 잠기고, 바로 그 때 사랑의 신은 시인을 향해 사랑의 신의 화살들 곧 아름다움 Beauté 과 단순함 Simplesse 과 정중함 Courtoisie 과 함께 있음 Compagnie 와 아름다와보임 Beau-Semblant 의 화살을 쏜다. 그러자 시인은 스스로 사랑 Amour 의 가신(家臣)이라 선언한다. 사랑은 가신의 가슴을 열쇠로 닫아걸고, 그에게 사랑의 계율들과 사랑의 아픔들 그리고 사랑의 자산들 곧 희망 Espérance 과 달콤한 생각 Doux-Penser 과 달콤한 말 Doux-Parler 과 달콤한 시선 Doux-Regard 들을 보여준다.

정중함의 아들 환대 Bel-Accueil 가 장미에게 접근하도록 부추긴다. 그러나 그때 장미의 호위병들 곧 위험 Danger 과 험구 Male-Bouche 와 공포 Peur 와 수치 Honte 가 기습해오고 아망 *amant*(역주 : 사랑에 빠진 사람이란 뜻으로 여기선 시인을 가리킴)을 쫓아버린다. 여기서 줄거리는 시작된다. 이성 Raison 이 그의 탑에서 내려와 아망을 '위로한다.' 사랑도 그를 위로하며, 비너스는 정숙함 Chasteté 에 대항할 수 있는 계략을 펼쳐보인다. 솔직함과 연민 Pitié 이 장미에게 입맞추도록 허용하는 환대 쪽으로 그를 이끌어간다. 그러나 험구가 그것을 말삼고 질투 Jalousie 가 다가오며, 장미 주위엔 견고한 벽이 세워진다. 환대는 탑 속에 갇히고 위험과 그 패거리들이 문을 지킨다. 기욤 드 로리스의 작품은 이 아망의 한탄에서 막을 내린다. 그러자 쟝 드 묑 Jean de Meung 이 그 작품에 속편을 붙여 훨씬 더 이해하기 쉬운 끝내기를 준다. 행동의 후속과 사랑, 궁정적인 미덕들에 의한 장미성(城) 공략과 장악, 이 모든 것이 작가가 이 작품을 하나의 진정한 백과전서로 만들고 있는 여담과 사색과 이야기 속에 녹아 있다. 그러나 중요한 것은 쟝 드 묑 자신이 중세에는 볼 수 없는 그런 정신의 소유자라는 점이다. 즉 회의적이고 냉정하고 시니컬하게 잔인한 그리고 편견이 없는. 게다가 그는 한걸음 더 나아가 뛰어난 작가이기까지 하다. 기욤 드 로리스의 가볍고 순진한 이상주의는, 왕홀도 마법사도 충실한 사랑도 여자의 정숙함도 믿지 않는, 그리고 병리학적 문제들에 대해 개방적인 정신을 가지며, 비너스와 자연과 씨[種] Genius 의 입을 빌어 용감하게 관능적 사랑을 옹호하고 있는 한 작가의 회의주의에 대체된다. 군대와 더불어 패할 위험에 처했을 때, 사랑은 솔직하고 부드러운 눈길을 어머니 비너스에게 보내며, 비너스는 그 호소를 듣고 비둘기들이 끄는 수레를 타고 그를 도우러온다. 사랑이 비너스에게 사건의 진상을 이야기하고, 비너스는 여자들에게 정숙함이 전혀 남아 있지 않다고 맹세하도록 사랑을 부추긴다.

하지만 자연 Nature은 그의 작업소에서 씨 Genius를 보존하는 일, 곧 죽음에 대항한 오랜 싸움에 몰두한다. 자연은 모든 피조물 가운데 유일하게 인간만이 자기 명령을 거스리고 아이 낳기를 절제하고 있다고 푸념한다. 자연의 명령에 따라 그 사도인 씨는 자연이 그 명령을 위반한 사람들에게 한 저주의 말을 던지러 사랑의 군대에게로 간다. 사랑은 제의(祭衣) 한 벌과 반지 하나 그리고 지팡이 하나와 주교관 하나를 씨에게 갖다 바치게 한다. 비너스는 깔깔 웃어대면서 그의 손에 "순결한 밀납으로 만들지 않은" 불 켜진 촛대 하나를 쥐어준다. 씨는 뻔뻔스러운 상징이 가장 세련된 신비주의와 결합된 양식 속에 파문을 선언한다. 처녀성은 유죄 선고를 받고 자연과 사랑의 명령을 지키지 않은 사람들에게는 지옥이 예비된다. 그리고 다른 사람들에게는 동정녀의 아들이 영원히 흰 양들을 먹이는 꽃피고 타락되지 않은 동산들이 예비된다. 씨가 그 촛불을 요새에 던지자 화염이 전세계를 태우고 탑을 향한 전투가 시작된다. 비너스도 자신의 햇불을 던진다. 수치심과 공포가 달아나고 환대는 아망에게 장미꽃을 따도록 허락한다.

그러므로 여기서는 성욕의 모티프가 여전히 의식적으로 시의 한 가운데에 위치하며, 종교적 이상에 있어 그보다 더 큰 도전이 없을 만큼 그렇게 신비로 감싸이고 신성한 성격을 덧입는다. 결국 온통 이교적인 경향에 의해 『로망 드 라 로즈』는 르네상스로 한 발짝 더 다가선다. 하지만 그것은 외적 형식에 의해서는 순전히 중세적이며, 사랑의 감정들과 상황에 대한 의인화는 극에 달한다. 『로망 드 라 로즈』의 인물들, 환대·부드러운 시선·가장 Faux-Semblant, 험구 Male-Bouche·수치·공포 등은 인간적 형태하에 미덕과 악덕들을 대표하는 것들 곧 알레고리 혹은 오히려 반은 진지하게 받아들여지는 신화의 누이들이라 할 수 있다. 그러나 이 표상들과 르네상스의 님프와 사티로스 같은 것들 사이에는 어디서 그 한계를 그어야 할까? 그것들은 서로 전혀 다른 범주에서 취해진 것들이나 그들의 상징적 가치는 똑같으며, 우리는 『로망 드 라 로즈』의 인물들에서 가끔씩 보티첼리의 환상적이고 꽃으로 장식된 실루엣을 생각케 된다.

사랑의 꿈은 격정적이고도 예술적인 하나의 형식을 발견했다. 알레고리는 중세의 상상력의 모든 요구를 만족시켰고 정신은 이 같은 의인화 없이는 영혼의 움직임들에 대해 아무것도 이해할 수가 없었을 것이다. 이 비할 바 없는 꼭두각시들의 다채로운 색채와 우아한 선은 가히 필수적이었다. 사람들은 위험이니 새로운 생각 Nouvel-Penser 이니, 험구니 하는 인물들을 마치 과학적 심리학의 용어들인 양 사용했다. 그리고 그 중심 테마의 격정적 성격은 독자에게 숨돌릴 겨를도 주지 않고 권태를 막고 현학성을 완화했다. 여기서 우리는 찬미의 대상으로서, 트루바두르들에 의해 도달할 수 없는 곳에 올려진 기혼 부인 대신에 자연스러운 모티프, 즉 처녀성의 신비에 의해 자극되고 장미로 상징화된 신선한 흥분을 갖게 된다. 즉 기교와 인내로써 얻어내는 장미의 정복을.

『로망 드 라 로즈』에서, 사랑은 이론상으로는 예절바르고 고결한 것으로 남아 있었다. 쾌락의 정원은 몇몇 선택된 사람들만 다가갈 수 있으며 그것도 사랑에 의해서만 가능하다. 누구든지 거기 들어가고자 하는 사람은 증오·불충실·천박함·탐욕·탐심·질투·노쇠·거짓 신앙 등을 버려야 한다. 하지만 그가 소유해야 하는 실제적 덕목들은 더 이상 그 이상이 궁정식 사랑과 같이 윤리적인 것이 아니며, 단순히 귀족적인 것들임을 볼 수 있다. 그것은 한가로움·즐거움·명랑함·사랑·아름다움·부유함·관대함·솔직함·예절바름 등이다. 이 덕목들은 더 이상 사랑 그 자체에 의해 만들어진 완벽함은 아니며 오히려 갈망하는 대상을 정복할 수 있을 덕스러운 수단에 불과하다. 그리고 작품에 생기를 주고 있는 것도 더 이상 진짜건 진짜인 척하는 것이건 여성에 대한 찬미가 아니며, 쟝 드 묑에게서는 오히려 여성의 나약함에 대한 잔인한 경멸 즉 그 사랑의 관능적 성격에 기원을 둔 경멸이다.

정신들에 미친 그 거대한 영향력에도 불구하고, 『로망 드 라 로즈』는 사랑의 옛 개념을 완전히 파괴할 수는 없었다. 『로망 드 라 로즈』에서 공언된 유혹에의 찬미 곁에는 기사도적 삶의 이상의 일부를 차지했던 그 순결하고도 충실한 사랑의 표상이 여전히 존속하고 있다. 완벽한 기사라면 사랑의 이 두 개념 중 어떤 것을 더 좋아할까? 이것이 바로 프랑스 궁정과 베리 Berry 및 부르고뉴 궁정들의 귀족 그룹들 속에서 논의되던 문학적 논쟁의 주제였다. 귀족인 부시코 Boucicaut 는 1388년 동방 여행 중에 기사도적 충실성을 옹호하는 편을 들면서 『백 편의 발라드 모음집 *Livre des cent ballades*』을 쓰며 시간을 보냈다. 경박한 사랑과 충실성 사이의 선택 문제가 궁정의 재사들에게 제시된다.

크리스틴 드 피장 Christine de Pisan 이 『사랑의 신에게 보내는 편지 *Épistre au Dieu d'Amour*』로써 그 논쟁에 뛰어든 것은 훨씬 더 깊은 확신을 가지고서였다. 사랑의 신은 거기서 남자들의 불성실함과 방탕함을 비난하고, 명예와 여성의 권리를 옹호하는 입장을 취한다.[9] 그녀는 『로망 드 라 로즈』를 읽고 분개한다. 몇몇 사람들이 그녀에게 합세하지만 열렬한 옹호자들을 지닌 쟝 드 묑의 작품은 결코 그렇게 만만치가 않았다. 하나의 논쟁이 뒤따랐고, 옹호자들과 비방자들이 차례로 발언했다.[10] 『로망 드 라 로즈』의 옹호자들은 호락호락한 사람들이 아니었다. 릴의 재판관 쟝 드 몽트뢰이으 Jean de Montreuil 의 확언에 따르면, 수많은 박학자들이 그 책을 높이 평가하였으며 거기에 일종의 숭배를 바쳤다. 그들은 그 책 없이 살기보다는 차라리 셔츠 없이 지낼 정도였다.[11]

쟝 드 몽트뢰이으는 프랑스 왕태자와 부르고뉴 공작 두 사람을 연이어 섬긴 비서였다. 그는 친구들인 공티에 Gontier 와 피에르 콜 Pierre Col 과 함께 라틴어로 이 주제에 관해 서신을 교환하고 다른 사람들에게도 쟝 드 묑을 옹호하도록 부추겼다. 프랑스 인문주의의 싹이 최초로 발전된 것은 이 같은 서클 속에서였다. 쟝 드 몽트뢰이으는 수많은 키케로식 서한집의 저자이다. 공티에와 피에르 콜 같은 그의 친구들과 마찬가지로, 그는 대개혁주의 신학자인 니콜라스 드 클레망쥬 Nicolas de Clemanges 와도 한 차례의 서신을 교환한다. 그는 진지하게 『로망 드 라 로즈』의 옹호에 뛰어든다. "나는 그 비의들의 진중함과 심오하고 유명한 이 작품의 장중함의 신비를 생각할수록 당신의 그 같은 비난에 경악하게 됩니다"라고 그는 한 비방자에게 쓰고 있다. 그는 마지막 숨을 거두기까지 『로망 드 라 로즈』를 옹호할 것이며, 그 외에도 수많은 사람들이 글로 혹은 말로 이 똑같은 주장을 따르게 될 것이다. [12] 이 논쟁이 단순한 궁정 유희 이상의 것이었음을 증명해주는 것은 파리 대학의 학장이요 유명한 신학자이던 쟝 제르송 Jean Gerson 이 이 문제에 관해 발언한 사실이다. 그가 전에 쓴 글들의 하나에 반대하여 피에르 콜이 이끈 공격에 대해 그가 다시 답하여 쓴, 『로망 드 라 로즈』에 반대하는 그의 논문에 그가 써넣은 날짜와 장소는 1402년 5월 18일 그의 서재에서이다. [13] 쟝 드 묑의 책은 그에겐 일종의 위험스런 페스트와 같으며 모든 패덕의 원천과도 같다. 그래서 그는 여러 차례 '사악한 『로망 드 라 로즈』'의 몹시 해로운 영향과 맞서 싸운다. [14] 만약 유일한 견본이 자기 손에 있다면, 그는 그것이 팔리고 퍼지는 것을 보느니 차라리 태워버리겠다고 말한다.

제르송은 자기가 맞서 싸우는 그 작품에서 논증 형식을 차용한다. 그것은 알레고리적 비전인데 어느 날 아침, 잠에서 깨어나던 그는 문득 자기 영혼이 그에게서 빠져나가는 것을 느낀다. 그리고 그것은 "여러 가지 사색의 나래와 깃털로 이리저리 날며, 신성한 기독교 왕국에 이른다."[15] 거기서 그는 정의 Justice 와 양심 Conscience 과 지혜 Sapience 를 만나며 정숙함 Chasteté이 하는 푸념, 즉 사랑의 광인(쟝 드 묑)이 그를 땅에서 쫓아냈다는 푸념을 듣는다. 그의 '선한 문지기들'은 바로 로망의 나쁜 인물들이다. 즉 "수치심과 공포와 위험 등으로 천한 입맞춤이나 방탕한 눈길이나 유혹적인 웃음이나 경박한 농담 따위는 결코 허락지 않는 선한 문지기이다." 정숙함은 미친 연인 Fol-amoureux 에게 일련의 비난의 말을 퍼붓는다. "그는 뙤 그르조아 feu gregois(역주 : 물 위에서도 타는 일종의 화합물)나 유황불보다 더 뜨겁고 더 악취 풍기는 불을 사방에 던지고 있읍니다." 그는 파렴치한 노파들을 통해 "모든 소녀들이 두려움도 수치심도 없이 그렇게 일찍 그렇게 흥하게 몸을 팔며 또 그러고서도 절망하거나 거짓 맹세하는 것쯤은 아무렇지도 않게 여기도록 가르칩니다." 그것은 결혼과 수도원 생활에 치욕을 준다. 육체적 쾌락을 부채질하는 상상력을 동하게 하며, 더욱 더 나쁜 것은, 비너스와 자연과 이성 부인 Dame Raison 의 입을 빌어 천국의 생각들과 기독교적 신비들을 관능적 쾌락의 개념들과 혼합시켜 이야기한다는 것이다.

실상 위험은 거기에 있었다. 이 압도적인 작품은 관능성과 경멸적 견유주의 그리고 우아한 상징 등을 혼합시켜 영혼들 속에 근엄한 신학자가 볼 때는 죄의 구렁텅이라 할 관능적 신비주의를 일깨웠다. 제르송의 적인 피에르 콜은 미친 연인만이 정열의 진정한 가치를 알 수 있다고 감히 단정지었었다. 왜냐면 미친 사랑을 알지 못하는 사람은 거울을 보듯 수수께끼처럼밖에는 정열을 보지 못하기 때문이다. [16] 그는 이처럼 지상의 사랑을 옹호하기 위해 고린도서에서 바울이 한 신성한 말들을 빌어다가 이 신비주의자가 그의 황홀경에 대해 말한 용어들로 관능적 정열을 이야기하였다. 피에르 콜은 또 주저 없이 『아가서』가 파라오의 말을 찬미하기 위해 씌어진 것이라고 주장하였다. 그는 또 『로망 드 라 로즈』를 중상 비방하는 자들은 바알 앞에 무릎 꿇은 자들이라고 선언하였다. 대자연은 한 남자가 한 여자에게만 만족하기를 원치 않는다. 그리고 대자연의 씨 Genius de Nature 는 곧 신이다. 여자들의 성기 곧 로망의 장미는 전에는 신성한 것이었고 그것을 증명하기 위해 그는 감히 복음서 텍스트 누가복음 2 장 23 절을 신성 모독적으로 사용하기를 주저하지 않았다. 자기의 불경한 말들을 확신하는 그는 그 책의 옹호자들에게 호소하면서 제르송 자신도 미친 사랑에 침몰하여 다른 신학자들과 그 점에 있어서 운명을 같이할 것이라고 예언하였다.

제르송의 공격은 그 유명한 저서의 떠들썩한 광채를 조금도 흐리지 못했다. 1444 년 리지외 Lisieux 의 참사원 에티엔 르그리 Estienne Legris 는 재무성의 서기인 장 르베그 Jean Lebègue 에게 손수 쓴 『로망 드 라 로즈 유집(類集) Répertoire du Roman de la Rose』을 증정한다. [17] 그리고 15 세기 말경에 장 몰리네 Jean Molinet 는 로망의 인용구들은 가히 격언이 될 만하다고 선언한다. [18] 그는 자신이 그 책의 교훈적인 주석을 쓸 사명이 있다고 느낀다 : 거기서 샘은 세례의 상징이 되며, 사랑의 외침을 발하는 나이팅게일은 설교가들과 신학자들의 목소리를 나타낸다. 장미는 곧 예수님이다. 클레망 마로 Clément Marot 는 그 책의 근대적 개정판을 내었으며 롱사르 Ronsard 역시 환대와 거짓 위험 Fausdanger 같은 알레고리적 형상들을 사용

하였다. [19)]

진지한 박학자들은 논쟁을 벌인 반면, 귀족 계급은 그 논쟁에서 성대한 유희의 구실을 찾았다. 부시코 Boucicaut 는 아마도 크리스틴 드 피장 Christine de Pisan 이 준 평가 속에서 억압받는 여성들을 보호하기 위해 그의 기사단 '레퀴 베르 아 라 담 블랑슈 L'écu verd à la dame Blanche' 의 창설에 필요한 촉매를 길어냈다. 그가 부르고뉴 공작과 경쟁하는 것은 어려웠으므로, 그의 기사단은, 1401년 2월 14일 파리의 아르토아 Artois 저택에서 설립된 대 '사랑의 궁정 Cour d'Amour' 에 흡수되었다. 교활한 늙은 외교관 필립 르 아르디와 루이 드 부르봉은 페스트의 대역병이 파리를 휩쓰는 동안 오락을 위해, 즉 "얼마간의 시간을 보다 우아하게 보내고 또 새로운 즐거움에 눈뜨기 위해" 왕에게 '사랑의 궁정' 을 세우자고 주청하였다. [20)] 그것은 "모든 부인들과 아가씨들의 명예와 찬사와 권고와 봉사"에 기초를 두었고 그 멤버들은 빛나는 칭호를 받았다 : 우선 두 창설자와 샤를르 Ⅵ세는 대콩세르바퇴르 grands Conservateurs 란 칭호를 받는다. 그 외에도 콩세르바퇴르들에는 쟝 상 푀르와 그의 형제 앙트완 드 브라방 Antoine de Brabant, 그리고 그의 젊은 아들 필립이 끼어 있었다. 사랑의 왕 Prince d'Amour 에는 피에르 드 오트빌 Pierre de Hauteville 이 임명되었고, 그 외에 재상들과 감사관들, 명예기사들, 고문관들, 회계기사들, 대수령가들, 사랑의 시종들, 청원관들, 비서관들이 임명된다. 요컨대 궁정과 행정적 전체계를 모방한 것이다. 제후들과 추기경들 곁엔 또 부르조아들과 하위 성직자들도 있다. 각각의 활동과 의식은 세심하게 규정되며 그 궁정은 마치 수사학 의회를 연상시킨다. 각 멤버들에게는 후렴구들이 주어지고 그들은 그것을 잘 알려진 시 형식 속에 다루어야 한다 : "관을 쓴 혹은 껍질을 벗긴 발라드들," 샹송. 시르방트 Sirventois, 애가(哀歌), 롱도, 레 lais, 비를레 virelais 등, 거기서 논쟁은 "여러 다른 의견들을 옹호하기 위해 사랑의 소송 형식으로" 이루어진다. 부인네들이 상을 나눠주었고 따라서 그 시들에서는 여성의 명예를 공격하는 일이 금해졌다.

그 궁정이 고결한 충실성이라는 옛 이상을 지지하는 것은, 이해할 수는 없지만 특기할 만한 점이다. 그러나 잘 알려진 700명의 멤버들이 모두 다 『로망 드 라 로즈』의 비방자들은 아니었다. 앙토 안 드 브라방과 다른 대영주들은 우리가 아는 바에 따르면 결코 여성의 명예를 존중하는 사람들이 아니었다. 일례로 멤버들 가운데 한 사람인 레뇨 다쟁쿠르 Regnault d'Azincourt 는 어떤 상인의 젊은 과부를 겁탈하기 위해 그녀를 유괴한 장본인이었다. 그는 그것을 위해 말 20필과 사제 한 명까지 동원한 대규모 작전을 폈다.[21] 또 다른 한 멤버인 토네르 Tonnerre 백작도 그 비슷한 범죄의 혐의가 있다. 그리고 그보다 더한 것은 이 '사랑의 궁정' 속에 『로망 드 라 로즈』 논쟁에서 크리스틴 드 피장의 반대편이던 쟝 드 몽트레이으와 피에르 콜 같은 사람들이 발견된다는 점이다.[22] 분명, 이 '궁정'은 하나의 사회적 유회에 불과했다.

제 9 장
사랑의 규범

우리는 당시의 문학 속에서 그 시대의 에로틱한 사고의 형식들을 찾아볼 수 있다. 하지만 우리가 그 사고들을 삶 자체 속에 제위치 시키려면 상상력이 필요하다. 젊은 귀족들의 생활을 가득 채웠던 사랑의 규범과 관습들의 한 체계가 있었다. 다음 세기에 오면 포기하게 될 얼마나 많은 사랑의 상징과 표현들이 있었던가! 사랑의 둘레에는 『로망 드 라 로즈』의 야릇한 신화의 형상들이 집결해 있었다. 확실히 환대니 달콤한 생각이니, 가장이니, 혹은 그 외 나머지 것들이 문학적 산물의 외부에서조차 사람들의 상상 속에 살고 있었다. 또한 옷 색깔과 꽃과 장식품들의 달콤한 의미화도 있었다. 색채의 상징들은 오늘날까지도 아주 잊혀지지는 않고 있는데, 그것은 중세의 애정 생활 속에서 매우 중요한 위치를 차지하고 있었다. 색깔의 상징을 알지 못하는 사람은 1458년경 군사(軍使) 시실 Sicile에 의해 씌어졌고 16세기에 운문으로 옮겨진 그 주제에 대한 개론서 『색깔의 문장(紋章) Le Blason des Couleurs』에서 초보를 배우면 되었다.[1] 그 후 라블레 Rabelais는 그 작품을 우스꽝스럽게 개작하였는데 그것은 난순히 그 주제에 대한 경멸 때문에서라기보다는 오히려 그도 역시 같은 주제 위에 뭔가를 써보고 싶은 욕망 때문이었다.[2] 기욤 드 마쇼 Guillaume de Machaut는 자기의 사랑하는 연인을 처음 보았을 때, 그녀가 초록색 앵무새들이 그려진 하늘색 푸른 현수포에 하얀 드레스를 입고 있는 것을 보고 넋을 잃는다. 왜냐하면 초록색은 새로운 사랑의 빛깔이고, 청색은 성실을 의미하는

색깔이기 때문이다. 후에 그녀를 포기하고 싶은 생각이 들 때, 그
는 꿈 속에서 침대 위에 걸린 연인의 초상화가 그에게서 외면하는 것
을 본다. 부인은 이번엔 '새로움을 의미하는' 초록색 옷을 입고 있
다. 이에 대해 그는 다음과 같은 비난의 발라드를 쓴다.

    청색 대신, 부인이여, 그대는 초록색 옷을 입고 있구려.³⁾

반지며 베일, 보석과 사랑의 선물들은 나름의 금언들과 신비의 상
징도들을 지닌 채 애정 관계에서 특수한 기능들을 가지고 있었고,
또 그것들은 가끔씩 가장 복잡하고 까다로운 수수께끼들로 변질되
었다. 1414년, 프랑스 왕태자는 그의 깃발에 황금으로 된 K자 하
나와 백조 한 마리 그리고 L자 하나를 그려 넣었는데, 이는 자기
어머니의 시녀 중 한 사람의 이름, 카시넬 Cassinelle로 읽혀졌음에
틀림없다.⁴⁾ 한 세기 뒤, 라블레는 'sphère(球)'로 'espoir(희망)'를,
'pennes d'oiseaux(새들의 꽁지깃털)'로 'peine(고뇌)'를, 'ancolie(매발
톱꽃)'로 'mélancolie(우수)'를 나타내는 "궁정의 거들먹거리는 자들
과 이름 운반자들"을 비웃어줄 것이다.⁵⁾

또, 거짓말을 하지 않는 왕 Le Roi qui ne ment, 사랑의 성 Le
Chastel d'Amours, 사랑팔기 Ventes d'Amours, 팔기놀이 Jeux à Ven-
dre 등의 작은 단체 게임도 있었다. 소녀가 꽃이나 다른 물건의 이
름을 대면 젊은 남성은 그 이름 위에 찬사의 시를 써야 했다.

    나는 그대에게 접시꽃을 팝니다.
    ——아름다운 이여, 나는 감히 그대에게 말도 할 수 없다오,
    사랑이 나를 어떻게 그대에게로 끌어가는지
    말하지 않아도 이 모든 것을 그대가 알아준다면!⁶⁾

사랑의 성은 『로망 드 라 로즈』의 인물들에 기초한 문답 놀이
였다.

    그대에게 사랑의 성에 대해 질문합니다 :
    첫번째 기초를 말해보세요!
    ——충실히 사랑할 것.

그럼 주된 장벽의 이름을 말해보아요.
무엇이 그것을 귀엽고 강하고 확실하게 만드나요!
——지혜롭게 숨기는 것.

말해보아요 총안과
창문과 포석들은 무엇인가요!
——매혹적인 시선.

친구여, 문지기의 이름을 내게 말해보아요.
——나쁘게 말할 위험.

그것을 열 수 있는 열쇠는요?
——상냥하게 애원하는 것.[7]

　트르바두르 시대 이래로 궁정식 대화는 대부분 사랑의 궤변들로 채워져 있었다. 그것은 말하자면 문학의 위치까지 올려진 호기심과 험담이었다. 루이 도를레앙의 궁정은 식사 막간의 여흥을 '멋진 책과 이야기, 발라드들'로 채웠을 뿐 아니라 '우아한 질문들'로도 채웠다.[8] 이 질문들은 특히 시인들에게 제기된다. 한 떼의 부인들과 영주들이 일련의 '사랑과 모험의 운문대화시'를 가지고서 마쇼에게로 온다.[9] 『사랑의 심판 *Jugement d'Amour*』에서, 시인은 죽음 때문에 연인을 빼앗긴 부인이 불성실한 연인을 둔 여인보다는 덜 슬프다는 주장을 폈었다. 각 경우는 이처럼 엄격한 규범에 따라 논의된다.——"친애하는 각하, 각하는 어느 쪽을 택하시겠읍니까 : 각하의 연인에 대해 나쁘게 말하는 것을 듣고도 그녀에게서 나쁜 점을 발견하지 못하는 편이 좋습니까, 아니면 그녀에 대해 나쁜 평을 듣고서 그녀에게서 좋은 점만 발견하는 것이 좋습니까?" 매우 형식적인 명예 개념이 이렇게 답하게 한다. "부인, 난 그녀에 대해 좋게 말하는 것을 듣고서 나쁜 점을 발견하는 편이 낫겠읍니다."
　만약에 한 부인이 그녀의 첫 연인에게서 배신을 당한다면 그녀는 보다 충실한 두번째 연인을 취함으로써 역시 불성실하게 행동할 것인가? 질투심 많은 남편이 부인를 엄격히 가둬두어 그녀를 볼 수 있는 모든 희망이 사라졌다면 그는 결국 새로운 사랑을 향해 돌아설 것인가? 만약에 한 기사가 사랑하는 연인을 버려두고 그를 거절하는 한 고귀한 가문의 부인에게로 향했는데, 그 후 그가 먼젓 부인의 호의로 돌아오고 싶어한다면 이 먼젓 부인은 영예롭게 그것을 허락할 수 있을 것인가? 10)

이 같은 궤변으로부터 마르시알 도베르뉴 Martial d'Auvergne 의 『사랑의 판결 Arrestz d'Amour』처럼 소송 형식하에 사랑의 질문들을 다룬 것까지는 한 발짝밖에 되지 않는다.

우리는 이 모든 사회적 형식들을 그것들이 문학 속에서 이룬 결정체들에 의해서밖에는 알 수가 없다. 그러나 그것들은 분명 실제 삶에 속한 것들이다. 쿠르트와지 Courtoisie 의 규범은 시에서만 예외적으로 소용된 것은 아니며, 귀족들의 생활과 혹은 적어도 대화 속에서 적용되고자 하였다. 시(詩)라는 베일을 통해서 그 시대의 생활을 간파하기란 어려운 일이다. 왜냐면 진정한 사랑이 우리에게 세세하게 묘사될 때조차 그것은 하나의 이상을 따라서 통상적인 사랑의 개념들의 모든 기법 체계로써 묘사되었기 때문이다. 이를테면 기욤 드 마쇼의 『사실 이야기책 Le Livre du Voir-Dit』의 경우가 그것인데, 그것은 한 노시인과 14세기의 한 대담한 소녀간의 지나치게 긴 사랑 이야기이다. 11) 드 샹파뉴 De Champagne 가문의 후예로 페로넬 다르멘티에르 Péronnelle d'Armentières12)란 18세 소녀가 1362년 그녀의 첫 롱도를 써보내어 그녀가 아직 한번도 만나본 적이 없는 유명한 시인에게 자기 마음을 표현한 것은 시인의 나이 근 60세가 다 되어서였다. 그녀는 시인에게 시로 된 사랑의 편지를 나누자고 청한다. 병들고 애꾸눈박이에다 통풍병까지 든 가련한 시인은 즉시 불타오르며, 롱도로 된 답장을 써보내는 한편, 편지들과 시의 교환이 잇따른다. 이 같은 문학적 관계에 자부심을 느낀 페로넬은 우선 아무것도 비밀로 하지 않는다. 그녀는 시인이 자기들의 사랑 이야기를 한 권의 책으로 꾸미고 또 그 속에 자기들의 편지들을 끼워넣기를 원한다. 그는 이 임무를 기꺼이 수행한다. "난 그대의 영예와 찬사를 위해 좋은 기념이 될 그 일을 수행하렵니다." 13) 그리고 그는 또 그녀에게 이렇게 쓴다. "나의 가장 부드러운 마음씨를 가진 그대여, 그대는 우리가 너무 늦게 시작한 것을 안타까와하시나요?(그녀로서는 어찌 그보다 더 일찍 시작할 수가 있었겠는가?) 하나님께 맹세코 나 또한 그렇습니다(보다 지당한 말이다). 하지만 여기 좋은 처방이 있습니다. 장소에 있어서나 시간에 있어서나 가능한 한 앞으로 가장 멋진 삶을 꾸며갑시다. 그러면 우리는 잃어버린 시간을 보상받을 수 있을 것입니다. 몇억 년 후까지도 사람들은 순수한 의도로 우리의 사랑을 이야기하게 될 것입니다. 왜냐면 당신은 잘못이 있더라도 그것을 가능한 한 하나님께 숨길 테니까요."[14]

편지며 시들을 끼워넣은 마쇼의 이야기는 '순수한 의도의' 사랑과 양립할 수 있다고 판단된 모든 것을 우리에게 알려준다. 시인의 요구에 따라 소녀는 시인에게 초상화를 주며 시인은 그 초상화에 진정으로 숭배를 바친다. 처음으로 서로 만나기로 했을 때 그는 자신의 육체적 결함으로 인해 불안에 차있다. 하지만 그의 노쇠한 외모가 사랑하는 젊은 아가씨를 화나게 하지 않은 것을 보았을 때, 그의 기쁨은 한량없다. 페로넬은 벗나무 아래서 노인의 무릎에 머리를 베고 잠이 든다. 혹은 잠든 척한다. 그녀는 시인에게 다른 사랑의 표시도 허락한다. 그들은 생-드니와 랑디 Lendit 장터로 함께 순례하며, 그것은 그들에게 며칠 동안을 함께 지낼 수 있는 기회를 제공해준다. 몇몇 사람이 그들과 동행한다. 어느 오후, 더위로 지친 (6월 중순께이므로) 그 작은 일행은 사람들이 들끓는 마을에서 숙소를 찾기가 어렵다. 마침내 그들은 한 부르조아의 집에 들어가고, 집 주인은 일행에게 침대가 둘 딸린 방 하나를 제공해준다. 한 침대에서는 페로넬의 올케가 누워 낮잠을 즐기고 다른 한 침대에서는 페로넬과 그 하녀가 낮잠을 잔다. 그녀는 소심한 시인에게 자기들 둘 사이에 와서 누우라고 권한다. 시인은 그녀들이 자는 것을 방해할까봐 감히 뒤척이지도 못한다. 잠이 깬 소녀는 시인에게 자기를 껴안으라 명령한다. 여행이 끝날 무렵, 시인이 슬퍼하는 것을 본 그녀는 그에게 작별 인사를 하러 깨우러 와도 좋다고 허락한다. 이 같은 상황에서도 시인은 계속해서 '명예'니 '정숙함'이니 하는 말들을 늘어놓고 있다. 하지만 우리는 에두른 표현이 없는 이 이야기에서, 페로넬이 그 때까지 그를 거부할 수 있었을까는 확인할 수가 없다. 그녀는 시인에게 그녀의 명예라는 황금열쇠를[15] 준다. 그로 하여금

이 보물, 혹은 남은 것이나마, 지키게 하기 위해. 운명은 시인에게 다른 더 이상의 행복을 예비해두진 않았고, 따라서 책의 후반부는 단지 신화적인 긴 이야기들로 채워져 있다. 결국 소녀는 노인에게 자기들의 관계를 끝내야 한다는 것을 알린다. 아마도 그녀는 결혼을 한 것 같다. 그러나 그는 계속해서 그녀를 사랑하며 영원토록 그녀를 찬양하리라 결심한다. 그는 그들이 죽은 후 계속해서 영원한 영광 속에서 그녀를 완전한 아름다움 *Toute-Belle* 이라 이름할 수 있도록 허락해 달라고 신에게 요청할 것이다. [16]

그 당시의 풍속과 감정들에 대해, 『사실 이야기』는 사랑을 소재로 한 여타의 문학 작품들보다 훨씬 더 많은 것을 이야기해준다. 우선 스캔들을 일으킴이 없이 젊은 소녀가 누릴 수 있었던 그 기이한 특별한 자유 하며, 또 모든 일이, 심지어 가장 내밀한 관계마저 올케·하녀·비서 등의 증인들이 보는 앞에서 이루어질 수 있었던 그 순진한 평온함 등등이. 두 연인이 벗나무 아래 있을 때 비서가 한 가지 꾀를 생각해낸다. 즉 소녀의 입술 위에 푸른 나뭇잎 하나를 올려놓고 시인에게 그 위에다 입맞추도록 부추긴다. 시인이 입을 맞추려 고개를 숙인 순간 비서는 두 입술이 맞닿을 수 있도록 나뭇잎을 당긴다. [17] 하지만 여기서 기억할 것은 사랑의 의무와 종교적 의무가 양립했다는 점이다. 마쇼는 랭스의 참사원이며 성직자에 속한다. 그러나 그렇다는 사실이 너무 엄격한 방식으로 해석되어서는 안 된다. 하급 4신품들은—그들은 교회 참사회원이 될 자격이 있었는데—독신을 요구당하지 않았다. 또 순례지가 밀애의 장소가 되었던 것도 그다지 놀랄 일은 아니다. 순례지들은 사랑의 모험에는 안성마춤이었고 그렇다고 해서 순례일이 덜 경건하게 수행되는 것은 아니었다. [18] 한번은 두 사람이 함께 미사를 들으러 가 그는 그녀의 뒤에 앉는다.

······사람들이 '신의 어린 양 *Agnus Dei*' 하고 말할 때
나는 성 크레페 Saint Crepais 에게 믿음을 표하고
교회의 두 회랑 사이에서
그녀는 나에게 달콤하게 페 *paix*(평화의 입맞춤)를 주었네.

그리고 내겐 그것이 몹시도 필요했으니
사랑에 빠진 나의 가슴은
그렇게 빨리 떠나야 하는 데 곤혹감을 느꼈다네. [19]

페 *paix*(평화)는 사람들이 차례로 입맞추는 작은 원반으로, 이것은 과거 입술에 직접 입을 맞추던 옛 관습을 대신한 것이었다. 여기서 시인은 페로넬이 그에게 직접 입술을 내밀었음을 시사해준다. 그는 정원에서 기도서를 읽으면서 그녀를 기다린다. 9일간의 기도회 동안 그는 날마다 교회 문을 들어서면서 자기의 사랑하는 연인 *bien-aimée*을 위해 시 한 편씩을 쓰겠노라고 맹세한다. 이는 그가 기도에 바친 대단한 헌신을 말하는 데 전혀 방해가 되지 않는다. [20]

따라서 경박한 혹은 세속적인 저의에 대해서는 생각지 말자. 기욤 드 마쇼는 모든 것을 고려해볼 때 진지하고도 위엄에 찬 시인이다. 그러나 여기에 깜짝 놀랄 만한 순박함의 예가 하나 있는데 트렌트 Trente 종교 회의 전(前) 종교 미사들은 일상적인 업무들과 뒤섞인다. 이 문제에 대해서는 뒤에서 다시 다루기로 하자.

한편 이 편지들과 사랑의 묘사에서 표현된 감정은 부드럽고 달콤하며 약간은 병적이다. 또 감정의 표현은 억지추론과 알레고리와 꿈들과 뒤섞여 있다. 하지만 백발의 노시인이 자신이 맞은 행복과 또 전적으로 탁월한 아름다움을 묘사한 그 열심 속에는 감동적인 그 무엇이 있다. 사실 그녀가 그와 장난을 쳤다는 것, 즉 그가 그녀에게로 마음이 기운 것을 가지고 그녀가 장난을 쳤다는 것은 의심할 여지가 없다.

『사실 이야기』와 거의 같은 시대에 그에 짝할 만한 것으로 또 다른 한 작품이 있는데, 그것은 『딸들에게 교훈을 주기 위해 쓴 투르 랑드리 기사의 책 *Le Livre du chevalier de la Tour Landry pour l'enseignement de ses filles*』이다. [21] 이번에는 사랑에 빠진 늙은 시인이 아니다. 젊은 날의 추억들과 이야기들과 일화들을 이야기하는 앙주 지방의 한 신사로서 매우 산문적인 정신의 표현법을 가진 한 아버지이다 : "딸들에게 연애법 *à roumancier*을 가르치기 위해" 말하자면 "그들에게 사랑을 소재로 교양과 예절을 가르치기 위해"서다. 이 신중한 아버지가 들고 있는 예와 가르침들은 문자 그대로 자기 딸들에게 로마네스크한 연애놀음 *flirt*이 가져올 위험성에 대해 경계하게 하는 것을 목적으로 하고 있다. 너희는 언제나, "길고 사색에 찬 듯한 거짓 눈길과 짧은 한숨과 거짓으로 꾸민 경탄스러운 침착한 거동"으로 가득찬, 그리고 "다른 사람들보다 제스처가 더 많은," "구변만 능한" 자들을 믿지 말아라.[22] 그리고 너무 친절해서도 안 된다. 젊었을 때 그는 사람들이 그와 결혼하게 되기를 바라고 있던 한 소녀와 사귀기 위해, 아버지께 이끌려 한 성으로 들어가게 되었다. 소녀는 더할나위없이 상냥하게 그를 환대했다. 그는 그녀를 시험해보기 위해 여러 가지 주제에 대해 이야기했다. 대화가 포로에 대한 이야기에 이르자 젊은 신사는 정중한 찬사의 말을 보냈다 : "아가씨, 나는 다른 모든 사람들에게 포로가 되기보다는 당신에게 포로가 되고 싶습니다. 당신의 감옥은 영국인들의 감옥만큼 엄혹하지는 않겠지요. 그러자 그녀는 최근에야 자기의 포로가 되어주었으면 하고 바라는 한 사람을 만났노라고 대답했다. 그러자 나는 물었다. 그를 위해 나쁜 감옥을 만들 건가고. 그러자 그녀는 아니라고 답하면서 그를 자기 몸처럼 소중히 다루겠다고 답했다. 그러자 나는 그녀에게 그렇게 달콤하고 부드러운 감옥을 갖는 것은 매우 행복한 일일 것이라고 말해주었다. 무어라고 할까? 그녀는 아주 많은 말을 하였고 그녀의 말로 미루어 그녀는 많은 것을 알고 있는 것 같았고 매우 생기에 찬 발랄한 눈빛을 하고 있었다." 그들이 떠나갈 때 그녀는 그에게 두번 세번 곧 돌아오라고 당부했다. 마치 오래 전부터 그를 알아온 것처럼. "그리고 우리가 출발하게 되자 내 아버지이신 각하께서 내게 말씀하셨다 : '네가 본 그 여자에 대해 어떻게 생각하느냐? 나에게 네 의견을 말해 보아라.' 그러나 너무 집요한 소녀의 권유가 젊은이로 하여금 더 충분히 사귀어보고 싶은 욕망을 제거시켜 버렸다. '각하, 그녀는 매우 아름답고 선량해 보입니다. 그러나 난 각하께서만 좋으시다면 그녀와 지금보다 더 가까와지진 않겠읍니다." 약혼은 이루어지지 않았고, 기사는 이후로도 그것을 전혀 애석해하지 않았다.[23] 생생하게 포착된 이런 유의 단편들은 당시의 풍속이 이상과 어떻게 결합했는가를 잘 보여준다.

그러나 불행히도 이러한 것들은 우리가 다루는 세기에는 극도로 희귀한 것들이다. 기사가 자기 생애에 대해 조금만 더 길게 이야기했더라면!

책의 대부분은 일반적인 질서에 대한 고찰로 이루어져 있다. 딸들에게 연애법 *à roumancier* 을 가르치겠다던 의도에도 불구하고, 그는 우선 자기 딸들을 위해 좋은 결혼이란 사랑과는 그다지 관련이 없다, 허용된 사랑, 즉 '사랑으로 사랑하는 일 *le fait d'amer par amours*'에 대해 자기 부인과 나눈 '논쟁'을 그는 딸들에게 다시 들려준다. 그 자신은 소녀가 어떤 경우에는 완전히 명예롭게, 예를 들어 "결혼을 소망으로 삼고" 사랑할 수 있다고 생각한다. 하지만 그의 아내는 반대의 견해를 보인다 : 즉 소녀는 상대가 자기 약혼자일지라도 사랑에 빠지지 않는 게 좋다. 이는 소녀로 하여금 진정한 신앙심에서 벗어나게 한다. "왜냐하면 나는 젊었을 때 사랑에 빠져본 경험이 있는 많은 여자들에게서 그녀들이 교회에 있을 때조차 하나님께 예배드리는 것보다는 공상과 민감한 상상력과 연애의 쾌락을 더 생각하게 된다고 말하는 것을 들었기 때문이지요. 그리고 그런 식의 연애법은, 예배의 가장 신성한 순간에조차 예를 들어 사제가 제단에서 우리 주님을 붙들 때조차, 수많은 자잘한 상념들이 우리에게 밀려 들어오게 하는 법이죠."[24] 마쇼와 페로넬이라면 그것에 확증을 제시할 수가 있었으리라. 그러나 대체로 시인과 기사 사이엔 얼마나 큰 개념 차이가 있는가! 그리고 라 투르 랑드리 La Tour Landry 의 근엄함과, 아버지가 딸들을 가르치기 위해 『상 누벨 누벨 *Cent nouvelles nouvelles*』에 위치시키더라도 그리 불편하지 않을 외설스러운 이야기들을 한다는 사실을 어떻게 양립시켜야 할까?

궁정식 사랑의 이상이 갖는 미학적 형태들과 결혼이나 약혼이라는 현실 사이에 맺어진 연관이 그다지 긴밀하지 못했다는 점은, 이 유희 및 대화, 문학적 쾌락의 요소가 세련된 애정 생활과 관련된 모든 것들 속에서 보다 자유로이 전개될 수 있었던 이유가 된다. 사랑의 이상, 충실함과 희생이라는 아름다운 허구는 결혼 특히 귀족 계급 사람들의 결혼을 지배했던 매우 물질적인 사고들 속에서는 발붙일 곳이 없었다. 이 이상은 매혹적이고도 숭고한 유희의 형태하에서밖에는 경험할 수가 없었다. 그리하여 기마 시합은 로마네스크한 이 사랑의 유회에 영웅적인 형식을 부여하였고, 목가적 개념은 그것에 전원시풍의 형식을 제공해주었다.

제 10 장
목가적인 삶의 꿈

삶의 기사도적 개념은 아름다움과 미덕과 유용성을 지나치게 강조하였다. 코민 Commines이 하듯이 순전히 사실주의적 관점에서 생각한다면 그 유명한 기사도는 전부 불필요하고 거짓된 것처럼 보일 것이다. 즉 하나의 외적 과시일 뿐이며 우스꽝스런 시대 착오에 불과하다. 사실 인간들을 행동으로 몰아가고 각 신분들과 공동체들의 운명을 결정짓는 진정한 모티프들은 기사도와는 전혀 관계가 없었다.

기사도적 이상이 갖는 사회적 유용성이 극히 약한 것으로 되었다면 그 윤리적 가치는 훨씬 더 약하게 보였다. 순전한 정신적 멸망과 비교해볼 때 이 고결한 삶은 모두 한낱 죄와 허영일 뿐이었다.

그리고 다른 한편 이 이상은 순전히 미학적인 관점에서 보아도 더 이상 만족할 만한 것이 못 되었다. 사회적 형식들의 아름다움조차도 모든 면에서 거부당하기에 이르렀다. 기사도적 삶은 여전히 가끔은 부르조아들에게 갈망의 대상이 되기도 한 것 같지만, 그러나 귀족 계급 자체에서부터 이미 권태와 불만족이 나오고 있었다. 그만큼 궁정적 삶의 고상한 유희는 너무도 잡다하고 거짓되고 또 너무도 가득 채워져 있었다. 따라서 고통스럽게 다듬어진 이 인위적인 것들로부터 빠져나와 단순함과 안정과 휴식을 발견하는 일이 무엇보다도 절실히 요구되었다.

이 기사도적 이상에서 빠져나오는 데는 두 가지 서로 다른 길이 제시되었다. 하나는 적극적이고 실제적인 삶으로 이르는 길, 곧 근대적 추구 정신이 그것이었고, 다른 하나는 거부에로 이르는 길이 그것이었다. 하지만 이 두번째 길은 피타고라스의 Y처럼 다시 또 둘로 갈라져 있었고, 정신적 생활에의 길이라는 주된 길과 사교계와 쾌락에의 길이라는 부수적인 길로 이어져 있었다.

삶의 아름다움에로 향한 갈망은 그토록 컸다. 그래서 궁정적이고 무훈적인 삶의 용인할 수 없는 공허함을 잘 알고 있는 그곳에서조차, 또 다른 출구가 더욱 우아하고 보다 가벼운 아름다운 꿈을 향해 열려 있는 듯 보였다. 목동의 삶과 관련된 옛 환상, 곧 자연스럽고 행복한 삶에의 약속이 테오크리투스 시대처럼 여전히 살아 있었다. 그리고 그 큰 해방은 별 고투 없이 신분과 명예에 대한 증오어린 질투심으로 들끓는 경쟁심과는 멀리 떨어진, 억압적인 부와 사치, 잔인하고 위험스러운 전쟁과는 멀리 떨어진 곳으로의 단순한 도피에 의해 이루어질 수 있다고 보여졌다.

단순하고 소박한 삶에의 찬가는 중세 문학이 고대로부터 물려받은 하나의 테마이다. 하지만 이 테마가 전원시와 동일한 것은 아니다. 전원시 속에는 교구 생활과의 긍정적 대비가 그려지고, 궁정 생활과 귀족적 허식에 대한 부정, 즉 연구나 고독한 은둔, 그리고 일 속에 칩거함으로써 귀족적 이상을 거부하는 소박한 평온함 *aurea mediocritas*에 대한 찬양이 공존하고 있다. 그러나 그 두 모티프는 끊임없이 교차된다. 12세기, 쟝 드 살리스버리 Jean de Salisbury 와 고티에 맵 Gautier Map은 궁정 생활의 비참함을 테마로 『궁정 생활의 경박함에 관하여 *De nugis curialium*』라는 글을 썼었다. 프랑스에서는 그것은 14세기에, 페트라르카에게서 인정받은 음악가며 시인인 모 Meaux 의 주교 필립 드 비트리 Philippe de Vitri 에 의해, 그의 시 『프랑 공티에의 이야기 *Le Dit de Franc Gontier*』[1] 속에서 그 고전적 표현을 얻었다.

거기서 전원시와의 혼용은 완벽하다.

초록의 나뭇잎 아래, 싱그러운 풀잎 위에
졸졸거리는 시냇물 곁, 맑은 샘물 곁에
나는 안락한 초가집 한 채가 서 있는 것을 보았네.
거기서 공티에는 엘렌 부인과 함께

신선한 치즈와 우유, 버터와 크림 없는 치즈,
크림, 엉긴 우유, 사과, 호도 그리고 자두와 배,
마늘과 양파와 으깬 골파를
갈색 빵껍질에 얹어 거친 소금을 곁들여 맛있게 먹고 있었네.

식사 후 그들은 "반들반들한 수염이 많이 난 입술과 코에" 서로
입을 맞춘다. 그리고 꽁티에는 숲으로 가 도끼로 나무를 쓰러뜨리
고, 엘렌 부인은 빨래를 시작한다.

나는 들었네. 꽁티에가 나무를 찍으면서
자신의 안연한 삶을 하나님께 감사드림을.
그는 말했네. "나는 알지 못한다오, 대리석 기둥들과,
번쩍이는 칼자루 등을, 또 벽포를 둘러친 벽과 그림들을
나는 두려워 않네. 겉만 번드르한 외관 밑으로,
얽히고설킨 음모도, 황금그릇 안에 든 독도.
나는 폭군 앞에 모자를 벗어 절하거나,
무릎을 굽히는 일도 없다네.

문지기의 막대기가 나를 밀쳐내는 일도 없지
탐욕도 야심도 게걸스런 아첨도
나를 (궁정으로) 유혹해 가진 못한다오.
노동은 나를 즐거운 자유 속에 먹여주네
나는 엘렌을 무척 사랑하고, 그녀 역시 어김없이 날 사랑하네.
그리고 그것이면 충분하지. 우리는
죽음도 무섭지 않다오."
그러자 나는 말했네. "아아! 궁정에 매인 노예는 한푼 값어치도 없어,
프랑 꽁티에만이 오히려 순금으로 된 진짜 보석의 가치가 있구려."

이 시는 후세대들에게 안락함과 독립성, 검소한 생활의 즐거움과
건강, 그리고 노동과 갈등 없는 부부애 등으로 소박한 삶의 이상을
그린 고전적 표현으로 남는다.
외스타슈 데샹은 수많은 발라드들에서 그를 모방하였고, 그 중의
하나는 모델과 거의 흡사하다.

오랫동안 머물렀던
군주의 궁정에서 돌아와,
숲속, 한 샘터 위에서,
나는 로뱅을 발견하였네.
그는 자유로왔고, 화관을 두르고 있었지.
꽃으로 만든 화관은 그의 머리에 둘려 있었고,
그의 사랑하는 마리옹은……[2]

그는 이 테마를 무사 생활과 기사도에 대한 풍자로 확장시켰다 :
전원 생활은 무사 생활보다 전혀 나쁘지 않다. 무사들은 매일같이
주요 일곱 가지 죄악들을 범하며 탐욕과 헛된 영광은 전쟁의 본질
이기까지 하다.

……이제부터 나는 평민의 삶을
실리, 그것이 내 생각이니,
전쟁은 버려두고, 밭을 갈며 살리.
전쟁은 오직 저주일 뿐이니.[3]

그는 그에게 결투를 청해온 사람을 증오하는 척한다. 혹은 형식
적으로나마 그의 사랑하는 부인에게서 결투를 하지 말라는, 심지어
그녀 때문에 빚어진 결투일지라도 하지 말라는 간언을 하게 한다.
그러나 가장 자주 등장하는 것은 역시 소박한 평온함이라는 순전하
고 단순한 테마이다.

나는 오직 하나님께 간구하노라. 나에게
이 세상에서 그를 섬기며 찬미하게 하여 달라고
나 자신을 위해선 코트나 저고리 한벌과
힘든 일을 대신해줄 말 한 필로 족할 수 있도록,
그리고 나의 삶을 평범하고 맵시있게
시샘 없이, 너무 많이 갖지도 말고
그렇다고 빵을 구걸해야 할 정도는 아니게,
그렇게 영위할 수 있게 해달라고,
왜냐면 이런 낱이 가장 안락한 삶일 터이니.[4]

영예와 이득을 구하는 것은 비참함만을 가져온다. 빈한한 사람만
이 행복한 법이니, 그는 고요한 중에 장수한다.

> ……노동자나 가난한 짐꾼은
> 형편없는 차림에 찢어진 옷에 맨발이지.
> 하지만 그는 일을 시작하면서도 거기에 즐거움을 느끼며,
> 또 그것을 즐겁게 끝마치네.
> 밤이면 그는 단잠을 자고, 그리하여 그 충성된 마음은
> 4대에 걸친 왕들의 치세를 보네. [5]

한 소박한 농부가 4대에 걸친 왕들의 치세를 본다는 생각은 매우
즐거운 것이어서 그는 여러 번 그것을 반복한다. [6]
데샹의 작품을 편집한 가스통 레이노 Gaston Raynaud 는 이러한
영감에서 나온 모든 시들이[7](그 중 몇몇은 저자가 쓴 것 중 가장 좋은 것
에 속한다) 그의 생애중 마지막 시기, 곧 관직을 박탈당한 채 버려
져서, 미망에서 깨어난 그가 결국은 궁정 생활의 헛됨을 깨닫게 된
시기에 씌어졌다고 가정한다. [8] 그러므로 그것은 일종의 회한일 것
이라는 것이다. 하지만 오히려 그것은 일종의 반동 또는 권태의 징
후가 아닐까? 귀족 계급 자신이 자신들의 격정적 동요와 과도한
풍요 속에서, 다른 한편으로 그들의 가장 거친 웃음의 욕구에 부응
하여 재능을 판 데샹이라는 시인의 작품들을 원하고 즐겼던 것이 아
닐까?
궁정 생활에 대한 경멸이라는 이 테마는 14세기말경 전기 위마
니즘 pré-humanisme 을 특징짓는 학자군들 사이에서 즐겨 다루어졌
고, 이들 학자군은 종교회의의 지도자들과도 밀접한 연관이 있다.
뛰어난 신학자요 교계의 수완가인 피에르 다이이 Pierre d'Ailly 는
『프랑 공티에 Franc Gontier』와 짝을 이룰 만한 시로서 행복한 전
원 생활과는 대조되게, 끊임없는 두려움 속에 노예 같은 삶을 영위
하고 있는 폭군의 이미지를 그려낸다. [9] 유사한 정신의 소유자들인
니콜라스 드 클레망쥬 Nicolas de Clemanges[10]와, 쟝 드 몽트뢰이으
Jean de Montreuil[11]는 새롭게 명예를 회복한 라틴 서한의 형식을 사
용한다. 오를레앙 공작의 비서인 밀라네 앙브로아즈 드 밀리스 le

Milanais Ambroise de Miliis 도 거기에 속했다. 그는 공티에 콜 Gon-
tier Col 에게 한 궁정인이 궁정을 섬기러 들어가려는 그의 친구를 만
류하는 편지를 썼다. [12] 이 편지는 망각 속에 잊혀졌으나, 후일 알랭
샤르티에 Alain Chartier 의 작품 속에 『궁정인 Le Curial』(역주 : Hom
me de cour, courtois 의 뜻을 가진 중세 불어)이란 제목으로 번역되어
삽입되었다. [13] 또 『궁정인』은 로베르 가갱 Robert Gaguin 이라는 인
문주의자에 의해 라틴어로 재역되었다. [14]

샤를르 드 로슈포르 Charles de Rochefort 라는 사람은 르네 René
왕에게 바친 알레고릭한 시 『궁정의 방탕아 L'Abuzé en Court』에서
똑같은 테마를 다루었다. [15] 15세기말경, 쟝 메쉬노 Jean Meschinot
도 그의 선배들처럼 다음과 같이 읊는다.

> 궁정은 일종의 바다라네. 거기선
> 오직 교만의 물결과 질투의 뇌우들이 밀려들 뿐……
> 분노가 싸움과 모욕을 일으키고
> 그것들은 종종 배들을 난파시키네.
> 음모가 거기선 큰 몫을 담당하지
> 그러니 그대 즐거움을 누리려면 멀리 다른 곳으로 항해해(헤엄쳐) 가
게나. [16]

16세기에도 여전히 그 낡은 테마는 그 매력을 온전히 지니고 있
었다. [17]

안락함과 휴식과 독립, 이러한 것들은 궁정 생활보다는 자연 속
에서 소박하게 노동하며 살아가는 삶을 더 좋아하게 만드는 자산들
이다. 그러나 그것에만 그친다면 이 이상은 부정적인 것으로 머무
른다. 왜냐하면 결정적으로 사람들이 추구하는 것은 노동과 소박함
이 주는 기쁨보다는 자연스러운 사랑의 기쁨이기 때문이다.

전원시는 가장 온전한 의미에 있어서는 문학 쟝르 이상의 무엇이
다 : 그것은 삶을 개혁하려는 욕구이다. 그것은 단순히 목동들과 그
들의 순진한 희락을 묘사하는 것에 그치지 않고 실제는 아닐지라도
적어도 꿈에서나마 그것을 모방코자 하는 욕구이다. 목동 생활의 이
상은 궁정의 사랑과 알레고리의 무미건조성, 그리고 세속적인 현실

의 구속으로부터 정신을 해방시킬 치료제가 된다. 자연의 순진무구한 즐거움들 속에서 단순하고 쉬운 사랑을 하는 것, 그것이 로뱅과 마리옹 Robin et Marion, 공티에와 엘렌 Gontier et Hélayne 의 삶인 듯했다. 그들은 세상에서 가장 행복한 사람들이었고 가장 부러운 사람들이었다. 그리하여 그토록 경멸받던 시골뜨기가 정반대로 하나의 이상이 되었다.

조락기의 중세는 여전히 너무도 뿌리깊게 귀족적이며 환상 앞에 그토록 맹목적이어서 자연스러운 삶에의 열망이 ●그것을 건전한 사실주의로 이끌 수가 없다. 따라서 이 이상은 실제로는 궁정적인 풍속들의 정교한 장식물에 그치고 만다. 15세기 귀족 계급은 즐겨 목동과 목녀 놀이를 한다. 그러나 그것은 어디까지나 단지 유희에 불과하다. 3세기 후 마리-앙토아네트 Marie-Antoinette 가 트리아농 Trianon 에서 암소들을 돌보고 버터를 휘저을 때, 전원적 이상은 이미 중농주의자들의 진지성을 띤다 : 자연과 노동은 아직 잠들어 있긴 하나, 이미 그 시대의 위대한 신들이다. 한 세기가 더 지나면, 목가적 이상은 진지한 사회적 열망이 될 것이다. 1870년대 러시아의 젊은 세대들은 농민의 삶을 살기 위해 농민 속으로 들어간다. 그리고 이것은 결국 또 하나의 환상으로 나타날 것이다.

목가적 환상과 현실간의 추이(推移)를 나타낸 것으로 『파스투렐 Pastourelle』이라는 짧은 시가 있는데, 이는 한 기사와 목녀간의 평이한 사랑의 모험을 노래한 것이다. 거기서 직접적인 에로티즘은 신선하고 우아한 형식을 발견하였고, 그것은 이 시를 진부한 것들보다 훨씬 위로 끌어올리면서도 자연스러운 매력을 보존하는 효과를 거두었다. 이른바 목가 속에서 연인 amant 은 스스로를 목동이라고 상상하며, 현실과의 모든 접촉이 잊혀진다. 그리하여 궁정적 사랑의 요소들이 전원시적인 틀 속에 그대로 이전된다. 태양이 밝게 비치는 풍경, 피리 소리와 새들의 노래 소리가 가득 들려오고, 사랑의 고뇌와 욕망까지도 거기서는 온화한 빛을 띤다.

인위적이기는 하지만 전원시는 사랑에 빠진 영혼을 자연의 아름다움과 접맥시킨다. 그리하여 전원시는 그 속에서 자연의 감정의 표현이 발전되는 쟝르가 된다. 처음에는 전원시는 자연의 아름다움의 묘사보다는 태양·여름·그늘·신선한 물·꽃·새 들에 의해 야기되는 즐거움의 묘사에 더 몰두한다. 관찰자와 풍경 묘사는 부차적일 뿐 주된 목표는 사랑의 꿈이다. 그러므로 전원시가 시골 풍경 묘사의 매혹적인 사실주의를 보여주는 것은 단지 부산물로서이다. 이러한 관점에서 크리스틴 드 피장 Christine de Pisan 의 시 『전원 이야기 Le dit de la Pastoure』는 하나의 장르를 예고한다.

일단 궁정적 이상으로 받아들여진 '목녀'는 곧 가장무도회로 변형된다. 모든 것이 이 전원풍의 가장복을 덧입을 수 있다. 전원시의 환상은 기사도적 로망티슴의 환상에 뒤섞이고, 기마 시합은 일종의 에필로그 형태를 취한다 : 르네 왕은 목녀의 기마 시합을 연다.

당시 사람들은 여전히 전원극의 상연을 진지하게 받아들인다. 샤틀랭은 그의 『놀랄 일들 Merveilles du monde』에서 목동 역할을 하는 르네 왕에 대해 언급하고 있다.

> 나는 세실 Cécille 의 왕이
> 목동으로 분(扮)한 것을 보았네.
> 그리고 그의 상냥한 부인이
> 같은 방식으로
> 바구니와 지팡이와
> 모자를 들고서,
> 그들의 양떼 곁
> 풀밭에 있는 것을. [18]

또 다른 경우에 전원시적 환상은 가장 독설적인 정치적 풍자를 위해 문학적 형식을 제공해야 했다. 『르 파스토랄레 Le Pastoralet』가 그것인데,[19] 그보다 더 이상한 작품은 상상하기 어렵다. 부르고뉴 파를 옹호하는 저자는, 루이 도를레앙의 살해 사건을 묘사하고 쟝 상 푀르의 결백을 증명하기 위해, 우아한 전원시풍의 변장을 사용한다. 레오네 Léonet 와 트리스티페 Tristifer 는 각각 쟝 상 푀르와 루이 도를레앙의 목가적 이름들이다. 적대 관계에 있는 두 공작은 꽃과 들판의 춤을 배경으로 그려지며, 아쟁쿠르 Azincourt 전투까지도 전원시풍으로 변장된다.[20]

궁정의 축제에서 목가적 요소 élément bucolique가 빠지는 일은 결코 없었다. 그것은 앙트르메 entremets라는 이름하에 축제의 휘황함을 드높이는 가장 무도회에 희한하게 대여되었다. 게다가 목가적 요소는 정치적 알레고리에 수월하게 적용되었다. 전원시적 개념은 여기서 제후는 목자요 백성은 양이라는 성서적 개념과 만났다. 메쉬노는 그의 『제후들의 안경 Les Lunettes des Princes』에서 다음과 같이 말할 것이다.

전하, 전하께서는 하나님의 목자십니다.
자기 양떼들을 충실하게 보살피며
들판이나 목장으로 그들을 이끌며,
그들을 결코 잃어버리지 않는.
전하께서는 그들을 잘 지킴으로써
그 노고에 대한 선한 상급을 받게 될 것입니다.
그렇지 않으면 전하께서는
좋지 못한 때에 이 이름을 받게 될 것입니다. [21]

이런 유의 사상들이 연출되면서부터, 그 생각들은 이른바 목가적 외관을 취한다. 1468년, 브뤼쥬 Bruges에서 있은 샤를르 르 테메레르 Charles le Téméraire와 마르그리트 됴요크 Marguerite d'York의 결혼식 축연에서는, 한 앙트르메가 "전에는 '저쪽 나라에서' 양을 치던 고귀한 목녀들을" 찬미한다. [22] 1493년 발랑시엔에서는 마르그리트 도트리슈 Marguerite d'Autriche의 프랑스 귀환을 기념하는 놀이판이 열려, 전쟁의 황폐함 뒤의 나라의 재건을 "전원시풍으로" 기념하였다. [23] 싸움 한 가운데서조차 목가적인 허구가 지속된다. 그랑송 Granson 앞에서 르 테메레르의 돌박격포들은 '목동들과 목녀들'이라고 명명된다. 프랑스인들은 경멸조로 플랑드르인들을 전쟁 일에는 무능한 목동들로 취급하며, 필립 드 라베스텡 Philippe de Ravestein은 목동 차림을 한 귀족 24명과 함께 양치는 막대와 바구니를 들고 전투를 개시한다. [24]

성사극에서 베들레헴의 목동들을 표현할 때는 목가적인 모티프들이 거의 치명적으로 첨가되었다. 그러나 여기서는 다루어진 주제의

진지한 성격이 사랑의 비유를 막았고, 목동들은 목녀를 동반하지도 않았다. [25]

『로망 드 라 로즈』와 같이, 목가적 이상은 문학에 있어서 대단한 논쟁거리가 되었다. 중세말의 그 정교하고 과도한 귀족 생활은 자연 속에서의 단순성과 진실성과 충실한 사랑의 이상과 얼마나 거리가 먼가! 황금 시대의 단순성의 전형인 프랑 공티에의 테마 위에 사람들은 수많은 변조들을 만들어냈었다. 그들은 모두 엘렌 부인과 함께 풀밭 위 그늘진 곳에서 치즈·버터·크림·사과·양파·갈색 빵으로 식사하기를 원하며, 즐거운 장작패기와 자유와 근심 없는 삶을 원한다고 말한다.

> 빵은 맛있고, 아무도 내게 옷을 입혀줄 필요가 없네.
> 물은 맑고 깨끗해 마시고 싶어지고
> 난 폭군도 독도 두려워 않는다네 [26]

가끔은 사람들이 이 역할에서 벗어나는 게 사실이다. 로뱅과 마리옹의 삶, 즉 자연 속에서의 단순성을 찬양하는 외스타슈 데샹까지도 온 궁정이 뿔나팔, 곧 "짐승 같은 사람들의 악기"인 뿔나팔 소리에 놀아나는 것을 보고 탄식한다. [27] 하지만 진정으로 삶의 꿈이라는 가면을 벗겨내는 데는 비용 Villon 의 회의주의가 필요했다. 『프랑 공티에에 반대하여 Les Contrediz de Franc Gontier』라는 시에서, 비용은 이 이상화된 농부의 무사태평함과 "가쁜 숨을 몰아쉬게 하는" 매운 양파로 된 식사와 들장미 아래서의 사랑에 대립시켜, "자리가 잘 깔아진" 방에서 따뜻한 불과 포도주와 푹신한 침대로 더불어 사랑을 즐기는 기름낀 참사원의 안락함을 대비시킨다. 프랑 공티에의 흑갈색 빵과 물에 대해서도 그는 다음과 같이 읊고 있다.

> 여기서 바빌론까지 모든 새들은
> 그런 식사로는 단 하루도
> 내게 주지 않으리 하루 아침도. [28]

제 11 장
죽음의 幻影

쇠퇴기의 중세만큼 그렇게 죽음에 대한 생각에 큰 강조와 감동을 부여한 시대는 달리 없었다. 그 시대에는 끊임없이 삶 속에서 죽음을 기억하라 *memento mori* 는 호소가 메아리친다. 『귀족들의 생활 방침 *Directoire de la vie des Nobles*』에서 드니 르 샤르트뢰 Denis le Chartreux 는 귀족들에게 다음과 같은 말로 충고한다. "침대에 누울 때는 늘 이것을 생각하라. 잠자리에 들듯이, 그대는 곧 다른 사람들에 의해 무덤에 들게 될 것이다. "[1]

중세 전시대에 걸쳐 종교는 사람들의 정신 속에 죽음에 대한 항구적인 생각을 새겨놓았었다. 하지만 앞 시대의 신앙서들은 주로 이미 세상에서 물러난 사람들에게만 영향을 미쳤다. 차츰 탁발 수도 회와 더불어 민중 설교가 확산되어갔고 그러자 삶을 비난하는 말들이 어두운 송가로서 지속적인 둔주곡의 모티프를 가지고 삶을 관류하며 높아져갔다. 중세 말기에 이르면 새로운 형태의 표현 형식이 설교가들의 설교에 더해지는데, 사회의 모든 계층 속에 파고든 목판화가 그것이었다. 설교와 이미지, 이 두 표현 양식은 민중들을 사로잡으면서, 죽음의 표현에 단순하고 직접적이며 쉽사리 접근할 수 있는 하나의 형식밖엔 부여할 수가 없었다. 그리하여 죽음에 대한 옛 수도사들의 명상은 매우 원시적인 이미지 속에 압축되었다. 죽음과 관련된 매우 복잡한 생각으로부터 이 이미지는 단 하나의 요소 곧 멸망과 덧없음이라는 개념을 길어내었다. 그만큼 조락기의 중세는 죽음을 이 유일한 면에서만 보았던 것 같다. 지상의 화려함이

노쇠해가는 것에 대한 이 영원한 한탄 속에서 세 가지 테마가 부각된다. "한때 온 땅에 명성을 날렸던 그들은 지금 어디에 있는가?" 이것이 그 첫번째 테마를 이루는 질문이다. 두번째로 인간의 아름다움이 해체되는 무시무시한 광경이 그 모티프를 이룬다. 마지막 테마는 죽음의 무도 *la danse de mort* 라는 테마인데 이는 죽음이 모든 나이와 모든 조건에 걸쳐 모든 사람들을 끌고가는 모습을 모티프로 하고 있다.

뒤의 두 테마에 비해볼 때 맨 첫 테마는 단지 하나의 가볍고도 애상적인 슬픔에 불과했다. 그것은 기독교와 이슬람의 세계에 널리 퍼진 매우 오래된 것이며 그리스의 이교주의에서 온 것이다. 교회의 교부들은 그것을 잘 알고 있고 우리는 하피즈 Hafiz 에게서 그 예를 본다. 후에 바이런도 그것을 사용할 것이다. [2] 아뭏든 그것은 중세말에 크게 유행하였고, 1140년경 클뤼니 Cluny 의 수도사 베르나르드 몰레 Bernard de Morlay 가 쓴 상중한 12음절 시구 속에 살 나타나 있다.

> 지금 그대의 영광은 어디 있는가, 바빌론이여? 지금은 어디 있는가?
> 그 무시무시한 느부갓네살과 용맹한 다리우스 그리고 그 유명한 시리우스는?
> 지구가 큰 힘으로 움직여 그들이 사라져간 것처럼
> 명성은 남아 그대로 있으나 이들은 썩어갔도다.
> 호사스럽던 율리아여, 궁정은 지금 어디 있느뇨? 케사르는 떠났도다!
> 그대 온 세상보다 더 거칠고 위대하던 케사르여.
> [‥‥‥‥]
> 마리우스와 물욕을 모르던 파브리키우스는 지금 어디에?
> 어디로 갔는가, 파울루스의 그 고귀한 행동과 기억할 만한 행적은?
> 마왕 필리피카의 불길한 소리는 어디에? 키케로의 그 천상의 소리는?
> 시민을 위한 평화는 어디 있는가? 모반자들에 대한 카토의 노여움은?
> 레글루스는 지금 어디로 갔는가? 로뮬루스는, 또 레무스는 어디에?
> 옛적의 그 장미는 이름뿐, 단지 이름들만 우리에게 남았구나. [3]

그 짧은 짜임새에도 불구하고 여전히 6각시의 단조로움을 보존하고 있는 시들, 즉 13세기 프란체스코회의 시들 속에서도 똑같은 테마가 울려퍼진다. 쟈코포네 디 토디 Jacopone di Todi 는 성직자 독설가 joculator Domini 로──십중팔구 그는 『왜 세상은 헛된 영광 아래 싸우는가 Cur mundus militat sub vana gloria』의 저자임이 분명하다──다음과 같이 읊고 있다.

> 한때 그토록 고결했던 솔로몬이 어디 있는지 말해주시오.
> 또 그토록 용맹스럽던 삼손은 어디에?
> 그리고 아름다운 얼굴을 가진 빼어난 용모의 압살롬은?
> 가장 사랑스럽던 그 다정하던 요나단은?
> 어디로 갔는가 케사르는, 그 고귀하던 제왕은?
> 호화로운 향연을 베풀던 모든 부호들과 화려한 위용을 자랑하던 사람들은?
> 툴리우스는 어디로 갔는지. 말해주시오. 그렇게 빼어난 웅변가는?
> 또 아리스토텔레스는 어디 있는지, 그 최고의 지성은?[4]

똑같은 모티프가 데샹에 의해 여러 차례 운문으로 씌어졌고, 제르송도 그의 설교 속에 이용하였으며 드니 르 샤르트뢰도 인간의 4가지 최후에 대한 그의 논문 『인간의 4가지 최후에 대하여 De Quator hominum novissimis』에서 그것을 이용하였다. 장시 『죽음을 기억하라 Le Mémoire de Mort』에서 샤틀랭은 그 모티프를 발전시킨다.[5]

비용은 이 테마에 새롭고도 부드러운 멜랑콜리의 악상을 가미할 줄 알았다. 『옛 시대의 부인들에 대한 발라드 Ballade des Dames du temps jadis』에서 그는 잘 알려진 다음과 같은 후렴구를 쓰고 있다.

> 그러나 작년에 내린 눈은 지금 어디에?[6]

그는 또 어느 정도의 빈정거림을 섞어 『옛 시대의 지배자들에 대한 발라드 Ballade des seigneurs du temps jadis』에서 동시대의 왕들·교황들·제후들 사이에 다음의 것을 넣게 된다.

> ……이름은 알 수 없는

그 선한 스페인의 왕[7)]

올리비에 드 라 마르슈 Olivier de la Marche 는 이미 고인이 된 당대의 제후 부인들을 애도하기 위해 쓴 그의 시 『부인들의 치장과 성공 *Parement et triumphe des Dames*』에서 그 낡은 테마를 다시 사용하고 있는데, 선량한 궁정인으로서는 그 같은 방종을 허용할 수 없었으리라.

인간의 아름다움과 영광에서 남는 것은 무엇인가? 단지 추억과 이름뿐. 하지만 이 생각의 멜랑콜리만으로는 공포에의 요구를 만족시키기에 충분치가 않다. 그리하여 그 시대는 사람들의 눈앞에 썩어가는 것의 구체적인 표현 곧 시체의 부패를 제시하게 된다.

중세의 고행자들은 재와 벌레에 대한 생각을 좋아했다. 세상에 대한 경멸을 주제로 한 종교적인 글들은 시체의 썩음과 해체가 주는 공포들을 즐겨 나열하였다. 그러나 작가들이 세세한 것들의 정묘함을 즐기게 된 것은 보다 나중의 일이며, 14세기말경에 조형 예술들은 이 테마에 몰두하게 된다. 1400년경 조각과 회화는 이 주제를 다루는 데 필요한 사실주의적인 표현 방식들을 획득하였고, 동시에 그 모티프는 사제문학 *littérature cléricale* 에서 민중문학 *littérature populaire* 으로 넘어간다. 그리고 16세기 직전까지도 무덤들은 벌거벗고 썩어가는 시체들의 혐오스러운 이미지들과 발과 주먹이 빳빳하게 굳고 입을 헤벌린 채 벌레들에 의해 창자가 뜯어먹히는 그림들로 장식되게 된다.

그리하여 상상력은, 인간의 타락이 지상에서 회개하고 꽃을 피우는 것을 상상하는 대신에, 그 같은 잔혹한 공포들로 만족해버린다.

죽음의 현세적인 면에 이렇게 집착하는 생각이 과연 진정으로 경건한 것인가? 이는 차라리 과도한 관능성에 대한 반동이 아닐까? 그 시대를 휩쓴 삶에 대한 두려움, 즉 깨어진 환상과 실망의 감정이 그것 아닐까? 이 모든 감정들이 죽음에 대한 생각들의 표현 속에 드러나 있다.

삶에 대한 공포, 아름다움과 행복에 대한 거부, 그것은 비탄과 고뇌가 거기에 연결되어 있기 때문이다. 즉 이 감정의 불교적 표현과 중세 기독교적 표현 사이에는 기이한 유사성이 존재한다. 그것은 늙는 것에 대한, 병과 죽음에 대한 동일한 두려움이며 부패의 색깔들이다. 오동 드 클뤼니 Odon de Cluny 는 인간의 아름다움이 단지 표면적인 것에 불과하다는 것을 밝히면서 그것에 대한 잔인한 분석을 하고 있다. "육체의 아름다움은 온전히 피부 껍질에 있을 뿐이다. 따라서 만일 남자들이 보에서 Boétie 의 스라소니처럼 투시의 능력을 갖고 있어서 피부 밑엣것을 볼 수 있다면, 그들은 여자들을 보기만 해도 구역질이 날 것이다. 여자의 우아함은 단지 뱃속의 찌꺼기와 피, 그리고 체액과 담즙일 뿐이다. 콧구멍 속에 숨겨져 있는 것과 목과 뱃속에 든 것을 생각해보라. 더러운 것투성이가 아니냐. 토해놓은 것이나 똥 같은 것은 손가락 끝으로도 만지기 싫어하는 우리가 어떻게 똥주머니 자체를 우리의 팔 안에 껴안고 싶어하겠는가?"[8]

세상에 대한 경멸이라는 이 상투어구는 수많은 글에서, 특히 이노센트 Innocent Ⅲ세의 『세상에 대한 경멸에 관하여 De contemptu mundi』라는 제목의 글에서 잘 나타나 있다. 그의 글은 중세말경에야 크게 보급된 것으로 보이는데, 성 베드로의 보좌에 앉은 강력한 정략가요 그토록 많은 일들과 현세적 이해 관계에 얽혀 있던 그가 젊은 시절에 다음과 같은 글을 쓴 장본인임을 생각해볼 때 매우 놀라운 일이 아닌가? "여자는 음란과 악취 속에서 아이를 배며 슬픔과 고통 속에 아이를 낳고, 번뇌와 노동으로 아이를 키우며, 탄식과 공포로 늙어간다 Concepit mulier cum immunditia et fetore, parit cum tristitia et dolore, nutrit cum angustia et labore, custodit cum instantia et timore."[9] "그 누가 단 하루라도 완전한 기쁨을 누리며 즐겁게 보내는가. 적어도 단 한번의 눈길이나 소리나 충돌도 그를 화나게 함이 없이 Quis unquam vel unicam diem totam duxit in sua delectatione jucundam quem denique visus vel auditus vel aliquis ictus non offenderit?"[10]

확실히 아름다움 자체에 대해서는 조금도 회의함이 없이, 단지 아름다움이 파괴되어간다는 생각을 참을 수 없어한 물질주의 정신이 있다. 그리고 조형 예술에서는 아니지만 적어도 문학 속에서만은 사람들이 슬퍼한 것은 특별히 여성의 아름다움이다. 따라서 죽음에 대해 생각하라는 경건한 훈계와, 젊음을 아낌없이 누리라는 세속적 권고가 서로 거의 뒤섞이는 데 주목해야 할 것이다.

아비뇽 Avignon에 있는 셀레스틴회 수도원에서는 대혁명 이전에 한 그림이 발견되었는데, 그것은 전승에 따라 그 수도원을 세운 르네 René 왕 자신의 것으로 여겨졌다. 그 그림은 선 채로 수의로 몸을 감싼 채 머리장식을 우아하게 하고, 창자는 벌레들에게 뜯어먹히고 있는 한 여인의 육체를 나타내고 있었다. 그 그림 밑에는 다음과 같이 시작된 시구가 새겨져 있었다.

> 나도 힌땐 모든 여인 위에 빼어나게 아름다왔었지.
> 그러나 죽음으로 인해 난 이 지경이 되었다네.
> 내 육체는 몹시도 아름다왔고 신선하고 부드러웠었지.
> 그런데 이제 그것은 완전히 재로 화했네.
> 내 육체는 매우 보기 좋았고 몹시도 우아했었어.
> 난 비단옷을 즐겨 입었었지.
> 그러나 지금 난 이렇게 벌거벗은 채 뻣뻣하게 서 있어야 한다네.
> 예전에 난 가는 은회색의 모피를 둘렀었고
> 내 마음껏 큰 궁전에서 살았었지.
> 하지만 지금 난 이 작은 관 속에 누워 있다네.
> 전에 내 방은 아름다운 휘장이 둘러쳐져 있었지만
> 이제 내 무덤 구덩이 속엔 거미줄만 그득 둘러 있을 뿐. [11]

여기서도 역시 메멘토 모리 *memento mori*가 압도적인 위치를 차지한다. 그리고 그것은 올리비에 드 라 마르슈의 『부인네들의 치장과 성공』의 다음과 같은 시구 속에서, 자신의 매력이 감퇴되는 것을 보는 여인의 지극히 세속적인 탄식으로 조금씩 대치되는 경향을 보인다.

> 이 부드러운 눈길, 즐거움을 위해 만들어진 이 두 눈도,
> 기억하시라, 그것들도 빛을 잃으리라.
> "코와 눈썹, 그리고 구변좋은 입도 다 썩어지리니……"
> "그대가 지극히 자연스런 일생을 살아 오래오래 산대도

60세면 상당히 많이 산 것일 터,
그대의 아름다움은 추하게 변하고
그대의 건강은 음침한 질병으로 변하리.
그리고 그대는 단지 무덤으로의 길을 갈 뿐.
만약 딸이 있대도 그대는 그 딸에게 어두운 그림자가 되리니
딸은 청함을 받고 초대를 받겠지만
그 어머닌 모두에게 버림받으리."[12]

비용의 발라드 『아름다운 오미에르의 탄식 *Les Regrets de la belle Heaulmière*』에서는 신앙적이거나 설교조의 모든 경향이 사라지고 없다. 시 속에서 노궁녀는 거역할 수 없이 매력적이던 자신의 젊은 날들과 현재의 자기 육체의 슬픈 노쇠를 비교하고 있다.

그 매끄러운 이마와
블론드 머리칼, 아치형의 둥근 눈썹과
눈 사이의 넓은 아미, 어여쁜 눈길,
이 모든 것은 가장 섬세한 감각의 사람들까지도 사로잡았었네.
넓지도 작지도 않은 그 아름답던 오똑한 콧날과
머리에 붙은 그 자그마한 귀들,
보조개가 움푹 패인 귀여운 턱과
잘생긴 빛나는 얼굴.
그리고 그 아름답던 진홍빛 입술은 어디에?
[⋯⋯⋯]
이제는 다만 주름진 이마와 회색 머리칼,
그리고 듬성듬성해진 눈썹과 빛꺼진 눈뿐.[13]

죽음 뒤에 육체의 분해가 야기하는 무시무시한 공포는 성녀 로즈 드 비테르브 sainte Rose de Viterbe 같은 몇몇 성인들의 유해가 썩지 않음에 대한 극단적인 중요성의 부여로 귀결된다. 성모 마리아의 승천설은 그녀의 육체를 썩음에서 건져냈고 그것은 가장 소중한 은총으로 생각되었다.[14]
육체를 생각지 않을 수 없는 물질주의 정신이 몇몇 시체들을 다루던 세심한 배려 속에 잘 드러난다. 유력한 사람이 죽으면 그 사람이 죽자마자 얼굴에 붓으로 그림을 그리는 습관이 있었는데 이는

묻는 날까지 썩는 것이 보이지 않도록 하기 위해서였다. [15]

선고를 받기 전에 감옥에서 죽은 한 뤼를뤼팽과 Turlupins 이단 설교가는 다른 살아 있는 이단자와 함께 화형에 처해지기 위해 15일 동안이나 석회 속에 보관된다. [16] 일반적으로 널리 퍼진 한 관습에 따르면, 중요 인물이 집에서 멀리 떨어진 곳에서 객사를 하면 사람들은 그 시체를 토막내 살과 뼈가 분리될 때까지 끓였다. 그리하여 뼈는 상자 속에 넣어 엄숙하게 장지로 보내졌고 살과 창자는 그 즉시로 그 곳에서 매장되었다. 이 풍습은 11세기와 13세기에 크게 유행한다. 그리고 사람들은 그것을 왕들뿐 아니라 주교들에게도 실행한다. [17] 1299년과 1300년에, 교황 보니파스 Boniface Ⅷ세는 공식적으로 이 풍습을 금지시킨다 : "몇몇 신자들이 무시무시한 방식으로 경솔하고 무분별하게 실시하는 혐오스럽고 야만적인 폐습을 *detestandae feritatis abusus, quem ex quodam more horribili nonulli fideles improvide prosequuntur.*" 하지만 14세기에 보니파스의 후계자들은 그것을 다시 허락했고, 15세기에 와서도 그 풍습은 프랑스내 영국인들간에 여전히 통용되었다. 아쟁쿠르 전투에서 죽은 에드워드 묘오크 Edouard d'York 와 미셸 드 라 폴 Michel de la Pole, 쉬폭 Suffolk 백작 등의 시체들이 여전히 이 같은 방식으로 처리되었다. [18] 또 앙리 V세 자신과, 쟌 다르크가 오를레앙을 탈환할 때에 죽은 글라스달 Glasdale 그리고 1435년 생-드니 공략 때 죽은 존 파스톨프 John Fastolfe 경의 조카에게서도 같은 방식이 실시되었다. [19]

죽음 la Mort 이라는 인물은 여러 세기 전부터 조형 예술이나 문학적 표현 속에서 다양한 형태들을 덧입고 있었다. 그것은 땅에 엎드린 수많은 사람들의 무리 위로 말을 타고 지나가는 묵시록의 기사인가 하면 또 캄포 산토 드 피사 Campo Santo de Pise 에서 볼 수 있듯이 박쥐날개를 한 악녀였다. 그것은 또 낫이나 활과 화살을 든 해골로서 가끔은 황소가 끄는 마차를 타고 있거나 혹은 황소나 암소를 타고 가는 모습으로 표현되었다. [20]

14세기에 오면 '마카브르 *macabre*' 혹은 처음 발음되었듯이 '마카브레 *macabré*' 란 이상한 단어가 등장한다. "나는 죽음의 무도를 추었다 *Je fis de Macabré la danse*"고 1376년 시인 쟝 르 페브르 Jean le Fèvre 는 말할 것이다. 이론(異論)이 분분한 그 어원이 무엇이건, [21] 그 단어는 고유명사임에 틀림없다. 'danse macabré'란 표현에서, 중세 마지막 세기들의 죽음의 환영을 이 한마디 말로 특징지을 만큼 그렇게 특징적인 뉘앙스를 띤 형용사를 끌어내는 것은 보다 나중의 일일 뿐이다. 죽음의 마카브르 개념은 마을 묘지의 묘비명들과 상징 속에서 그 최후의 흔적들을 보는데, 그것은 중세 말기에 한 시대 전체의 사고를 표현한다. 죽음의 표현에는 환각적이고 환상적인 새로운 요소, 즉 무시무시하고 두려운 유령들의 영역에서 나온 하나의 전율이 뒤섞인다. 지배적인 종교적 사고가 이 요소를 모랄로 바꾸었고, 그것을 죽음의 상징으로 변형시켰지만, 그것은 또 이 표현의 유형적 성격이 만들어내는 공포의 암시를 기꺼이 사용하였다.

죽음의 무도란 개념의 둘레에는, 위협과 윤리적 설교에 적합한 몇 몇 부대 개념들이 몰려 있었다. 우선권은 『세 명의 사자(死者)와 세 명의 생자의 이야기 *Dit des trois morts et des trois vifs*』에 주어지는데, 그것의 가장 오래된 판본은 1280년 이전으로 되어 있다. [22] 세 명의 젊은 귀족들이 돌연 무시무시한 세 사자(死者)들을 만난다. 사자들은 이들 젊은이들에게 자기들이 누렸던 과거의 찬란함을 들려주고, 또 지금은 살아 있는 세 사람이 조만간 가까운 시일내에 최후를 맞게 될 것이라고 경고한다. 이 테마는 그 가장 오래된 표현으로 캄포 산토 드 피사의 감동적인 벽화 속에 잘 보존되어 있다. 한편 파리에 있는 이노상 Innocent 성당 정문의 조각들은 1408년 베리 공작이 만들게 한 것으로 지금은 사라지고 없으나 똑같은 주제를 담고 있었다. 나무에 새긴 이 세밀화와 조각은 그 테마를 공적인 영역에 들게 했다. 벽화 역시 그 테마를 풍부하게 사용하였다. 세 명의 산 자와 세 명의 죽은 자들의 표현은 죽음의 무도란 개념과 무시무시한 부패의 이미지를 연결하는 일종의 고리, 즉 죽음 앞에서의 평등이라는 고리를 형성한다. 그리고 이 테마는 죽음의 무도처럼 프랑스에 기원을 두었던 것 같다. 그렇다면 그것은 그림이나 무대 표현에서 유래한 것일까? 하지만 우리는, 15세기 회화의 모티프들을 연극 상연에서 차용된 것으로 생각한 말르씨 M. Mâle 의 주장이 전반적으로 비판을 면할 수 없었음을 알고 있다. 그래도 죽음의 무도를 위해 한 가지 예외를 만들 필요가 있었을지도 모른다. 이 분야에서는 무대적 상연이 조형 예술적 표현보다 앞섰을지도 모르지 않는가. 요컨대 죽음의 무도는 그림으로 그려지고 조각으로 새겨진 만큼 무대에서 표현되기도 했다. 부르고뉴 공작은 1449 년에 브뤼즈에 있는 자기 저택에서 그것을 공연하게 했다. [23] 이 같은 실제의 춤에 대해 우리는 어떻게 생각할 수 있을까? 그 색깔과 움직임들, 그리고 인물들 위에 내리비치는 음영들과 빛에 관하여! 그 실제의 춤은 우리에게, 죽음의 무도가 영혼들에 야기시킨 공포에 대해, 기요 마르샹 Guyot Marchant 과 홀바인 Holbein 의 조각들보다도 더 깊이있는 이해를 가능케 한다.

1485 년 조각가 기요 마르샹이 『죽음의 무도 Danse macabré』의 초판을 장식한 목판 부조는 그 표현의 가장 유명한 것, 특히 1424년 이래 파리의 이노상 Innocent 묘지에 회랑벽들을 장식한 그것에서 차용해왔을 것이다. 마르샹에 의해 새겨진 시구들은 벽화 밑에도 새겨져 있었다. 아마도 그 시구들은, 역시 라틴어 원판을 모방한 것으로 보이는 장 르 페브르 Jean le Fèvre 의 유실(遺失)된 시 속에 기원을 둔다. 어찌 되었건 이노상 묘지의 죽음의 무도는, 17 세기에 파손되었지만, 중세가 알고 있던 가장 민중적인 표현임에 틀림없다. 수천의 사람들은 묘지라는 이 이상하고 소름끼치는 만남의 장소에서 그 그림들을 보고 금언으로 끝난 각 시구들을 읽으면서 누구에게나 평등할 수밖에 없는 죽음의 사상에서 위로를 받고 혹은 자신들의 종말을 이해하며 전율하였다.

거기에는 죽음이 있었다. 그것은 원숭이 같고 냉소적인 죽음으로 늙은 댄스 교사의 어색한 태도를 하고 뒤에는 교황과 황제, 귀족·사료편찬관·수도사·어린 아이·미치광이 할것없이 모든 종류의 직업과 신분들을 이끌고 있었다.

1485 년의 목판들은 우리에게 그 유명한 벽화에 대해 미미한 인상밖에는 주지 못한다. 의상들이 증명하듯이 그것은 정확한 모사가 아니다. 따라서 이노상 묘지의 죽음의 무도가 야기시킨 효과들에 대해 다소나마 정확한 개념을 갖기 위해서는, 차라리 셰즈-디외

Chaise-Dieu 성당의 벽화들을 보기로 하자. 거기서 작품의 미완성 상태는 그것의 유령 같은 성격을 더욱 강조해주고 있다. [24]

40 번씩이나 산 자들을 찾으러 되돌아오는 그 무용수는 애초에는 죽음 la Mort 이 아니고 사자 le mort 이다. 밑에 씌어진 시구들은 이 인물이 남자들의 춤이냐 여자들의 춤이냐에 따라서 그 인물을 죽은 남자 le mort 혹은 죽은 여자 la morte 라고 부른다. 그것은 죽은 자들 les morts 의 춤이며 죽음 la Mort 의 춤이 아니다. 게다가 그것은 아직 해골이 아니고 배가 터져 열린 채 살이 그대로 붙은 시체이다. 이 대무용수가 홀바인의 조각이 보여주는 것 같은 그런 해골이 되려면 야직 1500 년경까지 기다려야 한다. 그러는 동안에 산 사람의 어렴풋한 닮은꼴인 사자 le mort 가 인간의 삶들의 적극적이고 개인적이며 파괴적인 죽음 la Mort 으로 대체되었다. "나는 모든 피조물이 필연적으로 죽는다는 것을 안다 Yo so la muerte cierta à todas criaturas." 15 세기말 스페인의 인상적인 죽음의 무도는 이렇게 시작한다. [25] 이전의 춤들에서는 그 지칠 줄 모르는 무용수는 여전히 산 자이고 가까운 미래에 그렇게 되겠기에 이중으로 끔찍하다. 그가 거울 속에서 보는 것은 그 이미지이며 몇몇 사람들이 주장하듯 동일한 신분과 위엄을 가진 한 사자(死者)가 아니다. 그 무시무시한 환영은 관객에게 "이것은 바로 당신 자신이다"라고 말했고, 그것은 죽음의 무도에 그 모든 공포의 힘을 부여하였다.

앙제 Angers 성당 안에 르네 왕과 그 왕비 이사벨의 장례식 기념비의 궁륭을 장식한 부조에서, 긴 망토를 걸치고 금빛 보좌에 앉아 발로 주교관·책·왕관·지구의 들을 밀어젖히고 있는 해골은 다름아닌 왕 자신이다. 그는 흔들리는 왕관을 지탱하려 애쓰며 마르고 앙상한 손으로 그의 머리를 받치고 있다. [26]

죽음의 무도는 처음엔 남자들로만 표현되었다. 세상 것들의 헛됨에 대한 호소에 사회적 평등의 교훈을 덧붙였고, 이 같은 의도는 사물의 본성에 따라 남자들을 전면에 부각시켰다. 사자(死者)들의 춤은 하나의 경건한 충고일 뿐 아니라 사회적 풍자이기도 했다. 즉 거기 딸린 식구들은 어느 정도 빈정거림이 없지 않다. 그것의 출판이 성공을 거두자, 기요 마르샹 Guyot Marchant 은 여자들의 죽음의 춤을 발간할 생각을 하게 되었고, 그것을 시로 기안하는 일은 마르시알 도베르뉴 Martial d'Aubergne 가 맡았다. 무명의 조각가는 그 이미지들을 만듦에 있어서 그에게 첫판을 만들 수 있게 해준 모델과 동일하게 자신을 나타내진 않았다. 하지만 그의 춤에서 독창적인 것은 단지 두개골 위에 몇 가닥 메마른 여자의 머리칼이 흩날리는 혐오스러운 해골바가지의 형상뿐이었다. 텍스트에서는 관능적인 요소와 부패해가는 아름다움의 테마가 다시 등장한다. 달리 어떻게 할 수가 있었겠는가? 40 가지의 여자들의 신분과 직업들을 일일이 열거할 방도가 없었다. 왕비와 귀부인들, 수녀원장과 수녀들, 장사꾼의 아내들과 온갖 유의 여인들, 그리고는 바닥이 났다. 나머지는 서로 다른 시기의 여자들의 삶에서 취해졌다. 처녀·애인·약혼녀·새색시·임신부 등. 그리하여 새로이 메멘토 모리의 톤을 강조하게 된 것은 잃어버린 기쁨과 지나간 아름다움에 대한 탄식들이다.

죽음을 나타내는 무시무시한 표현에는 하나의 이미지 즉 죽음의 시간이라는 이미지가 결여되어 있었다. 그리고 영혼들 속에 죽음에의 공포를 보다 생생하게 새겨주는 데는 나사로의 연상보다 더한 것이 없었다. 민간 신앙에 따르면 그는 다시 살아난 후에 그가 이미 경험한 죽음에의 두려움을 계속 겪으며 살았었다. 그런 의인이 죽음을 두려워해야 했다면 하물며 죄인은 어떠해야 했겠는가? [27]

단말마는 인간이 지속적으로 염두에 두어야 할 4 가지 최후 *Quator hominum novissima*, 곧 죽음·심판·지옥 혹은 천국 중 첫째 가는 것이었다. 4 가지 최후의 테마에 밀접하게 연결된 것으로, 우리는 인쇄술과 목판예술 덕택에 죽음의 무도로 널리 보급된 15세기의 창작물 '죽음의 예술 *Ars moriendi*'을 보게 된다. 그것은 빈사 상태의 사람을 괴롭히는 악마의 5 가지 유혹으로 종교적 진리들에 대한 회의와 자신의 죄로 인한 절망, 현세적 소유에의 집착과 자신의 고통으로 인한 절망, 그리고 자기 덕행에의 교만이 그것이다. 각각의 유혹에 대해 각각의 한 천사가 악마의 계략을 물리치고, 천사는 죽어가는 자를 위로한다. 단말마에 대한 묘사는 자주 다루어지는 테마였고 그 모델은 종교문학에 의해 제공되었다. [28]

『죽음의 거울 *Miroir de Mort*』[29]에서, 샤틀랭은 방금 이야기한 모든 모티프들을 한데 모았다. 그는 그 과장된 장황함 속에서도 목적을 잊지 않는 한 감동적인 이야기로 그것을 시작한다. 가장 사랑하는 여인이 죽어가고 있다. 그녀는 최후의 숨은 몰아쉬며 뚝뚝 끊기는 목소리로 그에게 다음과 같이 호소한다.

> 나의 연인이여, 내 얼굴을 보아요,
> 비통한 죽음이 무슨 짓을 하는지를.
> 그리고 이후로 그것을 절대 잊지 말아요.
> 이게 바로 당신이 그토록 사랑하던 얼굴이랍니다.
> 그리고 당신도 잃게 될 것이에요, 영원히,
> 당신의 그 속되고 수치스런 육신을.
> 그것은 흙과 벌레들 가운데 놓여질 거예요.
> 냉혹한 죽음이 모든 아름다움을 망가뜨리고 말지요.

위와 같이 작가는 '죽음의 거울'을 만들어낸다. 우선 그는 다음과 같은 주제, 즉 이 땅의 위인들은 다 어디로 갔는가? 하는 테마를 다룬다. 장황한 방식으로 약간은 현학적이게, 그리고 비용 Villon 투의 가벼운 우수는 전혀 없이 그것을 다룬다. 그런 다음 일종의 초벌 그림이라 할 수 있는 죽음의 무도가 오는데 거기선 그다지 상상력의 힘을 느낄 수가 없다. 마지막에 죽음의 예술이 오는데 그의 단말마에 대한 묘사는 다음과 같다.

> 썩어가는 것을 느끼지 않는
> 마디나 관절은 하나도 없어.
> 영혼이 몸 밖으로 빠져나가기 직전
> 몸 속에서 터질 것 같은 심장은
> 거의 등뼈에 붙은
> 가슴을 가까스로 달싹거리지.
> ──얼굴색은 변하고 창백해진 채
> 두 눈은 머리에서 베일에 가리운 듯,
> 말은 한 마디도 할 수가 없네.
> 왜냐면 혀가 입천장에 붙어버렸기 때문.
> 맥박은 소스라치며 헐떡이고

〔⋯⋯⋯〕
뼈는 마디마디 모두가 분리되고
끊기거나 팽팽해질 신경조차 남아 있지 않네.[30]

비용은 이 모든 특징을 단지 반소절 속에 압축하고 있으니 얼마
나 더 감동적이겠는가. 하지만 이 둘 속에서 우리는 공통된 한 모델
을 찾을 수가 있다.

죽음은 그를 전율케 하고 창백하게 하네.
코를 구부러뜨리고 핏줄을 팽팽케 하며
목을 부풀리고 살을 무르게 하며
뼈마디와 신경을 늘어지게 하고 뻗치게 만드네.

그리고는 이 모든 묘사들 속에 관능적인 생각이 섞여진다.

그토록 부드럽고 윤기 있고 감미로운,
그리도 소중한 여인의 육체여.
너도 이 고통을 기다려야 한단 말이냐
그렇다, 그러지 않으려면 산 채로 하늘에 올라가야 하리니.[31]

하지만 파리의 이노상 묘지에서보다 더 연상적인 방식으로 죽음
의 이미지들이 모여 있는 곳은 없었다. 그 곳에서야말로 정신은 죽
음을 연상시키는 것들이 주는 고통을 가장 충만함 속에 맛볼 수가
있었을 것이다. 그 곳에서는 모든 것이 그 시대가 그토록 생생하게
겪었던 신성한 공포를 주는 데 기여했다. 교회당이 바쳐진 그 성자
들 곧 그리스도를 대신해 학살된 이노상들 Les Innocents(헤롯왕에게
학살당한 아이들)은 가련한 순교에 의해, 중세말이 즐기던 잔인한 연
민과 피투성이의 애정을 일깨우기에 충분했다. 그리고 바로 15세기
는 이노상들에 대한 숭배가 부각된 시대였다. 사람들은 이노상들의
유골을 하나 이상씩 갖고 있었다. 루이 XI세는 "이노상 한 명을 통
째로" 유리로 된 성골함 속에 넣어 그곳 교회당에 증정했다.[32] 그
묘지는 다른 묘지들보다 훨씬 더 선호되었는데, 심지어 파리의 한
주교는 거기에 묻힐 수 없게 되자 자기가 묻힐 구덩이에 그가 묻힐

수 없는 그 곳의 흙을 조금 떠다 넣어달라고 부탁했다. [33]

가난뱅이들이나 부자들이나 아무렇게나 한꺼번에 거기에 묻혔다. 그리고 그들은 거기에 오래 묻혀 있지도 않았다. 20개 교구가 거기에 매장권을 갖고 있었고 사람들은 묻기가 바쁘게 해골들을 다시 파냈으며 심지어는 조금 지난 후에 묘비마저 팔아먹었기 때문이다. 사람들은 이 묘지에서는 시체 하나가 9일 안에 뼈까지 분해된다고 믿고 있었다. [34] 그리하여 두개골과 뼈들이 납골당에 쌓였고, 세 방향으로 묘지를 둘러싸고 있던 궁륭형 회랑을 따라 납골당이 쌓여졌다. 그리고 뼈들은 평등의 교훈을 설파하면서 눈에 보이도록 진열되었다. 고결한 부시코 및 다른 사람들도 이 '아름다운 납골당'을 짓는 데 돈을 기부했다. [35] 이 곳에 묻히기를 바란 베리 공작은 성당 정문 위에 각각 세 명의 사자와 산 자의 형상을 새기게 했다. 16세기에는 이 같은 장례의 상징의 전시가 죽음 Mort 의 큰 입상(立像)에 의해 완성되었고, 그것은 오늘날 죽음과 관련된 수집품 cette macabre collection 중 유일한 유산으로 루브르 박물관에 남아 있다.

게다가 이 장소는 15세기의 파리 사람들에게는 1789년의 팔레 로아얄 Palais Royal 의 음산한 예시에 다름아니었다. 끊임없는 매장과 발굴에도 불구하고 그곳은 늘 공공 산책로요 만남의 장소였다. 납골당 곁에는 작은 상점들이 있었고, 궁륭형 회랑 밑에서는 창녀들을 볼 수 있었다. 교회당의 여러 면 중 하나에는 벽화로 그려진 지옥도 있었다. 가끔씩 탁발 수도사가, 그 자체만으로도 중세 스타일의 상징적 설교였던 이 장소에, 전도 설교를 하러 왔다. 아이들의 행렬(파리의 부르조아가 말하는 바에 따르면 12,500명)이 손에손에 촛불을 들고 거기 모였으며, 거기서 노트르-담까지 한 이노상을 찬미하며 행진하였고 다시 그를 묘지까지 모셔오곤 했다. 심지어 거기에서 축제도 열렸다. 그만큼 무서운 것은 친숙한 것이 되어 있었다.

죽음에 대해 하나의 구체적인 이미지를 주려는 갈망은, 직접적인 표현에 적합치 않은 모든 것을 희생시키기에 이르렀다. 그리하여 죽음의 가장 거친 면들만이 유일하게 정신 속에 새겨졌다. 죽음을 연상시키는 이 환영에는 부드러움이나 위로가 전혀 없었다. 사자(死者)의 얼굴은, 요컨대 매우 이기적이었다. 그것은 결코 눈물을 흘리게 하는, 사라진 소중한 사람들의 부재가 아니다. 그것은 가장 두려운 재난으로 여겨진 죽음에의 공포이다. 거기엔 죽음에 대해 위로를 주는 어떤 생각도, 고통의 끝과 갈망하던 안식, 그리고 다 수행했거나 못다한 임무에 대한 어떤 생각도 없다. 부드러운 추억도 어떠한 안식도 또 "슬픔의 성스러운 깊이"도 전혀 없다.

때때로 보다 감동적인 악센트가 있기는 하다. 일례로 사자(死者)는 농부에게 다음과 같이 이야기한다.

> 그대의 모든 생을
> 근심과 고통으로 살아온 농부여
> 죽는다는 것은 확실한 일.
> 물러서도 소용없고
> 그대는 죽음에 만족해야 하네.
> 왜냐면 그것이 그대를 그 큰 근심에서 해방시켜주리니……

그러나 농부는 삶을 한탄하며 가끔은 그 삶이 빨리 끝나기를 바랐다.

마르시알 도베르뉴가 쓴 여인들의 죽음의 무도에서는 한 죽은 소녀가 자기 어머니에게 이렇게 말한다 : 내 인형과 공기들osselets(역주 : 공기놀이에 사용하는 양의 발가락뼈로 만든 공기)과 내 예쁜 옷을 잘 보관해주어요. 하지만 이처럼 감동적인 톤은 극히 드물다. 그 시대의 문학은 대개 무겁게 경직되어 있어서 어린애에 대해선 거의 모르고 있다.

앙토안 드 라 살 Antoine de la Salle은, 그의 『뒤 프렌 부인에의 위로 Le Réconfort de Madame du Fresne[36]』에서 아들을 잃은 한 어머니를 위로하려고 할 때, 인질로 잡힌 한 어린애의 훨씬 더 처참한 죽음을 들려주는 것밖에 별다른 방도를 찾지 못한다. 그는 그녀의 고통을 덜어주려는 뜻에서 그녀에게 현세적인 것들에 집착하지 말라는 충고밖에는 하지 못한다. 그러나 그는 민간 설화류의 이야기, 즉 자기의 수의가 마를 수 있도록 이제 그만 울라고 어머니에게 말하러 온 죽은 어린 아이의 이야기를 덧붙인다. 거기엔 다양한 톤으로 반복된, 메멘토 모리에서보다 훨씬 더 깊은 감동이 表

현되어 있다. 이 시대의 민간 설화나 노래는 어쩌면 문학에서 거의 모르고 있던 감정들을 지녔던 것은 아닐까?

중세 말기의 종교적 사고는 죽음의 장소에서 두 가지 양 극단밖에는 알지 못했다. 현세적인 것들의 덧없음에 대한 한탄과 영혼의 구원에 대한 기쁨, 두 가지만을. 그 외의 모든 중간적 감정들은 표현되지 않은 채 있었다. 감동은 혐오스럽고 위협적인 죽음의 사실적 표현 속에서 딱딱하게 경직되어버렸다.

제 12 장
종교적 사고가 이미지들로
맺혀지다

　죽음을 형상화하는 일은 중세말의 큰 특징을 이루는 생각을 이미지로 결정화하는 한 예를 보여준다. 생각은 본질상 구체적인 표현을 지향하게 되어 있고 남끼는 자살한 통전으로 나뉘게 마련이나. 그 시대는 신성한 것이라면 뭐든지 재현하고 싶어하며, 종교적인 것들에 일정한 형상화를 부여함으로써 조각처럼 강하게 부각시켜 정신에 새겨지게 하려는 거역할 수 없는 욕구를 느낀다. 이처럼 모든 것을 구체적이고 물질적으로 재현하려는 경향은 결국 종교적 사고를 과도하게 밖으로 드러내고 물질 속에 고정시키는 위험을 가져온다.

　중세의 기독교 생활은 그 모든 발현 속에 종교적인 표상들로 가득차 있다. 사람들은 끊임없이 아무 사물이나 행동을 신앙과 관련 지으려 들며 또 제아무리 평범한 것이라도 그렇게 한다. 그러나 이같은 포화 상태의 분위기에서는 종교적 긴장과 초월적 사상, 숭고함에로의 비상 등이 항상 있을 수는 없다. 이것들이 없으면, 종교의식(儀式)을 자극하게 되어 있는 모든 것은 세속적인 진부함으로 전락하게 되고, 소위 저 세상을 주장하는, 불쾌할 정도로 눈에 거슬리는 심한 물질주의로 타락하게 된다. 우리는 심지어 앙리 쉬송 Henri Suson 같은 규모의 신비주의자에게서조차, 가끔씩 그 숭고함이 우스꽝스러움으로 바뀌는 것을 본다. 그는 동정녀에 대한 신앙에 따라 모든 여성에게 경의를 표하고, 심지어는 한 가련한 여자

거지를 먼저 지나가게 하기 위해 진흙탕 속을 걸을 만큼 숭고하다. 또 그는 세속적인 사랑의 관례에 따라 정월 초하루와 5월 1일 두 날을 기념하여 자신의 약혼녀인 영원한 예지 la Sagesse éternelle 에게 화관과 노래를 헌납할 만큼 숭고하다. 그러나 나머지 것들에 대해서는 어떻게 생각해야 할까? 그는 식탁에 앉아 사과를 먹을 때도, 사과의 3/4은 삼위일체를 기념하기 위해, 나머지 1/4은 온유한 아기 예수께 사과를 먹인 성모 마리아를 위해 먹는다. 또 그 1/4은 껍질째 그냥 먹는데, 그것은 어린 아이들이 사과를 먹을 때 껍질을 안 벗기고 그냥 먹는 데서 착안한 것이다. 크리스마스 이후, 성자가 너무 어려 과일을 먹을 수 없는 때는 그 마지막 1/4은 먹지 않고 그것을 아들에게 줄 성모 마리아께 드린다. 쉬송은 무얼 마실 때도 꼭 다섯 모금으로 마시는데 그것은 주님의 다섯 상처를 기념하기 위해서다. 또 그가 다섯번째 모금을 두 배로 마시는 것은 예수님의 허리에서 피와 물 두 가지가 흘렀기 때문이다.[1] 그의 극단적인 삶의 성화 작업은 이와 같았다.

15세기의 신앙은 이처럼 외적 형식 속에 생각되고 그에 생기를 주는 심정적 깊이와는 별도로 우후죽순처럼 혹처럼 번식한다. 종교적 실행과 해석의 양적 증가는 결국 질적 약화만을 급속도로 진전시키며, 그것을 걱정스럽게 바라보던 신학자들에게는 가히 두려움의 대상이 되지 않을 수 없다. 사실상 15세기의 개혁 정신은 불신이나 새로운 의례 행위들의 미신성을 우려한 것이기보다, 오히려 이 신앙의 과잉 표출을 걱정한 것이었다. 온후한 신의 은총을 재현한 표지들은 점점 더 그 수효가 급증했다. 각종 성사들 곁에 강복식들이 만연했고 성유골로부터 부적에 이르기까지 찾지 않는 것이 없었다. 묵주 속에 기도의 힘이 상징화되는가 하면 성자들의 유골을 보관한 기이한 진열실들이 날마다 활기와 색채를 더해갔다. 신학자들은 칠성사(七聖事) sacraments 와 준성사(準聖事) sacramentalia 를 구분하려 애썼지만 민중들이 그것을 혼동하는 것을 무슨 수로 막을 수 있었겠는가? 옥세르 Auxerre 에서 제르송 Gerson 은, 수도원과 성당에서 12월에 행하는 바보제 la Fête des Fous 가 성모 수태축제 la Fête la Conception 만큼이나 신성한 것이라고 주장하는 한 사람을 만난다. [2] 니콜라스 드 클레망쥬 Nicolas de Clemanges 는 새로운 축제들의 성격의 진위를 알 수 없다고 고발하면서 그것들의 제정 및 거행에 반대하는 글을 썼다. 그는 달력에서 축일로 지정된 대부분의 날들을 삭제한 옥세르의 주교에게 찬성을 표했다. [3] 또 피에르 다이이 Pierre d'Ailly 도 그의 『개혁에 관하여 De Reformatione』[4] 에서 교회·축제·성자들의 계속적인 증가와 조각상과 이미지들의 과도한 범람을 반대한다. 그는 또 지나치게 기간이 긴 성무일과, 위경들과 새 찬가와 기도문 등을 예전(禮典)에 도입하는 일, 그리고 철야와 기도·금식·금욕 등을 증가시키는 것에 반대한다. 동정녀 숭배에 있어서도 사람들은 매 덕목마다 특별한 성무를 바치는 성향이 있었다. 또 후에 교회에 의해 폐지될 특별 미사들도 있었는데, 그것은 우선 마리아의 신앙심과 그녀가 겪은 7가지 고통을 기리고 또 그녀의 누이 마리 쟈코비 Marie Jacobi 와 마리 살로메 Marie Salome 를 기리며, 성모 마리아와 관련된 모든 절기를 기념하는 한편, 천사 가브리엘과, 예수 그리스도의 계보에 드는 모든 성인들을 기념하는 것이었다. [5] 십자가의 길에 대한 앙모와 다섯 상처에의 숭앙, 앙젤뤼스 Angélus 의 관습 등은 모두 중세 말기의 것이다. 또 다이이가 말하듯 수도 단체들이 너무 많은데 이는 관습의 다양성과 배타성 그리고 경쟁을 낳는다. 그는 특히 탁발 수도회의 활동을 제한하기를 원하며 그것의 사회적 유용성마저도 의심한다 : 탁발 수도사들의 행동 양식은 진짜 도움을 필요로 하는 사람들 즉 진짜로 걸인이 될 권리와 명목에 부합되는 사람들에게 해를 끼친다. [6] 그러니 교회를 거짓말로 더럽히고 교회를 조롱거리로 만드는 이 적선 간청자들은 당장에 교회에서 척결해야 한다. [7] 사람들은 또 충분한 재원도 없이 끊임없이 수녀원들을 지어댄다. 이는 도대체 어디로 끌고 갈 것인가?

피에르 다이이가 반대하는 것은 이 양적 폐단에 대해서이다. 그는 면죄부 설교만 빼고 모든 의례 행위들이 나름의 신성한 성격을 갖는다는 데 대해 전혀 의심치 않는다. 하지만 그는 그 의례 행위들의 광적인 증가에 대해 통탄해 마지않는다. 그는 교회가 지극히 쓸데 없고 자질구레한 것들의 마연 속에 질식되고 있다고 본다.

알랭 드 라 로슈 Alain de la Roche가 새로운 묵주 수도회 Confrérie du Rosaire를 만들어 보급시켰을 때 부딪친 반대도 그 제도의 정신 자체에 관한 것이기보다는 그것이 새로 만든 것이라는 점에 대해서였다. 반대자들은 민중이 그렇게 큰 기도 단체의 힘을 믿고 기존의 규정된 고행들을 소홀히하게 될까봐, 그리고 참사회원들은 그들의 종규 시간을 소홀히하게 될까봐 반대했다. 그렇게 되면 교구의 성당들은 텅텅 빌 것이다. 왜냐면 그 수도회는 프란체스코회와 도미니크회 성당에서만 모일 테니까. 결국 그 같은 알력에서 파당과 음모의 싸움들이 생겨날 수 있었고 마침내 다음과 같은 비난이 있게 된다 : 그 수도회가 굉장한 계시로 알려진 것은 단지 노파들의 공상과 부질없는 객설일 뿐이다. [8]

종교적 관습들은 거의 기계적으로 증가되는 경향이 있었고 어떤 당국도 이를 제한하기 위해 개입하지 않았다. 그 한 예로, 매주마다 성 이노상 saints Innocents들의 기념일이 있다. 12월 28일은 베들레헴의 학살을 기념하는 날인데 사람들은 그 날을 불행의 날로 여겼다. 이 믿음은 15세기에 널리 퍼져 있던 풍습 즉, 1년중 성 이노상들의 마지막 축제가 열린 그 주간의 평일을 불길한 날로 여기는 풍습의 시발점이었다. 축제 자체와 마찬가지로, '이노상'이라고 간단히 불린 그 날은 아무 일도 아무 여행도 해서는 안 되었다. 루이 XI세는 이 관습을 세심하게 지켰다. 영국 왕 에드워드 IV세의 대관식은 일요일날 거행되었는데 전 해의 12월 28일이 일요일이었다는 것 때문에 다른 날 다시 거행되었다. 르네 드 로렌 René de Lorraine은 그의 독일인 용병들이 '이노상의 날 le jour des innocents'에 싸우기를 거부했기 때문에 1476년 10월 17일에 전투 개시하는 것을 포기해야 했다. [9]

쟝 제르송 Jean Gerson은 전반적으로 미신에 반대하는, 특히 이 미신에 반대하는 개론서를 썼다. [10] 그가 맨 첫째로 꼽는 것 중의 하나는 이 같은 종교적 표상들의 범람이 교회에 미치게 될 악영향이었다. 그는 이러한 믿음들의 심리적 근거를 간파하였다. 그것들은 '단지 인간의 환상과 상상적 우울 *ex sola hominum phantasiatione et melancholica imaginatione*'에서 나온 것이다. 그것은 뇌의 침해로

야기된 근본적으로 악마적인 영감에서 기인한 상상력의 병이다…….
이처럼 아무데나 악마가 관여되었다.

끊임없이 무한은 유한으로 환원되고 신비는 원자들로 나뉘어진다.
모든 성스러운 신비에, 마치 선체(船體)에 조개들이 달라붙듯, 그것
을 타락케 하는 추가의 믿음층들이 덧붙여진다. 성체(聖體) l'Eucha-
ristie 자체도 물질적인 미신들로 변질된다. 일례로 사람들은 미사를
들은 날엔 소경이 되거나 뇌일혈에 걸릴 일이 없고, 미사에 참석하
는 동안에는 늙지도 않는다고 믿었다. [11]

교회는 하나님이 그렇게 자주 이 땅 위로 모셔와지지 않는다는 점
에 주의해야 한다. 따라서 교회는 베드로와 요한과 야고보가 그리
스도의 변화산상에서, 지금 그들이 하늘에서 보는 것만큼 분명하게
신성 la Divinité 을 보았다고 주장하는 것은 이단이라고 선언한다. [12]
그리고 잔 다르크를 모방한 소녀들 가운데 하나가 희고 긴 옷에 붉
은 망도를 입은 하나님을 보았다고 주장한다면 그것은 순전한 신성
모독이다. [13] 그러나 교회는 민중들의 상상력에 매우 풍부한 자료를
제공하였고, 민중이 신학에 의해 규정된 미묘한 것들을 구분할 수
없었던 것도 무리는 아니었다.

제르송 자신도 그가 싸우던 그 폐습에서 완전히 벗어난 것은 아
니었다. 그는 사람들이 갖는 헛된 호기심들과, [14] 자연을 그 가장 내
밀한 비밀 속에 억지로 해석하려 드는 추구 정신에 대해 목소리를
높인다. 하지만 그는 스스로 전혀 격에 맞지 않는 호기심을 가지고
서 신성한 것들의 가장 세세한 것들에 대해 끈덕지게 파고든다. 그
는 성 요셉에 대해 특별한 헌신을 바치고, 성 요셉 숭배를 보급시
키는 데 앞장을 선다. 이 성자에 대한 그의 열렬한 숭배는 그와 관
련된 모든 것에 대해 호기심을 갖게 한다. 그는 요셉의 결혼 생활
의 모든 정황들을 샅샅이 뒤진다 : 그의 동정 여부와 그의 나이, 그
가 동정녀 마리아의 수태를 알게 된 방법 등등. 그는 요셉이란 인물
에 대해 예술이 범할 위험이 있는 풍자와 희화에 대해 분개해 마
지 않는다. 요셉은 결코 대상이 측은히 여기고 멜키오르 브뢰데를
람 Melchior Broederlam 이 특징으로 정착시킨 것 같은, 늙고 태평
한 사람이 아니었다. 요셉은 아직 50 세가 못 되었다고 제르송은 말

한다. [15] 또 다른 데서 그는 세례 요한의 몸의 체질에 대한 명상에 잠긴다. [16] 유명한 민중 설교가 올리비에 마이야르 Olivier Maillard 는 "기막힌 신학적 질문"으로 청중을 즐겁게 하는 습관이 있었다. 이를테면 동정녀 마리아가 수태를 함에 있어서 적극적인 역할을 했겠느냐, 또 그녀가 실제로 신의 어머니(성모)라고 불릴 자격이 있겠느냐, 혹은 그리스도의 몸이 부활하지 않고 분해되진 않았을까 등등. [17] 동정녀의 무염 시태 (無染始胎) la Conception immaculée de la Vierge 에 관한 논쟁은 우리가 보기엔 거의 교화적이지 못한, 신학과 발생학이 잡탕된 고찰들을 낳았다. 그러나 진지한 박사들은 그들의 논쟁의 중요성을 너무도 깊이 확신한 나머지 대중 앞 강단에서 그 문제를 설파하지 않을 수 없었다 [18] 진지한 정신들이 그런 방향에만 관심을 쏟고 있었다면, 신성한 것들이 거대한 영역에 걸쳐 특수한 것들의 잇단 전개에 의해 명상에까지 이르기 위해서는 접근에 의해서밖에 빠져나올 수 없는 진부함으로 해체되야 했다는 데 대해 그다지 놀랄 것이 없다.

하나님을 일상적인 삶 속에서 다룬 그 친숙성은 한편으로는 깊고도 순진한 신앙심의 표시이며 다른 한편으로는 불경을 초래하는 것인데 언제나 무한과의 정신적 접촉이 결여될 때 그러하다. 호기심은 비록 순진한 것일지라도 신성 모독에 이르게 마련이다. 특별히 이런 위험에 처한 것은 가장 깊은 신비에 속하는 성체 (聖體) l'Eucharistie 이다. 중세에는 오늘날과 마찬가지로 성체가 가톨릭교 신앙 속에서 종교적 감동의 가장 중요한 중심점을 이룬다. 하지만 중세에는 성스러운 문제를 다룸에 있어서 매우 대담하여, 그 대담성은 우리가 볼 땐 매우 신성 모독적으로 보일 수 있는 말과 습관에까지 이른다. 한 여행자는 말에서 내려와 "지나는 길에 하나님을 보려고 pour veoir Dieu en passant" 마을 안 교회로 들어간다. 당나귀 위에 앉아 면병을 들고가는 사제를 가리켜 사람들은 "나귀를 탄 하나님" 이라고 말할 것이다. [19] 죽음을 맞이하며 침상에 누워 있는 한 여인은 "자신이 곧 죽을 거라고 생각하여 하나님을 가져다달라고 se fit apporter beau sire Dieu 조른다." [20] "하나님을 보다 Veoir Dieu" 라는 말은 성체 거양을 의미하는 그 당시 유행어였다. [21] 이 같은 언어 습관은 그 자체로는 불경한 것이 아니나 그것이 신비적 의미를 결하게 되면서부터는 그렇게 될 수 있다. 거기에서, "하나님에게 맘대로 하게 두세요, 그는 노인이니까"[22] 하는 속담이나 "하나님이신 매우 고귀한 분을 위해 그는 두 손 모아 기도드린다"는 프로아사르의 말까지는 한 걸음밖에 안 된다. [23]

'하나님 *Dieu*'이라는 말이 면병에 적용되어 믿음을 오염시킬 수 있는 다음과 같은 일례가 있다. 쿠탕스 Coutances의 주교가 생-드니에서 미사를 드리고 있다. 성체 거양 때가 되자 사람들은 성당 안을 거닐고 있는 파리의 사제장 위그 오브리오 Hugues Aubriot에게 묵상을 해야 한다고 상기시킨다. 단호한 정신의 소유자인 위그는, 자신은 궁정에 눌러사는 주교의 하나님은 믿지 않는다고 답변한다. [24] 빈정거릴 의도는 조금도 없었는데도, 신성한 것들과의 지나친 친숙성과 그것들을 구체적으로 재현하려는 갈망이 그처럼 우리 눈에는 불경해 보이는 형상화들을 가져왔다. 동정녀 마리아에 관한 조각상들 가운데 뱃속에 든 삼위일체를 내비치도록 배를 갈라보인 조상들이 흔히 있었다. 부르고뉴 공작의 재산 목록에는 값비싼 보석들을 박아 만든, 배가 열린 동정녀의 황금 입상이 언급되어 있다. [25] 제르송은 파리의 카르므 Carmes 가문에서도 그와 비슷한 입상을 보았다. 그는 그 입상을 비난하는데, 그것은 신비를 형상화함에 있어서 그렇게 서투르게 했다는 것 때문이 아니라, 삼위일체가 마치 마리아의 열매라는 듯이 표현했다는 이유로 이단이라고 비난하였다. [26]

삶 전체가 그토록 종교로 가득차 있었고, 따라서 정신적인 것과 세속적인 것 사이의 구분이 매순간 시야에서 사라질 위험이 있었다. 한편으로는 일상 생활의 모든 것이 성화될 수 있었던 반면, 다른 한편으로는 일상 생활과 분리할 수 없이 융해되어 있던 모든 신성한 것들이 낮추어지고 진부하게 되었다. 우리는 이미 앞에서 이노상 묘지며 흉물스런 사자(死者)들의 춤의 제전, 그리고 모든 사람들이 보도록 노출된 해골더미들에 대해 이야기할 기회를 가졌다. 이 섭첫한 장소에 유폐되어 매몰된 삶보다 더 무시무시한 것을 상상할 수 있겠는가. 그러나 그 당시의 의견을 읽어보자. "여기 묻힌 자들은 아주 예쁜 새 집에서 산다. 그들을 파묻는 동안 사람들은 아주 멋진 설교도 들려준다. 그들은 왕으로부터 연간 8번에 걸쳐 8리브르의 연봉을 받는다. "[27] 이는 단순히 수녀들에 대한 언급이 아니지 않는가? 감동적인 종교적 감정 *Pathos* 은 다 어디로 갔는가? 면죄부가 가사일 중에서도 가장 하찮은 일 즉 화롯불을 달구거나 소젖 짜는 일, 냄비 씻는 일 따위에 쓰였다면, 그 격한 종교적 감동이란 다 어디로 갔단 말인가?[28] 1518년, 베르겐-옵-춤 Bergen-op-Zoom 의 한 도박판에서는 값비싼 상금들과 면죄부들을 아울러 얻을 수 있었다.[29] 영주들의 입성식들에는 마을의 귀중한 성골함들을 놓은 제단들이 이교적인 불경스런 나체 입상들과 교대로 길 양편에 죽 늘어 놓여졌다.[30] 종교적인 것과 세속적인 것의 혼합은 동일한 곡조가 신성한 의식과 세속적인 의식에 동시적으로 사용되었다는 점에서도 충분히 알 수 있다. 기욤 뒤페 Guillaume Dufay 는 세속적인 노래들, "난 몹시 정사를 즐기네," "내 얼굴빛이 창백해지면," "무장한 사나이" 같은 테마 위에 미사곡들을 작곡하였다.

이처럼 종교적인 용어로부터 불경스런 용어로의 끊임없는 이동이 있었다. 아무도 불쾌하게 함이 없이 종교에서 현세적인 것들을 표현하는 데 사용할 말을 끌어내고 또 거꾸로도 한다. 릴의 회계 감사원 정문 위에는 마지막 심판날에 각자가 어떻게 셈해야 할지를 상기시키는 시구가 다음과 같이 새겨져 있다.

그 날에 나팔 소리와 함께
전반적인 거대한 회계감사를 개최하시리.[31]

그런가 하면 한 기마 시합은 면죄부들을 대동하고 하나의 성전 (聖典)처럼 치루어진다.

어이, 어이, 명예와 찬사
그리고 무훈과 숭고한 면죄부여.[32]

우연의 일치로 'mysterium(신비)'이란 말과 'ministerium(직무)'이란 말이 'mystère(신비)'라는 형태의 단어 속에 혼합되었다. 그리고 이 동음이의어 *homonymie* 는 일상 언어들 속에서 신비의 의미를 지우는 데 기여하였다. 모든 게 'mystère'라고 불리었고, 심지어 눈물의 샘의 시합에서 사용된 일각수들과 방패들과 꼭둑각시까지도 그렇게 불려졌다. [33]

자연이나 역사적 사실들을 구원의 상징 내지 표상들로 나타내는 신성한 상징주의의 짝으로서, 우리는 왕권에 대한 존경심이 종교적 메타포들로 표현된 것을 보게 된다. 왕권을 경외하는 처지에 있었던 중세 사람들은 제후들을 칭찬하는 데 주저없이 찬송의 말을 사용한다. 루이 도를레앙 Louis d'Orléans 의 시해 사건에 관한 소송에서 피고측 변호인은 공작의 망령이 그 아들에게 나타나 다음과 같이 말했다고 진술한다 : "나의 상처들을 보거라. 그리고 그 중 다섯이 특히 잔인하고 치명적인 것을. "[34] 이처럼 희생자는 그리스도의 형상을 취한다. 샬롱 Chalon 의 주교, 쟝 제르맹 Jean Germain 은 쟝 상 푀르 Jean sans Peur 를 하나님의 어린 양에 비유하기를 주저하지 않는다. [35] 황제 프레드릭 Ⅲ세도, 몰리네 Molinet 에 의해, 아들 막시밀리안을 마리 드 부르고뉴 Marie de Bourgogne 와 결혼시키러 보낼 때, 독생자를 땅에 보내는 하나님 아버지로 비유된다. 또 같은 저자는, 막시밀리안과 젊은 필립 르 보 Philippe le Beau 와 함께 시에 입성하는 황제를 보고 애정의 눈물을 흘리는 브뤼셀 시민들에게 다음과 같이 말하게 한다 : "이것이야말로 아버지와 아들과 성령, 3위 일체의 형상이 아닌가. " 그는 "처녀성만 빼고는 secluse la virginité" 성모 마리아의 이미지에 합당한 마리 드 부르고뉴에게 화관을 바친다. [36]

"나는 제후들을 신격화하려는 것은 아니다 !"라고 이 궁정인은 다른 데서 덧붙이고 있다. [37] 그러므로 이것은 아마 실제적인 아첨이기보다는 오히려 그냥 하는 말이었을 것이다. 그렇다고 이것이 일상적인 관용어에 의한 신성한 상징들의 가치 저락을 덜 증명해주는 것은 아니다. 제후 출신 시인에게 비난의 말을 해서 뭐하겠는가 ? 제르송조차도 설교 속에서 자기 청중들에게 평민들에게보다 훨씬 높은 서열의 수호천사들을 부여하고 있다. [38]

일상적인 친숙성과 불경스러움을 나누는 거리는 앞에서 보았듯이 종교적인 용어가 애정 문제들에 적용되는 날에는 아예 사라져버렸다. 『결혼의 15가지 즐거움 *Quinze joyes de mariage*』의 저자는 동 정녀 마리아가 맛보았을 15가지 즐거움을 생각하고 그 제목을 택 했다. [39) 『장미 로망』의 변호인이 "신체의 치부들과 더러운 죄악들과 심지어 치욕스러운 것 *partes corporis inhonestae et peccata immunda atque turpia*"을 가리키기 위해 신성한 용어들을 사용한 것 역시 의 미심장하다. [40)

과거에 믈룅 Melun에 있는 노트르-담 성당의 이면화의 일부를 이 루고 있었던, 푸케 Fouquet의 작품이라 여겨지는 「마돈나 *Madone*」만 큼, 종교적인 것과 에로틱한 감정들간에 위험스럽고 충격적인 접근 의 예는 달리 없다. 이 이면화는 분할되어 일부, 곧 마돈나 그림은 앙베르 Anvers에 소장되었고, 다른 일부 곧 성 에티엔 saint Étienne 과 함께 기증자 에티엔 슈발리에 Étienne Chevalier를 나타내는 부 분은 베를린에 소장되어 있다. 17세기에 드니 고드프로아 Denis Godefroy는 이미 오래된 한 전승담을 채록하였는데, 그에 따르면, 마돈나는 왕비 아그네스 소렐 Agnès Sorel을 닮았고, 그녀는 에티엔 슈발리에의 굳이 숨기지 않던 열정의 대상이었다. 그 그림은 당시 유행하던 부인의 모습을 재현하고 있는데, 톡 튀어나온 털뽑은 높 은 이마에다 둥근 가슴, 크고 마른 키를 보여준다. 신비로운 얼굴 의 기묘한 표현과 빨갛고 파란 애기천사들의 부자연스런 모습은 모 든 게 한데 어울려 이 그림에 퇴폐적이고 불건강한 분위기를 준다. 그리고 그 점은 이 그림의 다른 부분의 성자 및 기증자의 수수한 초상화들과 대척되는 점이다. 고드프로아는 푸른 우단으로 된 넓은 테두리 위에 금실 은실로 짠 사랑의 매듭으로 이어 만든 진주로 된 E자들을 보았다고 적고 있다. [41) 이는 르네상스도 능가하지 못할 신성 모독적인 대담성이 아닐 수 없다.

종교적 관습들은 깜짝 놀랄 만큼 불경스러웠다. '입맞춰 주세요 *Baisez-moi*' '빨간 코 *Rouges nez*' 같은 속요의 멜로디가 성가의 테 마로 쓰이는가 하면, 그 같은 세속 가요들의 텍스트가 간혹 제례 용 어들과 뒤섞여 불려지는 일도 있었다. [42)

필립 르 봉의 사생아인 다비드 드 부르고뉴 David de Bourgogne 는, 부르고뉴가의 사생아인 형이 아멜스푸어트 Amersfoort로 그를 찾으러 오면서 함께 온 일단의 귀족 전사 수행원들에 둘러싸여 우트레히트 Utrecht 의 주교로 취임한다. 신임 주교는 "마치 그 지방의 정복자인 양 세속 영주처럼" 갑옷으로 완전 무장한 채 식에 참석한다. 샤틀랭의 말투엔 비난의 톤이 역력하다. 그는 그런 차림으로 성당으로 가 제단 앞에 기도하기 위해 십자가와 깃발의 행렬 가운데로 끼어든다. [43] 프리슬란드의 위마니스트인 로돌프 아그리콜라 Rodolphe Agricola 의 부친은 셀워트 Selwert 의 사제로 선출된 바로 그 날 자기 내연의 처가 아들을 낳았다는 전갈을 받고 다음과 같이 외친다. "오늘 난 이중으로 아버지(Père : 신부나 사제를 부르던 호칭)가 되었군. 그 점에 있어 신의 축복이 있기를 ! "[44] 당시 사람들은 점점 더해만 가던 불경(不敬)을 근자에 겪는 시대병이라고 간주하였다.

> 옛날엔 사람들은
> 교회에서만은 유순했고
> 제단 곁에서는
> 겸손히 무릎을 꿇었으며
> 온순하게 모자를 벗어들었었지.
> 그러나 지금은 너무도 자주
> 마치 짐승처럼
> 제단 앞에 올 때도
> 머리에 두건과 모자를 쓴 채라네. [45]

니콜라스 드 클레망쥬 Nicolas de Clemanges 는 축제일에 사람들이 거의 미사에 가지 않는 것을 한탄한다. 사람들은 미사를 끝까지 듣지도 않으며, 성수 속에 손가락을 잠그고 성모 앞에 무릎을 꿇거나 성자상에 입을 맞추는 것으로 만족한다. 성체 거양시까지 기다리더라도 그들은 그게 마치 예수께 갚는 선행인 양 자랑한다. 새벽기도와 저녁기도 시간에, 사제는 조수와 함께 단 둘이서 예배를 드리는 게 상례이다. [46] 마을의 영주는 사제에게 자기와 자기 부인이 일어나 옷을 입을 때까지 미사를 시작하지 말고 기다리도록 명한다. [47] 대축제들은 심지어 크리스마스까지도 폭죽과 카드놀이, 불경한 언

사들과 신성 모독적인 말들로 채워진다. 백성에게 훈계를 하려 해
도, 백성들은 대영주들과 사제들과 사제장들을 예로 든다. [48] 축
제 전야에 사람들은 교회당 안에서 가장 음탕한 노래들을 부르며 춤
을 추며 사제들은 서로 욕지거리를 하며 주사위노름으로 밤을 세운
다. [49] 모랄리스트들이 문제를 너무 어둡게만 본 것일까? 아니다.
기록들은 이러한 견해들을 여러 차례 확증해준다. 스트라스부르
Strasbourg 의 회의록들은 성 아돌프 saint Adolphe 축제 전야에 교
회에서 "철야 기도하는" 사람들을 위해 마련된 연간 1, 100 *l* 의 포도주
에 대해 언급하고 있다. [50] 『종교 행사의 집행 양식에 관하여 *De modo
agendi processiones*』에서 [51] 드니 르 샤르트뢰는 연중 각종 종교적 행
렬이 야기시키는 극도의 방탕과 문란을 어떻게 치료할 수 있을까를
묻는 시 행정관에게 답변한다. 행정관은 어떤 변화도 다 반대할 것
이다. 왜냐면 그 행사들은 먹이고 재울 사람들을 그 도시로 끌어 오
며 그 도시의 막강한 수입원이 되기 때문이었다. 그리고 사람들은
그 악습들을 정당화하기 위해 오랜 관습에 호소할 것이다. 샤틀랭
은 강 Gand 시민들이 후템 Houthem 까지 성 리에뱅 saint Liévin 의
성골함을 들고 행한 종교 행렬이 어떤 퇴폐에 빠졌는가에 대해 한탄
해 마지않는다. 그는 말한다 : 옛날엔 지체 높은 사람들이 "크고 드
높은 위엄과 경외심을 가지고서" 성유골의 몸체를 운반하였었다. 그
런데 지금은 종교 행렬은 단지 "호색한들과 불량 청년들의 집단"에
지나지 않는다. 그들은 노래하고 떠들며 "온갖 조롱의 말을 던지면
서 온통 취한 채" 성골함을 운반한다. 게다가 그들은 무장을 한 채.
"온통 미친 사람들처럼 날뛰며 자기네가 통과하는 지점들을 심하게
파손시킨다. 마치 이 날만은 모든 것이 자기들이 운반하는 몸체의
망령하에 자기들의 것이라는 듯이."[52]

교회에 가는 일은 사회 생활에 중요한 한 요소를 이룬다. 사람들
은 거기서 서로 으스대며 신분과 위엄과 예절의 경쟁을 벌인다. 젊
은 영주가 들어오면 귀부인은 자리에서 일어나 그를 포옹하고 입을
맞춘다. 사제가 면병을 축성하고 사람들이 찬송을 하는 와중에도 말
이다. [53] 예배 도중 교회 안에서 서로 잡담을 해대고 이리저리 돌아
다니는 것은 상례처럼 되어 있었다. [54] 교회를 젊은 남녀의 교제 장

소로 만드는 것은 아주 공인된 일이어서 모랄리스트들만이 그것에 분개하는 정도이다. 니콜라스 드 클레망쥬는 젊은이들이 단지 가발에 가슴과 어깨를 다 드러낸 여자들을 구경하기 위해서만 교회에 올 뿐이라고 통탄한다.[55] 정직한 크리스틴 드 피장 Christine de Pisan 은 애인에게 순진하게 이렇게 말하게 한다.

"내가 가끔씩 교회를 간다면
그것은 오직 그대
갓 피어난 장미처럼 아름다운 분을 보기 위해서라오."[56]

교회는 젊은이가 자기의 연인에게 성수를 바치거나, 페 *paix* 를 제공하고, 그녀를 위해 촛불을 켜고 그녀 곁에 무릎을 꿇는 그런 자잘한 사랑의 헌신들 이상의 훨씬 더 심각한 불경의 위기를 겪고 있었다.[57] 창녀들은 뻔뻔스럽게도 손님을 끌기 위해 교회로 왔다.[58] 축제날이면 교회에서소자 섦은 승을 타락시키는 음란한 그림들을 판다. 그리고 설교는 악에 대해 무기력할 뿐이다.[59] 교회와 제단은 여러 차례 파렴치하고 음란한 행위들로 더럽혀진다.[60]

순례(巡禮) 역시 모든 유의 오락거리와 연애 행각의 기회가 되었다. 문학 속에서 순례 행위들은 자주 쾌락을 위한 여행처럼 다루어진다. 투르-랑드리 Tour-Landry 의 기사는 기마 시합과 순례에 오는 쾌락을 갈망하는 부인들에 대해 이야기한다. 그는 또 순례를 연애를 위한 만남의 구실로 삼은 여자들의 예를 든다. "그리고 여기에 왜 그 미친 쾌락을 위한 소위 그 성스러운 여행을 해서는 안 되는가 하는 좋은 예가 있다."[61] 니콜라스 드 클레망쥬의 견해도 마찬가지이다. 축제날에 사람들은 맹세를 이행하기 위해서보다는 죄를 자유롭게 짓기 위해 멀리 떨어진 한적한 교회들로 순례를 간다. 이는 악행의 원천이다. 왜냐면 신성한 장소들 곁에 소녀들을 유혹하는 한심한 매파들이 있기 때문이다.[62] 『결혼의 15가지 즐거움』에서, 즐기기를 원하는 젊은 부인은 자기 남편에게 자기가 아이 분만시에 맹세했던 그 순례를 아직 이행하지 않았기 때문에 아이가 아프다고 믿게 한다.[63] 이사보 드 바비에르 Isabeau de Bavière 와 샤를르 Ⅵ세의 결혼식 준비는 한 차례의 순례를 포함한다.[64] 진지한 사람들이 이러한 여행들에 대해 아무 유익함도 보지 못한 것은 놀랄 일이 아니다. 토마스 아 캠피스 Thomas a Kempis 는 이런 여행을 자주하는 사람들은 성자가 되는 일이 드물다고 쓰고 있다. 프레데릭 반 헤일로 Frédéric van Heilo 는 『순례에 반대하여 *Contra peregrinantes*』[65]라는 제목의 논문을 쓴다.

신앙심과 일상 생활이 파렴치할 정도로 뒤섞이는 이 모든 세속화 속에는 진짜 신성 모독을 위한 것보다는 순진한 친숙함이 더 많다. 단지 종교적 감정이 생활 전반에 걸쳐 침투되어 있고, 신앙을 당연한 것으로 받아들이는 사회만이 이 같은 과도함과 변질을 안다. 반쯤은 타락한 종교 행위의 인습에 젖어 있던 사람들까지 어떤 때는 한 탁발 수도사의 말에 가장 성스러운 감동을 느낄 수 있었다.

불경한 말씨 같은 어리석은 죄악은 깊은 신앙심에서만 튀어나올 수 있다. 왜냐하면 그것은 본래 의식적인 맹세로서, 가장 사소한 것들 속에서도 신의 존재를 느낀다는 증거이기 때문이다. 하늘을 시험해본다는 확신은 맹세에 그러한 죄의 매력을 부여한다. 다음 시대에 이 같은 감정들이 약화되면 신성 모독적인 언사들은 단순한 상스러움의 선으로 떨어진다. 중세 말기에는 여전히 이 신성 모독적인 말들은 대담성과 오만방자함의 신랄함을 갖고 있고, 그 점은 그것들로 귀족들의 스포츠의 하나가 되게 한다. "뭐라고, 네 영혼을 악마에게 준다고. 네 녀석은 신을 부인하는구나. 하지만 그래도 넌 귀족은 아니다."[66] 영주가 농부에게 하는 말이다. 데샹은 불경스런 말을 뱉는 습관이 하층민에까지 확산되었음을 입증해준다.

> 다음과 같이 하지 않는 천민이 없네 :
> 나는 신과 그의 모친을 부인한다.[67]

사람들은 점점 경쟁하듯 독설적이고 미공개된 신성 모독어들을 만들어낸다. 그리고 이 불경스런 재능에 뛰어난 사람은 마치 왕초처럼 떠받들어진다.[68] 데샹은 말한다. "전프랑스가 처음엔 가스코뉴어와 영어로 불경스런 욕을 했고, 다음엔 브르타뉴어로, 그리고 지금은 부르고뉴어로 하고 있다." 데샹은 그 당시 관용어로 쓰이던 불경스런 말들로 한 쌍의 발라드를 작사하는데, 그 마지막은 경건한 문장으로 끝맺고 있다. 가장 최악의 것은 다음과 같은 부르고뉴 식 욕설이었다. "나는 신을 부인한다 *Je renie Dieu.*"[69] 그것을 조금 완화시켜서 사람들은 "나는 장화를 부인한다 *Je renie de bottes*"고 했다. 부르고뉴 사람들은 저주의 말을 내뱉기 잘하는 사람들로 유명했다. 게다가 프랑스는 기독교국임에도 불구하고 다른 어떤 나라보다 훨씬 더 이 끔찍한 죄의 결과들을 심각하게 겪고 있으며, 그것은 페스트와 전쟁과 기근의 원인이 된다고 제르송을 말한다.[70] 사제들조차도, 어느 정도 완화된 방식으로이긴 하나, 수시로 저주의 말들을 내뱉는다.[71] 피에르 다이이 Pierre d'Ailly 는 콩스탕스 Constance 종교회의에서[72] 이 악과 싸울 필요성을 역설한다. 제르송도 법령을 개정할 것을 강력히 요구하는데 그는 실질적으로 적용될 수 있는 보다 가벼운 벌칙들을 공포함으로써 그 일을 막아보고자 한다. 실제로 1397년에는 1269년과 1347년의 법령들을 재실시하라는 왕령이 내리는데, 하지만 그것은 입술을 찢고 혀를 자르는 식의 지나치게 과도한 협박들과 시행할 수 없는 처벌들을 쇄신한다. 왕령이 담긴 장부의 여백에는 "1411년 현재 모든 불경어들이 처벌을 받지 않는 채 왕국 전체에 통용되고 있다"고 적혀 있다.[73]

제르송은 이 신성 모독어에 깔린 심리적 배경을 잘 알고 있었다. 고해 신부로서의 그의 경력은 단순하고 순진한 젊은이들이 어떻게 불경스런 말들을 발설하고 싶은 욕망에 시달리는가를 알게 해주었다. 그는 그들에게 그들의 약점을 이유로 신과 성자들에 대한 사색에 지나치게 빠지지 말라고 충고한다.[74] 그는 또한 부르고뉴 사람들처럼 습관적인 독설가들에 대해서도 잘 알고 있었다. 이들은 맹세를 할 의도가 없는 사람들이므로 거짓 맹세자들은 아니다.[75]

순진한 친밀성에서 의도적인 불경(不敬)함에로 옮겨가는 지점이 어디인지는 알 수 없다. 이미 15세기에, 사람들은 스스로 자유 사상가임을 과시하며 경건주의자들을 비웃기를 좋아한다.[76] 이야기 작가들은 경박하고 무책임하다. 일례로 『100 가지 새로운 이야기들 *Cent nouvelles nouvelles*』에서는 사제가 성스러운 곳에 자기 강아지를 묻은 다음 다음과 같이 말한다 : "나의 선한 강아지여, 하나님이 그대에게 자비를 베푸시기를." 그 개는 게다가 직행으로 "개들의 천국에" 가게 될 것이다. [77] 사람들은 거짓되고 위선적인 신앙심을 혐오한다. 'papelard(독실한 척하는 자)'라는 말은 위선자들을 가리키는 말로 그 시대의 세속 작가들에 의해 빈번히 사용된다. "젊은 천사로부터 늙은 악마에 이르기까지"라고 속담은 말하였다. 혹은 우아한 정식 라틴어로는 "angelicus juvenis senibus satanizat in annis"라고 하였다. 사람들은 추잡한 시선과 몸짓과 언어들을 찬양하면서 그와 같은 말들로 젊은이들을 타락시킨다. 그런 마당에 악마와 같이 행동하는 젊은이에게서 무엇을 소망할 수 있겠는가고 제르송은 한탄한다. [78]

그는 또 말한다. 민중은 공공연한 신성 모독과 너무 잘 믿는 어리석은 마음 사이에서 중용을 지킬 줄 모른다. 민중은 너무 자주 병자들이나 미치광이들이 받았다고 하는 환상에 불과한 계시들과 예언들을 무반성적으로 믿고 받아들인다. 또 그들은 정통 계시를 받은 것으로 숭앙받던 진지한 수도사가 어쩌다 한번 기대에 어긋나기라도 하면 그를 완전히 사기꾼 내지 위선자로 몰아붙이고 그의 설교를 들으려고도 하지 않으며, 급기야는 수도사들의 전체를 배척한다. [79]

대다수의 불경한 경우들에 즉 종교적 개념들과 형식들로 포화 상태가 되어 질릴 대로 질려버린 삶 속에서, 결정적으로 결핍된 것은 종교적 긴장감이다. 중세 전반에 걸쳐 자발적인 무신앙의 경우는 여러 차례 있었지만, [80] 그것은 신학적인 숙고에 의해 야기된 교리상의 위반이기보다 차라리 무반성적이고 즉각적인 반동이다. 잠재된 무신앙이 스스로를 의식하고 스스로를 분명히 밝히는 경우를 보는 것은 그리 드물지 않다. 베티삭 Bétisac 장군은 죽어가면서 자기 동료들에게 다음과 같이 말한다: "존경하는 여러 각하들이여, 나는 나의 일을 두루 살펴보고 내 양심 속에서 내가 하나님을 크게 노엽게 한 것을 인정합니다. 나는 이미 오랫동안 신앙을 저버려 왔으며 삼위일체에 대해서는 한마디도 믿을 수 없습니다. 또 나는 하나님의 아들이 하늘보좌를 버리고 여자의 육신을 통해 이 땅에 올 만큼 그 정도로 자신을 낮추었다는 것도 믿을 수 없습니다. 나는 우리가 죽

으면 영혼 같은 것은 전혀 없다고 믿고 또 그렇게 말하는 바입니다
……. 나는 이 생각을 내가 자의식을 갖게 된 이후로 계속 고집해왔
으며 또 이 생각을 끝까지 고집할 생각입니다."[81]

파리의 행정관 위그 오브리오 Hugues Aubriot 는 완강한 반교권주
의자로 제단의 성례를 불신하고 조롱하며, 부활절 즈음의 영성체도
하지 않고 고해성사도 하지 않는다.[82] 쟈크 뒤 클레르크 Jacques du
Clercq 는 종부성사를 의식적으로 거부한 여러 귀족들에 대해 이야
기한다.[83] 릴 Lille 의 행정관 쟝 드 몽트뢰이으 Jean de Montreuil
는 친구 중 한 박학자에게 이렇게 쓴다 : "그대는 우리 친구 앙브로
아즈 드 밀리스 Ambroise de Miliis 를 알고 있지요. 그가 종교와 신
앙과 성서와 교회의 명령에 대해 하는 말을 자주 들었을 것입니다.
특히 에피큐로스가 스스로를 가톨릭교도라고 말했을 수도 있다고
한 말을. 그런데 그 친구가 오늘 완전히 개심했읍니다." 그러나 알
아두어야 할 것은 이 경건한 정신의 전기(前期) 위마니스트 서클에
서조차 무신앙 상태에 있던 앙브로아즈 드 밀리스를 관용했다는 사
실이다.[84]

이 개별적인 무신앙의 경우들을 르네상스기의 문학적이고 피상적
인 이교주의와 혼동해서는 안 되며 또 13세기 이래 아베로에스
Averroes 의 영향하에 상류 계급에서 꽃피었던 신중한 에피큐리즘과
도 혼동해서는 안 된다. 이는 또 튀를뤼팽들(여주 : 빈정거리기 잘하는
가벼운 재담꾼들)이나 자유 사상의 형제들처럼 범신론과 신비주의를
가르는 한계를 뛰어넘었던 가련하고 무지한 이단자들의 격렬한 거부
와 동일시해서는 더욱 안 된다. 이러한 현상들은 뒤에서 다시 이야
기하기로 하고, 우리는 당분간 종교적 표상들과 외적 형식들, 관습
들의 영역에 머무르기로 하자.

다수의 순진한 종교적 의식(意識)은 신앙 문제에 있어서 지적인
증거들을 요하지 않았다. 단지 신성한 것들을 눈에 보이는 이미지
들로 제시하는 것만으로도 진리를 밝혀주는 데 족했다. 삼위일체와
지옥의 타오르는 유황불과 수많은 성자들의 조각 혹은 채색된 표상
들과, 그것들의 사실성에 대한 믿음과의 사이에는 조금도 의심의
여지가 없었다. 이 모든 형상화는 즉각적으로 신앙의 신조가 되었

다. 뚜렷한 윤곽들과 생생한 색채 덕택에 그 형상화들은 교회가 요구할 수 있었던 모든 사실성과 더불어 그리고 그 이상의 무엇과 더불어 정신 속에 새겨질 수 있었다.

그런데 신앙이 교리의 물질적 표현과 너무 직접적으로 연결되어 있을 때, 그 신앙은 자연과 종교의 서로 다른 요소들이 갖는 성스러움의 정도 사이에 더 이상 아무런 질적 구분을 할 수 없는 위험에 처한다. 이미지만으로는 신자들에게, 하나님께는 찬미를 드려야 하고 성인들에게는 존경심만이 허용되어 있다는 것을 가르치기가 어렵다. 이미지가 갖는 심리적 기능은 사실성에 대한 생생한 확신과 깊은 존경심을 우러나게 하는 데 국한된다. 따라서 교회에는 이미지들이 갖는 의미와 이미지들 각각에 부여할 수 있는 중요도를 정의하는 일이 돌아왔다. 교회의 관점은 순수하고 높았다. 개인의 사후 존속이라는 교리에 의해 성자들을 숭배하는 일은 자연스러운 것이 되었고, 아무런 반대도 일으키지 않았다. "신에게의 모방과 돌아감 *per imitationem et reductionem ad Deum*"에 의해 그들에게는 찬양과 영광을 돌리는 일이 허용된다. 아울러 사람들은 그 같은 숭배가 신을 대상으로만 한다면, 이미지들과 성유골들, 성자들, 신에게 바쳐진 물건들을 숭배할 수가 있다. [85]

성인(聖人)과 복자(福者) 사이의 기술적인 구분, 공식적인 성인품에 의한 성덕(聖德)의 조직화는 비록 그것이 불안한 형식주의이긴 했지만 기독교주의와 대치되지는 않았다. 교회는 성인의 신분과 복자의 신분이 본래는 동등하며, 성인품이라는 것이 불충분하다는 점에 대해 잘 인식하고 있었다. "수없이 많은 수의 성인들이 죽어갔고, 날마다 죽어가고 있지만 모두 다 성인품에 올려지지는 못하고 있다"고 제르송은 말한다. [86] 하나님의 두번째 계명은 공식적으로 형상을 만드는 것을 금하였다. 그런데도 교회는 그 형상들을 합법적인 것으로 간주하였다. 교회는 말했다 : 그리스도께서 성육신하기 이전에는 그 같은 금지가 필요했었다. 왜냐하면 그 당시에는 신이 순전히 정신뿐이었기 때문이다. 그러나 그리스도께서 스스로 이 땅에 오심으로 옛 법칙은 폐기되었다. 하지만 교회는 그 계명의 두번째 부분에 요지부동으로 집착하였다. "경배하지는 말고 존중하라 *Non adorabis ea neque coles.*" "우리는 형상들에 경배하는 것은 아니다. 다만 표현된 그 것, 즉 이미지가 표상하고 있는 신과 성자에게 영광과 경배를 드리는 것이다."[87] 형상들은 단순하고 글을 모르는 사람들에게 그들이 믿어야 할 것이 무엇인가를 제시해주는 데 필요하다.[88] 그것은 무식한 사람들을 위한 책이다.[89] 그리고 비용은 이같은 생각을 자기 어머니를 기리며 쓴 『성모의 발라드 *Ballade de Notre-Dame*』에서 표현하게 된다.

> 나는야 아무것도 모르는
> 가련한 늙은 아낙네. 글이라곤 한자도 모른다네.
> 우리 교회 본당 안에서 나는
> 채색된 천국을 보네.
> 거기엔 수금과 칠현금이 있어.
> 또 지옥도 보는데, 거기서
> 망령들은 유황불의 고통을 받고 있네.
> 한쪽이 나를 경악하게 한다면
> 한쪽은 내게 무한한 기쁨과 쾌락을 주네.[90]

교회는 형상들로 가득찬 이 책이 단순한 사람들에게 주는 위험에 대해 결코 불안해하지 않았다. 하지만 이 책은 단순한 사람들에게 성서의 개인적 해석이 야기시킬 수 있는, 교리에 빗나갈 수 있는 가능성을 충분히 제공하였다. 중세 시대에는 언제나 교회는 사람들이 무지에 의해 죄를 범하며 합법적인 것 이상으로 형상들에 경배를 돌리는 것에 대해 너그러웠다. 교회는 교회가 원하는 것같이 사람들이 할 의향만 가지고 있으면 충분했다고 제르송은 말한다.[91]

여기서 우리는 교회가 성자들을 섬기고, 그들을 중개자가 아닌 대리인으로 생각하는 것을 금하는 일을 어느 정도까지 온전하게 유지했는가를 아는 데 주안점이 있진 않다. 그것은 우리의 영역이 아니고 교리사의 문제이다. 하지만 교회는 민중을 직접적인 성인 숭배에서 떼어놓는 데 어느 정도나 성공하였을까? 다시 말해서 성자들이 중세의 민간 신앙 속에서 차지한 현실, 즉 그 대리적 가치는 어떤 것이었을까? 이 문제의 답은 한 가지뿐이다. 즉 성자들은 일상적인 종교의 매우 현실적이고 구체적이고 친숙한 형상들이어서 모든 종류의 피상적이고 혹은 관능적인 성격의 종교적 표상들을 그들에게로 끌어모았다.

깊은 감동들은 그리스도와 그 어머니에게 바쳐진 반면 순진한 신앙과 일단의 상상력들은 성자들을 둘러싸고 결정화되었다. 모든 것이 그들을 친숙하고 살아 있는 것으로 만들었다. 민중적 상상력이 그들을 강점하였다. 성자들은 각각 특수한 형태들과 특수한 자질들을 갖고 있었고, 사람들은 그들의 무시무시한 순교와 경이로운 기적들을 잘 알고 있었다. 성자들은 민중 자신처럼 옷입혀졌고, 사람들은 날마다 페스트 환자나 순례자의 인물 속에서 성 로흐 경과 성 쟈크 경을 만났다. 성자들의 옷차림은 르네상스 때까지 계속 그 시대의 유행을 따랐다. 기독교 예술이 성자들에게 고전적인 헐렁헐렁한 주름진 옷차림을 시키면서 그들을 민중적 상상력에서 뽑아내어 보다 높은 범주에 위치시키고, 신자들의 환상이 더 이상 교리의 엄격성에 미치지 못하게 한 것은 바로 르네상스에 이르러서였다.

성자들에 대한 매우 물질주의적인 개념은 교회에 의해 오래 전부터 허용되고 부추겨져온 성인들의 신체적 유골들에 대한 숭배에 의해 두드러졌다. 이 같은 물질에의 집착은 그야말로 경악할 만한 과도함으로 치닫게 했다. 유골의 문제에 관한 한 중세의 완고한 신앙은 어떠한 환멸 앞에서도, 어떠한 불경(不敬) 앞에서도 물러나는 일이 없다. 1000년경 옹브리 Ombrie의 산악 지방 사람들은 성인의 뼈를 잃지 않기 위해 은자 성 로뮈알드 saint Romuald를 살해하고 싶어했다. 같은 열심에 사로잡힌 포사누오바 Fossanuova의 수도사들은—그곳은 성 토마스 아퀴나스가 죽었던 곳이다—스승의 시체에서 목을 자르고 그 시체를 끓이고 조제하여 문자 그대로 절여 놓았다.[92]

성녀 엘리자베드 드 옹그리 sainte Élisabeth de Hongrie가 묻히기 전, 수많은 독신자들은 그녀의 얼굴을 싼 린네르천을 찢어가고자 사방에서 몰려들었다. 그들은 성녀의 머리칼과 손톱, 심지어는 그녀의 젖꼭지까지 잘라갔다.[93] 샤를르 VI세는 성대한 축제에서 사람들에게 자기의 조상 성 루이 saint Louis의 갈비뼈들을 나눠주었다.

피에르 다이이와 왕의 숙부들, 베리 및 부르고뉴 공작에게는 갈비뼈 전체를 주었고, 행정관들에게는 뼈 하나를 주어 나눠갖게 하였다. 그 일은 식사 후에 실행한 일이었다. [94]

성자들이 갖고 있던 너무 제한된 형상, 즉 지나치게 육체적이고 친숙한 면은 성자들로 하여금 초자연적인 비전과 현상들의 범주에서는 그다지 큰 위치를 차지하지 못하게 하였다. 중세에는 성인들에 대한 사람들의 생각과, 환상과 표적과 유령들의 범람 사이에 거의 관계가 없었다. 물론 몇 가지 예외는 있다. 성인 출현의 가장 두드러진 예는 쟌 다르크에게 나타난 성 미가엘 천사장과 성녀 카트린, 그리고 성녀 마가렛의 현현이다. 그런데, 쟌의 정신 속에서 그 환상에 대한 해석이 형성되는 것은 조금씩 그것도 재판의 심문 과정에서 이루어진 것으로 보인다. 처음에는 그녀는 이름을 붙이지는 않고 단지 그 환영이 해준 '권고'에 대해서만 이야기한다. 그녀가 그것을 성인의 형상들로 정의하게 되는 것은 보다 나중의 일일 뿐이다. [95]

1446년 밤베르그 Bamberg 근처 프랑켄탈 Frankenthal 에 나타난 그 유명한 환상에서는, 젊은 목동은 모두 비슷비슷하게 생긴 14명의 '애기 천사들 *angelots*'을 본다. 그들은 목동에게 자기들은 보조 성인들이라고 말한다. 하지만 초상화집에서는 그들 각각에게 매우 특징적인 형태들이 부여되었다. 민중이 보는 환상들은 천사, 악마, 죽은 자들의 망령, 희끄무레한 여인 등으로 성자들에 관련된 것은 아니었다. 그리고 혹 성자들에 관한 환상을 이야기하는 것들도 대개는 이미 교리적인 혹은 문학적인 해석을 겪은 것들이었다. 성인들이 민간의 미신적 신앙 속에서 별개의 어떤 역할을 수행한 것은 강 Gand 에서의 베르툴 Bertoul 의 경우처럼 극히 예외적인 경우뿐이다. 불길한 재앙이 닥쳐올 때면 그는 성 베드로 사원 안에 있는 그의 관을 "급박하고 맹렬하게" 두들긴다. 그 같은 경고는 간혹 가벼운 지진을 동반하며, 재앙을 쫓기 위해 성체 거동이 실시될 만큼 온 마을을 공포의 도가니로 몰아넣었다. [96]

그러나 대체로, 공포심은 수의를 걸친 채 유리하거나 천상의 광채를 띠고 나타나는 막연한 형상들, 혹은 지나치게 열에 뜬 뇌가 만들어내는 짐승의 형상들에 결부된다. 성인들은 교회 안에 새겨지고 그려진 형상대로 너무 분명한 모습과 잘 아는 특징들을 가지고 있어서 신비감이 결여되었다. 초자연에의 공포는 그 현상들이 갖는 막연한 성격에 기인한다. 그것들이 구체적인 형태를 띠자마자 신비는 사라지고 안정감이 자리한다. 따라서 성자들의 친숙한 형상은 낯선 도시 속에서 마치 경찰관을 보는 것과 같은 효과를 자아낸다. 성인 숭배와 특히 성자들의 표상은, 그리스도에의 명상과 사랑이 갖는 격정, 그리고 마신 공포증이 연출하는 두려움들 사이에서, 일종의 평온하고 순화된 신앙의 중립 지대를 창출했다. 성자들에 대한 숭배가 지나친 종교적 토로와 과도한 신성한 공포에 일정한 통로를 내면서 중세의 왕성한 신앙심에 일종의 유익한 안정제 역할을 했다고나 할까? 성인 숭배는 물질적 구현의 완결성에 의해 신앙의 외적 표현 속에 자리잡게 되며, 따라서 신학의 영향보다는 오히려 민중적인 상상력의 영향을 더 많이 받는다. 그리고 이 같은 영향은 성인 숭배의 위엄을 감소시킨다. 중세 말엽에 성행한 성 요셉 숭배는 이 점에 있어서 특이한 경우다. 이는 성모 숭배에 대한 반동의 결과로 볼 수 있다. 양부(養父)를 향한 사람들의 기발하고도 무례한 관심, 그것은 말하자면 마리아에 대한 사랑과 찬미의 반대 급부였다. 동정녀의 표상이 드높여질수록 요셉의 형상은 더욱 더 희화적으로 표현되었다. 조각상들은 요셉에 대해 우스꽝스런 농부의 모습을 부여하였다. 디종에 있는 멜키오르 브뢰데를람 Melchior Broederlam 의 이면화의 모습이 그러하다. 문학은, 늘 다른 예술보다 훨씬 명백하여, 요셉을 웃음거리로 만들기에 완벽하다. 외스타슈 데샹은 요셉을 인간들 가운데 특별한 사람으로 높이기보다는 그를 근심에 시달리는 한 집안의 가장으로 묘사한다.

아내와 아이들을 거느리고 있는 그대는
언제나 요셉을 마음에 기억하라.
그도 역시 늘 우울하고 서글프게 자신의 아내를 돌보았음을.
그리고 그는 또 어린 나이의 예수 그리스도를 돌보았었지.
그도 늘 길을 걸을 때는 부인과 자식을 위해, 자신은 노새 곁에서 지팡이에 꾸러미를 매달아 진 채 길을 걸었네.
여러 곳에 그렇게 그려져 있지 않던가.
그리고 그도 세상에 다른 낙이라곤 없었다네.[97]

그리고는 다시 보다 거친 톤으로,

얼마나 견딜 수 없는 가난이 요셉을 괴롭혔던가.
얼마나 힘든 노동이,
얼마나 큰 불행이.
주님이 태어났을 때!
주는 수없이 요셉을 끌고 다녔지.
그리고는 그를
그 선량함 속에
또한 그의 어머니와 함께
노새 위에 탄 채로
그를 끌고 다녔지.
나는 그가 그렇게 있는 것을 보았어.
그는 애굽으로 갔지.
그 선량한 사람은
빠짐없이 완벽하게 그려져 있어.
프록코트와 주름진 긴 옷을 입고
어깨 위엔 지팡이를 맨 채로.
그는 늙고 지치고
상한 모습이네.
그에게는 이 세상에 아무런 낙도 없어.
그런데도 사람들은
그에 대해 이렇게 말들을 하지 :
저게 바로 그 바보 같은 요셉이라고.[98]

이미지의 친밀성이 어떻게 생각의 불경을 초래했는가는 위에서 보는 바와 같다. 성 요셉은 매우 특별한 존경의 대상이었음에도 불구하고 이처럼 반쯤은 코믹한 유형으로 남아 있었다. 그리하여 루터의 적이던 요하네스 에크 Johannes Eck 박사는 크리스마스 연극에 요셉을 무대에 올리지 말든가 적어도 보다 점잖은 방식으로 표현해야 한다고 주장해야 했다. 그리고 그에게 죽을 끓이게도 말아야 한다고. "하나님의 교회가 우롱되지 않도록 *ne ecclesia Dei irrideatur.*"[99] 제르송이 의례에서 다른 성인들보다 요셉에게 더 큰 우선권을 부여해야 한다고 주장하면서 요셉 숭배주의에 찬성한 것은, 이 같은 형편없는 표현들에 반대해서였다.[100] 요셉과 마리아의 결혼 건은 난처한 호기심거리로, 거기엔 가장 불경한 신성 모독적인 생각들이 뒤얽혔다. 산문적인 정신의 투르-랑드리 Tour-Landry 의 기사는 그것에 대해 다음과 같이 쓴다 : "하나님은 마리아가 늙고 신중한 성인 요셉과 결혼하기를 원하셨다. 왜냐하면 하나님은 세상의 말들을 피하기 위해 그 당시 통례에 따라 그리스도를 결혼이라는 그림자 밑에 태어나게 하시기를 원하셨기 때문이다."[101]

15세기에 씌어진 한 미간행 저서는 천국 신랑과의 영혼의 신비적 결혼을 마치 중산층의 결혼처럼 범속한 색채로 묘사한다. 신랑 예수는 하나님 아버지께 다음과 같이 말한다. "아버지만 괜찮으시다면, 저는 결혼을 해서 한 떼의 아이들과 가솔들을 거느리겠습니다." 아버지는 반대하고 나선다. 아들이 선택한 여자가 에디오피아의 흑인 여자이기 때문이다(여기엔 「아가서」의 "내가 비록 검으나 아름다우니 *Nigra sum sed formosa*"와 관련된 어렴풋한 기억이 있다). 그것은 가족에게 불화와 불명예가 될 것이다. 중보 역할을 하는 한 천사가 그녀를 칭찬하는 말을 한마디 거든다. "그 처녀는 검긴 하지만 우아하고 또 온몸과 사지가 아름답게 짜였으며 많은 아이를 낳기에 충분하게 생겼읍니다." 그러자 아버지가 말한다. "내 사랑하는 아들은 나에게 그 여자가 검은 갈색이라고 말했다. 난 분명코 내 아들의 신부가 젊고 예의바르고 예쁘고 또 우아하고 아름다우며 아름다운 몸을 가졌기를 원한다." 그러자 천사가 그 여자의 생김새며 육체를 칭찬하고 또 영혼의 미덕들도 찬양한다. 마침내 설득을 당한 아버지는 동의하기에 이른다.

> 그녀를 취하거라. 그렇게도 정감 있고
> 자기의 신랑을 그리도 사랑한다니.

우리의 많은 재산을 취하여
풍족하게 그녀에게 주거라. [102]

여기서 이 작품의 진지성과 윤리적 의도를 의심하자는 것은 아니다. 이것은 구체적인 표현이 과도해질 때 그것이 어느 정도로 비속해질 수 있는가를 볼 수 있는 한 예이다.

각 성인들은 명확하고 생생한 형상화에 의해 각자 개성을 갖고 있었고[103] 이는 천사들이 모두 세 천사장을 제외하고는 특수한 형태를 갖고 있지 않았던 것과 다른 점이다. 성인들의 개별적인 성격은 사람들이 그들 중 여럿에게 부여한 특수 기능들에 따라 더욱 액센트가 주어졌다. 대체로 이 같은 특수화는 전설이나 조각의 속성에서 유래하는데, 예를 들어 성녀 아폴린 sainte Appoline이 치통을 앓을 때 비는 대상이 된 것은 그녀가 순교당하면서 이를 뽑혔다는 전설 때문이었다. 성인들의 도움의 이 같은 특수화는 그들을 대상으로 한 숭배에 일종의 기계적인 요소를 가져왔다. 그리하여 페스트의 치유가 성 로흐 saint Roch의 관할에 속한다고 했을 때, 사람들이 이 성인의 능력을 과장하고, 기독교 교리가 가르치듯 단지 그의 역할은 신 곁에서 치료의 중재를 하는 것에 불과하다는 것을 잊어버리는 것은 불가피한 일이었다. 이 같은 위험은 특히 보조 성인들의 경우에 나타났는데, 그들의 수효는 대체로 14명 정도였고, 가끔은 5, 8, 10, 15명이기도 했으며, 중세 말기에는 그들에의 숭배가 더욱 확장되었다.

계보상 다섯의 성인과
하나님이 신비롭게도 그들 생의 마지막에 허락하신
다섯 성녀들이 있지
누구건 모든 위험이 닥칠 때
온 마음으로 그들에게 도움을 청하면,
하나님은 어떤 난국에서라도
그들의 기도를 들으신다네
그러므로 이 다섯 성인,
죠르쥬, 드니, 크리스토플, 질 그리고 블레즈를

섬기는 자는 현명할진저.[104]

  사람들이 이 특별한 성인들에 관해 교리를 망각했을지라도 그것
은 너무 비난할 거리는 아니다! 게다가 이들 성인들에게 드려진
기도의 순간적인 효과는 더욱 그들의 중보자적 역할을 잊어버리게
하기에 족했다. 사람들은 성인들을 신의 대리인으로 여겼다. 우리
는 14명의 보조 성인들의 성무를 기록한 중세말의 몇몇 미사경본들
이 보조 성인들의 중재가 갖는 강제적 성격을 분명하게 명시하고 있
는 것을 볼 수 있다. "오 하나님, 당신은 당신이 뽑은 성인들, 곧
죠르쥬 등에게 다른 모든 자들을 능가하는 특별한 권한을 부여하여
구별하셨나이다. 그리하여 어려움을 당하여 도움을 간구하는 모든
자들은 당신의 은총의 약속을 따라 유익한 응답을 얻으리이다."[105]
트렌트 Trente 종교회의 이후 교회는 사람들이 부적에 집착하듯 그
것에 집착할까 우려하여 14명의 보조 성인들을 위한 특수 미사를
폐지한다.[106] 그리고 사실 하나의 미신은 이미 존재했고, 사람들
은 그 미신에 따라 그 날의 남은 동안 우연한 죽음을 면하기 위
해 성 크리스토프의 성상이나 성화를 바라본 것으로 족하게 여겼
다.[107]

  14명의 성인들로써 일종의 구조단을 만든 이유를 묻는다면, 그
들의 이미지에 무언가 감동을 주는 빼어난 것이 있었음을 볼 수 있
다. 성 아가스 saint Acace 는 가시관을 쓰고 있었다. 성 질 saint
Gilles 은 암사슴을 데리고 있었고 성 죠르쥬 saint Georges 는 용을 타
고 있었다. 성 크리스토프 saint Christophe 는 거인의 키를 하고 있
었고, 성 블레즈 saint Blaise 는 구덩이 속에 맹수들과 함께 있었
다. 성 드니 saint Denis 는 자기 머리를 들고 있었고, 사람들은 성
시리아크 saint Cyriaque 가 쇠사슬에 묶인 악마를 끌고 있는 것을
보았다. 또 사람들은 성 에라스무스 saint Érasme 가 고통 속에 윈
치를 가지고 자기 창자를 내보이고 있는 것을, 성 외스타슈 saint
Eustache 가 숫사슴과 함께 십자가를 들고 있는 것을, 성 팡탈레옹
saint Pantaléon 이 사자와 더불어 있는 것, 성 기 saint Gui 가 큰 가
마솥 속에 있는 것, 그리고 성녀 바르브 sainte Barbe 가 그녀의 탑과

함께 있는 것을 볼 수 있었다. 한편 또 성녀 카트린 sainte Catherine 은 바퀴 및 검과 함께, 성녀 마가리트 sainte Marguerite 는 용과 함께 있었다. [108] 아마도 이들 보조 성인들이 누리던 특별한 사랑은 그들이 갖는 이미지들의 인상적인 성격에 기원을 두고 있었다.

몇몇 성인들의 이름은 여러 가지 질병들과 불가분의 관계에 있었고, 심지어 그 병명을 지칭하기까지 하였다. 사람들은 많은 피부병들을 성 앙트완 saint Antoine 의 병이라고 불렀다. 통풍병은 "성 모르 saint Maur 의 병"이라고 불렀다. 끔찍한 페스트를 위해서는 여러 성인들이 필요했다. 성 세바스챤 saint Sébastian, 성 로흐 saint Roch, 성 질 saint Gilles, 성 크리스토프 saint Christophe, 성 발랑텡 saint Valentin, 성 아드리안 saint Adrien 등. 그리고 사람들은 그들을 갖가지 미사와 종교 행렬, 수도회 등으로 섬겼다. 그런데 여기서도 신앙의 순수성을 위협하는 한 가지 위험이 도사리고 있었다. 질병에 대한 생각은 온통 두려움과 공포의 느낌으로 가득차 있어서 그것은 머리에 떠오르자마자 곧 그 병과 관련된 성인에의 생각으로 연결되었다. 따라서 성인 자신이 그 두려움의 대상이 되고, 또 사람들이 성인에게 그러한 재앙을 불러일으킨 하늘의 분노를 결부시키는 일은 거의 불가피한 일이었다. 결국 사람들의 눈에 병의 원인처럼 비치고 또 달래야 할 대상으로 보인 것은 측량할 수 없는 신의 심판이 아니라 성인의 분노였다. 특정 성인이 어떤 특정의 병을 낫게 한다면 그 병을 야기시키는 주체 역시 그 성인이 아니겠는가. 그리하여 윤리적이고 기독교적인 영역에서 이교적인 마술의 영역으로 넘어간다. 교회는 단지 무지몽매한 정신들 속에서 순수한 교리가 변질되는 것을 부주의하게 내버려둔 것 외에는 책임이 있다고 할 수 없었다.

민중이 자주 그들 성인들을 질병을 야기시키는 존재들이라고 여겼던 것을 수많은 증거들이 밝혀주는 바이다.

"성 앙트완이 나를 열나게 한다"는 말은 흔한 욕의 하나이다. "성 앙트완이 갈보집을 태운다! 성 앙트완이 말[馬]을 열나게 한다!" 등은[109] 성인이 악한 불마귀의 역할을 한다는 뜻이 담긴 욕설들이다. 데샹은 단독병으로 시달리는 거지의 입을 통해 다음과 같은 말을 하게 한다.

성 앙트완이 내게 그의 병을 너무 비싼 값에 파는군.
내 몸을 이렇게 펄펄 끓게 하다니.

데샹은 또 통풍병을 앓는 거지에게 다음과 같은 말을 던진다 : 걸
을 수 없다면 "거참 잘 됐군. 자네는 통행료를 절약하는 것일세. "

성 모르가 자네를 부들부들 떨게 하지나 말기를. [110]

로베르 가갱 Robert Gaguin은, 결코 성인 숭배를 반대하는 사람
이 아닌데도 『프랑스 전역에서 건장한 거지들이 보이는 갖가지 교활
함에 관하여 *De validorum per Franciam mendicantium varia astucia*』
라는 그의 소책자에서 거지들을 이렇게 묘사한다 : "한 놈은 악취나
는 침을 뱉으며 땅에 엎드러지면서 자기 병을 성 요한의 탓으로 돌
린다. 또 다른 놈들은 은자 성 피아크리우스 saint Fiacre의 소행인
종기들로 뒤덮여 있다. 오 그대 다미엥 Damien이여, 그대는 그들
로 오줌을 쌀 수 없게 한다. 성 앙트완은 그들에게 관절염을 일으
키고, 성 피우스 saint Pie는 그들로 절름발이와 반신불수가 되게
한다. "[111]

그의 『대담 *Colloques*』중의 하나에서, 에라스무스는 이 같은 민중
의 어리석은 신앙을 조롱한다. 대담자 중의 하나인 필레쿠스 Pilecous
는 하늘에 있는 성인들이 그들이 땅에 거하던 때보다 더 악하겠는
가고 질문한다. 이에 다른 대담자 테오티무스 Theotimus가 대답한
다 : "그렇다. 하늘의 영광중에 있는 성인들은 모욕당하기를 원치 않
는다. 그들이 살아 있을 동안에는, 성 코르네이유 saint Corneille보다
더 온유하고 성 앙트완보다 더 자비로우며 성 세례 요한보다 더 인
내심이 많은 사람이 누가 있었겠는가? 그런데 지금은 그들은 자기
들이 제대로 숭배받지 못하면 얼마나 무시무시한 질병들을 내려보
내는가 ! "[112]

라블레 Rabelais는, 심지어 설교가들까지도 청중들에게 성 세바스
챤이 페스트를 일으키는 성인이고 성 외트로프 saint Eutrope가 수

종병을 일으키는 장본인이라고 설교한다고 주장한다. [113) 앙리 에티
엔 Henri Estienne 도 이 같은 미신들에 대해 같은 방식으로 다루었
다. [114)

성인 숭배의 정신적인 요소는 조각상과 성화들의 형태 및 색채 속
에 매우 완벽하게 결정화되어서, 미학적인 감정은 종교적 사고를 말
소시킬 위험에까지 이르렀다. 경건한 무아지경의 표정들과 사실적
인 기법에 의해 그토록 경탄스럽게 부여된 황금 및 의복들의 광채는
강력한 미학적인 인상을 창출했고, 그 미학적인 인상은 교리적인 사
색의 여지를 남겨놓지 않았다. 이 영광스런 존재들을 향해, 신앙심
의 토로는 교회에 의해 정해진 한계를 생각지 않고 뜨겁게 타올랐
다. 민중의 정신 속에서 성인들은 마치 신들처럼 살아 있었다. 그
러므로 그 당시의 경건주의자들이 성인 숭배에서 민중 신앙의 심각
한 위험을 본 것은 하등 놀랄 일이 아니다. 한편 그와 똑같은 생각
이 피상적이고 진부한, 그러나 범용함 때문에조차 그 시대의 열망
을 충실하게 반영한, 궁정 시인 외스타슈 데샹에게서도 나타나는 것
은 매우 놀라운 일이다.

> 은과 금으로,
> 나무나 돌이나 청동으로
> 신을 만들지 마소서.
> 그 세공품은 유쾌한 형태여서
> 민중을 우상 숭배로 이끄나니……
> 내가 한탄하는 그것들의 색채와
> 빛나는 황금의 아름다움은
> 무지몽매한 많은 백성들로 하여금
> 이것들이 확실히 신인 줄로 믿게 한답니다.
> 그리하여 그들은 어리석은 생각으로
> 그 같은 형상들을 섬기는데,
> 교회 안엔 그런 것들을 너무 많이 세워두었지요.
> 그건 아주 잘못된 일이랍니다. 요컨대
> 그런 가짜 모조품들을 갖지 맙시다.

[………]
왕이시여, 유일하신 한 분 하나님만을 믿으십시다.
그리고 그분께만 온전히 경배를 드려십시다.
들판이건 어디건, 이것이 옳으니,
철이나 돌로 된 가짜 신들을 세우지 마소서.
돌들은 아무런 분별력도 없답니다.
그러니 그런 가짜 우상들을 섬기지 마십시다. [115]

중세말경 수호천사 숭배의 열기 속에서 성자전의 잡다한 패거리에 대한 무의식적인 반동을 볼 수 있지 않을까? 왜냐하면 생생한 신앙이 성인 숭배 속에 너무 결정화되어버려, 사람들은 보다 정신적인 존재와 보다 초자연적인 보호의 필요를 느끼게 되었기 때문이다. 수호천사에게로 향하면서, 모호하고 알 수 없는 형상에서, 신앙은 초자연 및 섭리와의 접촉을 재발견한다. 그리하여 수호 천사 숭배를 계속 권장하는 사람은 신앙의 순수성을 역설하는 열정가 제르송이다. [116] 그러나 여기서도 그는 일단의 자질구레한 저속한 것들 속에 신앙을 매몰시킬 위험이 있는 호기심과 맞서야 했다. 그리고 다소 미개척 분야에 있던 천사들에 관하여 여러 가지 미묘한 문제들이 밀어닥쳤다 : 천사들은 언젠가 우리에게서 떠나갈까? 수호천사들은 우리가 구원받을지 못 받을지에 대해 미리 알고 있을까? 그리스도도 수호천사를 갖고 있었을까? 적 그리스도도 수호천사를 갖게 될까? 천사는 환상을 통하지 않고도 우리 영혼에 이야기할 수 있을까? 악마들이 우리를 악으로 인도하듯 천사들은 우리를 선으로 인도할까? 제르송은 이런 미묘한 문제들은 신학자들에게 맡겨 두고 신자들은 단지 단순하고 성스러운 헌신에만 전념해야 한다고 결론짓는다. [117]

제르송 이후 백년 뒤 종교개혁이 성인 숭배를 공격하게 되었을 때, 그것은 이미 미약한 저항밖엔 않게 되었다. 반면 마법사들과 악마에 대한 신앙은 여전히 지속되었고 신학자들조차도 그것을 공유하고 있었다. 그것은 성인 숭배가 이미 '죽은 존재 caput mortuum' 가 되었기 때문이었다. 성인 숭배에 관련된 모든 것은 성화와 전설, 기도에 의해 완벽히 표현되었다. 따라서 성인 숭배는 어떠한 신성한 공포심도 일으킬 수가 없었다. 성인 숭배는 상상할 수 없거나 말로 표현할 수 없는 그 무엇 속에 뿌리박고 있지 않은 반면, 악마에 관한 것은 매우 생생한 그 무엇을 갖고 있었다.

성인 숭배를 재건하기 위해서는 반종교개혁은 첫번째 작업으로 그것의 가지를 쳐야 했다. 민중의 상상력이 제멋대로 뻗쳐오르는 것을 잘라내기 위해 반종교개혁은 보다 엄격한 규율을 적용하게 된다.

제 13 장
종교 생활의 유형들

　매우 외면화된 종교의 인습 속에서 민중은 아주 힘찬, 불안과 엑스타시를 줄 정도로 힘찬, 그러나 무지몽매한 사람들에게는 후에 프로테스탄티즘이 제기하게 될 문제나 정신적인 갈등들은 아무것도 제기하지 않는 그런 신앙을 갖고 있었다. 일상적인 삶의 불경한 순박성과 미온성은 간간이 경련적으로 민중을 사로잡곤 하는 격정적인 신앙의 깊은 감동들에 의해 끊기곤 하였다. 만약 우리가 이 대중을 단순히 경건한 자들과 세속적인 자들로 나누려든다면, 우리는 약하고 혹은 강한 종교적 긴장들의 대립들을 잘 이해할 수가 없다. 아직 프랑스는 네덜란드 북부에서처럼 경건주의자 집단들이 형성되고 그들이 세상과 떨어져 살음으로써 대중과 대조를 이루는 식의 '근대적 신앙 *dévotion moderne*'을 알지 못하였다. 하지만 이 같은 움직임을 탄생시킨 종교적 욕구들이 프랑스에도 전혀 없었던 것은 아니다. 단지 프랑스에서는 독신자(篤信者)들이 거기에 특별한 조직을 부여하지 않았을 따름이다. 그들은 오히려 기존 수도회들 가운데서 은신처를 발견하였고 혹은 세상 속에서 머물러 살면서 신자 대중들과 자신을 구분치 않고 살았다. 라틴 민족들은 아마도 북유럽 사람들보다 더 쉽게 세속적인 삶과 높은 종교적 고양의 복된 순간들 사이의 모순을 참고 견딘다.
　이 시대의 종교 생활이 보이는 모순 중 가장 납득하기 어려운 것은 사제 계급에 대한 공공연한 멸시이다. 어떻게 해서 그렇게 되었는지는 알 수 없지만 사제들에 대한 이 멸시는 사제권의 신성함이

고취시키는 매우 큰 존경심과 나란히 병립한다.

이 경멸은 교회의 고위층들이 보이는 세속성과 하위 성직자 계층이 보이는 천박함에서 그 설명을 찾을 수 있다. 그리고 이는 똑같이 이교적 본능에 기인한다. 완전하게 기독교화되지 못한 민중의 영혼은, 싸움이 금지되어 있고 정숙함이 부과된 사람에 대하여 그의 반감을 잊지 않고 있었다. 용기와 사랑을 근간으로 한 기사도적 오만은 성직자의 이상을 배척하는 또 하나의 요인이 되었다. 거기다가 성직자 계층의 타락은 최종 마무리를 짓는 격이었다. 그렇게 하여 귀족들과 부르조아들과 농노들은 수세기 전부터, 탐식과 사치에 젖어 사는 수도사들과 사제들을 희화화하는 데 즐거움을 느꼈다. 그것은 잠재적이고도 보편적인 끈질긴 증오였다. 민중들은 사제 계급의 악폐를 공격하는 말들을 듣는 데 지칠 줄을 몰랐다.[1] 설교자가 사제들을 공격하기 시작하면 청중들은 모든 것을 잊고 거기에 빠져든다고 베르나르댕 드 시엔 Bernardin de Sienne은 쓰고 있다. 청중이 졸거나 혹은 추위나 더위를 느낄 때, 그것은 주의를 기울이게 하는 데 더없이 좋은 방법이다. 그 즉시 각 사람은 주의를 모으고 기분이 좋아진다.[2]

한편에서, 14, 15세기에 민중 설교가들에 의해 일깨워진 폭발적인 신앙의 비약이 탁발 수도회들의 부흥에 원천을 둔다면, 다른 한편으로 이 수도회들은 그 자체의 천박성에 의해 예사로운 경멸과 조롱거리로 화한다. 『백 가지 새로운 이야기들』에서 동전 세 닢에 미사를 설법하는 굶주린 거지 사제와, 먹여주고 재워주는 대가로 매년 그 가족의 모든 죄를 사해주기로 약속하는 고해 신부 등은 모두가 탁발 수도승들이다.[3]

대체로 정통파적인 사고를 가진 몰리네 Molinet도 다음과 같은 신년 소원사에서 그 당시의 보편적 반감을 함께한다.

도미니크회 수도사들이
성 아우구스티누스 수도회원들을 잡아먹고
카르멜회 수도사들은
성 프란체스코 수도회원들의 끈에 목매달아 죽으라고

하나님께 기도하자.[4]

　탁발 수도회원들에 대한 특별한 반감은 중대한 사고 변화의 징후이다. 그들이 구현하고 있는 형식적이고 독단적인 청빈의 개념은 새로이 태어나고 있던 사회적 감정에 더 이상 부응하지 못하게 되었다. 사람들은 이제 가난을 하나의 사도적 미덕으로 보기보다는 오히려 하나의 사회악으로 여기기 시작하였다. 피에르 다이이 같은 신학자는 탁발 수도사들에 '진짜 빈민들 vere pauperes'을 대립시키기를 두려워 않는다. 일찌기 사태의 경제면에 민감했던 영국은 14세기말에 벌써 기발하고 감동적인 서 『농부 피에르에 관한 환상 The Vision concerning Piers the Plowman』에서, 생산적인 노동의 신성함에 대한 감정을 표현하였다.

　그 시대의 종교 생활은 극단적인 대조를 나타낸다. 사제 계급과 수도사들에 대한 경멸과 증오는 그들의 신성한 직무에 대한 깊은 존경심의 반대 급부일 뿐이다. 이는 종교적 의무들의 개념에 있어서도 마찬가지여서 순진한 물질주의가 가장 깊은 종교심들과 교대로 나타난다. 1437년에 왕이 수도로 돌아온 뒤, 그토록 많은 분규의 원인이 된 살해 사건의 희생자인 아르마냐 백작의 영혼을 위해 엄숙한 장례 미사가 올려졌다. 백성들은 대거 거기에 몰려가나 거기서 돈을 나눠주는 것 외에는 아무것도 없는 것을 보고 대단히 실망한다. 4,000명이나 되는 사람들이 거기에 몰려갔고, 그들은 뭔가를 기대하지 않았다면 거기에 가지도 않았을 사람들이라고 파리의 부르조아는 말한다. "그들은 전에는 그를 위해 기도했었는데 거기 다녀온 뒤로는 그를 저주하게 되었다."[5] 하지만 한편으로는 종교 행렬에도 눈물을 글썽이고 순회 설교가의 말에도 가슴이 메여하는 것이 그들 파리장들이었다. 질베르 드 라노아 Ghillebert de Lannoy는 로테르담에서 한 사제가 주님의 몸 Corpus Domini을 거양함으로써 폭동을 진정시키는 것을 보았다.[6]

　대중들의 종교 생활의 급격한 전이(轉移)와 대조들은 개개인의 종교 생활 속에서도 그대로 발견된다. 신앙의 진리들은 늘 영혼 속에 마치 천둥처럼 급격한 방식으로 침투된다. 그것은 성 프란체스코의 체험의 창백한 모방이다. 한 기사는 어느 날 세례문집이 낭송되는 것을 듣는다. 아마도 전에 그것을 이미 스무 번도 더 들었겠지만 그 말들의 경이로운 미덕이 돌연 그의 영혼 속을 꿰뚫고 들어온다. 그리하여 그는 이제 차후로는 악마를 쫓을 때 성호를 긋지 않고 단지 세례에 대한 기억만으로 악마를 쫓겠다고 다짐한다.[7] 르 쥬방셀 Le Jouvencel은 한 결투에 막 입회할 참이다. 두 적수는 곧 면병 (麵餠)에 대한 자신들의 정당한 권리를 맹세할 것이다. 그 때 갑자기 둘 중의 하나는 거짓 맹세를 하게 되고 결국 번복하지 못한 채 죽어 저주를 받게 되리라는 생각이 든 르 쥬방셀은 큰 소리로 외친다: "맹세하지 말라. 맹세는 말고 그냥 500 에퀴의 담보만 걸고 싸우라."[8]

대영주들의 경우, 귀족 생활의 근본적인 불건전함은 오만방자한 호사와 난잡한 향락으로 더불어 그들 신앙의 발작적인 성격을 더욱 가중시켰다. 샤를르 Ⅴ세는 종종 가장 흥이 무르익은 때에 미사에 참석한다는 이유로 돌연 사냥을 포기하곤 한다.[9] 정복된 프랑스의 영국 섭정이었던 베드포드 공작의 젊은 신부 안 드 부르고뉴 Anne de Bourgogne는 미친 듯한 마상 질주로 종교 행렬에 흙탕물을 끼얹어 파리인들의 빈축을 산다. 한편 그녀는 또 때때로 한밤중에 궁정 축제에서 빠져나와 셀레스트회 수도사들의 새벽기도에 참석하곤 한다. 그녀는 오텔-디외 l'Hôtel-Dieu의 병자들을 방문하다 병에 감염되어 요절한다.[10]

15세기의 제후들과 영주들은 신앙심과 향락의 상상 못 할 혼합을 보여준다. 루이 도를레앙은 사치와 쾌락을 미친 듯이 좋아하고 강신술에 탐닉하지만,[11] 한편으로는 매우 독실한 신자여서 셀레스틴회 수도사들의 공동 침실 안에 그의 칸을 갖고 있을 정도이다. 그는 거기서 수도 생활을 하면서 아침기도회와 가끔은 하루에도 대여섯 번의 미사를 듣곤 한다.[12]

질 드 레 Gilles de Rais라는 사람에게는 신앙심과 잔인성의 지독한 혼합이 있다. 그는 자신의 영혼 구원을 위해 이노상들(역주 : 베들레헴에서 헤롯 왕에게 학살당한 아기들)을 기념하는 예배를 만드는데 그 점에 대해 종교 재판관들이 이단이라고 정죄하자 의아해한다. 몇몇 영주들은 세속 독신자(篤信者)의 전형을 보인다. 무뚝뚝한 가스통 페뷔스 Gaston Phébus, 드 포아 백작 Comte de Foix, 경박하기 그지없는 르네 René 왕, 세련된 샤를르 도를레앙 Charles d'Orléans 등이 그러하다. 냉혹하고 전제적인 쟝 드 바비에르 Jean de Bavière 는 가면을 쓴 채, 리드윈 드 쉬담 Lidwine de Schiedam 과 함께 자기의 영혼의 상태에 대해 이야기하려 온다.[13] 필립 르봉의 하속으로 불신자인 쟝 쿠탱 Jean Coustain 은 미사에도 안가고 적선도 하지 않는 무신론자인데, 사형 집행인의 손에 놓이자 갑자기 신에게로 돌이켜 거친 부르고뉴 사투리로 하나님께 탄원한다.[14] 필립 르 봉 자신도 신앙심과 세속 정신이 혼합된 놀라운 본보기이다. 호사스런 축제와 수많은 사생아, 교활한 정치와 극도의 방자함 속에서도 그는 깊은 신앙심을 표출한다. 미사가 끝난 뒤 그는 오래도록 자기 기도실에 남아 있으며 일주일에 4 일씩 그리고 성모 및 사도들의 날의 전야 때는 반드시, 빵과 물만으로 절식한다. 가끔씩 그는 오후 4 시까지도 음식을 입에 대지 않는다. 또 그는 적선을 하며 그것도 비밀리에 그렇게 한다.[15] 각각의 죽은 일족을 위해 그는 일정량의 미사를 드리게 하는데, 남작을 위해선 400 내지 500 번을, 기사를 위해선 300 번을, 궁내관을 위해서는 200 번을, 시종을 위해서는 100 번의 미사를 비밀리에 드리게 한다.[16] 뤽상부르 Luxembourg 를 점령한 후 그는 자신의 기도 시간과 하나님께 대한 감사 기도 시간을 길게 연장하여, 말을 탄 채 기다리고 있던 그의 호위병을 초조하게 만든다. 전투가 아직 끝나지 않았던 것이다. 위험하다는 경고에 공작은 이렇게 대답한다 : "하나님이 내게 승리를 주셨으니, 그는 내게 그것을 지켜주시리라."[17]

이 같은 표명에서 우리는 위선과 텅빈 편협한 신앙을 보아서는 안되며 오히려 근대적 정신으로는 생각도 할 수 없는, 정신적인 양극 사이의 긴장을 보아야 한다. 하나님의 왕국과 대립 상태에 놓인 죄악의 세상이라는 개념 속에 완벽한 이원론이 존재한다. 중세의 정신 속에서는 모든 순수하고 고양된 감정들이 종교 속에 흡수되는 반면 자연스럽고 관능적인 그래서 의식적으로 억압된 제 성향들은 세상에의 죄악된 사랑이라는 차원으로 떨어진다. 중세의 의식 속에서는 이 두 가지 삶의 개념들이 말하자면 나란히 서로 양립하며 형성된다. 경건하고 금욕적인 개념은 모든 윤리적인 감정들을 자신에게로 이끈다. 반면 관능은 악마에게 내맡겨진 채 스스로를 무섭게 벌한다. 이 두 경향 중 어느 하나가 크게 우세할 때는 성자나 죄인이 생겨난다. 그러나 대체로 이 두 경향은 저울의 커다란 간격과 함께 불안정한 균형을 이루고 있다.

중세의 작가들, 즉 데샹 Deschamps, 앙토안 드 라 살 Antoine de la Salle, 몰리네 Molinet 등이 경건한 시와 음탕한 시를 번갈아 쓰는 것을 보고, 그것들을 죄와 회개의 간헐적 주기에서 나온 산물로 가정한다면 그것은 전혀 근거 없는 생각이다. 오히려 우리는 거기에서 현대의 우리로서는 거의 이해할 수 없게 된 하나의 모순을 보아야 한다.

15세기 사람들은 늘 근엄한 신앙에 기괴한 허식에의 애호(愛好)를 결합시킨다. 장식에의 욕구는 그림·조각·금은 세공술 같은 종교예술품들에서만 나타나는 것이 아니다. 정신 생활 그 자체에도 스며든다. 필립 드 메지에르 Philippe de Mézières 는 이 같은 장려한 신앙심의 가장 완벽한 전형으로 그가 세우고자 하는 수난 수도회 l'ordre de la Passion 를 위해 복장에 관계된 모든 것을 세심하게 구상한다. 그가 꿈꾸는 것은 그야말로 하나의 색채의 향연이다. 기사들은 신분에 따라 빨강·초록·진홍·파랑 농을 입게 될 것이다. 대원수의 복장은 완전 흰색이 될 것이다. 십자가는 붉은색이 될 것이고, 가죽띠와 비단띠에는 뿔로 된 버클과 황동 장식을 달 것이다. 장화는 검은색이, 샤프롱은 붉은색이 될 것이다. 수사들과 하인들, 사제들, 여자들의 옷도 세심하게 구상된다.[18] 이 수도회는 빛을 보지 못하였다. 그리고 일생 동안 필립 드 메지에르는 갖가지 계획과 십자군을 꿈꾼 한낱 몽상가로 남았다. 그러나 그의 예술적 취향은 그의 말년의 은신처인 셀레스틴파 수도원에서 충족되었다. 수도회의 규칙은 엄격했음에도 불구하고, 제후 및 제후 부인들의 영묘였던 수도원의 교회는 황금과 보석들로 눈부시게 치장되었다.[19] 크리스틴 드 피장 Christine de Pisan 은 그 교회의 완벽한 아름다움에 대해 찬사를 아끼지 않았다. 메지에르는 셀레스틴회에서 조수사로 머무르면서 수도사들의 규칙을 온전히 따랐다. 그러나 그는 여전히 대영주들 및 당대 최고의 지성인들과 교류를 맺고 있었고, 사교적이고 예술적인 면에서도 여전히 제라르 그루트 Gérard Groote 의 가장 뛰어난 호적수로 남았다. 그는 또 거기에 친구이자 제후인 루이 도를레앙을 끌어들였으며, 루이 도를레앙은 거기서 자신의 방탕한 생활에의 회한과 자신이 묻힐 묘지를 발견하였다. 따라서 가장 호사스런 두 제후 루이 도를레앙과 그의 숙부인 필립 르 아르디 Philippe le Hardi 가 가장 엄격한 수도회들을 찾아 자신들의 화려함을 펼친 것은 결코 우연이 아니었다. 거기에서 수도자들의 삶과의 대조는 그들의 사치를 더욱 휘황하게 만들었다. 오를레앙은 셀레스틴회 수도원에 은거했고 필립은 디종 근처의 샤르트뢰 드 샹몰 Chartreux de Champmol 에 은거하였다.

르네 왕은 노년에 앙제 근처에서 사냥하던 중 한 은자를 발견하였다. 그는 성직록을 거부하고 검은 빵과 손수 키운 밭작물로만 살아가는 사제였다. 왕은 그의 덕행에 감복하여 그를 위해 작은 성당과 기도실을 짓게 했다. 그 자신을 위해서는 거기에 정원과 아늑한 별장을 덧붙이게 하고, 그곳을 그림과 알레고리들로 장식하게 했다. 왕은 자주 그 '소중한 외진 암자'를 찾아 거기서 예술가들과 지식인들로 더불어 한담을 나누었다. [20] 이는 중세인가, 르네상스인가? 혹은 차라리 18 세기는 아닐까?

사보아 Savoie 의 한 공작은 금빛 허리띠에 붉은색 현수포, 금빛 십자가와 좋은 포도주로 더불어 스스로 은자가 된다. [21]

이 같은 호화로운 신앙심에서 과장되고 연극적인 겸양의 현시까지는 불과 한 발자국밖에 되지 않는다. 올리비에 드 라 마르슈 Olivier de la Marche 는 젊었을 때 본 나폴리의 명예왕, 쟈크 드 부르봉의 입성식을 기억하고 있었다. 그는 성녀 콜레트 sainte Colette 의 권유에 따라 속세를 거부하고 종교 생활에 들어간 사람이었는데 그는 비참한 차림으로 "보통 똥이나 오물을 수거하는, 들것이나 다름없는" 수치의 수레를 타고 지나갔다. 그 뒤에는 우아한 행렬이 뒤따랐다. 이에 관해 이야기하는 라 마르슈에게는 온통 찬탄의 염이 가득차 있다. "그가 지나간 모든 마을들에서는 그가 겸양으로 그 같은 입성을 하는 것이라고 사람들이 수군거리는 것을 들을 수 있었다. "[22]

덜 피토레스크하긴 하지만 똑같이 과도한 겸양의 예로, 매장의 문제에 관련하여 성인들이 지시한 갖가지 처방들이 있다. 필립 드 메지에르의 정신적 스승이자 친한 벗인 피에르 토마스 Pierre Thomas 는 자신의 죽음이 임박한 것을 느끼자, 자기를 포대기에 싸서 목에 밧줄을 두른 채 땅바닥에 뉘어 달라고 청한다. 이렇게 하여 그는 땅에 누운 채 죽기를 원했던 성 프랑소아 다시즈 saint François d'Assise 보다도 한술 더 뜬다. 나를 교회당의 내진(內進) 입구에 묻어 달라, 그래서 모든 사람 심지어는 개와 염소들까지도 내 몸을 밟고 지나도록, 하고 피에르 토마스는 말한다.[23] 한편 메지에르도 이 환상적인 겸양에 있어 자기 스승을 능가하고 싶어한다. 단말마의 순간에 사람들은 그의 목둘레에 무거운 쇠사슬을 감을 것이다. 숨을 거두자마자 사람들은 그를 벌거벗긴 채 발목을 잡아끌어다 교회당 내진에 두며, 그는 땅바닥에 눕힌 채 팔을 십자가형으로 하고 사립짝 위에 세 개의 줄로 묶인 채 있게 될 것이다. 그리하여 이 "벌레들의 좋은 밥 ce biau tresor as vers"은 구덩이에 옮겨지기까지 거기서 기다릴 것이다. 사립짝은, 만약 하나님이 그를 제후들의 궁정에서 죽게 할 만큼 미워했더라면 그 역시 한낱 불행한 순례자로 거기 묻혔을, "그 헛되고 세속적인 문장들로 장식된 사치스러운 관을 대신한다." 다시 질질 끌려가 그의 '썩은 시체'는 벌거벗긴 채로 구덩이 속에 던져진다. 장례식 묘비도 없다. 사람들은 그가 하나님 안에서 맺은 친구 마르탱 Martin 과 유언 집행인들 외에는 아무에게도 알리지 않을 것이다.

이 의례와 의식의 애호가가 그런 유언들을 한 데 대해 그다지 놀랄 것은 없다. 이후의 조처들에서는 1392년도의 계획은 더 이상 문제되지 않는다. 1405년 그가 갑작스러운 죽음을 당했을 때, 그는 셀레스트회의 옷을 입힌 채 훌륭하게 장사지내졌고 그의 무덤 위에는 두 개의 묘비명이——아마도 자기 멋대로 지은 것이다——새겨졌다.[24]

이 같은 이상(理想)——혹은 로망티슴이라 부르는 게 어울릴 수도 있다——속에 15세기는 새로운 시대를 알릴 만한 아무것도 가져오지 않았다. 르네상스 자체도 거기에 달라지게 한 것은 아무것도 없었다. 그 이상은 대위기 전이나 후나 똑같다. 성스러움과 신비로움은 시간의 흐름 밖에 있다. 반종교개혁시의 성자들의 유형은 중세말의 유형과 동일하며 그들은 또 그 전 세기들의 성자 유형들과도 본질적으로 다르지 않다. 열렬한 언변과 정력적인 행동의 성자들 사이에서 이그나스 드 로욜라 Ignace de Loyola 나 프랑소아 크사비에 François Xavier, 샤를르 보로메 Charles Borromée 등은 근본, 베르나르뎅 드 시엔 Bernardin de Sienne, 쟝 카피스트라 Jean Capistran, 그리고 복자 뱅상 페리에 Vincent Ferrier 등과 같은 부류이다. 한편 '심령이 가난한 자'의 표상들로서 이슬람교나 불교에서도 볼 수 있는 유형 가운데 16세기의 성 알로이시우스 곤자가 saint Aloys de Gonzague 는 성 프랑소아 드 폴 saint François de Paule 이나 복자 피에르 드 뤽상부르 Pierre de Luxembourg 같은 15세기의 성인들과 거의 다르지 않다.

기사도 로망티슴 곁에, 그로써 하나의 기정(旣定)된 삶의 형태를 이상적으로 표현하려는 욕구를 이해하려면, 성스러움의 로망티슴을 놓을 수 있을 것이다. 특기할 것은 모든 시대에 걸쳐서 이 성스러움의 로망티슴은 종교 의식의 성대함보다는 극단적인 겸양지덕과 금욕주의를 더 좋아한다는 점이다. 교회는 가끔씩 종교 문화를 부흥시키고 순화시킨 위대한 행동가들을 성인품에 올린 것도 사실이다. 그러나 어느 때고 민중의 상상력은 초자연적이고 극단적인 것에 더 집착하였다.

이 점에 있어서, 성스러운 삶의 이상에 마주하여 세련되고 호사스런 귀족 계급의 태도를 드러내주는 몇 가지 예를 인용해보는 것은 흥미로운 일이다. 프랑스의 왕가들은 성 루이 saint Louis 이후에도 성인들을 여럿 배출하였다. 그 중의 하나가 샤를르 드 블로아 Charles de Blois 이다. 어머니 쪽으로 발로아 Valois 가문의 후예인 그는 브르타뉴가의 여상속인인 쟌 드 팡티에브르 Jeanne de Pen-thièvre 와 결혼함으로써 생애의 가장 좋은 시기를 후계자 계승 전쟁으로 보내게 되었다. 결혼 조건 중의 하나가 공국의 군대와 함성을 떠맡는다는 것이었기 때문이다. 그의 앞에는 또 다른 계승권 주장자 쟝 드 몽포르 Jean de Montfort가 있고, 브르타뉴를 놓고 시작된 자리다툼은 급기야 백년전쟁의 발발로 이어진다. 몽포르의 권리 주장은 에드워드 Ⅲ세를 프랑스로 끌어들이는 계기가 되고, 블로아 백작은 기사로서 전쟁에 임하여 당대 최고의 명장으로 싸운다. 그는 1347년 칼레 Calais 포위 공략 직전에 포로가 되어 1356년까지 영국에 인질로 잡혀 있고 1362년이 되어서야 공국을 위해 다시 싸울 수 있게 된다. 그는 1364년 도레 d'Auray 근처에서 베르트랑 뒤 게스클랭 Bertrand du Guesclin과 드 보마노아 de Beaumanoir 곁에서 싸우다 장렬한 최후를 마친다.

이 왕자는 전생애를 군대 생활로 일관하면서도 아주 젊어서부터 금욕적인 생활을 하였다. 어린 시절 그가 윤리적인 책들을 읽으면 그의 아버지는 그것을 말려야 했다. 훗날 전사가 될 사람에게는 그런 독서가 알맞지 않아 보였기 때문이다. 후에 청년이 된 그는 부부 침대 곁에 지푸라기를 깔고 바닥에 누워 잔다. 그가 죽은 뒤에, 사람들은 그가 갑옷 밑에 투박한 말총으로 짠 고행옷을 입고 있는 것을 발견한다. 그는 그리스도인이 죄진 상태에서 자서는 안 된다고 말하면서 매일 밤 자기 전 고해성사를 한다. 포로 생활 중에도 그는 런던에 있는 묘지들을 방문하고 거기서 무릎을 꿇고 '깊은 곳에서 De profundis'를 읊는다. 브르타뉴 출신인 그의 종자는 그의 낭송에 화답하기를 거절하면서 다음과 같이 말한다 : "싫습니다. 저기엔 친척과 내 친구들을 죽인 자들이 묻혀 있읍니다."

인질에서 석방된 후, 그는 그가 포로로 잡혔던 라 로슈-데리엥 la Roche-Derrien에서 트레기에 Tréguier에 있는 브르타뉴의 수호성인 성 이브 saint Yves의 성골함까지 맨발로 눈 속에 순례를 하겠다고 든다. 그것을 안 백성들은 길에 지푸라기와 담요를 깐다. 그러나 블로아 백작은 딴길로 우회하고 그의 발은 15주간이나 걷지 못할 정도로 혹심한 상처를 입는다.[25] 그가 죽자 곧 그의 제후 친척들은, 특히 사위인 루이 당쥬 Louis d'Anjou는 그를 성인품에 올리려고 애쓴다. 1371년 앙제에서 열린 심의회에서 비로소 그의 시복식(諡福式)이 결정된다. 프로아사르의 말을 믿는다면 이 샤를르 드 블로아는 사생아를 가졌을 텐데도 말이다. "앞서의 그 샤를르 드 블로아 경은 얼굴을 적에게로 향한 채 용감하게 전사하였다. 그리고 그의 서자 쟝 드 블로아 Jean de Blois 와 몇몇 다른 기사들과 브르타뉴 출신의 종자들도.”[26] 프로아사르가 잘못 안 것일까? 아니면 14세기라는 세기 자체가 우리 눈엔 불가능해 보이는 이런 모순들을 쉽사리 용인했던 것일까?

제후 출신의 또 다른 고행자로, 복자 피에르 드 뤽상부르에 관해서는 그런 식의 질문이 제기되지 않는다. 독일 제국과 프랑스의 궁정들, 부르고뉴 궁정 등에서 14세기에 매우 중요한 역할을 한 뤽상부르가의 이 후예는 윌리엄 제임스 William James 가 “웃어넘기기엔 너무 기괴한 성인 *the under-witted saint*”이라고 부른 그런 유의 사람이다. [27] 그는 세심한 배려하에 고립된 한 작은 경건한 세계 속에서밖에 살 수 없는 매우 편협한 정신의 소유자이다. 1369년 그는 아버지 기 Guy 가 배스바일러 Baesweiler 에서 브라방 Brabant 과 겔드르 Gueldre 간의 전투에서 전사하기(1371) 직전에 태어났다. 8살 때 셀레스트회 수도원에 보내진 그는 거기서 필립 드 메지에르를 알게 된다. 어려서부터 그는 교회의 고위 직함들, 즉 몇몇 참사회원직과 15세 때는 메츠의 주교직, 이후에는 추기경직 등에 짓눌린다. 그는 18세도 채 채우지 못하고 1387년 세상을 뜬다. 그가 죽자 사람들은 곧 아비뇽의 교황에게 그를 성인품에 올릴 것을 요청한다. 최고 권력과 권한들이 거기에 동원된다. 프랑스 국왕이 파리의 노트르-담과 참사회, 대학 등의 지지를 받아 청원서를 낸다. 1389년의 심의에서는 프랑스 제일의 막강한 제후들, 즉 피에르의 형제인 앙드레 드 뤽상부르와 루이 드 부르봉 그리고 앙게랑 드 쿠시 Enguerrand de Coucy 등이 나선다. 아비뇽 교황의 태만으로 인해 성인품에 올리는 일은 실현되지 못했다(시복식은 1527년에나 인정될 것이다). 그러나 그를 숭배하는 일은 오래 전부터 인정되었다. 아비뇽에서는, 여러 가지 기적이 이루어진 그 묘지 위에 왕이 셀레스트회 수도원을 짓게 하였는데, 특별히 고위층 귀족들이 선호하던 파리의 수도원을 본떠 만들게 하였다. 오를레앙 공작, 베리 공작, 부르고뉴 공작 등이 그것의 시석(始石)을 놓았다. [28] 피에르 살몽은 몇 년 뒤 그 성인의 성당에서 미사를 들었다고 쓰고 있다. [29]

성인품 심의에 출두한 증인들은 이 청년을 약간 가련한 모습으로 그려낸다. 폐결핵을 앓고 성장함에 따라 점점 더 쇠약해진 이 아이는 어려서부터 벌써 엄격함과 경건함밖에는 인정하지 않는다. 그는 자기의 어린 동생이 웃는 것도 나무란다. 왜냐하면 복음서엔 우리 주님이 우셨다는 기록은 있어도 웃으셨다는 기록은 없기 때문이다. "온화하고 예의 바르고 부드럽고, 동정(童貞)의 육체에 크고 많은 보시(布施)를 베푸셨다. 낮과 밤을 대부분 기도로 보냈고 일생 동안 매우 겸손했다"고 프로아사르는 말한다. [30]

처음엔 그의 지체높은 친척들은 그를 종교적인 삶에서 떼어놓으려고 애쓴다. 그가 설교를 하러 가겠다고 하면, 그들은 그에게 이렇게 대답한다. "넌 너무 키가 커서 모두가 널 알아볼 거야. 그리고 추위도 견딜 수 없을 거구. 어떻게 네가 십자군을 설교할 수 있겠니?"——"난 사람들이 나를 올바른 길에서 벗어나 악한 길로 가게 하려는 것을 알아요. 그래요, 확실히 난 그 일을 시작하기만 하면 온 세계가 나에 대하여 말할 만큼 그렇게 잘하게 될 거예요." ——"전하, 아무도 전하께서 악을 행하기를 바라지 않습니다. 다만 선을 행하시길 바라지요" 하고 그의 고해 신부인 쟝 드 마르슈가 대답한다.

일단 그의 금욕적 열망이 그것을 꺾으려는 모든 기도에 맞서 지속되자, 그의 친척들은 자기들 속에 그렇게 젊은 성인을 둔 데 대해 분명히 자부심을 느꼈다. 베리와 부르고뉴 궁정의 극심한 사치 속에서 병들고 더럽고 이투성이인(증인들이 증거하는 바다) 어린 소년이 있는 것을 한번 상상해보라. 그는 날마다 끊임없이 자기 죄를 검토하여 수첩에 그것들을 낱낱이 적는다. 여행이나 어떤 다른 이유로 그 일을 하지 못하면, 그는 후에 몇 시간 동안 죄목을 쓰면서 빠진 것을 보충한다. 밤마다 사람들은 그가 희미한 촛불 아래 수첩에 뭔가를 적거나 읽는 것을 본다. 그는 고해성사를 하겠다고 전속 신부들을 깨워댄다. 신부들은 가끔씩 그가 두드리는 소리를 못 들은 척한다. 행여 들어줄 사람을 찾으면 그는 자기의 죄목을 읽는다. 생이 끝나갈 무렵엔 그는 날마다 두 번씩 죄를 고백하며 한순간도 고해 신부를 자기 곁에서 떠나지 못하게 한다. 그가 죽은 뒤 사람들은

이 죄목들로 가득찬 작은 궤 하나를 발견한다. [31]

왕가에 근자(近者)의 성인 하나를 가졌으면 하는 갈망이, 1518년 프랑소아 1세의 어머니 루이즈 드 사보아 Louise de Savoie를 부추 겼다. 그리하여 그녀는 앙굴렘 Angoulême 주교로부터 프랑소아 Ⅰ 세의 조부이자 시인이며 샤를르의 막내동생인 쟝 도를레앙 혹은 당 굴렘 d'Angoulême에 대한 시복식의 조사를 얻어내리라 결심하였다. 쟝 도를레앙은 12살 되던 해부터 45세 되던 해까지 영국에 인질로 잡혀 있었고 1467년 코냑 Cognac 성에서 죽기까지 경건한 은둔 생 활을 하였다. 그는 다른 제후들처럼 책을 수집했고 그뿐 아니라 그 것들을 읽기까지 했다. 켄터베리 이야기의 목차를 세우는 것은 그 의 취미 중 하나였고, 그는 경건한 시를 쓰고 처방책들을 번역하는 것을 습관으로 삼고 있었다. 그는 매우 메마른 신앙심을 가진 사람 이었던 것 같은데 그럼에도 불구하고 사생아가 있었던 게 분명하다. 왜냐하면 그 아이를 적자로 인정하는 그의 편지가 보존되어 있기 때 문이다. 당굴렘을 복자로 올리려는 노력은 17세기까지도 계속되 나 그 뜻을 이루는 데는 이르지 못하였다. [32]

제후들이 성인들과 가진 관계를 설명하기 위해서는 성 프랑소아 드 폴 saint François de Paule이 루이 Ⅺ세의 궁정에 머무른 이야기 를 하는 것이 중요하다. "어떤 왕들보다도 더 많은 돈에 하나님과 동정녀 마리아의 은총을 사들인" 이 왕의 매우 기이한 신앙심의 유 형은 잘 알려진 바이다. [33] 우선 이 신앙심은 우리에게 완벽한 물신 숭배를 보여준다. 성유골과 순례와 종교 행렬에 대한 그의 열렬 한 집착은 진정한 고양(高揚)과 경외로운 조심성을 전혀 결하고 있 는 것처럼 보인다. 그는 신성한 대상들을 마치 약품처럼 취급했다. 그가 성 로 당제 saint Laud d'Angers의 십자가를 낭트에서부터 운 반해오게 한 것은 성 로의 십자가에 대고 맹세하는 것이 그에게는 더 가치있게 느껴졌기 때문이다. [34] 생 폴 saint Pol 원수가, 왕 앞에 부름받아, 왕에게 자기를 위해 성 로 십자가에 대고 안전을 빌어달 라고 청했을 때 왕은 단호히 거절한다 : 아무 맹세라도 해줄 수 있 지만 그것만은 안 돼오. [35] 임종이 가까와오자 왕은 두려워져서 사방 으로부터 가장 소중한 성유골들을 가져오게 한다. 교황은 그 중에서도 성 베드로의 성체포(聖體布)를 보내온다. 대터키 제국까지도 아직 콘스탄티노플에 있던 성유골들의 소장품을 그에게로 보내온다. 그의 침대 머리맡 테이블에는 아직 한번도 랭스를 떠나본 적이 없는 성녀 앙풀 sainte Ampoule 이 놓여진다. 어떤 사람들의 말에 따르면 왕은 온몸에 기름을 바르게 함으로써 그것의 기적적인 효능을 시도하고자 했다고 한다. [36] 이것이 메로빙 왕조의 왕들이 보이는 위엄 있는 신앙의 특성들이다.

수집가적인 그의 정열은 귀중한 성유골들에만 한정된 것은 아니고 순록이나 고라니 같은 진기한 동물들에게도 미친다. 그는 플로렌스의 성자 성 자노비 saint Zanobi 의 반지에 관해서 로랑 드 메디치와 서신을 교환한다. 그는 또 하나님의 어린 양이라는 것에 대해서도 서신을 교환하는데, 그것은 말하자면 스키치아의 어린 양 혹은 타르타르의 양이라고도 불리는 한 아시아산 양치류 식물——사람들은 그것에 희귀한 치료 효능이 있다고 믿었다——의 섬유질 줄기의 환상적인 발육들 중의 하나를 이야기한다. [37] 플레시-레-투르 Plessis-les-Tours 에 있는 그의 성에서는 독신자(篤信者)들과 음악가들이 한데 섞여 있다. "그 때에 왕은 많은 무리의 낮고 부드러운 악기 연주자들을 불러다가 투르 근처의 생-코슴 Saint-Cosme 에 묵게 하였다. 그들은 최고 120 명까지도 모였는데 그 중에는 더러 프와투 지방의 목동들도 있었다. 왕은 자주 그들로 자기 숙소 앞에서 취주(吹奏)케 하였으나 그들은 왕을 보지 못하였다. 왕은 악기 소리를 좋아했고 거기에 많은 시간을 보냈지만, 그를 그냥 자도록 내버려두기 위해서였다. 한편 왕은 많은 수의 편협한 독신자들과 그런 유의 여자들, 그리고 은자나 경건주의자들 같은 독실한 사람들을 불러오게 하였는데, 그것은 그들로 왕이 죽지 않고 오래오래 살도록 하나님께 끊임없이 간구하게 하기 위해서였다."[38]

미니모 수도회 l'ordre des Minimes(성 프랑소아 드 폴회)를 창설, 검양의 면에 있어서 성 프란체스코 수도회원들을 능가한 칼라브리안 출신의 은자 성 프랑소아 드 폴은 그야말로 수집광의 취득 대상 물품 그 자체였다. 왕이 임종 직전 최후의 병상에 그를 불러오게 한 것은 그 성인의 기도로 자기 생명을 연장시키겠다는 시급한 의도에서였다.[39] 나폴리 왕 곁에서도 실패했던 루이 XI세의 외교술이 이번만은 성공하여 교황의 중재로 그 기적의 사람을 오게 하는 데 성공한다. 귀족들의 호위대가 그를 이탈리아로부터 모셔오고, 그는 왕의 몸의 변호인이 된다.[40] 은자가 일단 도착해서도 루이 XI세는 마음을 놓지 못한다. "왜냐면 그는 성스러움을 기화로 여러 번 속은 적이 있기 때문이다." 의사의 부추김으로, 왕은 하나님의 사람을 감시하게 하고 여러 가지 방법으로 그의 덕행을 증명해보이게 한다.[41] 성자는 모든 시험에서 승리한다. 그의 금욕주의는 가장 야만스러운 종류의 것이고, 성 닐 saint Nil이나 성 로뮈알드 saint Romuald 같은 10세기의 성자들을 연상케 한다. 그는 여자를 보기만 해도 도망치며 젊어서부터 동전 한닢도 만져본 적이 없다. 그는 언제나 서서 혹은 기대서 자며 수염과 머리카락을 자르지 않은 채 그냥 길게 내버려둔다. 그는 육식을 금하고 풀뿌리만을 먹는다.[42] 임종하기 전 몇 달 동안, 병중의 왕은 친히 성자에게 적절한 식물을 보장해주도록 다음과 같이 쓰고 있다. "쥬나 Genas경, 청컨대 내게 레몬과 달콤한 오렌지, 사향배, 꽁지가오리 등을 좀 보내주시오. 이는 고기도 생선도 먹지 않는 그 성자를 위한 것이오. 그렇게 해주신다면 내게 큰 기쁨이 되겠소."[43] 왕은 그를 '성자'라고만 부른다. 그래서 그를 그렇게 여러 번 본 코민 Commines도 그 성자의 이름을 알지 못했던 것 같다.[44] 그러나 의사 쟈크 코아티에 Jacques Coitier 같이 빈정거리기 잘하고 의심 많은 사람들도 그를 '성자'라고 부른다. 코민이 쓴 보고서에는 조심스러운 신중함이 나타나 있다. "그는 아직 살아 있다. 그러나 그는 더 좋게도 혹은 더 나쁘게도 변할 수 있을 것이다. 따라서 나는 침묵하겠다. 그가 도착했을 때 여러 사람들은 그를 '성자'라고 부르며 비웃었다."[45] 그러나 "성령이 그 입술을 통해 말한대도 그보다 더 잘할 수 없을 만큼 그렇게 성스러운 삶을 사는" 사람을 여지껏 본 적이 없다고 코민은 단언한다. 파리의 유식한 신학자들 즉 쟝 스탕동크 Jean Standonck와 쟝 캉탱 Jean Quentin 같은 사람들은 성자에게 파리에 미니모 수도원을 건립하는 문제를 의논하러 왔다가 경탄하며 돌아간다.[46]

부르고뉴 공작들이 당대의 성자들에게 보인 호의는 성 프랑소아 드 폴에 대한 루이 XI세의 그것보다 덜 이기적이다. 특기할 점은 그 대망상가들과 고행자들이 정치적인 문제의 중재자와 고문으로 행세한 점이다. 성녀 콜레트와 르 샤르트뢰 Le Chartreux 란 이름의 복자 드니 드 리켈 Denis de Ryckel 의 경우가 그것이다. 특별히 부르고뉴 가문의 존경을 한 몸에 받은 콜레트는, 필립 르 봉과 그 모친 마르그리트 드 바비에르 Marguerite de Bavière 와 개인적으로 친분이 두텁다. 그녀는 프랑스의 여러 가문 특히 사보아 Savoie 가문과 부르고뉴 가문 사이의 알력을 중재하는 역할을 담당한다. 그리하여 샤를르 르 테메레르와, 마리와 막시밀리엥, 마르그리트 도트리슈 Marguerite d'Autriche 등은 그녀를 성인품에 올리는 일에 발벗고 나선다. [47)

드니 르 샤르트뢰 Denis le Chartreux 는 당대의 공적인 일에서 훨씬 더 큰 역할을 감당하였다. 그 역시 부르고뉴가와 여러 차례에 걸쳐 관세를 맺으며 필립 르 봉의 고문이 되기도 한다. 1451년 그는 브뤼셀에서, 그가 수행한 니콜라스 드 쿠사 Nicolas de Cusa 추기경과 동시에 공작을 배알하며 독일 제국을 횡단하는 그 유명한 여행에도 참가한다. 갑작스런 재난에 대한 공포로 노심초사하던 드니는 강박관념에 사로잡혀 환상 가운데 다음과 같은 질문을 던진다: "주여 터키인들이 로마로 쳐들어오지나 않을까요?" 그리하여 그는 공작에게 십자군을 실시하자고 부추긴다. [48) 그는 또 제후들의 통치에 관한 그의 지침서를 "신실하고 가장 훌륭한 왕과 제후 princeps et dux inclytus devotus ac optimus"에게 바치는데 그것은 물론 필립 르 봉을 지칭하는 말이다. 르 테메레르는 드니와 함께 성녀 소피 드 콘스탄티노플 sainte Sophie de Constantinople 을 기념하여—공작은 그녀를 성녀로 취급하나 사실은 영원한 예지를 의미한다—보아-르 뒥 Bois-le-Duc 에 성 브뤼노 수도회를 건립한다. [49) 아놀드 드 겔드르 Arnold de Gueldre 공작은 아들 아돌프와의 싸움에 드니의 조언을 청한다. [50) 수많은 귀족들과 성직자들·부르조아들이 뤼르몽드 Ruremonde 에 있는 그의 방을 찾으며, 그는 거기서 끊임없이 갖가지 의혹과 난문제, 양심의 문제들을 해결해준다.

드니 르 샤르트뢰는 중세 말기가 만들어낸 가장 완벽한 종교적 열성의 전형이다. 그의 정력은 믿을 수 없을 정도이다. 신비주의적인 격정과 엄혹한 금욕주의와 환상들과 계시들에 덧붙여 그는 또 많은 양의 신학적 저작물들을 남긴다. 그는 대신비주의자들에 가까우며 윈데샤임 Windesheim 이나 부르크만 Burgman 같은 독신자들과 ──그들을 위해 그는 그의 유명한 『기독 생활 입문』을 썼다[51]── 니콜라스 드 쿠사와 마법사 축출주의자들[52] 그리고 열성적인 교회 정화론자들과도 어깨를 나란히한다. 그의 저서들은 45권의 사절판 책들을 가득 메우며 중세의 모든 신학이 그에게서 재발견된다. 따라서 16세기의 신학자들은 "드니의 저서를 읽은 자는 아무것도 더 읽을 게 없다 Qui Dyonisium legit, nihil non legit"라고 말할 정도였다. 그는 가장 깊은 철학적 문제와 신앙에 있어서 가장 기본적이고 단순한 문제들까지 다루지 않은 것이 없다. 기욤 수사라는 한 조수사의 질문에 대해서도 그는 영혼들이 어떻게 저 세상에서 서로 알아볼 수 있는가에 대해 그에게 써보낸다. 드니는 가능한 한 간단히 말할 것이고 기욤 수사는 그것을 티와어 Thiois 로 번역하게 될 것이다. [53]

그는 요약하고 결론지을 뿐 창조해내지는 못한다. 그는 위대한 선조들이 생각한 바를 간단하고 폭넓은 문체로 재생해낸다. 베르나르 드 클레르보 Bernard de Clairvaux 와 위그 드 생-빅토르 Hugues de Saint-Victor 에게서 끌어낸 인용문들은 드니 르 샤르트뢰의 매끈한 산문 속에서 주옥같이 빛을 발한다. 그는 스스로 자신의 모든 저서들을 쓰고, 재검토하고, 수정하고, 밑줄을 긋고, 주석을 달고 채색하기까지 하였다. 그리하여 그는 일생을 마칠 때 짐짓 다음과 같은 말로 펜을 놓는다. "나는 평안이 가득한 침묵의 항구로 들어가고 싶다 Ad securae taciturnitatis portum me transferre intendo."[54]

그는 쉴 줄을 모른다. 날마다 성시집 전부를 낭송하고, 일에 착수할 때나 옷을 입고 벗을 때도 기도를 한다. 아침기도 후에는 더 이상 눕는 법이 없으며, 크고 건장한 자기 육체에 온갖 까다로운 요구들을 부과한다. 되도록이면 썩은 음식물을 즐겨 먹는 그는 "나는 철의 머리와 구리 배를 갖고 있다"고 천명한다. [55]

그가 이룩한 명상과 신학적 사색의 거대한 업적은 결코 평안하고 안정된 연구 생활의 결과는 아니다. 그것은 격한 감동과 격렬한 동요 가운데서 이루어졌다. 환상과 계시는 거의 그의 평소 습관을 이룬다. 어렸을 때도 그는 학습에 임할 시간이라고 생각하고 달이 아직 휘영청할 때 자리에서 일어난다.[56] 그는 또 블로드롭 Vlodrop이라는 죽어가는 여인의 방이 악마들로 가득한 것을 본다. 악마들이 그의 손에서 단장을 빼앗아간다. 마지막 임종의 불안에 대해 그보다 더 잘 아는 사람은 아무도 없다. 죽어가는 사람의 머리맡에 악마들이 내습하는 것은 그의 설교의 잦은 테마이다. 그는 늘 고인들과 대화한다. 그는 자기 아버지가 연옥의 불길 속에 서 있는 것도 알아보고 아버지를 거기서 해방시킨다. 그의 개인적 경험들은 언제나 그의 마음을 차지하고 있지만 그는 그것에 대해 쉽사리 이야기하기를 꺼린다. 온갖 경우에 찾아드는 무아지경, 특히 음악을 들을 때나 고결한 사람과 함께 있어 지혜로운 말을 들을 때 찾아오는 그 황홀경에 대해서도 그는 부끄러워한다. 이 대신학자에게는 법열 (法悅)의 박사 Doctor ecstaticus 란 칭호가 남게 된다.

루이 XI세의 마술사와 마찬가지로 드니 르 샤르트뢰 같은 위대한 인물도 의심과 조롱을 피하지 못했다. 사교계의 욕하기 좋아하는 사람들은 일생 동안 그 뒤를 추격했다. 15세기에는 신앙의 최고 표상들이 열심에 있어서만은 그에 필적할 열렬한 불신으로 받아들여진다.

제 14 장
종교적 감흥과 환상

　온화함과 서정성으로 이루어진 성 뻬르나르의 신비주의 이래로, 즉 12세기 이래로, 그리스도의 수난에 대한 비장한 감동은 끊임없이 증가되었다. 따라서 십자가에 못박힌 예수 그리스도의 이미지는 사람들의 영혼 깊숙이 스며들었다. 그 이미지는 특히 어린애들의 민감한 가슴속에 크고 음울하게 뿌리박았으며 모든 감동에 하나의 어두운 심각성을 던져주었다. 어린 시절 쟝 제르송 Jean Gerson은 그의 아버지가 벽에 기대어 십자가형으로 팔을 벌린 채 다음과 같이 말하는 것을 보았다 : "자, 내 아들아, 너를 창조하시고 구원하신 하나님이 어떻게 십자가에 못박혀 죽으셨는지를 보아라." 이 이미지는 그의 정신 속에 남아 나이가 들어감에 따라 점점 더 강화되었고, 그는 늙어서도 여전히 십자가 현양 축일에 돌아가신 자기 아버지께 감사하였다. [1] 성녀 콜레트는 4살 때에 날마다 어머니가 그리스도의 수난을 애통해하면서 기도하는 것을 들었다. 그러면 그녀는 자신도 따라서 고통을 느꼈다. 이 기억은 콜레트의 초감성적인 가슴에 너무도 강도 깊게 박혔고, 그녀는 사는 동안 날마다 그리스도께서 수난당하신 시간만 되면 가슴에 격렬한 압박감을 느꼈다. 그리고 그녀는 그리스도의 수난을 읽을 때는 아이를 낳는 것보다 더 큰 생생한 고통을 느꼈다. [2] 설교가가 설교 도중 15분씩이나 설교를 중단하고 두 팔을 십자가형으로 벌린 채 침묵 속에 서 있는 것을 보는 것은 그다지 드문 일이 아니었다. [3]
　사람들의 정신은 그토록 그리스도 수난의 이미지들로 가득차 있어서 가장 거리가 먼 유추까지도 그리스도의 형상을 일깨우기에 충분했다. 한 가련한 수녀는 부엌에서 나무 한 단을 들고 오다가 자신이 십자가를 든 것으로 착각한다. 또 한 눈먼 여인은 빨래를 하면서 나무통은 말구유로, 빨래터는 마굿간으로 착각하기도 한다.[4]

15세기에는 종교적 감수성이 크게 두 가지로 표현된다. 한편으로는 감수성이 격렬한 감동으로 표현되어 때때로 순회 설교가의 목소리로써 민중을 사로잡는가 하면, 다른 한편으로 그것은 전혀 새로운 형태의 삶의 형식으로 물길이 트여져 어떤 사람들에게서는 '열광 *ferveur*'의 형태로 규범화된다. 이는 스스로를 혁신자들로 의식하여 자기들을 '근대적 독신자들 *dévots modernes*'이라고 부르는 자들의 경건주의이다.

설교의 영향에 대해 알 수 있는 자료는 그다지 많이 남아 있지 않다. 우리는 그 당시 사람들의 이야기를 통해 설교가들이 어떤 깊은 감동을 불러일으켰는지를 알 수 있다.[5] 그러나 글로 씌어져 남아 있는 설교들은 그에 관해 약한 개념밖에는 주지 못한다. 그것은 이미 15세기 사람들에게서도 마찬가지였다. 전기에 따르면 뱅상 페리에 Vincent Ferrier의 설교를 듣고 후에 다시 그의 설교집들을 읽은 여러 사람들은 독서가 설교에 의해 창출된 감동의 그림자에도 미치지 못한다고 단언한다.[6] 놀랄 것 하나도 없다. 뱅상 페리에나 올리비에 마이야르 Olivier Maillard의 인쇄된 설교들은 그들의 웅변을 그 위에 수놓았을 캔버스에 불과하다.[7] 우리는 민중을 감동시킨 것이 지옥의 공포에 대한 묘사와 영벌의 위협, 그리스도의 수난과 신의 사랑에 대한 서정적 토로였음을 알고 있다. 또 우리는 설교가들이 사용한 방법도 알고 있다. 그 효과는 그다지 거칠게 여겨지지 않았으며, 눈물에서 웃음으로 넘어가는 것도 그다지 급격하게 여겨지지 않았고, 목소리의 과장도 결코 지나치게 격렬하다고 여겨지지 않았다.[8] 그러나 우리는 설교가 빚은 감동들을 단지 이야기들, 그것도 늘 비슷비슷한 이야기들에 의해서밖에는 알 수가 없다 : 여러 도시들이 설교 예약을 받아내기 위해 어떻게 경쟁을 벌였는가며, 또 행정관들과 민중들이 마치 제후라도 맞이하듯 어떻게 성대한 행렬을 지어 설교자께로 나아갔는가, 그리고 설교가는 어떻게 대중이 터뜨리는 오열로 설교를 중단해야 했는가 등. 뱅상 페리에가 설교를 하던 중 마침 사형장에 끌려가던 두 죄수가 그 앞을 지나게 되었다. 뱅상은 사형 집행인이 일을 잠시 중단하도록 요청하고 사형수들을 강단 아래 숨긴 채 그들의 죄에 대해 설교하였다. 설교가 끝난 후 죄수들이 없어졌다. 뼈다귀 몇 개밖에는 찾을 수가 없었고 민중들은 성인의 말씀이 죄인들을 태움으로써 그들을 그런 방식으로 구원했다고 믿었다. [9]

대중들의 격발적인 감동은 문자 전승 속에서는 흔적도 없이 사라진 반면, '근대적 신앙 *devotio moderna*'의 열정은 우리에게 온전히 전해지고 있다. 종교는 여기서 모든 경건주의 단체들이 그렇듯 삶의 형태뿐 아니라 사교(社交)의 형태까지도 강요했다. 즉 외부의 소란이 전달되지 않는 소규모 세계 속에서, 단순하고 소박한 남자들과 선량한 여자들이 평온한 정신의 교류와 평화로운 친밀한 관계를 맺고 사는 것이다. 친구들은 토마스 아 켐피스에게서 세상 일에 대한 전적인 무지를 보고 경탄해 마지 않는다. 윈데샤임의 한 수도원장은 '아무것도 모르는 쟝 Jean-je-ne-sais-pas'이라는 명예로운 별명을 갖고 있었다. 그들은 단순화된 한 세계 속에서밖에는 살 수가 없으며 거기서 악을 추방함으로써 그 세계를 정화한다. [10] 그들은 편협하고 좁은 범주 속에서 자기네끼리만 서로 감정적인 애정의 기쁨을 나누며 살아간다. 한 사람의 눈은 끊임없이 은혜의 표시를 발견하기 위해 다른 사람에게 고정되며 서로를 방문하고 거기에서 기쁨을 찾는다. [11] 바로 거기에서, 우리가 이들 경건주의 단체들에 대해서 정확한 지식을 얻을 수 있는 성향, 즉 전기(傳記)에의 성향이 생겨난다.

'근대적 신앙'은 네덜란드 지방에서 취한 통제된 형태 속에서 인습적인 경건 생활을 만들어냈다. 그들의 정연한 행동과 구부정한 걸음걸이, 그들의 비죽거리는 입매무새, 그리고 새것인데도 불구하고 기운 옷 등은 금방 그들임을 알아볼 수 있게 했다. [12] 특히 그들이 눈물을 많이 흘리는 점도. "신앙심은 일종의 심정적 부드러움이어서 사람들은 쉽사리 그로 인해 눈물을 쏟는다 *Devotio est quaedam cordis teneritudo, qua quis in pias faciliter resolvitur lcrimas.*" 날마다 하나님께 "매일매일의 눈물 세례"를 구해야 한다. 눈물이야말로

234

기도의 날개며, 성 베르나르의 말처럼, 눈물은 천사들의 포도주이다. 사람들은 칭송할 만한 눈물의 은총에 마음껏 스스로를 내맡겨야 하며 그에 대비하고 단련해야 한다. 일년 내내, 특별히 4순절 동안에 그리해야 하며 시편 기자와 같이 이렇게 말할 수 있도록 해야 한다 : "눈물이 주야로 내 음식이 되었나이다 *Fuerunt mihi lacrimae meae panes dieac note.*" 가끔씩 눈물이 넘쳐 "우리는 오열과 탄식으로 기도하게 된다 *ita ut suspiriose ac cum rugitu oremus.*" 그러나 눈물이 나오지 않을 경우에는 억지로 짜낼 필요는 없다. 그럴 떄는 마음의 눈물로 족하다. 또 제 3자 앞에서는 특별한 신앙심의 표시들은 삼가해야 한다. [13]

뱅상 페리에는 면병을 들어 축사할 때마다 너무 눈물을 많이 흘린 까닭에 회중도 함께 울기 시작했으며, 장례식의 곡성에 진배없는 탄식이 터져 나왔다. 그에게는 눈물이 너무도 부드러운 것이었기에 그는 항상 마시못해하며 닦아야 했다. [14]

프랑스에 있어서 민중 신앙은, 네덜란드에서와 같은 동신자(同信者)들의 공동체 생활과 윈데샤임 교단의 경건주의 운동 속에 규격화된 식의 형태를 취하지 않았다. 프랑스에서도 비슷한 정신은 있었으나 그들은 세상 속에 그대로 남아 있었고 혹은 기존의 수도원 속으로 들어갔다. 그리하여 그들 수도회들 속에서 프랑스의 신앙은 네덜란드보다도 훨씬 더 격정적이고 격발적인 성격을 보존하였으며, 훨씬 더 과장된 형식에 이르렀던 반면 또 훨씬 더 쉽게 사그라졌다. 중세 말기에 네덜란드 북부를 방문한 남쪽 사람들은 민중 속에 자리한 진지한 신앙을 보고 깜짝 놀랐다. [15]

대체로 네덜란드의 신자들은 그들 운동의 모체가 되었던 강렬한 신비주의와 손을 끊었다. 그러한 이유에서 그들은 이단의 위험을 방지할 수가 있었다. 네덜란드의 근대적 신앙은 온순하고 정통적이며 약간은 차갑기까지 한 실천적 윤리성을 가지고 있었다. 그에 반해 프랑스의 신자 유형은 보다 폭넓은 진동을 겪었던 것 같다. 그들은 가끔씩 과장된 신앙의 징후들을 보인다.

그로닝겐 Groningue 의 도미니크회 수사 마튜 그라보우 Mathieu Grabow 가 공동체 생활을 하는 형제단들에 대한 탁발 수도회들의 불만을 보고하고 가능하면 유죄 판결[16]을 얻어낼 양으로 갔던 콘스탄스 종교회의에서, 제르트 그루트 Geert Groote 의 제자들을 옹호하고 나선 것은 바로 교회 정치의 대지도자 제르송이었다. 제르송은 진정한 신앙의 표현과 교회에 의해 허용될 수 있는 조직 형태의 판단에 관한 한 완전한 적임자였다. 왜냐하면 그는 늘 진짜 신앙과 과장된 신앙 표명과를 구분하는 일에 몰두해 있었기 때문이다. 신중하고 양심적이며 아카데믹하고 매우 사고력이 깊은 그는, 혼자 힘으로 고귀한 정신에까지 올라간 사람들에게서 간혹 서민 태생임을 드러내는 순수한 형식에의 세심한 배려를 갖고 있었다. 또 그는 뛰어난 심리학자였으며 양식에 대한 감각, 즉 정통에 가까운 감각도 지니고 있었다. 따라서 당시의 신앙 표현들이 그에게 불신과 경계심을 불러일으킨 것은 하등 놀랄 일이 아니다. 주목할 것은 그가 비난하고 위험하다고 이름한 신앙 유형들이, 그가 옹호했던 '근대적 신앙'을 생각키운다는 점이다. 하지만 그것은 다음과 같이 설명된다 : 프랑스 신도들은 가장 고양된 열광자들을 교회가 규정한 테두리 속에 붙잡아둘 만한 양우리, 곧 규율 및 조직을 결하고 있었다.

제르송은 도처에서 민중 신앙의 위험들을 간파한다. 그는 신비주의가 권태와 결합하는 것을 본다.[17] 그는 세상이 종말에 가까왔다고 말한다. 세상은 모든 종류의 환상과 꿈과 환영의 희생이 된 망상에 사로잡힌 늙은이다.[18] 또 많은 사람들이 적절한 지도도 받지 않은 채 혹독한 금식과 지나치게 긴 철야, 그리고 그들의 뇌를 혼란케 하는 많은 눈물에 골몰하고 있다. 그들에게 절제를 권하지만 듣지를 않는다. 그들이 악마의 계교에 빠지지나 말도록. 아라스 Arras 에서 그는, 남편의 만류에도 불구하고 3, 4일씩이나 계속 음식을 끊어 군중들의 찬탄을 불러일으킨 한 여인을 방문한 적이 있었다. 그는 그 여인에게 말하고 진지하게 시험해본 결과, 그 여인에게서 헛되고 교만한 고집밖에는 보지 못하였다. 왜냐하면 그 여인은 금식이 끝난 후 미친 듯이 게걸스럽게 먹어댔기 때문이다. 그녀가 스스로에게 부과한 금기들에는 한 가지 이유밖에는 없었다 : 자신이 빵을 먹을 자격이 없다는 것이었다. 그녀의 얼굴은 거의 임박한 광기룰 드러냈다. [19] 다른 한 여인은 간질에 걸려 있었는데 자기 몸이 발끝까지 고통을 당할 때마다 그 고통에 의해 한 영혼이 지옥으로 내려가는 것을 통고받는다고 믿고 있었다. 또 그녀는 사람들의 이마에서 죄를 읽고 날마다 세 영혼석을 구원한다고 주장했다. 고문의 위협 앞에 그녀는 그 모든 거짓말들이 밥벌이의 수단이었음을 고백했다. [20]

제르송은 도처에서 이야기되고 읽혀지는 근간의 환상 및 계시들을 거의 높이 평가하지 않았다. 심지어 브리지트 드 쉬에드 Brigitte de Suède와 카트린 드 시엔 Catherine de Sienne의 것들까지도. [21] 그런 유의 이야기는 너무 많이 들어서 더 이상 신뢰할 수가 없었다. 자기가 교황이 되리라는 계시를 들었다는 사람도 있었다. 또 어떤 사람은 자기가 교황이 된 뒤 적 그리스도가 되기로 되어 있다는 계시를 믿고, 기독교계에 그 같은 악을 미연에 방지하기 위해 자살을 생각하는 사람도 있다. [22]

무지한 신앙보다 더 위험한 것은 없다고 제르송은 말한다. 가련한 신자들은 마리아의 마음이 자기 하나님 안에서 기뻐 어쩔 줄을 몰라했다는 말을 듣고 자기들로 그렇게 기뻐하려고 애쓴다. 또 환상의 진위(眞僞)를 구별할 수 없는 그들은 온갖 종류의 이미지들을 마음 속에 그려보고는, 그것이 모두 자신들의 뛰어난 신앙심의 경이로운 증거인 양 생각한다. [23] 그러나 '근대적 신앙'이 전하는 것이 바로 그것이었다. "누구든지 그 점에서 그리스도의 고난을 본받고 거기에 따르고자 하는 자는 슬퍼하고 핍박받도록 애써야 한다. 그리고 지금 비탄에 잠겨 있는 사람은 그것을 그리스도의 고난에 합하여 그와 나눠지도록 바랄 것이다. "[24]

제르송은 또 명상 생활은 여러 가지 위험을 내포한다고 지적한다. 명상 생활로 인해 우울증에 빠진 사람이 수없이 많으며 심지어 그로 인해 미친 사람들도 여럿 있다. [25] 지나치게 긴 금식은 환각을 유발하며 그것이 심해지면 미치기까지 한다. 그는 또 마술을 거는 데 있어서 금식의 역할이 무엇인가도 알고 있다. [26] 제르송과 같이 예리한 심리 분석가가, 신앙 표현에 있어서 교회가 허용할 수 있는 것과 없는 것 사이의 경계선을 긋는다면 어디에 그을까? 그에게는 교리적 관점만으로는 충분치가 않았다. 직업적인 신학자인 그에게 는 교리에서 벗어나는 지점들을 지적하기란 쉬운 일이다. 그러나 그 는 윤리적인 질서에 대한 고찰이 신앙 표현의 한계를 판단하는 데 지침이 되어야 한다고 느꼈고 그것은 무엇보다도 절제와 취향의 문 제라고 생각하였다. 그는 교권 분열이 극심한 이 슬픈 시대에 신 중함보다 더 소홀히되는 미덕은 없다고 말한다.[27]

제르송에게서조차 이미 교리적 기준이 신앙의 진위를 구별해준 유일한 기준이 아니라면, 하물며 우리에게는 더욱 종교적 감동들의 유형들은 정통이니 이단이니 하는 것에 따라서보다는 그들의 심리 적 성격에 따라 그룹지어진다. 중세 시대의 사람들은 교리적 경계 선을 보지 못하였다. 그들은 성 뱅상 페리에에 의해서나 이단자 토 마스 수사에 의해서나 똑같이 교화를 받았으며, 성녀 콜레트 및 그 녀와 한 패인 베가르들 bégards(역주 : 13세기에 동냥하며 살던 이교도들) 과 위선자들을 동일하게 취급하였다.[28] 콜레트는 제임즈가 신병 (神病) 상태 théopathique 라고 부른 모든 징후들을 다 보였다.[29] 감 수성이 극도로 예민한 그녀는 빛도 불의 열기도 견딜 수가 없으며 촛불의 미광밖에는 견디지 못한다. 파리와 괄태충·개미 따위를 극 도로 무서워한 그녀는 더러움과 악취에 대해 과도하게 두려워하고, 후에 성 알로이시우스 곤자가 saint Aloysius Gonzaga 가 그런 것처럼 성욕을 몹시 혐오한다. 그녀는 자신의 단체에 처녀들만을 받아들이 고 기혼 성인들에게는 관심을 보이지 않는다. 그녀는 또 자기 어머 니가 재혼한 것에 대해 몹시 괴로와한다.[30] 교회는 언제나 그런 성 향들을 칭찬했고 그것을 감화적이고 칭송할 만한 것으로 여겼다. 순 결에 대한 이 같은 과도한 집착은 개인적일 때는 대수롭지 않지만, 일단 광신자들이 교회 및 사회 생활 전반에 걸쳐 그들의 원칙들을 적용코자 할 때는 위험한 것이 된다. 따라서 교회는 여러 차례 이 같이 과도한 순결에의 요구를 비난해야 했고 그것이 혁신의 형태를 띨 때나 또 사제 및 수도사들의 간음에 대한 격렬한 공격으로 표현 될 때 그러하였다. 쟝 드 바렌 Jean de Varennes 은 그것을 비난하는 사람 중의 하나였는데 랭스 Reims 파 주교가 잡아넣은 비참한 감옥 에서 그 대가로 고통을 치러야 했다. 이 쟝 드 바렌은 박학한 신학자요 유명한 설교가였다. 그는 아비뇽에서 젊은 추기경 드 뤽상부르의 전속 사제로 있으면서 교회의 가장 높은 경력까지 오르도록 예정된 사람이었다. 바로 그 때 그는 갑자기 랭스의 노트르-담의 참사회원직을 제외한 모든 특권을 포기하고 자신의 전도양양한 모든 생활을 청산, 고향인 생-리에 Saint-Lié로 돌아갔다. 거기서 그는 성스러운 삶을 살며 사람들을 가르치기 시작했다. "그러자 각 지방으로부터 그의 고상하고 청렴한 단순한 생활을 보기 위해 그를 만나려 오는 사람의 발길이 끊이지 않았다." 곧 사람들은 그를 "생-리에의 성인"이라고 부르게 된다. 사람들은 그의 손과 옷자락만 만져보기도 소원하며, 그에게서 미래의 교황, 하나님이 보낸 사람, 신령한 사람을 본다. 전프랑스는 그에 관한 이야기로 여념이 없다. [31]

쟝 드 바렌이라는 인물 속에서 우리는 순수에의 열정이 하나의 혁신적 국면을 띤 것을 본다. 그는 교회의 모든 악을 음란함에 결부시키는 하편, 쥬열한 분노 속에 교회의 권위와 특히 랭스 주교에 대한 반항을 설교한다. "이리에게, 이리에게로" 하고 그가 외치면, 이리가 누군지를 알고 있는 백성은 다시 "이랴, 이리들에게, 우리의 선량한 자들이여, 이리들에게로!" 하고 즐거이 반복했다. 쟝 드 바렌은 자신의 신념에 대해 완전한 용기을 갖지는 못한 것 같다. 그가 감옥 속에서 쓴 변호를 보면, 그는 대주교를 지칭했음을 부인하고 있다. "단지 왕을 수행하는 자가 현수포를 벗어선 안 된다"는 속담을 인용했을 뿐이라는 것이다. [32] 하지만 그는, 이미 여러 차례 교회로 하여금 중심을 잃고 갈팡질팡하게 만든 위협적인 낡은 교리, 무자격한 사제에 의해 실시된 성사의 유효성을 부인하는 교리를 설파했었다. 그의 극단적인 프로그램은 훨씬 멀리까지 나아갔다. 즉 사제들에게 누이나 나이든 부인과 함께 사는 것을 금해야 한다는 것이다. 그는 전반적인 패륜을 공격하면서 옛 율법에 따라 간음자를 벌해야 한다고 주장하였다. 그리스도 자신도 아마 그녀의 잘못을 확신했더라면 간음한 여인에게 돌을 던지라고 명했을 것이다. 그는 프랑스에 사는 여자 중에 정숙한 여인은 단 한 사람도 없으며, 사생아는 아무도 결코 선을 행하거나 구원을 받을 수가 없다고 주장하였다. [33]

교회는 늘 이 같은 과격한 형태의 순결에 반대해야 했다. 만약 무
자격한 사제가 실시한 성사의 유효성을 의심하게 되면, 교회 생활
전반에 걸쳐서 조직이 와해되고 말 것이기 때문이었다. 제르송은
쟝 드 바렌을 쟝 휘스 Jean Huss 와 함께 의도는 좋으나 지나친 열
정으로 인해 오류에 빠진 부류에 집어넣는다.[34]

한편, 교회는 늘 성스러운 사랑을 대상으로 한 지극히 관능적인
환상들에 대해 극도로 관대했다. 신앙을 위협하는 윤리적·교리적
위험이 거기에도 도사리고 있음을 간파하기 위해서는 제르송의 예
리한 통찰력이 필요했다 : "연인들──나는 그들을 정신나간 사람들
이라고밖에는 부를 수가 없다. 즉 연인들이 아니고 정신나간 놈들
amantium, immo et amentium 이 저지르는 숱한 미친 짓들을 다 열거
하려면 날이 부족할 지경이다."[35] 그는 경험에 의해 그것을 알고 있
었다. "정신적인 사랑은 쉽사리 단순하고 순전한 육체적 사랑으로
전락한다. *Amor spiritualis facile labitur in nudum carnalem amo-
rem.*"[36] 그가 한 수녀와의 정신적인 우정을 나눈 남자의 이야기를
할 때, 그것은 아마도 자기 자신에 대한 이야기일 것이다. 처음에
그는 아무런 육체적인 이끌림도 죄에 대한 의혹도 없었다. 그러나
한번의 방심으로 그는 그러한 관계의 애정적 성격을 깨닫게 되었
다.[37] 그 후로 그는 그 점에 있어서 정통한 사람이 되었다. 그는 논
문『여러 가지 악마적 유혹에 관하여 *De diversis diaboli tentation-
ibus*』[38]에서 네덜란드의 '근대적 신자'들이 갖는 그 같은 정신 상태
에 관해 통찰력 있는 분석을 하고 있다. 그는 특히 '신의 사랑
Dulcedo Dei'이라고 부르는 것과, 윈데샤임주의자들의 'zueticheit'
즉 그리스도의 사랑의 감미로움을 불신한다. 그는 말한다 : 악마는 가
끔씩 신앙심에 거의 흡사한 거대하고 경이로운 다사로움을 인간에
게 불어넣는데, 이는 사실은 쾌락의 추구를 목적으로 하며 신을 사
랑한다고 하는 것은 단지 거기 도달하기 위한 핑계에 불과하다.[39]
제르송은 또『신학의 위안 *Consolation de la Théologie*』에서 다음과
같이 말한다 : "많은 사람들이 절제 없이 그러한 감정들을 키우는 오
류를 범하고 있다. 그들은 자기들이 느끼는 마음의 흥분을 성스러
운 희열로 오인하며 그처럼 비참하게 그릇된 길로 간다. 또 어떤

240

사람들은 완전한 무감각 상태나 완전한 수동의 상태 즉 자기들을 통해 하나님이 홀로 역사하는 상태나 혹은 신과의 신비적 연합의 상태에 도달하려고 애쓴다. ” 제르송이 뤼즈브뢰크 Ruysbroeck 에 대해 비난하는 것 중의 하나도 바로 그 점에 있다. 제르송은 그의 단순성을 믿지 않는다. 그리고, 온전한 영혼은 하나님에 대한 명상 속에서 신성의 본질인 명증성에 의해 신을 볼 수 있을 뿐 아니라, 영혼 자체가 그 신적 명증성이 되었다고 역설하는 그의 저서 『영적 결혼의 장식 Ornement des noces spirituelles』의 의미를 비난한다. [40]

절도 있고 신중하고 온전히 베르나르댕적인 신비주의의 지지자가 인정할 수 없었던 것은, 모든 시대의 신비주의자들이 맛본다는 그 개체의 절대적인 무화 상태의 느낌이다. [41] 한 환상가가 그에게 말했다: 신에 대한 명상 속에 자기 영혼은 무로 돌아가고 그런 연후에 다시 새롭게 창조되었다. 당신이 그것을 어떻게 아는가? 난 그것을 느꼈다. 그의 대답의 이 불합리성은 제르송에겐 그 같은 상상력이 비난받아 마땅하다는 부인할 수 없는 증거이다. [42] 그러한 느낌들을 말로 표현한다는 것은 위험한 일이었다. 교회는 형상화된 표현밖에는 용인할 수가 없었다. 카트린 드 시엔 Catherine de Sienne 은 그녀의 마음이 그리스도의 마음과 합치되어 분간할 수 없었다는 말을 할 수 있다. 그러나 자유 사상 형제단의 한 종파의 신봉자였던 마르그리트 포레트 Marguerite Porete 는 자기 영혼이 하나님 안에서 완전히 무화되었다고 믿다가 파리에서 화형당했다. [43]

교회가 무아지경에 따른 개체 소멸이라는 생각을 특별히 경계한 것은, 그것이 모든 종교의 극단적 신비주의자들에 의해, 신에게 흡수된 영혼은 이제 의지가 없기 때문에 육체적 욕구를 따르더라도 죄가 되지 않는다는 결론에 이르기 때문이었다. [44] 얼마나 많은 무지한 사람들이 가련하게도 그러한 교리에 이끌려 가증스럽기 그지없는 방탕에 빠졌던가! 정신적 사랑의 위험을 다룰 때마다 제르송은 베가르들과 튀를뤼팽들 Turlupins 의 과도한 탈선을 상기시킨다. [45] 하지만 여기서 우리는 '근대적 신자들'의 집단에 가깝다. 윈데샤임 파에 속한 앙리 반 헤르프 Henri van Herp 는 동료 신자들에게 영적 간음을 책망한다. [46] 그 같은 상상력 속에는 패역하고 타락한 불경에 빠지게 하는 악마의 계교가 있다고 제르송은 말한다. 그는 또 한 귀족이 브뤼노 교단의 한 수사에게 음란죄가 하나님을 사랑하는 데 방해가 되기보다는 정반대로 신성한 사랑의 달콤함을 더욱 게걸스럽게 추구하고 맛보게 하도록 불을 지른다고 고백한 것을 인용하고 있다. [47]

교회는 신비주의적 열광이 상징적 성격의 이미지들로 표현되는 한, 그것이 제아무리 넘쳐흐를 듯 왕성한 것일지라도 그에 대해 눈 감아주었다. 네덜란드의 민중 설교자 쟝 브뤼그만 Jean Brugman 은 수많은 자질구레한 묘사를 통해 인간의 형상을 입고 온 예수님 을, 자신을 잊은 채 위험을 무릅쓰고 가진 바 모든 것을 나누어준 취한으로 비유한다 : "오! 사랑이 그로 하여금 하늘 높은 곳에서 내 려와 땅의 지극히 낮은 골짜기로 내려오게 하였을 때, 그는 진정 취 하지 않았겠는가?" 그는 또 예수님이 하늘에서, 둘러선 선지자들 에게 잔 가득히 술을 부어주는 것을 본다. "그러자 선지자들은 곧 드레만드레 취하도록 마셔댔고, 하프를 든 다윗은 식탁 앞에서 마 치 주님께 미친 자처럼 날뛰었다. "[48]

그로테스크한 브뤼그만뿐 아니라 뤼즈브뢰크 같은 순수한 사람 도 신의 사랑에다 취기의 성격을 부여했다. 취기 곁에는 또한 배 고픔의 개념이 있어 상징의 역할을 담당했는데, 이 같은 이미지들 은 아마도 전도서의 다음과 같은 말에서 연유한 것 같다 : "나를 먹 는 자는 여전히 배고파 하며, 나를 마시는 자는 더욱 목말라 한다 *qui edunt me, adhuc esurient, et qui bibunt me, adhuc sitient.*"[49] 이 는 지혜가 발한 말로 그리스도의 말이라고 간주되었었다. 뤼즈브뢰 크는 이를 신에 대한 영원한 배고픔으로 고문당하는 인간 정신의 표현이라고 보았다. "여기에 바로 결코 채워지지 않는 쉼없는 배고 픔이 태어난다. 그것은 피조되지 않은 한 절대 선(善)을 향한 사랑 할 힘과 피조된 정신의 내적 욕구이자 게걸스러운 열정이다. 이를 경험한 사람은 인간들 중에서 가장 가련한 자들이다. 왜냐하면 그 들은 엄청난 욕구와 갈망에 차 있으며 채울 길 없는 배고픔을 느끼 기 때문이다. 만약에 신이 이들에게 신 자신을 제외한 성자들이 가 진 모든 재능들을 다 부여한다 할지라도 영혼의 갈망은 여전히 채워지지 않은 채 있을 것이다."

그리고 이 배고픔의 이미지는 교체가 가능하며 그리스도께 적용될 수가 있다. "그의 배고픔은 측량할 수 없이 크다. 그는 우리를 통째로 바닥까지 먹어치운다. 왜냐하면 그는 아귀 같은 배고픔으로 고통당하는 탐욕스런 대식가이기 때문이다. 그는 우리를 골수까지 먹어치운다……. 우선, 그는 식사를 준비하고 그의 사랑 속에 우리의 모든 죄와 허물을 소각시킨다. 그런 다음 우리가 사랑의 불로 정화되고 구워졌을 때, 그는 모든 것을 삼키고 싶어하는 탐식가 모양 입을 벌린다……. 아! 우리의 구원에 대한 그리스도의 맹렬한 갈망을 볼 수만 있다면, 우리는 억제할 수 없이 그의 목구멍 속으로 날아갈 텐데……."[50]

한 발짝 더 나아가면, 우리는 신비주의적인 열광으로부터 진부하고 맥빠진 상징에 빠지고 만다. 장 바르텔레미 Jean Barthelemy 의 『사랑의 두려움에 관하여 Le livre de crainte amoureuse』는 성체에 대해 다음과 같이 말한다 : "너희는 그를 불에 잘 굽고 익혀서 조금도 그을리거나 태우지 않은 채로 먹게 될 것이다. 유월절 어린 양이 두 개의 장작불이나 숯불 사이에서 잘 굽고 익혀졌듯이, 온유하신 예수님도 성 금요일에 값진 십자가의 꼬챙이에 꿰어 묶인 채, 그토록 두렵던 죽음과 수난의 불과 우리 영혼과 구원에 대한 그의 뜨거운 사랑과 자비의 불 사이에 매어달리셨기 때문이다. 그는 우리를 구원하기 위해 구워지시고 천천히 익혀지셨다."[51]

취기나 배고픔의 이미지들은 그 자체로서, 그에 따라 종교적 쾌락의 표현에 에로틱한 의미를 부여해야 할 견해의 한 반증이다.[52] 신의 은총 베풀기는 하나의 음료나 목욕에 비유된다. 디펜베엔 Diepenveen 의 한 수녀는 자신이 그리스도의 피에 온전히 잠긴 것을 느끼고 기절하고 만다.[53] 그리스도의 피는 상상 속에서 떠나지 않으며 가장 열광적인 도취를 야기시킨다. 예수님의 상처들은 부드럽고 꽃이 만발한 우리의 낙원의 피의 꽃송이들이라고 성 보나방뛰르 saint Bonaventure 는 말한다. 거기서 영혼은 나비처럼 날으며 여기저기서 피를 마신다. 영혼은 허리의 상처를 통해 예수님의 심장에까지 침투하며, 피는 천국의 시내들처럼 흘러내린다. 다섯 상처에서 흐르는 붉고 뜨거운 피는 앙리 쉬송 Henri Suson 의 입을 통해 그의 심장 에까지 흘러들어갔다. [54] 카트린 드 시엔은 허리 상처에서 마셨다. 성 베르나르 saint Bernard, 앙리 쉬송, 알랭 드 라 로슈 Alain de la Roche 같은 사람들은 성모의 젖을 맛보았다.

알랭 드 라 로슈 즉 라틴어로 알라누스 데 루페 Alanus de Rupe 는 15세기의 환상 위주의 신앙과 극도로 구체적인 종교적 상상력 의 매우 특징적인 대표자라 할 수 있다. 1428년경 브르타뉴에서 태 어난 이 도미니크회 수사는 주로 북불 지방과 네덜란드에서 살았다. 그는 1475년 츠올르 Zwolle 에서 형제단들 사이에서 죽었으며, 그들 과 시종 일관한 관계를 맺고 있었다. 그는 묵주 사용의 열렬한 주창 자로, 이를 위해 범 성모 묵주회 la confrérie universelle du psautier de Notre-Dame 를 창설했다. 이 환상가의 저서는[55] 대부분 설교들과 환상 묘사로 구성되어 있는데, 성적 상상력의 과도함과 그 과도함 을 무마할 만한 감동의 부재를 특징으로 하고 있다. 그에게는, 대 신비주의자들에게서 볼 수 있는 배고픔과 목마름과 피와 관능의 이 미지들을 참을 만하게 해주는 정열적인 톤이 전혀 결여되어 있다. 영적 사랑의 상징은 그에게선 단지 하나의 방식이 되었다. 마리아 의 육체의 각 부위에 대한 명상 속에서, 그리고 동정녀의 젖으로 갈 증을 풀며 즐기는 은총의 세세한 묘사 속에서, 또 그로 하여금 주기 도문의 한마디 한마디를 각각 한 미덕의 혼인 침대라 부르게 하는 상 징 속에서, 우리는 중세 시대의 강렬하게 채색된 신앙의 타락이 표 현됨을 본다.

악마에 대한 환상 가운데서도 성적인 요소는 큰 부분을 차지한 다. 알랭 드 라 로슈는 불을 내뿜으면서 세상을 연기로 어둡게 하 는 무시무시한 성기를 가진 짐승들을 본다. 그 짐승들은 물론 죄의 형상들이다. 그는 또 배교라는 매춘부가 배교자들을 낳고, 그들을 삼켰다가 다시 차례로 토해내며 마치 어머니처럼 그들에게 입을 맞 추고 얼르는 것을 본다. [56]

그것은 '근대적 신자'들이 맛본 달콤함의 이면이었다. 정신은 천 상의 달콤한 환상들의 피할 수 없는 보충으로서, 그 역시 지상적 관 능의 열렬한 언어로 표현된 지옥의 환영들의 어두운 심연을 내포하고 있었다. 왼데샤임주의자들의 부드럽고 평온한 경건주의와, 중세 말기가 더욱 어둡게 빚어낸 마녀 사냥, 그것도 신학적 열심과 엄혹한 사법 체제로 세워진 사냥 사이에 관계가 있다는 것은 그다지 놀랄 일이 아니다. 알랭 드 라 로슈는 이 두 정신 상태 사이의 한 연결점이다. 츠올르의 동신자들에게 있어서 친밀한 손님이었던 그는, 또한 그처럼 도미니크회 수사였고 『행악자들의 망치 *Malleus Maleficarum*』의 두 저자 중 한 사람이며 독일에서 알랭이 세운 묵주 단체를 보급했던 쟈크 슈프렝거 Jacques Sprenger 의 스승이었던 것이다.

제 15 장
쇠퇴하는 상징 체계

그 시대의 종교적 감동은 앞에서 보았듯이 풍부하고 채색된 표현을 지향하는 경향이 있었다. 정신은 신비에 하나의 감지할 수 있는 형식을 부여함으로써 신비를 포착한다고 믿었다. 말로 다할 수 없는 그 무엇을 물질적인 표징들하에 경배하고자 하는 욕구는 끊임없이 새로운 형상들을 만들어냈다. 14세기에는 예수를 향한 넘치는 사랑의 눈에 보이는 대상들, 즉 십자가와 어린 양만으로는 부족하게 된다. 그리하여 예수의 이름에 대한 경배가 더하여지며, 그것은 십자가에 대한 경배를 압도할 정도로 성행한다. 앙리 쉬송 Henri Suson 은 가슴팍에 예수의 이름의 문신을 새기고, 스스로를 옷 위에 사랑하는 여인의 이름을 수놓은 연인에 비유한다. 그는 또 자기 영혼의 친구들에게 그 달콤한 예수 이름을 수놓은 작은 손수건들을 보낸다.[1] 베르나르댕 드 시엔은 감동적인 설교 끝에 두 개의 촛불을 켜고 군중에게 1온느 길이의 게시판을 보여준다. 그 게시판에는 푸른 바탕에 황금빛 글씨로 예수의 이름이 씌어 있고 이름 둘레엔 빛살이 둘러쳐져 있다. "교회를 가득 메운 군중은 무릎을 꿇은 채 예수에 대한 감동과 애정으로 울며 오열을 토한다."[2] 그 풍습은 특히 프란시스파 설교가들에 의해 널리 확산된다. 우리에게 남아 있는 한 조각상은 손에 그런 유의 판넬을 높이 쳐들고 있는 드니 르 샤르트뢰를 보여준다. 쥬네브시(市) 문장(紋章) 꼭대기 태양 표지 무늬는 이 같은 관습에서 유래한다.[3] 교회 당국은 동요했다. 사람들은 그것이 미신이며 우상 숭배라고 말했다. 술렁거림이 있었다. 베르나르댕 Bernardin은 로마 교황청에 출두해야 했고 마르탱 Martin V세에 의해 그것은 유죄 판결이 내려졌다.[4] 그러나 그리스도를 눈에 보이는 형상하에 경배하려는 갈망은 곧 성체 현시대(聖體顯視臺)라는 합법적인 충족을 발견했다. 그것은 신성한 면병에 대한 숭배를 열어놓았다. 본래 즉 14세기에는, 성체 현시대는 탑 형태로 되어 있었다. 그러나 그것은 곧 신의 사랑을 상징하는 방사상 빛살무늬의 태양 형태를 취했다. 여기서도 교회는 우선은 반대를 했다. 그래서 처음엔 성체 첨례(聖體膽禮) 주간에밖에는 성체 현시대를 사용하지 못하도록 되어 있었다.

쇠퇴 일로의 중세적 사고는 이미지들의 범람 속에 와해될 지경이었고, 이미지들의 범람은 거대한 상징 체계 속에 각 형상들이 제 위치를 차지하도록 모든 것을 포괄하지 않는 한 한낱 무질서한 환각에 불과했을 것이다. 중세의 정신에는 성 바울이 고린도 교인들에게 한 다음과 같은 말보다 더 염두에 둔 진리는 아무것도 없었다 : "우리가 이제는 거울로 보는 것같이 희미하나 그 때에는 얼굴과 얼굴을 대하여 볼 것이요 Videmus nunc per speculum in aenigmate, tunc autem facie ad faciem."

중세는 즉각적인 기능과 현상성에만 의미가 국한된다면 모든 것이 부조리할 것이나 반대로 본질에 의해서는 모든 것이 초월을 향한다는 것을 한시도 잊은 적이 없었다. 이 개념은 우리에게 매우 친숙하며 종교적 사고 밖에서조차 흔히 볼 수 있다. 보통의 사물들이 평범한 의미보다 훨씬 깊고 내밀한 또 하나의 의미를 갖는 것처럼 보이는 순간들을 모르는 사람이 누가 있겠는가? 그런 기분은 때로는 병적인 염려의 형태를 띠어서 모든 사물이 어떤 값을 치르더라도 반드시 풀어야 할 징조 혹은 수수께끼들로 가득찬 듯이 보이게 한다. 그리고 그것은 때로는 훨씬 더 자주 우리가 세계의 그 비밀한 의미에 관계하고 있다고 설득하면서 우리를 평정과 확신으로 가득채운다. 따라서 이 기분이 한 원칙 즉 모든 것이 거기서 유래하는 한 가지 원칙에 결부될수록 일순간의 명석한 직관은 더욱 더 영구적인 확신으로 되는 경향이 있다 : "사물들을 창조한 힘과 우리의 관계의 영원한 의미를 닦아나가면서 우리는 그것들을 더 잘 수용할 수 있게 된다. 자연의 외적인 표면은 변할 필요가 없고 그 의미화들이 변화한다. 그것은 죽음이었는데 다시 생명으로 소생한다. 그것은 누군가를 초탈하게 바라보느냐 사랑의 눈으로 바라보느냐의 차이이다……. 모든 것을 하나님 안에서 보고 모든 것을 신과 관련지을 때, 우리는 하찮은 것들 속에서 보다 높은 의미화들을 읽게 된다. "5)

거기에 바로 상징주의가 성장하는 심리적 바탕이 있다. "신에게 있어서는 의미 없는 것이란 아무것도 없다 *nihil cavum neque sine signo apud Deum*"고 이레네 Irénée 는 말했다. 6) 모든 것이 초월적 의미를 갖는다는 확신이 명백히 표현되고자 애쓸 것이다. 신성의 형상 둘레에는 상징적 형상들을 부과하는 체계가 뭉쳐지게 될 것이다. 그리고 그 모든 상징적 형상들은 신에게 관련되며 신 안에서 각자자기 의미를 갖는다. 우주는 거대한 하나의 상징들의 총체처럼 전개되며 관념들의 교회로 세워진다. 그것은 세계에 대한 가장 풍부한 리드믹한 개념이며 영원한 조화의 대위법적 표현이다.

중세 시대에는 상징적 태도가 인과적 태도나 발생론적 태도보다 훨씬 더 강조되었다. 세계를 하나의 진화로 보는 방식이 전혀 없었던 것은 아니다. 그리고 중세의 사고는 사물을 그 기원에서 보고 이해하려는 데도 무척 애를 썼다. 하지만 중세의 사고는 이를 위해 연역적인 방법밖에는 사용하지 않았으며, 실험과 관찰은 전혀, 그리고 분석은 거의 알지 못했다. 하나의 사물이 어떻게 다른 한 사물에서 유래했는가를 납득하기 위해 중세적 사고는 생식(生殖)과 분기(分岐)라는 순진한 이미지들을 사용하였다. 그리고 중세적 사고는 발생 관계를 계보나 나무의 형상하에 상상하였다. 예를 들어 『규범과 법률의 기원의 나무 *Arbor de origine juris et legum*』는 수많은 가지를 가진 한 그루의 나무 속에 법 전체를 분류하였다. 이 같은 돌에 새긴 듯한 간결한 방법 때문에 중세의 진화론적 사고는 도식적이고 독단적이고 빈약할 수밖에 없었다.

인과적 관점에서 볼 때 상징주의는 일종의 사고의 단락(短絡)처럼 나타난다. 사고는 두 사물간의 관계를 인과적 관계의 숨은 우회로를 따라 추구하는 대신에, 이리저리 건너뛰면서 그것을 원인—결과의 밀접한 관계로서가 아니라 의미화와 궁극성의 관계로서 돌연히 발견해낸다. 이런 식의 관계는 두 사물이 공히 하나의 일반적 의미에 결부시킬 수 있는 하나의 본질적 특성을 갖게 되면서부터 부과될 수 있을 것이다. 혹은 실험심리학적 용어를 사용한다면 어떤 하나의 동질성에 기초한 모든 연합은 하나의 본질적이고 신비적인 연결 개념을 즉각 결정지을 수 있다. 거기서 멈춘다면 그것은 매우 빈약한 정신 기능일 것이다. 게다가 인류학적 관점에서 본다면 그것은 더없이 원시적이다. 원시적인 사고 속에서는 경계선들이 모호하다. 따라서 이 사고는 일정한 한 사물의 개념 속에 어떤 한 관계나 동질성으로 묶여진 모든 개념들을 합병한다. 그리하여 우리는 상징주의에 아주 근접한다.

하지만 현대 과학의 관점에서 약간 벗어나서 상징주의를 보다 호의적인 조명하에 살펴보는 것이 가능하다. 그 상징주의가, 중세 시대에 실재론 *réalisme* 이라고 불렸던, 그리고 덜 정확하긴 하지만 우리는 플라톤적 이상주의라고 부르게 될 세계에 대한 개념과 불가분의 관계에 있다는 점을 고려하기만 한다면 그것은 곧 독단성과 미완성의 외관을 벗게 될 것이다.

공통의 특성들에 기초한 상징적 동일시는 이 특성들이 사물들의 본질로 생각될 때만 의미를 갖는다. 흰 장미들과 가시 속에 핀 장미의 환영은 중세의 정신 속에 곧 하나의 상징적 동일시를 낳게 될 것이다 : 이를테면 처녀들과 박해 가운데 영광으로 빛나는 순교자들과의 동일시를. 동일시는 속성들이 동일하기 때문에 생겨난다. 장미꽃들의 아름다움과 부드러움과 순결함과 색채들은 또한 처녀들과 순교자들의 속성이기도 하다. 그러나 이 관계는 상징적 개념의 두 용어를 연결시키는 수단—용어가 그들이 갖는 본질적인 것을 되돌려 줄 때만 신비적 의미를 갖게 될 것이다. 다른 말로, 붉은색과 흰색이 양적인 것에 기초하는 물리적 차이를 칭하는 것 이상일 때, 즉 그것들이 전혀 독립된 또 하나의 현실들일 때 그러하다. 원시인과 어린애와 시인의 사고는 그것들을 결코 다르게 보지 않는다.[7]

아름다움과 부드러움과 순백색은 실재(實在)들이며, 실체(實體)들이 될 것이다. 그러므로 아름답고 부드러운 혹은 순백의 도든 것은 하나의 공통의 본질, 하나의 동일한 존재 이유, 신과의 관련하에 하나의 동일한 의미화를 가져야 한다.

따라서 상징주의와 실재론은 스콜라적인 의미에서는 끊을래야 끊을 수 없는 연계를 갖는다.

지나치게 일반 개념 논쟁을 염두에 두지는 말자. 아마도 실재보다 앞선 보편자 *universalia ante rem* 를 선언하고 일반적 관념들에 본질성과 선재성을 부여한 실재론이 중세의 사고를 온전히 지배한 것은 아니었다. 거기에는 유명론자(有名論者)들도 있었다. 실재보다 뒤에 있는 보편자 *universalia post rem* 의 교리는 지지자들을 갖고 있었다. 그러나 과격한 명목론(名目論)은 하나의 역류나 반동 혹은 대립에 불과했고, 새롭고 온건한 명목론 곧 오카미스트들 *Occamistes* 이나 근대인들의 명목론이, 중세 문명 전부에 내재해 있는 실재론적 사고의 방향을 손상하지 않은 채, 극단적인 실재론의 몇몇 장애들을 방지했을 뿐이라는 주장이 그리 무모해 보이지는 않는다.

모두가 문명 전부에 내재한다. 왜냐면 중요한 것은 신학자들의 논쟁이 아니라 사고와 상상적 표현들을 지배하는 관념들이니까. 이같은 관념들은 극도로 실재론적인데 그것은 신학이 오래 전부터 신플라톤 학파에 젖어 있었기 때문이 아니라, 실재론이 모든 철학과는 별개로 본래부터 원시적 사고의 방식이기 때문이다. 원시적 정신에게는 명명할 수 있는 모든 것이 하나의 실체이며 하늘에 투영되는 한 형상을 띤다. 이 형상은 대체로 인간적인 형태가 될 것이다.

스콜라적인 의미에서는 모든 실재론은 신인동성동형론에 이르게 된다. 관념에다 하나의 실재 존재를 부여한 뒤에는 정신은 그것이 살아 있는 관념이기를 원하게 되며, 또 의인화에 의해서만 그 일은 가능하게 된다. 알레고리가 태어나는 것은 바로 이렇게해서이다. 알레고리는 상징주의와 같은 것이 아니다. 상징주의가 두 관념 사이에 신비적 관계를 인증한다면 알레고리는 이 관계의 개념에 눈에 보이는 형태를 부여한다. 상징주의는 정신의 매우 깊은 기능이다. 알레고리는 피상적이다. 알레고리는 상징적 사고가 표현되도록 돕지만 한 형상을 살아 있는 관념으로 대체하면서 상징주의를 위협린다. 상징의 힘은 알레고리 속에서 고갈되어버린다.

알레고리는 중세의 사고 속에서 마르티아누스 카펠라 Martianus Capella 와 프뤼당스 Prudence 의 글을 통해 퇴폐기 고전 라틴어법의 한 유물처럼 들어왔으며, 또 자주 시대에 뒤떨어진 현학적인 분위기를 가졌음에도 불구하고, 알레고리에 의해 자기를 표현하려는 욕구는 확실히 매우 생생하게 살아 있었다. 게다가 이것 없이 어떻게 그 형식이 그토록 오랫동안 누려온 애호를 설명할 수 있단 말인가?

전체적으로 볼 때 방금 묘사한 세 가지 사고 양식, 실재론·상징주의·의인화는 중세 시대의 사고에 하나의 빛줄기를 던져주었다. 심리학은 상징주의를 관념들의 조합으로 다루면서 상징주의를 간단히 정의하려 들 것이다. 그러나 문명사는 그것을 다룸에 있어 보다 큰 존경심으로 다루어야 한다. 세계에 대한 상징적인 해석은 비할 데 없는 윤리적·미학적 가치를 지녔다. 그것은 모든 자연과 전역사를 포괄하면서 현대 과학이 상정할 수 있는 것보다 훨씬 더 엄밀한 통일성을 지닌 세계의 이미지를 부여하였다. 그것은 거기에 나무랄 데 없는 하나의 질서, 하나의 건축물, 하나의 계통적인 종속성을 도입하였다. 왜냐면 각각의 상징적 관계 속에 하나의 우월한 항목과 하나의 열등한 항목이 있어야 하기 때문이다. 대등한 두 사물은, 둘 다 보다 높은 제 3 의 성품에 종속되는 경우를 빼놓고는, 하나의 상징 관계에 적합치가 않다.

상징적 사고는 사물들간에 무한수의 관계들을 허용한다. 각각의 사물은 서로 다른 특수성에 의해 여러 가지 관념들을 가리킬 수 있으며, 하나의 특수성은 또한 여러 가지 상징적인 의미화를 가질 수 있다. 가장 높은 개념들은 무수한 상징들을 갖는다. 어떤 사물도 숭고함을 나타내고 그것을 찬미하지 못할 만큼 비천한 것은 없다. 호도는 그리스도를 의미한다. 맛좋은 편도는 그의 신적인 성품이다. 그것을 감싸고 있는 푸르고 살이 많은 외피는 그의 인간성이며, 껍질의 나무는 십자가이다. 이처럼 모든 것은 사고(思考)를 영원한 것으로 고양시키는 데 소용된다. 한 사물은 나른 것을 받쳐주고 한단계씩 한단계씩 높여져 꼭대기에 이른다. 게다가 신적 위엄에 대한 의식은 정신의 모든 개념들 속에 하나의 드높은 미학적·윤리적인 가치를 부여하며 투입된다. 돌멩이 하나하나가 모든 상징적 가치들로 광채를 발한다. 장미들과 처녀성의 동일시는 하나의 시적 비유이상의 것이다. 그것은 그들간의 공통적 본질을 드러낸다. 완벽한 상징주의는 각 개념에 관념들의 일치를 창출한다. 이 조화 속에 관념 하나하나의 특수성은 사라지며 합리적 개념의 엄격성은 신비적 통일의 예감에 의해 완화된다.

　모든 정신적인 범주들 사이에 조화가 지배한다. 구약성경은 신약성경의 예표이다. 세속의 역사는 그 두 성경을 반영한다. 각 관념의 둘레에는 마치 만화경에서처럼 대칭적 형상을 이루는 다른 관념들이 집결한다. 그리고 마침내 모든 상징이 성체성사 *l'eucharistie* 라는 중심적 신비를 둘러싸고 집결한다. 거기에는 상징적 유사성 이상의 것, 즉 동일성이 있다. 면병은 그리스도이다. 그리고 사제는 그것을 흡수하면서 진짜로 주님의 무덤이 된다. 각각의 상징은 가장 높은 신비의 현실에 참여한다. 각각의 의미화는 하나의 신비로운 통일에 이른다. [8]

　상징주의는 중세 시대에 그 자체로는 비천할 수밖에 없는 현실 세계를 보다 높이 평가하고 현세의 일들을 고결하게 할 수 있도록 해주었다. 왜냐하면 각각의 직업은 숭고함과 신성함과 상징적 관계에 놓이기 때문이다. 장인(匠人)의 일은 성 보나방튀르 saint Bonaventure에 의해 말씀 *Verbe*의 영원한 화신이자 신과 영혼 사이의 결합이라고 불리운다. [9] 세속적 사랑은 상징에 의해 신의 사랑과 결부된다. 개인적 고통은 신의 고통의 그림자일 뿐이며 미덕은 선이란 관념의 부분적 실현에 불과하다. 이처럼 상징주의는 개인의 미덕과 고통을 개별적 범주에서 메어내어 보편적 범주로 높이면서 중세에 그토록 강조되던 종교적 개인주의 즉 개인 구원 추구에 하나의 구원적 평형을 이루었다.

　상징주의는, 결국 그것 없이는 너무 엄격하고 명백했을 꽉 짜여진 도그마들의 대본에 붙여진 하나의 음악과도 같았다. "사색이 완전히 틀에 짜여진 이 같은 시대에는, 정의된 개념들은 쉽사리 깊은 직관들과 불일치한다." [10] 상징주의는 예술에 모든 종교적 개념들의 풍성함을 열어주었고 예술로 하여금 우렁차고 다채로우면서도 모호하고 떠도는 듯한 언어 속에 영혼의 가장 깊은 체제**와 가장 깊은 열망**들을 드러낼 수 있게 해주었다.

조락기의 중세는 마지막 만개 상태에 있는 그 사고(思考)를 보여준다. 세계는 확장되어 보편적인 형상화 속에 펼쳐지며 상징들은 석화된 꽃과 같다. 게다가 상징주의는 늘 어느 시대에나 순전히 기계적이 되고 습관으로 전락하는 경향이 있었다. 그것은 단순히 시적 고양의 산물만이 아니고, 그것이 거기에 기생식물처럼 매달려 있는 사고의 산물이기도 하다.

동일시는 자주 수의 동일함에 의거할 뿐이다. 관념들의 거대한 의존 체계가 이 현상에서 열리지만 그것은 단지 산술 훈련에 불과하다. 12달은 12사도를, 4계절은 4복음서 기자를, 1년은 그리스도를 의미하게 될 것이다. [11] 7의 체계들의 총화가 이루어진다. 7덕목들에는 주기도문의 7가지 간구와 성령의 일곱 가지 은사들, 일곱 가지 지복과 일곱 가지 속죄의 성시들이 결부된다. 이 모든 일곱의 무리들은 그리스도 수난의 7단계와 7성사와 연결된다. 그들 각각이 일곱 짐승으로 표현되고 일곱 재앙을 수반하는 일곱 가지 주요 죄에 대립한다. [12]

제르송 같은 영적 지도자는, 이 예들은 그에게서 빌어온 것인데, 상징 관계가 갖는 윤리적 · 실천적 가치에 강조를 둘 것이다. 알랭 드 라 로슈 같은 환상가에게서는 미학적인 요소가 가장 우선시된다. [13] 그의 상징적 사색들은 매우 복잡하며 약간 인위적이기까지 하다. 그에게는 그의 묵주협회에서 규정한 150회의 아베송과 15번의 주기도문 사이클을 대표하는, 15와 10이라는 숫자가 들어가는 한 체계가 필요하다. 15번의 주기도문은 그리스도 수난의 15단계이고 150번의 아베송은 시편의 숫자이다. 뿐만 아니라 그는 또 11천계와 4요소를 더한 뒤 10개의 범주들(실체니 특질이니 등등의 것들)을 꼽한다. 그는 그 산물로서 150가지의 본성적 습관을 얻어낸다. 비슷하게, 10개의 계율을 15가지 덕목으로 꼽한 것은 150가지의 도덕적 습관을 제공한다. 15가지 덕목의 숫자에 도달하기 위해 그는 신학적인 3덕목과 4가지 기본 덕목 외에 주요 7덕목을 헤아린다. 그렇게 하면 14가 되는데, 신앙과 회개라는 두 가지 다른 덕목들이 남아 있다. 이는 16을 이루고 따라서 하나가 너무 많다. 그러나 기본 덕목들 중 절제는 주요 덕목의 금욕과 합쳐지므로 결국 15라는 숫자가 나온다. 이 15가지의 각 덕목들은 주기도문의 한 부분마다에 혼인 침대를 갖고 있는 각각의 여왕이다. 아베송의 각 단어들은 동정녀의 15가지 완전한 덕을 의미하며 동시에 그 자체가 보석인 천사석 위의 각 보석들을 의미한다. 각 단어들은 하나의 죄와 그 죄를 나타내는 짐승을 내쫓는다. 그것들은 다르게는 모든 복자들을 열매맺는 한 나무의 가지들이며 한 층계의 각 계단들이다. 두 가지만 예를 든다면, 아베라는 단어는 동정녀의 순결무구와 다이아몬드를 의미한다. 그래서 그 단어는 교만이나 교만을 나타내는 사자(獅子)를 내쫓는다. 마리아라는 단어는 예지와 석류석을 가리키고, 그것은 질투 및 질투를 나타내는 검은 개를 내쫓는다. 알랭 Alain 은 환상 속에서 죄의 짐승들이 갖는 무시무시한 형상들을 본다. 또 그는 값비싼 보석들의 번쩍이는 색상들을 보는데, 보석의 그 경이로운 속성들은 새로운 상징의 조합들을 일깨운다. 마노는 흑마노·홍마노·백마노가 있어, 마치 마리아가 겸손에 있어 검으며, 고통에 있어 붉고, 영광과 은총에 있어서는 흰빛인 것과 같다. 인장(印章)으로 사용됨에 있어 그것은 밀납을 묻혀두지 않으며 그로써 정직의 미덕을 상징한다. 그것은 정직하고 순결하게 한다. 진주는 은총 *gratia* 를 의미하며 마리아의 은총을 가리킨다. 그것은 바다의 조개껍질 속에서 "어떤 종류의 이질적인 종자 번식의 혼합도 없이 *sine admixtione cuiuscunque seminis propagationis*" 하늘의 이슬에서 태어난다. 그리고 여기서 상징주의는 하나의 진정한 만화경이 된다. "하늘의 이슬에서 태어난"이라는 말에 의해, 어이없게도 하늘의 증거를 구한 기드온의 양털이라는 동정녀 탄생의 또 다른 비유가 일깨워진다.

상징주의는 결국 진부해져버렸다. 상징들과 알레고리의 추구는 하나의 헛된 정신적 유희가 되었으며 단 하나의 유추에 근거한 피상적인 환상이 되었다. 대상의 신성함은 여전히 어느 정도의 정신적 가치를 그것에 부여한다. 그러나 상징주의에의 편집이 세속적 혹은 단순히 윤리적인 자료들에 적용되면서부터 퇴폐가 나타난다. 프로아사르는 『사랑의 시계 Li orloge amoureus』에서 사랑의 모든 특수성들을 시계의 각 부품들에 비유한다. [14] 샤틀랭과 몰리네는 정치적 상징주의로 경쟁을 벌인다. 새 가지 신분은 성모의 특성을 나타낸다. 제국의 일곱 선거인단은 일곱 미덕을 의미한다. 1477년 부르고뉴가에 충성을 바친 아르토아 Artois 와 에노 Hainaut 의 다섯 도시들은 슬기로운 다섯 처녀이다. [15] 결국 이는 전도된 상징주의이다. 거기서는 상위의 것이 하위의 것을 지칭한다. 왜냐하면 이 저자들의 생각 속에서, 지상의 것들은 그에 장식품 역할을 하는 신성한 것들보다 더 우월하기 때문이다.

간혹 제르송의 것으로 추정되는——이는 틀린 생각이다——『알레고리적인 표현에 의한 윤리적 제시 Le Donatus moralisatus seu per allegoriam traductus』는 신학에 라틴 문법을 혼합시켰다. 명사(名辭)는 인간이고, 대명사는 그가 죄인임을 의미한다. 올리비에 드 라 마르슈 Olivier de la Marche 의 작품 『부인들의 치장과 성공 Le parement et triumphe des dames』에서는 여자들 옷의 각 부분이 각각 하나의 미덕을 가리키며, 코키야르 Coquillart 역시 그 같은 테마를 개진하고 있다.

> 슬리피는 우리에게 긴장만을 주며,
> 중병 아닌 모든 유익을 가져다주네.
> 그것에 어울리는 타이틀로는
> 나는 그것에 겸양이라는 이름을 주리.

이처럼 신발은 보살핌과 근면을 나타내고, 긴양말은 인내를, 양말 대님은 과단성을 나타내는 등등이다. [16]

중세 시대의 사람들에게는 이런 유의 것이 우리에게처럼 그렇게 따분하고 무미건조한 것으로 보이지 않았던 게 분명하다. 그렇지 않다면 그들이 그렇게 세심한 배려로 그것들을 기르지는 않았을 것이다. 따라서 15세기에는 상징주의와 알레고리가 아직도 그 생생한 힘을 잃지 않았다고 결론지어야 한다. 상징과 의인화의 경향은 거의 충동적이어서 거의 모든 사고는 자발적으로 하나의 형상화된 형태를 떠었다. 하나의 실체로 생각된 각 관념과 하나의 본질로 생각된 각 특질을, 상상력은 곧 하나의 인간적 형태로 덧입혔다. 드니 르 샤르트뢰는 계시 속에서, 마치 알레고릭한 유희 장면에서처럼, 인간적이고 연극적인 교회를 본다. 그가 본 계시 가운데 하나는 그와 그의 친구 니콜라스 드 쿠사 Nicolas de Cuse 추기경이 바랐던 미래의 교회 개혁과 관련된다. 정화된 교회의 영적 아름다움은 찬란하고 값진, 색채와 장식 등으로 경이로운, 하나의 의복의 형태로 나타난다. 또 한번은 그는 핍박받는 교회, 추하고 털투성이이며 창백하고 허약한 모습을 본다. 주께서 말씀하신다 : 너의 어머니이며 나의 약혼녀인 성스러운 교회를 청종하여라. 그리고 곧 드니는 "교회라는 인물 quasi ex persona Ecclesiae"에게서 울려나오는 듯한 목소리를 듣는다. [17] 이처럼 사고는 즉시 형상화된 형태를 띤다. 그리고 이 형태는 알레고리에 대한 상세한 설명이 필요 없이 바라는 조합들을 상기시키기에 충분할 것이다. 사고는, 그것이 우리에게는 음악 속에 용해될 수 있듯이, 이미지 속에 용해된다.

『로망 드 라 로즈 Roman de la Rose』의 알레고릭한 인물들을 다시 한번 상기해보자. 우리에게는, 환대 Bel-Accueil 이니, 부드러운 감사 Doulce Mercy 니, 겸손한 요청 Humble Requeste 이니 하는 것들을 상상하기 위해서는 상당한 노력이 필요하다. 하지만 중세 사람들에게는 이런 형상들은 그것들을 로마인들이 공포심 Pavor, 창백함 Pallor, 조화 Concordia 같은 추상적 관념들에서 끌어낸 신성들과 동일한 기반 위에 놓는 매우 생생한 미학적 감정적 가치를 갖고 있었다. 그렇지 않으면 『로망 드 라 로즈』는 읽을 수가 없었을 것이다. 중세의 정신들 속에서는 달콤한 생각 Doux Penser 이니, 수치 Honte 니, 추억 Souvenir 같은 것들이 거의 신적인 삶을 살았다. 위험 Danger 이란 형상은 훨씬 더 지독한 구체화를 겪었다. 원래 그것은 유인에 의해 연인을 위협하는 위험을 지칭하며 혹은 부인의 조심성을 말한다. 그런데 그것은 마침내 사랑의 은어에서 질투심 많은 남편을 지칭하기에 이른다.

특별히 중요한 하나의 생각을 표현하기 위해 알레고리에 의뢰하는 것은 드문 일이 아니다. 샬롱 Chalon 의 주교는, 필립 르 봉에게 심각한 정치적 간언을 써보내고자 하여 알레고리의 형식을 부여하며, 1437년 성 안드레의 날에 그것을 에스뎅 Hesdin에 있는 공작에게 제출한다. 오테스 드 시뉘리 Haultesse de Signourie는 제국에서 쫓겨나 처음엔 프랑스에, 다음에는 부르고뉴 궁정에 피신한다. 위로할 길 없는 그녀는 왕의 무관심 Incurie du prince과 충고의 흐물흐물함 Mollesse de conseil, 가신들의 질투 Envie des serviteurs와 신하들의 착취 Exaction de sujets 등이 그녀에게 뻗치는 갖가지 궤계들을 한탄한다. 그녀는 그것들을 막기 위해 경계 Vigilance를 세워야 한다.[18] 요컨대 모든 정치적인 논쟁은 산 그림의 형식을 취했다. 그 것은 인상을 주는 방식이었으므로, 알레고리는 우리로서는 상상하기 어려운 하나의 암시적인 힘을 가질 필요가 있었다.

파리의 그 부르조아는 자신의 문체를 치장하는 데는 별 관심이 없는 산문적 정신의 소유자이다. 하지만 그는 이야기의 가장 끔찍한 부분, 곧 1418년 6월 파리에서 있은 부르고뉴인들의 학살 사건에 이르자, 돌연 알레고리로 올라간다.[19] "그때에 악한 충고 Mau-conseil의 탑에 살고 있던 불화 Discorde 여신이 일어났다. 그리고 분노 Ire라는 미친 여자와 탐욕 Convoitise과 격노 Enragerie와 복수 Vengence가 일제히 깨어났다. 그들은 갖가지 무기를 들고 이성 Raison과 정의 Justice, 하나님을 기억함 Memoire de Dieu과 중용 Atemprance 등을 수치스럽게 밖으로 몰아냈다." 이런 식의 묘사는 다음과 같은 사실적인 이야기들과 뒤섞인 채 계속된다: "아침에 가 보면 시체들이 뻗어 있었고, 그들에겐 바지밖에 걸쳐 있지 않았으며, 돼지들처럼 무더기로 진흙탕에 누워 있었으므로……" 하지만 잔인한 만행에 대한 그의 이야기는 완전히 상징적인 양식 위에 구성된다: "그때에 미친 듯한 분노 Forcenerie와 살인 Murtre과 학살 Occision이 감옥 속에 있는 모든 사람들을 죽이고 목자르고 도살했다……. 그리고 탐욕 Convoitise이 그 딸 강탈 Rapine과 아들 도적질 Larrecin과 더불어 성벽에 옷자락을 드리우고 있었다……. 앞서의 그 백성들이 그들의 여신들의 권고에 따라간 후 파리의 모든 감옥에서 맛본 것은 분노와 탐심과 복수심이었다."

저자는 왜 알레고리를 사용하는가? 그것은 그가 연대기 속에서 평범하다고 본 일상적 사건들에서 사용한 것보다 더 엄숙한 어투를 부여하기 위해서이다. 그는 이 잔혹한 사건들에서 몇몇 개인이 저지른 범죄와는 근본적으로 다른 무엇을 볼 필요를 느낀다. 알레고리는 그에게 있어 비장한 톤을 부여하는 수단이다.

이처럼 충격적인 알레고리의 남용은 그것의 기능이 얼마나 생생하게 남아 있었는가를 보여준다. 우리는 그 옛 유물들이 우리가 하나의 유희를 상대로 한다는 것을 보여주는 산 그림 속에서는 여전히 알레고리를 용납할 수 있다. 그러나 15세기는 성인들이 일상적인 옷 차림을 하고 있는 것을 용인한 것과 같이 알레고리를 용인한다. 15세기는 또한 표현할 필요가 있는 모든 생각을 위해 의인화들을 만들어낼 수 있다. 궁정 생활이 파멸로 이끈 한 경솔한 젊은이의 '행실'을 이야기하기 위해, 샤를르 드 로슈포르 Charles de Rochefort 는『궁정의 방탕아 Abuzé en court』에서『로망 드 라 로즈』의 것들을 본따 일련의 인물들과 그 같은 창백한 의인화들을 만들어낸다 : 미친 생각 Fol cuidier 과 미친 향연 Folle bombance 과 그 외의 것들이 작품의 세밀화 속에서 마치 그 시대의 귀족들처럼 나타난다. 시간 Temps 은 수영이나 군용낫이 필요 없이 꼭 끼는 웃저고리나 남자용 긴양말을 신은 모습으로 나타난다. 알레고리의 진부함조차가 그 놀라운 생명력을 입증한다. 올리비에 드 라 마르슈는, 1454년 릴 Lille 의 궁정 축연에서 '앙트르메'의 12인물들 곧 12미덕들이 각자 그들의 짧은 시들을 낭송한 후에 "축제에 흥을 돋우기 위해 가면 무도를 추고 흉한 몰골을 하기 시작하는"데 대해 놀라지 않는다. 20)

엄밀하게 미덕이나 감정들에만 인간적 형상이 부여된다고 생각하겠지만, 그러나 중세의 정신은 우리에겐 전혀 인격성을 가질 수 없는 개념들에까지 그 방식을 확대하기를 주저하지 않는다. 이를테면 사순절은 하나의 산 인물이다. 『사순절(역주 : 절식·금식을 해야 하는 절기)과 육식일의 싸움 La bataille de karesme et de charnage』, 즉 사순절의 수요일 전의 일·월·화요일들 des jours gras 과 그 후의 금식일들 des jours de jeûne 은, 후에 피터 브뤼겔 Peter Breughel 에 의해 광기어린 환상의 삽화가 그려지게 되는데, 13세기의 창작물이다. 21) 다음과 같은 속담은 그 인물을 알고 있다. "사순절이 부활절 전야에 케익을 굽는다 *Quaresme fait ses flans la nuit de Pasques.*"
북부 독일의 몇몇 도시에서는 부활절 전 수요일 미사중에 교회당
내진 안에 매달린 한 인형을 자르는데, 그 인형의 형상은 사순절을
나타낸다.[22]

사람들이 성자들에 대해 가졌던 개념과 순전히 상징적인 인물들
에 대해 가졌던 개념 사이에 차이가 있을까? 아마 성자들은 교회에
의해 인정받았고, 역사적인 성격과 나무나 돌로 된 그들의 조각상
들을 갖고 있었다. 그러나 결국, 민중의 상상 속에서 행운 Fortune
이니 가장 Faux semblant이니 하는 의인체들이 성녀 바르브 sainte
Barbe나 성 크리스토프 saint Christophe만큼 실제 존재로 나타나지
않았을까 하는 자문이 가능하다.

한편 중세의 알레고리와 르네상스의 신화 사이에는 말하자면 대
조가 없다 : 신화의 형상들은 중세 시대 대부분에 알레고리를 동반
한다. 비너스 여신은 12~13세기 시들에서 자기 역할을 한다. 알
레고리는 또 알레고리대로 16세기까지 심지어 그 이후까지 온전히
유행을 누린다. 14세기에 알레고리와 신화 사이의 경쟁이 시작
된다. 프로아사르의 시들에서 부드러워보임 Doux semblant, 젊음
Jonece, 유쾌함 Plaisance, 거절 Refus, 위험 Dangier, 변명 Escondit
(Excuse), 솔직함 Franhise 같은 우의적인 인물들 곁에 거의 알아
볼 수 없는 신화적 인물들 곧 아트로포스 Atropos, 클로토 Cloto,
라셰시스 Lachesis, 델레푸스 Telephus, 이드로푸스 Ydrophus, 넵
티스포라스 Neptisphoras 등의 낯선 무리가 등장한다. 남신들과 여
신들은 처음엔 『로망 드 라 로즈』의 우의적인 인물들보다 생생함이
덜하다. 그들은 텅 비어 있고 창백하다. 혹은 그들은 과도하게 바로
크적이 되며 크리스틴 드 피장 Christine de Pisan의 시 『헥토르에
게 부치는 오테아의 편지 *l'Epistre d'Othéa à Hector*』에서처럼 더 이
상 고전적이지가 않다. 르네상스는 하나의 급선회를 한다. 올림포
스의 신들과 님프들이 단연 우세해진다. 고대로부터 그들에게. 하나
의 새로운 양식과 감정의 풍부함, 시적 아름다움과 특히 자연과의
조화가 온다. 그리고, 그들 곁에서 과거엔 그토록 생생하던 알레고
리들이 창백하게 빛을 잃고 사라지게 된다.

상징주의는 그의 시녀 알레고리와 더불어 하나의 정신적 유희가 되었다. 의미로 가득찼던 풍성했던 것이 다 사라졌다. 상징적 정신 상태는 인과적 사고가 발전하는 것을 방해했다. 왜냐하면 인과적 이고 발생적인 관계는 상징 관계 옆에서 하찮은 것으로 나타나지 않을 수 없었기 때문이다. 그리하여 두 개의 광원과 두 개의 칼에 대한 신성한 상징주의는 교황권에 대한 역사적이고 법적인 비판의 길을 오랫동안 차단했다. 왜냐하면 이 두 개의 상징은, 충격적인 비유의 도움으로가 아니고 교황권과 황제권의 신비적 기반을 드러냄으로써, 직접적으로 성 베드로의 우위(優位)를 세웠기 때문이다. 단테는 그의 『군주론 Monarchia』에서, 역사적 비판으로의 길이 열리기 전에, 우선 그것의 적용 가능성과 싸우면서 그 상징을 약화시켜야 할 판이다.

사람들이 상징주의의 위험성을 간파하고 독단적이고 불필요한 알레고리들을 혐오하게 되면서 그것들을 사고의 굴레로 거부하게 될 날도 멀지 않았다. 루터는, 성 보나방튀르 saint Bonaventure 와 드니 르 샤르트뢰 Denis le Chartreux, 『신성한 의무에 관한 추론 Ratio-nale divinorum officiorum』의 저자인 제르송 Gerson 과 기욤 뒤랑 Guillaume Durand 등, 스콜라 신학의 거성들을 향한 독설 속에 그것들을 비난한다. "이 우의적인 연구들은 할일 없는 사람들이나 하는 짓이다. 여러분은 내가 아무 피조물에 대해서나 알레고리의 유희를 해대지 못하리라 생각하는가? 알레고리를 못 할 만큼 재치 없는 사람이 누가 있겠는가?"[23]

상징주의는 직관에 의해 예감되고, 음악이 우리에게 밝혀주는 것과 유사한 관계들의 불완전한 표현이었다. "우리가 이제는 거울로 보는 것같이 희미하나 Videmus nunc per speculum in aenigmate."사람들은 하나의 수수께끼에 직면해 있다고 의식하였다. 하지만 사람들은 거울 속에서 형상들을 분별하려고 애썼고, 이 형상들은 다른 이미지들을 수단으로 해서밖에는 설명할 수가 없었다. 상징주의는 창조라는 거울에 마주 세울 수 있는 제 2 의 거울과도 같았다. 모든 개념은 조형적이거나 회화적이 되었다. 세계의 표현은 달빛 아래 선 성당의 고요함에 도달했고 거기서 사고는 잠들 수 있었다.

제 16 장
이미지들의 포기로

상징주의는 중세적 사고의 생명 호흡과도 같았다. 그것이 사라지자, 혹은 순전히 기계적으로 되어버리자 신에 의해 요구된 거대한 인과 관계의 건물은 하나의 공동 묘지에 불과하게 되었다. 본질적이라 여겨지던 특질들에 따라 사물간의 관계를 일별하던 체계적 이상주의는 더없는 경직성과 메마른 분류로만 치닫는다. 연역적인 방식에 따라 개념을 나누고 세분하는 일은 매우 쉽다. 따라서 정신의 창공은 다소 임의적인 무한수의 상징적 성좌들을 갖게 될 것이다. 하나의 추상적 논리에 따른 제 규칙들을 제의하고는 그 같은 분류에서 오류를 지적할 만한 어떤 치료책도 발견되지 않는다. 그리하여 정신은 자신의 오류를 깨닫지 못한 채 자기의 정신 작용과 자기가 창안해낸 정신 체계의 확고함을 과신하기에 이른다.

중세의 인간은 자연이나 혹은 한 사물의 원인을 알고 싶어하여 그것을 일반적 관념의 연장선상으로 가져갈 것이다. 정치적인 문제건 사회적 혹은 도덕적인 문제건 그는 항상 그 문제를 자신의 보편적인 원칙에 환원시키는 것으로부터 시작한다. 가장 하찮은 것들까지도 그러한 조명하에 비쳐진다. 일례로 파리 대학에서는 중간 학위 취득을 위해 수험료를 내야 하는가?라는 문제가 논의된다. 총장에 맞서, 피에르 다이이 Pierre d'Ailly 가 이 요구에 대항한다. 그는 실증적 권리나 역사적인 논쟁에 의거하지를 않는다. 완전히 스콜라적인 그의 추론은 "돈을 사랑함이 일만악의 뿌리가 되나니 *Radix omnium malorum cupiditas*"라는 성서 텍스트에 의거하여, 삼단으로

전개된다 : 부당 징세는 성직 매매죄이다 ; 그것은 자연권과 신권에 위배된다 ; 고로 그것은 이단이다. [1]

드니 르 샤르트뢰 Denis le Chartreux 는 한 종교 행렬의 미관을 해친 추잡한 것들에 대한 항의문에서, 전반적인 종교 행렬과 그 역사에 관한 상세한 진술을 하고 있을 뿐, 정작 그 당면 문제에 대해서는 거의 다루지 않고 있다. [2] 거기에 바로 중세의 논증들이 보이는 한심스러운 면이 있다. 그 논증들은 처음부터 윤리적 일반론과 성서에서 인용한 '예'들 속에 갈팡질팡하고 있다.

하나의 체계적인 이상주의는 도처에 그 모습을 드러낸다. 각각의 직업과 관록 혹은 신분에는 각자 나름대로 신을 섬기기 위해 지향해야 할 분명하게 한정된 하나의 윤리적·종교적 이상이 형성된다. [3] 사람들은 드니 르 샤르트뢰가 모든 현세적 직업의 신성함을 강조하는 방식 속에서 새로운 시대의 조짐과 종교개혁의 예고를 보고 싶어했다. 그가 자기 친구 브뤼그만 Brugman 을 위해 『기독교적 삶의 규칙과 원칙 De doctrina et regulis vitae christianorum』을 두 권으로 요약한 그의 논문 『귀족의 삶과 체제에 관하여 De vita et regimine nobilium』에서는, 모든 조건의 사람들, 주교·참사회원·사제·학생·왕·귀족·기사·상인·남편·과부·처녀·수도사 들[4]에 걸쳐 각 직업의 권리와 그것들을 신성하게 하는 방식이 서술되고 있다. 그러나 그의 윤리적 규범에의 진술은 여전히 추상적이며 일반적인 채로 남아 있다. 그의 진술은 결코 우리로 하여금 그가 말하는 직업이나 신분들의 생생한 실체 속으로 파고들게 하지 못한다. 그리고 직업의 그 이상적 형태 역시 근대적 사고를 드러내기는커녕, 정반대로 순전히 중세적이다.

모든 것을 하나의 일반적 유형으로 귀착시키려는 경향은 중세 정신의 약점으로 생각되었다. 그것으로는 개별적인 특성들을 구분하고 묘사하는 데 이르지 못한다. 하지만 중세의 인간이 사물의 개별적 특수성과 뉘앙스들을 소홀히 한 것은 고의적인 것이다. 그로 하여금 그렇게 하게 만든 것은 깊은 이상주의의 결과 곧 종속성에의 필요이다. 그것은 개별적 특성들을 간파할 힘이 없어서라기보다, 사물들의 의미, 사물들의 절대와의 관계, 사물들의 일반적 의미를 설명하려는 의식적인 의지이다. 보편적인 것 *l'impersonnel*이 중요성을 갖는다. 모든 사물은 모델·본·규범이 된다.

중세 정신이 탁월하게 몰두한 것은 세계를 관념들로 해설하는 일과 하나의 계급적 체계에 따라 이 관념들을 분류하는 일이다. 거기서 어떤 하나의 특질을 하나의 복합체에서 분리시켜 따로 생각할 수 있는 가능성이 생겨난다. 풀크 드 툴르즈 Foulques de Toulouse는 한 알비종파 탁발 수도사에게 보시를 주었다는 비난에 이렇게 답변한다 : "난 이단자에게 준 것이 아니고, 여자 거지에게 준 것이오." 프랑스의 왕비 마르그리트 데코스 Marguerite d'Écosse는 잠들어 있는 시인 알랭 샤르티에 Alain Chartier에게 입을 맞춘 뒤 이렇게 변명한다 : "난 남자에게 키스한 게 아니예요. 단지 그렇게 선한 말과 덕스러운 말들을 만들어내는 귀한 입술에 입맞춘 것이지요."[5] 한 속담은 이렇게 말한다 : "이단자일 수는 있지만 이단이 되진 않겠다 *Haereticare potero, sed haereticus non ero.*"[6] 고도의 신학적 사색의 영역에서 신(神) 속에, 선행 의지 곧 모두를 구원하려는 의지와, 결과 의지 곧 선민에게만 국한시킨 의지를 구분하는 것도 같은 국면이다.[7]

모든 사물들의 이 같은 분석은 인과 관계의 기준을 빼고 나면 기계적이 되고 순전한 번호 매기기로 전락한다. 어떤 영역도 악덕과 미덕의 영역만큼 거기에 잘 부합되는 것은 없었다. 각각의 죄는 일정 수의 원인과 종류·결과 들을 갖는다. 드니 르 샤르트뢰에 의하면 죄인을 실족케 하는 12가지 망상이 있다. 그들 각각은 성서 텍스트와 상징들에 의해 설명되고 형상화되고 강화되어, 정면 현관의 조각상으로 고요한 확실성을 얻는다. 같은 일련의 것이 다시 나타나 하나의 다른 관계하에 연구된다. 죄의 막대함은 7가지 관점, 즉 신의 관점, 죄인의 관점, 재료의 관점, 상황의 관점, 의도의 관점, 죄의 성격의 관점, 그리고 죄의 결과의 관점에서 고려되어야 한다. 그리고 그 7가지 관점은 다시 각각 8 혹은 14가지로 세분된다. 죄로 기울게 하는 정신의 6가지 약점이 있다[8] 등등. 그리고 이 같은 윤리적 체계화는 불교의 책에서도 그 유사한 것들을 찾아볼 수 있다.

그러한 하나의 분석은 그것이 형벌에의 환상적 환영들을 동반하지 않는 한 죄의식을 발전시키기보다는 오히려 약화시킨다. 드니 르 샤르트뢰는 말한다 : 아무도 이 지상의 삶 속에서는 죄의 그 엄청난 크기를 이해할 수 없다.[9] 그리고 그는 성자들, 의인들, 천체들, 요소들, 이성 없는 존재들과, 무생물들이 죄에 대한 복수를 외치는 것을 듣는다.[10] 이처럼 모든 윤리적 개념들은 그것들이 신의 위엄과 직접적인 관계에 놓이기 때문에 과장된다. 가장 작은 죄일지라도 전 우주에 타격을 미친다. 드니는 모든 시적 아름다움이 결여된, 그래서 더욱 끔찍할 뿐인 세세한 묘사들과 무시무시한 이미지들을 통해 죄와 지옥의 두려움을 일깨우고자 애쓴다. 단테는 그의 천재의 조명으로 지옥을 밝혔었다 : 파리나타 Farinata 와 위골리노 Ugolino 는 그들의 타락 속에서 영웅적이며, 루시퍼 Lucifer 는 그 웅장함으로 인해 오히려 위안을 준다. 드니 르 샤르트뢰는 강렬한 신비주의에도 불구하고 범속하기 이를 데 없는 산문적인 정신의 수도사로, 지옥을 온통 강박관념적인 모습으로 그려낸다 : "하얗게 달구어진 불구덩이와 그 불구덩이 속에서 영원히 지내게 될 벌거벗은 사람을 상상해보자. 그런 고통을 보는 것만으로도 우리는 참을 수 없지 않는가? 이 사람은 얼마나 비참해 보이는가? 불구덩이 속에서 몸부림치며 울부짖고 포효할 것을 생각해보자! 그 삶의 결국이 그러할 것이다. 참을 수 없는 형벌이 결코 끝나지 않으리라는 것을 이해하게 될 때, 그의 불안과 고통은 어떠하겠는가!"[11] 모든 것을 휩쓰는 격렬한 불길과 극심한 추위, 구역질나는 벌레들과 악취, 배고픔과 갈증, 암흑과 쇠사슬과 더러움과 아우성 소리와 악마들을 보는 것 — 드니는 이 모든 것을 동시에 하나의 악몽처럼 환기시킨다. 윤리적 고통들이 주는 불안은 훨씬 더 중압적이다. 슬픔과 두려움, 하나님으로부터 영원히 멀어지는 비통한 느낌, 신에 대한 형언할 길 없는 증오, 선민들이 구원받는 데 대한 질투심, 그리고 모든 종류의 오류와 망상들로 강박관념에 걸린 영혼 등. 게다가 이 고통의 영속성에 대한 생각은 적절한 이미지들에 의해 자극되어 일종의 두려움의 현기증을 일으킨다.[12]

아마도 드니의 것을 번역한 것으로 보이는 4 가지 최후에 대한 한 논문은 원래 샤임 수도원에서는 보통 식사 시간에 읽히는 것이었다. [13] 얼마나 씁쓸한 양념인가! 그러나 중세의 인간은 언제나 단호하고 힘찬 방식들을 더 좋아했다. 너무나 오랫동안 영웅적인 약만을 써온 환자처럼, 그는 힘찬 자극제들의 효력밖에는 느낄 수가 없었다. 중세는 하나의 미덕을 그 모든 광채로 빛나게 하기 위해, 보다 신중한 모랄리스트라면 아마 거기서 하나의 회화(戲畫)를 볼 그런 과격한 형태하에 그것을 제시한다. 성 질르 Saint Gilles 는 화살에 맞아 상처를 입고도 하나님께 그 상처가 낫지 말게 해달라고 빎으로써 인내심의 본보기가 될 것이다. 관용은 음식에 재를 섞어먹는 성자들에게서, 정숙함은 여자 곁에서 자신의 미덕을 시험한 성자들에게서 그 모범을 갖게 될 것이다. 행위의 기발함이 아니면, 극단적으로 나이가 어린 것이 모범으로 지칭된다. 성 니콜라스 saint Nicolas 는 축일이면 어머니의 젖을 거부하였다. 여러 판본에 따르면 3살 혹은 9개월밖에 안 된 순교자 성 키리스 saint Quirice 는 총독이 어우르는 것을 거부하다가 깊은 구덩이에 던져진다. [14]

똑같이 강력한 분량으로 덕행의 탁월함을 맛보게 하는 것은 여전히 지배적인 이상주의이다. 미덕은 관념으로 이해된다. 그것의 아름다움은 날마다의 불완전한 실천 속에서보다는 본질의 과장된 완성 속에서 더 많이 나타난다. 중세적 '실재론'(실상은 하나의 과장된 이상주의)은 기독교화된 신플라토니즘의 기여에도 불구하고 하나의 원시적 개념으로 생각되어야 한다. 철학은 실재론을 고양시키고 정화시켰었다. 그러나 이 실재론은 존재와 실체를 추상적인 사물들에 돌리는 여전히 원시적인 인간의 태도로 남아 있었다. 우리는 'thesaurus ecclesiae'라는 교리, 곧 그리스도와 성자들이 쌓은 여분의 공덕들의 보고(寶庫)라는 교리에서 그 같은 구체화의 예를 본다. 교회 곧 그리스도의 신비적인 몸의 지체로서 모든 신자들에게 공동인 이 보고의 개념은 이미 매우 오래된 것이다. 그러나 그것이 적용되는 방식, 즉 여분의 선행이 무궁무진하게 남아 있고 교회는 그것을 부분적으로 자유로이 사용할 수 있다는 식의 적용 방식은 13세기에 처음으로 나타난다. 알렉상드르 드 알르 Alexandre de Hales 는 '보고(寶庫) thesaurus'란 말을 그것이 그때 이녀로 간직하게 된 기술적인 의미에서 사용한 첫번째 사람이다. [15] 이 교리는 반대를 불러일으키지 않았다. 그것은 결국 우세하게 되었고 1343년 클레망 Ⅵ세의 교서 『독생자 Unigenitus』에서 공식적으로 인정받게 되었다. 보고는 거기서 그리스도가 성 베드로에게 맡긴 자산으로서 날마다 증가되는 것으로 생각된다. 왜냐하면 장점들은 이 보고의 배분에 의해 더 많은 사람들이 정의로 이끌림에 따라 점점 더 축적되기 때문이다. [16]

이 같은 물질주의적 개념은 선행보다 악행에 더 많이 부과되었다. 교회는 언제나 죄가 하나의 사물이나 실체는 아니라고 가르쳐왔다. [17] 그러나 모든 것이 일제히 정신들 속에 그 같은 생각을 교묘히 불어넣는데 무슨 수로 그것을 막을 수 있었겠는가? 죄 속에서 더럽히고 혹은 부패시키는, 따라서 씻어내고 혹은 근절시켜야 하는 요소를 보는 원시적 본능은 통용되는 체계화에 의해, 죄에 대한 암시적인 형상화에 의해, 그리고 심지어는 교회가 연출한 사면 방식에 의해 더욱 더 강화되었다. 드니 르 샤르트뢰는 그가 죄를 하나의 열병, 냉정하고 부패한 기질이라고 부를 때, 그것이 단지 비유일 뿐이라고 상기시켜봐야 소용이 없다. 민중적 사고는 확실히 독단론자들의 엄격한 제한들을 쉽사리 잊어버렸다. [18] 법률은 신학만큼 교리적 순수성을 고집하진 않았지만, 똑같은 물질주의적 개념을 보였다. 영국의 법률가들은 중죄가 피의 타락을 낳는다는 개념에 기초하였다. [19] 한 가지 특수한 점, 곧 구세주의 피에 대해서는 교리는 그 같은 개념을 요구하기까지였다. 사람들은 그것을 마치 절대적으로 물질적인 것으로 상상할 수밖에 없지 않았겠는가? 피 한 방울만으로도 전세계를 구원하기에 충분한 주님께서 그토록 많은 피를 흘려주셨다고 성 베르나르는 말했다. [20] 그리고 성 토마스는 그의 찬가 중 하나에서 같은 생각을 표현하고 있다.

거룩한 사다새이신 주 예수여,
나, 이 더러운 자를 당신의 피로
씻어주소서, 한 방울만으로도
온 세상의 더러움을 맑히시기에 충분하신 당신의 피로.

드니 르 샤르트뢰에게서 우리는 형언할 수 없는 것을 공간과 거
대함의 용어로 표현하려는 필사적인 노력을 본다 : 영원한 삶은 측
량할 길 없이 존엄하다 ; 하나님 존전에서 즐거움을 누리는 것은 무
한한 완성이다 ; 죄는 무한히 거대한데 왜냐하면 측량할 길 없는 성
스러움에 대한 모독이기 때문이다 ; 무한한 효력을 지닌 구세주가 필
요했던 것은 바로 그 때문이다. [21] 이처럼 넓이의 부정적인 표현이
영원을 상상력에 접근시키는 데 쓰여야 한다. 사람들은 암시적인 이
미지들을 찾아내려고 애쓴다. 드니 르 샤르트뢰는 말한다 : 우주처럼
거대한 한 모래산을 생각해보라. 십만 년마다 한 알씩 모래 한 알을
제거할지라도 그 산은 마침내 사라질 것이다. 그러나 그렇게 헤아
릴 수 없는 무한한 시간이 흐른 뒤에도 지옥의 고통은 감해지지 않
을 것이다. 그리고 그것은 첫번째 모래알이 없어졌을 때보다도 그
끝에 더 가까와지지도 않을 것이다. 그 산이 없어질 때쯤 영벌에 처
해진 그 사람들이 풀려날 수만 있다면 그것은 그들에게 크나큰 위
안이 될 것이다. [22]

두려움과 공포를 불어넣기 위해 상상력이 무시무시한 재원의 자
원들을 동원해낸다면, 천상의 기쁨에 대한 표현은 정반대로 언제나
극단적으로 원시적이며 단순한 채로 남아 있다. 인간의 언어는 절대
적 행복의 비전을 표현할 길이 없다. 드니 르 샤르트뢰는 그 관념
을 밝히거나 심화시킴이 없이 단순히 산술적으로 증가시킬 뿐인 최
상급들에 골몰한다 : "가장 본체적이고, 가장 찬양할 만하고, 가장 선
한……삼위일체가 우리를 최고의 명철과 당신 자신의 정관으로 이끕
니다 *Trinitas supersubstantialis, superadoranda et superbona……dirige
nos ad superlucidam tui ipsius contemplationem.*" 주님은 "최고로 긍
휼이 많으시고, 최고로 존엄하시며, 최고로 사랑스러우시고, 최고
로 빛나시며, 최고로 전능하시고, 최고로 지식이 많으시며, 최고로
영화로우시다 *supermisericordissimus, superdignissimus, superama-
bilissimus, supersplendidissimus, superomnipotens et supersapiens, su-
pergloriosissimus.*"[23]

높이와 넓이, 무궁무진함과 헤아릴 수 없이 무한하다는 말들을 거
듭 반복하는 게 무슨 소용이 있는가? 사람들은 여전히 이미지들에

머물러 있으며 무한을 유한으로 환원시키고 따라서 절대에 대한 약화된 감정에 머무른다. 감동은 그 하나하나가 입으로 표현되는 순간 그 힘을 상실한다. 신에게로 돌려지는 각 특성은 오히려 신에게서 그의 두려운 위엄을 어느 정도 가리워버린다.

그리하여 이미지들의 도움 없이 신성에 도달하려는 감동적인 정신의 싸움이 시작된다. 이 싸움은 모든 시대와 모든 종족에게서 동일하다. 갑자기 한꺼번에 이미지화된 표현의 도움 없이 지닐 수는 없으므로, 이 표현들은 하나씩하나씩 떨어져 나간다. 맨 먼저 사라지는 것은 구체적인 의인화와 상징들이다. 이제는 더 이상 피와 대속·성체·아버지·아들·성령의 문제는 아니게 된다. 에크하르트 Eckhart 는 겨우 그리스도 le Christ 라고 명명하며 교회 l'Église 와 성사들 les sacrements 이라고는 더욱 않는다. 하지만 그렇다고 해서 절대 존재에 대한 명상이 넓이니 빛이니 하는 자연의 개념들에 덜 결부된 것은 아니다. 그것들은 우선 반대의 것들, 침묵·공허·암흑 등으로 변모한다. 그리고 이 개념들마저 불충분하다고 여겨지자, 사람들은 그것들을 반대 개념들과 짝지움으로써 효력 부족을 치유코자 한다. 마침내 순전한 부정만이 남을 것이다 : 쟝 스콧 에리젠 Jean Scot Erigène 과 앙젤뤼스 실레시우스 Angelus Silesius 같은 신비주의자들은 신성 Divinité 을 '무 Néant' 라고 이름한다. [24]

명상적인 정신들이 이처럼 이미지들을 포기하는 방향으로 나아간 것은 물론 방금 묘사한 것처럼 순차적으로 이루어진 것은 아니다. 대부분의 신비적인 토로들은 서로 다른 국면들을 동시에 나타낸다. 이는 힌두교도들에게서와 모든 기독교적 신비주의의 원조인 르 프쇠도-드니 라레오파지트 le Pseudo-Denis l'Aréopagite 에게서 나타나며, 14 세기의 독일인들에게서 되풀이된다. [25] 우리는 드니 르 샤르트뢰의 다음과 같은 문구에서 이 대부분의 표현 양식들이 한데 모인 것을 볼 수 있다. [26] 계시 가운데 그는 노한 신의 음성을 듣는다 : "이 목소리에, 수도사는 명상에 깊이 잠겨 있다가 돌연 마치 무한한 빛의 영역 속에 옮겨진 것 같은 느낌을 받는다." 그리고 몹시 부드럽게 비할 수 없는 평정감을 가지고, 그는 분명치 않은 내적 호소를 통해 신비롭고도 숨겨진 신, 알 수 없는 신에게 간구한다 : "오

무엇보다도 사랑스러운 신이여, 당신은 당신 자체가 빛이시며 그 속에서 당신의 선민들이 평화와 안식과 잠을 발견하는 빛의 지역이십니다. 당신은 마치 최고로 넓고 광막하며 도저히 건널 수 없는 그런 사막과도 같습니다. 거기에서 진정 경건한 영혼은 모든 개별적인 감정이 온전히 제거된 채 위로부터 조명을 받으며, 성스러운 열정에 불타 방황하면서도 배회하지 않고 배회하면서도 방황하지 않고 쾌락으로 쇠약해지면서도 쇠약해지지 않고 다시 걷습니다." 우선 여기서는 빛의 이미지가 있고 다음으로는 잠의 이미지가 있고 그 다음으로는 사막의 이미지, 그리고 마지막으로는 서로 대칭되는 정반대의 이미지들이 있다. 신비적인 상상력은 사막의 이미지, 즉 다시 말해서 광대한 넓이의 이미지에, 심연 혹은 깊이의 폭의 이미지를 덧붙이면서 강력한 암시 수단을 발견하였다. 뤼즈브뢰크 Ruysbroeck 같은 독일의 신비주의자들은 이렇게 강력하고 사로잡는 듯한 이미지를 매우 조형적으로 사용하였다. 거장 에크하르트는 무한의 개념에다 현기증을 더하면서 "말없고 잔혹한 신성(神性)의, 양식도 형태도 없는 심연"에 대해 이야기하였다. 그는 또 영혼은 "행위도 이미지도 없는 사막 같은 신성 속에 뿌리박고서만" 완전한 지복을 누리며 따라서 영혼은 "그 속에서 완전히 넋을 잃고 매몰되어야 한다"고 말한다. [27]

또 톨러 Tauler 는 말한다 : "순화되고 정화된 영혼은 신성한 암흑, 고요한 침묵과 알 수 없고 형용할 수 없는 합일 속에 침몰한다. 그리고 이 함몰 속에 모든 동질성과 이질성이 사라지며, 영혼은 이 심연 속에 넋을 잃는다. 그리하여 영혼은 신도 자신도 유사성도 차이점도 아무것도 의식하지 못한다. 왜냐하면 영혼은 신의 합일 속에 잠겨 모든 구분을 잃었기 때문이다. "[28]

신비적 경험의 표현 방식들은 뤼즈브뢰크에 의해 훨씬 더 조형적인 방식으로 사용된다. 그는 말한다 : 명상의 기쁨은 너무도 커서 "모든 성인들과 복자들과 함께 신 자신까지도 마치 삼켜지듯 한다……. 무의식 *un non savoir* 이며 영원한 무아지경인 하나의 양식(樣式)들의 부재 속에." [29]

다음의 문구 속에는 모든 부정어들이 총동원되어 있다 : "〔사랑의〕

일곱번째 단계는 그 다음에 오는데, 그것은 시간과 영원 속에서 인간이 도달할 수 있는 가장 고귀하고 드높은 것이다. 그것은 모든 지식과 인식을 넘어서서 우리가 우리 자신에게서 측량할 수 없이 깊은 지식을 발견할 때이며, 신과 피조물들에게 주어진 모든 이름을 넘어서 우리가 그 속에 매몰되어 하나의 이름붙일 수 없는 영원 속에 사라질 때이다……. 또 그것은 우리가 모든 복된 영혼들, 곧 그들의 초본질 속에, 모든 정의와 인식을 초월하는 암흑 속에 절대적으로 잠겨 자신을 잃고 빠져드는 모든 복된 영혼들을 묵상할 때이다."[30]

지복 속에서 피조물들을 가르는 모든 구분은 흔적도 없이 사라진다 : "거기서 그들은 존재 상실과 한량없는 무의식 *non savoir* 속에 사라져버린다. 거기서 모든 명료함은 암흑으로 바뀌며, 3위는 본질적인 합일보다 못하다."[31]

이는 늘 구체적인 표현 없이 "우리 자신 속에서 온 이미지가 소멸되는 진공 상태"에 도달하려는 망상적인 시도이다. "신은 우리에게서 모든 이미지를 제거하고 우리를 처음 상태, 곧 벌거벗고 원시적인, 아무 형태도 이미지도 없는, 그래서 영원에 부합되는, 한 벌 거벗은 사막밖에는 만나지 못하는 처음 상태로 이끌어간다."[32]

뤼즈브뢰크의 인용문들에서, 끝의 두 표현 방식들, 곧 빛이 어둠이 되는 순전한 부정과 모든 지식이 폐지되는 완전한 무화 상태는 이미 다 고갈된다. 르 프쇠도-드니 라레오파지트는 이미 '암흑'을 신성의 가장 비밀한 본질이라고 불렀었다. 그의 추종자요 주석자인 드니 르 샤르트뢰는 그 생각을 발전시킨다 : "당신의 빛의 그 탁월하고도 측량할 길 없는 눈에 보이지 않는 충만함은 신성한 어둠이라 불립니다. 당신, 어둠을 자신의 안식처로 삼은 당신은 거기서 사시겠다고 약속하셨읍니다."[33]

암흑은 무-지 *le non-savoir* 이며 모든 개념의 정지이다. "정신은 당신의 그 찬란한 신비로운 빛에 다가가려 할수록, 더욱 더 당신께 도달하고 당신을 포착하는 일이 불가능하게 보입니다. 정신이 당신의 암흑 속에 발을 내딛는 순간, 모든 이름과 모든 인식은 완전히 사라지고 맙니다 *omne mox omnisque cognitio prorsus deficient*. 그러나 당신을 보는 것, 그것은 정신에게는 당신이 완전히 보이지 않는다는 것을 보는 것일 것입니다. 그리고 정신은 그것을 볼수록 당신을 더 분명하게 명상하게 됩니다. 오 성 삼위일체시여, 우리는 이 매우 빛나는 암흑에 익숙해지기를, 그리고 당신을 보고, 볼 수 없음과 무지를 넘어, 모든 생명과 인식 너머에 계신 당신을 인식할 수 있기를 기도합니다. 당신은 그들, 곧 감지할 수 있고 이해할 수 있는 것을 넘어서서 그것과 피조된 모든 것을 버리고 자신까지도 버린 연후에 당신이 진정으로 계신 그 암흑 속으로 들어가는 자들에게만 당신을 나타내십니다. "[34]

드니 르 샤르트뢰는 신을 이야기할 때 긍정어보다는 부정어에 의해 이야기하는 것이 더 좋다고 말한다. "왜냐하면 내가 신은 선이요 본질이요 생명이라고 말할 때는, 마치 내가 신을 피조물과 공통된 혹은 유사한 그 무엇을 가진 존재처럼 지칭하는 것 같기 때문이다. 그러나 신은 정반대로 불변하며 이해할 수 없으며 알 수 없고 측량할 길 없고 형언할 수 없으며 그 하시는 일들에 있어서도 헤아릴 수 없고 유례가 없는 차이와 탁월함으로 분리되어 있어서다. "[35]

합일 철학 *sapientia unitiva* 은 비이성적이고 비상식적이며 미친 것이라고 불려진다. [36]

그렇다면 이미지에 의한 표현은 극복되었는가? 그렇지 않다. 이미지 없이, 메타포 없이는 단 하나의 생각도 표현할 수가 없다. 이미지들을 넘어서려는 모든 노력은 실패로 돌아간다. 가장 뜨거운 열망들을 단지 부정적인 방식에 의해서만 말하는 것은 마음의 욕구를 채우지 못한다. 철학이 더 이상의 표현을 찾지 못하는 그 지점에서 시가 개입된다. 신비는 언제나 현기증나는 저 높은 곳에서 꽃이 만발하는 평원으로 내려오는 길을 되찾았다. 성 베르나르의 프랑스식 신비주의의 달콤한 서정성은 언제나 독일이나 네덜란드의 거친 신비주의자들을 돕게 될 것이다. 알레고리의 색채와 형상들이 엑스타시의 한가운데에 다시 나타난다. 앙리 쉬송 Henri Suson 은 자신의 약혼녀인 영원한 예지를 본다 : "그녀는 하늘 저 높은 곳 구름 위를 거닐고 있었다. 그녀는 새벽별처럼 혹은 태양처럼 빛나고 있었다. 그녀의 면류관은 영원이었고, 그녀의 옷자락은 지복, 그녀의 말은 감미로움, 그녀의 입맞춤은 완전한 기쁨이었다. 그녀는 멀고도 가까웠으며 저 높은 곳에 있는가 하면 또 땅 위에 있었다. 그녀는 현저하면서도 숨겨져 있고 가까이 다가가도록 내맡기면서도 포착할 수 없었다."[37]

교회는 왜 늘 과도한 신비주의를 두려워했는가? 그것은 교회의 모든 개념들과 교리들과 성사들이 형식 및 이미지들과 더불어 엑스타시의 불길에 타버릴 위험 때문이었다. 그런데 신비적 열광의 본성 자체가 교회에 대해서는 일종의 비호(庇護)를 함축하고 있었다. 엑스타시의 명정에 도달하고 형식과 이미지들이 없는 높고 고독한 명상의 경지를 배회하며, 유일하고 절대적인 원칙과의 합일을 맛보는 것, 그것은 신비론자에게 있어서는 단지 일순간의 은총에 불과했다. 높은 곳으로부터 다시 내려와야 했다. 극단주의자들이 몇몇 길 잃은 자녀들을 데리고 범신론과 지나친 괴벽 속을 방황했던 것은 사실이다. 반대로 다른 사람들, 그들 가운데는 대신비론자들도 볼 수 있는데, 그들은 늘, 예전(禮典) 속에 슬기롭게 배합한 신비 체계들을 가지고 그들을 기다리고 있는 교회 Église를 돼찾았다. 교회는 늘 신비적인 영혼들에게 안전하게 개인적인 과도함의 위험 없이, 주어진 순간에 신성한 원칙과의 접촉에 들어갈 수 있는 수단을 제공하였다. 교회는 신비적인 힘을 비축해두었고, 바로 그 점이 왜 교회가 교회를 위협하던 신비주의의 위험들을 이길 수 있었는가 하는 이유이다.

"합일 철학은 비이성적이고 비상식적이며 미친 것이다." 신비주의의 길은 무의식으로 인도한다. 신성과, 하나의 이름과 형태를 가지고 있는 것 사이에 모든 긍정적 관계를 부정하면서, 신비 사상은 초월을 폐지한다. 강렬한 신비 사상은 지성 이전의 pré-intellectuelle 정신 생활로 되돌아감을 의미한다. 문화의 모든 것이 지워지고 파기된다.

그럼에도 불구하고 신비 사상이 모든 시대에 걸쳐 문화에 풍성한 결실을 가져다주었다면, 그것은 그것이 언제나 서서히 상승하기 때문이며, 또 그것이 그 시초에는 하나의 정신적 발전의 강력한 동인이기 때문이다. 명상은 준비 상태로서 도덕적 완성의 엄격한 연마를 요한다. 신비주의자들에 의해 실시되는 관용, 욕망의 제어, 소박한 생활, 절제·노동 등은 그들 주변에 평화와 열정의 분위기를 창출할 것이다. 위대한 신비가들은 모두 무엇보다도 선행을 강조했다. 거장 에크하르트는 마리아보다는 마르다를 높이 평가하지 않았는가? [38] 그는 거지에게 죽 한 그릇을 주기 위해 성 바울의 희열을 포기하겠노라고 말하지 않았는가? 그의 제자 톨러는 실천적 요소를 강조한다. 뤼즈브뢰크 역시 하찮은 노동을 찬양하며 드니 르 샤르트뢰는 가장 격렬한 개인적 신비주의에다 실천적 의미를 결합시킨다. 네덜란드에서는, 신비 사상과 뗄래야 뗄 수 없는 현상들. 윤리주의·경건주의·선행·노동 등이 매우 중요한 영적 운동의 진수를 이루었다. 강렬한 신비 사상의 예비 단계들로부터 '근대적 신앙'의 외연적(外延的) 신비주의가 나오게 되었다.

동신자들 Frères 과 윈데샤임 Windesheim 단체의 수도원들에서는 의식적으로 유지된 종교적 열심의 광채가 경솔한 일상적 노동 위에 펼쳐진다. 격렬한 서정과 고삐풀린 이상주의는 버리고, 그를 통해 이단의 위험도 막는다. '형제들 frères,' '자매들 sœurs' 은 정통적이고 보수적이다. 그것은 세부(細部)에 적용되는 신비주의였다. 사람들은 '작은 섬광'만을 받아들였다. 매우 편협한 모임 속에서 그들은 정신적 교류와 편지 교환, 그리고 자기 자신에 대한 깊은 명상 속에서 엑스타시의 희열을 누렸다. 거기에서 감정 생활은 온실 안의 식물처럼 가꾸어졌다. 수많은 사소한 청교도주의와 정신적인 훈련, 웃음과 본능적인 충동들의 억제, 많은 경건주의적인 우매한 짓이 거기서 행해졌다.

하지만 당대의 가장 위안이 되는 책 『예수 그리스도를 본받아 l'Imitation de Jésus-Christ』가 나온 것은 바로 그 모임에서이다. 신학자도, 위마니스트도, 철학가도, 시인도 심지어는 신비주의자도 아닌 한 사람이 수세기에 걸쳐 수많은 영혼들을 위로했을 한 책을 썼다. 토마스 아 켐피스 Thomas à Kempis 는 부드럽고 고독한 사람이었다. 그는 설교가들처럼 교회 정치와 사교계 생활에 대한 분노로 흥분하지도 않았다. 그는 제르송이나 드니 르 샤르트뢰, 니콜라스

드 쿠사 Nicolas de Cusa 같이, 전반적인 개혁을 부_짓는 개혁주의
자도 아니었다. 그는 샹 브뤼그만 Jean Brugman 같은 사람의 약간
미친 듯한 환상도, 알랭 드 라 로슈 Alain de la Roche 같은 사람의
복잡한 상징주의도 전혀 없었다. 그는 모든 것에서 평화를 추구했
고, "책과 더불어 은거지 *in angello cum libello*"에서 그것은 발견하
였다──"오 고독 속에 앉아 침묵한 채 하나님과 이야기하는 것은 얼
마나 유익하며 얼마나 쾌적하고 달콤한가! *O quam salubre quam*
jucundum et suave est sedere in solitudine et tacere et loqui cum
Deo!"[39] 그리고 삶과 죽음에 대한 단순한 예지를 이야기하는 그의
책은, 버려진 가슴을 위해 쓰어진 것으로 모든 시대의 책이 되었
다. 그에게는 신플라토니즘적인 신비주의가 전혀 없다. 단지 사랑
하는 스승 베르나르 드 클레르보 Bernard de Clairvaux 의 목소리만
이 메아리친다. 이 책은 관념들의 철학적 전개가 아니다. 그것은 하
나의 중심점을 둘러싸고 그룹지어진 몇몇 단순한 사고들이 금언의
형태하에 담겨 있을 뿐이다. 각각의 생각은 짧은 문장 속에 표현되
며 종속절이 전혀 없고 등위절이 거의 없다. 그것은 앙리 쉬송식의
서정적 전율도, 뤼즈브뢰크식의 고정된 광채도 아니다. 동일한 걸
음으로 이어지는 문장들의 울림과 둔중한 반해음들로 더불어, 『예수
그리스도를 본받아』는, 만약 그 단조로운 리듬이 그것을 평온한 저
녁 무렵의 바다처럼 만들지 않았다면, 무미건조한 산문에 불과할 것
이다. 이 책에 의해 빚어진 효과 속에는 놀라운 무엇이 있다. 그는
성 어거스틴 같은 힘과 비상에 의해서나, 성 베르나르 같은 표현의
꽃 같은 화려함에 의해서나, 사고의 깊이나 혹은 완벽성에 의해 우
리를 열광케 하지 않는다. 모든 것이 통일되어 있고, 단조(短調)로
되어 있으며 평화와 안식과 고요한 기다림과 위로 외에 아무것도 아
니다. "나는 지상의 삶에 지쳐 있다 *Taedet me vitae temporalis*"고
그는 쓴다.[40] 하지만 이 삶으로부터의 도피자의 말은 그 무엇보다
도 실존에 강하게 만드는 힘을 가지고 있었다.

이 책은 강렬한 신비주의의 산물들과 한 가지 공통점을 갖는다.
이미지는 거기서 가능한 한 극복된다. 현란한 상징들은 버려진다.
그리고 이러한 이유로 『예수 그리스도를 본받아』는 한 특정 문화나

문명의 한 특정 시기에 국한되지 않는다. 거기에서 그의 2000판에 걸친 발행 부수가 생겨난다. 거기에서 또 저자에 대한 의혹과 시대 추정에 있어 3세기씩이나 벗어나는 의혹이 있다. "알려지지 않기를 좋아하라 *Ama nesciri.*" 토마스가 이 말은 했던 것은 결코 헛말이 아니었다.

제 17 장
실생활 속에 반영된 사고의 형태들

　중세의 정신을 통일성과 전체성 속에 파악하려면 신앙의 개념들과 철학적·신학적 사색들 속에서뿐 아니라 실생활의 예지와 통상적인 모랄 속에서도 연구해야 한다. 왜냐하면 가장 하찮은 것이거나 가장 드높은 것이거나 생각의 표현들을 제어하는 것은 똑같은 사고의 흐름이기 때문이다. 지적인 사색에 관계된 모든 것은, 유럽에서는 적어도 매우 복잡한 연계에 의해 그리스와 유대, 심지어는 바빌론과 이집트의 기원에 연결되는 데 반해, 일상 생활 속에서는 그 시대의 정신은 신플라톤주의나 그 외 다른 영향들에서 벗어나, 지극히 단순하고 자발적인 방식으로 나타난다.

　중세 시대의 드높은 사고에 고유한 모든 습관과 형태들은 일상 생활 속에서 죄다 찾아볼 수 있다. 짐작하다시피 그 당시의 원시적 이상주의는 —스콜라주의는 그것을 '실재론'이라고 불렀다— 그 시대의 모든 정신 조작의 기초가 된다. 각 개념을 따로 취하고 그것에 형식을 부여하며 그것을 마치 하나의 실체처럼 다루고 그런 연후에 그 것들을 단계적인 체계 속에 배열하는 것, 그것이 여전히 여기서도 사고 작용이 취하는 형태이다.

　삶 속에서 하나의 고정된 위치를 차지하는 모든 것은 신의 계획 속에 그 존재 이유를 갖는 것처럼 생각된다. 가장 평범한 관습들이 가장 고고한 사실들과 그 영예를 같이한다. 사람들이 궁정의 예의 범절에 부여한 중요성이 그 일례이다. 알리에노르 드 포아티에 Ali-énor de Poitier 와 올리비에 드 라 마르슈 Olivier de la Marche 는 그것들을 옛 여왕들에 의해 사려깊게 세워지고 또 앞으로 올 모든 세기들이 지켜야 할 현명한 법칙들이라고 생각한다. 알리에노르는 마치 그것이 여러 세기들의 예지의 척도인 양 이야기한다. "그때 나는 〔……〕알고 있던 선인(先人)들에게서 그것이 말해지는 것을 들었다." 그녀는 그 '세기'가 기우는 것을 비애를 가지고 바라본다. 10여 년 전부터 플랑드르의 부인네들은 해산 침대를 벽난로 앞에 놓는데, 이에 대해 "사람들은 매우 빈정거렸다." 왜냐하면 옛날에는 그러지 않았기 때문이다. 우리는 어디로 가고 있는가? — "그러나 지금은 각자가 마음내키는 대로 한다. 따라서 우리는 모든 것이 나빠져갈 것을 걱정한다."[1]

라 마르슈는 에티켓의 관례가 되는 이유에 관해서 다음과 같은 질문들을 제기한다. '과일장수가' 왜 '밀납류,' 불밝히는 데 쓰는 것까지 아울러 취급하는가? — 대답은 이렇다. "왜냐하면 밀납은 과일이 나오는 것들에서 나오기 때문이다. 그것은 아주 잘 정리된 것이다."[2]

유용성이나 외례의 문제에 있어서, 중세는 모든 기능에 하나의 특수 기관을 두는데, 이는 중세가 기능을 하나의 관념처럼 취급하고, 그것을 하나의 실체로 보기 때문이다. 영국 궁정의 '대관작(大官爵) magna sergenteria'에는 왕이 해협을 건너면서 배멀미를 겪을 때 왕의 머리를 받쳐주는 임무를 맡은 관리도 있었다. 1442년 존 베이커 John Baker 라는 사람이 이 염무를 수행하였는데, 그는 두 딸에게 그것을 유산으로 물려주었다.[3]

생명이 없는 물체들에 이름을 부여하는 것도 같은 성격의 것이다. 그것은 원시적인 신인동형동성론의 완화된 한 형태이다. 우리는 전쟁중 큰 대포들에게서 그것이 되살아나는 것을 보았다. 중세 시대에는 그 같은 현상은 훨씬 더 빈번하다. 샹송 드 제스트 Chanson de Geste 에 등장하는 영웅들의 검들처럼, 14, 15세기에도 각가지 전쟁에서 활약한 사석포(射石砲)들은 이름을 갖는다. 오를레앙의 개 Le Chien d'Orléans, 그랭가드 la Gringade, 부르조아즈 la Bourgeoise, 뒬 그리에트 la Dulle Griete 등. 오늘날도 몇몇 유명한 다이아몬드들이 갖는 이름들에는 그 같은 관습의 흔적이 남아 있다. 샤를르 르 테메레르의 보석들 중 여럿은 이름을 갖고 있었다. 상시 Sansy・세 형제・주인・플랑드르의 공 등.[4] 배들은 집과는 달리 일종의 인격 을 지니고 있었으며,[5] 오늘날도 여전히 이름을 부여받는다. 중세 시 대에는 사물들을 의인화하려는 욕구가 훨씬 강하였고, 집과 종(鍾), 지하감옥들도 이름을 갖고 있었다.

중세의 정신 속에서는, 모든 사건, 모든 허구적 혹은 역사적인 경 우가 '도덕적 특성'을 띠도록 결정화되고 비유・본보기・증거로 되 는 경향이 있다. 마찬가지로 모든 말은 금언・격언・경구화한다. 각 각의 행위를 위해 성서・전설・역사・문학은 한 무더기의 예와 유형 들을 제공하며 그것들은 문제의 그 경우가 거기에 들어가야 할 일 종의 도덕적 일족을 이룬다. 만일 누군가를 사면하고자 하면, 성서 에 나타난 모든 사면의 경우들이 일일이 열거된다. 또 결혼을 못 하 게 설득하려 할 때도 고대에 있었던 모든 불행한 결혼의 예들을 총 망라하여 들려준다. 오를레앙 공작을 암살케 했다는 의혹을 벗기 위 해, 쟝 상 푀르는 자신의 무죄를 주장하면서 스스로를 욥에 비유하 고 자신의 희생자를 압살롬에 비유한다. 그러나 그는 자신이 욥보 다 더 의롭다고 주장한다. 왜냐면 왕이 살인을 명백히 금하지는 않 았기 때문이다. "선한 쟝 공작은 이처럼 그 경우에 해당하는 도덕 적 추론을 끌어냈다."[6]

중세 시대에는 진지한 논증을 할 때, 그것에 근거를 제시하기 위 해 텍스트를 인용한다. 1406년 교권 분열 문제가 제기된 파리 국 민의회에서는 아비뇽 교황에게 계속 복종을 할 것이냐 말 것이냐의 문제를 놓고 12가지의 찬・반론이 제기되는데, 이는 모두 다 성경 구절을 기초로 한다.[7] 세속적인 변사도 설교가와 똑같이 본문을 고 른다.[8]

루이 도를레앙 살해에 대한 부르고뉴 공작의 무죄를 증명하기 위 해 쟝 프티 Jean Petit 경이 펼친 그 유명한 변론 속에는 충격적인 방식으로 모든 특기할 만한 발췌문들이 총동원되어 있다.

왕의 동생이 쟝 상 푀르가 비에이으-뒤-탕플 Vieille-du-Temple 가 의 한 집에 미리 투숙시킨 자객들의 칼에 맞아 쓰러진 지 석달이 흘 렀다. 장례식에서 그 부르고뉴인(역주 : 쟝 상 푀르를 말함)은 대단한 애도를 표했다. 그러나 그는 조사가 자객들을 숨겨 놓은 아르토 아 Artois 의 저택까지 확대되는 것을 보자, 숙부 베리 공작 곁에 서 자신이 저지른 범죄를——악마의 사주에 넘어간 것이라고 말했 다——자백한 뒤 플랑드르로 도망쳤다. 강 Gand 에서 그는 그의 대역죄에 대한 첫번째 변론을 펴게 했다. 그리고 그는 오를레앙에 쏠린 증오와, 즐거이 그를 맞으러 온 파리인들의 인기를 믿고, 파 리로 돌아왔다. 공작은 아미엥 Amien 에서 1406 년, 파리 교회의 회 중에게 변사로 두각을 나타내고 있던 두 사람, 쟝 프티 경과 피에 르 오 뵈프 Pierre aux Bœufs 경에게 자문을 구했었다. 그는 그들 에게 시몽 드 소 Simon de Saulx 가 강 Gand 에서 한 변론을 발전 시켜, 그것을 파리의 제후들과 영주들 앞에서 하나의 인상적인 변 론으로 펴게 하는 임무를 맡겼었다. 신학자요 설교가요 시인인 쟝프 티는 1408 년 3 월 8 일, 파리의 생-폴 Saint-Pol 저택에서 프랑스 왕 태자와 나폴리 왕, 베리 공작, 브르타뉴 공작 등 어마어마한 청중 이 모인 앞에서 열변을 토했다. 우선 그는 자신이 신학자도 법률가 도 아님을 용서해달라고 말하면서, 겸손한 기색으로 다음과 같이 시작했다 : "내 마음엔 크나큰 두려움이 일고 있읍니다. 그 두려움이 어찌나 큰지 나는 내 모든 기교의 기억력이 송두리째 달아나버리고 내게 남아 있다고 믿었던 모든 지각도 거의 남지 않은 것을 느낍니 다." 그리고 나서 그는 완벽한 기교와 엄격한 문체를 가지고서 "돈을 사랑함이 일만악의 뿌리가 되나니 *Radix omnium malorum cupiditas*" 라는 텍스트 위에 세운 그의 정치적인 악에 관한 걸작품을 펼쳐 나 갔다. 모든 것이 스콜라적인 분류와 적절한 원문들의 그물 위에 박 식하게 배열되고, 성스러운 역사와 세속 역사에서 인용한 예들로 삽 화가 넣어지고, 광적인 격렬한 능변으로 기세가 돋구어진다. 변호 인 프티는 우선 부르고뉴 공작으로 하여금 프랑스 왕을 존경하고 사 랑하고 복수하지 않을 수 없게 만들었던 12가지 이유를 든다. 그런 다음 그는 대전제·소전제·결론으로 나뉘는 이른바 변론에 들어가 기 전에, 하나님과 성모와 복음서 기자 성 요한을 원용한다. 그의 텍스트 "돈을 사랑함이 일만악의 뿌리가 되나니"에서 그는 두 가 지 적용, 탐욕은 배교자들을 만들어내고 탐욕은 변절자들을 만들어낸다는 적용을 끌어낸다. 배교와 배신은 분할되고 세분되며 다시 세 가지 예에 의해 입증된다. 루시퍼와 압살롬과 아탈리는 청중들의 상상 앞에 배신자의 원형으로 떠오른다. 8가지 진실이 폭군의 살해를 정당화한다. 왕에 대해 음모를 꾸민 자는 죽어 마땅하며 천벌을 받아 마땅하다. 그 자가 높은 지위에 있을수록 죄는 더 크다. 그러므로 각 사람은 그를 죽일 권리가 있다. "나는 이 진실은 12사도를 기념하여 12가지 이유를 들어 증명하는 바입니다." 그리고는 그는 박사들의 세 금언과 세 명의 철학자들, 세 명의 법학자들, 그리고 셋은 성서에서 인용한다. 그는 사람들이 매복하고 있다가 폭군을 공격할 수 있다는 것을 증명하기 위해, "복카치오의 윤리철학" 『탁월한 영웅들의 몰락에 관하여 De casibus virorum illustrium』의 한 대목을 인용한다. 8가지 진실로부터 8개의 파생 명제가 생겨나고 그것은 제 9번째 것에 의해 완결된다. 암시와 암시적 비난에 의해 그는 야심가요 방탕했던 왕자의 기억 위에 감돌던 모든 묵은 의심들을 되살아나게 하는 데 성공한다. 그의 형인 젊은 왕이 하마터면 목숨을 잃을 뻔했던 그 불길한 "열성파 무도회 bal des ardents"의 책임 문제, 그리고 살인과 독살의 계획들이 „마술사" 필립 드 메지에르 Philippe de Mézière 와의 의논 속에서 셀레스트회에서 획책된 것 등 강신술을 즐긴 오를레앙 공작의 악명높은 성향은 가장 피토레스크한 공포의 장면들을 묘사할 수 있는 기회를 제공한다. 그는 말한다. 어느 주일 아침 루이 도를레앙은 한 환속 신부와 기사 한명, 소년 하나, 하인 한 명을 데리고 마른 Marne 위에 있는 투르-몽제 la Tour-Montjay 를 향해 말을 달렸다. 수도사는 악마 둘을 불러냈고, 악마들은 갈색옷과 녹색옷을 입고 에레마스 Heremas 와 에스트라맹 Estramain 이라고 불렸으며, 칼 한 자루와 단검 하나, 반지 하나를 주었다. 그러자 왕자 일행은 몽포콩 Montfaucon 교수대에 목매달린 한 시체를 내리러 갔다. 변호인 프티는 왕자가 광기 속에 했던 말들에 음산한 의미를 부여하기까지 한다.

　이처럼 원인을 일반적 차원에까지 올린 후에 일점일점씩 대전제를 따른 삼단논법의 소전제 속에 직접적인 비난들이 쏟아져 나온다. 파벌간의 증오심은 그 시대에 가능했던 온갖 광포함으로 희생자에 대한 기억을 찢어발긴다. 변론은 4시간 동안이나 계속되었고, 마지막에 쟝 상 쀠르가 일어서서 선언했다. "나는 여러분께 자백하는 바입니다 *Je vous avoue.*"이 변론은 공작과 그 인척들을 위해, 금과 세밀화로 삽화를 그려넣고 압착된 가죽으로 장정한 4권의 값비싼 책으로 기록된다. 그것은 또한 판매되기까지 하였다.[9]

각 특수 경우에 윤리적인 금언이나 모본의 성격을 부여하고 그리하여 그것을 뭔가 본질적이고 불변의 것으로 만들고자 하는 욕구는 특히 속담에서 두드러진다. 중세의 사고 속에서는 속담이 매우 생생한 기능을 수행하였다. 통상적으로 사용되던 것만도 수백 개가 있었으며 그 중 대부분은 재치있고 인상적인 것이다. 속담에서 볼 수 있는 지혜는 간혹 지극히 나이브하지만, 한편으로는 매우 깊고 유익한 것이다. 속담의 톤은 자주 빈정거리는 어투지만, 그들의 악센트는 우직하고 체념적이며, 결코 저항을 설교하는 데까지 나아가지는 않는다. "큰 물고기들이 가장 작은 피래미들을 먹어치운다" "누더기를 걸친 자는 바람맞이에 앉게 된다" "일 없을 때 허튼 짓 안 할 놈 없다" 등등. 또 속담들은 가끔 시니컬하기도 한다. "사람이란 얼굴가죽을 겁내는 한 선하다" "필요할 때는 악마라도 이용해 먹는다" 등. 하지만 속담은 판단을 삼가는 너그러움도 갖고 있다. "절대 안 미끄러질 만큼 편자를 잘 박은 말은 없다." 속담은 인간의 타락을 지적하는 모랄리스트들의 한탄에다 미소띤 초연함을 대립시킨다. 어떤 때는 순진하게 이교적인가 하면 또 어떤 때는 거의 복음주의적이다. 많은 속담을 가지고 자주 그것을 사용하는 국민은 수다를 덜 떨게 되고 잘못된 억측들과 헛된 말들을 피할 수가 있다. 추론은 학식 있는 자들에게나 맡겨두고, 속담은 각 경우를 매 속담의 권위에 비춰 판단하는 것으로 만족한다. 따라서 생각을 속담에 담아 결정화하는 일은 사회를 위해 유익이 없지 않다.

중세말에 통용된 속담들이 어느 정도로 풍부했는가를 보면 깜짝 놀랄 정도이다.[10] 그들의 평범한 권위와 더불어 그 시대의 일반적인 문학 정신과도 잘 부합된 속담은 시인들에 의해 크게 사용된다. 예를 들어 시 중에서도 각 절의 마지막 행을 속담으로 끝내는 시가 크게 유행한다. 이름이 알려지지 않은 한 사람은, 몹시 미움을 산

파리의 행정관 위그 오브리오 Hugues Aubriot 가 치욕스러운 몰락을
당할 때 이 형식 속에 그를 비방하는 팜플렛을 쓴다. [11] 다음으로는
『고사리 발라드 *Ballade de Fougères*』를 쓴 알랭 샤르티에 Alain Char-
tier, [12] 감옥에 갇힌 쟝 레니에 Jean Régnier 와 그의 애가들, [13] 몰리
네 Molinet 와 그의 여러 편의 『이런 일 저런 일 *Faitz et Dictz*』들,
코키야르 Coquillard 와 그의 『메아리의 한탄 *Complainte de Echo*』, 그
리고 속담을 가지고서 발라드를 쓴 비용 Villon 등이 같은 형식을 취
하고 있다. 로베르 가갱 Robert Gaguin 은 그의 『무료함을 달래는
심심풀이 *Passe temps d'oysiveté*』의 171 개 절들을[14] 거의 다 속담 같
은──새부분 잘 알려진 속담 모음집에서 재발견되지 않지만──투의
문장으로 끝맺고 있다. 가갱이 그것들을 만들어냈을까? 이 경우 우
리는 거기서 그 시대에 속담이 누렸을 생생한 기능에 대해 더욱 더
진기한 표징을 본다.

정치 연설도 설교도 속담을 외면하지는 못한다. 제르송, 쟝 드 바
렌, 쟝 프티, 기욤 필라스트르 Guillaume Fillastre, 올리비에 마이야
르 Olivier Maillard 같은 사람들도 가장 잘 알려진 속담들로 자신들
의 논지를 보강하기에 골몰한다 : "모든 일에 침묵하는 자는 만사가
평온하다 ; 공들여 빗은 머리 투구 쓰기 어렵다 ; 남의 재산 탕진하
기 ; 주군하는 대로 아랫사람들도 따라 한다 ; 그 판관에 그 판결이
지 ; 공동을 위해 일하는 자는 아무도 보상해주지 않는다 ; 왕을 수
행하는 자가 현수포를 벗어선 안 된다"[15] 등등.

심지어 속담과 『예수를 본받아』 사이에도 관련이 있다. 『예수를
본받아』는 형식에 있어 모든 종류와 모든 출처의 예지가 총망라되
어 있는 금언집 혹은 라피아리아 *rapiaria* 에 의거하고 있다.

중세 말기엔 판단이 속담 선을 넘지 못하는 수많은 작가들이 있
다. 14세기초의 연대기 작가 제프로아 드 파리 Geffroi de Paris 는
그의 이야기에 이야기되는 사건들의 도덕성을 압축하는 속담들을 사
이사이 끼워넣는다. [16] 프로아사르와 그의 『르 주방셀』의 경구들은 자
주 어설픈 속담의 투를 갖는다. "이리하여 전투가 벌어지게 되었다.
한번 패한다 해도 다음 번엔 승자가 되는 법 *Enssi aviennent li fait
d'armes: on piert une fois et l'autre fois gaagn'on*." "그런데 세상엔

282

싫증나지 않는 것은 아무 것도 없지 않은가 *Or n'est-il rien dont on ne se tanne (fatigue)*." "사람들이 말하듯, 정말 죽음보다 확실한 것은 없다 *On dit, et vray est que il n'est chose plus certaine que la mort.*"[17]

생각이 결정화된 형태로서 속담에 가까운 것은 중세 말기가 특별히 애호한 명구 *devise* 이다. 그것은 속담처럼 일반적으로 통용된 격언이 아니고 개인적인 잠언이나 권유라는 점에서 속담과 다르다. 하나의 명구를 택했다는 것은 말하자면 자기 삶의 훈화를 위해 하나의 원문을 택했다는 말이다. 명구는 하나의 상징이며 기호이다. 그것은 복장과 의장의 각 부분에 금글자로 새겨져, 가장 높고 중요한 암시적인 힘을 발휘한다. 이 같은 명구들의 윤리적인 톤은 자주 체념이나 소망의 톤을 띤다. 명구의 형태는 가끔씩 수수께끼 같다. "그것은 언제일까? *Quand sera ce?*," "조만간 오시기를 *Tost ou tard vienne*," "더 널리 가세요 *Va oultre*," "다음 번에 하는 게 낫겠어 *Autre fois mieulx*," "기쁨보단 슬픔이 더 많아 *plus dueil que joye*" 등등. 대부분은 사랑과 관계된다. "다른 사람은 절대로 사랑하지 않겠어요 *Aultre naray*," "당신 좋으실 대로 *Vostre Plaisir*," "기억해주세요 *Souvienne vous*," "이 세상 그 무엇보다도 *Plus que toutes*" 등. 거기엔 갑옷이나 마갑 위에 새겨진 기사도적인 명구들도 있다. 반지에 새겨진 것들은 보다 은밀하다. "당신은 내 마음을 가졌어요 *Mon cuer avez*," "나는 그것을 원해요 *Je le désire*," "영원토록 *Pour tousjours*," "당신을 위해서라면 모든 것을 *Tout pour vous*" 등등.

명구의 보완물로서, 표상들이 하나의 이미지에 삽화를 넣는다. 이를테면 "나는 원한다 *Je l'envie*"라는 말은 마디가 많은 막대기와 함께, 고슴도치는 루이 도를레앙의 "가까이서 멀리서 *Cominus et eminus*"와 더불어, 대패는 그의 적인 쟝 상 푀르의 "나는 받아들인다 *Ic houd*"와 함께, 그리고 필립 르 봉의 부싯돌도 있다.[18]

표상과 명구는 가문(家紋) 사상의 영역에 속하며, 그 심리적 바탕은 좀더 연구해 보아야 한다. 확실히 문장은 중세 시대 사람들에게는 가문에 대한 긍지 이상의 것이었다. 가문(家紋)의 형상은 중세의 정신 속에서는 토템 사상에 가까운 의미를 지닌다.[19] 사자·백합·

십자가는 오만과 야심, 유대감과 충성의 복합체를 압축하고 형상화 했던 상징들이다.

공연히 까다로운 구별을 짓는 결의론(決疑論)적 *casuistique* 정신은 중세 시대에 매우 발달한 것인데, 각 사물을 각 특수 실체로 고립 시키려는 동일한 경향의 또 다른 한 표현이다. 그것 역시 지배적인 이상주의의 한 결과이다. 제기되는 각 질문은 나름의 이상적 해결 을 가져야 하며, 이는 틀에 짜인 규칙들의 도움을 받아 문제의 그 경우가 영원한 진리들과 맺는 관계를 파악했을 때 나타난다.

결의론은 모랄과 법률에만 영향을 미치는 것이 아니고 양식과 형 식이 요구되는 모든 영역에 확산된다. 의전 행사들과 예의범절, 기 마 시합들, 사냥, 그리고 특히 연애 분야에. 우리는 이미 앞에서 기 사도적 결의론이 그 발단에 있어 국제법에 대하여 미친 영향을 살 펴보았다. 노획하는 법, 공격법, 하달된 명령에 끝까지 충성하는 법 등이 기마 시합과 사냥에서와 비슷한 규칙들에 의해 지배된다.

이처럼 우리는 국제법이 군사 훈련 규칙에 연관되어 있음을 볼 수 있다. 쟝 Ⅱ세에 의해 근자에 설립된 레토알 기사단 l'ordre de l'Étoile 의 총재 죠프로아 드 샤르니 Geoffroy de Charny 는 1352년 쟝 Ⅱ세 에게 일련의 까다로운 문제들을 제시한다. 그 중 20 가지는 창마상 시합에, 21 가지는 기마 시합에, 그리고 93 가지는 전쟁에 관한 것 이다. [20]

그 후 약 사반세기 뒤, 프로방스 지방 셀로네 Selonnet 의 수도원장 이며 종규법 박사인 오노레 보네 Honoré Bonet 는 젊은 샤를르 Ⅵ세 에게 『전쟁에 관한 종규법 수형도(樹形圖) *Arbre des Batailles*』라는 논문을 제출한다. 이는 전법(戰法)에 관한 논문으로, 16세기에 재 편집된 사실로 미루어볼 때 16세기에도 여전히 실용 가치가 있었 다. [21] 거기서는 국제법에 대한 가장 높은 관심의 문제들과 유희의 규칙에 불과한 하찮은 문제들이 뒤죽박죽으로 섞여 있다. 필요 없이 불신자와 전투를 할 수 있는가? 보네는 단호하게 답한다. 아니다, 그를 개종시키기 위해서일지라도 안 된다. 한 제후는 다른 제후가 자기 땅으로 지나가는 것을 거절할 수 있는가? 농부와 그의 소에 게 부여된 범할 수 없는 권리는 당나귀와 시종에게까지 확대 적용될 수 있는가? [22] 성직자의 일원은 자신의 친아버지를 도와야 하는가 아니면 주교를 도와야 하는가? 만일에 교전 중에 빌린 무구를 잃어버렸을 경우, 그것을 돌려달라고 주장할 수 있는가? 축제일에 전투를 하는 것이 허용되는가? 식사 전 공복시에 싸우는 게 좋은가, 아니면 식사 후에 싸우는 게 좋은가? [23] 이를 위해 수도원장은 성경과 종규법·주석서에서 도움을 구한다.

이 시대의 전쟁 관습 중 가장 중요한 것의 하나는 포로 나포였다. 중요 인물의 포로 석방금은 귀족과 용병들에게 있어서 가장 구미가 당기는 전투 서약의 하나였다. 여기서도 까다로운 결의론이 적용될 여지가 충분했다. 국제법과 명예라는 조항이 여기서도 마주친다. 프랑스인들은 영국과의 전쟁에 이어 영국 본토에서 가난한 상인들과 농부들·목동들을 인질로 하고 그들의 재산을 강탈할 수 있는가? 어떤 경우에 포로 상태에서 도망칠 수 있는가? 통행증은 얼마나 하는가? [24] 『르 쥬방셀』에서는 이 같은 경우들이 실제적인 방식으로 다루어진다. 두 명의 장수가 대장 앞에서 포로 한 명을 놓고 옥신각신한다. "그놈을 먼저 붙잡은 것은 납니다. 팔과 오른손을 붙잡고 그놈에게서 장갑을 뽑아냈단 말입니다"하고 한 사람이 말한다. 그러자 다른 사람이 외친다. "하지만 그 자는 내게 그의 말[言]과 함께 바로 그 손을 주었읍니다." 두 가지가 다 그 값비싼 포획에 권리를 부여하지만 그러나 후자가 더 유력하다고 판정된다. 도망쳤다가 다시 잡힌 포로는 누구에게 속하는가? 답인즉 "그 일이 전투지역에서 이루어지면 포로는 새로운 주인에게 속하고, 그렇지 않을 경우에는 먼젓번 나포자에게 속한다." 포로가 맹세의 말을 했는데도 나포자가 그를 사슬에 묶을 때는 그 포로는 도망칠 수 있는가? 또 그에게 맹세시키는 것을 잊었다면 포로는 도망칠 수 있는가[25] 등.

각 사물의 개별적 가치를 과잉 평가하는 중세의 경향은 또 다른 결과를 가져온다. 우리는, 친구들과 적들에게 자신의 소유물들을 물려주는 내용의 비용의 시 『유언시 *Le Testament*』를 알고 있다. 이런 유의 유언집들은 여럿 있었고, 그 중에는 바르보 당리 보드 Barbeau d'Henri Baude 의 굽높은 여자용 슬리퍼도 있다. [26] 이는 하나의 문학 형식으로, 그것은 중세 시대의 사람들이 유언을 통해 조목

조록 그들의 소유물들을 처분하던 풍습을 상기해야만 설명된다. 가난한 부인은 자기네 본당 소교구에 자신의 제일 좋은 외출복과 머리쓰개를, 대녀에게는 자신의 침대를, 자기를 돌봐준 간호인에게는 망토 하나를, 그리고 한 가난한 여자에겐 자신의 평상복을 물려준다. 또 그녀는 자신의 전재산인 20수우짜리 주화 4개를 옷 한 벌과 두건 한 개와 더불어 성 프란체스코회 수도회원들에게 물려준다. [27] 거기서 우리는 각 덕행을 하나의 본으로, 각 풍습을 하나의 신성한 법규로 만드는 사고 관습이 일상 생활 속에 적용된 것을 보아야 하지 않을까?

위에서 특기한 모든 특징들은 '형식주의 formalisme'에 속한다. 사물들의 초월적인 실재에 대한 선천적인 믿음은, 그 결과로서, 각각의 개념이 하나의 조형적 형태 속에 엄격히 한정되고 고립되게 하며, 따라서 그 형태만이 전부이게 하는 결과를 갖는다. 치명적인 범죄들은 고정된 규칙들에 따라 용서받을 수 있는 가벼운 범죄들과 구별된다. 법에 있어서 유죄성은 무엇보다도 현상의 형식적 성격에 의해 세워진다. "현상이 인간을 판단한다"는 오래된 법률 속담은 조금도 그 힘을 잃지 않았다. 오래 전에 이미, 의도적인 행위와 비의도적인 행위를 구별하지 못하고 미수죄를 처벌하지 않던 원시법의 극단적인 형식주의로부터는 해방되었지만, [28] 엄격한 형식주의의 흔적들은 중세 말기에도 여전히 상당수 존속한다. 이처럼 오랫동안 맹세의 형식상의 비의도적인 불규칙성은 그 맹세를 무효로 만드는 것이 법칙으로 되어 있었다. 왜냐하면 맹세는 신성한 것이니까. 13세기에 오면 한 가지 예외가 생겨나는데, 그 지방의 언어를 잘 모르는 외국 상인들을 위해 그들이 약속을 기입할 때에 어법을 잘 몰라 틀리게 기입하더라도 그로 인해 권리를 상실하게 되지 않도록 하는 것이었다.

명예와 관련된 모든 것에 대한 극도의 민감함은 결국은 그 모든 전반적인 형식주의에서 기인한다. 1445년 미델부르그 Middelburg에서 살인을 저지른 쟝 드 동부르그 Jean de Dombourg 경은 도피권을 누리기 위해 교회로 피신했다. 사람들은 관습에 따라 그를 거기에 가두어두었다. 수녀였던 그의 누이동생은 여러 차례 그에게 와서 사형집행인의 손에 붙들려 가문에 치욕을 안겨주기보다는 차라리 싸우다 죽으라고 전하였다. 모든 게 끝난 후 그녀는 시체를 손에 넣어 훌륭하게 장사지낸다.[29] 또 한 귀족은 마의(馬衣)에 문장을 새겼다는 이유로 질책을 당한다. 이성 없는 짐승이 창마상 시합에 놀라 곤두서기라도 하면, 마의에 그려진 문장이 떨어져내려 모래 속에 질질 끌릴 것이고, 그렇게 되면 온 가문의 명예에 먹칠을 할 것이기 때문이다. 부르고뉴 공작이 샤텔 앙 포르시앙 Chastel en Porcien 을 방문한 직후 한 귀족이 미쳐서 자살을 기도했다. 사람들은 그 일로 몹시 흥분하였고 "그렇게 미칠 듯한 큰 기쁨을 겪은 뒤에 그렇게 큰 치욕을 어찌 감당해야 좋을지 알지 못한다." 그가 미친 게 주지의 사실이었음에도 불구하고, 일단 나아지자 그 불행한 사람은 성에서 추방되어 "영원히 수치에 처해졌다."[30]

형식적인 요소는 복수와 속죄, 모욕에 대한 보상 등에 관계된 모든 것 속에서 넓은 위치를 차지한다. 쟝 드 로아 Jean de Roye 의 연대기는 이에 관하여 경악스러운 예를 보여준다. 로랑 게르니에 Laurent Guernier 라는 사람은 1478 년 파리에서 실수로 교수형에 처해졌다. 그는 형벌의 감면을 얻어냈으나 그 감면장이 너무 늦게 도착했다. 일년 뒤 그의 형제는 그의 시체를 명예롭게 장사지낼 허가를 얻어냈다. "관 앞에는 네 명의 마을 곡인(哭人)들이 딱다기를 울리며 갔다." 그리고 그들의 가슴에는 위의 그 게르니에의 문장을 달고 있었다. 관 주위에는 네 개의 촛불과 여덟 개의 횃불이, 상복을 입고 앞서 말했듯이 문장을 단 사람들에 의해 들려져 있었다. 그리고 그 상태로 파리의 시가를 가로질러 성 앙토안의 문까지 옮겨진 시신은 거기서 다시 검은 천이 덮인 수레에 옮겨져 프로방스로 매장하러 보내졌다. 곡인 중의 한 사람이 앞서 걸으면서 다음과 같이 외치는 것이었다. "선량한 사람들이여, 죽은 로랑 게르니에의 영혼을 위해 기도드려주시오. 살아 생전 프로방스에 머무르던 그는 쇠사슬에 묶인 채 죽음을 당했다오."[31]

15 세기 프랑스와 네덜란드의 풍습 속에 생생하게 살아 있는 복수의 법칙은 다소 규칙적으로 시행된다. 그것은 난폭한 행위로 귀결되는 광포한 분노는 아니다. 사람들은 잘 짜여진 계획에 따라 모욕

당한 명예에 대한 보상을 추구한다. 문제는 죽이는 게 아니고 피를 흘리는 것이다. 따라서 사람들은 종종 얼굴과 팔·넓적다리에만 상처를 입히도록 배려한다. 사람들은 희생자가 죄의 상태에서 죽게 한 책임을 지지 않기 위해 그 같은 방식을 취한다. 뒤 클레르크 Du Clercq 는 처제를 죽이러 가면서 사제를 대동하고 간 사람들의 경우를 이야기한다. [32]

보상은 형식적이므로 상징적이다. 15세기의 정치적 협상은 상당 부분 상징적 행위들로 이루어진다. 속죄의 종교 행렬들과 고인 (故人)을 위한 미사 등은 차치하고라도 범죄를 기억나게 하는 집들을 허물어버리는 것이나 기념 십자가 및 작은 성당들을 세우는 일, 그리고 문을 담으로 메우라는 명령 등이 그것이다. [33] 이는 오를레앙가 사람들이 쟝 상 쾨르에게 요구한 보상 촉구에서도, 또 1435년 아라스 Arras 협정에서도, 그리고 1437년 브뤼쥬 Bruges 사람들이 행한 공개적으로 죄를 인정하고 용서를 빌게 하는 가욕형(加辱刑)에 서도, 그리고 1453년 강 Gand 시민들이 요구한 훨씬 더 큰 속죄식에서도 그러하다. 1453년의 속죄식을 보면, 사람들은 검은 옷에 허리띠도 하지 않고 맨머리에 맨발로 주범인 경우 속옷만 입은 채, 억수같이 내리는 장마비에도 불구하고 긴 행렬을 이루어, 공작에게 사면을 청하러 간다. [34] 1469년 루이 XI세는 루앙 Rouen 에서 자기 동생과 협상할 때에 고관대작들이 보는 앞에서, 리지외 Lisieux 주교가 샤를르에게 그를 노르망디 공작으로서 결혼시키면서 주었던 반지를 모루 위에 놓고 부숴뜨리게 한다. [35]

'형식주의'는 여전히 원시인들에게서 완전히 나타나며, 중세 말기에는 강복식의 형식들과 마술적 혹은 법적 형식들에 의해 유지되는 믿음, 곧 입 밖으로 발설된 말의 효력만을 믿는 믿음에 기초한다. 엄숙한 청원은 여전히 요정 이야기의 소원 아뢰기들에서 보는 식의 강제력을 갖는다. 사람들은 한 유죄 선고 받은 사람의 특사를 받아내기 위해 필립 르 봉에게 청원을 올린다. 그러나 그 모든 청원이 필립 르 봉의 마음을 움직이는 데 성공하지 못하자, 사람들은 그의 사랑받는 며느리 이자벨 드 부르봉 Isabelle de Bourbon 에게 그녀 자신이 직접 그 청원을 올려주십사고 청한다. 공작이 그녀에게는 거절할 수 없으리라는 희망에서——왜냐면 그녀는 "전 아직 한번도 중요한 부탁을 드린 적이 없잖아요"라고 말하기 때문이다. [36] 그리고 그 목표는 적중한다. 한편, 관습을 개혁하자는 설교가 아무런 힘을 발휘하지 못하는 데 대해 제르송이 놀라는 것도 같은 관점에서 보아야 한다. 나는 무슨 말을 해야 할지 모르겠다. 사람들은 그렇게 많은 설교를 하는데도 그것은 헛수고일 뿐이다. [37]

중세 조락기의 정신은 우리에겐 자주 공허하고 피상적으로 보인다. 판단의 지나친 단순주의는 가히 놀라울 지경이다. 중세말의 정신은 아무런 제약도 없이 일반화로 치달으며, 따라서 극단적인 정도까지 오판을 내릴 가능성이 있다. 중세말의 정신의 그 부정확성과 지나치게 잘 믿는 성격, 그리고 그 경박성과 자가당착 등은 자주 난처할 정도이다. 그리고 그 모든 결함들은 바로 그 근본적인 형식주의에서 기인한다. 중세의 정신은 늘 모든 설명에 단 하나의 모티프, 그것도 가장 일반적이고 가장 직접적인 혹은 가장 대략적인 한 모티프로 만족한다. 이를테면 부르고뉴 사람들의 견해는 루이 도를레앙 살해 사건에 단 하나의 동기밖에는 인정하지 않는다. 왕이 장 상 푀르에게 자기 동생 오를레앙과 왕비의 불륜을 복수해달라고 요청했다. [38] 당시 사람들의 판단으로는 강 Gand 시민들의 대반란의 원인은 서한 형식에 관한 형식 문제이다. [39] 그 시대의 정신 속에서는 하나의 현상을 표현하는 일은 늘 강하고 단순한 선들과 특징 있는 윤곽들로 나무판에 새긴 하나의 원시적인 조각이다.

무분별한 일반화에 관한 것은 문학 작품의 각 페이지마다에 잘 나타나 있다. 옛 영국인들에게서 유일한 공정함의 경우로, 올리비에 드 라 마르슈는 그 당시 영국인들이 용맹스러웠고 그로 말미암아 그들이 프랑스를 정복했었다고 결론짓는다. [40]

각 경우가 하나의 실체로 생각되었던 만큼 각 경우의 중요성은 과장된다. 게다가 사람들은 언제나 한 가지 현상의 가치를 높이기 위해 꼭 신성한 역사에서 그에 대응되는 어떤 것을 끌어낸다. 1404년 파리에서는 학생들의 행렬이 어지럽혀져 두 명의 학생이 다치고 한 학생의 옷이 찢어지는 사건이 있었다. 화가 치민 총재의 머릿속에는 하나의 이미지가 떠오른다. "순진한 어린 양 같은 어린 아이들

과 귀여운 생도들." 이는 그 사건을 베들레헴 학살에 비유할 충분한 소재가 된다. [41]

특수 경우마다 하나의 설명이 그렇게도 쉽게 또 확고하게 인정되고 받아들여질 때, 그러한 잘못된 판단들의 실행이 일반화될 위험은 적지 않다. 니체는 말했다 : 그릇된 판단을 삼가는 일은 삶을 참을 수 없는 것으로 만든다고. 사실 어쩌면 우리가 가끔씩 부러워하는 지나간 세기들의 그 강렬한 삶은 부분적으로는 편향적으로 판단하기 쉬운 점에 기인했던 것 같다. 세력간에 큰 긴장을 요하는 시대에 신경은 그릇된 판단의 도움을 필요로 한다. 그런데 중세 사람들은 계속적인 정신적 긴장 속에 살았고, 파벌간의 증오심의 영향하에 그 판단들은 엄청난 잔혹성을 띠기에 이르렀다. 15세기에 부르고뉴 공작들의 동기가 그토록 많은 프랑스인들에게(나는 그 공작들의 네덜란드 신민들을 말하고 있는 게 아니다) 우선은 자기 조국에 대한 불충과 나아가 적개심까지 고취할 수 있었다면 이 정치적 감정은 단지 감정적인 개념들과 혼란된 생각들의 뒤범벅으로밖에는 설명되지 않는다. 전쟁에서 죽인 적의 숫자를 우스꽝스럽게 과장하는 일반적이고 지속적인 습관은 그 맥락에서 보아야 한다. 샤틀랭은 가브르 Gavre 전투에서 2,3만 명의 강 Gand 의 폭도들에 대항하여 5명의 공작측 귀족들을 쓰러뜨린다. [42] 코민 Commines 이 이런 유의 과장을 삼가고 있다면 우리는 그의 이 같은 점을 그의 근대성의 하나로 보아야 한다. [43]

결국 중세 말기의 저자들에게서 볼 수 있는, 그리고 그들의 피상성과 부정확성과 고지식함에서 나타나는 경솔함에 대해 무어라고 말할 수 있을까? 가끔 그들은 집약된 사고의 필요를 겪음이 없이 단지 정신 앞에 공허한 꿈들을 늘어세우는 것으로 만족하는 것 같다. 외부적인 사물들을 피상적으로 묘사하는 것, 바로 거기에서 프로아사르와 몽스트를레 Monstrelet 는 멈춘다. 그들의 이야기는 투키디테스는 말하지 않더라도 헤로도투스에 비교해 보아도 짜임새가 없고 영성하며 골자도 의미도 없다. 그들은 본질적인 것과 우연한 것을 구분하지 않는다. 그들의 정확성의 결여는 가히 통탄할 지경이다. 몽스트를레는 포로가 된 잔 다르크와 부르고뉴 공작의 회견 상황을 참관했지만 그들간에 교환된 말은 한마디도 기억하지 못한다. [44] 복권(復權) 소송을 주도한 토마스 바쟁 Thomas Basin 조차도 그의 연대기에서 쟌 Jeanne 이 동레미 Domremy 출신이 아닌 보쿨뢰르 Vaucouleurs 태생이라고 적고 있으며, 보드리쿠르 Baudricourt——그는 또 그를 대령이라 부르지 않고 그 마을 영주라고 부르는 오류를 범한다——에 의해 투르 Tour 로 끌려온 것으로 적는다. 또 그는 왕태자와의 첫 알현 시기도 석달이나 틀린다. [45] 의전(儀典) 행사들의 주재관이며 완전무결한 궁정인인 올리비에 드 라 마르슈도 공작 가문의 계보를 계속 뒤죽박죽으로 만든다. 1468 년 그는 결혼식 축제에 참석해 놓고도 르 테메레르 Le Téméraire 와 마르그리트 묘요크 Marguerite d'York 의 결혼을 1475 년이라고 적음으로써 뇌스 Neuss 공략보다 뒤로 위치시킨다. [46] 한편 코민도 역시 깜짝 놀랄 정도의 부정확성을 면치 못한다. 그는 자주 상당수의 연대들을 두 배로 늘려서 기록한다. 심지어 아돌프 드 겔드르 Adolphe de Gueldre 의 죽음은 세 배까지 늘려 말한다. [47]

중세 정신의 고지식함과 비판 정신의 결여는 다 인용할 필요 없이 명백하다. 그러나 이 결함들은 사람들의 교양 정도에 따라서 다소 심해진다. 부르고뉴측에서는 르 테메레르가 돌아올 것이라는 백성들의 믿음이 지배적이었다. 그래서 백성들은 낭시 Nancy 전투가 끝난 10 년 뒤까지도 여전히 공작의 귀환에 지불할 돈을 빌려주고 있었다. 바쟁 Basin 과 몰리네 Molinet 가 이 같은 어리석은 믿음을 다루고 있다. 몰리네는 그의 『놀랄 일들 Merveilles du monde』에서 그것을 다음과 같이 언급한다.

나는 알 수 없는 한 가지 일을 보았네
죽은 자가 되살아나는 것과
그의 귀환에 대해
수천금이 지불되는 것을.
어떤 자는 말하지 : 그가 살아 있다고.
또 어떤 자는 말하네 : 그건 뜬소문이라고.
모든 선량한 가슴들이 시샘도 없이
그를 자주 애석해하네. [48]

중세 말기의 정신 상태처럼 생생한 상상력과 순진한 이상주의, 강력한 감동성에 의해 지배받는 정신 상태는 정신에 제시되는 모든 개념의 사실성을 쉽사리 받아들인다. 하나의 관념은 하나의 이름과 형태를 취하면서만 진리의 추정이 존재한다. 말하자면 그것은 도덕적·종교적 형상들의 체계 속에 들어가 무의식적으로 그 형상들의 신뢰성에 참여한다.

한편으로는 뚜렷한 윤곽들과 자주 인간의 형상을 한 성격이 관념들에 확고함과 부동성을 부여한다. 다른 한편으로는 그들의 상형적(象形的)인 형태는 간혹 그들의 의미를 망각하게 한다. 외스타슈 데샹 Eustache Deschamps 은 결혼의 불리함에 하나의 우의적이고 풍자적인 장시 『결혼의 거울 Le Miroir de Mariage』[49]을 할애한다. 주인공은 솔직한 의지 Franc-Vouloir 이다. 광기 Folie 와 욕망 Désir 은 그에게 결혼을 하도록 충고하고, 지식총람 Répertoire de Science 은 그에게 결혼하지 말도록 충고한다.

작가의 생각 속에서 솔직한 의지의 의미는 무엇일까? 그것은 우선 독신으로 지내는 자의 근심 없는 자유이다. 그러나 또한 그것은 다른 데서는 철학적 의미에서의 자유 의지이다. 그 관념은 의인화에 의해 흡수되었고 작가는 더 이상 그것을 엄격하게 정의할 필요를 겪지 않는다. 그는 그것을 그냥 부정확하고 부동(浮動)의 것으로 놓아둔다. 작품의 윤리적인 의미 역시 주인공의 성격만큼이나 모호하고 불명확하다. 시의 톤은 여자들에 대한 일상적인 풍자의 톤 그것인데, 이는 우리가 보기에 시의 마지막 부분에서 지식총람 Répertoire de Science 의 입을 통해 하는 정신적인 결혼과 명상적인 삶에의 경건한 찬사와 기묘한 대조를 보인다. [50] 또 작가가 광기와 욕망에 의해—이들이 악마의 대변자 노릇을 함에도 불구하고—높은 진리를 말하게 하는 것 역시 우리에게는 이상하게 보인다. [51] 요컨대 시인의 개인적 신념을 포착하고 그가 어디까지 진지한지를 이해하기가 매우 어렵다.

중세의 사고에 관련하여 그것이 기사도건 사랑이건 신앙이건 우리는 자주 진지한 신념과 '척하는 것 pose' 즉 원시 문화 특유의 정신 자세 사이에 뚜렷한 금을 긋기가 불가능하다.

모든 영역에 있어서 진지한 것들과 장난기의 혼합은 관습을 특징 짓는다. 특히 전쟁에서 자주 코믹한 요소가 존재한다. 포위된 사람들은 적에게 야유를 퍼붓고 급기야 그것을 자신들의 피로 지불해야 한다. 모 Meaux 의 시민들은 영국 왕 헨리 V세를 조롱하기 위해 성벽 위에 당나귀를 세운다. 콩데 Condé 시민들은 부활절 축제를 위해 크레이프빵을 만들어야 하기 때문에 항복할 시간이 없다고 선언한다. 몽트로 Montereau 에서 시민들은 그들을 포위한 적의 대포가 불을 뿜는데도 성벽 위에 서서 현수포의 먼지를 턴다. [52] 우리는 이미 뇌스 공략을 앞둔 르 테메레르 Le Téméraire 진영이 축제 분위기로 들떴던 것을 언급한 바 있다. [53]

진지한 일들 속에 어처구니없는 익살이 더 많이 관계되는 한 영역이 있는데, 마술과 빙의(憑依) 정신병 démonomanie 이 그것이다. 악마의 존재를 믿는 이 믿음은 깊고 큰 불안에 그 근원을 두고 있었다. 그러나 순진한 상상력은 그 악마들을 너무나도 유치한 채색으로 그려냈고 가끔은 모든 공포심을 잃을 만큼 그렇게 친밀하게 만들었다. 악마가 일종의 코믹한 인물로 되는 것은 비단 문학에서만이 아니다. 무시무시한 마녀 재판의 심각함 속에서도 사탄의 무리는 종종 익살스러운 면모를 띤다. 타위 Tahu 와 고르지아스 Gorgias 두 대장의 지휘하에 한 수녀원의 평화를 어지럽힌 악마들은 "그 당시 사교계의 옷과 기구·유희의 이름과 흡사한 'Pantoufle(실내화)' 'Courtaulx(courtaud: 땅딸보)' 혹은 'Mornifle(손으로 따귀치기)' 등의 이름을 갖고 있었다."[54]

15 세기는 특히 마녀 재판의 세기였다. 중세를 마감하고 빛나는 위마니슴을 맞이하는 시대로 알고 있는 이 세기에 중세 문명의 끔찍한 혹인 마술에 대한 강박관념은 『행악자들의 망치 Malleus maleficarum』와 교황의 교서 『지고의 것을 탐내는 자들 Summis desiderantes』(1487년과 1484 두 번에 걸친)에서 그 비준을 얻어냈다. 그리고 위마니슴도 종교개혁도 이러한 광란에 종지부를 찍지는 못한다. 16 세기 후반, 위마니스트인 쟝 보댕 Jean Bodin 은 빙의 정신병에 대한 책을 쓰면서 박해의 욕망을 그의 박학으로 뒷받침한다. 새로운 시대 새로운 지식도 박해의 두려움을 당장 물리치지는 못한다. 그라

고 한편으로 박해에 대한 가장 관대한 생각들은 16세기말경 의사인 쟝 위어 Jean Wier에 의해 예고되며 이는 이미 15세기에 풍부하게 표현되었다:

미신에 대한 특히 마녀들과 마법에 대한 중세말의 태도는 다양하며 거의 일정치가 않다. 합리주의적인 의심과 해석들이 있는가 하면 또 가장 맹목적인 고지식한 믿음도 있다. 악이 폭발적으로 성행하고 그것이 얼마 동안 유지되는 웅거지들이 있다. 마법과 마술이 특히 성행한 곳은 산지 지역으로 사보아 Savoie와 스위스, 로타린지 Lotharingie, 스코틀란드 등이다. 1400년경에는, 프랑스 궁정도 그야말로 마법의 온상지 그 자체였다. 한 설교가는 궁정에 '늙은 마녀들'이라는 표현이 '귀족 마법사들'이라는 말로 변할까 두렵다고 경고한다. [55] 루이 도를레앙은 온통 접신적(接神的)인 분위기에서 살고 있다. 확실히 쟝 프티 Jean Petit의 비난이 근거 없지는 않다. 루이 도를레앙의 친구이자 고문이었던 필립 드 메지에르 Philippe de Mézière는 부르고뉴인들에게는 저주받은 영혼으로 알려져 있었다. 그는 과거 스페인에서 접신법을 배운 적이 있으며 간신히 거기서 벗어났다고 말한다. 스페인을 떠난 지 약 10년 뒤에야, 그는 "자신의 의지로는 도저히 위에 말한 표징들과 신에 반(反)하는 효력들을 끊을 수가 없었는데" 고해성사와 온갖 노력을 기울인 끝에 비로소 신의 선하심에 의해 "기독교 정신의 적(敵)인 그 광증"에서 벗어날 수 있었다. [56] 야만 지방에서는 즐겨 무당들을 찾는다. 어떤 사람은 악마와 접신해보고 싶은데 아무도 그 기법을 가르쳐주는 이가 없자 "야만의 땅인 스코틀란드"로 찾아간다. [57]

루이 도를레앙은 마법과 아프리카 주술에 능한 무당들을 갖고 있었다. 그 중 하나가 그의 마법으로 그를 만족시키지 못하자, 그는 당장에 그 자를 화형시켜버렸다. [58] 사람들이 그에게 그런 미신 행위들이 허용되어 있는지 신학자들에게 물어보라고 충고하자 그는 대뜸 이렇게 대답했다 : 뭣 때문에 그 자들에게 물어본단 말인가? 그 자들은 못 하게 할 게 뻔한데. 하지만 난 그렇게 믿고 행동하기로 결심했다. 난 결코 그 일을 그만두지 않겠다. [59]—제르송은 공작이 그렇게 뜻밖의 잔인한 죽음을 한 것은 공작이 그 죄를 끝까지 고집한

데서 기인한 것이라고 본다. 제르송은, 주술적인 방식으로 왕의 광증을 치료하기 위해 행한 모든 시도들을 못마땅히 여긴다. 여러 사람들이 이미 아무 보람 없는 처방들을 시도한 후 산채로 화형에 처해졌었다. [60]

제후들의 궁정에서 특별히 유행하던 것으로 방자(해꽂이)라는 것이 있었는데 이는 세계 모든 문명권에서 발견된다. 사람들은 적의 밀납 초상을 만든 후 세례를 주고 그것을 녹이거나 바늘로 찔러 적을 없애려 들었다. 필립 Ⅵ세는 "악마가 날 파멸시키는 데 더 힘이 센지 하나님이 날 구원하는 데 더 힘이 센지 보자"고 말하면서 이런 초상들 중에 자기 손에 떨어진 초상을 태웠을 것이다. [61] 부르고뉴 공작들은 그런 방법으로 박해를 당했다. 샤롤레 Charolais 백작은 쓸쓸하게 말한다 : "나는 내게 대해, 나와 다른 사람들에 대해 악마적으로 세례를 베푼 무시무시한 비의들로 가득찬 밀납초상들을 갖고 있지는 않은가?" [62] 여러 가지 관점에서 보수적인 정신의 소유자였던 필립 르 봉은 그럼에도 불구하고 미신적이지는 않았다. 그는 이노상 Innocent 의 날(역주 : 헤롯 왕에 의한 베들레헴 학살을 기념하는 제일)에 별 중요성을 부여하지 않았으며 점술가들의 도움으로 미래의 비밀을 억지로 알아내려고도 하지 않았다. 샤틀랭은 그에 대해 자신은 점치는 것에 찬성하면서도 다음과 같이 말한다. "하나님께 온전하고 순전한 믿음을 바치는 사람은 모든 일에 아무런 점도 치지 않기 때문이다." [63] 1461년 아라스 Arras 의 끔찍한 마녀 재판도 공작이 개입하고서야 종지부를 찍는다. 마녀 사냥을 몰아가던 믿을 수 없는 맹목성은 부분적으로는 두 개념, 마법과 이단이라는 두 개념이 혼동됨으로 말미암았다. 대체로 신앙의 영역 밖에서 행해지던 모든 '폭행'과 그 공포와 증오심은 '이단'이라는 말로 표현되었다. 이처럼 몽스트를레 Monstrelet 는 질 드 레 Gilles de Rais 가 범한 사특한 범죄들을 같은 명칭으로 부른다. [64] 15세기 프랑스에서 마법에 대한 통용어는 '보드리 vauderie'였다. 이 말은 원래 보드와 Vaudois 의 이단을 가리키던 것으로 15세기에는 이미 그 말의 본래적인 관계를 상실한 뒤였다. 아라스의 대보드리 la grande vauderie 에서는『행악자들의 망치 Malleus maleficarum』에서 표현될 마법에 대한 병적인 강박관념이, 밝혀진 범죄들에 대한 민중들과 행정관들의 회의적인 태도와 짝을 이룬다. 판사들 중의 하나는 기독교의 1/3이 마법으로 오염되어 있다고 주장한다. 하나님에 대한 그의 믿음은 마법으로 기소된 모든 자들이 유죄라는 결론으로 그를 몰아간다. 하나님은 그 반대를 허용치 않으실 것이기 때문이다. "사제들이건 누구건 그에게 반박하는 사람이 있으면 그는 그들이 마법사(이단자)가 아닌지 의심해봐야 한다고 주장했다." 이 판사는 또 죄인들을 곧 밝혀내고야 말겠다고 주장하였다. 이후 그는 돌아버렸다. 하지만 이미 마법사들은 화형당한 뒤였다.

박해로 인해 아라스 시는 큰 피해를 입었다. 사람들은 더 이상 상인들을 투숙시키지 않으려 했다. 혹은 내일이면 그들이 이단자로 몰려 모든 재산을 압류당하지 않을까 두려워 그들에게 돈을 대부해 주지 않으려 했다. 하지만 "그들 중 한 사람도, 천에 하나도, 사람들이 말하듯 그들이 실제로 이단으로 갔다고 믿는 사람은 없었다. 상인들이 그 일로 그렇게 되는 것을 본 적이 없었던 것이다." 아라스의 시민들은 재판 중 희생자들이 그들의 대죄를 자백할 때조차 여전히 그것을 의심한다. 한 운문시는 증오심에 가득차 박해자들이 그 모든 것을 탐욕에 의해 미리 짠 것이라고 비난한다. 주교까지도 그 박해가 "어떤 못된 자들에 의해 날조된 것이라고 말한다."[65] 마침내 필립 르 봉이 루뱅 Louvain 단과대학의 자문을 구한다. 대학의 위원들 중 여럿이 그 이단설은 사실이 아니며 단지 공상일 뿐이라고 선언한다. 이에 따라 공작은 아라스에 황금양털 기사단의 군대장을 보냈다. 그제서야 형 집행과 투옥이 막을 내렸다. 그 후 모든 소송은 폐지되었고 아라스 시는 교훈적인 우의극 상연과 함께 즐거운 축제로 그 일을 기념하였다.[66]

허공을 질주하는 기마 행렬이나 마술사·마녀 들이 여는 밤의 축제가 마녀들에 미친 가련한 자들의 헛된 공상에 불과하다는 견해는 15세기에도 이미 널리 퍼져 있었다. 하지만 그에 대해 악마의 역할이 완전히 폐지된 것은 아니었다. 사람들은 그 같은 불길한 공상들을 불러일으키는 장본인이 악마라고 믿었다. 그리고 로잔의 재판관 마르탱 르프랑 Martin Lefranc이 1440년 필립 르 봉에게 올린 대작 『부

인들의 옹호자 *Le Champion des Dames*』에서 그의 식견있는 견해는
다음과 같다.

> 이것들 중 가장 작은 것을 행하는 것은
> 경솔한 자도 노파도 아니라네.
> 그러나 그것을 태우고. 혹은 목매달기 위해
> 수많은 교활한 기교들을 뻗칠 줄 아는
> 인간 본성의 적(敵)은
> 인간의 감각들을 속여서 날뛰게 만든다네.
> 사람이 그 위에 타고 날은다는
> 막대기나 빗자루 따윈 전혀 없어.
> 그러나 악마가 그들의 머리를
> 어지럽히면, 사람들은 어딘가로
> 축제를 벌이러 자기들의 뜻을
> 이루러 간다고 생각하지.
> 사람들은 그들이 로마에 대해 이야기하고.
> 그리고 거기가 아니면,
> [………]
> 악마들은 모두 다 무저갱에 있다고
> 솔직한 의지는 말하지. 쇠사슬에 묶인 채로,
> 그리고 그들을 거기서 풀려나게 할
> 터키 옥이나 줄 같은 것은 전혀 없다네

그리고, 그 시의 또 다른 곳에서는

> 내가 살아 있는 한
> 나는 믿지 않으리.
> 여자가 몸으로 허공 속을
> 마치 티티새나 지빠귀처럼 날아다닐 수 있다는 말을.
> 이는 샹피옹이 한 말이라네.
> 성 어거스틴도 분명히 말했지 :
> 그것은 환상이고 유령이라고.
> 그리고 그들 그레고리우스와 앙브로시우스와 성 제롬도
> 그와 다르게는 생각하지 않았다네.

가련한 여인이 잠을 자고
쉬기 위해 자리에 누울 때에
결코 잠드는 법이 없는 원수가
그녀 곁에 와서 머무른다네.
그리고는 그녀 앞에
환각들을 불러일으키는데
너무도 교묘히 하기 때문에
그녀는 자신이 단지 꿈을
꾸고 있을 뿐인 것을
실제로 하고 있다고 생각하지.
아마도 시골 노파가
고양이나 개를 타고서 모임에 가는 꿈을 꾸는 게지.
그러나 실상은 아무 일도 일어나지 않아.
그리고 그녀를 한발짝이라도 들어올릴
그런 요술 지팡이나 빗자루 같은 건 전혀 없다네. [67]

프로아사르는 가스코뉴 귀족과 그의 친한 악마 오르통 Horton——
그는 그 악마의 출현을 그토록 훌륭하게 묘사했었다——의 경우를 '착
오'라고 규정짓는다. [68] 제르송은 한걸음 더 나아가 그들 마녀들의
출현에 대해 자연스러운 설명을 시도한다. 그는 심지어 뇌손상을 말
하기까지 한다. 그러나 결국 그는 이 손상을 악마의 환영에서 왔다
고 말함으로써 악마에게 그 명예를 부여한다. [69] 반쯤 해명된 이 해
석은 니콜라스 드 쿠사 Nicolas de Cuse 에게서도 발견된다. 교회는
마녀 재판의 끔찍한 영역을 제외하고는 이 같은 미신을 유익하고 적
절한 방식으로 분쇄했다. 설교자 리샤르 수사는 사람들이 애지중지
한 만드라고라 *mandagoires* (역주 : 약용으로 쓰이는 가지과 식물)를 가져
오게 하여 죄다 불태우게 하였다. 많은 사람들은 그것을 깊숙한 데
다 숨겨두고 그 향기를 신뢰하여, 그것을 갖고 있고 또 그것을 비
단이나 린넨으로 된 아름다운 나사천으로 싸두기만 하면 결코 가난
하게 되지 않는다는 미신을 갖고 있었다. [70]——집시들에게 손금을
본 부르조아들은 교회에서 출회당하며, 그들의 불경이 초래할지도
모를 재난을 막기 위해 성체 거동이 실시되었다. [71]

드니 르 샤르트뢰의 한 논문은 신앙과 미신 사이의 구별이 어떤 식으로 이루어졌는가를 분명하게 보여준다. 그는 부적·푸닥거리·강복식 등이 그 자체로는 아무 효력도 없다고 말한다. 그 점에서 그것들은 성례(聖禮) 집행시에 사용되는 말들과 구별된다. 성례 집행시에 사용되는 말들은 하나님이 거기에 능력을 부여하신 것과 같기 때문에 좋은 의도로 쓰여지기만 하면 효과가 없지 않다. 그러나 강복식들은 하나님께 진실한 마음과 정해진 말로 아뢰는 겸허한 간구로만 간주되어야 한다. 적절하게만 하면 하나님은 그것들에 가끔씩 효력을 부여한다. 그러나 부적절하게 하면(예를 들어 십자를 거꾸로 긋는다든지 하면) 그것들은 효력을 갖긴 하되 악마에게서 나온 효력을 갖는다. 드니는 민간 신앙이 강복식이나 부적들에 무속적인 힘을 부여하기 때문에 사제들이 이 모든 행사를 아예 금하는 것이 좋다고 생각한다. [72]

대체로 초자연적으로 보이는 모든 것들에 대한 태도는 합리적인 설명과 경건하고 자발적인 신심(信心)과 악마의 계략과 술책에 대한 두려움 사이를 왔다갔다 하였다. 히스테리 환자가 얼마 동안은 세상에서 경건한 고양 상태에 있다가 급기야 정체가 드러나는 것은 드물지 않은 일이었다. [73] 선의의 사람은 크게 주저하였다. 성 어거스틴과 성 토마스 아퀴나스는 그들의 권위로써 다음과 같은 말을 뒷받침하지 않았던가. "이 세상에서 가시적인 방법으로 행해지는 모든 것은 악마의 일일 수 있다 *Omnia quae visibiliter fiunt in hoc mundo possunt fieri per daemones.*"

제 18 장
예술과 삶

15세기의 프랑코-부르귀뇽 *franco-bourguignon* 문화에 관해 우리 시대가 가장 잘 아는 것은 조형 예술 분야와 특히 회화 부문이다. 반 아이크 Van Eyck 형제와 로지에 드 라 파스튀르 Rogier de la Pasture 그리고 멤링크 Memlinc 는 조각가 클라우스 슬루터 Claus Sluter 와 더불어 우리가 '부르고뉴 세기 *Siècle du Bourgogne*' 라고 부르는 중세 말기를 지배한다. 그러나 항상 그런 것은 아니다. 1840 년경, 아직도 헴링크 Hemlinc 를 멤링크 Memlinc 라고 쓰던 시대에, 교양 있는 사람은 15세기를 몽스트를레 Monstrelet 와 샤틀랭 Chastellain 의 연대기들을 통해 직접적으로 안 것은 아니지만 적어도 거기서 파생된 드 바랑트 De Barante 의 『부르고뉴 공작들의 역사 *l'Histoire des ducs de Bourgogne*』와 아마도 특히 『파리의 노트르-담 *Notre-Dame de Paris*』을 통해 15세기를 알았다.

이 책들에서 발산되는 이미지는 가혹하고 어두운 것이었다. 피로 얼룩진 잔인함과 탐욕, 오만함, 소송, 끔찍한 비참상 등. 그 가운데서 궁정의 축제들만이 유일하게 그 오래된 알레고리와 과도한 사치로써 전체 광경에 하나의 밝은 터치를 주었다.

그러나 반대로 우리에게는, 중세 말기 위엔 반 아이크와 멤링크의 숭고한 엄숙함과 깊은 평화 그리고 열정이 가득 담긴 단순한 기쁨이 비치고 있다. 그리고 조형 예술 바깥에서도 우리는 아름다움과 평온한 예지를 말해주는 그 시대의 삶의 표현들을 알고 있다. 뒤페 Dufay 와 그 제자들의 음악, 그리고 뤼즈브뢰크 Ruysbroeck 와 토마스 아 켐피스 Thomas à Kempis 의 격언 등. 쟌 다르크의 역사와 비용 Villon 의 시 속에서도 그 시대의 잔혹성과 비참상이 표현되고 있긴 하지만 그래도 거기에서조차 숭고함과 부드러움을 찾아볼 수가 있다.

그 시대의 이미지들 사이에 존재하는 깊은 차이, 예술 속에 나타난 것과 역사와 문학 속에 반영된 것간의 그 깊은 차이는 어디서 유래한 것일까? 삶의 서로 다른 영역과 그것을 표현하는 형식의 차이에서 그 당시에는 특별히 더 부조화가 존재했던 것일까? 화가들의 평화롭고 열정적인 예술이 생겨난 범주가 제후들과 귀족, 문학가들이 살던 범주보다 더 나은 것이었을까? 화가들은 뤼즈브뢰크, 윈데샤임 Windesheim 의 독신자(篤信者)들, 민중 가요와 더불어 일종의 평화 지대, 곧 그 잡다한 지옥의 가장자리에 속하는 것일까?

아니면 오히려 조형 예술들에서 찾아볼 수 있는 것 같은 한 시대의 이미지는 역사가들과 시인들이 주는 이미지보다 훨씬 더 빛나고 행복한 것은 아닐까? 실상 우리가 옛 문명들에 대해 갖는 관념은 우리의 역사적 이해가 보다 시각적이 되고 우리가 읽는 것과 아울러 바라보기 시작한 이래로 훨씬 더 평정해졌다. 조형 예술들은 탄식하지 않는다. 그것들은 비록 고통을 표현하고 있을지라도 그 고통을 애가와 평화의 보다 높은 영역으로 승화시킨다. 반대로 말에 의해 표현된 고통은 그것이 갖는 직접적인 것을 온전히 간직하며 몇 세기가 흐른 뒤에도 우리에게 슬픔과 연민으로 스며든다.

일반적으로 현대인은 이집트와 그리스와 중세에 대한 그의 개념을 독서를 통해서 얻기보다는 원형으로나 사진으로나 기념물들을 봄으로써 얻는다. 중세에 대한 우리들의 생각의 변화는 낭만적 의미의 약화(언제나 의심스러운)보다는 예술적 평가를 지적 평가로 대체하는 데서 기인한다.

하지만 예술 작품들을 조망함으로써 얻는 한 시대에 대한 비전은 늘 불완전함과 동시에 너무 낙관적이다. 그것은 시정을 요한다. 우선 우리는 전승의 상태가 우리를 예술을 대면할 때와 문학을 대면할 때 매우 다른 상황 속에 우리를 위치시킨다는 것을 고려해야 한다. 14, 15세기의 문학은 몇몇 예외를 제외하고는 우리에게 온전히 알려져 있다. 우리는 그 모든 장르들 가장 고상한 것과 가장 비속한 것, 진지한 것과 코믹한 것, 경건한 것과 세속적인 것을 모두 다 가지고 있다. 그것은 그 시대의 삶 전체를 반영한다. 그러나 글로 씌어진 전승은 문학만이 다는 아니다. 문학 외에도 기록들이 무한수로 우리에게 이미지에 보다 확실한 특징들을 덧붙일 수 있게 해준다.

예술은 반대로 그 성격 자체에 의해, 삶을 표현함에 있어 보다 덜 완벽하고 직접적인 표현에 구속된다. 게다가 우리는 그것이 만들어 낸 작품들을 극히 일부밖에는 가지고 있지 못하다. 교회 예술 밖에는 남아 있는 것이 거의 없으며 세속 예술, 곧 응용 예술은 극소수의 표본들 속에 보존되어 있을 뿐이다. 우리에게 사회적 삶과 예술적 산물과의 관계를 알 수 있게 해주는 것은 바로 그것들이다. 제단 뒤의 장식벽과 무덤들의 빈약한 보고(寶庫)는 그에 관해 우리에게 극히 적은 것밖에는 가르쳐주지 않는다. 그 시대의 예술은 우리에게 역사로부터 고립된 채로 남아 있다. 그런데 삶 속에서의 예술의 기능을 생각해보는 것은 매우 중요한 일이다. 이를 위해서는 보존된 걸작들에 감탄하는 것만으로는 충분치가 않다. 유실되고 없는 것 역시 고려해야 할 것이다.

중세의 예술은 삶에 합체된다. 삶은 교회의 성사들과 연중 축제들, 종규에 따른 기도 시간들의 결합력과 리듬을 받아들인다. 작업들과 즐거움들은 나름의 고정된 형식을 가지며 종교와 기사도 궁정식 사랑은 그 가장 중요한 것들이다. 예술은 이러한 형식들을 아름다움으로 감싸는 임무를 맡는다. 사람들이 추구하는 것은 예술 자체이기보다는 예술에 의한 삶의 미화이다. 사람들은, 후의 시대들이 하듯, 그렇게 고독하고 위안을 주는 예술 작품들의 감상에 의해 다소 건조한 삶의 틀에 박힌 인습을 모면하려고 애쓰지 않는다. 그들은 예술을 삶의 광택을 높이는 삶의 한 요소로서 누린다. 예술은 신앙심의 고양을 북돋거나 사교계의 쾌락에 동반해야 한다. 사람들은 아직 예술을 순전한 미 자체로만 생각지는 않는다.

중세가 응용미술밖에 몰랐다면 그것은 역설을 범할 수가 있을 것이다. 의미와 용도는 언제나 순전히 미학적인 가치보다 우위에 섰다. 게다가 예술을 그 자체로서 사랑하는 것은 아름다움에의 욕구가 눈뜸으로써가 아니고, 예술적 생산의 잉여에 의해 발전되었음을 덧붙여두자. 제후들과 귀족들의 보고(寶庫)에는 콜렉션을 이루는 방식으로 예술 작품들이 쌓여갔다. 차후 그것들은 실용적인 용도로 사용되지 않게 되고, 점차 사치품과 기호품으로서 찬탄을 받게 되었다. 그리하여 예술 취향이 생겨났고 르네상스는 그것을 발전시켰다.

15세기의 위대한 예술품들, 특히 제단 뒤 장식벽화들과 무덤들에서는 주제의 위엄과 작품의 용도가 그것들의 아름다움의 평가보다 훨씬 더 우세하였다. 작품은 아름다와야 하기도 했지만 소재의 신성한 성격과 용도의 당당한 성격에 있어서도 한결 같아야 했다. 용도는 늘 다소 실용적이다. 세 폭 그림 triptype은 대축제들에 경배를 강화하고 독실한 기증자들을 기념하는 데 소용된다. 반 아이크 형제의 작품으로 「어린 양」이라는 제단 뒤 장식벽화는 드물게밖에는 열리지 않았다. 종교적 그림들만이 실용적 용도를 가진 유일한 것은 아니었다. 시(市) 행정관들은 재판관들에게 엄숙한 의무 수행을 격려하고 법정을 장식할 목적으로 유명한 재판 광경들을 묘사한 그림들을 주문하였다. 브뤼쥬에서 있었던 「캉비즈 드 제라르 다비드 Cambyse de Gérard David의 재판」과 루뱅 Louvain에서 있었던 「황제오통 드 티에리 부츠 Otton de Thierry Bouts의 재판」, 그리고 옛날 브뤼셀에서 있었다는 로제 드 라 파스튀르 Roger de la Pasture의 분실된 그림들이 그것이다.

다음의 예는 사람들이 얼마나 그 표현된 주제를 중시했는가를 알 수 있게 해준다. 1384년 렐링겜 Lelinghem에서는 프랑스와 영국간에 일시적 휴전 조약을 체결하기 위한 회담이 열렸다. 베리 Berry 공작은 협상 위원들이 만나기로 한 낡은 성당의 빈 벽에 고대 전장의 그림이 수놓인 장식융단을 치게 하였다. 안에 들어서자마자 그것을 본 랭카스터의 공작 존 오브 가운트 John of Gaunt는 그 전쟁 그림들을 당장 치우라고 요구한다. 왜냐하면 평화를 원하는 사람들의 눈앞에 전투와 파괴의 그림들이 있어서는 안 되기 때문이다. 그리하여 그 장식융단들은 그리스도 수난의 기구들을 나타낸 다른 것들로 대체된다. [1]

주제의 중요성은 초상화 속에서 그 예술적 가치에 밀접하게 연결되는데, 그것은 언제나 가문의 추억의 성격을 간직한다. 중세에는 사람들은 온갖 이유로 초상화를 주문하였는데, 분명 걸작품을 갖기 위해 주문하는 일은 매우 드물었다. 오늘날도 그렇듯이 초상화의 용도들 곁에는 약혼자들에게 서로를 알 수 있게 해주는 용도도 들어 있었다. 1428년 필립 르 봉은 한 공주에게 결혼 신청을 하기 위해 포르투갈에 대사를 보내면서 공주의 초상화를 그려오도록 쟝 반 아이크를 대동하게 한다. 15세기는 가끔씩, 영국의 리챠드 Ⅱ세와 6살밖에 안 된 어린 이자벨 드 프랑스 Isabelle de France 의 경우처럼, 왕가의 약혼자가 초상화만 보고 미지의 공주에게 사랑에 빠지는 허구를 좋아한다. 2) 초상화를 비교함으로써 배우자를 선택하는 것도 같은 문제이다. 젊은 샤를르 Ⅵ세의 결혼을 놓고 사람들은 바바리아 공작 영애와 오스트리아 공주, 로렌 공작 영애 사이에서 누구를 뽑을까 망설인다. 이윽고 세 궁정에 한 재능 있는 화가가 보내진다. 세 개의 초상화가 왕에게 바쳐지고, 왕은 이자보 드 바비에르 Isabeau de Bavière 가 가장 아름답다고 판단, 그녀를 선택한다. 3)

어떤 곳도 묘지에서만큼 예술품의 실용적인 면이 우세하지 않았다. 무덤이야말로 그 당시의 조각술이 발휘될 수 있는 탁월한 소재였다. 고인(故人)의 형상을 가지려는 욕구가 너무도 강한 나머지, 사람들은 무덤을 세우기까지 기다리지도 않았다. 매장시 죽음은 산 사람이나 초상화에 의해 표현된다. 생-드니에서 있은 베르트랑 뒤 게스클랭 Bertrand du Guesclin 의 장례식에서, 사람들은 "완전 무장한 네 명의 장정들이 잘 정돈되고 꾸며진 네 마리의 준마에 올라탄 채" 살았을 때 고인의 형상을 재현하기 위해 교회 안으로 들어오는 것을 본다. 4) 1375년으로 추정되는 장례에 관한 폴리냑 Polignac 가(家)의 한 결산서에는 이렇게 기록되어 있다. "묘지에 죽은 기사를 만든 값 5 수우를 블레즈 Blaise 에게. "5) 왕가의 장례식에는 성장(盛裝)한 흉갑기병상이 고인의 모습을 재현한다. 사람들은 정확한 닮은 꼴에 도달하려고 애쓴다. 6) 간혹 장례식 행렬 속에는 초상이 여러 개씩 서 있기도 한다. 백성들은 그 인체 모형들을 보면서 감격해 마지않는다. 7) 이러한 관습은 15세기 프랑스에서 시작된 장례식 데드

마스크의 기원이라 할 수 있을 것이다.

　모든 예술은 다소간은 응용예술이었기 때문에 자유 예술가와 공예가들간에 구별이 있을 수 없었다. 플랑드르·베리·부르고뉴의 궁정들을 섬긴 매우 개성 있는 거장들은 그림그리는 일과 수사본에 채색화를 그려넣는 일에 국한되지 않았다. 그들 거장들은 조각상을 채색하고 방패와 깃발을 그리고 기마 시합이나 의전(儀典)의 의상들을 도안하는 일을 무시하지 않았다. 플랑드르의 백작 루이 드 말 Louis de Male 과 후에 부르고뉴 제일의 공작이 된 그의 사위 밑에서 일한 화가 멜키오르 브뢰데를람 Melchior Brœderlam 은 백작들의 궁정을 위해 새긴 다섯 개의 의석들을 장식한다. 그는 손님들에게 갑자기 물을 뿌리는 데 쓰이는 에스뎅성의 기구들을 수선하고 채색한다. 그는 또 공작 부인의 마차를 손질한다. 그는 1387년 공작이 영국 원정을 위해——그 일은 결국 일어나지 않았지만——슬뤼이스 Sluys 에 집결시킨 함대를 호화롭게 장식하는 일을 주도한다. 결혼식에서나 장례식에서나 모든 일은 궁정 화가들에게 일임된다. 장 반 아이크의 아틀리에에서는 조각상들의 채색도 해야 한다. 장 반 아이크가 필립 공작을 위해 만든 양반구도(兩半球圖)에는 여러 도시와 나라들이 놀랄 만큼 기이한 섬세함으로 그려져 있다. 위고 반 데어 괴즈 Hugo van der Gœs 는 사면(赦免) 중에 강 Gand 시의 시문들에 붙일 교황의 문장들로 된 방패들을 그린다. [8] 1488년 대공 막시밀리안 Maximilien 이 브뤼쥬에서 포로가 되자 사람들은 그의 감옥 철책과 덧문을 장식하기 위해 화가 제라르 다비드 Gérard David 를 불러온다. [9]

　15세기 거장들의 손에서 나온 모든 것 중 남아 있는 것은 단지 일부뿐이다. 그것도 특수한 성격의 것들뿐인데 몇몇 그림들과 제단 뒤 장식벽화들, 초상화들, 상당수의 세밀화들, 그리고 제기·장식·가구 등, 상당량의 공예품들이 그것이다. 세속적인 작품들로는 초상화를 제외하고는 거의 아무것도 남아 있지 않다. 만약 우리가 장 반 아이크의 목욕 및 사냥들을 피에타와 마돈나들에 비교해볼 수 있다면, 우리는 15세기 예술에 대해 얼마나 더 많이 알 수 있을까! [10]

　우리로서는 거의 그 개념을 파악할 수 없는 응용예술의 전영역들이 있다. 성직자들의 복장 곁에 보석과 방울로 뒤덮인 궁정 의상들이 있다. 또 그 세밀화들은 단지 우리에게 도식적이고 서투른 묘사밖에는 주지 못하는, 함선들의 눈부신 장식에 우리는 경탄하지 않을 수 없다. 제 아무리 아름다운 것 앞에서도 좀체로 열광하는 법이 없는 프로아사르 Froissart 는 출범 준비를 갖춘 선단의 화려함에는 여러 번 경탄하였다. [11] 문장들로 호화롭게 장식된 작은 깃발들이 돛대 위에서 펄럭이고 늘어진 휘장들은 물 위에 스칠 만큼 휘늘어져 있었다. 피에르 브뤼겔 Pierre Breughel 의 그림에서 우리는 그 엄청나게 길고 넓은 깃발들을 본다. 1387년 슬뤼이스에서 브뢰데를람에 의해 장식된 필립 르 봉의 배는 하늘색과 금색으로 채색되었다. 커다란 방패들은 선미 성곽의 깃발을 두르고 있었다. 돛폭에는 "한시 바삐 했으면 Il me tarde"이란 경구와 아울러 데이지꽃들과 공작과 공작 부인의 이니셜들이 점점이 그려져 있었다. 귀족들은 배의 장식을 위해 누가 가장 많은 돈을 지출하는지 경쟁을 벌였다. 프로아사르는 화가들이 호시절을 만났다고 말한다. [12] 그들은 부르는 대로 돈을 받을 수 있었으며, 얼마면 충분한지를 알 수가 없었다. 프로아사르의 말에 따르면 몇몇 귀족들은 돛대를 완전히 금종이로 싸게 했다. 기 드 라 트레모이으 Guy de la Trémoille 는 거기에다 2000 리브르 이상의 돈을 썼다. "사람들은 트레모이으 각하의 비위를 맞추기 위해 그가 자기 함선에 한 일에 대해 아무 충고도 말도 하지 않았다. 그리고 그 모든 것은 가련한 프랑스 백성들이 지불하였다……."

지금은 유실되고 없는 장식 예술은 우리에게 특별히 하나의 기상천외의 사치를 밝혀주었을 것이다. 그 같은 특성은 그 시대 고유의 것으로 우리는 우리에게 남아 있는 예술품들 속에서도 그것을 되찾아볼 수 있다. 그러나 우리는 거기에서 내밀한 아름다움만을 찾기 때문에, 우리는 더 이상 흥미를 갖지 않는, 하지만 그 당시 사람들에게는 가장 높이 평가되었을 장려함과 호사스러움의 요소를 거의 망각한다.

중세말의 프랑코-부르귀농 문화는 웅장함이 아름다움을 압도하는 문화이다. 15세기 예술은 15세기 정신의 충실한 거울이며, 정신은 그 여정을 마무리지었다. 우리가 그 시대의 사고의 특성이라고 생각한 것, 즉 모든 관념에 일정한 정의된 형식을 부여하려는 욕구, 상상력의 충일함, 지나치게 극단적으로 체계화를 좋아하는 성향 등은 예술 속에서 그대로 재발견된다. 형식·형상 혹은 장식들이 없는 것은 아무것도 없다. 플랑보아양 *flamboyant* 양식의 고딕식, 그것은 끝없는 후주곡(後奏曲)이다. 형식들은 그들 나름의 전개 속에 길을 잃으며 각 세부적인 것이 탐색된다. 모든 선은 대응하는 선을 만들어낸다. 형식은 그 무성함 속에 관념을 침식하며, 장식은 모든 선들과 모든 표면에서 포착된다. 그것은 조락기 문화들이 갖는 특성인 공백에 대한 두려움이 지배하는 예술이다.

말하자면 화려함과 아름다움 사이의 경계가 모호해진다. 배경과 장식술은 더 이상 자연스럽게 아름다운 것을 돋보이게 하는 데 쓰이지 않는다. 오히려 자연미를 해치고 질식시킬 위험마저 있다. 순수하고 자유로운 예술에서 멀어질수록 형식적인 장식적 모티프들의 침식은 강화된다. 우리는 조각 속에서 그것을 뚜렷이 관찰할 수 있다. 조각이 분리된 형상들을 만드는 한, 거기에는 형식의 과잉이 거의 없다. '모세의 우물'과 무덤의 '곡자 *plourants*'상들은 도나텔로 Donatello의 형상들만큼이나 조촐하다. 그러나 조각이 장식적 기능을 하면서부터, 그것이 회화의 영역을 침범하여 부조(浮彫)의 차원으로 제한되면서부터 과잉이 빚어진다. 디종의 제단 뒤 장식벽화를 보면, 쟈크 드 바에르즈 Jacques de Baerze의 조각과 브뢰데를람 Brœderlam의 그림이 빚는 그 부조화에 깜짝 놀랄 것이다. 그림들은 순수한 이미지를 주는데 단순하고 간결하다. 반면 부조들은, 거기서는 표현이 장식적인데, 복잡하고 지나치게 꾸몄다. 회화와 장식융단 사이에도 똑같은 대조가 있다. 직조 기법은 하나의 장식예술로, 그것은 과도한 장식술의 욕구를 면할 길이 없다. 장식융단들은 인물들과 색채들로 지나치게 꾸몄으며 그들의 형식들은 예스럽다.[13] 의상을 보아도 거기서 예술의 본질적인 특질인 절도와 조화가 완전히 사라졌음을 확인할 수 있다. 개인적 오만이 의상에 순수 예술과는 전혀 양립할 수 없는 관능적 요소를 끌어넣는다. 어떤 시대도 1350년에서 1480년 사이의 시대만큼 의상 속에 그렇게 많은 기괴함을 경험한 시대는 없었다. 물론 그 후에도 기상천외의 양식들이 있긴 하였다. 1520년경 독일인 용병들의 복장과 1660년경 프랑스 귀족의 의복처럼. 그러나 한 세기 동안 프랑코-부르귀뇽 양식을 특징지은 과장과 과도함은 유례를 찾아보기 어렵다. 그것은 우리로 하여금 그 시대의 미학적 방향이 자유로운 확산 속에 어떤 것으로 귀착되었는가를 알게 해준다. 성장한 옷은 수백 개의 값비싼 보석들로 돋보이게 하였다. 치수들은 우스꽝스러울 만큼 과장되었다. 여자들의 헤어스타일은 '에닝 *hennin*'이라는 설탕빵 형태를 취하는데 이는 베일 밑에 머리칼을 고정시키는 작은 모자가 발전한 것이다. 높고 불룩 튀어나온 이마가 유행이다. 그래서 사람들은 관자놀이 위와 이마 위의 머리를 면도로 민다. 또 옷은 가슴과 어깨를 드러내는 게 등장한다. 남자들의 옷은 더 이상하다. 니코폴리스 Nicopolis 에서 퇴각하는 기사들은 도망을 치기 위해 지나치게 끝이 뾰족하게 쳐들린 구두 끝을 잘라내야 했다. 꽉 끼인 몸체와 풍선처럼 부풀린 어깨의 소매들, 너무 긴 나사 외투와 엉덩이를 드러낸 짧고 꼭 끼는 저고리들, 또 원통꼴 혹은 뾰족한 원통꼴의 높은 모자들과 머리둘레에 닭벼슬이나 햇불 모양으로 주름지게 늘어뜨린 현수포 등. 옷은 격식을 갖출수록 더욱 괴상하다. 이 모든 장식이 사회적 계급, '신분'을 의미하기 때문이다. [14]

이처럼 극심한 사치 취향은 궁정 축제에서 그 절정에 달한다. 1454년 릴 Lille에서 열린 부르고뉴가의 축제들——거기에 초대받은 사람들은 모두 십자군으로 떠나겠다고 맹세한다——에 관한 기록을 상기해보라. 혹은 1468년 브뤼쥬에서 있은 샤를르 르 테메레르와 마가렛 도오크의 결혼식 축하연에 대한 묘사를 떠올려보라. [15] 이처럼 오만하기 그지없는 사치의 과시가 반 아이크와 부츠 Bouts의 세 폭 그림에서 보이는 부드러운 고요와 이루는 대조보다 더 절대적인 대조를 거의 생각할 수 없다. 우리는 오케스트라와 선단들, 성채들, 원숭이와 돌고래들, 거인과 난장이들 그리고 지루하고 따분한 알레고리의 온갖 무미건조함들을 지닌 거대한 파이로 이루어진 '앙트르메 *entremets*'들을 알고 있다. 거기에서 우리는 기괴한 악취미의 광경들 이외에 다른 것을 보기 어렵다. 하지만 이 축연들에 대해 공정한 판단을 내리려면 그것들이 사회 속에서 수행한 기능을 생각해

보아야 한다. 축제들은 여전히 원시인들 속에서 가졌던 의미의 그 무엇을 간직하고 있었다. 문화의 최고의 표현, 가장 드높은 기쁨의 집단적 형식, 유대감의 표현 등. 우리는 프랑스 대혁명기 같은 대혁신의 시기에 축제들이 이 같은 사회적이고 미학적인 기능을 되찾는 것을 본다.

현대인은 아무 때나 자기가 원할 때 자유롭게 개인적으로 자기 선택에 따라 오락거리를 추구한다. 그러나 정신의 즐거움들이 그다지 많지 못하고 또 아무에게나 열려 있지도 않은 시대에 사람들은 축제라는 집단적 축연들을 필요로 한다. 일상적 삶의 비참상이 무겁게 내리누를수록 축제는 더욱 필수적인 것이 되며 그 방법들 역시 즐거움의 도취와 현실의 망각을 주도록 더욱 강렬해야 할 것이다. 15세기는 의기소침하고 염세적인 시대이다. 인간성은 천상의 기쁨의 약속만으로도, 신의 배려에 대한 확약만으로도 만족할 수가 없다. 그에겐 때때로 삶의 아름다움에 대한 성대하고도 집단적인 확인이 필요하다. 일차적인 쾌락들, 유희·사랑·음주·춤·노래만으로는 충분치가 않다. 그것들은 아름다움에 의해 고상하게 치장되어야 하며 집단적인 쾌락 행위에 의해 양식화되어야 한다. 민중들의 축제는 노래와 춤 속에 자기 나름의 아름다움의 요소들을 갖고 있었다. 그것은 처음엔 그와 불가분의 관계에 있었던 교회 축제들에서 형식과 색채의 아름다움을 빌어왔다. 수사학자들 덕택에 독립적인 부르조아 축제들이 생겨나게 된 것은 15세기경이다. 그 때까지는 단지 제후 계층만이 그들의 부와 궁정적 이상에 힘입어 세속적 축제 양식을 만들어낼 수 있었다.

그래도 역시 궁정 축제는 종교적 축제 양식에 비해 훨씬 저급한 양식으로 남는다. 종교적 축제들에서는 양식은 예전 자체에서 나올 것이었다. 경배와 환희의 집단적 제스처는 드높은 사고를 나타내었다. 따라서 세부적인 것들의 과도함은 자주 우스꽝스럽긴 했지만 의식의 높은 위엄을 해치지는 못하였다. 반면에 세속 축제가 찬미하던 관념은 기사도적 이상 외에 다른 것이 아니었다. 아마 기사도적 의식(儀式)은 이 축제들에 경외할 만한 엄숙한 양식을 주기에 충분했다. 아콜라드 *accolade*(역주 : 기사 서임식 때 검으로 어깨를 탁 치기)와 기사 서약, 기사단의 헌장들과 기마 시합의 규칙들, 존경과 헌신과 우선권을 표현하는 의례들, 기사단장들과 군사(軍使)들의 엄숙한 행동들, 문장(紋章)과 무구들의 번쩍거림이 있었다. 하지만 이것만으로 모든 열망이 만족되는 것은 아니었다. 궁정의 축제들은 영웅적인 삶의 완전한 꿈의 비전을 주어야 했다. 그리고 여기서 양식이 결여되었다. 기사도적 환상의 전체계는 더 이상 삶과 부합되지 않았다. 그것은 그냥 문학이요 헛된 관습일 뿐이었다. 15세기의 기사도적 사고는 텅빈 진부한 로망티슴에 만족한다. 어떻게 궁정 축제가 쇠퇴일로의 기사도적 로망티슴같이 양식이 결여되고 엉성하고 김빠진 문학에서 하나의 양식을 끌어낼 수 있었겠는가?

릴이나 브뤼쥬에서 거행된 놀라운 축제 행사들은 말하자면 응용 문학에 해당한다. 그리고 그 물질적 표현들의 과도함은 그것을 아직 참을 만하게 할 마지막 매력, 곧 가볍고 단순한 꿈들을 파괴시켰다.

이처럼 웅대한 것들을 준비한 그 완전무결한 진지함은 매우 부르고뉴적이다. 공작들의 궁정은 북부와의 접촉으로 인해 프랑스 정신의 경쾌함과 조화를 잃어버린 듯 보인다. 귀족들간에 서로 경쟁하듯 베풀던 일련의 호사스런 축제를 마감하고 마지막을 화려하게 장식할 릴의 축연을 위해, 필립 르 봉은 준비위원회를 구성하고 그 위원장으로 황금양털 기사단의 기사 쟝 드 라노아 Jean de Lannoy를 임명한다. 공작의 가장 친밀한 고문들인 앙토안 드 크로아 Antoine de Croy와 대법관인 니콜라스 롤랭 Nicolas Rolin까지 올리비에 드 라 마르슈가 일원인 위원회의 회의들에 자주 참석한다. 그의 연대기에서 올리비에 드 라 마르슈는 이 항목에 이르면 거듭 경외감에 사로잡힌다. "이 위대하고 영예로운 일들이 오래도록 일컬어지고 영원토록 기억되게 하기 위하여……." 그는 이 기념할 만한 일의 이야기를 이렇게 시작한다.[16] 여기서 다시 그것을 재연할 필요는 없을 것이다. 바랑트의 역사에서 다들 그것을 읽었을 테니까.

그 장관을 구경하기 위해 사람들은 바다를 건너왔다. 회식자들 이외에도 수많은 귀족 관객들이 축제에 참여했으며 대부분 가장(假裝)을 한 채였다. 사람들은 고정된 데코레이션 케익을 한 바퀴 돌면서 탄성을 올리는 데서 시작했다. 그 후 '앙트르메' 다시 말해서 '알레고리적인 인물들 *personnages*'의 재현과 활인화(活人畵)들이 나왔다. 올리비에 드 라 마르슈 자신도 생 테글리즈 Saint Église 역으로 한 차례 중요한 역할을 했는데, 한 터키 거인이 이끄는 코끼리 등에 탄 채 등장하는 것이었다. 테이블들은 기상천외한 것들로 가득차 있었다. 출범 준비가 완료된 대형 카라크배, 샘과 바위와 성 안드레 상이 있는 나무숲에 둘러싸인 풀밭, 요정 멜뤼진 Mélusine 과 뤼지냥 Lusignan 의 성, 풍차 곁의 새 사격장, 야생동물들이 뛰노는 숲, 마지막으로 오르간과 성가대의 음(音)이 파이 속에 든 스물여덟 명의 오케스트라의 음과 번갈아 연주되는 교회당 등.

생각해보아야 할 것은, 이 모든 것이 보여주는 취미 혹은 악취미의 정도이다. 소재 자체는 우리에게는 신화적이고 알레고리적이고 교화적인 형상들의 잡탕에 불과하다. 그 같은 예술적 행사가 무슨 의미가 있었을까?

사람들이 특히 추구한 것은 기상천외함과 웅대함이었다. 1468년 브뤼즈의 식탁 위에 재현된 고르쿰 Gorcum 탑은 높이가 46피트나 되었다. [17] 라 마르슈는 거기에 표현된 돌고래에 대해 다음과 같이 말한다. "그것은 확실히 매우 아름다운 앙트르메였다. 왜냐하면 그 속에는 40명 이상의 사람들이 들어 있었기 때문이다." [18]

게다가 기계 조작의 경이에 대해서도 감탄했을 것이다. 헤라클레스가 맞싸우는 용의 입에서 살아 있는 새들이 날아 오른다. 그리고 우리가 볼 때는 모든 예술 개념이 부재하는 또 다른 진기한 것들도 있다. 희극적인 요소는 매우 저속하고 질이 낮다. 멧돼지들이 고르쿰 탑에서 트럼펫을 불고, 염소들이 성가를 노래하며, 이리떼가 플룻을 연주하고, 커다란 당나귀 네 마리가 가수로 나타난다. 이 모든 것은 음악에 조예가 깊다는 샤를르 르 테메레르의 구상이다.

하지만 이 우스꽝스런 취미들 가운데 많은 예술적 걸작품들이 있었으리라는 것을 의심하고 싶지는 않다.

이처럼 가르강튀아 Gargantua 적인 장식들을 좋아한 사람들이 한편으로는 반 아이크와 로제 드 라 파스튀르의 후원자들이었음을 잊지 말자. 공작 자신과 보느 Beaune 와 오툉 Autun 의 제단들을 기증한 롤랭 Rolin, 로제 드 라 파스튀르에게 「7성사 les Sept Sacrements」

를 제작하도록 주문한 쟝 슈브로 Jean Chevrot, 그리고 드 라노아 de Lannoys가 사람들이 그들이다. 게다가 이 데코레이션 케익들을 만든 것은 화가들 자신들이다. 기록에 의하면, 쟝 반 아이크나 로저를 협력자로 지정하진 않았지만 반대로 콜라르 Colard나 시몽 마르미옹 Simon Marmion, 쟈크 다레 Jacques Daret 등이 언급되고 있다. 1468년의 축제는 갑작스럽게 추진되었는데, 모든 화가 조합이 동원된다. 강 Gand, 브뤼셀 Bruxelles, 루뱅 Louvain, 티를르몽 Tirlemont, 몽스 Mons, 케네 Quesnoy, 발랑시엔 Valenciennes, 두에 Douai, 캉브레 Cambrai, 아라스 Arras, 릴 Lille, 이프르 Ypres, 쿠르트레 Courtrai, 오드나르드 Audenarde 등지로부터 급히 화가들을 오게 하여 브뤼쥬에서 작업하게 한다. [19]

이들의 손에서 나온 작품들은 아마도 미적 감각이 결여되진 않았다. 1468년의 축연에서의 30척의 선박들, 공작이 다스리는 각 지방의 문장들과 그들 지방의 의상을 입은 60개의 여자 인형들, [20] "바구니에 과일들과 새장에 새끼새들을 들고서." 그것들을 보이기 위해서 평범한 교회 그림 몇 개를 제시할 수도 있을 것이다.

모독적으로 들릴지는 모르나, 클라에스 [21] 슬루터 Claes Sluter 의 예술을 제대로 이해하려면 데코레이션 케익의 기법을 고려해야 한다. 이사보 드 바비에르가 샤를르 Ⅵ세에게 새해 선물로 준 [22] 호화로운 봉헌물, 알퇴팅 Altötting 의 '황금말 Cheval d'or'이나, 혹은 샤를르 르 테메레르가 1468년의 약탈에의 속죄로서 리에쥬 Liège 의 성 바오로 성당에 기증한 부르고뉴 공작과 성 죠르쥬 상을 유작으로 보지 않는 한, 그 예술은 전혀 흔적을 남기지 않았다. 이 작품들은 완벽한 만듦새와 우스꽝스런 광채에 의해, 위대한 예술과 제후들의 사치 사이의 한 전이점을 이룬다.

모든 예술 형태 중 용도상 가장 구속받는 것은 장례식 조각이다. 공작들의 무덤을 만들도록 불려온 조각가들은 자유로운 아름다움의 창작이 아니라 고인의 영광을 찬양하는 것을 임무로 하였다. 화가들은 자기 환상을 마음껏 자유로이 펼칠 수 있다. 그들은 주문받은 작품들에 국한되지 않아도 된다. 그러나 이 시대의 조각가는 주문받은 것 외에 일하는 일이 극히 드물었다. 게다가 그 예술의 모티프들은 매우 제한된 숫자이며 하나의 엄격한 전통에 매여 있다. 아마도 화가들이나 조각가들이나 공작을 섬기는 점에서는 같다——쟝 반 아이크와 슬루터, 그리고 그의 조카인 클라에스 드 베르브 Claes de Werve가 모두 '시종'이란 칭호를 갖고 있었듯이. 그러나 조각가들에게는 섬기는 일이 화가들에게서 보다 훨씬 더 실제적이다. 프랑스 사회의 인력(引力)에 의해 영원히 고향을 등진 두 위대한 네덜란드인은 부르고뉴 공작에 의해 완전 독점되었다. 클라에스 슬루터는 디종에서 공작이 제공한 집에서 살았다.[23] 공작은 그 집을 그 마음대로 하게 했기 때문에 그는 마치 대영주처럼 살았다. 그러나 동시에 그는 또 궁정의 시종으로 살았다. 그의 조카이며 후계자인 클라에스 드 베르브는 제후들에게 봉사한 비극적 예술가의 전형이다. 디종에 억류된 채 그는 한 해 두 해 쟝 상 푀르의 무덤을 완성하기 위해, 필요한 돈도 자유로이 사용하지 못하는 채, 찬란하게 시작한 예술가의 한 생애를 보람 없는 헛된 기다림 속에 소모해야 했다.

그러므로 이 시대에 조각술은 예속된 예술이다. 다른 한편으로 조각은 그 방식과 소재와 주제가 제한되어 있고 거의 변하지 않기 때문에 한 시대의 취미의 영향을 거의 받지 않는다. 한 대조각가가 나타나면 그는 어디서나 늘 우리가 고전적이라고 부르는 순수와 단순성의 최적 조건을 만들어낼 것이다. 인물의 형태와 길게 늘어진 주름진 옷들은 거의 변하지 않는다. 로마 제국의 흉상들, 16세기의 구종 Goujon과 콜롱브 Colombe, 그리고 18세기의 후동 Houdon과 파주 Pajou 사이에는 다른 예술 영역에서보다 그 차이가 훨씬 적다. 시대가 서로 달라도 조각의 걸작품들은 모두 다 서로 비슷하며, 우리에게는 슬루터의 작품은 조각의 이 항구적인 동일성에 함께 한다.

하지만 좀더 가까이서 살펴보면, 슬루터의 예술이 조각의 성격이 허용하는 한은 그 시대의 취향, 내가 말하려는 부르고뉴적인 취향의 영향을 받았음을 확인하게 될 것이다. 슬루터의 작품들은 그가 구상하고 창조했던 모습대로 남아 있지 않다. 1418년 교황의 특사가 「모세의 샘 Le puits de Moïse」을 경배하러 오는 모든 사람들에게 면죄부 하나씩을 주도록 하였을 때 이 작품은——애석하게도 우리는 그 일부밖에 갖고 있지 못하다──부르고뉴 공작 I 세가 그의 「샤르트뢰즈 드 샹몰의 우물 le puits de Sa Chartreuse de Champmol」 의 우뚝 솟은 장식으로 하기를 원했던 골고다 언덕의 예수상의 일부를 이루고 있었다. 주된 부분, 곧 성모와 성 요한과 막달라 마리아와 십자가에 달린 예수상은 대혁명 이전에 이미 거의 완전히 사라졌다. 남아 있는 부분은 천사들이 받치고 있는 선반 모양의 돌출부가 있는 받침대뿐이다. 그것은 메시야의 죽음을 예언한 여섯 선지자들, 모세와 다윗과 이사야와 예레미야와 다니엘과 스가랴의 상들로 둘러싸여 있다. 그 모든 구성은 극도로 표현적이다. 그것은 활인화(活人畵)들이나 입성식과 축하연의 '우의적인 인물들'에 가까운 일종의 '말하는 parlante' 작품이다. 거기서도 역시 주제는 되도록 그리스도의 도래에 관련된 예언들에서 차용되었다. '우의적인 인물들'에서처럼 「모세의 샘 Le puits de Moïse」의 형상들은 예언의 본문을 담은 작은 기들을 들고 있다. 조각 속에 씌어진 말이 그렇게 중요성을 갖는 일은 극히 드물다. 우선 이 신성하고 엄숙한 말들을 마음깊이 새기면서만 그 작품은 온전히 이해하는 데 이를 수 있다. [24] "해질 때에 이스라엘 회중이 그 양을 잡고 *Immolabit eum universa multitudo filiorum Israel ad vesperam.*" 이는 모세의 말이다. "내가 내 모든 뼈를 셀 수 있나이다. 저희가 (나를 주목하여 보고) 내 겉옷을 나누며 속옷을 제비뽑나이다 *Foderunt manus meas et pedes meos, dinumeraverunt omnia ossa mea.*" 이는 다윗의 말로 시편에서 뽑은 것이다. 이사야의 깃발은 이렇게 씌어 있다 : "그가 곤욕을 당하여 괴로울 때에도 그 입을 열지 아니하였음이여 마치 도수장으로 끌려가는 어린 양과 털 깎는 자 앞에 잠잠한 양같이 그 입을 열지 아니하였도다 *Sicut ovis ad occisionem ducetur et quasi agnus coram tondente se obmutescet et non aperiet os suum.*" 예레미야의 말은 다음과 같다 : "저희 모든 악을 주 앞에 나타내시고 나의 모든 죄악을 인하여 내게 행하신 것같이 저희에게 행하옵소서 나의 탄식이 많고 나의 마음이 곤비하나이다 *O vos omnes qui transitis per viam, attendite et videte si est dolor sicut dolor meus.*" 다니엘은 말한다 : "육십 이 이레 후에 기름부음을 받은 자가 끊어져 없어질 것이며

Post hebdomades sexaginta duas occidetur Christus." 그리고 스가랴
는 이렇게 예언한다 : "그들이 곧 은 삼십을 달아서 내 고가를 삼은
지라 *Appenderunt mercedem meam triginta argenteos.*" 마치 십자가
로 향해 올라가는 여섯 목소리의 탄식과도 같다. 그런데 작품의 본
질적인 특성이 여기에 있다. 인물들과 씌어진 글 사이의 상관 관계
와 그토록 분명하고 힘찬 강세, 얼굴의 그토록 폐부를 찌를 듯한 고
통의 표현 등으로 작품 전체는 오히려 위대한 조각품에 있어야 할 아
타락시아 *Ataraxie*(평정)를 잃을 위험이 있다. 이 조각상들은 너무
도 직접적으로 관객들에게 호소한다. 미켈란젤로의 형상들과 비교
해서, 슬루터의 형상들은 너무 표현이 풍부하고 너무 개성적이다.
하지만 골고다상에서 그 꿋꿋한 위용 속에 그리스도의 머리와 흉상
이외에 다른 부분이 남아 있었다면, 아마도 우리는 그 점을 이중적
인 장점으로 평가할지도 모르겠다.

　샹몰 Champmol 의 갈보리상의 대표적인 성격은 그 외부 장식 속
에서도 똑같이 입증되었다. 다색 배합의 광채 속에 그것을 상상해
보아야 한다. [25]

　왜냐하면 화가인 쟝 말루엘 Jean Malouel 과 금도금공인 헤르만 드
콜로뉴 Herman de Cologne 가 강렬한 색채들과 휘황찬란한 효과들
을 아끼지 않았기 때문이다. 초록색 받침대 위에 금빛 망토를 걸친
선지자들이 서 있었다. 모세와 스가랴는 붉은색 옷을 입고 있었고
그들의 망토 안쪽은 푸른색이었다. 다윗은 금색 별들이 점점이 박
힌 푸른색 옷을 입고 있었고 예레미야는 짙푸른색을, 그리고 이사
야는 그 가운데 가장 비통하므로 수단옷을 입고 있었다. 빈 공간
은 금빛 햇살들과 이니셜들로 채워져 있었다. 문장(紋章)들의 오만
함은 조각상들 아래쪽의 기둥 둘레뿐 아니라 완전히 금빛으로 칠한
십자가 위에까지 과시되었다. 십자가의 양 날개 끝은 기둥머리장식
형으로 부르고뉴와 플랑드르의 문장(紋章)들이 새겨져 있었다. 이
는 제후의 신앙심의 기념물이 어떤 정신 속에 세워졌는가를 단적으
로 보여준다. 또 세부에 있어 괴상한 것으로 예레미야의 코 위에 하
느켕 드 하슈트 Hannequin de Hacht 가 내준 금도금한 구리 안경이
얹혀져 있었다.

슬루터의 예술은 왕가의 후원자에 의해 지배를 받아 사람들이 부과한 속박에서 벗어나 자유롭게 창작하려는 위대한 예술가의 노력에 의해 한층 비극적이다. 석관 둘레의 '곡자(哭者)' 상들은 오래된 부르고뉴 장례 예술의 부득이한 모티프였다. [26] 이 곡자들은 일반적인 고통을 표현해서는 안 되었다. 예술가는 장례식에 참석한 고관들과 장례 행렬을 정확하게 재현해내야 했다. 슬루터 유파의 천재성은 이 모티프로 장례의 가장 깊은 표현, 돌로 된 하나의 장송 행진곡을 만드는 데 성공하였다.

그렇다면 확실히 예술가가 후원자의 몰취미와 싸우는 것을 상상해야 하는 것일까? 나는 슬루터 자신이 예레미야의 안경을 고안해 냈으리라고는 믿어지지 않는다. 이 시대의 예술적 취향은 여전히 골동 취미와 사치 지향과 혼동되었다. 순진한 정신은 기이한 것을 아름다움처럼 누릴 수 있었다. 어떤 사실주의의 결과도 정통한 사람들에게 충격을 주진 않았다. 그 시대엔 '움직이는 눈과 눈썹에' 마디마디 연접된 조각상들을 가지고 있었다. [27] 사람들은 천지 창조가 상연되는 무대 위에 산 짐승들과 심지어는 물고기들까지 끌어들였다. [28] 예술품들과 사치 혹은 진귀품들은 똑같이 사람들의 경탄을 자아냈다. 드레스데 Dresde에 있는 그륀 게뵐베 Grüne Gewölbe의 수집품은 제후들의 수집열이 어떠했는가를 보여준다. 그것은 뒤죽박죽으로 예술품들만이 아니라 조개껍질이나 머리카락으로 된 물품들까지 포함할 수 있었다. 에스뎅 Hesdin 성에는 귀중한 예술품들 외에 제후들의 놀이터에 꼭 필요한 수많은 '놀이 장치들'이 있었다. 거기에서 칵스통 Caxton은 황금양털 기사단의 영웅 제이슨의 이야기를 그린 그림들로 꾸민 방을 보았다. 작자를 알 수 없는 이 그림들은 아마도 한 대가의 것이었다. 거기에는 효과를 높이기 위해, 천둥·번개·눈·비를 모방하고 미디어 Médée(역주 : 제이슨을 도와 황금양털을 손에 넣게 해준 여자 마술사)의 마술을 흉내낼 수 있는 '장치'도 있었다. [29]

제후들의 입성식 때 길 모퉁이에 배치된 '인물들'의 표현에서는 모든 것이 허용되었다. 1389년 파리에서는 이사보 드 바비에르가 샤를르 Ⅵ세의 신부로 입성할 때 사람들은 성화(聖畵)들 곁에 한 마리의 흰 숫사슴이 금박칠을 한 뿔에 목에는 화관을 두르고 '파리고 등법원의 옥좌 *lit de justice*' 위에 벌렁 눕힌 채 눈과 뿔과 네 발을 허위적거리며 공중으로 칼을 높이 쳐들고 있는 것을 본다. 왕비가 노트르-담의 왼쪽 다리를 건너는 순간, 천사가 한 탑의 "잘 만들어진 장치를 통해" 내려와 다리에 뒤덮인 황금 백합꽃이 그려진 푸른색 타프타로 된 벽포의 열린 곳을 통해 나아가 그녀의 머리 위에 화관을 얹어주고 "사라졌다. 마치 하늘로 되돌아간 듯이."[30] 이러한 하강들은 당시 유행하던 프로그램의 하나였다.[31] 이는 비단 알프스 이편에서만 그런 것은 아니었다. 브루넬레스코 Brunellesco 도 한 호사스런 행사 계획을 맡았다. 15세기에는 마분지로 만든 말이 조금도 우습지 않았다. 어쨌든 르 페브르 드 생-레미 Le Fèvre de Saint-Rémy 는 4개의 트럼펫과 "인조말 위에 올라탄" 12 신사들을 보고, 그들이 "펄쩍펄쩍 뛰며 멋진 구경거리를 이루는 것"에 감탄한다.[32]

파피자인 시간은 우리가 우리 취향에 따라 지금은 사라진 이 이상야릇한 기괴한 옷차림의 잡동사니들과, 우리에게 남아 있는 고도의 몇몇 걸작품들을 구분할 수 있게 해주었다. 그러나 이러한 구분은 15세기 사람들에게는 거의 존재하지 않았다. 그들의 예술적 삶은 그들의 사회적 삶과 아직 분리되지 않은 상태에 있었다. 예술은 무언가에 소용이 되어야 했다. 그리고 예술의 사회적 기능은 위대함을 찬미하고 기증자나 후원자의 개성을 분명하게 드러내는 일이었다. 우리는 예술과 삶이 어떻게 서로 접합되고 배어들었는가를 이해하기에는 예술이 발전되었던 분위기를 너무 모르며 예술 그 자체에 대한 우리의 인식도 너무 단편적이다. 교회와 궁정이 한 시대의 삶의 전부를 이룬 것은 아니다. 그 두 범주 바깥에서 삶의 친밀한 그 무엇을 밝혀주는 드문 걸작품들이 우리에게는 얼마나 소중한가! 이 점에 있어서 어떤 그림도 쟝 반 아이크의 「쟝 아르놀피니와 그의 신부」라는 초상화에 비견할 수는 없다. 거기에서 우리는 가장 순수한 형태의 15세기 예술의 표본을 본다. 그리고 여기서 우리는 작가의 수수께끼 같은 개성에 가장 가깝게 접근한다. 대가는 여기서 신적 존재들의 위용을 표현해야 하지도 않았고, 영주들의 오만함에 봉사해야 하지도 않았으며, 자신의 고유한 영감을 따를 수 있었다.

그가 그린 것은 그의 친구들의 결혼식 장면이었다. 그것은 정말 뤼
크 Lucques 의 상인인 플랑드르식 발음으로 쟝 아르눌팽 Jean Ar-
noulphin 에 관한 그림일까? 쟝 반 아이크는 그를 두 번 그렸는데[33]
그 모습이 덜 이탈리아적일 수는 없을 것이다. 하지만 1516 년 마
르그리트 도트리슈 Marguerite d'Autriche 의 재산 목록 속에 언급
된[34] 그 그림에 대한 기록은 거의 의심의 여지를 남기지 않는다.
「방안에서 신부와 함께 있는 에르눌 르 팽 Hernoul le fin avec sɑ
femme dedans une chambre」. 그러나 이 초상화를 '부르조아의 초상'
이라고는 생각지 말자. 아르놀피니는 대영주였고 여러 번에 걸쳐 매
우 어려운 일들을 해결지은 공작의 정부 고문관이었다. 그가 어떤
신분의 사람이었건 거기 그려진 사람들은 반 아이크의 친구들이었다.
그가 거울 윗쪽에 쓴, 그리고 그가 작품에 사인할 때 늘 하는 그 감
동적이고도 독창적인 방식이 그 증거이다. '바로 얼마 전에', 하는
느낌이 든다. "요한네스 드 아이크가 여기 있었노라 1434 *Johannes
de Eyck fuit hic, 1434.*" 실내의 침묵에서도 그의 목소리가 들려오
는 듯하다. 이 그림은 훗날 렘브란트 Rembrandt 에게서 다시 보게
될 그런 순전한 부드러움과 깊은 평화를 생생하게 나타낸다. 우리
는 여기서, 그토록 자주 헛되이 중세말의 역사와 문학과 종교 생활
속에서 찾는, 그러나 우리에게는 친숙한 중세의 그 고요한 황혼을
본다. 교회 음악과 민중 가요에서도 풍겨나는 그런 행복하고 단순
한, 고상하고 순수한 중세를.

우리의 상상력은 아마도 궁정 생활의 떠들썩한 기쁨과 격렬한 정
념에서 벗어나 고독을 즐기는 쟝 반 아이크, 단순한 영혼을 지닌 몽
상가 쟝 반 아이크를 상상한다. 그리고 축제들의 장치와 준비에 협
력하느라 자신의 재능을 욕되게 해야 했던 대예술가, 온갖 혐오감
을 겪으면서도 마지못해 대영주들을 섬긴 공작의 '시종'을 상상하
는 데 큰 노력이 필요치 않을 것이다.

하지만 근거 없는 가설을 주장하지는 말자. 우리가 찬탄해 마지
않는 쟝 반 아이크의 예술은 우리에게 반감만을 일으키는 궁정 생
활 한가운데서 꽃피어났다. 우리가 르네상스 이전의 플랑드르 화가
들에 대해서 아는 몇몇 가지는 그들이 사교계인들이었고 궁정인들

이었음을 보여준다. 베리 공작은 그의 예술가들과 매우 좋은 사이였다. 프로아사르는 공작이 므욍-쉬르-예브르 Mehun-sur-Yèvre 의 회한한 성에서 앙드레 보느뵈 André Beauneveu 와 절친한 것을 보았다. [35] 랭부르 Limbourg 의 세 형제는 대채색삽화가들로, 공작에게 새해 선물 겸 뜻밖의 선물을 하러 온다. 그것은 새로 채색한 수사본 형태의 것으로, "책처럼 보이게 그린 흰 나무로 된 책 모양의 것으로 그 속엔 종이도 글자도 없었다. "[36] 쟝 반 아이크는 아마도 계속해서 궁정에 드나들었다. 필립 르 봉이 그에게 맡긴 그런 버밀한 외교적 임무를 위해서는 하나의 사교계인이 필요했다. 게다가 그는 학식 있는 사람으로 통했고 고전 작가들을 읽고 기하학을 연구한 사람이었다. 그는 순진한 기벽에 의해 그리스 문자로 그의 겸허한 금언 '간신히 Als ik kan' 라고 가장하지 않았을까?

15세기의 지적 · 윤리적 삶은 우리에게는 분명하게 구분된 두 영역으로 나뉘는 것 같다. 한편은 궁정과 귀족과 부유한 부르조아 문화로 야심에 차고 오만하며 탐욕스럽고 격정적이며 사치스러운 범주이고, 다른 한편은 '근대적 신앙'과 『예수 그리스도를 본받아』와 뤼즈브뢰크 Ruysbroeck 와 성녀 콜레트 sainte Colette 의 고요한 사회로. 사람들은 아마 반 아이크 형제의 평화롭고 신비로운 예술을 후자에 놓으려 할 것이다. 하지만 그의 위치는 오히려 전자에 속한다. 독신자(篤信者)들은 당시에 꽃피어나던 대예술을 못마땅히 여겼다. 그들은 대위법과 심지어는 파이프 오르간까지도 물리쳤다. [37] 음악의 옹호자들은 부르고뉴 가문의 사람들이었다. 곧 우트레히트 Utrecht 의 다비드 주교와 샤를르 르 테메레르 자신이 그들이다. 그들은 가장 뛰어난 성가대장들을 갖고 있었다. 우트레히트에서는 오브레히트 Obrecht, 공작에게서는 뇌소 Neuss 진영으로 그를 수행한 뷔스노아 Busnois 등. 윈데샤임 Windesheim 의 규칙은 변조에 의해 노래를 장식하는 것을 금한다. 그리고 토마스 아 켐피스 Thomas à Kempis 는 말한다 : "만일 나이팅게일이나 종달새처럼 노래할 수 없거든, 차라리 신이 일러준 대로 노래하는 까마귀나 늪의 개구리들같이 노래하시오. "[38] 그림에 있어서는 그들은 그렇게까지 말하지는 않는다. 그러나 그들은 단순하고 채색삽화가 없는 책들을 원했다. [39] 제단 뒤 장식벽화의 어린 양에서도 그들은 아마 교만의 산물만을 보았으리라.

궁정적인 것의 영역과 경건주의 영역, 이 두 영역 사이에 우리가 생각하는 것처럼 그렇게 큰 차이가 있었을까? 이미 말한 바 있듯이 그들 두 영역 사이에는 수많은 관계들이 존재했다. 성녀 콜레트와 드니 르 샤르트뢰 Denis le Chartreux 는 공작들의 궁정을 수시로 드나든다. 샤를르 르 테메레르의 두번째 부인 마르그리트 됴오크 Marguerite d'York 는 벨기에의 '개혁파' 수도원들에 대해 비상한 관심을 갖는다. 부르고뉴 궁정의 최고 귀부인 중의 하나인 베아트리스 드 라베스텡 Béatrice de Ravestein 은 그녀의 호사스런 의복 밑에 말총으로 짠 거친 고행옷을 입는다. "황금빛 나사옷과 신분에 어울리는 왕족의 옷차림을 하고, 모든 사람 가운데 가장 사교적인 양하면서 많은 사람들이 그렇듯 온갖 무익한 말들에 귀를 기울이고 겉으로는 음탕하고 할일 없는 자들과 똑같은 관습을 보면서도, 그녀는 매일 그녀의 알몸 위에 말총으로 짠 고행 옷을 입고, 여러 날을 위장한 채 빵과 물만으로 절식하고, 남편이 없는 동안엔 여러 밤을 침대의 볏짚 위에서 잤다."[40] 그 시대의 대귀족들 역시, 그러나 가끔씩 발작적으로만 '근대적 신앙'의 특성의 하나인 영혼 자체에 대한 자기 성찰을 알고 있다. 릴의 대축제 후 필립 르 봉이 라티스본 Ratisbonne 으로 황제를 알현하러 갔을 때, 그 궁정의 여러 귀족들과 귀부인들은[41] 계율을 지키고 "매우 아름답고 성스러운 생활을 영위하였다."

연대기 작가들은 의전 행사들에 관해 매우 세세하게 묘사하면서도 여러 차례에 걸쳐 이처럼 "호사스런 사치와 마셔대기"에 대해 혐오감을 표현한다. 올리비에 드 라 마르슈도 릴의 축제 후에 "이 같은 축연들 때문에 빚어지는 지나친 방탕과 엄청난 지출"을 생각한다. 그는 그가 생 테글리즈 Sainte Eglise 역을 했던 상연을 제외하고는 거기서 아무런 "덕스러운 양식"도 발견하지 못한다. 그러나 한 다른 궁정인은 그에게 왜 이런 일이 있어야 했는지를 설명해준다.[42] 루이 XI세는 부르고뉴 궁정에 체류한 뒤부터 사치에 대한 깊은 증오심을 가졌다.[43]

예술가들이 그 속에서 일하고 또 그를 위해 일한 사회적 범주는
'근대적 신앙'의 단체들과는 전혀 달랐다. 더우기 반 아이크 형제
와 그 제자들의 예술은 도시에서 생겨났고 도시인들에 의해 영위되
었지만 그럼에도 불구하고 전혀 부르조아 예술이라고 불릴 수 없다.
궁정과 귀족 계급은 그것을 그들 쪽으로 끌어당겼다. 오직 제후들
의 문예 보호만이 세밀화의 기법을, 랭부르 Limbourg 형제와 「튀랭의
기도서 Heures de Turin」의 예술가들의 작품을 특징짓는 세련된 예
술적 경지로 끌어올릴 수 있었다. 벨기에의 대도시들의 부유한 부
르조아지는 귀족 계급의 사치를 방불케 하였다. 프랑스 및 네덜란
드 남부의 예술과 네덜란드 북부에 귀착될 수 있는 적은 양의 차이
는 특히 분위기의 차이에서 유래한다. 한쪽에는 브뤼쥬 Bruges, 강
Gand, 브뤼셀 Bruxelles 등 궁정과 지속적인 관계를 맺은 대도시들
의 사치스러운 생활이 있었고, 또 다른 한쪽에는 '근대적 신앙'
이 꽃핀 리셀 l'Yssel 의 조용한 도시들의 정신에 가까운, 하아를렘
Haarlem 같은 작고 고립된 도시의 조용한 생활이 있었다. 만약
티에리 부츠 Thierry Bouts 를 하아를렘 유파에 속한다고 본다면
(우리가 그에 대해 가지고 있는 모든 것은 네덜란드 남부에서 제작되었다),
그의 작품의 단순함과 확고함과 신중함은 남부 거장들의 귀족적 태
도와 호사스러운 우아함과 광채와 대조되는 진정한 부르조아적 표
현으로 볼 수 있다. 하아를렘 유파는 사실 진지한 중산층에 가까
웠다.

대화가들의 고용주들은 제후들과 대영주들, 그리고 부르고뉴 시
대에 많은 벼락부자들로, 모두가 궁정 주변을 맴도는 사람들이었다.
그 중에서도 투르네 Tournai 의 주교 장 슈브로 Jean Chevrot 를 언
급할 수 있을 텐데, 한 작은 방패꼴 문장은 그가 앙베르 Anvers 박
물관에 있는 감동적이고 내밀한 신앙의 작품 「7 성사 Les Sept Sa-
crements」의 기증자임을 보여준다. 슈브로는 궁정 고위 성직자의
전형이다. 그는 공작의 사적 고문으로[44] 황금양털 기사단과 십자군
사업에 열을 올렸다. 또 한 유형의 기증자가 피에르 블라들랭 Pierre
Bladelin 에 의해 묘사되는데, 그의 근엄한 모습은 미델부르그 Mid-
delbourg 의 세 폭 그림에서 볼 수 있다. 그는 당대의 대자산가였다.

고향인 브뤼쥬의 세관직에서 그는 공작의 총 재무관까지 오른다. 그는 공작의 재정에 통제와 절약을 도입했다. 그는 황금양털 기사단의 재무관에 임명되었고 기사 칭호까지 받았다. 그는 1440년 샤를르 도를레앙의 석방금 문제로 영국에 파견되었다. 공작은 그에게 터키 원정에 쓰기로 예정된 재정 관리를 맡기고 싶어했다. 그는 자기의 재산을—이는 동시대인들을 놀라게 하던 것인데—제방쌓기와 플랑드르의 새 도시 미델부르그의 건설에 사용하였다. [45]

또 다른 기증자들도 있다. 강 Gand 의 제단 뒤 장식벽화를 기증한 유도쿠스 비트 Judocus Vydt, 참사원 판 드 파엘 Van de Paele, 레크로아 Les Croy 가(家) 사람들, 레 라노아 Les Lannoy 가 사람들 등. 이들은 귀족이거나 부르조아거나 혹은 대대로 내려오는 부호거나 신흥 부자거나, 당대의 대부호들에 속했다. 그 중 가장 유명한 사람은 니콜라스 롤랭 Nicolas Rolin 인데 그는 대법관이었고, "소시민 출신의 벼락출세자"로 법률가며 재무관이요 외교관이었다. 1419년부터 1435년까지 공작들의 대협정들은 그의 업적이다. "그는 모든 것을, 전쟁이건 평화 협정이건 재정 문제건, 혼자서 통치하고 혼자서 처리하며 혼자 책임졌다." [46] 그는 막대한 재산을 거의 모든 설립에 사용하였으나 사람들은 증오심을 가지고 그의 탐욕과 오만함에 대해 이야기하였으며, 경건한 감정이 그에게 그 일들을 고취했으리라고 믿지 않았다. 오늘날 루브르 박물관에 있는 그림—그것은 그가 고향인 오툉 Autun 에서 쟝 반 아이크에게 주문한 것인데—속에서, 그리고 본느 Beaune 병원에 걸기로 예정된 로저 드 라 파스튀르 Roger de la Pasture 의 그림 속에서, 그토록 경건하게 무릎꿇고 있는 그 사람은 사람들에게 에피큐리언으로 여겨지던 사람이었다. 샤틀랭은 그에 대해 이렇게 말한다. "그는 늘 땅에서 긁어모았다. 마치 이 땅이 그의 영원한 집인 양. 거기서 그는 지각과 분별력을 잃었다. 그는 절제와 한계를 버렸으며 그의 많은 나이는 그에게 곧 임박한 말로를 보여줄 것이었다." 이는 쟈크 뒤 클레르크 Jacques du Clercq 에 의해 다음과 같은 말로 확증된다. "앞에 말한 그 대법관은 세속적으로 말하자면 왕국에서 가장 영특한 사람의 하나로 알려져 있었다. 영혼의 문제에 관해서는 나는 입을 다물겠다." [47]

그렇다면 우리는 대법관 롤랭에게 있어서 성모상을 기증하는 그의 면모에서 위선의 표지를 찾을 것인가? 그를 비난하기 이전에, 우리는 그 시대의 다른 많은 사람들에게서 볼 수 있던 종교적 인격의 수수께끼, 엄격한 신앙심에 과도한 교만과 탐욕과 음탕함을 결합시키던 그것을 상기해야 한다.

15세기 예술이 보이는 신앙심 속에는 신비주의와 거친 물질주의의 양극이 서로 맞닿아 있다. 여기에 토로된 신앙심은 아주 진지하여 어떠한 현세적 표현도 그것을 표현하는 데 지나치게 관능적이거나 혹은 지나치게 상스럽지 않다. 반 아이크는 그의 천사들과 성스러운 인물들을 금과 보석들이 번쩍이는 길게 늘어진 무겁고 빳빳한 수단들로 두른다. 그에게는 천상을 암시하는 데 바로크식의 물건치는 베일들과 굽이치는 곡선들이 필요치 않다.

하지만 이 같은 예술도 신앙도 원시적인 것은 아니다. 15세기 거장들을 지칭하는 데 원시적이라는 말을 사용하는 것은 오해를 범할 우려가 있다. 그들은 순전히 연대적인 의미에서는 즉 그들이 우리에게는 최초이며 그보다 오래된 그림이 우리에게 알려지지 않았다는 점에서는 원시적이다. 그러나 이 호칭에 원시적인 정신이라는 의미를 붙이게 되면 그것은 깊은 오류를 범하는 것이다. 왜냐하면 이러한 예술의 정신은 우리가 종교적인 삶에서 연구한 것과 똑같은 것, 원시적이기보다는 오히려 쇠퇴한 정신, 한없는 분석과 사색의 정신이기 때문이다.

12세기 이래로 성 베르나르의 신비주의는 종교에 하나의 비장한 *pathétique* 요소를 도입하였고 그것은 점차 증대되었다. 새롭고 넘칠 듯한 신앙심의 비상 속에서 사람들은 상상력의 힘을 통해 그리스도의 고통에 연합하고자 애썼다. 사람들은 더 이상 로마식 예술이 그리스도와 성모에게 부여했던 뻣뻣하고 부동적이고 무한히 먼 형상들에 만족할 수 없었다. 종교적 상상력은 그에게 천상의 모든 존재들에게처럼 지상의 현실에서 길어낼 수 있는 모든 색채와 형태들을 부여하였다. 일단 고삐가 풀리자 신앙적 환상은 신앙의 전영역을 침범하였고 신성한 것들에 하나의 세심하게 구상된 형식을 부여하였다. 탄원하는 몸짓의 팔들은 신성(神性)을 지상으로 끌어내리는 데 성공하였다.

처음엔 언어적 표현이 회화나 조형적 표현에 앞섰다. 조각은 여전히 앞시대들의 기계적인 성격을 갖고 있었다. 반면 문학은 십자가의 드라마를 물리적이건 정신적이건 낱낱이 세세하게 그리기를 시도하였다. 그것은 일종의 비장한 자연주의를 형성하였고 1400년경에 이미 성 보나방튀르의 것으로 추정되는 「그리스도의 생애에 대한 명상 les Meditationes vitae Christi」[48]이 그 본보기였다. 그리스도의 탄생과 어린 시절, 십자가에서 내림 등은 거기에서 각각 일정한 형식과 생생한 색채를 부여받았다. 아리마대 사람 요셉이 어떻게 사다리를 타고 올라가 어떻게 예수님의 손에서 못을 뽑아내기 위해 그의 손을 꼭 쥐었는가 등등.

14세기말에 오면 회화 기법이 두드러지게 발전하는데 이에 따라 회화는 세세한 표현에 있어 문학을 능가하게 되었다. 순진하면서도 매우 세련된 반 아이크 형제의 자연주의는 회화적 표현으로서는 새로운 것이었다. 하지만 전반적인 문화의 관점에서 보면, 그것은 끝나가는 중세 정신의 모든 표명에서 특기할 결정화 경향의 한 표현에 불과하다. 이 같은 자연주의는 일반적으로 인정하듯 르네상스의 도래를 예고하기보다는 오히려 중세적 사고의 최종적인 발달의 한 형태이다. 그것은 성인 숭배와 쟝 브뤼그만의 설교, 제르송의 사색과 드니 르 샤르트뢰의 지옥 묘사에서 보았던 신성한 개념을 각기 정확한 이미지들로 옮기려는 똑같은 욕구이다.

여기서도 여전히 관념을 질식시키고 그것이 쇄신되는 것을 막는 것은 형식이다. 반 아이크 형제에게서도 바탕은 여전히 매우 중세적이며 새로운 관념이 전혀 없다. 개념들의 중세적 체계는 확고하게 세워진 채 하늘을 향해 치솟았다. 더 이상은 그 체계를 채색하고 미화하는 일밖에 남지 않았다. 반 아이크 형제의 예술은 하나의 끝이다.

당대의 위대한 그림을 감탄하는 데에는 15세기 사람들은 두 가지 자질을 의식한다. 품격 즉 주제의 성스러움, 그리고 완벽한 솜씨 즉 세부적인 것들의 경이적인 완벽성과 자연의 충실한 재현. 한편에는 미학적 부류보다는 종교적 부류에 해당하는 평가가 있고, 다른 한편에는, 우리에게는 예술적 감동과는 전혀 공통점이 없는, 하나의 순진한 경탄이 있다. 15세기 중반의 제노바 출신 문사(文士) 바르톨로메오 파치오 Bartolomeo Fazio 는 우리에게 쟝 반 아이크의 예술에 대한 비판적 고찰이 전해지는 최초의 사람이다. 그는 지금은 대부분 유실되고 없는 그림들에 대해 이야기하면서, 마리아의 아름다움과 위엄, "진짜 머리칼을 능가하는" 천사 가브리엘의 머리칼, 성 세례 요한의 얼굴에 나타난 성스러운 금욕주의, 성 제롬의 생애에 대한 표현을 찬양한다. 그는 또 성 제롬의 방의 전경, 갈라진 틈을 통해 쏟아지는 햇살, 거울 속에 반사된 이미지, 여인의 몸에 흐르는 땀방울들, 타고 있는 램프, 풍경·원경 들을 찬탄해 마지않는다. ⁴⁹⁾ 그가 사용하는 말들은 순진한 흥미와 경이를 드러낸다. 그는 세부적인 것의 풍성한 표현에 매혹되어 전체적인 아름다움은 질문하지 않는다. 우리는 여기서 여전히 중세적 걸작에 대한 순전히 중세적인 비평만을 볼 뿐이다.

한 세기 뒤 르네상스의 승리 이후, 플랑드르 예술의 근본적인 결함으로 여겨지게 될 것은 바로 이 세심함이다. 프란체스코 드 올란다 Francesco de Holanda 는, 포르투갈의 화가로 예술에 대한 고찰을 남겼는데 그는 그것이 미켈란젤로와의 대담에서 나온 것이라고 주장한다. 그에 따르면 대가의 견해는 다음과 같다 : "플랑드르의 회화는 이탈리아의 회화보다 모든 독신자(篤信者)들의 마음에 더 든다. 이탈리아의 그림은 그들에게 눈물을 흘리게는 못 하지만 플랑드르의 그림은 그들로 눈물을 쏟게 한다. 이 그 예술의 장점들의 결과는 아니다. 단지 독신자들의 극도의 감수성에 원인이 있는 것이다. 플랑드르의 그림들은 수도사와 수녀들은 물론, 여자들 특히 늙은 부인네들과 아주 어린 처녀들, 그리고 그 진정한 하모니를 이해하지 못하는 사교계 사람들의 마음에까지 어필한다. 플랑드르에서는 무엇보다도 사물들의 외적인 면을 실제와 혼동할 만큼 정확히 재현하는 데 목적을 둔다. 화가들은 되도록 성자들이나 선지자들같이 열렬한 신앙심을 불러일으키는 주제들을 선택한다. 그러나 대부분의 시대에 그들은 많은 인물들을 동반한 풍경화라는 것을 그린다. 눈을 즐겁게 사로잡을지는 모르나, 거기엔 기법도, 이성도, 균형도,

비례도, 가치 선택도, 웅장함도 없다. 요컨대 이 예술은 힘이 없고 영예도 없다. 그것은 많은 것을 한꺼번에 상세히 표현하기를 원하나, 단 한 가지만도 온 힘을 기울이기에 족했을 것이다."

미켈란젤로가 단번에 일갈한 것은 중세 그 자체이다. 독신자들은 중세적 정신의 사람들이다. 이 대가에게는 과거의 아름다움은 한낱 보잘것없고 미약한 것이 되었다. 그러나 그의 모든 동시대인들이 그렇게 판단한 것은 아니다. 뒤러 Dürer 와 캥탱 메트시 Quinten Metsys, 그리고 「어린 양에의 경배 Adoration de l'Agneau」에 입맞추었다고 전해지는 스코렐 Scorel 에게는 15세기 예술은 아직 죽지 않았다. 하지만 여기서 가장 완벽하게 르네상스를 표현한 것은 미켈란젤로이다. 그가 플랑드르 예술에 대해 비난한 것은 정확히 쇠퇴기 중세 정신의 본질적인 특질들이다. 격렬한 감수성, 개개의 것을 독립된 실체로 보는 경향, 다수의 개념 속에 길을 잃는 것 등. 이에 르네상스 정신이 대립되는데, 그것은 언제나처럼 앞시대의 미와 진리들을 감정적으로 무시하면서만 삶과 예술에의 새로운 개념을 실현한다.

제 19 장
미학적인 감정

　미적 향유에 대한 의식과 표현은 늦게서야 발달하였다. 예술 작품 앞에서 찬탄을 표현하기 위해 15세기의 인간은 놀란 부르조아가 사용함직한 용어를 사용한다. 예술적 아름다움의 개념은 아직 알려지지 않은 채이다. 중세의 인간은 자신의 미적 감동을 신앙의 감정이나 삶의 기쁨으로 바꾼다.

　드니 르 샤르트뢰는 『세속적 아름다움과 신의 아름다움에 관하여 *De venustate mundi et pulchritudine Dei*』라는 논문을 썼다. [1] 여기서 두 단어 'venustas'와 'pulchritudo'의 차이는 이미 그의 관점을 드러낸다. 진정한 아름다움 *pulchritudo* 은 신에게만 속하며 세상은 그냥 예쁜 *venustas* 정도다. 그는 말한다 : 창조된 모든 아름다움들은 지고의 아름다움의 원천에서 흘러내리는 시냇물들에 불과하다. 한 피조물은 신의 성품의 아름다움에 참여하고 그것을 통해 어느 정도 거기에 일치하게 되는 한에서만 아름답다고 불릴 수 있다. [2] 이는 하나의 숭고하고 드넓은 미학으로 모든 특수한 아름다움들을 분석하는 기초가 될 수 있을 것이다. 드니가 그것을 창안해낸 것은 아니다. 그는 성 어거스틴과 르 프쇠도-아레오파지트 Le Pseudo-Aréopagite, 위그 드 생-빅토르 Hugues de Saint-Victor 와 알렉상드르 드 알레스 Alexandre de Halès 에 의거한다. [3] 그러나 그는 아름다움을 분석하려고 시도하자마자 곧 혼란에 빠진다. 그는 지상의 아름다움의 예들조차 선조들에게서 빌어오며 특히 12세기의 감탄할 만한 두 정신 위그 생-빅토르와 리샤르 Richard 에게서 빌어온다 : 나뭇잎, 들, 파도가 높게 이는 바다, 다채로운 색깔로 변하는 바다 등. 그의 분석들은 매우 피상적이다. 풀잎사귀들은 녹색이기 때문에 예쁘고, 값비싼 보석들은 빛나기 때문에 아름답다. 인간의 육체와 단봉 낙타와 약대는 나름의 목적에 부응하기 때문에 아름답다. 땅은 길고 넓기 때문에 아름답고, 천체는 둥글고 가볍기 때문에 아름답다. 산들은 그 거대한 크기 때문에 경이롭고 강들은 그 길이와 구불구불한 흐름 때문에 경탄스럽다. 들판과 숲은 그 거대한 넓이에 의해, 땅 자체는 측량할 길 없는 부피로 인해 경탄스럽다.

중세의 사고는 아름다움의 개념을 완성과 비례와 장·대함의 개념들로 환원시켰다. 토마스 아퀴나스는 말한다 : "이 세 가지 조건은 아름다움에 필수적이다. 우선 완전성과 완벽성이 꼭 필요한데 왜냐하면 불완전한 것들은 추하기 때문이다. 그 다음으로는 정확한 비례와 조화가 필수적이다. 그리고 마지막으로는 명도가 필요한데 왜냐하면 빛나는 색채를 가진 것들은 아름답다고 말해지기 때문이다."[4] 드니 르 샤르트뢰는 이 규범들을 적용하려고 애쓰나 비참하게 실패하고 만다. 응용미학은 위험한 것이다. 아름다움에 대한 그토록 주지주의적인 개념과 함께 정신이 지상의 아름다움에 만족할 수 없는 것은 놀랄 일이 아니다. 드니 르 샤르트뢰는 아름다운 것을 묘사하려 하자마자 천사들의 아름다움, 최고 천상계의 아름다움 혹은 추상적 개념의 아름다움으로 넘어간다. 이를테면 삶의 아름다움은 신성한 법칙들의 계율을 따르며 죄의 추악함을 벗어버린 삶의 길이다. 그는 예술의 아름다움 심지어는 음악의 아름다움에 대해서도 이야기하지 않는다.

하지만 이 드니 르 샤르트뢰도, 보아-르-뒥 Bois-le-Duc 에 있는 생-쟝 Saint-Jean 성당에 오르간이 연주되는 동안에 들어서면, 곧 그 멜로디로 인해 긴 황홀경에 빠져들었다.[5] 음악적 감동은 직접적으로 경배로 바뀐다.

드니 르 샤르트뢰는 교회에 다중 음악을 도입하는 것을 반대한 사람의 하나였다. 그는 잘 울리는 목소리 *fractio vocis* 를 곱슬머리나 주름잡힌 옷에 비유하고 거기에서 허영심만을 본다. 그런 목소리는 그에겐 목소리 자체처럼 상한 영혼의 표시이다. 그는 멜로디가 명상을 고취시키는 독신자들이 있으며, 따라서 교회가 파이프 오르간을 허용하는 것이 옳다는 것을 인정한다. 그러나 그는 요컨대 청중들을 매혹시키고 특히 여자들을 즐겁게 하는 예술적인 음악을 배척한다.[6] 각 부로 나눈 합창을 시도했던 몇몇 사람들은 그에게 거기서 일종의 교만의 쾌락과 심지어는 마음의 정욕 *lascivia animi* 까지 발견했다고 말했다는 것이다. 이 순진한 신학자에 의해 위험스러운 죄라는 의혹을 받은 이 교만과 정욕은 오늘날 우리가 음악적 감동이라고 부르는 그것이 아닐지?

중세초부터 사람들은 음악 미학에 관한 수많은 논문들을 써왔다. 그러나 그것들은 모두가 사람들이 더 이상 이해하지 못하게 된 고대의 음악 이론들을 따른 것으로, 단지 개요들과 막연함으로 일관하고 있다. 그것들은 우리에게 중세의 인간이 음악을 어떤 식으로 누렸는가에 대해 거의 알려주는 바가 없다. 15세기 사람들은 그림에 의해 야기되는 미학적 쾌락을 분석하는 일처럼 음악적 쾌락을 분석하는 데도 별로 성공하지 못하였다. 사람들이 음악에서 감탄하던 것은 한편으로는 성스러운 톤과 다른 한편으로는 모방적인 하모니였는데, 이는 회화에서 사람들이 표현의 위험과 모방의 진실밖에 포착하지 못하던 것과 마찬가지이다. 중세의 정신에게는 아주 당연하게 음악적 감동은 천상의 기쁨의 메아리라는 형태를 떠었다. 음악을 매우 좋아했던 사람좋은 몰리네는 샤를르 르 테메레르가 어떻게 뇌스 병영에서 문학과 음악에 빠져 시간을 보냈는가를 이야기하면서 대압운작가(大押韻作家) *rhétoriqueur*(역주 : 15세기 프랑스 부르고뉴 태공정 전속 작가의 지칭)다운 그의 영혼은 기쁨에 잠긴다. "왜냐하면 음악은 하늘의 메아리며 천사들의 소리요, 천국의 기쁨이며 하늘의 소망이요 교회의 기관(器官)이며 새들의 노랫소리요 슬프고 비탄에 젖은 모든 영혼들의 위로며 악마들을 괴롭히고 내쫓는 것이기 때문이다."[7] 물론 사람들은 음악적 감동의 황홀한 성격도 고려하였다. 피에르 다이이 Pierre d'Ailly 는 말한다 : "하모니의 힘은 영혼을 다른 정념과 근심에서 벗어나게 하며 심지어는 영혼 그 자체에서까지 벗어나게 한다."[8]

아름다움이 자연의 사물들을 깜짝 놀랄 만큼 복사해내는 데 있다는 환상은 회화에서보다 음악에서 더 위험스럽다. 왜냐면 이미 오래 전부터 음악은 그의 모방 수단들을 사용해왔기 때문이다. 「라 카치아 la caccia」[9]는 원래 사냥을 표현한 것인데 그 가장 좋은 본보기이다. 올리비에 드 라 마르슈는 마치 숲에 있는 것처럼 트럼펫 소리와 여우 우는 소리, 개짖는 소리들을 들었다고 말한다. [10] 16세기초에 죠셉 드 프레 Joseph de Prés 의 제자인 잔느캥 Jannequin 은 이런 유의 "창작곡"들을 여러 곡 작곡하였는데 그 가운데는 「마리냥의 전투 la Bataille de Marignan」, 「파리의 외침 les Cris de Paris」 「여인네들의 수다 le Caquet des femmes」 등이 있었다. 다행히도 그 시대의 음악적 영감은 그러한 양식에서 멈추기에는 너무 풍부했고, 거장들의 걸작들은 표현이나 모방 요소에 있어서 자유로운 상태로 남아 있었다.

아름다움의 이론적인 분석은 그러므로 불완전했고 찬탄의 표현 역시 피상적이었다. 사람들은 아름다움을 절도나 질서나 우아함이나 유용성 따위의 개념들과 특히 화려함과 빛의 개념들로 대체하면서 아름다움을 설명할 수 있다고 믿었다. 정신적인 것들의 아름다움을 정의하기 위해, 드니 르 샤르트뢰는 그것을 빛과 동일시한다. 예지·학문·예술은 정신을 그들의 명료함으로 비추는 같은 양의 빛나는 본질들이다. [11]

아름다움을 빛에 동일시하는 이 같은 경향은 순전히 이론적인 것으로 남는 것은 아니다. 미에 대한 정의들은 제쳐놓고 그것의 자발적인 표현들 속에 그 시대의 미학적 의미를 살펴볼 때도, 중세의 인간이 미적 쾌락의 표현을 시도할 때마다 거의 매번, 그의 감동이 빛나는 광채나 격렬한 움직임의 느낌으로 환원되는 것을 확인하게 된다.

프로아사르는 앞에서 말했듯이 출범 준비가 완료된 함대를 보고 기쁨으로 전율한다. 그를 역시 감동시킨 것은 투구와 흉갑과 창끝에 반사된 햇빛의 유희와, 행진하고 있는 기병대의 창끝 삼각기들과 작은 깃발들의 명랑한 색채들이다. [12] 외스타슈 데샹은 돌아가는 풍차들, 한 개의 이슬방울 위에 영롱하게 빛나는 한 줄기 햇살을 경탄해 마지않는다. 라 마르슈는 독일과 체코 귀족들로 이루어진 기

마 행렬의 블론드 머리결에 반사된 햇살의 아름다움을 주목하였다. [13]

이 같은 취향은 의복을 장식함에 있어서 번쩍이는 모든 것, 특히 옷에다 수많은 값비싼 보석들을 꿰매달아 반짝이게 한 것에서 되찾아볼 수 있다. 중세 이후에는 이런 유의 장식품들은 리본과 장미꽃 장식들로 대체될 것이다. 청각적인 영역으로 넘어가서 반짝이는 것들에의 이 같은 심취는 종소리와 방울 소리에서 느끼는 순진한 쾌락으로 표현된다. 라 이르 La Hire 는 암소들이 달고 다니는 것 같은 은종들을 붉은색 망토 위에 가득 달고 다닌다. 1465년, 한 입성식에서 살라자르 Salazar 대장은 20명의 무사들을 거느렸는데 그들이 탄 말에는 커다란 은종을 단 마갑을 씌웠다. 그런가 하면 샤롤레 Charolais 백작과 생-폴 Saint-Pol 백작 등도 같은 방식으로 말을 치장하였고, 1461년 루이 Ⅺ세의 파리 입성식 때, 크로아 Croy 영주 역시 같은 식으로 말들을 치장한다. 샤롤레 백작의 말은 등 위에다 4개의 버팀목을 세우고 그 사이에 커다란 종을 매달아 지고 다닌다. 클레브 Clèves 공작이라는 사람은 '종을 매단 쟈노 Johanneken mit den bellen'라는 별명을 갖는데 그것은 그런 유의 치장을 한 데서 기인한다. 또 샤를르 르 테메레르는 한 기마 시합에서 옷자락에 플로렌스 금화들을 가득 단 축제옷을 입고 나타난다. 영국 신사들은 고상한 종들을 옷에 꿰매어 입고 다닌다. [14] 1434년 샹베리 Chambéry 에서 있은 쥬네브 Genève 백작의 결혼식 축연에서는 한 떼의 영주들과 부인들이 "번쩍이는 금조각들"로 치장한 흰 옷을 입고 춤을 춘다. 남자들은 종이 달린 넓은 허리띠를 하고 있다. [15]

그 시대 고유의 색채 감각을 정의하려면 통계학적인 앙케트를 실시해야 할 것이다. 그 조사는 회화에 대한 색채 감응계뿐 아니라 의복 색깔과 장식예술의 색깔까지도 포함해야 할 것이다. 색채 감각의 성격을 가장 잘 알 수 있게 해주는 것은 아마도 의복일 것이다. 왜냐하면 색채 감각이 가장 자연발생적으로 표출되는 곳은 바로 의복에서이기 때문이다. 우리는 성직자들의 옷을 제외하고는 이 시대의 천들에 대해 거의 가진 것이 없다. 하지만 우리는 그에 대한 묘사들은 가지고 있다. 군사(軍使) 시실 Sicile 의 책 『색채의 블라종 Le Blason des couleurs』은 우리에게 몇몇 중요한 자료들을 제공해준다. 다음으로는 축제와 기마 시합들에 대한 수많은 묘사들을 내포하고 있는 연대기들이 있다. 거기서는 주로 화려한 옷들이 다루어지므로 그 색채는 일상적인 평범한 옷들과는 다를 것이다. 군사 시실은 색채의 아름다움에 대해 매우 순진한 책을 쓰고 있다. 빨강색은 제일 예쁜 색이며 갈색은 가장 천한 색이다. 그에게 있어서 가장 매력을 갖는 색은 자연의 색깔 초록빛이다. 색깔 배합으로는 그는 엷은 노랑과 파랑색, 오렌지색과 흰색, 오렌지색과 장미색, 장미색과 흰색, 흰색과 검은색, 그 외 여러 가지 것들을 높이 평가한다. 파랑—초록, 초록—빨강은 일상적으로 많이 배합되긴 하지만 그리 아름다운 배합은 아니다. 그의 표현 방식들은 제한되어 있다. 그는 회색과 갈색의 여러 뉘앙스들을 구분하려고 시도하여 그들을 연갈색·쟈갈색 등으로 명명한다.

평상복들은 주로 회색이나 검은색·자주색 들을 많이 사용한다. [16] "검은색은 요사이 그 단순함 때문에 유행하는 색깔이다. 그러나 각자 그 색을 너무 남용하는 경향이 있다"고 시실은 말한다. 그가 묘사한 이상적인 남성 옷은 검은색 조끼에 짧은 회색 바지, 검정 구두와 노랑 장갑 등인데 이는 매우 현대적인 배합이라고 할 수 있을 것이다. 농부들과 영국인들은 푸른색 옷을 입는다. 이 색은 어린 소녀들에게 잘 어울리는 것으로, 소녀들에게는 장미색도 잘 어울린다. 흰색은 일곱 살 미만의 어린애들에게 적합하며, 그리고는 백치들이나 입는다! 노란색은 전사·시동·하인 들의 색깔이다. 사람들은 노란색이 다른 뉘앙스를 동반하지 않는 한 노란색을 별반 좋아하지 않는다. "그리고 5월이 오면 당신은 초록 이외의 다른 색깔을 입는 사람을 보지 못할 것이다."[17]

화려한 성장(盛裝)에는 기대할 수 있듯이 붉은색이 지배적이다. 어떤 입성식들에서는 모두 빨간색을 입기도 한다. [18] 흰색 역시 축제일의 복장으로 크게 애호받는다. 색깔 배합은 모두 허용된다. 청색과 붉은색, 자주색과 푸른색 등. 자주색 비단옷을 입은 귀부인이 푸른색 비단 마갑을 입힌 여자용 암말에 올라탄 채, 진홍색 비단옷에 초록색 비단 현수포를 걸친 세 명의 남자 귀족들에게 인도되고 있는 것을 본다면 오늘날엔 무어라고 할까? 라 마르슈가 묘사한 축제에서, 한 소녀가 이 같은 모습으로 등장한다. 루이 도를레앙의 포르-케픽 Porc-Épic 기사단원들은 자주색 나사옷과 진홍색 비단으로 안을 댄 쪽빛 우단 망토를 입는다.[19] 우리는 그들이 대조적인 효과들을 선호하였음을 확인할 수 있다. 어두운 색과 강렬한 색, 얼룩얼룩한 색과 불투명한 색 등.

이미, 화려한 성장으로 사람들은 검은색 특히 우단으로 된 검은 옷을 애호한다. 이미 젊은 나이를 지난 필립 르 봉은 계속해서 검은 옷을 입으며 수행원들과 말들에게까지 검은색 옷을 입힌다.[20] 늘 세련된 것과 뭔가 독특한 것을 추구하는 르네 왕은 검은색과 회색과 흰색을 배합하여 입는다.[21]

청색과 녹색이 상대적으로 드문 것은 미적 감각과는 별도의 문제로 여겨진다. 그것들은 상징적 의미에 의해 너무 뚜렷하게 표가 나는 색깔들이었다. 두 색 다 사실은 사랑의 색들이었다. 녹색은 사랑의 열정을, 푸른색은 성실을 가리켰다. 혹은 좀더 정확히 말하면 그 색깔들은 탁월하게 사랑의 색깔들이었는데 왜냐하면 모든 색들이 거기에 사용될 수 있었기 때문이었다. 데샹은 한 부인을 연모하는 여러 구애자들에 대해 이렇게 말한다.

> 한 사람은 그녀를 위해 초록 옷을 입고
> 다른 사람은 푸른 옷을, 또 다른 사람은 흰 옷을
> 그리고 또 한 사람은 피처럼 붉은 옷을 입는다.
> 그리고 만약 큰 비탄으로 그녀를 사로잡고자 하는 자는
> 검은색 옷을 입는다.[22]

녹색은 하지만 갓 싹트기 시작한 희망에 가득찬 사랑의 색깔로 남아 있었다.

> 나는 초록 옷을 입어야 하리.
> 그것은 사랑에 빠진 사람들의 옷이니.[23]

또한 편력 기사도 녹색 옷을 입는 것이 좋다.[24]

푸른색은 충실을 의미한다. 크리스틴 드 피장 Christine de Pisan 은 푸른 옷을 입은 것을 내세우는 연인에게 귀부인으로 하여금 이렇게 답하게 한다.

푸른 옷을 입는 것도, 명구를 달고 다니는 것도
연인에 대한 사랑의 증거는 아니랍니다.
단지 온전히 충실한 가슴으로 다른 누구도 아닌 그녀만을 섬기는 것이
그리고 그녀를 갖은 험담으로부터 보호해주는 것만이
······사랑은 거기에 있는 것이지 푸른 옷을 입는 데 있지 않답니다.
그러나 많은 사람들이 푸른 옷을 입음으로써
묘비 밑에 거짓의 무례를 감추는 것이 사랑이라고
생각하는 모양입니다······[25]

이것이 왜 푸른색이 이상한 와전에 의해 처음에는 충실한 사랑의 색깔이었다가, 나중에는 위선적인 방식으로 사용되어 불성실을 의미하게 되고, 마침내는 불성실에서 거짓말장이로 넘어가게 되는가 하는 이유이다. 네덜란드에서는 푸른색 망토가 간음한 여자를 가리켰고, 프랑스에서는 '푸른색 겉옷 cote bleue'이 오쟁이진 남자를 가리킨다.

만약에 내게 푸른색 웃옷을 입히고
내게 손가락질을 한다면 차라리 죽는 게 나으리라.[26]

결국 푸른색은 일반적으로 멍청이들의 색깔이 되었다.
노랑색과 갈색에 대한 악평은 그 시대의 미적 감각과 그 두 색깔에 대한 부정적인 상징적 의미에서 유래하였다. 다시 말해 그들은 그 색깔들을 밉게 보므로 좋아하지 않았고, 좋아하지 않으므로 또 나쁜 의미를 부여하였다. 한 불행한 신부(新婦)는 다음과 같이 한탄한다.

모든 색깔 중에서 난 황갈색을 좋아하네
그 색을 좋아하므로 난 그 색을 입네.

그리고 다른 모든 색깔은 잊었다네.
아아! 내 사랑은 이승에 없다네.

또 다른 한 노래는 이렇게 읊고 있다.

나는 회색과 황갈색만을 입을 수 있다네.
왜냐면 모든 희망을 잃고 쓸쓸하니까. [27]

회색은 갈색과는 달리 축제옷으로 선호된다. 하지만 두 색깔 다 슬픔의 색이었으며 아마도 갈색보다는 회색이 더 애절한 뉘앙스를 떠었다.

노랑색은 적대감을 나타내는 색이었다. 앙리 드 뷔르템베르그 Henri de Wurtemberg 는 모든 수행원들에게 노랑 옷을 입게 한 채 필립 드 부르고뉴 앞을 지나간다. "이로써 공자는 그가 자기에게 적대적이라는 것을 알았다." [28]

15세기 중반 이후로 사람들은 일시적으로 검은색과 흰색이 퇴보하고 푸른색과 노랑색이 부상하는 것을 본다. 그러나 그것은 단지 인상일 뿐 확증이 필요하다. 16세기에는 예술은 색채들의 원시적이고 순진한 배합을 피함과 동시에, 의복 습관도 지나치고 이상한 색채의 대담한 배합을 피한다. 부르고뉴의 예술가들이 그들의 색 조화의 감각을 받아들인 것은 이탈리아로부터가 아니다. 제라르 다비드 Gérard David 는 르네상스 이전 화가들 유파의 직접적인 계승자임에도 불구하고 이미 선조들에 비해 훨씬 세련된 색채 감각을 보여준다. 따라서 우리는 여기에서 전반적인 정신의 발달과 짝을 이루는 하나의 발전을 본다. 이러한 토양에서, 예술사와 문명사는 서로를 밝힐 수 있어야 할 것이다.

제 20 장
말과 이미지·1

중세와 르네상스를 가르는 분명한 경계선을 그으려 한 때마다 이 경계선은 훨씬 더 이전까지 거슬러 올라가야 할 것처럼 보였다. 중세가 한창인 동안에도 이미 새로운 시대의 조짐을 보이는 것 같은 형태와 움직임들을 발견하게 되고 르네상스의 개념도 그러한 현상들을 포괄하기 위해 극도로 넓혀졌다. [1] 거꾸로, 르네상스에 대해서도 그것을 공평하게 연구해보면 거기서도 여전히 중세의 존속을 발견하게 된다. 아리오스트 Arioste 와 라블레 Rabelais 와 마르그리트 드 나바르 Marguerite de Navarre 와 카스티글리오네 Castiglione, 그리고 모든 회화(繪畵)는 사고와 형식에 있어 중세적인 요소들로 가득차 있다. 하지만 우리는 중세와 르네상스라는 하나의 대립을 없이할 수는 없다. 그것은 우리에게 두 시대간의 대립, 정의내리긴 어렵지만 하나의 본질적인 대립을 나타낸다.

중세와 르네상스라는 두 용어의 유동적인 성격에 내재한 모든 불편을 피하기 위해, 가장 확실한 것은 그것들이 시초에 가리켰던 시대와 현상들에 그것들을 유보해두고, 성 프랑소아 다시즈 saint François d'Assise 나 고딕식 양식을 르네상스라고 하지 않고 클라우스 슬루터 Claus Sluter 와 반 아이크 형제에 대해서도 그렇게 하지 않는 것이다. 왜냐면 그들 또한 부인할 수 없는 중세의 표징을 갖고 있기 때문이다. 그들의 예술은 주제에 있어서나 용도에 있어서나 표현 양식에 있어서나 모두 중세적이다. 그들의 예술은 옛 개념을 전혀 버리지 않고 있으며 새로운 것도 전혀 받아들이지 않고 있다. 몇몇 예술사가들이[2] 거기서 일종의 르네상스를 특기하였다면 그것은 사실주의와 르네상스를 전혀 그릇되게 혼동했기 때문이다. 세심한 사실주의, 모든 세세한 것들을 정확하게 자연 그대로 복사하려는 이 열망은 오히려 끝나가는 중세 정신의 특성으로 생각되어야 한다. 그것은 그 시대의 사고의 모든 영역에서 볼 수 있는 경향으로 쇠퇴의 징후일 뿐 결코 새로와지는 조짐은 아니다. 그리고 르네상스의 승리는 바로 이 세심한 사실주의를 넓은 몸짓으로 대체하는 것이 될 것이다.

프랑스와 부르고뉴 지방에서 15세기의 예술과 문학은 죽어가는 한 사고에 봉사한다. 그것들은 이미 완성된 형식을 부여하고 또 오래 전부터 형성되어온 관념 체계를 부여하는 일만을 주임무로 삼는다. 생각은 다 고갈된 것 같고 정신은 새로운 수태(受胎)를 기다린다.

아름나움의 창조가 이미 고정된 사고 기제의 표현과 구축으로 축소되던 시대에 조형 예술들은 문학보다 더 깊은 의미를 갖는다. 하지만 당대 사람들에게는 그렇지가 않은데, 왜냐하면 그들에게는 사고가 비록 그 전성기를 지나긴 했지만 여전히 중요성과 현실성을 지니고 그 결과 문학적인 형식하에 여전히 그것을 누리고 있기 때문이다. 15세기의 시들은 우리에게는 몹시 지루하고 피상적이다. 하지만 동시대인들에게는 회화보다 훨씬 더 찬탄을 받았다.

이 같은 문학의 대부분은 우리에게는 모든 맛을 상실하였다. 반면 회화는 15세기 사람들을 사로잡던 것보다 훨씬 더 큰 감동으로 우리를 사로잡는다. 그 이유를 재능의 차이로 보고 모든 화가들이 천재인 반면 시인들은 공허하고 인습적인 정신밖에는 가지지 못하였다고 말하는 것은 쉬운 일일 것이다. 하지만 그렇지 않다. 오히려 그 이유는 말과 이미지가 전혀 다른 미학적 기능을 갖는다는 사실에서 찾아야 한다. 화가는 선과 색채에 의해 한 사물의 외면을 정확하게 재현해낼 뿐일 때도 언제나 순전히 형식적인 표현에다 표현할 길 없는 무엇을 덧붙인다. 시인은 반대로 이미 언명된 하나의 개념을 표현하거나 눈에 보이는 한 현실을 묘사하는 것만을 목표로 할 때도, 표현할 수 없는 모든 보고(寶庫)를 말에 의해 남김없이 규명한다. 따라서 리듬이나 악상 *accent*이 그들 고유의 매력으로 그것을 구출해내지 않는 한, 시는 사고가 독자의 흥미를 끄는 것일 때만 효과를 갖게 된다. 그 시대의 사람은 주위에 일련의 생생한 연상들이 무리를 짓는 시인의 말에 감동한다. 왜냐하면 표현된 사고는 삶의 없어서는 안 될 일부를 이루기 때문이다. 만일 사고가 빛나는 형식을 덧입는다면 그것은 참신하고 새롭게 여겨질 것이다. 그러나 사고가 더 이상 영혼의 관심에 부응치 못하게 되면, 시인에겐 형식밖에 남지 않을 것이다. 그리고 어쩌면 이 형식은 극도로 중요하다. 그것은 내용의 무의미함을 잊게 한다는 점에서 아름답고 감동적일 수가 있다. 15세기 문학 속에는 이미 하나의 새로운 형식미가 침투하는데, 그러나 대부분의 작품 속에서는 그 형식 또한 진부한 것이 되며 리듬과 울림의 질이 약화된다. 따라서 새로운 사고, 새로운 형식이 없이는 그것은 낡은 테마 위의 끝없이 긴 후속곡, 미래 없는 시에 불과하게 될 것이다.

화가는 시인과 똑같은 시대에 똑같은 정신을 가지고 있으면서도 시간을 두려워할 필요가 전혀 없게 된다. 왜냐하면 화가가 작품 속에 담은 형용할 길 없는 것은 처음 창작된 날과 똑같이 언제나 새롭게 보일 것이기 때문이다. 쟝 반 아이크의 초상화들을 보자, 약간 뾰족하고 새침한 부인의 얼굴과 보댕 드 라노아 Bouduin de Lannoy 의 무감동하고 침울한 귀족의 머리, 베를린에 소장되어 있는 아르놀피니 Arnolfini의 피로운 듯한 체념섞인 얼굴과 '양질의 추억 Leal souvenir'의 수수께끼 같은 순진함, 그리고 참사원 반 드 파엘 Van de Paele의 은자적인 소름끼치는 얼굴이 있다. 이 형상들은 각자 깊은 속에까지 개성이 탐색되어 있다. 성격 분석에 있어 그보다 더 하기는 어려울 것이다. 화가는 그 성격들을 이해하였으며 이미지에 의해 그것들을 밝혔다. 그가 아마 그 세기 최고의 시인이었을지라도 그 성격들을 그 정도까지 말로 묘사해내지는 못했을 것이다. 회화는 사물의 외면만을 묘사한다 할지라도 다가오는 모든 시대에 그 신비를 간직한다.

이것이 바로 영감과 정신이 비슷함에도 불구하고 15세기에 조형예술의 가치와 문학의 가치 사이에 불균형을 기대해야 하는 근본적인 이유이다. 그러나 일단 이 차이가 인정되면, 조형적인 것과 언어적인 것, 두 표현 양식간의 표본들의 비교는 수많은 공통된 특질들을 밝혀줄 것이다.

그 시대 예술의 가장 뛰어난 대표들로 반 아이크 형제를 들어보자. 그들의 영감과 표현 양식에 필적할 만한 작가들로 누구를 들 수 있을까? 우리는 그들을 같은 주제를 다룬 사람들에게서 찾기보다는, 그들과 같은 상황, 즉 궁정의 상황, 귀족 계급과 부유한 부르조아층에서 찾게 된다. 정신의 근접성을 추정해볼 수 있는 것은 바로 거기에서이다. 반 아이크 형제의 예술과 짝이 되는 문학은 그들 형제들의 회화를 애호하던 옹호자들이 보호하던 문학이다.

우선 하나의 본질적인 차이가 모든 비교를 헛수고로 만드는 것 같다. 회화의 소재는 특히 종교적인 데 반해 프랑코-부르귀뇽 *franco-bourguignon* 문학의 소재는 특히 세속적이다. 하지만 세속적인 요소가 회화에서도 우리에게 보존되어 있는 것이 상정하게 하는 것보다 훨씬 더 큰 비중을 차지했다는 것을 상기해보자. 한편 문학사는 문학 중에서도 특히 세속적인 쟝르들을 연구했다 : 사랑 노래들과 『로망 드 라 로즈』의 아류들, 기사도 로망의 마지막 대표작들과 누벨 *nouvelle* 그리고 풍자시와 연대기들을. 그 시대의 회화는 우리에게 배타적으로 세 폭 초상화들의 엄격함만을 생각키운다. 문학은 우리에게 우선 에로틱한 풍자의 음탕한 웃음과 연대기들의 단조로운 전율들이다. 이 세기는 미덕은 그림으로 그리고 악덕은 글로 쓴 것처럼 보인다. 하지만 거기에는 하나의 착시(錯視)가 있을 뿐이다.

15세기의 예술과 문학은 공히 쇠퇴기의 중세 정신의 일반적이고 본질적인 특질을 갖는다. 각각의 세부적인 것들을 정확하게 묘사하고, 각 사고와 이미지를 끝까지 전개시키며, 정신의 각 개념에 구체적인 하나의 형상을 부여하려는 경향을. 에라스무스는 파리에서 한 사제가 탕자의 비유를 가지고 40일 동안 설교하는 것을 들었다고 이야기한다. 사순절 전기간을 거기에 사용하기 위해, 그는 탕자가 가고 온 여행길, 각 여관 마다의 음식 메뉴, 그가 지나가는 길 앞에 서 있는 풍차, 그리고 그가 한 주사위 노름의 부분부분들을 일일이 자세히 묘사한다. 그는 또 이 어처구니없는 하찮은 것들을 이야기하기 위해, 선지자들과 복음서 기자들의 텍스트를 마음대로 왜곡·인용한다. "그리고 이로 인해 무식한 대중과 거친 영주들은 탕자를 거의 신적 존재로 여겼다."[3]

화가들에게서 세부적인 것의 상세한 이행이 어떤 위치를 차지했는가를 보기 위해 쟝 반 아이크의 두 그림들을 살펴보기로 하자. 우선 루브르에 소장된 「대법관 롤랭에게 바치는 마돈나 la Madone au Chancelier Rolin」를 보자. 반 아이크 아닌 다른 사람에게서라면 옷의 천, 포석과 기둥의 대리석, 유리창의 반사, 대법관의 기도서 등이 묘사된 정확성은 현학적인 인상을 줄 것이다. 심지어 그에게서조차 세세한 것들의 과장된 마무리는, 일련의 성서적 장면들이 재현된 기둥머리 장식에서처럼 전체를 해친다. 그러나 세부적인 것에의 정열이 자유로이 펼쳐지는 것은 특히 성모와 기증자의 형상 뒤에 전개되는 경이로운 전망에서이다. 이에 대하여 뒤랑-크레빌 씨 M. Durand-Créville 의 서술을 인용해보자.[4]

만약 호기심에 이끌려 너무 가까이 가서 보는 무모함을 저지르면 그야말로 끝장이다. 한번 기울인 주의가 지속될 수 있는 한 거기에 사로잡혀버리는 것이다. 세부적인 것의 섬세함은 가히 황홀할 지경이다. 사람들은 하나의 꿈의 세공품인 성모의 화관을 꽃잎 하나하나 바라보며, 기둥의 쇠시리 장식들과 무겁게 함이 없이 배경을 가득 채운 무리들을 하나하나 바라본다. 꽃밭의 풍요로움과 그 속의 꽃잎과 잎사귀들을 하나하나 보고 있노라면 어느새 깜짝 놀란 눈은 어린 성자의 머리와 성모의 어깨 사이에서 잣나무와 우아한 종(鐘)들로 가득찬 마을을 발견한다. 그 속에는 수많은 버팀벽들이 있는 커다란 교회와 계단 하나로 전넓이가 둘로 잘린 넓은 장소가 있는데, 그 곳에는 헤아릴 수 없이 섬세한 붓의 터치로 그만큼의 헤아릴 수 없이 많은 형상들이 생생하게 그려져 있다. 눈은 또 급히 오가며 서로 가로지르는 수많은 사람들로 가득찬 당나귀 등 모양의 교각에 눈이 쏠린다. 눈은 또 작은 배들이 물결을 가르는 강의 구불구불한 물줄기를 따르는데, 그 가운데는 어린애 손톱 크기의, 혹은 그보다 더 작은 섬들이 있고, 그 섬 속엔 또 수많은 종탑을 가진 영주의 성이 나무들에 둘러싸여 있다. 놀란 눈은 다시 왼편으로 나무들이 심겨지고 산보객들로 가득찬 강둑을 거닌다. 눈길은 여전히 훨씬 멀리까지 나아가 푸르스름한 등성을 하나하나 건너다, 한 순간 저 멀리 눈덮인 산들의 먼 윤곽 위에 머무르고, 다시 푸를락말락한 하늘의 무한 속으로 빠져든다. 거기엔 떠도 는 구름들이 어렴풋하다.

　그리고 여기에 거적이 있다. 미켈란젤로의 제자의 주장과는 달리 통일성과 하모니는 상실되지 않는다. "그리고 해질 무렵, 순라군들 의 목소리가 당신의 명상을 마치기 전, 위대한 걸작이 황혼의 부드 러움 속에 변형되어가는 것을 보시오. 하늘이 어떻게 훨씬 더 깊어 지는지를, 그리고 주화면의 색채들이 점차 자취를 감추면서 어떻 게 조화와 통일성의 무한한 신비 속으로 잠겨드는지를……."

　무한히 세부적인 것의 분석에 적합한 대가의 또 다른 한 작품은 「수태고지(受胎告知)」로 옛 날에 성 페테르스부르그의 암자 l'Ermitage de Saint-Pétersbourg 에 속하던 것이다. 이 그림이 오른쪽 덧문을 이 루었던 세폭 그림이 온전하게 존재했더라면 그것은 틀림없이 휘황 찬란한 작품이었을 것이다. 반 아이크는 여기서 모든 것을 승리할 수 있는 힘을 느끼는 대가의 모든 뛰어난 묘기를 다 발휘했다. 그 것은 그의 모든 작품 중 가장 엄숙하고 세련된 것이다. 대천사 출 현의 배경으로서, 제단 뒤 장식벽화 어린 양(모든 내부 그림들의 기원 이었던 장면임)에서처럼, 분만실의 친밀함이 아닌 교회당의 넓은 공 간을 부여하면서, 그것은 옛 초상화의 규칙들을 따랐다. 두 형상 들은, 태도와 얼굴 표정에 있어서, 제단 뒤 장식벽화 어린 양의 수 태고지의 온화한 부드러움을 더 이상 갖지 않는다. 천사는 엄숙하 게 격식을 갖춘 존경심으로 마리아에게 인사한다. 그는 머리에 가 느다란 관을 두르고 백합꽃 줄기를 든 모습이 아니다. 왕홀과 호사 스런 면류관을 쓰고 있으며 입술 위엔 에진 Egine 의 조각들에서 볼 수 있는 딱딱한 미소가 어려 있다. 색채의 휘황찬란함과 진주며 황 금보석들의 광채로 그것은 반 아이크가 그린 다른 모든 천사들의 모 습을 능가하고 있다. 옷은 초록색과 황금색이며, 그의 수단 망토는 붉은색과 황금색, 그리고 그 날개는 공작의 깃털로 덮여 있다. 성 모의 손에 든 책과 그녀 앞의 방석은 섬세하고 예민한 배려로 그려 져 있다. 교회당 안도 일화적인 세세한 것들로 장황하다. 포석들은 —그 중 다섯은 현저하게 눈에 뜨는데—황도 12궁의 기호를 띠고 있으며 삼손과 다윗의 생애가 장면장면 그려져 있다. 성당 후진의 벽은 이삭과 야곱의 이미지들로 장식되고 궁륭들 사이의 둥근 돋을 새김들과 그림 유리 속엔 두 명의 천사와 함께 구체(球體) 위에 그리스도상이 장식되어 있다. 그리고는 또 다른 벽화들이 물에서 건져낸 모세와 돌비들을 받는 장면을 묘사하고 있는데, 이 모든 것은 읽을 수 있는 분명한 새김글씨들로 설명되어 있다. 단지, 나무로 된 천장의 장식만이 불분명하게 남아 있을 뿐이다.

그리고 새로이 기적이 만들어진다 : 그렇게 많은 세세한 것들의 축적 속에서도 톤과 표현의 통일성은 잃지 않는다. 「대법관 롤랭에게 바치는 마돈나」에서 눈길 곧 주인물들을 먼 공간으로 이끄는 것은 밖의 명랑하고 밝은 빛이었다. 여기서는 높은 건물 속에 감도는 황혼이 전체를 하나의 신비로운 음영으로 감싸며 거기서 우리의 눈은 일화적인 세세한 것들을 가까스로 파악하는 데 이른다.

전체적인 효과를 희생시키지 않고 세목들을 상세히 하려는 욕구를 마음껏 펼칠 수 있는 것(아마도 차라리 이렇게 말해야 할 것이다 : 서투른 기증자가 제시하는 가장 불가능한 요구들을 만족시킬 수 있는 것)은 화가의 특권이다. 이같이 수많은 세목들을 보는 것이 현실 자체를 보는 것보다 더 우리를 피곤하게 하지는 않는다. 사람들은 단지 의식했을 때만 그렇다는 것을 알아채고 그렇지 않으면 곧 지워져서 그것들은 단지 색채나 전망의 효과를 도울 뿐이다.

세부적인 것에 대한 똑같은 정열이 문학 속에 나타날 때는 그 결과가 전혀 다르다. 문학은 사물들의 풍부한 외적 묘사를 즐기는 자연주의를 아직 알지 못하고 있다. 사람과 사물에 대한 묘사는 아직도 중세의 시에서 사용되던 단순한 방식으로 행해진다. 시인은 영감을 받은 대상들을 묘사하기보다는 언급한다. 실사가 형용사를 지배한다. 주된 특질들 예를 들어 색깔이나 소리 등은 단지 지적될 뿐이다. 세부적인 것의 구상도 질적이기보다는 양적이어서 단순히 열거에 의존한다. 15세기의 작가들은 대부분 유난히 장황하다. 그들은 침묵의 효과를 알지 못한다. 주제가 연상시키는, 보통은 매우 단순한 이미지뿐 아니라 사고 자체도 그들의 완벽한 전체성 속에서 마디마디 분절되어 있다. 구성의 전체적인 틀은 그림에서와 같이 세부적인 것들로 가득차 있다. 하지만 문학에서는 산출된 효과가 덜 조화로운 것은 어디서 나온 것일까?

그것은 부분적으로는 주된 것이 부수적인 것과 맺는 관계가 두 예술 형식에서 같지 않다는 점에서 유래한다. 회화에서는 그야말로 주된 요소와 부수적인 요소가 따로 없다. 모든 게 다 필수적이다. 단 하나의 세부적인 것이 우리에게는 작품의 완벽한 조화를 결정지을 수 있다. 종교적 감정이 미학적인 평가에 월등하지 않는 한 제단 뒤 장식벽화 어린 양의 관람자는 거룩한 성스러움 속에, 그려진 구도의 중심 인물을 보는 것과 똑같은—아니 오히려 더 많은—감동을 가지고서, 주화면의 꽃이 만발한 들판과 어린 양의 경배자들의 행렬과 안쪽으로 나무들에 가려진 탑들을 바라보게 된다. 그의 시선은, 거의 흥미를 끌지 않는 그리스도와 동정녀와 세례 요한의 형상에서부터 아담과 이브의 형상, 기증자들의 초상화들, 그리고 빛이 밝게 비치는 거리의 감미로운 정경과 횃불이 타고 있는 작은 청동 받침대로 향한다. 그는 성육신의 신비가 여기서 가장 적절한 표현을 얻었는가에 대해서는 거의 염두에 두지 않게 된다. 그만큼 이 모든 세세한 부분들은, 걸작을 주문하고 이행한 사람들에게는 순전히 부수적이었겠지만 감동적인 친밀함과 믿을 수 없는 완벽함으로 보는 이를 사로잡는다.

그런데 세부적인 것들의 표현에 있어서 화가는 완전히 자유롭다. 주테마를 구성하는 데는 엄격한 규범이 그를 묶고 있으나—종교화는 나름의 초상화적 기법을 가지고 있어서 그것을 벗어날 수가 없다—나머지 것에 대해서는 마음껏 상상의 나래를 펼 수 있다. 그는 옷감의 천과 식물들, 지평선들, 얼굴들을 그의 천재성이 영감을 불어넣는 대로 그려넣을 수가 있다. 성화(聖畵)의 그 엄격하고 고정된 구성은, 마치 여자들의 옷이 갖가지 꽃들을 허용하듯, 세부적인 것들을 풍성하게 허용한다. 그것은 일종의 가벼운 짐이다.

15세기의 시에서는, 중심적인 것이 부수적인 것과 맺는 관계가 회화에서와는 정반대이다. 시인은 중심 주제에 있어서는 자유롭다. 사람들이 그에게서 기대하는 것은 새로운 생각이다. 부수적인 것들에 있어서는 반대로 그는 전통에 매여 있다. 각 세부적인 것들을 표

현하는 관례적인 방식이 정해져 있고 시인은 그것을 거의 벗어날 수
없다. 꽃·자연·고뇌·기쁨, 이 모든 것은 시인이 거기에 약간의
윤색과 색채를 덧붙이는 것 이외에는 전혀 갱신할 수 없는 정해진
표현 형식들을 지닌다. 시인은 무한히 윤을 내고 채색한다. 왜냐면
그는 화가처럼 규모의 구속을 받지 않기 때문이다. 시인은 물질적
수단에 있어서는 모든 구속에서 자유롭다. 하지만 이 자유를 섣불
리 사용하지 않기 위해 그는 상대적으로 화가보다 더 많은 재능을
가져야 한다. 평범한 화가들은 후세에 하나의 기쁨으로 남는 반면,
평범한 시인들은 망각 속에 사라진다.

15세기의 시 속에서 세세한 것들의 남용의 결과를 감지할 수 있
기 위해서는 시를 전체 속에 문자 그대로 따라가보아야 할 것이다.
그리고 그것들은 모두 다 너무나 길다! 따라서 우리는 부분적인 발
췌로 만족해야 한다.

알랭 샤르티에 Alain Chartier 는 당대에 대시인으로 이름이 높았
다. 사람들은 그를 페트라르카에 비교하였으며 클레망 마로 Clément
Marot 는 여전히 그를 최고의 시인으로 친다. 따라서 그 시대의 관
점에서 본다면 그의 작품은 가장 위대한 화가들의 작품과 비교될 수
있을 것이다. 그의 시 『네 명의 부인들에 관하여 Le Livre des quatre
dames』는 애인을 아쟁쿠르 Azincourt 전투에 보낸 네 귀부인들간의
대화로, 관례가 그렇듯이 풍경 묘사로 시작된다. 이는 말하자면 그
림의 배경에 해당한다고 할, 수 있을 것이다.[5] 이 풍경을 「어린 양
경배 l'Adoration de l'Agneau」의 그것, 그토록 섬세하게 그려진 식물
들과 꽃이 만발한 경이로운 초원, 언덕들의 그늘진 등성이 너머로
보이는 교회의 종탑들과 비교해보자.

봄날 아침 시인은 오래 지속된 멜랑콜리를 흩어버리기 위해 산책
을 나간다.

> 멜랑콜리를 잊기 위해
> 그리고 보다 즐거운 식사를 하기 위해
> 어느 따사로운 아침 나는 들판으로 나갔네.
> 아름다운 계절에, 사랑이
> 마음을 결합시킨 첫날에……

이 모든 것이 순전히 인습적이며 리듬이나 울림의 어떤 특수한 맵시도 찾아볼 수 없다. 다음에는 봄날 아침에 대한 묘사가 이어진다.

주위엔 온통 새들이 날고,
몹시 달콤하게 노래하고 있어
어떤 가슴도 기쁨을 느끼지 않을 수 없었네.
새들은 노래하며 허공으로 날아오르고
서로서로 가로지르며
누가 더 높이까지 날아오르나 내기하는 것 같았네.
날씨는 구름 한점 없이 청명했고
하늘은 파아랗게 맑게 개어 있었지.
그리고 눈부신 태양이 명랑하게 비치고 있었네.

쾌락들의 이 같은 단순한 언급은 시인 자신이 스스로 자제할 줄만 알았다면 그다지 매력이 없지도 않았을 것이다. 자연에 대한 이 시의 단순성에는 매혹적인 것이 있다. 그러나 거기엔 하나의 형식이 결여되어 있다. 노래하는 새들의 이름을 일일이 열거한 후에 시인은 숨을 몰아쉬며 다음과 같이 계속한다 :

나는 보았네. 나무들이 꽃을 피우고
산토끼 들토끼들이 달리는 것을.
모든 것이 봄을 기뻐하고 있었네.
온통 사랑이 지배하는 것 같았지.
사랑이 거기 있는 한은 내게는
아무도 늙거나 죽을 수 없는 것처럼 보였네.
풀잎들에서는 달콤한 향내가 풍겨나고
청명한 공기는 그것을 더욱 향그럽게 하였네.
그리고 골짜기를 따라 졸졸거리며
작은 시내가 흘러 소금기 없는 물로
땅을 적시고 있었네.
거기서 작은 새들은 물을 마셨네.
귀또리들과 작은 날짐승들과
나비들을 쪼아먹은 뒤 마른 목을 축이려고.

나는 보았네. 매와 독수리, 도롱태들이 날으는 것을.
그리고 침을 가진 말벌들이
나무 위에 치수를 맞추어
향그러운 꿀벌집들을 만드는 것도.
울타리 저편으로는 아름다운 푸른 초원이 있어
풀밭의 푸르름 위로
희고 노랗고 붉고 보랏빛의
꽃들이 별처럼 흩뿌려져 있었네.
그것은 또 만발한 꽃이
마치 눈처럼 뒤덮고 있는
꽃핀 나무들에 둘러싸여 있었지,
그 꽃빛은 너무도 다채로와
마치 그림 같았다네.

시냇물은 조약돌 위로 졸졸 흐르고 고기들은 거기서 헤엄치며, 숲은 물 위로 푸르른 커튼을 드리우고 있다. 다시 또 새 이름들의 열거가 뒤따른다. 물오리들과 호도애들, 수퀑들, 왜가리들. 비용이라면 "여기서 바빌론까지의 모든 새들"이라는 한 구절로 족할 것이다.

화가와 시인은 둘 다 자연의 아름다운 경관을 묘사하려고 애쓰면서 세세한 것들에의 집착을 보인다. 하지만 그들은 방법상의 차이로 인해 전혀 다른 결과에 이른다. 회화에서는 세세한 것들이 잔뜩 쌓여 있음에도 불구하고 통일성과 단순성을 잃지 않는다. 반면 시는 단조로움과 무개성과 흔한 관례적인 모티프들의 단순한 열거를 보일 뿐이다.

이 같은 관점에서 보면 산문이 회화에 더 가깝다. 산문은 시보다는 강제적인 모티프들에 구속을 덜 받는다. 산문은 시보다 자주 더 세밀하게 현실을 재현하려 하지만 그것을 실시하는 방법에 있어서는 훨씬 더 선택이 자유롭다.

조락기의 중세 정신의 근본적인 특징의 하나는 시각의 우세함, 사고의 감퇴와 밀접한 관련이 있어 보이는 시각의 우세함이다. 사람들은 시각적인 이미지를 통해 사고하고 자신을 표현한다. 그것은 이 시대 정신에는 시각적 개념만으로도 충분했고 또 이 시대 정신이 알레고리들의 무미건조함을 견딜 수 있었기 때문이다. 회화의 탁월성도 그 점과 관련이 있다. 그 시대의 정신 기풍에는 회화적 표현이더 적합했다. 그리고 일반적으로 15세기의 산문의 질이 시의 질보다 탁월했던 것도 그 때문이다. 산문은, 회화처럼, 발전 단계와 성격 자체가 시에 금지했던 하나의 직접적인 사실주의를 이미 시도할수 있었다.

사물의 외부에 대한 빼어나게 밝은 비전에 의해 반 아이크를 연상케 하는 한 작가가 있는데 죠르쥬 샤틀랭 Georges Chastellain 이그이다. 그는 플랑드르 사람이요 알로스트 Alost 지방 출신이었다.자신은 스스로를 "정통 프랑스인," "프랑스 토박이"라고 불렀지만,그는 '티오이스'어(플랑드르어)가 모국어였음이 분명하다. 라 마르슈는 그를 "불어로 글을 쓰나 플랑드르 본토박이"라고 부른다. 그자신도 자기의 투박함을 즐겨 강조한다. 그는 자기의 "투박한 말씨"에 내해 이야기하고, "플랑드르놈, 가축 사육에나 석합한 늪지대놈, 무식하고 강자음을 약자음으로 발음하는 말씨에, 입과 입천장이걸고 그 땅의 성격에 따라 갖가지 결함투성이인 자"라고 부른다. [6]그의 이 같은 성격은 그의 장황한 문체와 프랑스 독자에게는 참을수 없는 그의 과장된 언변을 설명해준다. 그의 문체는 코끼리처럼거대하고 장황한 화려한 문체이다. 한 동시대인은 그에 대해 언급하면서 "높이 울리는 커다란 종"이라고 부른다. [7] 하지만 그의 명석하고 꿰뚫는 듯한 비전과 다채로운 색채의 흥미진진한 자양분은 아마도 플랑드르인이라는 그의 태생에서 기인한다.

샤틀랭과 쟝 반 아이크 사이에는 부인할 수 없는 근접성들이 있다. 가장 훌륭한 시기의 샤틀랭은 가장 평범한 시기의 반 아이크에맞먹으며, 그것이면 이미 상당하다. 제단 뒤 장식벽화 어린 양의 노래하는 천사들의 무리를 상상해보라. 보석을 주렁주렁 단 붉고 황금색 나는 수단으로 된 무거운 옷들, 지나치게 표현력이 강한 찡그린 얼굴들, 약간은 유치한 성가대의 장식, 이 모든 것은, 회화 속에서 부르고뉴식 산문의 장황하고 과장된 어투에 맞먹는다. 그것은회화 속으로 옮겨진 수사학이다. 하지만 회화에서는 이 수사학적인요소가 하위적인 위치를 차지할 뿐인 데 반해 샤틀랭의 문체에서는 그것이 주가 된다. 그의 분명한 관찰과 생생한 사실주의는 부풀린 문장과 과장된 말의 홍수 속에 너무도 자주 파묻혀 버린다.

하지만 샤틀랭이 그의 플랑드르식 영혼을 더욱 특별히 사로잡는 한 사건을 묘사하면서 그의 강력한 상상력의 힘은 이야기에 하나의 인상적인 형세를 부여한다. 그가 그의 동시대인들보다 더 사고가 풍부한 것은 아니다. 그에게 사고의 장을 제공한 것은 종교적이고 도덕적이고 기사도적인 공통 영역의 오랜 병기고이다. 그의 생각들은 모두 피상적이다. 그러나 그의 관찰은 민첩하고 생생하다.

그가 필립 공작에 대해 한 묘사는 거의 반 아이크에게서 볼 수 있는 활력을 갖는다. [8] 영혼 속에서 이야기꾼인 그는, 1457년초 공작과 그 아들 샤를르 사이에 돌발한 싸움을 놀라운 장광설과 많은 세부적인 것들로 즐겨 이야기하였다. 그의 시각적인 감지력이 여기서보다 더 생생한 곳은 없다. 사건의 외적인 상황들이 완벽한 명쾌함으로 빠짐없이 묘사된다. 그것의 긴 대목들을 인용할 필요가 있을 것이다. [9]

분쟁은 젊은 샤롤레 백작의 저택에서 궁정의 한 직책을 놓고 벌어졌다. 늙은 공작은, 주어진 약속과는 달리, 당시 대단히 총애하던 크로아 Croy 가문의 한 사람에게 그 자리를 주고 싶어했다. 그 가문에 대한 아버지의 총애를 마땅치 않게 여기던 샤를르는 자기 친구들 중의 하나에게 그 자리를 주기로 작정했다.

> 그러자 공작은 성 앙토안의 날이었던 월요일날[10] 미사가 끝난 뒤 자기 가문의 안녕을 빌고 시종들간에 불화가 없기를 빌며, 아들 역시 그의 충고를 잘 따라주어 자기를 기쁘게 해주기를 바라면서 상당 시간 기도를 드렸다. 그런 다음 그는 사람들이 다 나가고 성당 안이 비었을 때 아들을 가까이로 불러 부드럽게 이야기하였다. "샤를르, 나는 네가 시종장직에 대해 상피 Sempy 경과 에메리 Hémeries 경간에 있는 알력을 마무리지었으면 싶구나. 난 상피 경이 그 자리에 앉았으면 한다." 그러자 백작이 응수한다 : "전하, 전하께선 일단 상피경은 안 된다는 명령을 주셨습니다. 그러니 전하, 제발 제가 그것을 지킬 수 있게 해주십시오. 부탁입니다." —"빌어먹을, 명령하려 들지 말아라. 사람을 늘리고 줄이는 일은 내 소관이야. 난 상피 경이 그 자리에 앉길 바란다." 공작이 고집한다. 이에 백

348

작이 맞선다 : "허 제기랄 ! (그는 늘 그렇게 욕하는 게 습관이었다) 전하, 부탁입니다, 용서해주세요. 전 그렇게 할 수 없읍니다. 전 전하께서 전에 명령하신 그대로 하겠읍니다. 내가 이렇게 하게 만든 것은 친애하는 크로아 경 자신입니다. 전 그것을 잘 알고 있어요."—"뭐야. 내 말에 거역하려는 거냐? 내가 원하는 대로 하지 않겠다구?" 공작이 소리친다—"전하, 전 전하께 기꺼이 순종합니다만 그것만은 안 됩니다." 이 말에 화가 치민 공작은 소리쳤다. "아 ! 네 이 녀석, 네가 내 뜻을 거역해? 내 눈앞에서 썩 꺼져버려." 말과 함께 가슴에서 피가 터져나오고, 창백해지는가 싶자 다시 시뻘겋게 되면서 얼굴이 무섭게 일그러졌다. 이는 곁에 갈 수 있던 유일한 사람 성당 전속 사제에게서 들은 이야기인데, 보기에도 끔찍했다고 한다……

공작이 아들을 쏘아보는 눈초리에, 겁에 질린 공작 부인은 백작을 분노에서 벗어나게 하기 위해 기도실 밖으로 데리고 나가려 한다. 그러나 문 앞에—문 열쇠는 사제가 갖고 있었다—이르기까지는 몇 번의 고비를 넘겨야 했다. "카롱,[11] 문을 열어줘요." 공작 부인이 말한다. 그러나 사제는 백작의 발밑에 엎드려, 기도실을 떠나기 전에 먼저 용서를 빌도록 간청한다. 공작 부인도 샤를르 쪽으로 돌면서 애원한다. 그러나 샤를르는 큰 소리로 외친다. "뭐라구요. 마마, 전하께서 날 쏘아보고 내게 화를 냈다구요. 그런 모욕을 받은 직후에 전하께로 돌아가진 않겠읍니다. 신의 가호 밑에 난 어딘가로 가버리겠어요." 이때 분노에 사로잡혀 꼼짝 못하고 제자리에 머물러 있던 공작이 버럭 소리를 지른다……. 공작 부인은 새파랗게 질려 황급히 사제에게 이른다 : "친구여, 어서어서 문을 열어주어요. 떠나는 게 좋겠어요. 아니면 우린 죽습니다."

자기 거처로 돌아온 필립은 일종의 망령이 든다. 저녁 무렵, 그는 혼자서 말을 타고, 옷도 제대로 입지 않은 채 아무에게도 알리지 않고, 브뤼셀을 빠져나간다. "그때쯤엔 우선 날이 짧았고 공작이 즉시 말에 올라탄 것은 짙은 황혼 무렵이었다. 그냥 홀로 들판에 있고 싶다는 것 외에는 아무것도 원치 않았다. 이 날의 모험은 이렇게 시작되었다. 매서운 추위에 얼면서 한참을 달린 후 그는 속도를 조금 늦추었다. 게다가 이 날은 종일 짙은 안개비가 내려 저녁 무렵에는 급기야 가는 비로 변하고 있었다. 습습한 비가 온 땅을 적셨고 거기에 섞여 간간이 부는 바람이 언 땅을 가르고 있었다." 그런 다음 들판과 숲을 헤맨 공작의 밤의 주행(走行)의 묘사가 이어진다. 이 묘사 속에서 샤틀랭은 생생한 자연주의에 장려하고 교훈적인 수사학을 섞는다. 그리고 그것은 매우 기이한 효과를 낸다. 배가 고프고 지친 노공작은 길을 잃고, 헛되이 도움을 청하나 소용이 없다. 그는 하마터면 강을 길로 오인하여 강 속에 빠질 뻔하기도 한다. 말과 함께 넘어져 상처를 입는가 하면 수탉의 울음 소리나 개짖는 소리가 들리지 않을까 하여 헛되이 귀를 기울인다. 마침내 한 줄기 빛을 본 공작은 거기에 다가가려고 애쓴다. 그 빛을 시야에서 잃고 되찾고 하기를 수없이 하다가 마침내 그는 거기에 도달한다. "그러나 다가갈수록 그것은 흉하고 무섭게 느껴졌다. 왜냐하면 천여 곳 이상이 어우러진 한 덩어리에서 불빛이 짙은 연기기둥과 함께 올라오고 있었기 때문이다. 그 시간에 그런 곳에서 그것은 어떤 영혼의 연옥이거나 아니면 다른 어떤 악마의 환영으로밖에는 생각할 수 없었다." 생각이 거기에 미치자 그는 걸음을 멈춘다. 그러나 그는 갑자기 숯굽는 자들이 숲속 깊은 곳에서 장작불을 피우는 습관이 있다는 것을 기억해낸다. 하지만 아무 데도 인가를 발견하지 못하고, 한참을 더 헤맨 후 그는 개짖는 소리에 이끌려 어떤 가난한 촌부의 누옥으로 가게 된다. 비로소 공작은 거기서 쉴 곳과 음식을 취할 수 있었다.

다른 에피소드들도 샤틀랭에게 놀랍게 인상적인 묘사의 테마를 제공하였다. 발랑시엔 Valenciennes의 두 부르조아간의 법적 결투, 라헤이 La Haye에서 밤에 프리슬란드 대사들과 몇몇 부르고뉴 귀족들이 벌인 싸움——사람들은 윗층 방에서 나막신을 신고 장애물 놀이를 하여 아랫방에서 자고 있는 부르고뉴인들의 잠을 방해한다——또 1467년 새로 공작이 된 샤를르가 강 Gand에 입성할 때 그곳에서 일어난 소요 등. 그 입성식은 때마침, 사람들이 성 리에뱅 saint Liévin의 성골함을 들고 행진하는 습관이 있었던 후템 Houthem의 공진회 la kermesse와 겹쳤다. [12] 매 페이지마다 무심코 기록된 세세한 에피소드들은 작가의 시각적 감지력을 증명해준다. 폭도와 맞서게 된 공작은 눈앞에 "녹슨 대야를 둘러쓴 채 그 속에서 천하기 짝이 없는 콧수염과 텁석부리 수염들이 입술을 비틀어 깨물고 있는 것을" 본다. 밑에서 외침 소리가 올라오기에 보니 시골뜨기 놈이 창가로 비집고 가면서 공작 곁에서 검게 칠한 쇠장갑을 끼고 그것으로 조용히 하라는 명령으로 창문턱을 두들긴다. [13] 눈에 비친 사물을 정확하게 묘사하기 위해 정확하고 단순한 말을 찾아내는 샤틀랭의 재능은, 실상 반 아이크로 하여금 그의 초상화들에 완벽한 표현을 부여하게 한 것과 동일한 시각적인 힘이다. 그러나 문학에서는 이 사실주의는 인습적인 형식들에 얽매인 채 메마른 표현법의 무더기에 질식된 채 남아 있다. 반면 회화는 이 점에 있어서 문학보다 훨씬 앞선다. 회화는 이미 빛의 효과들을 표현하기 위한 완벽한 기교를 사용한다. 그림 속에서 명암(明暗)은 제에르첸 드 생-장 드 하아를렘 Geertjen de Saint-Jean de Haarlem 에 의해 그의 「탄생 Nativité」 속에서 처음으로 실현된다. 채색삽화가들은 이미 오래 전부터 그리스도의 체포 장면에서 흉갑·투구 등에 반사된 횃불의 미광을 표현하려고 애써왔다. 르네 왕의 『매혹된 사랑의 마음 Cuer d'amours espris』에 채색삽화를 그린 대가는 이미 해돋이 묘사에 성공했었다. 또 『아이이의 기도서 Heures d'Ailly』에서는 뇌우 뒤에 구름 사이로 비치는 햇살이 묘사되었다. [14]

반대로 빛의 효과들을 표현하기 위한 문학적인 수단들은 아직도 원시적이다. 광채와 현란함에 대한 하나의 강렬한 취향이 존재한다. 이미 살펴본 바 있듯이 사람들은 심지어 아름다움의 첫째를 빛으로 생각하기까지 한다. 15세기의 작가들과 시인들은 태양빛과 촛불과 횃불의 빛 그리고 투구와 무기에 비친 반사광들을 즐겨 묘사한다. 그러나 그것은 단지 하나의 단순한 언급에 불과하다. 거기엔 빛을 묘사하기 위한 문학적인 방식이 존재하지 않는다. 한 순간의 인상을 포착하여 고정시키는 이러한 능력의 문학적 등가물은 아마도 다른 데서 찾아야 한다. 나는 오히려 14, 15세기의 문학 중 직접화법의 일상적인 사용에서 그것을 보게 된다. 어떤 시대도 그처럼 게걸스럽게 직접화법 문장의 효과를 추구한 적은 없었다. 이 용법은 게다가 지루한 남용으로 전락하게 된다. 프로아사르의 항구적인 대화

체는 정치 문제를 다룰 때조차도 자주 공허하며 게다가 지루하기 그
지없다. 하지만 가끔은 즉각적이고 순간적인 인상이 기발한 방식으
로 표출되곤 한다.

그들의 시(市)가 함락되었다는 소식을 듣자, 그는 물었다. "어떤 자들
에게?" 함께 이야기하던 사람들이 대답했다. "브르타뉴 놈들에게요!" ―
"아! 브르타뉴 놈들, 나쁜 놈들. 그 놈들은 약탈하고 불태운 뒤에야 떠날
것이다." "그 놈들이 뭐라고 외치더냐?" 기사가 묻는다―"예, 각하, 놈
들은 라 트리무이으 La Trimouille(역주 : Trente 전쟁에서 싸운 장수의
이름 Guy de la Tremoïlle)! 하고 외칩니다."

대화의 움직임을 촉진하기 위해, 프로아사르는 화자의 마지막 말
을 상대편이 놀라 반복하는 기법을 사용하는데 너무 남용하는 편이
다―"전하, 가스통이 죽었읍니다"―"죽었다고?" 백작이 말한다
―"그렇습니다. 진짜로 죽었읍니다. 전하."
다른 곳에서는 : "그에게 사랑과 계보에 관해 조언을 구했더라
면" "조언이라고" 대주교가 대답했다. "오오, 선량한 조카여, 이젠
너무 늦었소. 그대는 소 잃고 외양간 고치는 격이오."[15]
시 역시 짧은 대화체를 널리 사용하였다.

　―나는 죽도록 탄식하네―누구에 대해?―그대에 대해
　―내가 그대에게 무슨 짓을 했기에?―그대가 나의 연인을 빼앗아갔
기에.
　―그건 사실이야―왜 그랬는지 나에게 말해주게
　―그러고 싶어서였지―그대는 잘못했어.[16]

여기서는 수단이 목적이 되었다. 이처럼 급격하고 단속적인 대화
의 기교는 쟝 메쉬노 Jean Meschinot 의 발라드에서 극에 달했다. 거
기서는 프랑스가 루이 XI 세를 비방하는 데 30 개 행마다 질문과 대
답들이 교체된다. 하지만 이 기이한 형태가 정치적 풍자의 효과를
해치지는 않는다. 첫 연을 보면 다음과 같다.

　―전하……―뭔가?―들어보십시오……―무엇을?―제 입장을

—그래 말해 보게나—저는……—누가?—피폐해진 프랑스가요!
—누구에 의해서?—전하에 의해서요—어떻게?—모든 상태에서요
—그대는 거짓말을 하고 있군—그렇지 않습니다—누가 그런 말을?
—나의 고통이
—무엇이 고통스러운가?—비참함이요—무슨?—극도의 비참함이요
—믿을 수 없소—사실입니다—그것에 대해선 더 이상 말하지 마시오!
—아아! 해야만 합니다—소용 없는 일이오—수치를 아십시오!
—내가 무얼 잘못했단 말이오?—명확를 해친 것이요--[17)] 어떻게?
—전쟁으로요……—누가?—전하의 친구들과 친척들이요
—그 따위 소릴 더 해보게—솔직이 말해서, 그럴 수 없읍니다. [18)]

이 시대의 문학 속에서 이처럼 피상적인 자연주의가 표출되는 또 다른 표현이 있다. 프로아사르는 기사도적인 무훈들을 즐겨 묘사하면서도, 자기도 모르게 전쟁의 산문적인 사실을 높은 정도로 표현한다. 기사도에 대해 거의 개의치 않는 코민처럼, 프로아사르는 특별히 전쟁의 힘든 고역들과 헛된 추격들, 단결력 없는 움직임과 하룻밤 숙박의 초조함 등을 잘 묘사한다. 그는 주저와 기다림, 결단성 없음에 대해서도 적나라하게 그려낸다. [19)]

프로아사르에게서 외적 상황에 대한 간략하고 적확한 묘사는 가끔씩 비장한 톤을 띠는데, 그것은 그가, 분노의 폭발 속에 아버지에게 죽임을 당한 젊은 가스통 페뷔스 Gaston Phébus의 사건을 이야기할 때처럼, 모든 심리적 사변을 생략하기 때문이다. 프로아사르의 정신은 일종의 사진 건판이다. 그의 개성 있는 문체의 일관성 밑에서 다양한 사건들의 더미를 전달해주는 다양한 화자(話者)들의 특징들을 엿볼 수 있다. 일례로 여행 동료 기사 에스팽 드 리옹 Espaing de Lyon이 들려준 모든 것은 감탄할 만큼 훌륭하게 묘사된다. 그 시대의 문학은, 직접적인 관찰에서 영감을 받을 때는 매번, 관습의 방해를 받음이 없이 똑같지는 못해도 아주 근사하게 회화에 접근한다. 이 같은 고찰은 문학의 자연 묘사에는 적용되지 않는다. 15세기의 문학은 아직 자연 묘사를 목표로 삼지는 않는다. 그 관찰 능력은 단지 흥미를 유발시키고 외적 상황들을 사진 건판이 표현하듯 표현하는 사건들에 대해서밖에는 발휘되지 않는다. 아직은 의식적

인 문학 방식의 문제는 아니다. 회화에서는 부수적이고 따라서 보다 자유로운 자연 묘사가, 문학에서는 일정한 형식들에 얽매인다. 회화에서는 풍경 묘사가 주된 주제와 직접적으로 관련되지 않으며 따라서 종교적 양식을 띠지 않는다. 거기에 15세기 화가들이 주제의 엄격성으로 인해 주된 장면 속에 넣을 수 없던 조화롭고 자연스런 단순성을 풍경 속에 넣을 수 있었던 이유가 있다. 이집트 예술에서도 우리는 똑같은 현상을 본다. 노예들에게는, 그들이 중요하지 않기 때문에, 대체로 중요 인물들에게서 볼 수 있는 비례를 달리하는 규범을 적용하지 않는다. 그 결과 부수적인 인물들은 동물들의 형상처럼 자연 그대로 단순하고 충실하게 묘사된다.

그림은 풍경이 중심 테마와 중요한 관계를 덜 맺을수록 더욱 조화롭고 자연스럽다. 『샹틸리의 매우 호화로운 기도서 *Très riches heures de Chantilly*』의 왕들의 경배에서[20] 가장 중요한 인물들은 부자연스럽고 괴상하며 구성도 너무 기복이 심한 반면 멀리 있는 부르쥐 시는 꿈의 부드러움 속에 완벽한 분위기와 리듬 속에 펼쳐진다.

문학에서는 자연 묘사는 여전히 전원시의 형태를 띤다. 우리는 이미 자연 속에 묻혀 사는 단순한 삶에 대한 긍정적 찬반 논쟁에 대해 언급하였다. 사람들은 궁정을 벗어나 흑갈색 빵과 로뱅과 마리옹 Robin et Marion 의 무심한 사랑이 있는 들판으로 가고 싶어했다. 그것은 현실의 사치와 오만한 이기주의에 대한 감정적 반동이었다. 이러한 자연에의 감정이 하나의 태도라면, 그 표현은 순전히 관례적이다 : 꽃들과 새들의 노래의 아름다움은 일정하게 규정된 형식들 속에 표현된다.

목가와, 봄날 아침의 묘사로 시를 시작해야 하는 모티프 밖에서는 사람들은 자연 묘사의 필요를 거의 느끼지 않는다. 우연히 샤틀랭이 눈녹음을 묘사한 것 같은 몇몇의 터치들이 있기는 하다. 그러나 문학 속에서 자연에 대한 감수성의 발달을 추적해볼 수 있는 장르로 남아 있는 것은 전원시이다. 앞에서 인용한 알랭 샤르티에의 시들 곁에 『르뇨와 쟈느통 *Regnault et Jehanneton*』을 놓을 수 있는데, 거기서 르네 왕은 쟌 드 라발 Jeanne de Laval 에 대한 자기의 사랑을 전원시적인 형태하에 노래한다. 하지만 여기서도 우리는 자연에의 일관성 있는 비전을 발전하지는 못한다. 통일성이 없고 세부적인 사건들이 아무렇게나 연이어 나열되고 있을 뿐이다 : 노래하는 새들의 이름 하나하나, 벌레들, 개구리들, 다음에는 밭가는 농부들 :

> 그리고 한편으로, 농부들이 밭을 갈며
> 큰 소리로 노래하면서, 쉬지 않고,
>> 황소들의
> 흥을 돋우네 그러면 소들은 쟁기질하며 가네
> 기름진 땅을. 거기선 좋은 밀을 거두게 되리.
> 그리고 이렇게 소들에게 소리쳐 가게 하네.
>> 그들의 이름을 부르며.
> 한 소에게는 프로보, 한 소에겐 그리종,
> 브뤼네, 블랑세, 블롱도 혹은 콩파농 등
> 그리고는 그들에게 채찍질하네.
>> 앞으로 나아가도록. [21]

이는 신선함도 기쁨도 없다. 이 시행들은 기도서의 월력 *les calendriers des livres d'heures*에 비교해보면 빈약하기 이를 데 없다. 르네 왕은 우리에게 자연 묘사의 자료를 제시한다. 그의 팔렛트에는 하나 혹은 두 가지 색채밖에 없다. 뒤에서 저자는 저녁 황혼의 효과를 묘사하려고 시도하는데 성과가 없지도 않다. 새들은 울음을 멈췄고 메추라기만이 날카로운 외침을 발한다. 자고새들은 둥지로 날아들고 숫사슴과 토끼들은 밖으로 나온다. 태양은 한순간 탑루에서 빛나다가 곧 이어 공기는 서늘해지고, 올빼미·박쥐 들이 순찰을 시작할 때 성당의 종소리는 앙젤뤼스 *Angélus*(역주 : 삼종 기도를 알리는 종)를 알린다.

『샹틸리의 매우 호화로운 기도서 *Très riches heures de Chantilly*』의 월력은 예술과 문학 속에서 동일한 모티프가 어떻게 표현되는가를 비교할 수 있게 해준다. 우리는 안을 랭부르 Limbourg 형제의 세밀화로 장식한 빛나는 성채들을 기억한다. 그것들은 외스타슈 데샹

Eustache Deschamps 의 시에서 하나의 문학적 짝을 갖는데, 7개의 짧은 시들이 프랑스 북부의 여러 성들을 노래한다. 후에 아그네스 소렐 Angè Sorels이 묵게 될 보테 Beauté 성, 비에브르 Bièvre 성, 카샹 Cachan 성, 클레르몽 Clermont 성, 니에프 Nieppe 성, 노로아 Noroy 성, 쿠시 Coucy 성 등. 22) 대상이 랭부르 형제의 섬세하고 미묘한 제작에 도달하기 위해서는 훨씬 더 대형의 시인이었어야 했을 것이다. 9월의 장(章)에는 소뮈르 Saumur 성이 마치 포도 수확이 끝난 뒤의 꿈처럼 떠오른다. 풍향계가 높이 달린 뾰족탑들과 첨탑들, 우아하게 생긴 굴뚝 등. 모든 것이 하늘의 짙은 쪽빛 속에 높이 핀 흰 꽃들처럼 솟아 있다. 23) 3월의 장에는 공국 뤼지냥 Lusignan 성이 근엄한 위엄 속에 서 있다. 12월의 장에는 나뭇잎이 다 떨어진 앙상한 숲 뒤로 불안스레 서 있는 뱅센 Vincennes 의 음침한 탑들이 있다. 24) 반면 시인은 같은 영상들을 환기시킬 만한 동일한 수단들을 갖지 못하였다. 비에브르의 건축학적 묘사는 아무런 효과도 내지 못한다. 단지 이 성들이 제공한 즐거움들을 나열식으로 언급할 뿐이다. 사실상 작가는 바로 거기에 국한되어 있다. 화가는 사세상 (事勢上) 불가피하게 성(城)을 밖으로부터 바라본다. 그리고 시인은 반대로 한다. 여기 보테 성에 대한 묘사가 있다.

> 그의 장자인 비인의 왕태자는
> 이 곳에 보테(아름다움)라는 이름을 주었지
> 그것이 아주 잘 어울리는 것은 성이 아주 매혹적이기 때문.
> 거기서는 나이팅게일의 노랫 소리가 들려오고
> 성 둘레에는 마른 Marne 강이 흐르고 있지. 우아한 정원의
> 높이 우거진 유익한 숲이 바람결에 물결치는 것을 볼 수 있다네.
> 거긴 푸른 풀밭이 가깝고 유원지도 바로 근처이지
> 아름답고 푸른 잔디와 우아하고 맑은 샘들,
> 포도원과 경작지와 빙빙 돌아가는 풍차,
> 그리고 보기 좋은 평원들이 펼쳐져 있다네.

시에 의해 빚어진 효과와 세밀화가 빚어낸 효과 사이에는 얼마나 큰 차이가 있는가! 하지만 소재와 방식은 동일하다 : 보는 것 혹은

듣는 것들의 열거라는 점에서는. 화가의 시선은 정해진 제한된 한 공간을 보는데, 그는 거기서 많은 사물들을 잔뜩 늘어놓을 뿐 아니라, 그것들을 전체 속에 조화롭게 융해시킬 줄도 안다. 2월의 세밀화 속에서, 폴 드 랭부르 Paul de Limbourg 는 겨울의 모든 특수한 것들을 한데 모아놓았다 : 벽난로 앞에서 불쬐는 농부들, 마르는 세탁물, 눈 위의 까마귀들, 양 우리와 벌통들, 술통들과 수레, 그리고 고요한 마을과 언덕 위에 외딴 누옥이 있는 겨울의 정경 등. 하지만 이 모든 세부적인 것들은 풍경의 평화로운 조화 속에 녹아든다. 이미지의 통일성은 완벽하다. 시인은 반대로 시선을 고정시킴이 없이 배회하게 놓아둔다. 틀의 부재라고나 할까? 요컨대 시 작품은 통일성이 결여된다.

15세기처럼 현저하게 시각적인 영감의 시대에는 회화적 표현이 쉽사리 문학적 표현보다 우월하다. 회화는 사물들의 눈에 보이는 형태만을 표현하면서도 깊은 의미를 표현한다. 반면 시각적 요소가 지배적인 문학은 결함이 많다.

15세기의 시는 자주 새로운 관념들이 결여되어 있다는 인상을 준다. 일반적으로 새로운 허구를 발견해낼 힘이 없다. 그들은 단지 옛 낡은 소재들을 개조하고 장식하며 혹은 약간 근대화시킬 뿐이다. 거기엔 일종의 사고의 정지 같은 것이 있다. 정신은, 중세의 정신적 건축물을 남김없이 완성시킨 후에, 일종의 무기력 상태에 빠졌다고 말할 수 있을 것이다. 거기엔 공허함과 메마름이 있다. 사람들은 세계를 의심하고, 모든 것은 기울어간다. 전반적인 거북스러움이 지배하고 시인들도 그것을 느낀다. 데샹은 이를 다음과 같이 한탄한다.

> 아아 ! 사람들은 내가 더 이상 아무것도 만들어내지 못하리라고 말하네.
> 예전엔 그토록 많은 새로운 것들을 만들어내던 내가.
> 이유인즉 이제 어떤 선한 것이나 멋진 것을
> 만들어낼 아무런 주제마도 갖고 있지 못하기 때문. [25]

옛 운문체 로망들의 단조롭고 지루한 산문체로의 이행보다 침체와 조락을 더 잘 증명해 보이는 것은 없다. 하지만 이 '탈운율

dérimage'은 문학에 있어서 새로운 정신으로의 이행을 결하고 있었다. 사람들은 그를 통해 독특한 방식으로 중세의 문체에 하직을 고했다. 문학의 원시적인 단계에서는 운문이 표현의 초보적인 양식이다. 15세기에는 예를 들어 산스크리트어 문학에서와 똑같이 어떤 주제라도, 심지어 자연의 역사와 의학까지도, 여전히 운문으로 쓸 수가 있었다. 이 운율을 갖춘 형식은 작품이 큰 소리로 낭송되어야 했음을 보여준다. 그것은 개인적이고 표현적인 낭독이 아니고 여러 사람 앞에서 하는 낭송이다. 원시적인 문학의 세기들에서는 운문이 일정한 곡조로 읊어졌다. 차후 산문에 주어지는 선호도는 독서가 낭송을 대체했음을 의미한다. 거기서 또한 이 시대부터 시작된, 소재를 개요를 갖춘 작은 장(章)들로 나누는 습관이 생겨난다. 옛날에는 사람들이 작품의 분할에 그다지 개의치 않았다. 15세기에는, 문학적인 산문이 시보다 훨씬 예술적인 자세를 가졌다.

산문이 보이는 우월한 특질들은 하지만 순전히 형식적이다. 산문도 시만큼 새로운 사고를 결한다. 프로아사르는 독자편에서는 어떠한 사고의 노력도 요하지 않는 평이하고 피상적인 이미지들을 표현하기 위해서만 말을 사용한 산문가의 전형이다. 그의 관념들의 단순성은 놀랍다. 그는 서너 가지의 도덕적 모티프와 감정들, 충성 · 명예 · 탐욕 · 용기 등의 것밖에는, 그것도 가장 단순한 형태하에서밖에는 알지 못한다. 그는 신학도, 알레고리도, 신화도 심지어는 모랄도 관심이 없다. 그는 단순히, 애써 꾸미지도 않고, 정확히 그 사건에 적절한 방식으로 이야기하게 할 뿐이다. 하지만 그는 공허한데 왜냐하면 그는 완전히 기계적인 정확성밖에는 갖지 않기 때문이다. 그의 사색들은 비길 데 없이 진부하다. 그는 말한다 : 모든 것이 지루하게 되고 만다고. 아무것도 죽음만큼 확실한 것은 없으며 사람들은 가끔씩 얻기도 하고 잃기도 한다고. 그에게는 몇몇 개념들에 불변의 판단들이 결합된다. 그는 독일인에 대하여 그들의 탐욕스러움과 포로들에게 하는 당치 않은 대우들을 언급하지 않고는 이야기할 수 없다. [26] 사람들이 신랄하다고 제시하는 프로아사르의 인용들조차 문맥 속에서, 사람들이 부여하는 그 점을 늘 갖는 것은 아니다. 발로아 Valois 가의 부르고뉴 제 I 공작에 대한 그의 평가,

"현명하고, 냉정하며, 상상력이 풍부하고 자기 일에 대해 멀리 내다보는 인물"이라는 평가를 읽으면서 사람들은 매우 예리하고 간결한 성격 분석이라고 생각할 것이다. 그러나 프로아사르는 그 한 사람뿐 아니라 다른 많은 인물들을 묘사하기 위해서도 똑같은 말을 사용한다.[27] 다음과 같은 유명한 문장 "이처럼 쟝 드 블로아 경과 부인과, 그에게 너무나 많은 것을 치르게 한 전쟁 *Ainsi ot messire Jehan de Blois femme et guerre qui trop lui cousta*"[28]은 아무리 잘 생각해 봐도 문맥 속에서 사람들이 느낀다는 그 점을 갖고 있지 않다.

프로아사르에게는 이 시대 문체의 한 요소 즉 수사학이 결핍되어 있다. 그 시대의 동시대인들에게 관념들의 독창성 결핍을 보완해주었던 것이 바로 수사학이었다. 사람들은 장식된 문체의 화려함을 즐긴다. 사고들은 화려한 치장 속에서 새로와 보인다. 모든 생각들은 무거운 수단직의 기괴한 옷차림을 한다. 명예와 의무라는 개념은 기사도적 환상의 제복을 착용한다. 자연에 대한 감정은 전원시라는 헌옷 속에 도입되고, 사랑은 가장 거추장스러운 옷인 『로망 드 라 로즈』의 알레고리 속에 도입된다. 있는 그대로 꾸밈 없이 성실하게 남아 있는 관념은 하나도 없다. 그것들은 끝없는 행렬 속에 조심스러운 걸음걸이로 장중하게 나아가는 것 외에는 전혀 움직일 줄을 모른다.

회화에서는 수사학적인 치장이 결여되지 않는다. 반 아이크 형제의 작품 속에는 수사학이라고 부를 만한 많은 부분들이 있다. 예를 들어 성모에게 참사원 반 드 파엘 Van de Paele 를 소개하고 있는 성 쥬르쥬 saint Georges 상 같은 것, 장대한 투구, 금빛 갑옷, ——거기엔 고대를 모방한 경향이 있다—— 성자의 연극적 제스처 등. 이 모든 것이 샤틀랭의 과장된 어투와 매우 근사하다. 우리는 드레스데 Dresde 의 작은 세 폭 그림 위의 미가엘 천사장의 형상에서, 그리고 제단 뒤 장식벽화 어린 양의 악기를 든 천사들에서 똑같은 경향을 재발견한다. 그리고 폴 드 랭부르 Paul de Limbourg 가 이국 취향의 표현에 도달하려는 현저한 노력으로 동방 박사들에게 입힌 기괴하고 호사스런 옷차림 속에서도 그것을 볼 수 있다.

15세기의 시는 중요한 사고를 표현하겠다는 포부를 갖지 않을 때, 그리고 우아함과 문체로 뽐내지 않을 때, 따라서 단순하게 하나의 이미지나 인상을 환기시킬 때만큼 만족스럽게 잘 된 때는 없다. 그 효과는 형태적인 요소들, 이미지, 음향, 리듬에 좌우된다. 그리고 바로 그 점에서 15세기의 시가 대규모의 장시들, 리듬과 음향의 특질들이 종속되어 있는 대규모 장시들에서는 성공을 거두지 못하고, 반면 외적 형식이 주인 쟝르들, 롱도·발라드 등 가벼운 테마 위에 쐬어진 작품들에서는 신선함을 갖는 이유가 있다.

14세기말은 음악과 서정시 사이의 관계들에 하나의 전환점을 이룬다. 앞 시대들의 가요는 음악적 방향과 밀접하게 연결되어 있었다. 중세 시대에는 서정시인의 규범적 전형은 시인—작곡가이다. 기욤 드 마쇼 Guillaume de Machaut 는 자기 작품들에 멜로디까지 작곡하였다. 그는 또한 그 시대의 흔한 서정적 형태들, 롱도·발라드 등을 정착시켰다. 그는 '데바 débat'를 만들어냈다. 그의 발라드들과 롱도들은 형태와 사고에 있어서 매우 가볍고 단순하다. 그것들은 색채를 거의 갖지 않는데, 거기에 바로 특징이 있다. 왜냐면 노래로 불리워지는 시는 지나치게 표현적이어서는 안 되기 때문이다. 여기에 한 예가 있다.

> 당신을 떠나면서 나는 당신에게 내 마음도 남겨두었다오
> 그리고 나는 탄식하며 울며 간다오.
> 다시 돌아갈 수 없어도 당신을 섬기기 위해
> 당신을 떠나면서 나는 당신에게 내 마음도 남겨두었다오.
> 그리고 내 영혼에 나는 아무런 평화도 없다오.
> 그대에게 돌아가기까지 나는 늘 이처럼 낙망해 있을 거요.
> 당신을 떠나면서 나는 당신에게 내 마음도 남겨두었다오.
> 그리고 나는 울며 탄식하며 간다오. [29]

외스타슈 데샹은 시인이지만 작곡가는 아니다. 따라서 같은 이유로 그의 발라드들은 마쇼의 발라드들보다 훨씬 생생하고 다채로우며, 열등한 시적 문체에도 불구하고 훨씬 흥미롭다.

롱델 rondel(역주 : 롱도 rondeau 의 옛 형식. 제1절이 4행시로 시작되는 롱도)은 구조 자체로 인해 시인들이 작곡가이기를 그친 후에도 멜로디를 위한 작품처럼 가볍고 떠도는 듯한 특성을 보존하였다.

말해 주세요. 당신은 진정으로
나를 사랑하시겠어요. 당신의 영혼으로?
하지만 나는 무엇보다도
당신을 사랑한답니다
당신은 진정으로 나를 사랑하시겠어요?
하나님이 당신에게 많은 선을
베푸시기를. 내가 당신의 것이라고
주장하는 비난이 있어요. 하지만 얼마만큼
당신은 나를 진정으로 사랑하시겠어요?[30]

이 시구는 쟝 메쉬노 Jean Meschinot 의 것이다. 크리스틴 드 피장의 단순하고 순전한 재능은 순간적이고 포착하기 어려운 효과에 놀랍도록 적합하였다. 그녀는 그 시대 특유의 평이함으로 그 형태와 사고를 거의 변화시킴이 없이, 지나친 색채도 섞지 않고 조용한 보조와 감동적인 멜로디의 가벼운 색조로 시를 썼다. 그것들은 톤과 사고면에서 완전히 궁정적이다. 우리는 그 시들을 읽으면서 14세기의 상아패(牌)들을 생각한다. 그녀의 시는 늘 매우 관례적인 방식에 따라 똑같은 모티프들, 사냥 장면이나, 우아하고 청순하고 매혹적인 트리스탕과 이죄, 혹은 『로망 드 라 로즈』의 에피소드를 재현한다. 크리스틴에게서 이처럼 궁정적인 우아함을 민중 가요의 단순선에 결합시키는 일이 일어날 때, 그녀는 매우 순수한 어조로 시를 쓴다. 여기 한동안 서로 못 만나다 다시 만난 두 연인의 대화가 있다.

정말 잘 오셨어요.
내 사랑, 나를 안고 입맞춰주세요
그래 어떻게 지내셨나요
나를 떠난 그 때 이후로? 늘
건강하고 평안하셨나요? 자 이리 가까이
내 곁에 와서 앉으세요, 그리고 말해주세요.
어떻게 지내셨는지, 잘 지내셨는지 못 지내셨는지.
난 그것에 대해 자세히 알고 싶으니까요

나의 여인이여, 내가 누구보다도

무엇보다도 더 단단히 묶여 있는 그대,
아시는가, 욕망은 나를 갑자기 사로잡아
그대로부터 멀리 떨어져서는 난 아무것에도
평안이나 기쁨을 느끼지 못했다오. 사랑은 마음을 억누르며
내게 이렇게 말했네 "나에게 충실하세요,
난 그것에 대해 자세히 알고 싶으니까요."

——그럼 당신은 내게 맹세를 지켰군요.
성 니케즈에 걸고, 정말 고마와요.
그리고 당신이 무사히 건강하게 돌아오셨으니
우린 매우 즐겁게 지내게 될 거예요. 이젠 진정하세요.
그리고 말해보세요. 얼마나 큰 슬픔이
당신을 아프게 했는지, 그리고 당신의 슬픔이
내가 겪은 슬픔보다 얼마나 더 했는지.
난 그것에 대해 자세히 알고 싶으니까요.
——그대보다 훨씬 더 했소. 내 생각으로는,
난 피로왔소. 하지만 내게 분명히 말해주오.
언제나 그대의 입맞춤을 받을 수 있는지를.
난 그것에 대해 자세히 알고 싶으니. [31]

다음은 한 여인의 탄식이다 :

오늘까지 꼭 한 달이 되었다오.
내 사랑이 떠나가버린 지.
내 가슴은 서글퍼 말할 수 없었지.
오늘로 꼭 한 달이 되었다오.

"잘 있어" 하고 그는 말했지 "나는 가겠어" 라고.
그날 이후로 그는 내게 아무 말도 하지 않았어.
오늘로 꼭 한 달이 되었다오. [32]

연인에게 보낸 위로의 말 :

친구여. 이젠 울지 말아요.

그대가 울면 내 마음이 슬프다오.
내 마음은 그처럼 그대와의
달콤한 우정에 단단히 맺어져 있는데
그러니 이제 표정을 바꾸어요.
부디 더 이상 슬퍼하지 마세요.
그리고 내게 즐거운 표정을 지어보아요.
당신이 원할 때는 나도 원해요.

이 여인의 시구들이 우리에게 그토록 매혹적인 것은 시행들의 자
발적인 부드러움과 모든 허식을 버리고 모든 가식과 알레고리적인
장식을 벗어버린 시의 매혹적인 단순성 때문이다. 우리에게 제시되
는 것은 단지 하나의 새롭게 받아들여진 인상뿐이다. 그것은 한 순
간 마음에서 울려 퍼지고 그런 다음 생각이 뒤섞임이 없이 그대로 하
나의 시적 형태를 취했다. 이는 왜 이 시가 그토록 자주 영감이 빈
약한 시대에 시와 음악에 득유한, 첫 행들에서밖에는 성공하지 못
하는 결함을 갖는가 하는 이유이다. 얼마나 많은 작품들이 힘차고
인상적인 주제로 티티새의 노래처럼 시작해서 첫 소절이 끝나자마
자 곧 수사학에 빠지고 마는가! 시인(혹은 작곡가)은 자신의 테마를
진술한 후 바로 영감의 끝에 이른다. 15세기의 대부분의 시인들이
우리에게 남겨준 항구적인 실망은 그와 같다. 다음은 크리스틴 드
피장의 발라드에서 취한 일례이다.

모든 사람이 군대에서 돌아오는데
당신은 왜 뒤에 남아 안 오시나요.
하지만 당신은 아시지요, 내가
당신께만 사랑을 바치겠다고 맹세한 것을. [33]

아마도 죽은 연인이 다시 나타나는 모티프가 계속되리라고 기대
할 것이다. 그러나 전혀 그렇지 않다. 작가는 달리 할 말이 없다.
시시한 두 소절이 더 있은 후 이 작품은 끝이 난다.
프로아사르의 시 『말과 사냥개의 대화 *Débat dou cheval et dou
levrier*』의 첫 소절은 얼마나 신선한가.

프로아사르가 스코틀랜드에서 돌아오고 있었네.

그는 회색빛 말을 타고
흰색 사냥개를 가죽끈에 매달아 끌고 있었지.
"아아" 사냥개가 말했네 "난 피곤해.
그리젤, 우린 언제나 쉬게 될까?
먹어야 할 시간인데."[34]

그런 다음에 매력은 곧 사라진다. 테마는 생각 없이 그냥 보여진다. 모티프들은 자주 비할 데 없는 웅장함과 암시적인 힘을 갖지만 그러나 전개는 가장 약한 채로 남는다. 『맹목적인 세 신을 둘러싼 춤 *Danse aux Aveugles*』에서 피에르 미쇼 Pierre Michault 의 테마는 더 없이 훌륭하다. 사랑과 운명과 죽음이라는 맹목적인 세 신의 보좌 둘레를 영원히 춤추며 돌아가는 인류.[35] 그러나 그는 아주 진부한 전개밖에는 끌어내지 못한다. 작가를 알 수 없는 한 다른 작품 『성 이노상 묘지의 해골들의 외침 *Exclamacion des os Sainct Innocent*』은 유명한 묘지 납골당에서 해골들이 발하는 외침으로 시작한다 :

우리는 가련한 사자(死者)들의 뼈.
여기 치수에 맞추어 무더기씩 쌓여 있도다.
깨지고 부숴진 채, 규칙도 표준도 없이.[36]

얼마나 감동적인 한탄의 소재인가! 그러나 거기서 하나의 진부한 메멘토 모리 *memento mori* 밖에는 읽을 수가 없다.

모든 테마가 시각적으로밖에는 감지되지 못한다. 화가에게는 그러한 비전은 완벽한 시행의 소재를 제공할 것이다. 그러나 시인에게는 그것만으로는 불충분하다.

제 21 장
말과 이미지·2

문학에 비해 회화(繪畵)가 표현상 우월한 것은, 하지만 상대적일 뿐이다. 문학이 조형 예술들보다 더 풍부하고 직접적인 표현 수단을 사용하는 영역이 있기 때문이다. 희극 *le comique* 의 영역이 그것인데, 조형 예술은 희화(戲畵) *la caricature* 로 전락하지 않는 한 악한 정도로밖에는 희극을 표현할 수 없다. 회화에서, 웃음은 다시 심각해지는 경향이 있다. 희극이 그 맛이 지배적이지는 않고 단지 가벼운 양념 정도인 곳에서만, 회화적 표현은 말과 겨룰 수 있다. 풍속화 *la peinture de genre* 라고 부르는 것 속에서 그것을 볼 수 있는데, 그것은 희극의 가장 완화된 형태로 생각될 수 있다.

여기서는, 회화는 여전히 그 고유 영역 위에 있다. 앞에서 15세기 회화의 특징으로 지적되었던 세부적인 것들의 섬세한 구상은 눈에 띄지 않게 점차 야릇한 호기심을 자극하기 위해 세세한 것들을 이야기하는 즐거움으로 변모되는 경향이 있다. 플레말 Flémalle 의 거장에게서, 그 경향은 하나의 '유형 genre'이 되었다. 「메로드의 제단 뒤 장식벽화」에 그려진 그의 요셉상은 쥐덫을 만들고 있다. [1] 모든 세부적인 것들이 그에게선, '쟝르'이다. 열려진 덧문과 식기대·벽난로를 그린 반 아이크의 수법과 로베르 캉팽 Robert Campin 의 수법 [2] 사이에는 순전히 회화적인 비전과 '쟝르'의 차이가 있다.

그러나 이 분야에서는 벌써 말이 이미지보다 우월하다는 것이 드러난다. 말은 영혼의 여러 상태를 명료하게 표현할 수 있다. 성채의 아름다움들을 찬양한 데샹의 발라드로 다시 한번 돌아가보자. 우리는 이 발라드들이 랭부르 Limbourg 형제의 세밀화들보다 열등한 것을 보았다. 데샹의 시들은 힘도 광채도 없다. 그러나 그가 일종의 풍속도 속에 그의 작은 성 핌프 Fismes에 앓아 누웠던 것을 묘사한 발라드를 읽어보라. [3] 그의 탑에 깃들여 사는 찌르레기들과 참새들·까마귀 들은 하루 종일 그를 깨어 있게 한다 :

그것은 이상한 멜로디라네,
앓아누운 사람들에게는
그리 재미있게 느껴지지 않는.
맨먼저 갈가마귀놈들이
우리에게 날이 밝았다고 알려주지.
놈들은 있는 힘을 다해 끊임없이
둔탁하고 날카로운 소리로 시끄럽게 울어대지.
요란한 드럼 소리라도
그 여러 새들의 소리보다는 나을 것일세.
다음으로는 황소들과 송아지들이 풀밭으로 가면서
움매움매거리며 큰 소리로 울어대는데
골이 빠개지는 것 같은 사람에겐 해롭기 그지없어.
게다가 교회 종소리까지 맞장구쳐 울려대면서
앓아 누운 사람의 생각을 온통 어지럽힌다네.

저녁이 되자 이번엔 올빼미들이 와서 죽음을 생각키우는 음산한 소리로 그를 공포에 떨게 한다 :

앓아 누운 사람들에게는
그곳은 춥고 쓸쓸한 거처라네.

세부적인 것들을 단순하게 나열하는 방식은 거기에 희극적인 의혹이 섞이면서부터 더 이상 지루하지 않게 된다. 부르조아들의 풍속들이나 여인네들의 화장에 대한 묘사는 아무리 길어도 지루하지가 않다. 왜냐하면 거기엔 풍자적인 요소가 끼어들기 때문이다. 『사랑의 악기 L'espinette amoureuse』라는 우의적인 긴 시에서 프로아사르는 갑자기 그가 어린 시절 발랑시엔에서 하고 놀았던 60여 가지의 놀이들을 열거함으로써 우리를 즐겁게 한다. [4] 게걸스러운 탐식 (貪食)의 악마가 이미 효력을 발휘하기 시작한다. 졸라 Zola 와 위스망스 Huysmans 와 아나톨 프랑스 Anatole France 의 게걸스런 식사들은 이미 중세 문학 속에서 그 원형들을 갖는다. 대상과 비용이 부드럽고 살살 녹는 음식물의 욕구를 묘사할 때, 탐식과 식도락은 얼마나 빛을 발하는가! 그리고 프로아사르는 얼마나 구미가 당기는 방식으로 배스베일러 Baesweiler 전투에서 뚱뚱한 웽슬랭 Wencelin 공작을 둘러싸고 게걸스럽게 먹어대는 브뤼셀의 호방한 사람들을 묘사하고 있는가? 그들 곁에는 하인들이 서서 말안장 앞테 위에 큼직한 포도주병들과 빵과 치즈·연어파이·송어·뱀장어 요리 등을 공손히 냅킨에 싸서 바친다. 그들이 적과 대치한 상황에 있는데도 말이다. [5]

15세기 문학의 '쟝르'에 대한 적응력은 가장 하찮은 것들까지도 운율을 붙일 수 있게 한다. 대상은 그의 평소 수준에서 내려오지 않고도 시 속에서 돈을 청구할 수 있다. 그는 일련의 발라드들에서 약속된 옷 한 벌과 불 뗄 장작, 말 한 필, 봉급의 연체금들을 요구한다. [6]

'쟝르'로부터 비자르 *bizarre* 나, 뷔를레스크 *burlesque* 까지는 한 걸음의 차이밖에 없다. 여기서 회화는 표현력에 있어 문학과 맞먹을 수 있다. 1400년 이전에 예술은 이미 후에 피에르 브뤼겔 Pierre Breughel 에게서 만개하게 될 풍부한 재치와 힘을 가진다. 디종에 소장돼 있는 브뢰데를람 Broederlam 의 작품 「이집트로의 도피 *Fuite en Égypte*」의 요셉상에서, 그리고 후버트 반 아이크 Hubert van Eyck 의 작이라 일컬어지나 그의 것이 아닌 게 분명한 「무덤에 간 세 마리아 Trois Maries au sépulcre」의 잠든 세 병사에게서 우리는 동일한 것을 볼 수 있다. [7] 하지만 그 시대의 예술가 중 폴 드 랭부르 Paul de Limbourg 만큼 비자르에 심취한 사람은 달리 없었다. 성모 청결례의 한 입회자는 길이가 1온스나 되는 뾰족한 요술 모자에 지나치게 넓은 소매자락을 하고 있다. 세례반들은 혀를 쑥 내민 세 개의 짐승 같은 마스크들을 하고 있다. 「성모 마리아의 성 엘리자베드 방문 la Visitation」의 배경에는 한 탑 속에 괄태충과 싸

우는 무사, 손수레 위에 뮈레트파이프를 연주하는 돼지 한 마리를 운반하는 남자를 볼 수 있다. [8]

그 시대의 문학은 거의 모든 페이지에서 다 기괴하다. 데샹은 슬 뤼이스 Sluys 탑의 감시병에 관한 한 발라드에서 브뤼겔에 필적할 만한 영상을 만들어낸다. 그는 해변에 영국 원정을 떠나기로 되어 있는 부대들이 모이는 것을 본다. 그에게는 그들 부대들이 마치 들 쥐와 생쥐떼처럼 나타난다 :

앞으로, 앞으로, 이리로 오게.
내 눈에 굉장한 것이 보이네.
──뭔가, 감시병, 뭐가 보인단 말인가?
──만 마리의 들쥐들과
수많은 새앙쥐들이 한꺼번에
바닷가에 몰려드는 것을…….

또 한번은 식탁에서 무심코 서글프게 앉아 있다가, 데샹은 궁정 인들의 먹는 모습을 주목한다. 돼지처럼 깨물고, 생쥐들처럼 쏠며, 이빨을 톱처럼 사용하면서 수염을 위로 아래로 들썩거리는 궁정인 들, 그들의 먹는 모습은 마치 악마들 같다. [9]

문학이 민중 생활을 그리는 데 열중하면서 문학은 회화에서도 풍 부하게 그러나 훨씬 후에야 발전하게 될 원기와 우직함으로 가득찬 사실주의에 도달한다. 샤틀랭이 그린 초상화에서 길을 잃고 방황하 는 공작을 집으로 맞아들인 농부는 브뤼겔의 전형들을 상기시킨 다. [10] 한편 전원시도 중심적인 주제, 감성적이고 로마네스크한 테 마에서 벗어나, 먹고 춤추고 여자의 환심을 사려고 애쓰는 목동들 의 묘사에서, 희극적인 뉘앙스를 띤 순진한 자연주의의 소재를 찾 는다.

15세기 예술과 문학에 나타나기 시작한 누더기를 걸친 가난뱅이 에의 관심도 똑같은 맥락에 속한다. 달력의 세밀화들은 수확기 농 부들의 닳아 해진 무릎들을 기꺼이 묘사한다. 그림들도 거지들의 남 루한 누더기들을 즐겨 그린다. 여기서 렘브란트의 동판 에칭판화와 뮈릴요 Murillo 의 어린 거지들을 거쳐 슈타인렌 Steinlen 의 거리의 전형들에 이르게 될 하나의 전통이 시작된다.

　그림의 개념과 문학의 개념 사이의 큰 차이는 금방 눈에 드러난다. 그림이 거지의 외적인 면을 본다면, 문학은 특히 그 의미화에 관심이 있다. 문학은 거지를 동정하고 평가하고 혹은 비난한다. 참경 묘사에 있어서 문학적 사실주의의 원형들을 찾는다면 그것은 거지들에 대한 저주에서 찾아볼 수 있다. 중세말경에 오면 이들 거지들은 진정 하나의 재난으로 화했다. 심지어 거지들은 교회 속에도 우글거렸고 이들의 외침과 왁자지껄 소리는 예배의 진행을 방해하였다. 그들 속에는 악당들인 '거친 거지들 valldi mendicantes' 이 많이 있었다. 파리의 노트르-담 성당의 헌장은 1428 년 거지들을 성당문에서 쫓아내려고 헛되이 시도한다. 하지만 거지들을 성당 내진에서 중앙홀까지 내쫓는 것도 훨씬 뒤에야 이루어졌다.[11] 데상은 거지들에 대해 온갖 증오심을 내뱉으면서 그들이 모두 위선자고 사기꾼들이라고 을러댄다. 그린 자들은 공동이로 빼서 혼찌검을 내줘야 하며 교수형에 처하거나 화형에 처해야 한다는 것이다.[12] 거기서부터 근대 문학의 참경 묘사까지는 회화가 거쳐야 했던 길보다 훨씬 길고 오랜 길이었다. 그림에서는 이미지 자체로써 하나의 새로운 감정을 표현한다. 반면 문학에서는 새로운 사회적 감정은 새로운 표현 형식들 속에서 생겨나고 만들어져야 했다.

　가벼운 한도내에서긴 하지만 희극적 의미를 전달하는 데 있어서 시선만으로 충분한 곳이면 어디서건 조형 예술은 문학만큼, 혹은 문학보다 훨씬 더 희극적인 의미를 잘 표현할 수 있다. 그러나 그 이상의 것에서는 희극적 범주들은 회화적 표현으로는 근접할 수 없는 채로 남아 있다. 반면 문학은 폭소를 자아내야 할 곳이면 어디서건 이론의 여지없이 최고의 효력을 갖는다. 소극(笑劇) la farce 이나 소티 la sottie, 파블리오 les fabliaux 등 요컨대 저급한 희극 le bas-comique 에서도.

　문학은 문학의 가장 고상한 형식에 도달할 때조차, 삶의 가장 진지한 것, 사랑·고뇌 등을 다룰 때조차 여전히 빈정거림에 능하다. 빈정거림은 에로틱한 시와 섞이면서 그것을 정화하고 세련되게 한다. 연애시 바깥에서는 여전히 반어법이 무겁고 어색한 것을 주목해볼 필요가 있다. 14, 15세기의 한 프랑스인은 독자에게 경고할 때 자주 반어법으로 이야기하는 배려를 취한다. 데샹은 그 시대를 다음과 같이 찬양한다 : 모든 것이 잘 되어가고 도처에 평화와 정의가 지배한다고 :

> 사람들은 내게 매일 묻는다네.
> 요즘 세태에 대해 어떻게 생각하느냐고.
> 그러면 나는 대답하지, 온통 명예와
> 충성과 진실과 충실과
> 자유와 영웅주의와 질서와
> 자비와 공공 복지의 향상뿐이라고.
> 그러나 정말은 내가 어떻게 생각하는지 말하지 않는다네.

또 다른 발라드는 같은 취지에서 다음과 같은 후렴구를 갖는다 : "이 모든 점들을 전혀 다른 식으로 생각해 보게."[13] 그리고 또 한 발라드는 "세상을 그렇게 욕하는 것은 대역죄라네"라는 후렴구에, 다음과 같은 시구로 끝맺는다.

> 임금님, 내가 알고 있듯이
> 어디서나 그렇데도, 온갖 덕으로 가득차 있데도,
> 많은 사람들은 내 말을 들으며 말할 겁니다 : "그는 거짓말을 하고 있다."[14]

15세기말경의 한 재치 있는 정신은 풍자시의 제목을 다음과 같이 붙인다 : "나쁜 색채와 세상에서 가장 졸렬한 화가에 의해 거장 쟝 로베르테 maitre Jehan Robertet에 의해 반어법으로 그려진 졸렬한 그림 밑에서."[15]

연애와 관계될 경우 반어법은 자주 정반대로 주목할 만한 미묘함을 띤다. 그럴 때 그것은 15세기 연애시를 새롭게 한 달콤한 우수와 초췌한 부드러움을 동반한다. 마음의 무감동은 흐느낌으로 녹아내린다. 하나의 소리가 울려퍼지는데, 그것은 지상의 사랑에서는 결코 들어본 적이 없는 깊은 곳에서 De profundis'[16]의 소리다.

처음으로, 시인이 미소를 띠고 자신의 불행에 대한 연민에 잠기는 것을 들을 수 있다. "버림받고 거절당한 연인 *l'amant remis et renié*"에 스스로를 비유한 비용이나, 환멸을 테마로 소곡들을 노래한 시인 샤를르 도를레앙같이. 하지만 "나는 눈물지며 웃네 *Je riz en pleurs*"라는 이미지는 비용이 창안해낸 것은 아니다. 그보다 훨씬 전에 "웃을 때에도 마음에 슬픔이 있고 즐거움의 끝에도 근심이 있느니라 *risus dolore miscebitur et extrema gaudii luctus occupat*"(잠언 14 : 13)는 성경 구절이 사랑의 의미로 사용되었다. 예를 들어 오트 드 그랑송 Othe de Granson은 다음과 같이 말하였다.

> 잠자리에 누워서도 잠을 이루지 못하고, 식탁에 앉아서도 금식하며
> 눈물 속에서 웃으며, 노래하면서도 슬퍼하네.

그리고 또,

> 나는 눈물 그득 고인 눈에 입에는
> 웃음을 머금은 몹시 사랑스러운 아이와 이별했다네.

알랭 샤르티에 Alain Chartier는 같은 모티프를 여러 가지 방식으로 사용하였다 :

> 내 입술은 웃고 있으나
> 내 두 눈은 그것이 거짓임을 드러내네.
> 왜냐하면 마음이, 두 눈에 흐르는
> 눈물로, 그것을 부인하기 때문이네.

이 테마를 보다 확장시키면서 그는 한 슬픈 연인을 노래한다 :

> 그는 억지로 즐거운 체하고
> 명랑한 모습을 보이려 하네.
> 그리고 그는 억지로 그의 마음으로 노래하게 하네.
> 즐거워서가 아니고, 행여 조금이라도
> 남은 탄식이 그의 목소리에 섞여나올까 보아.
> 그리고 그런 목적으로 그는
> 숲속에 노래하는 지빠귀처럼 그렇게 노래한다네. [17]

눈물을 흘리며 미소짓는 모티프에 아주 가까운 것은, 작품 끝에서 노골적인 시의 톤으로 자기가 겪는 슬픔을 부인하는 점이다. 예를 들면 알랭 샤르티에의 다음과 같은 시가 그렇다.

이 글은 시간을 메우려고
알랭이라는 이름의 학자가 별뜻 없이
구술하여 쓴 시지.
소문으로 들은 연애담을 이야기한 것이라네. [18]

이미 오트 드 그랑송은 비밀한 사랑을 "가상으로"만 이야기한다고 주장했었다. 르네 왕은 이 모티프를 그의 『매혹된 사랑의 마음 Cuer d'amours espris』의 끝에서 환상적인 방식으로 다루었다. 그의 시종이 손에 촛불을 들고 왕이 진짜로 심장을 잃었는가 보러 오나, 그는 허리에 상처를 발견하지 못한다.

그러자 그는 내게 웃으며 말했네.
내가 단지 잠들었던 것이라고.
그리고 그런 재난으로 돌아가실
염려를 할 필요는 없다고. [19]

새로운 감정이 인습적인 옛 형식들에 신선함을 준다. 감정들을 습관적으로 의인화하는 데 샤를르 도를레앙보다 더한 사람은 없다. 그는 그의 마음을 자기와 꼭 닮은 한 인간으로 본다.

나는 마음에 검은 옷을 걸친 사람이라네……[20]

옛 서정시에서는, 심지어 새로운 매혹적인 양식 *dolce stil nuova*에서도, 이 의인화들은 아직 완전무결하게 진지한 것에 속했다. 그러나 샤를르 도를레앙에 오면 이 시들은 진지한 것과 익살을 구분하기 어렵다. 그는 의인화를 가볍게 희화화(戲畵化)하며 그러면서도 감정은 아무것도 잃지 않는다. 그러나 간혹 거기서도 빈정거림의 요소가 우세하다.

어느 날 나는 나에게 비밀하게

속삭이는 내 마음과 이야기를 나누었네.
그리고 이야기 중에 나는 내 마음에게 물었네 :
연애를 하는 중에는 아무런 미덕도 지키지 않는가고.
마음은 내게 말했네. 그것에 대하여
기꺼이 진실을 말해주겠다고,
자기의 기록을 뒤져보는 즉시로 말일세.

나에게 이 말을 한 후 그는 어딘가
나를 떠나 어디론가 사라졌네
그 후 나는 그가
한 집무실로 들어가는 것을 보았네.
거기서 그는 여기저기 샅샅이 뒤지면서
여러 가지 낡은 서류뭉치들을 살펴었네.
나에게 진실을 보여주기 위해서였지.
자기의 기록을 뒤져보는 즉시로 날일세……[21]

하지만 늘 그런 것은 아니다. 다음의 시행들에서는 진지한 것이
희극적인 것을 대체한다.

더 이상 내 마음의 문을 두드리지 말아요.
걱정과 근심이여, 그리고 그처럼 혼란시키지도 말구요.
왜냐면 내 마음은 잠들어 있어 깨우고 싶지 않으니.
그는 밤새도록 근심으로 지새웠다오.

소중히 잘 다루지 않으면, 마음은 위험하게 되요.
그만, 그만, 자게 내버려두어요.
더 이상 내 마음의 문을 두드리지 말아요.
걱정과 근심이여, 그리고 그처럼 혼란시키지도 말구요……[22]

연애시의 부드러운 우수(憂愁)는, 15세기 사람에게는, 가벼운 신
성 모독을 덧붙임으로써 더욱 높여진다. 사랑의 종교적 변장이 『백
가지 새로운 이야기들 Cent nouvelles nouvelles』류의 음탕함과 거친
신성 모독 외에 다른 것을 만들어냈다. 그리고 그것은 그 시대가 만
들어낸 가장 부드러운 연애시의 형태를 제공하였다 : 작자 미상의

『사랑의 계율의 수도승이 된 연인 L'amant rendu cordelier à l'observance d'amour』등이 그것이다. [23] 이미 샤를르 도를레앙의 시 동인 서클에서는 계율의 수도사들 les religieux de l'observance 과 비슷하게 자기들을 계율의 연인들 les amoureux de l'observance 이라고 부르는 문학 동인의 개념이 존재하였다. 이 모티프는『성 프란체스코 수도사가 된 연인 l'amant rendu cordelier』에서 발전된 것이다. 버림받은 가엾은 연인은, 사랑의 순교자들 amoureux martyrs 만을 받아들이는 이상한 수도원에 들어가 속세를 등진다. 그는 그곳 수도원장에게 자신의 거절당한 사랑의 가슴아픈 이야기를 들려준다. 수도원장은 그에게 잊으라고 충고한다. 중세적인 형태하에 이미 와토 Watteau 류와 피에로 Pierrot 의 숭배를 보는 것 같다. 단지 교교한 달빛만 빠졌을 뿐. 수도원장은 묻는다 : 그녀가 당신에게 부드러운 시선을 던지거나 당신 곁을 지나면서 "하나님이 보호하시기를" 하고 말하진 않았나요? ―아망이 대답한다 : 전 그녀의 호의에서 그 정도까지 진전을 보지는 못했읍니다. 그러나 밤마다 그녀는 그녀의 집 문 앞에 나를 세워두고 처마 쪽으로 눈을 들곤 했읍니다.

　　그리고 그 집 창문이
　　달그락거리는 소리를 들을 때면
　　난 마치 내 기도가 그녀에게
　　들려지는 것 같았죠.

　당신은 그녀가 당신을 눈여겨본다고 확신할 수 있었나요, 수도원장이 묻는다.

　　신이여 나를 도우소서, 난 매우 흘려 있어서
　　거의 알아차릴 수가 없었읍니다.
　　왜냐하면, 말하진 않았지만,
　　바람이 그녀의 창문을 덜컹 열어놓은 것 같았거든요.
　　그녀는 날 알아볼 수 있었을 거예요.
　　아마도 부드러운 소리로 이렇게 말했죠. "잘자요"라고.
　　그리고 그런 뒤에 밤새도록
　　내가 마치 왕이라도 된 것 같았음을 하나님만이 아실 거예요. [24]

374

그리고 그는 기분좋게 잠들었다.

나는 매우 유쾌해져서
밤새도록 뒤척이지도 않고
온 밤을 한번도 깨지 않고
꿀처럼 달게 잤답니다.
그리고는, 옷을 입기 전에
사랑에게, 그것에 대해 찬미를 돌리려고
나는 천사들에게 조용히 웃음 띠며
베개에다 세 번 입을 맞추었지요.

그가 엄숙하게 수도회에 입회하자, 그를 거절했던 부인은 정신을 잃고 쓰러진다. 그러자 그녀에게 주었던, 눈물로 뒤덮인 작은 금으로 된 하트가 그녀의 옷에서 떨어진다.

다른 사람들은 그들의 아픔을 감추려고
애써 마음들을 억제했네.
그들은 괜히 손에 든 기도서를
열었다 닫았다 하며
신앙의 표시로서 가끔
책장을 넘기기도 하였네.
하지만 그들의 안타까운 표정과 눈물은
그들의 감동을 드러내보였다네.

수도원장은 그에게 절대 나이팅게일의 노래를 듣지 말 것이며, "들장미와 산사나무" 아래서 잠들지 말 것, 그리고 특히 여인을 눈여겨보지 말 것 등을 경고하면서 그에게 새로운 의무들을 열거한다. 이 충고는 일련의 긴 8행시들로 끝이 나는데, "부드러운 눈길"이란 테마 위에 여러 개의 변조들이 이어진다.

언제나 오고 가는 달콤한 눈길이여,
사랑에 빠져가는 사람들의
망토를 뜨겁게 달구는 달콤한 눈길이여……

진주처럼 영롱한 달콤한 눈길이여
그 눈길은 말하네 : 그대가 원한다면 언제라도 좋아요라고,
강하게 느끼는 사람들에게는……[25]

부드럽고 초췌한 멜랑콜리의 톤이 15 세기의 애정 문학에 조금씩
침투한다. 여성에 대한 경멸이라는 옛 테마는 조금씩 세련되어간
다. 『결혼의 15 가지 즐거움 *Quinze joyes de mariage*』에서처럼, 적
대적이고 거친 태도는 멜랑콜릭한 감수성에 의해 완화된다. 사실주
의의 간소함과 형식의 우아함, 심리의 섬세함 등으로 이 작품은 근
대적인 풍속 소설 *le roman de mœurs moderne* 을 예고한다.

사랑의 표현과 관련된 모든 것에서 문학은 과거 세기들의 모델과
경험들에서 많은 것을 끌어냈다. 플라톤과 오비디우스, 트루바두르
들과 떠돌이 사제들, 단테와 쟝 드 묑 Jean de Meung 처럼 다양한
여러 정신적인 거장들이 문학 속에 하나의 완벽한 도구를 남겼었다.
예술은 정반대로 모델도 전통도 없이 에로틱한 표현에 있어서 문자
그대로 '원시적'인 채로 있었다. 섬세하고 미묘한 사랑의 표현을 위
해 회화가 문학에 결합하게 된 것은 18 세기에 와서야이다. 15 세기
의 회화는 여전히 경박할 줄도 감정적일 줄도 몰랐다. 이름을 알 수
없는 한 거장의 작품은, 1430 년 이전의 것으로 네덜란드의 귀부
인 리즈벳 반 두벤보오르데 Lysbet van Duvenvoorde 를 나타내는데,
그 엄격한 위엄으로 보아 제단 뒤 장식벽화의 기증자로 여겨진다.
하지만 그녀의 한 손에 쥐어진 작은 기에는 다음과 같이 적혀 있다:
"나는 너무 오랜 기다림으로 지쳐 있네. 나에게 마음을 열어보일 남
자는 누구일까? *Mi verdriet lange te hopen, Wie is hi die syn hert
hout open?*" 정숙함과 음탕함을 알고 있는, 그러나 위험·속임수·
장난 때문에 표현은 하지 않은 예술이다. 그 시대의 애정 생활에 대
해 이야기하면서 그는 그것을 우리에게 순진하고 순박한 형태로 이
야기한다. 하지만 대부분의 세속적인 작품들이 사라지고 없는 점에
유의해야 한다. 반 아이크가 그린 「여인들의 목욕 Bain de femmes」
의 누드 그림 (파치오 Fazio 에 의해 묘사된 작품)과, 강 Gand 에 있는
제단 뒤 장식벽화의 아담과 이브의 누드 그림을 비교해볼 수 있다
면 매우 흥미로울 것이다. 강의 이브상에 대해 에로틱한 요소가 전

혀 없다고는 상상하지 말자. 그 시대의 여자들의 미의 규칙에 따라 예술가는 젖가슴이 작고 너무 높으며, 필이 길고 가느다랗고, 배가 불룩 튀어나온 모습으로 그렸다. 그러나 관능적인 쾌락을 불러일으킬 의도는 전혀 없이 순진하게 그렇게 한 것이다. 반대로, 라이프찌히 박물관에 소장되어 있는 한 작은 그림에서는[26] 유혹이 본질적인 요소이다. 간혹 '반 아이크 유파 école de van Eyck'에 속한다고 지칭되는 그것은 유혹 장면을 나타낸다. 방 안에서 한 소녀가 주술의 시행이 요구하는 대로 벌거벗은 채 마술에 의해 애인이 나타나도록 불러내고 있다. 여기서는 유혹의 의도가 짙다. 이 누드는 크라나크 Cranach 의 누드화들이 풍기는 그런 은근한 음탕함을 지닌다.

회화가 관능적인 유혹의 장면을 드물게밖에 시도하지 않았다면, 그것은 수줍은 정숙함 때문은 아니었다. 중세 말기는 정숙함에 대한 깊은 감정과 극단적인 음탕함을 아울러 비난하였다. 음탕함에 대해서는 굳이 예를 들 것도 없다. 왜냐하면 그것은 매 페이지마다 들어 있기 때문이다. 정숙함에 대해서는 예를 들어 다음과 같은 특성에서 확인할 수 있다. 가장 잔혹한 약탈과 야만적인 학살 중에도 사람들은 희생자들에게 속옷과 브라게트(역주 : 바지의 앞주머니)는 남겨두었다. 부르조아 드 파리는 이 같은 규칙이 어겨지는 데 대해 격렬하게 분개한다 : "그리고 그는 브라게트가 비록 4 드니에씩 하긴 하지만, 그것마저 남겨놓지 않으려고 하는 것은 기독교인으로서 가장 잔인하고 비인간적인 짓이라고 말한다."[27]

예술 속에서는 여성의 누드 그림이 거의 발전되지 않은 반면, 활인화(活人畵) 속에서는 누드가 매우 큰 위치를 차지했음은 주목할 만한 일이다. '인물들'은 나체의 여신들이나 님프들로, 제후들의 입성식 때는 거의 빠지지 않았다. 이 같은 전시는 높은 단 위에서, 심지어 가끔은 물 속에서도 이루어졌다. 1475 년 필립 공작이 강 Gand 에 입성할 때, 공작이 지날 다리 곁에서 "마치 그림처럼 완전 나체로 머리털을 늘어뜨린 채" 리스 Lys 강 속에서 헤엄치던 시렌 sirènes 들은 그 일례이다.[28] 그 중에서도 「파리스의 판결」은 가장 애호받는 테마였다. 우리는 거기서 어떤 발전된 미학적 의미도, 거친 외설도 보아서는 안 되며, 오히려 순박하고 민중적인 관능성을 보아야 한다. 쟝 드 로아 Jean de Roye 는 1461 년 루이 XI세의 파리 입성식 때, 갈보리 수난상에서 그리 멀지 않은 곳에 나체의 시렌들이 전시된 데 대해 이렇게 묘사한다 : "거기엔 아주 아름다운 세 소녀들이 발가벗은 시렌 역을 하고 있었다. 사람들은 그들에게서 곧고 벌어진 둥글고 탄탄한 유방을 볼 수 있었다. 그것은 매우 재미나는 광경이었다. 그들은 짧은 시구들과 목가들을 노래하고 있었고, 그들 곁에선 낮은 악기들이 훌륭한 곡들을 연주하고 있었다."[29] 한편 몰리네도 1494 년 필립 르 보 Philippe le Beau 가 앙베르 Anvers 에 입성할 때에 앙베르 시민들이 「파리스의 판결」을 구경하면서 느낀 재미를 다음과 같이 전해준다 : "그러나 사람들이 가장 재미나게 구경한 무대는 세 여신에 관한 이야기로 거기엔 살아 있는 여자들이 완전 나체로 그 역을 하고 있었다."[30] 1468 년 샤를르 르 테메레르가 릴에 입성할 때 전시된 활인화는 테마를 멋대로 개작하여 그리스적인 아름다움의 의미로부터 얼마나 멀리 떨어져 있는가. 거기서는 풍만한 비너스와 빼빼 마른 쥬노 여신, 곱사둥이인 미네르바 여신을 볼 수 있었다. 그리고 그들은 모두 머리에 황금관을 쓰고 있었다 ! [31]

이 같은 누드 장면들은 16 세기 동안에도 유행한다. 뒤러 Dürer 는 1521 년 샤를르-캥 Charles-Quint 의 앙베르 입성식 때 그것을 보았다.[32] 프랑소아 I 세의 아들인 브르타뉴 공작이 1532 년 렌 Rennes 에 입성할 때도 활인화로서 벌거벗은 세레스 Cérès 와 박쿠스 Bacchus 가 전시되었다.[33] 끝으로 기욤 도랑쥬 Guillaume d'Orange 는 1578 년 9 월 18 일, 브뤼셀에 입성하면서 앙드로메다 여신상으로 거한 대접을 받았는데, "그것은 한 어린 소녀가 쇠고랑에 묶인 채 어머니 젖가슴에서 나왔을 때처럼 완전 나체로 있는 장면이었다. 사람들은 아마 그게 대리석상이라고 말했을 것이다." 이는 그 그림들을 준비한 쟝 밥티스트 후와에르트 Jean Baptiste Houwaert 의 말이다.[34]

문학적인 표현에 비해 회화적인 표현이 열등한 것은 희극적인 것과 감정적인 것과 에로틱한 영역에만 국한된 것은 아니다. 조형 예술의 표현 능력은 그 우월성을 받쳐주는 비상한 재능의 뒷받침이 그치자 마자 급격히 저하된다. 회화적 표현의 탁월성도 현실에 대한 직접적이고 정확한 비전 이상의 무엇이 필요하자마자 곧 사라진다. 따라서 미켈란젤로의 다음과 같은 비평의 정확함을 느끼게 된다 : 이 예술은 여러 가지 것들을—그 중 한 가지만도 온 힘을 쏟아야 할 만큼 중요성을 갖는데—한꺼번에 완성코자 한다. 반 아이크의 그림을 다시 생각해 보자. 정확한, 미세라고 할 관찰만으로 족한 한, 그 예술은 완벽하다. 특히 얼굴의 특징들, 옷감의 천, 보석 등에 있어서는. 그러나 건물이나 풍경 등을 묘사해야 할 때처럼 현실을 어느 정도 하나의 도식으로 환원시켜야 할 때부터 약점들이 드러난다. 그의 원근법은 친밀한 매력에도 불구하고, 어떤 일관성이 결여되며 계열 또한 결함을 보인다. 주제가 특수할수록 의도적인 구성과 형식의 창조가 요구될수록, 그 됨됨이는 더욱 더 결함을 보인다.

채색화가 그려진 기도서들에서, 달력의 각 장들은 아름다움에 있어서 성스러운 주제를 나타내는 장들보다 월등하다는 것을 부인할 수 없다. 다달의 풍경과 일들을 형상화하는 데는 정확한 관찰과 재현으로 충분했다. 그러나 많은 인물이 등장하는 중요하고 활기찬 장면을 지시하기 위해서는, 지오토 Giotto 가 가졌던, 그리고 미켈란젤로가 되찾게 될 리드미컬한 구성과 통일성의 의미가 더 필요했다. 15세기 예술의 본질은 다양성이었다. 그리고 그 다양성이 통일성 속에 용해될 때 비로소 「어린 양 찬미 l'Adoration de l'Agneau」에서와 같은 조화가 얻어졌다. 사실 거기엔 하나의 리듬, 제단을 향해 나오는 모든 행렬들의 강력하고 의기양양한 리듬이 있다. 그러나 그 효과는 말하자면 순전히 산술적인 합산에 의해 얻어졌을 뿐이다. 반 아이크는 그의 주제를 정적이고 부동적인 상태에서만 제시함으로써 구성의 어려움을 피한다. 그리하여 그는 역동적이지는 않은 정적인 조화 *harmonie statique* 에 도달한다.

반 아이크를 로제 드 라 파스튀르와 가르는 큰 차이는, 후자가 늘 구성의 리듬을 추구한 점이다. 그는 통일성을 찾기 위해 스스로를 절제한다. 그는 늘 성공한 것은 아니지만, 그래도 언제나 그 문제를 의식한다.

제일 중요한 테마, 신성한 주제들을 표현하기 위해서는 하나의 존중할 만한 엄격한 전통이 존재했다. 화가는 자기 그림의 구도를 마음대로 창안해서는 안 되었다. [35] 몇몇 테마들, 피에타, 십자가에서 내림, 목자들의 찬양에는 그 자체로서 어느 정도 리드미컬한 배치가 부여되었다. 마드리드에 있는 로제 드 라 파스튀르의 피에타상, 루브르와 브뤼셀에 있는 아비뇽 유파의 피에타상, 페트루스 크리스투스 Petrus Cristus 의 피에타상, 제라르 생-쟝 Gérard Saint-Jean 의 피에타상, 그리고 『아이이의 아름다운 기도서 Belles heures d'Ailly』의 피에타상을 생각해보라. 주제의 성격 자체가 단순하고 엄격한 배치를 함축하고 있었다.

반면 그리스도의 수욕, 십자가를 지고 가는 예수, 동방 박사들의 경배에서처럼, 나타내고자 하는 장면이 보다 동적일 때는 구성의 어려움이 증대되며 따라서 자주 어떤 무질서와 부조화가 일어난다. 교회의 초상화법의 전통은 하나의 규범을 부과해왔다. 그러나 15세기에 이르면 이 전통이 없어지며, 결국 15세기의 예술가들은 거의 전통 없는 상태가 된다. 티에리 부츠 Thierry Bouts 와 제라르 다비드 Gérard David 의 심판에 관한 그림들에서 그 구성이 얼마나 엉성한가를 주목해보라. 행위의 장중함이 엄격한 구성과 배치의 원칙을 내포하고 있었는데도 말이다. 구도는, 루뱅 Louvain 에 있는 성 에라스무스의 순교 장면이나 브뤼쥬에 있는 말에 매여 사지가 찢겨죽은 성 이폴리트의 장면처럼, 혼란스럽고 어색하게 된다.

그 시대의 예술은, 전체를 다 상상력으로 그려야 할 경우에는, 온통 우스꽝스러움에 빠진다. 위대한 작품은 그나마 주제의 엄격성에 의해 그것을 면할 수 있었다. 그러나 채색삽화가들의 그림은 문학에 가득차 있던 신화적이고 알레고리적인 형상들의 표현을 면할 길이 없었다. 크리스틴 드 피장의 신화적인 환상서 『오테아가 헥토르에게 보내는 편지 l'Épitre d'Othea à Hector』에 삽화를 그린 쟝 미엘로 Jean Miélot 의 채색화는 그 전형적인 예라 할 수 있다. [36] 그것은 모두 잘못 상상할 수 있는 것들이다. 그리스 신들이 흰 담비 망토와 수단직 옷 위로 넓은 날개를 달고 있다. 이노스와, 자기의 아이들을 잡아먹고 있는 사티르누스와 상을 주고 있는 마이더스 등, 모두가 한결같이 우스꽝스럽다. 그러나 채색삽화가도 작은 목장이나 물레방아가 있는 언덕, 혹은 십자가가 서 있는 언덕을 배경으로 장식할 때는 정상적인 솜씨를 보인다.[37) 여기에 그들의 창조적 기능의 한계가 있다. 시인들만큼 화가들도 순전히 상상력만으로 새로운 모티프들을 만들어내는 데는 한계를 가진다.

알레고리적 표현은 환상을 막다른 골목으로 이끌었다. 알레고리에 의해, 이미지와 사고는 서로가 서로를 구속한다. 이미지는 더 이상 자유롭게 창조되지 못한다. 왜냐하면 이미지는 사고에 정확하게 적용되어야 하기 때문이다. 사고는 이미지에 의해 비상하는 데 제약을 받는다. 자칭 알레고리적인 비전을 정확하게 기술하려는 열망은 예술적 양식의 모든 요구들을 망각하게 만든다. 절제라는 기본 덕목은 규칙과 절도를 형상화하기 위해 괘종시계로 표현된다. 일례로 그 속성과 더불어 괘종시계가 낭트 성당 안에 있는 미셸 콜롱브 Michel Colombe의 작품인 묘지와 루앙에 있는 앙보아즈 추기경들 les cardinaux d'Amboise의 무덤 위에 있는 것을 본다. 『오테아의 편지』에 삽화를 그린 채색화가는 이 규칙을 만족시키기 위해 단순히 필립 르 봉의 방을 장식한 괘종시계와 비슷한 시계를 책 머리에 그려 넣는다.[38)

알레고리적 형상은 일단 존중할 만하게 된 전통에 의해서만 정당화될 수 있다. 하지만 그것이 전부 다 꾸며내지면 거의 만족스럽지 못하게 된다. 게다가 그 형식은 그것을 만든 정신이 사실적일수록 더욱 기괴하고 부자연스럽게 된다. 샤틀랭은 대담한 정치시 『진실의 토로 Le dit de vérité』[39)의 서문에서, 그것을 비난하러 온 4명의 부인들을 묘사한다. 그녀들의 이름은 각각 분개 Indignation, 배척 Réprobation, 비난 Accusation, 복수심 Vindication 인데, 두번째 부인에 대한 묘사를 보면 다음과 같다.[40) : "이 부인은 신랄한 조건들과 매우 호된 통렬한 이유들을 들고서 여기에 나타났다. 그녀는 이를 득득 갈면서 입술을 비틀었다. 그리고는 간간이 머리를 끄덕이고 호전적인 태도를 보이면서 펄쩍 뛰기도 하고 이쪽 저쪽으로 몸을 돌리기도 했다. 그녀는 몹시 성마른 모습으로 성급하게 반박하려 들었다. 오른쪽 눈을 감았는가 하면 또한 눈을 뜨고 있었다. 그녀는 앞에 책으로 가득찬 가방 하나를 들고 있었는데, 그 중 몇몇은 소중하게 허리띠 안으로 넣고 나머지 것들은 악의에 차 내던져버렸다.

그녀는 종이와 책장들을 북북 찢고 습자책들은 난폭하게 불 속에 던져 넣었다. 몇몇 책에는 미소를 짓고 입을 맞추는 반면 다른 것들은 손바닥으로 험하게 치고 발로 밟았다. 그녀는 또 손에 잉크가 가득 든 펜을 쥐고서 그것으로 여러 중요한 내용의 글들을 북북 그었다. 〔……〕 그리고 그녀는 스폰지로 몇몇 그림들에 검게 먹칠을 해대는 한편 다른 것들은 손톱으로 할퀴고 또 다른 것들은 완전히 지워서 마치 완전히 잊었다는 듯이 없애버렸다. 그리고 그녀는 이유가 있어서라기보다는 고의적으로 많은 존경할 만한 사람들에게 격한 적의를 나타냈다." 또 다른 곳에서 그는 평화 부인 Dame Paix 을 보는데, 그녀는 망토를 펼치면서 새로운 네 부인으로 나누인다 : 마음의 평화 Paix de cœur 와 입의 평화 Paix de bouche 와, 평화로와 보임 Paix de semblant 과 진정한 평화 Paix de vray effet 로.[41] 또 다른 알레고리에서는 너희 지방의 중요성 Pesanteur de tes pays, 너의 다양한 백성들의 조건과 특질 Diverse condition et qualité de tes divers peuples, 프랑스인들과 이웃 민족들간의 질투와 증오심 L'énvie et haine des François et des voisines nations 이라고 부르는 네 여성들이 등장한다. 하나의 정치 조항이 따라서 하나의 알레고리적 형태를 취할 수 있었다.[42] 이 형상들이 보여진 것이 아니고 단순히 숙고에 의해 생각되었다는 것은 그것들이 이름을 새긴 작은 기들을 들고 있는 점에 미루어 짐작할 수 있다. 작가는 그것들을 그의 상상력에서 생생하게 끌어낸 것이 아니었다. 그는 그것들을 장식용단이나 그림 혹은 무대 위의 형상들처럼 보았다.

샤틀랭은 그의 『필립 공작의 죽음, 애통하는 방식에 따른 신비 La mort du duc Philippe, mystère par manière de lamentation』에서 공작을 하늘로부터 늘어진 줄에 매달린 값비싼 고약으로 가득찬 작은 유리병으로 상상한다. 이 유리병은 대지의 젖가슴에서 채워졌다.[43] 몰리네는 그리스도를 일종의 펠리칸(모든 알레고리에서 흔히 볼 수 있는 공유물)으로 나타낸다. 그는 어린것들에게 자기 피를 먹일뿐더러, 그 피로 죽음의 거울을 말소시킨다.[44]

여기서는 더 이상 영감의 자취를 찾아볼 수 없다. 그것은 고갈된 정신의 거짓된 유희이다. 작가들은 늘 그들의 행위를 꿈의 테두리 속에 놓지만, 그들의 공상거리는 결코 단테나 셰익스피어에서 볼 수 있듯이 진정한 꿈들을 닮지 못한다. 그들은 심지어 진정한 비전의 환상조차 간직하지 못한다. 샤틀랭은 순진하게도 자신을 "이 같은 비전의 발명가 혹은 명상가"라고 말한다. [45]

오직 반어적인 어조만이 알레고리의 메마른 땅을 다시 꽃피울 수 있다. 유머러스한 뉘앙스가 섞이면서부터 알레고리는 여전히 효과를 발휘한다. 데샹은 다음과 같이 의사에게 미덕과 정의의 안부를 묻는다.

> ──의사양반, 정의는 어찌 지내나요?
> ──내 생각에는, 그는 가련하게도……
> ──이성은 어떤가요?……
> ──그녀는 판단력을 잃었지.
> 말을 하긴 해도 희박하게 할 뿐이야,
> 그리고 정의는 완전히 미쳐버렸다네……[46]

문학적 환상의 모든 영역들이 양식을 무시하고 뒤섞인다. 제일 기괴한 산물은 목가 형식으로 씌어진 정치적 논평이다. 부카리우스 Bucarius라는 가명 하에 『목가 Le Pastoralet』를 쓴 미지의 작가는 양치기를 구실로 오를레앙가에 대한 부르고뉴가의 모든 증오를 한껏 쏟아놓는다. 오를레앙가 사람들, 장 상 푀르와 오만하고 잔혹한 그의 수행원들은 목동으로 분장한다. 그들의 겉옷엔 백합꽃과 웅크린 사자들이 군데군데 그려져 있고, "검은 통옷을 입은 목동들"이 사제들을 나타낸다. [47] 목동 트리스티페 Tristifer (오를레앙을 가리키는데)는 다른 사람들에게서 빵과 치즈·사과·호도·피리, 양의 방울 등을 훔친다. 그는 그의 큰 양치기 지팡이로 반항하는 목동들을 위협하나 결국은 자기가 맞아 쓰러진다. 시인은 가끔 자기가 쓰는 시의 음산한 효과를 망각한 채, 부드러운 전원시에 들떠 즐거워한다. 그러나 곧 정치적 비방들이 다시 이 기이한 전원시를 어지럽힌다. [48] 아직 르네상스의 절도도 취향도 찾아볼 수 없다.

몰리네에게 뛰어난 수사학자요 시인으로서의 명성을 안겨준 힘찬 표현법은 우리에게는 오히려 한 문학 형태의 궁극적인 조락으로 느껴진다. 그는 늘 가장 따분하고 무미건조한 말의 유희에 몰두한다 : "그리고 이처럼, 슬뤼이스 Sluys 시는 자기 속에 있는 *incluse* 평온 속에 남아 있었다. 왜냐하면 슬뤼이스 l'Ecluse 시는 전쟁을 면하여 *exclose*, 피난처 *rencluse* 보다 더한 고요를 누릴 수 있었기 때문이다. *Et ainsi demoura l'Escluse en paix qui lui fut incluse, car la guerre fut d'elle exclose plus solitaire que rencluse.*"[49] 여러 군데서, 특히 『로망 드 라 로즈』를 교훈화하여 산문으로 기안한 책 서문에서 그는 자신의 이름 'Moiinet'로 'moulin(제분기·맷돌)'과 연관지어 장난을 친다 : "나는 내가 지은 밀은 낭비하지 않고 잘 갈아 고운 가루로 만들기 위해, 하나님이 은혜를 베푸신다면 나의 거친 맷돌 속에 넣어 *soubz mes rudes meulles* 갈고 돌릴 생각이다. 악한 것은 선한 것으로, 육적인 것은 정신적인 것으로, 세상적인 것은 신성한 것으로, 그리하여 그것을 최고로 교화할 생각이다. 그러면 우리는 굳은 바윗돌에서 꿀을 모으고 험한 가시덤불에서 붉은 장미를 딸 것이다. 거기서 우리는 곡식과 씨와 과일과, 꽃과 잎사귀와, 달콤한 향기와 향그러운 초원과 만발한 꽃들과, 성대한 음식물과 자양이 넘치는 과일과 비옥한 풀밭을 발견하게 될 것이다."[50]

사람들은 말장난이 아니면 관념들의 유희를 한다. 올리비에 드 라 마르슈는 이렇게 쓴다.

> 그때 나는 추억의 열병과
> 불쾌의 카타르병과
> 고뇌의 두통과
> 초조함의 복통,
> 견딜 수 없는 치통에 걸려 있었다.
> 내 마음은 익숙치 않은 피로움으로
> 내 운명의 회한들을
> 더 이상 견딜 수 없었다……[51]

메쉬노 Meschinot 역시 라 마르슈처럼 무미건조하고 진부한 알레고리에 매인다. 그는 그의 『제후들의 안경 *Les Lunettes des Princes*』에서 신중함 *Prudence* 과 정의감 *Justice* 을 안경알로, 힘 *Force* 을 안경테로 비유한다. 또 절제 *Tempérance* 는 모든 것을 한데 고정시키

384

는 못이다. 시인은 이성 *Raison*의 소위 그 안경을, 사용 방법과 함께 받아들인다. 하늘로부터 보내진 이성은 그의 정신 속에 들어와 축연을 베풀고자 한다. 그러나 그녀는 거기에서 아무것도 "먹을 만한'것을 발견하지 못한다. 왜냐면 절망 *Désespoir*이 모든 것을 망쳐 놓았기 때문이다. [52]

　모든 것이 퇴락과 쇠퇴처럼 보인다. 하지만 이 시각에, 르네상스의 새로운 정신이 이미 숨쉬기 시작하며 자신을 주장하기 시작한다. 젊고 원대한 영감은 어디에? 새롭고 순수한 형식은 어디에 세워지는 것일까?

제 22 장
새로운 형식의 출현

새로 탄생하는 위마니슴과 중세 조락기간의 관계는 생각만큼 단순하지가 않다. 위마니슴을 중세에 대립시키는 데 익숙해 있는 우리는 이성과 고대적 아름다움에의 열망과 닳아빠진 낡은 사고 체계와 중세적 표현의 포기를 마치 돌연한 계시처럼 갑작스러운 산물로 생각하는 경향이 있다. 알레고리들과 플랑보아양 *flamboyant* 양식에 식상한 정신들은 돌연 그것을 거부했을 것이고, 고전의 조화로움이 그들에게는 구원의 메시지인 양 제시되었을 것이다. 따라서 그들은 길을 발견한 사람들의 열심으로 고대에 매달렸으리라는 것이다.

그러나 전혀 그렇지가 않다. 고전주의는 정반대로 중세적 사고의 뜰 안 무성한 식물들 사이에서 조금씩 조금씩 자라났다. 처음에는 그것은 하나의 형식일 뿐이었다. 그리고 보다 나중에야 그것은 하나의 영감이 되었다. 우리가 시대에 뒤진 낡은 것, 중세적인 것이라고 생각하는 습관이 있는 정신과 표현 방식들은 당장에 죽지는 않는다.

그것을 설명하기 위해서는 이탈리아에서의 르네상스보다는 프랑스에서의 르네상스, 중세의 산물이 가장 강력하고 아름답게 발전했던 프랑스에서의 르네상스의 도래를 살펴보아야 할 것이다. 사람들이 이탈리아의 15세기 *quattrocento* 를 생각할 때 받는 인상은 대체로 조화와 자유와 음향과 희열 등이다. 다른 나라들에서는 아직도 중세적인 형태들이 우세할 때에 이탈리아만은 유독 개화가 빨랐고, 따라서 사람들은 그것을 중세적 형태에 대척되는 반대 명제 즉

386

르네상스의 신호로 본다. 그러나 이런 식으로 생각하면, 우리는 15세기의 이탈리아에서조차 아직은 문화의 진정한 기반이 순전히 중세적인 반면 르네상스 정신 속에서도 중세적 특성들이 생각보다 훨씬 뿌리깊게 박혀 있었다는 것을 망각하게 된다. 우리가 그리는 관념 속에서는 르네상스의 색조가 지배적이다.

반대로 우리가 15세기의 프랑코-부르귀뇽 *franco-bourguignon* 세계를 한눈에 조망해보면, 우리는 언뜻 다음과 같은 인상을 받게 된다. 우수어린 근엄함과 야만스런 사치의 과시, 기이하고 지나치게 꾸민 형식과 닳아빠진 상상력, 중세 정신의 온갖 퇴락의 특성 등. 이번에도 우리는 여기서도 르네상스가 도래하고 있음을 망각한다. 그것은 아직 지배적이지는 않고 아직 근본적인 태도를 바꾸지 않았다.

특기할 만한 것은 르네상스가 우선은 새로운 정신이 되기 이전에 하나의 외적 형식 *forme extérieure* 이었다는 점이다.

문학에 있어서 고전적 형식들은 정신 자체의 변화 없이 그대로 도입된다. 그 중 일군의 문인 · 지식인들이 라틴 문체의 순화와 고전적 구문에 약간 더 신경을 쓰고, 거기에서 바로 위마니슴이 태어난다. 이들 문인들 그룹은 1400 년경 프랑스에서 꽃피고 그것은 몇몇 교회 지도자들과 행정관들을 포함하기에 이른다. 릴의 참사원이요 왕의 비서인 쟝 드 몽트뢰이으 Jean de Montreuil 와, 교회의 폐단을 고발한 유명한 니콜라스 드 클레망쥬 Nicolas de Clemanges, 그리고 피에르와 공티에 콜 형제 Pierre et Gontier Col, 밀라노인 성 암브로시우스 드 밀리스 le Milanais Ambroise de Miliis, 그리고 왕의 비서관들 등 그들이 교환한 우아하고 진지한 서한들은 사고의 애매모호함으로도, 사뭇 중대하다는 듯한 태도로도, 지나치게 배배꼰 부자연스러운 문장으로도, 그리고 쓸데없이 박학한 척하는 객담으로도 후세대 위마니스트들의 서한문에 하등 뒤지지 않는다. 쟝 드 몽트뢰이으는 'h'가 있고 없음에 따른 'orreolum'과 'scedula'의 철자에 관해, 그리고 라틴어 속에서 'k'의 용법에 관해 장황하고 긴 해설서를 쓴다. 그는 클레망쥬에게는 다음과 같이 쓴다 : "만약 당신이 날 도와주지 않는다면, 친애하는 스승이며 형제여, 난 명예를 잃을 것이고 죽을 죄를 지은 사람처럼 될 것입니다. 나는 나의 주인이시요

아버지이신 캉브레 Cambrai 주교님께 올린 내 마지막 편지에서 비교급 'proprior' 대신에 'proximior'를 넣었읍니다. 내 펜이 그렇게 큰 실수를 한 것이지요. 그러니 교정해주시기 바랍니다. 그렇지 않으면 우리의 비평가들이 그것을 가지고 치명적인 비방문을 쓸 테니까요."[1] 보다시피 이것은 공개 서한이며 박식한 논설들이다. 진정한 위마니스트로서 쟝 드 몽트뢰이으는 친구인 앙브로아즈가 키케로를 모순된다고 비난하고 오비디우스를 버질보다 낫다고 하는 데 대해 비판을 가한다.[2]

그는, 편지들 중 하나에서 상리스 Senlis 근처의 샤를리외 Charlieu 수도원을 묘사한다. 그는 그가 본 것을 중세적 방식으로 단순하게 재현하는데 그것이 그 글을 훨씬 더 읽기 쉽게 한다 : 참새들이 수도원 식당에 날아드는 바람에, 사람들은 왕이 성직록을 세운 게 수도사들을 위해서인지 참새들을 위해서인지 도통 모르겠다고 말한다. 굴뚝새가 사제 흉내를 내는가 하면, 정원사의 당나귀가 작자에게 잊지 말고 편지에 자기 말도 써달라고 부탁한다. 모든 것이 참신하고 매혹적이다. 우리는 이것이 중세적인 순진함인지, 아니면 위마니슴적인 우아함인지 망설이게 된다.[3]

하지만 우리가 쟝 드 몽트뢰이으와 콜 형제를 『장미 로망』의 열렬한 지지자들과 1401년의 사랑의 궁정의 멤버들 가운데서 만났던 것을 상기해보면, 우리는 프랑스의 전기 위마니슴이 단순히 그들 문화의 한 부차적인 요소, 알퀴엥 Alcuin 의 시대에 12세기 프랑스의 학파들에서 벌써 일어났던 고전 라틴 문예의 부흥과 비슷한 박학주의의 한 열매에 불과했음을 알 수 있다. 그것은 그것을 가꾸었던, 그러나 즉각적인 계승자들을 갖지 못했던 사람들과 더불어 사라진다. 하지만 그것은 명백히 거대한 국제적인 운동과 연결된다. 페트라르카가 쟝 드 몽트뢰이으와 그의 친구들 눈에 유명한 선구자였던 반면, 14세기 후반에 국가 문서에 새로운 수사학을 도입한 플로렌스의 총재 콜루치오 살루타티 Coluccio Salutati 역시 그들에게 알려지지 않은 것이 아니었다. 프랑스에서는 페트라르카의 작품이 중세적 사고 속에 편입되었다. 페트라르카 자신도 직전 세대의 정신적 지도자들, 시인 필립 드 비트리 Philippe de Vitri, 철학자며 정치가로 프랑스 왕태자의 스승이었던 니콜라스 오레슴 Nicolas Oresme, 그리고 심지어 아마 필립 드 메지에르 Philippe de Mézières 까지도 알고 있었다. 이 모든 사람들은 오레슴의 사상들이 갖고 있었던 **근대성**에도 불구하고 위마니스트들은 아니었다.

마쇼 Machaut 의 『보고 들은 이야기 *Le Livre du Voir-dit*』를 상기해보자. 거기서 페론 다르망티에르 Péronne d'Armentières 는 한 시인과의 사랑의 교제를 갈망, 그것을 얻어낸다. 폴랭 파리스 Paulin Paris 의 생각처럼[4] 페론이 이것에 있어서 엘로이즈 Héloïse 의 본만이 아니라 로르 Laure 의 본도 따르고 있다면, 그것은 특히 새로운 정신의 출현을 보는 한 작품의 영감이 순전히 중세적인 창작을 만들어낼 수도 있었음을 증명해준다 하겠다.

게다가 우리는 페트라르카와 복카치오에게서 근대적인 요소를 과장하는 경향이 있지 않을까? 우리가 그들을 혁신자들로 생각하는 것은 옳은 일이다. 그러나 **최초의** 위마니스트들이 자기 세기와의 일치감을 더 이상 느끼지 않았으리라고 생각하면 그것은 잘못이다. 그들의 전작품은, 그것에 생기를 주는 쇄신의 입김에도 불구하고, 14세기 문명에 속한다. 게다가 페트라르카와 복카치오가 중세 말기에 이탈리아의 외부에서 명성을 떨친 것은 그들의 속어로 쓴 글에 의한 것이 아니고─하지만 이 글들은 후에 그들에게 불후성을 보장해줄 것이다─그들의 라틴어로 된 작품들에 기인한다. 동시대인들이 보는 페트라르카, 그는 일종의 설익은 에라스무스며 보편적 정신이요 윤리 논문들의 우아한 저자며, 서한집의 저자요 『뛰어난 영웅들에 대하여 *De Viris illustribus*』와 『책에서 기억해야 할 것들 *Rerum memorandum libri*』에서는 고대를 소재로 한 소설가였다. 그가 다룬 주제들은 중세기의 것들로 『세상에 대한 경멸에 관하여 *De contemptu mundi*』『종교적 평온에 관하여 *De otio religiosorum*』『은둔 생활에 관하여 *De vita solitaria*』 등이다. 그에게서는 단지 형식과 어조가 다르고 세련되었을 뿐이다. 고대의 미덕에 대한 그의 찬양은 아홉 용사들에의 숭배와 다소 일치한다. 그가 공동체 생활 형제들의 창시자인 제에르트 그루트 Geert Groote 와 관련됨을 발견하는 것이나,[5] 혹은 광신자 장 드 바렌 Jean de Varennes 이 이단의 누명을 벗고 자신의 무죄함을 증명하기 위해 그의 권위를 원용하고 그에게서 '온통 눈먼 기독교계 *Tota caeca christianitas*'라는 새로운 기도문을 빌어오는 것을 보는 것은 전혀 이상한 일이 아니다. 페트라르카가 그의 시대를 대표했다는 것을, 쟝 드 몽트레이으는 그를 "매우 경건하게 가톨릭적인 매우 유명한 윤리 철학자"라고 부름으로써 잘 말해주었다.[6] 드니 르 샤르트뢰는 그에게서 매우 중세적인 주제인 성 세퓔크르 saint Sépulcre 의 멸망에 대한 탄식을 차용한다. "페트라르카의 문체는 수사학적이고 어렵기 때문에 나는 그의 말들의 형식보다는 의미를 인용코자 한다."[7]

페트라르카는 이탈리아 바깥에는 웅변가도 시인도 없다고 주장했었다. 이 말은 프랑스 최초의 위마니스트들의 열심을 자극하여, 니콜라스 드 클레망쥬와 쟝 드 몽트레이으는 그것에 맹렬히 반대하였다.[8]

보다 제한된 영역에서긴 하지만 복카치오도 페트라르카와 비슷한 영향력을 미쳤다. 사람들은 그를 찬양하되 『데카메론』의 저자로서가 아니라, "상대편에 대해 인내심을 보이는 박식가"로서, 또 『뛰어난 영웅들의 몰락에 관하여 *De casibus virorum illustrium*』와 『빛나는 여인들에 관하여 *De claris mulieribus*』의 저자로서 찬양하였다. 운명의 변덕스러움에 대한 그의 기이한 집필들로 인해 'messire Jehan Boccace'는 일종의 운명의 지배인 *impresario*으로 통했다. 샤틀랭이 그를 생각하고 모방한 것도 그 같은 관점에서이다.[9] 샤틀랭은 한 기이한 논문의 타이틀을 『복카치오의 사원 *Le temple de Boccace*』이라고 이름 붙인다. 그는 그 속에서 그 시대에 일어난 모든 비극적인 경우들을 기록하여 들려줌으로써 영국에서 쫓겨난 마르그리트 왕비를 위로 하려 한다. 복카치오가 매우 중세적인 정신을 가진 15세기의 부르고뉴가 사람들에 의해 잘못 이해되었다고 말할 수는 없다. 그들은 복카치오에게서 우리로서는 잊어버릴 위험이 있는 매우 두드러진 중세적인 면을 이해했다.

프랑스의 위마니슴과 이탈리아의 위마니슴의 차이는 어조나 경향의 차이보다는 오히려 박학함과 능란함과 취향의 차이이다. 고대의 모델들을 모방함에 있어서 프랑스인들은 토스카나의 하늘 밑이나 콜로세움의 그늘 밑에서 태어난 사람들에 비해 많은 장애물들을 극복해야 했다. 프랑스에서는 신부들은 라틴어로 글을 쓰면서 일찌기 서한체의 탁월함에까지 올라갈 수 있었다. 그러나 세속적인 작가들은 여전히 신화와 역사의 정묘함에 입문하지 못하고 있었다. 지적 교양에도 불구하고 박학자는 아닌 마쇼는 민망할 정도로 일곱 성현들의 이름을 잘못 표기한다. 샤틀랭은 'Peleus'와 'Pelias'를 혼동하며 라 마르슈는 'Proteus'와 'Pirithous'를 혼동한다. 『파스토랄레 *Pastoralet*』의 저자는 "아프리카의 선한 왕 스키피오 *le bon roi Scypio d'Afrique*"라고 쓰며 『르 주방셀 *Le Jouvencel*』의 작가들은 'pollitique' 란 말이 'πολυσ(역주 : 원뜻은 많은, 다수의)'에서 그리고 소위 그리스 말이라는 "'icos' 문지기·보초의 복수형"에서 나온 것이라고 쓴다. [10]

그러나 중세의 알레고리 속에도 때때로 고전적 비전이 스며든다. 『파스토랄레 *Pastoralet*』의 시인은 실바노스 Silvanus 신에 대한 묘사와 판 Pan 신에의 기도를 보여주는데, 우리는 거기서 15세기 *quattrocento*의 반영을 본다. 그리고 나서 그는 이미 밟아 다져진 길을 다시 취한다. [11] 쟝 반 아이크가 그의 중세적 풍경 속에 고전적 건축학의 형태들을 도입하였듯이, 작가들은 고대적 모델들을 추구하되 여전히 형식적인 방식으로 단지 장식만을 변형시키면서 그렇게 한다. 연대기 작가들은 이미 티트-리브 Tite-Live 류의 콘시오네 *contiones*(역주 : 군중 앞에서의 연설·웅변)를 시도하며, 라틴 역사가를 모방하여 기적들을 언급한다. [12] 그들이 고전적 방식에 성공을 거두지 못할수록 그것은 우리에게 더 중세에서 르네상스로의 이행을 이해하게 해준다. 샬롱 Châlons의 주교인 쟝 제르맹 Jean Germain은 1435년 아라스의 회의를 라틴식으로 묘사하려고 애쓴다. 그는 짧은 문장과 생생한 어투로 눈에 띄게 티트-리브를 모방하는데 거기에서 부자연스럽고 순진한 고대 산문의 진정한 희화(戱化)가 생겨난다. [13] 고대의 비전은 기이하게 남는다. 낭시 Nancy에서 있은 샤를르 르 테메레르의 장례식에서 승자인 젊은 로렌 공작은 '고대식' 복장을 하고 허리까지 내려오는 기다란 황금 수염을 단 채 적의 시체에 경의를 표하러 온다. 아홉 용사 중 하나로 분장한 그는 그 이상한 옷차림으로 15분간이나 서서 기도를 한다. [14]

1400년경 '고대식 *antique*'이라는 단어가 프랑스에 수용될 때 그
것은 '수사학·웅변·시'와 동일한 부류의 관념들 속에 들어왔다.
그토록 찬탄을 자아낸 고대인들의 완벽성을 사람들은 인위적인 형
태 속에서 찾을 수 있다고 믿는다. 그 시대의 시인들은 감동적인 것
들을 단순하게 표현할 수 있다. 하지만 그들이 위대한 아름다움을
목표로 할 때, 그들은 신화의 도움을 빌고 멋부린 과장된 라틴어법
을 사용한다. 그러면서 그들은 스스로를 '수사학자 *rhétoricien*'라고
느낀다. 크리스틴 드 피장은 자신의 보통의 작품들과 그녀가 특별히
'시적인 발라드 *balade pouétique*'라고 부르는 신화적인 작품을 명백
히 구분한다. [15] 외스타슈 데샹은 그의 작품들을 초서 Chaucer 동호
인들에게 보내면서, 고전적인 잡탕 중에서도 가장 혐오스러운 다
음과 같은 돈호법을 수반한다.

> 오 철학으로 가득찬 소크라테스여
> 풍속 도덕의 세네카여, 실천철학의 앙글뤼스여
> 오 그대 시에 있어 탁월한 오비디우스여
> 말에 있어 빛나고, 수사학에 있어서 지혜로우며
> 그대의 이론으로
> 아에네아스의 통치와
> 거인들의 섬과 브루트의 섬들을 비춰준
> 드높은 천재여, 또한 그대는
> 언어에 무지한 자들에게
> 꽃을 심고 장미나무를 심어 주었지
> 대번역가 핀다로스여 [16] 고귀한 죠프로아 초서여!
> [……]
> 그러므로 그대로부터 헬리콘의 샘에서
> 나는 진정한 한 모금을 마시기를 청하네.
> 그 샘의 수도는 온전히 그대의 권한에 달려 있어
>
> 나의 타는 듯한 목마름을 풀어주고 안 풀어주고는.
> 그러므로 나, 골르 지방에 사는 나는
> 그대가 마실 것을 주기까지 꼼짝달싹 못하고 있으리. [17]

392

이는 아직 대단치는 않지만 우스꽝스런 라틴화의 시작이며, 훗날 비용과 라블레가 형편없이 비꼬게 될 그 고귀한 언어의 시초이다. [18] 게다가 이 참을 수 없는 방식은 작가들이 빼어나게 되려고 애쓸 때마다 매번 나타난다. 헌사들에서, 논문들에서, 문예적인 서한들에서. 이런 경우 샤틀랭은 "당신의 매우 보잘것없고 순종하는 노예며 종인 도시 강 *vostre très humble et obéissante serve et ancelle, la ville de Gand*"이니, "내장 속 깊은 곳의 고통과 번민 *la viscérale intime douleur et tribulation*"이니 하고 말할 것이다. 또 라 마르슈는 "우리의 프랑스적인 어법과 토속어 *nostre francigène locution et langue vernacule*"라고 말한다. 몰리네는 "말의 샘에서 나온 부드럽고 꿀처럼 단 액체를 맛보고 *abreuvé de la doulce et melliflue liqueur procedant de la fontaine caballine*," "이 스키피오처럼 용맹한 공작 *ce vertueux duc scipionique*," "노새 같은 용맹을 가진 사람들 *gens de mulièbre courage*"이라고 말한다. [19]

이처럼 지나치게 기교를 부린 수사학은 단순히 하나의 문체적인 이상은 아니다. 그것은 특히 문학적인 대화의 이상(理想)을 나타낸다. 트르바두르들의 시가 그러했듯이, 위마니슴은 그 전체로서 하나의 사회적 유희이며, 사회적 관계들의 형식, 삶의 형태를 보다 고상하게 만들려는 노력의 일환이다. 15, 16세기의 지적인 서신들까지도 아직 이 요소를 거부하지 않는다. 이러한 관계하에서 프랑스는 이탈리아보다 덜 유리하다. 이탈리아에서는 사고와 언어가 순수한 라틴주의에 훨씬 가까왔고 사회적 상황과 정신 자세도 위마니슴의 제 경향에 훨씬 적합했다. 이탈리아어는 크게 무리하지 않고도 라틴어법의 쇄도를 흡수할 수 있었고, 위마니스트들 그룹의 정신은 사회적인 풍습에 일치하였다. 이탈리아의 위마니스트는 사회적 유형으로서, 말하자면 이탈리아의 자치 도시들의 도시성으로부터 자연스럽게 나왔다. 부르고뉴 지방에서는 반대로 사회 생활의 정신과 형식이 여전히 중세에 속해 있어서, 보다 새로운 표현으로의 지향이 수사학파들 *les chambres de rhétorique* 이라는 시대에 뒤떨어진 것에 이르고 말았던 게 분명하다. 단체들처럼 그것들도 중세의 조합들의 연장일 뿐이었고, 그것들이 나타내는 정신도 표면적으로밖에는 쇄

신뢰지 않았다. 이 지방에서 근대 문화를 예고한 것은 에라스무스의 성서적 위마니슴 *l'humanisme biblique* 이다.

이 북부 지방들을 제외하고는, 프랑스는 수사학파들이라는 이 진부한 체계를 알지 못한다. 그러나 그의 "고귀한 수사학자들 *nobles rhétoriciens*"은, 더 개별적임에도 불구하고, 이탈리아의 위마니스트들을 닮지 않는다. 그들은 여전히 중세적인 형식과 정신을 많이 보존하고 있다.

15세기의 프랑스 문학에서 진정한 근대인들은 누구일까? 아마도 그들의 작품이 다음 세기가 더욱 아름답게 만들어낼 것과 가장 근사한 사람들일 것이다. 그들은 분명 그들의 장점이 어떠했건, 샤틀렝이나 라 마르슈, 몰리네 등 근엄하고 화려한 부르고뉴 양식의 대표자들은 아니다. 그들이 좋아한 형식의 독창성들은 너무도 피상적이고 그들의 사고의 바탕은 본질적으로 너무 중세적이며 그들의 고전주의에 대한 마음도 너무 유치한 것이었다. 형식의 세련 속에서 근대적 요소를 찾아야 할까? 가끔씩 이 형식은 너무 기교에 치우치긴 하지만, 그 부드러운 멜로디가 의미의 공허함을 잊게 할 정도로 아취가 있다.

> 몇몇 목동들은 치명적인 올가미에 빠지네.
> 그들은 하도 부딪치고 밀려 그들에겐 거의 기쁨이 없네.
> 그들의 양은 불운한 시간에 태어나
> 쫓기고 몰리고 무딘 가위로 털을 깎이지.
> 그들은 효력 없는 안전통행권을 갖고 있어 그들의 곡식은 도둑을 맞네.
>
> 밤은 그들에겐 더욱 해롭지. 파괴적인 죽음이 몰아닥쳐
> 공개적인 파멸이 닥쳐오듯 그들의 열매는 순식간에 날아가버리네.
> 그러나 목신(牧神)은 우리를 능숙한 보호로 지켜준다네.

이 시는 쟝 르메르 드 벨쥬 Jean Lemaire de Belges 의 것이다. 분명히 미래가 방향지어진 것은 이 쪽이 아니다. 현대인들이 볼 때 프랑스 문학의 궁극적인 발달과 가장 근사한 사람들 곧 근대적인 사람들은 비용과 샤를르 도를레앙과 『수도사가 된 연인 *L'amant rendu cordelier*』의 작가로, 고전주의에서 가장 멀리 떨어진 그리고 현학적이고 진귀한 형태들의 추구에 전념치 않은 작가들이다. 그들의 모티프들의 중세적인 성격은 그들에게서 젊음과 소망의 기색을 제거하지 못한다. 그들을 근대적으로 만든 것은 그들의 말의 자연스러운 자발성이다.

2류 시인의 한 사람인 쟝 로베르테 Jean Robertet(1420~1490)는 부르봉가의 공작 세 명과 세 명의 프랑스 왕의 비서로 죠르쥬 샤틀랭의 시에서 고결한 시의 꽃을 보았다. 이 같은 찬탄은 우리가 앞에서 문학적 대화의 이상이라 말한 것을 설명해주는 서한을 낳게 된다. 샤틀랭과 친교를 맺기 위해 로베르테는 브뤼쥬에 살고 있던 몽페랑 Montferrant 이란 사람의 중재를 이용하는데, 거기서 몽페랑은 부르고뉴 궁정에서 자란 젊은 부르봉의 가정교사였다. 로베르테는 그에게 샤틀랭 앞으로 두 개의 편지를 써서 맡기는데, 하나는 불어로 하나는 라틴어로 썼으며, 그 외에도 성대한 문구의 찬가를 써 보냈다. 이 연대기 작가며 시인처럼 몽페랑도 알레고리의 낡은 수법을 사용하였다. 그는 "수사학의 12부인들 *Douze Dames de Rhétorique*" 즉 지식 Science, 웅변 Éloquence, 의미 심장함 Gravité de sens, 깊이 Profondité 등을 언급하면서 그 부인들이 자기에게 나타나 바라던 서신 교환에 관심을 나타내 보였다고 말한다. 이 유혹 앞에 샤틀랭은 굴복했고, 수사학의 12부인들 둘레에는 세 작가의 서한들이 모여든다. [20] 하지만 오래지 않아 샤틀랭은 그 일에 싫증을 냈고 모든 서신 연락을 중단했다.

로베르테에게서 우리는 라틴어법의 가장 형편없는 표현을 본다. "내가 언젠가 안개가 짙게 깔린 겨울 추위 속에, 우리 오두막 안에서 휴식을 취하고 있을 때, *J'ay esté en aucun temps en la case nostre en repos, durant une partie de la brumale froidure*"라고 그는 쓴다. 그가 감기에 걸렸다는 말이다. [21]

그의 찬사의 과장된 표현 역시 매우 우스꽝스럽다. 그는 샤틀랭의 시적인 편지를 받은 후에 몽페랑에게 다음과 같이 쓴다.

눈은 무시무시한 광채에 사로잡히고,

가슴은 믿을 수 없는 웅변으로 감동된 채
인간 정신으로는 산출하기 어려운
타오르는 듯한 빛에 완전히 눈먼 채,
결코 비출 수 없는 어두침침한 육체 위로
환상적인 광선으로 파고들며,

매혹되고 미칠 지경이 된 나는 환희에 젖고
황홀경에 빠진 내 육체는 땅에 넘어져
내 허약한 정신은 길을 찾아 헤매이며
진정한 사랑이 쳐놓은 그물에 사로잡혀.
내가 갇혀 있는 좁은 통로로부터 벗어나
적절한 출구와 장소를 발견하기 위해

그리고는 산문으로 다음과 같이 계속한다. "그처럼 눈에 보이는
대상을 볼 수 있는 눈과 금의 낭랑한 소리와 딸랑거리는 높은 소리
를 들을 수 있는 귀는 어디에?" "불멸의 신들의 친구요 사람들에게
사랑받는, 꿀 같은 달변으로 가득찬 드높은 율리시즈의 유방과도 같
은" 그대 몽페랑이여, 그대는 어떻게 생각하는가? "이는 푀비우스
Phœbus 의 전차와도 맞먹는 그런 광휘가 아닌가?" 샤틀랭은 오르
페우스의 칠현금과 "앙피옹 Amphion 의 파이프와 아르고스 Argus 를
잠들게 한 메르퀴르 Mercure 의 플룻"을 능가하지 않는가? 등등. [22]
이러한 극단적인 과장과 짝을 이루어 작가적 겸양이 병행하는데
이것에 의해 시인들은 중세적 교훈에 충실하게 남아 있다. 그리고
그들만 그런 것은 아니다. 라 마르슈는 자기의 『회고록 Mémoires』이
화관의 작은 꽃들이 되기를 바란다. 그는 자기의 작업을 숫사슴의
되새김질에 비유한다. 몰리네는 모든 '변사들'에게 자기 작품의 불
필요한 부분들을 삭제해버리도록 청한다. 코민은 그가 그를 위해
쓴 비엔나의 주교가 자기 작품 속에 라틴어 문장을 넣을 수 있기를
바란다. [23]
로베르테와 샤틀랭과 몽페랑의 시적 서한 속에서 우리는 순전히
중세적인 이미지 위에 덧칠한 신고전주의의 도금을 본다. 그리고,
주목할 것은 이 로베르테가 이탈리아에 갔는데, "이탈리아에서는,

하늘의 존경심이 화려하게 장식된 언어 구사에 영향을 미치고 모든 요소의 달콤함이 그리로 이끌려 한데 조화로 녹아든다."[24] 그러나 이 15세기의 조화에 대해 그가 그다지 굉장한 것을 이야기한 것 같지는 않다. 이들 정신들에게는 이탈리아의 탁월함은 단지 "장식된 언어 구사 *aroné parler*," 인위적인 문체 작성 속에 있었다.

이 같은 과장된 토로 중에, 하나의 반어적인 뉘앙스가 효과를 달리한다. 수사학의 부인들이 몽페랑에게 말한다.[25] 댁의 그 로베르테는 "튈르적 Tullian 인 기법의 본이며, 테렌스적 Térencienne 인 섬세함의 형태로 [……] 우리의 유방으로부터 우리의 가장 내밀한 자양분을 빨아먹은 사람이다. 그는 자기 고유 영토에 주어진 은총을 넘어 새로운 원기 회복을 위해 탐식의 나라(이탈리아)로 갔다. 거기서는 아이들이 일찍부터 어머니들에게 이야기하며 나이가 허용하는 한 일찍부터 교리학교를 좋아한다." 샤틀랭은 이 광적인 열광에 대해 약간 회의를 보였다. 그는 곧 긴저리가 나서 허영 부인 Dame Vanité에게 열려 있던, 꽤 오랫동안 열려 있던 문을 닫아버렸다. "로베르테는 그의 구름으로 나를 지나치게 녹이고 그의 진주들은 구름속에서 싸라기눈처럼 휘감기며 내 옷을 빛나게 했다. 그러나 내 옷이 보는 이들을 실망하게 한다면 그 밑의 침침한 맨살보다 나을 것이 뭐가 있겠는가?" 그러니 그런 식으로 쓰는 일을 그치라. 그렇지 않으면 샤틀랭은 그의 면시들을 읽지도 않고 불 속에 던질 것이다. 그가 만일 친구들간에 합의된 대로 말하기를 동의한다면 죠르쥬의 우정은 그에게 확고하게 남아 있을 것이다.

15세기의 프랑스 위마니스트들이 라틴어로 글을 쓰는 한 그들 문화의 중세적 기반은 거의 드러나지 않는다. 이 경우에 고대에 대한 그들의 불완전한 이해는 서투른 응용에 의해 드러나지는 않는다. 지식인들은 고대를 모방한다. 그들은 거의 혼동을 일으킬 만큼 완벽하게 모방한다. 로베르 가갱 Robert Gaguin(1435~1501) 같은 위마니스트는 우리에게 그의 편지들과 논문들에서, 그의 첫 명성을 그에게서 힘입은 에라스무스만큼 근대적으로 보인다. 사실, 가갱은 다소 과학적인 프랑스 최초의 역사서, 그의 프랑스사 콤펜디움 *Compendium* 뒤에 에라스무스의 편지를 끼워넣으며 그것은 그렇게 해서 처음으로 인쇄되었다. [26] 가갱은 페트라르카만큼 그리스어를 잘 몰랐지만[27] 그렇다고 해서 그가 진정한 위마니스트가 아니었던 것은 아니다. 하지만 그와 병행하여 우리는 그에게서 중세 정신의 존속을 본다. 그는 결혼에의 비방이나[28] 궁정 생활의 멸시 같은 낡은 중세적 테마에다 그의 라틴어 실력을 사용한다. 그는 알랭 샤르티에 Alain Chartier 의 『퀴리알 Curial』을 라틴어로 재역하고 있는 것이다. 그는 이번에는 불어를 사용하여 낡은 논쟁 형식으로 『농부·승려·헌병의 논쟁 Le Débat du Laboureur, du Prestre et du Gendarme』에서 여러 계급의 사회적 가치를 다룬다. 노련한 라틴 학자인 가갱은 프랑스어 작품들에서는 수사적 효과를 전혀 개의치 않는다. 현학적인 형태 formes savantes, 과장된 표현, 신화 등이 전혀 없다. 그는 프랑스 시인으로서는 중세적 형태 안에서 자연스러움과 읽기 쉬움 lisibilité 을 간직했던 시인들에 속한다.

위마니슴적인 형태는 그에게는 위에 걸친 옷, 거동에 약간 불편을 주면서도 그에게는 그런 대로 적합한 옷에 불과하다. 르네상스는 아직 완전히 들어맞진 못하면서 15세기의 프랑스 정신을 덮고 있는 그런 상태였다.

사람들은 종종 르네상스가 도래한 확실한 증거로서 이교적인 표현이나 이교적인 신들의 등장을 든다. 그러나 그러한 문학적인 이교주의는 훨씬 오래된 것이다. 위마니스트들은 하나님을 "최고 통치자 princeps superum," 성모 마리아를 "쥬피터의 모친 genitrix tonantis" 이라고 부르긴 했지만 그들 전에 그런 사람들이 전혀 없었던 것은 아니다. 이미 12세기에 기독교적 개념들을 표현하기 위해 신화적인 용어들을 사용했지만 그것은 전혀 불경한 일이 아니었다. 이미 아르쉬포에트 l'Archipoète 는 그의 영혼의 고백에서 이런 시를 쓴다.

생명은 낡은 것을 싫어하고 관습은 새 것을 좋아하네.
인간은 외모를 보나 마음은 쥬피터께로 열려 있네.

알랭 드 릴 Alain de Lille 은 천사들을 'proceres Tomantis' 또는 'Cives superi,' 그리고 신성(神性)을 'numen Olympi'라고 부를 것이다.

데샹은 "천국에서 온 쥬피터 *Jupiter venu du Paradis*" 운운하고[29] 비용은 성모 마리아를 "지고의 여신 *haulte déesse*"[30]이라고 부르지만 이들이 이교도는 아니며 근대적이지도 않다.

전원극은 순진한 이교적 뉘앙스를 요구했으나 아무도 거기에 속지 않았다. 파리에 있는 셀레스틴 수도원을 "신들께 기도하기 위해 울창한 숲에 세워진 사원 *temple au hault bois pour les dieu*"[31]이라고 부른 『파스토랄레』의 저자는 모든 오해를 불식시키기 위해 다음과 같이 단언한다 : "그것은 나의 뮤즈에 약간의 진기함을 주기 위한 것일 뿐이다. 나는 이교도의 신들을 들먹이고 있지만 사실은 목동들이나 나나 다 기독교도들이다."[32] 마찬가지로 몰리네는 마르스신 Mars(역주 : 로마 신화에 나오는 군사의 신)과 미네르바 여신을 끌어들인 데 대해 '이성 Raison과 양식 Entendement'을 내세워 변명한다. 이성과 양식은 그에게 이렇게 말했다 : "그대는 그 신들과 여신들에게 신앙을 바치기 위해서가 아니라, 우리 주님만이 주님이 원하시는 대로 사람들에게 자주 다양한 영감으로 고취시키도록 하기 위해 그렇게 해야 한다."[33]

이교적인 숭배들, 특히 희생 제사에의 존중이 어느 정도 드러나는 아래의 시구들은 새로운 정신의 침투를 보여주는 데 훨씬 의미심장하다.

> 옛날 여러 신들을 섬긴 이방인들은
> 조촐한 희생제물들로 사랑을 구했네.
> 그것들은 비록 쓸데없는 것으로 간주되었지만
> 그래도 유익하고 풍성한 것으로
> 많은 중요한 열매와 높은 유익을 가진 것이었네.
> 그것은 사랑과 조촐한 섬김의 일들이
> 어디서 이루어지건, 하늘과 지옥을 찌르기에
> 충분하다는 것을 보여주는 것이었네.[34]

이는 공작에 대한 충성심에서 영감을 받은 샤틀랭의 가장 우수한 시 『진실을 논함 *Dit de vérité*』의 한 구절이다. 그는 여기서 정치적인 분노 때문에 평상시의 과장된 어투를 약간 잊고 있다.

중세가 한창인 중에도 가끔씩 르네상스가 들려온다. 1446년 아라
스에서 필립 드 테르낭 Philippe de Ternant은 기마 시합에서 관례
에 따라 '헌신의 깃발 bannerole de devoction'을 드는 것을 무시한다.
라 마르슈는 이 같은 불경함을 이야기하면서 "나는 결코 그것을 높
이 평가할 수 없다 laquelle chose je ne prise point"고 말한다. 하지
만 테르낭이 단 다음과 같은 명구는 훨씬 더 불경하다 : "나는 나의
욕망에서 만족을 얻기를 바라지 남이 해주기를 바라지 않는다."[35]
이는 16세기의 가장 드러난 자유 사상가에 맞먹는 명구이다.
　이교주의는 반드시 고전문학에서 길어올 필요는 없었다. 그것은
중세말에 지식인들 사이에서 그들의 백과전서적 보고(寶庫) 『로망 드
라 로즈』 속에 널리 펼쳐져 있었다. 진짜 이교주의 위험은 몇몇 신
화적인 어구 locutions mythologiques 속에 내재된 것은 아니었다. 그
것은 오히려 에로틱한 문화의 영감과 형태 속에 내재되어 있었다. 거
기에서 수세기 전부터 비너스와 큐피드는 피난처를 발견했다. 대이
교도는 쟝 드 묑 Jean de Meung이었다. 그것은 이교의 신들과 예수
님과 마리아의 이름을 동시에 인용함으로써가 아니라──그것은 순
진한 수사학에 불과하다──기독교의 영원한 구원의 개념에 가장 대
담한 관능의 애가 éloge를 넣음으로써 뒤이어 오는 수많은 세대들에
게 신앙에 대한 경멸을 가르친 점에서 그러하다. 그가 창세기의 텍
스트를 우스꽝스럽게 개작한 것보다 더한 불경의 말은 없을 것이다.
하나님은 거기서 땅 위에 사람을 지으신 것을 후회하신다. 조물주
처럼 보이는 대자연은 사람들이 생식하라는 명령을 게을리한다고
원망한다.

　　　그러나 십자가에 못박혀 죽은 신이여 나를 도우라
　　　나는 내가 사람 지은 것을 매우 후회하노라. [36]

　교회가 교리에 대한 사색들에 대해서는 조금만 벗어나도 준엄하게
제재를 가하면서, 『로망 드 라 로즈』라는 귀족 계급의 애독서에 대
해서는 그 가르침이 지식인들 사이에 아무런 제재 없이 퍼지도록
방치해 두었다는 데 대해 놀라지 않을 수 없다.

15세기에 프랑스에서는 도처에서 새로운 형태의 사상이 생겨난다. 그러나 그것을 자세히 들여다보면 우리는 그것의 형태와 사상이 서로 부합되지 않음을 본다. 정신은 아직 중세의 지배적인 사상을 향해 있고 중세적인 흔적을 갖고 있다. 반면 그 낡은 개념을 표현하기 위해 고대적인 형태가 사용된다. 어떤 인문주의자들은 한 성지(聖地)의 성유골들을 열거하기 위해 사포 Sappho 식의 절을 선택한다. 또 한편으로 새로운 정신의 조짐들이 고대적인 형태 속에 감춰진다. 따라서 고전주의와 근대 문화를 동류로 보는 것보다 더 잘못된 것은 없다.

　삶의 가락은 아직 바뀌지 않았다. 15세기의 영혼들은 아직도 비관적이고 우울한 채로 남아 있다. 르네상스의 조화는 새로운 세대가 고대의 형식을 사용하면서 그 정신에 스스로를 적응시킬 수 있을 때 비로소 이루어질 것이다. 우선은 언어의 순화와 사고와 표현의 정확성, 그 다음은 사고의 확대, 인간과 삶을 향한 직접적이고도 생생한 관심 등. 가장 마음을 사로잡는 문제는 이 시대적 전환기에 세계를 새롭게 하는 데 고대의 역할이 무엇인가 하는 것이다. 오늘날에는 물론 고대를 르네상스의 유일하고 독특한 동력으로 간주하는 사람도, 또 르네상스를 잉태한 원칙으로 보는 사람도 없다. 그 새로운 시대는 중세적인 혼에서 나왔으므로(그리고 오늘날 사람들이 인정하는 대로) 고대는 그 새 시대의 도래에 있어서 필록테테스 Philoctète의 화살──다행스러우면서도 불행한──같은 역할밖에는 수행하지 못했을 것이다.

　그러나 여기에서 문제는 옮겨진다. 사람들은 죽은 것, 몰락해가는 높고 강한 문화에 등을 돌리면서, 자신들과 같은 시대 같은 장소에서 태어나고 있는 것들에 눈을 돌린다. 문제는 더 이상 쇠퇴해가는 중세의 문제가 아니라 르네상스의 문제이다.

주 및 출처

제 1 장 삶의 쓰라림

1) Œuvres de Georges Chastellain, éd. Kervyn de Lettenhove, 8 vol., Bruxelles, 1863~1866, Ⅲ, p. 44.

2) Chastellain, Ⅱ, p. 267; Mémoires d'Olivier de la Marche, éd. Beaune et d'Arbaumont (Soc. de l'hist. de France 프랑스 역사학회), 1883~1888, 4 vol., Ⅱ, p. 248. 'effroi(공포·질겁)'란 단어의 어원 : 'exfredus,' 문자 그대로, 'la cessation de la paix(평온의 중단),' 그 다음엔 'le signal de cet état(그 같은 상태의 징후),' 그 다음엔 'frayeur(공포).'

3) Journal d'un bourgeois de Paris, éd. A. Tuetey (Publ. de la Soc. de l'histoire de Paris, Doc. n° 3), 1881, pp. 5, 56.

4) Journal d'un bourgeois, pp. 20~24. cf. Journal de Jean de Roye 의 이른바 Chronique scandaleuse(추문의 연대기), éd. B. de Mandrot (Soc. de l'hist. de France), 1894~96, 2 vol., Ⅰ, p. 330.

5) Chastellain, Ⅲ, p. 461. cf. V, p. 403.

6) Jean Juvénal des Ursins, 1412, éd. Michaud et Poujoulat, Nouvelle collection des mémoires, Ⅱ, p. 474.

7) Journal d'un bourgeois, p. 670; Jean Molinet, Chronique, éd. Buchon. Coll. de chron. nat., 1827~28, 5 vol., Ⅱ, p. 23; Lettres de Louis ⅩⅠ, éd. Vaesen, Charavay, de Mandrot (Soc. de l'hist. de France), 1883~1909, 11 vol., 20 avr. 1477, Ⅵ, p. 158; Chronique scandaleuse, Ⅱ, p. 47, id. Interpolations, Ⅱ, p. 364.

8) Journal d'un bourgeois, pp. 234~37.

9) Chron. scand., Ⅱ. pp. 70~72.

10) M. Gorge, Saint Vincent Ferrier, Paris, 1924, p. 175.

11) Vita auct. Petro Ranzano O.P. (1455), Acta sanctorum 4월, t. Ⅰ, p. 494ss.

12) J. Soyer, 문학사에 도움이 되기 위한 노트. 1485 년 오를레앙에서 수사 올리비에 마이야르의 설교의 성공에 관하여. Bulletin de la société archéologique et historique de l'Orléanais, t. XVⅢ, 1919. 역사잡지 t. CXXXI, p. 351 에 언급됨.

13) Enguerrand de Monstrelet, Chroniques, éd. Douët d'Arq (Soc. de l'hist. de France), 1857~62, 6 vol. Ⅳ, pp. 302~06.

14) Chron. scand., Ⅰ, p. 22, 1461; Jean Chartier, 『샤를르 Ⅶ세의 역사』, éd. D. Godefroy, 1661, p. 320.

15) Chastellain, Ⅲ, pp. 36, 98, 124, 125, 210, 238, 239, 247, 474; Jacques du Clercq, Mémoires (1448~1467), éd. de Reiffenberg, Bruxelles, 1823, 4 vol. Ⅳ, p. 40, Ⅱ, pp. 280, 355, Ⅲ, p. 100; Juvénal des Ursins, pp. 405, 407, 420. Molinet, Ⅲ, pp. 36, 314.

16) Jean Germain, Liber de virtutibus Philippi ducis Burgundiae, éd. Kervyn de Lettenhove, 부르고뉴 공작들의 통치하의 벨기에의 역사에 관한 연대기 (Coll. des chron. belge), 1876, Ⅱ, p. 50.

17) La Marche, Ⅰ, p. 61. 18) Chastellain, Ⅳ, p. 333 ss.

19) Chastellain, Ⅲ, p. 92.

20) Jean Froissart, Chroniques, éd. S. Luce et G. Raynaud(프랑스 역사학회), 1869~99, 11 vol. (1385 년보다 멀지는 않은), Ⅳ, pp. 89 ~93.

21) Chastellain, Ⅲ, p. 85 ss. 22) Id., Ⅲ, p. 279.

23) La Marche, Ⅱ, p. 421. 24) Juvénal des Ursins, p. 379.

25) Martin le Franc, le Champion des dames, par G. Doutrepont, 부르고뉴 공작들의 궁정에서의 프랑스 문학 (Bibl. du XVᵉ siècle, t. Ⅷ), Paris, Champion, 1909, p. 304.

26) AASS 4 월, t. Ⅰ, p. 496; A. Renaudet, 『파리에서의 전기 종교개혁과 인문주의, 1494~1517』, Paris, Champion, 1916, p. 163.

27) Chastellain, Ⅳ, p. 300ss., Ⅶ, p. 75; cf. Thomas Basin, De rebus gestis Caroli Ⅶ et Lud. Ⅺ historiarum libri Ⅻ, éd. Quicherat (프랑스 역사학회), 1855~1859, 4 vol. Ⅰ, p. 158.

28) Journal d'un bourgeois, p. 219.

29) Chastellain, Ⅲ, p. 30. 30) La Marche, Ⅰ, p. 89.

31) Chastellain, Ⅰ, pp. 82, 79; Monstrelet, Ⅲ, p. 361.

32) La Marche, Ⅰ, p. 201.

33) Le traité, entre autres dans La Marche, Ⅰ, p. 207.

34) Chastellain, Ⅰ, p. 196. 35) Basin, Ⅲ, p. 74.

36) 내가 말하는 바 개념은 경제적 요인들을 배제하지 않는다. 하물며 그
것은 경제적 현상들에 기초한 역사적 해석에 대한 반대는 더욱 아니
다. 그것은 조레스의 다음 말과 근접시킬 수 있다. "그러나 역사에
는 계급 투쟁만이 있는 것은 아니다. 거기에는 당파 싸움도 있다. 즉
내가 말하고자 하는 것은 경제적인 근접함이나 적대감 이외에도, 열
광적인 집착의 그룹들과 통치자에의 격정적인 이해들이 역사의 표면
에서 다투면서 거대한 격동을 일으키는 요인이 되기도 한다는 것이
다." 프랑스 혁명사, Ⅳ, p. 1458.

37) Chastellain, Ⅳ, p. 201. cf. 나의 연구 논문 : Uit de voorgeschiedenis
van ons nationaal besef, dans le Gids 1912, Ⅰ, reproduite dans
Tien Studiën, Haarlem, 1926.

38) Journal d'un bourgeois, p. 242; cf. Monstre.et, Ⅳ, p. 341.

39) Jan van Dixmude, éd. Lambin, Ypres, 1839, p. 283.

40) Froissart, éd. Luce, Ⅺ, p. 52.

41) Mémoires de Pierre de Fruictier dit Salmon, Buchon, 3ᵉ suppl.
de Froissart, XV, p. 22.

42) Chronique du Religieux de Saint-Denis, éd. Bellaguet (Coll. des.
documents inédits), 1839~1852, 6 vol. Ⅰ, p. 34; Juvénal des
Ursins, pp. 342, 467~71; Journal d'un bourgeois, pp. 12, 31, 44.

43) Molinet, Ⅲ, p. 487.

44) Molinet, Ⅲ, pp. 226, 241, 2 3~87; La Marche, Ⅲ, pp. 289, 302.

45) Clementis V constitutiones, lib. V, tit. 9, c.i; Joannis Gersonii
Opera omnia, éd. L. Ellies Dupin, 2ᵉ éd. Hagae Comitis 1728,
5 vol., Ⅱ, p. 427; 역대 프랑스 왕들의 칙령 Ⅷ, p. 122; N. Jorga,
필립 드 메지에르와 14세기의 십자군 (Bibl. de l'école des hautes
études, fasc. 110), 1896, p. 438; Religieux de Saint-Denis, Ⅱ, p.
533.

46) Journal d'un bourgeois, pp. 223, 229.

47) Jacques du Clercq, Ⅳ, p. 265; Petit-Dutaillis, Documents nou-
veaux sur les mœurs populaires et le droit de vengeance dans

les Pays-Bas au XVe siècle (Bibl. du XVe siècle), Paris, Champion, 1908, pp. 7, 21.

48) Pierre de Fenin (Petitot, Coll. de mém. Ⅶ), p. 593; cf. 죽임을 당한 광대에 대한 이야기, p. 619.

49) Journal d'un bourgeois, p. 204.

50) Jean Lefévre de Saint-Remy, Chronique, éd. F. Morand (Soc. de l'hist. de France), 1876, 2 vol., Ⅱ, p. 168; Laborde, Les ducs de Bourgogne, Études sur les lettres, les arts et l'industrie pendant le XVe siècle, Paris, 1849~1853, 3 vol., Ⅱ, p. 208.

51) La Marche, Ⅲ, p. 133; Laborde, Ⅱ, p. 325.

52) Laborde, Ⅲ, pp. 355, 398; Le Moyen Age, XX, 1907, pp. 193~201.

53) Juvénal des Ursins, pp. 438, 1405; cf. toutefois Rel. de Saint-Denis, Ⅲ, p. 349.

54) Piaget, Romania XX, p. 417 et XXXI, 1902, pp. 597~603.

55) Journal d'un bourgeois, p. 95.

56) Jacques du Clercq, Ⅲ, p. 262.

57) Jacques du Clercq, passim; Petit-Dutaillis, Documents, etc., p. 131.

58) Hugues de Saint-Victor, De fructibus carnis et spiritus, Migne, CLXXVI, p. 997.

59) Tobie, 4, 13.

60) 디모데전서 6 : 10.

61) Journal d'un bourgeois, pp. 325, 343, 357 과 문서로 의회 기록들의 자료들.

62) L. Mirot, Les d'Orgemont, leur origine, leur fortune, etc. (Bibl. du XVe siècle), Paris, Champion, 1913; P. Champion, François Villon, sa vie et son temps, id. Paris, Champion, 1913, Ⅱ, p. 230 ss.

63) Mathieu d'Escouchy, Chronique, éd. G. du Fresne de Beaucourt (Soc. de l'hist. de France), 1883~64, 3 vol., Ⅰ, pp. Ⅳ-XXXⅢ.

64) P. Champion, François Villon, sa vie et son temps (Bibl. du XVe siècle), Paris, 1913, 2 vol.

65) Pd. H. Michelant, Bibl. des lit. Vereins zu Stuttgart, Bd. XXIV, 1852.

제 2 장 보다 아름다운 삶에의 열망

1) Allen, n° 541, Anvers, 2월 26일. 1516~1517; cf. n° 542, n° 566, n° 862, n° 967.

2) Germanae. 여기서는 독일 여자들을 의미할 수 없음.

3) Eustache Deschamps, œuvres complètes, éd. De Queux de Saint-Hilaire G. Raynaud (Soc. des anciens textes français), 1878~1903, 11 vol., n° 31 (I, p. 113); cf. n°ˢ 85, 126, 152, 162, 176, 248, 366, 375, 386, 400, 933, 936, 1195, 1196, 1207, 1213, 1239, 1240, etc.; Chastellain, I, pp. 9, 27, IV, 5, 56, VI, 206, 208, 219, 295; Alain Chartier, Œuvres, éd. A. Duchesne, Paris, 1617, p. 262; Alanus de Rupe, Sermo, II, p. 313 (B. Alanus redivivus, éd. J.A. Coppenstein, Naples, 1642).

4) Deschamps, n° 562, IV, p. 18.

5) A. de la Borderie, Jean Meschinot, sa vie et ses œuvres, Bibl. de l'École des Chartes, L VI, 1895, pp. 277, 280, 305, 310, 312, 622, etc.

6) Chastellain, I, p. 10, Prologue, cf. Complainte de fortune, VIII, p. 334.

7) La Marche, I, p. 186, IV, p. LXXXIX; H. Stein, Etude sur Olivier de la Marche, historien, poète et diplomate (Mém. couronnés, etc. de l'Acad. royale de Belg., t. XLIX), Bruxelles, 1888, frontispice.

8) Monstrelet, IV, p. 430.

9) Froissart, éd. Luce, X, p. 275; Deschamps, n° 810 (IV, p. 327); cf. Les Quinze joyes de mariage (Paris, Marpon et Flammarion), p. 54 (quinte joye); Le Livre messire Geoffroi de Charny, Romania, XXVI, 1897, p. 399.

10) Joannis de Varennis responsiones ad capitula accusationum, etc., par. 17, dans Gerson, Opera, I, p. 920.

11) Deschamps, n° 95, I, p. 203.

12) Deschamps, Le miroir de mariage, IX, pp. 25, 69, 81, n° 1004 (V, p. 259); II, pp. 8, 183~87, III, p. 39, 373, VII, p. 3, IX, p. 209, etc.

13) Convivio, lib., IV cap. pp. 27, 28.

14) Discours de l'excellence de virginité, Gerson, Opera, Ⅲ, p. 382; cf. Dionysius Cartusianus, De vanitate mundi, Opera omnia, cura et labore monachorum sacr. ord. Cart., Monstrolii-Tornaci, 1896~1913, 41 vol., XXXⅨ, p. 472.

15) Chastellain, V, p. 364.

16) La Marche, Ⅳ, p. CXⅣ.

17) Christine de Pisan, Œuvres poétiques, éd. M. Roy (Soc. des anciens textes français), 1886~1896, 3 vol., Ⅰ, p. 251, n° 38; Leo von Rozmital's Reise, éd. Schmeller (Bibl. des lit. Vereins zu Stuttgart, t. Ⅶ), 1844, pp. 24, 149.

18) La Marche, Ⅳ, p. 4ss. Chastellain, V, p. 370.

19) Chastellain, V, p. 868.

20) La Marche, Ⅳ, Estat de la maison, p. 34ss.

21) La Marche, Ⅳ, Estat de la maison, pp. 34, 20, 51, 31.

22) Froissart, éd. Luce, Ⅲ, p. 172.

23) Journal d'un bourgeois, § 218, p. 105.

24) Chronique scandaleuse, Ⅰ, p. 53.

25) Molinet, Ⅰ, p. 184; Basin, Ⅱ, p. 376.

26) Aliénor de Poitiers, Les honneurs de la cour, éd. La Curne de Sainte-Palaye, Mémoires sur l'ancienne chevalerie, 1781, Ⅱ, p. 201.

27) Chastellain, Ⅲ, pp. 196~212, 290, 292, 308, Ⅳ, pp. 412~14, 428; Aliénor de Poitiers, pp. 209, 212.

28) Aliénor de Poitiers, p. 210; Chastellain, Ⅳ, p. 312; Juvénal des Ursins, p. 405; La Marche, Ⅰ, p. 278; Froissart, Ⅰ, pp. 16, 22, etc.

29) Molinet, V, pp. 194, 192.

30) Aliénor de Poitiers, p. 190; Deschamps, Ⅸ, p. 109.

31) Chastellain, V, pp. 27~33.

32) Deschamps, Ⅸ, Le miroir de mariage, pp. 103~10.

33) Collection de "paix," dans Laborde, Ⅱ, n°ˢ 43, 45, 75, 126, 140, 5293.

34) Deschamps, id., p. 300; cf. Ⅷ, p. 156, ballade n° 1462; Molinet,

V, p. 195; Les cent nouvelles nouvelles, éd. Th. Wright, Ⅱ, p. 123; cf. Les quinze joyes de mariage, p. 185.

35) Procès de canonisation à Tours, Acta Sanctorum, 4월, t. Ⅰ, p. 152.

36) 브레타뉴에서의 우선권 다툼게 관하여, H. du Halgouët, Mémoires de la société d'histoire et d'archéologie de Bretagne, Ⅳ, 1923을 볼 것.

37) Deschamps, Ⅸ, pp. 111~14.

38) Jean de Stavelot, Chronique, éd. Borgnet (Coll. des chron. belges), 1861, p. 96.

39) Pierre de Fenin, p. 607; Journal d'un bourgeois, p. 9.

40) Juvénal des Ursins, p. 543 과 Thomas Basin, Ⅰ, p. 31; Le Journal d'un bourgeois, p. 110 은 죽음의 벌로 또 다른 이유를 들고 있다 ; le Livre des trahisons, éd. Kervyn de Lettenhove(Chron. rel. à l'hist. de Belg. sous les ducs de Bourg), Ⅱ, p. 138 도 마찬가지이다.

41) Rel. de Saint-Denis, p. 30; Juvénal des Ursins, p. 341.

42) Pierre de Fenin, p. 606; Monstrelet, Ⅳ, p. 9.

43) Pierre de Fenin, p. 604.

44) Christine de Pisan, Ⅰ, p. 251, n° 38; Chastellain, V, p. 364ss.; Rozmital's Reise, pp. 24, 149.

45) Deschamps, Ⅰ, n°ˢ 80, 114, 118, Ⅱ, n°ˢ 256, 266, Ⅳ, n°ˢ 800, 803, V, n°ˢ 1018, 1024, 1029, Ⅶ, n°ˢ 253, X, n°ˢ 13, 14.

46) Information anonyme du XVᵉ siècle, dans Journal de l'inst. hist., Ⅳ, p. 353; cf. Juvénal des Ursins, p. 569; Religieux de Saint-Denis, Ⅵ, p. 492.

47) Jean Chartier, Hist. de Charles Ⅶ, éd. D. Godefroy, 1661, p. 318.

48) Entrée du Dauphin comme duc de Bretagne à Rennes en 1532, dans Th. Godefroy, Le cérémonial françois, 1649, p. 619.

49) Rel. de Saint-Denis, Ⅰ, p. 32.

50) Journal d'un bourgeois, p. 277.

51) Thomas Basin, Ⅱ, p. 9.

52) A. Renaudet, Préréforme et humanisme à Paris, p. 11, d'après les pièces du procès.

53) De Laborde, Les ducs de Bourgogne, I, p. 172, 177.

54) Livre des trahisons, p. 156.

55) Chastellain, I, p. 188.

56) Aliénor de Poitiers, Les honneurs de la cour, p. 254.

57) Rel. de Saint-Denis, II, p. 114.

58) Chastellain, I, p. 49. V, p. 240; cf. La Marche, I, p. 201; Monstrelet, III, p. 358; Lefèvre de Saint-Rémy, I, p. 380.

59) Chastellain, V, p. 228; cf. IV, p. 210.

60) Chastellain, III, p. 296, IV, p. 213, 216

61) Chronique scandaleuse, 가필한 것, p. 332.

62) Lettres de Louis, XI, X, p. 110.

63) Aliénor de Poitiers, Les hommes de la cour, pp. 254~56.

64) Cf. F.M. Graves, Deux inventaires de la Maison d'Orléans, Bibl. du XVᵉ siècle, n° 31, 1926, p. 26.

65) Aliénor de Poitiers, pp. 217~45; Laborde, II, p. 267; Inventaire de 1420.

66) Continuateur de Monstrelet, 1449 (Chastellain, V, p. 367).

67) Cf. Petit Dutaillis, Documents nouveaux sur les mœurs populaires, etc... p. 14; La Curne de Saint-Palaye, Mémoires sur l'ancienne chevalerie, I, p. 272.

68) Chastellain, Le pas de la mort, VI, p. 61.

69) Hefele, Der h. Bernhardin v. Siena etc..., p. 42; Poursuites contre la sodomie en France, Jacques du Clercq, II, pp. 272, 282, 337, 338, 350, III, 15.

70) Thomas Walsingham, Historia Angticana, II, 148 (Rolls series, éd. H.T. Riley, 1864). 프랑스의 앙리 III세와 그의 미농들과의 관계의 죄악된 성격은 의심의 여지가 없다. 그러나 그것은 16세기말이다.

71) Philippe de Commines, Mémoires, éd. B. de Mandrot (Coll. de textes pour servir à l'enseignement de l'histoire), 1901~1903, 2 vol., I, p. 316.

72) La Marche, II, p. 425; Molinet, II, pp. 29, 280; Chastellain IV,

p. 41.

제 3 장 사회의 위계 개념

1) Deschamps, Ⅱ, p. 226; Cf. A. Pollard, The Evolution of Parliament, London, 1920, pp. 58~80.

2) Chastellain, Le miroir des nobles hommes en France, Ⅵ, p. 204; Exposition sur vérité mal prise, Ⅵ, p. 416; L'entrée du roy Loys en nouveau règne, Ⅶ, p. 10.

3) Froissart, éd. Kervyn, XⅢ, p. 22; Jean Germain, Liber de virtutibus ducis Burg., p. 108; Molinet, Ⅰ, p. 83; Ⅲ, p. 100.

4) Monstrelet, Ⅱ, p. 241.

5) Chastellain, Ⅶ, pp. 13~16.

6) Chastellain, Ⅲ, p. 82; Ⅳ, p. 170; V, pp. 279, 309.

7) Jacques du Clercq, Ⅱ, p. 245; cf. p. 339.

8) Chastellain, Ⅲ, pp. 82~89.

9) Chastellain, Ⅶ, p. 90 ss.

10) Chastellain, Ⅱ, p. 345.

11) Deschamps, n° 113, t. 1, p. 230.

12) N. de Clemanges, Opera, éd. Lydius, Leiden, 1613, p. 48, ch. Ⅸ.

13) 라틴어 역에서, Gerson, Opera, Ⅳ, pp. 583~622; 불어 텍스트는 1824 년에 출판되었다. D.H. Carnahan 에 의해 Jean Gerson 의 The Ad Deum vadit, University of Illinois studies in language and literature, 1927, Ⅲ, n° 1, p. 13 에서 인용된 말; Denifle et Chatelain, Chartularium Univ. Paris. Ⅳ, n° 1819 를 볼 것.

14) Denifle, La désolation des églises, etc... en France, Paris, 1897 ~1899, vol Ⅰ, pp. 497~513.

15) Alain Chartier, Œuvres, éd. Duchesne, p. 402.

16) Rob. Gaguini Epistole et orationes, éd. L. Thuasne (Bibl. litt. de la Renaissance, t. Ⅱ), Paris, 1903, 2 vol., Ⅱ, pp. 321, 350.

17) Froissart, éd. Kervyn, XⅡ, p. 4; Le livre des trahisons, pp. 19, 26; Chastellain, Ⅰ, p. XXX, Ⅲ, p. 325, V, pp. 260, 275, 325, Ⅶ, pp. 466~80; Thomas Basin, passim, surtout Ⅰ, pp. 44, 56, 115; cf. La complainte du povre commun et des povres laboureurs

de France (Monstrelet, Ⅵ, pp. 176~80).

18) Les Faictz et Dictz de messire Jehan Molinet, Paris, Jehan Petit, 1537, f. 87 V°.

19) Ballade 19, A. de la Borderie, Jean Meschinot, Sa vie et ses œuvres, Bibl. de l'école des chartes, L Ⅵ, 1895, p. 296; cf. Les lunettes des princes, ibid., pp. 607, 613.

20) Masselin, Journal des États Généraux de France tenus à Tours en 1484. éd. A. Bernier (Coll. des documents inédits), p. 672.

21) Deschamps, Ⅵ, n° 1140, p. 67. 인간의 평등과 심정적 귀족이라는 개념은 데카메론의 4번째 날의 첫 누벨에서 Ghismonda가 그의 아버지 Tancrède에게 하는 말 속에 표현되어 있다.

22) Deschamps. Ⅵ, p. 124, n° 1176.

23) Molinet, Ⅱ, pp. 104~07; Jean Le Maire de Belges, Les chansons de Namur, 1507.

24) Chastellain, Le miroir des nobles hommes de France, Ⅵ, pp. 203, 211, 214.

25) Le Jouvencel, éd. C. Favre et L. Lecestre (Soc. de l'hist. de France), 1887~1889, 2 vol., Ⅰ, p. 13.

26) Livre des faicts du mareschal de Boucicaut, Petitot, Coll. de mém., Ⅵ, p. 375.

27) Philippe de Vitri, La chapel des fleurs de lis(1335), éd, A. Piaget, Romania, XXⅦ, 1898, p. 80 ss.

28) 이에 관해서는 La Curne de Saint-Palaye, Mémoires sur l'ancienne chevalerie, 1781, Ⅱ, pp. 94~96 을 볼 것.

제 4 장 기사도의 관념

1) Molinet, Ⅰ, pp. 16~17.

2) El libro del cavallero et del escudero (commencement du XⅣᵉ siècle), éd. Gräfenberg, Romanische Forschungen, Ⅶ, 1893, p. 453.

3) N. Jorga, Philippe de Mézières, p. 469.

4) L.c., p. 506.

5) Froissart, éd. Luce, Ⅰ, pp. 2~3; Monstrelet, Ⅰ, p. 2; d'Escou-

chy, I, p. 1; Chastellain, prologue, II, p. 116; VI, p. 266; La Marche, I, p. 187; Molinet, I, p. 17; II, p. 54.

6) Lefèvre de Saint-Rémy, II, p. 249; Froissart, éd. Luce, I, p. 1; cf. Le débat des hérauts d'armes de France et d'Angleterre, éd. L. Pannier et P. Meyer(Soc. des anciens textes français), 1887, p. 1.

7) Chastellain, V, p. 443.

8) Les origines de la France contemporaine, La. Révolution, I, p. 190.

9) Die Kultur der Renaissance in Italien, II, p. 155.

10) L.c., I, pp. 152~65.

11) Froissart, éd. Luce, IV, p. 112, 거기서 Bamborough 는 Eembro, Brembo 라고도 부르며, Brandebourch 로 변형되어 있다.

12) Le dit de vérité, Chastellain, VI, p. 221.

13) Le livre de la paix, Chastellain, VII, p. 362.

14) Froissart, éd. Luce, I, p. 3.

15) Le cuer d'amours épris, Œuvres du roi René, éd. De Quatrebarbes, Angers, 1845, 4 vol., t. III, p. 112.

16) Lefèvre de Saint-Rémy, II, p. 68.

17) Doutrepont, p. 183.

18) La Marche, II, pp. 216, 334.

19) Ph. Wielant, Antiquités de Flandre, éd. De Smet (Corp. chron. Flandriæ, IV), p. 56.

20) Commines, I, p. 390; cf. l'anecdote dans Doutrepont, p. 185.

21) Chastellain, V, pp. 316~19.

22) P. Meyer, Bull. de la Soc. des anciens textes français, 1883, pp. 45~55. 이 시에 관하여는 프랑스 문학사 XXXVI, 1927 를 볼 것.

23) Deschamps, n°ˢ 12, 93, 207, 239, 362, 403, 432, 652, I, pp. 86, 199; II, pp. 29, 69; X, pp. XXXV, LXXVI ss.

24) Journal d'un bourgeois, p. 274. Haarlem 시의 법규의 여러 수사본 속에 9명의 용사들에 대한 9절의 시. 나의 Rechtsbronnen van Haarlem p. XLVI ss 를 볼 것. 세르반테스는 그들을 'todos los nueve de la fama'라고 부르고 있다. Don Quichotte, I, c. 5. 영국에서

는 그들은 17세기까지 'nine worthies'라는 이름하에 유명하였다.
cf. John Coke, The debate between the Heraldes, éd. L. Pannier
et P. Meyer, Le débat des hérauts d'armes, p. 108, par. 171; R.
Burton, The Anatomy of Melancholy, Ⅲ, p. 173 (éd. London,
1886). Thomas Heywood는 다음과 같이 썼다 : "세상에서 가장 용
맹스러운 9명의 여인들의 모범적인 삶과 기억할 만한 행동들" 그 중
마지막은 엘리자베드 왕비가 막음하고 있다.

25) Molinet, Faictz et dictz, f. 151 V°.

26) La Curne de Sainte-Palaye, Ⅱ, p. 88.

27) Deschamps, n°ˢ 206, 239, Ⅱ, pp. 27, 69; n° 312; Ⅱ, p. 324; Le
Lay du très bon conestable B. du Guesclin.

28) S. Luce, La France pendant la guerre de cent ans, p. 231; Du
Guesclin, 10번째 용사.

29) M. Lecourt, Romania, t. XXXⅦ, 1908, pp. 529~39.

30) La mort du roy Charles Ⅶ, Chastellain, Ⅵ, p. 440.

31) Laborde, Ⅱ, p. 242, n°4091; 138, n° 242, id. p. 146, n° 3343, p.
260, n° 4220, p. 266, n° 4255. 벨기에 정부의 위원인 Jean van den
Berg에 의해 스페인 계승 전쟁 중에 획득된 이 시편집은 현재는
Leyde대학 도서관에 있다. 프랑스, 영국, 이탈리아 등지에서 트리스
탕, 오지에(덴마크인), 대장장이 Wieland의 검들이 발견된다 ; H.
Jenkinson, The jewels lost in Wash, History, Ⅷ, 1923, p. 161을
볼 것 ; J. Loth, L'épée de Tristan. l'Académie des Inscr. et Belles-
lettres의 보고서, 1923, p. 117; G. Rotondi, Archivio storico
Lombardo, XLⅨ, 1922.

32) Burckhardt, Kultur der Ren, Ⅰ, 10, p. 246.

33) Le livre des faicts du mareschal Boucicaut, éd. Petitot, Coll.
de mémoires, Iʳᵉ série, t. Ⅵ, Ⅶ.

34) Le livre des faicts, Ⅵ, p. 379.

35) Le livre des faicts, Ⅶ, pp. 214, 185, 200, 201.

36) Chr. de Pisan, Le débat des deux amants, Œuvres poétiques,
Ⅱ, p. 96.

37) Antoine de la Salle, La salade, chap. Ⅲ, Paris, M. Le Noir,
1521, f° 4 V°.

38) Le livre des cent ballades, éd. G. Raynaud (Soc. des anciens textes français), p. LV.
39) Le Jouvencel, éd. C. Favre et Lecestre, Soc. de l'hist. de France, 1887~1889.
40) Le Jouvencel, I, p. 25.
41) Le livre des fais du bon chevalier Messire Jacques de Lalaing éd. Kervyn de Lettenhove, Chastellain, Œuvres, Ⅷ.
42) Ⅱ, p. 20.

제 5 장　영웅주의와 사랑의 꿈

1) W. James, The varieties of religious experience, Gifford lectures, 1901~1902, London, 1903, p. 318.
2) Le livre des faicts, p. 398.
3) Éd. G. Raynaud, Société des anciens textes français, 1905.
4) Deux héros du roman d'Aspremont.
5) Les vœux du héron, vs. 354~71, éd. Soc. des bibliophiles de Mons. n° 8, 1839.
6) Lettre du comte de Chimay à Chastellain, Œuvres, Ⅷ, p. 266, cf. aussi Commines (éd. Calmette, I, p. 59).
7) Perceforest, dans Quatrebarbes, Œuvres du roi René, Ⅱ, p. XCⅣ.
8) Des trois chevaliers et del chainse, par Jakes de Baisieux, éd. Scheler, Trouvères belges, I, 1876, p. 162.
9) Rel. de Saint-Denis, I, p. 594ss.; Juvénal des Ursins, p. 379.
10) 그 중에서도, 1215년 Latran 종교 회의에 의해 금지됨 ; 또 1279년 Nicolas Ⅲ세 교황에 의해, Raynaldus, Annales ecclesiastici, Ⅲ (Baronius XXⅡ), 1279, XⅥ-XX를 볼 것 ; Dionysii Cartusiani, Opera, t. XXXⅥ, p. 206. 세속 권력에서 발해지는 금지령들도 매우 자주 있다. 기마 시합에서 진 사람들에 대해 교회가 도움을 거부하는 관습은 교회가 이 같은 싸움들에 숨겨진 이교적 요소에 대해 가지고 있던 두려움(이는 매우 근거 있는 것이었다)을 나타낸다.
11) Deschamps, I, p. 222, n° 108, I, p. 223, n° 109.
12) Journal d'un bourgeois de Paris, pp. 56, 59.

13) La Marche, Ⅱ, p. 119, 144; d'Escouchy, Ⅰ, pp. 245~47; Molinet,
   Ⅲ, p. 460.

14) Chastellain, Ⅷ, p. 238.

15) La Marche, Ⅰ, p. 292.

16) Le livre des faicts de Jacques de Lalaing, dans Chastellain,
   Ⅷ, p. 188 ss.

17) Œuvres du roi René, Ⅰ, p. LXXV.

18) La Marche, Ⅲ, p. 123; Molinet, V, p. 18.

19) La Marche, Ⅱ, pp. 118, 121, 122, 133, 341; Chastellain, Ⅰ, p. 256,
   Ⅷ, p. 217, 246.

20) La Marche, Ⅱ, p. 173, Ⅰ, p. 285; Œuvres du roi René, Ⅰ,
   p. LXXV.

21) Œuvres du roi René, Ⅰ, p. LXXXⅥ, Ⅱ, p. 57.

제 6 장   기사단과 서약

1) N. Jorga, Phil. de Mézières, p. 348.

2) La Marche, Ⅰ, p. 109.

3) Chastellain, Ⅱ, p. 7; Ⅳ, p. 233, cf. 269, Ⅵ, p. 154.

4) Statuts de l'ordre, dans Luc d'Achéry, Spicilegium, Ⅲ, p. 730.

5) Chastellain, Ⅱ, p. 10.

6) Chronique scandaleuse, Ⅰ, p. 236.

7) Le songe de la toison d'or, dans Doutrepont, p. 154.

8) Fillastre, Le premier volume de la toison d'or, Paris, 1515, fol. 2.

9) Boucicaut, Ⅰ, p. 504; Jorga, Ph. de Mézières, pp. 83, 463; Roma-
   nia, XXⅥ, p. 395, 306; Deschamps, XI, p. 28; Œuvres du roi
   René, Ⅰ, p. Ⅺ; Monstrelet, V, p. 449.

10) Froissart, Poésies, éd. A. Scheler, Acad. royale de Belgique,
   1870~1872, 3 vol., Ⅱ, p. 341.

11) Alain Chartier, La ballade de Fougères, p. 718.

12) Juges, 6.

13) La Marche, Ⅳ, p. 164; Jacques du Clercq, Ⅱ, p. 6; cf. aussi Le
   songe de la toison d'or, de Michaut Taillevent.

14) Liber Karoleidos vs. 88(Chron. rel. à l'hist. de Belg. sous la

domination des ducs de Bourgogne, Ⅲ).

15) 창세기, 30,32; 열왕기하, 3,4; 욥기 31,20; 시편 71,6 (Édition officielle 72, 6 : 'nigras,' 라틴어역 성서에서는 'vellus'란 말을 쓰고 있다).

16) Guillaume Fillastre, Le second volume de la toison d'or, Paris, Franc. Regnault, 1516, fol. 1,2.

17) La Marche, Ⅲ, p. 201; Ⅳ, p. 67; Lefèvre de S. Rémy, Ⅱ, p. 292; 이러한 세례들 가운데 한 세례 의식. Humphrey de Glocester 의 전령인 Nicolas Upton 의 De officio militari, éd. E. Bysshe (Bissaeus), Londres, 1654, lib. I, c. XI, p. 19.

18) 동사 'galer' 즉 '즐기다'에서 나온 말.

19) Deschamps 이 l'ordre amoureux de la Feuille에 대해 쓴 그의 발라드, n° 767, Ⅳ, p. 262의 발구(跋句)에서 인용한 것은 아마도 이 수도회에 관해서이다. cf. 763: "Royne sur fleurs en vertu demourant, Galoys, Dannoy, Mornay, Pierre ensement De Tremoille ... vont loant... vostre bien qui est grant, etc."

20) Le livre du chevalier de la Tour Landry, éd. A. de Montaiglon (Bibl. elzévirienne), Paris, 1854, p. 241 ss.

21) Vœu du Héron, éd. Soc. des bibl. de Mons. p. 17.

22) Froissart, éd. Luce, I, p. 124.

23) Rel. de Saint-Denis, Ⅲ, p. 72. Harald Harfagri 는 노르웨이 전역을 정복하기 전에는 머리털을 자르지 않겠다고 약속한다. Haraldar-saga Harfagra, cap. 4; cf. Voluspa 33.

24) Jorga, Ph. de Mézières, p. 76.

25) Claude Menard, Hist. de Bertrand Du Guesclin, pp. 39, 55, 410, 488; La Curne, I, p. 240.

26) Douet d'Arcq, Choix de pièces inédites rel. au règne de Charles Ⅵ (Soc. de l'hist. de France, 1863), I, p. 370.

27) Le livre des faits de Jacques de Lalaing, chap. XVI ss., Chastellain, Ⅷ, p. 70.

28) Le Petit Jehan de Saintré, chap. XLⅧ.

29) Germania, cap. 31; La Curne, I, p. 236.

30) Heimskringla, Olafssaga, Tryggvasonar, cap. 35; Weinhold,

Altnordisches Leben, p. 462.
31) La Marche, Ⅱ, p. 366.
32) La Marche, Ⅱ, pp. 381~87.
33) La Marche, 1, c.; d'Escouchy, Ⅱ, pp. 166, 218.
34) D'Escouchy, Ⅱ, p. 189.
35) Doutrepont, p. 513.
36) Ib. pp. 110, 112.
37) Chastellain, Ⅲ, p. 376.
38) Chronique de Berne (Molinier, n° 3103) dans Kervyn, Froissart, Ⅱ, p. 531.
39) D'Escouchy, Ⅱ, p. 220.

제 7 장 군사 기술과 정치에 있어서 기사도적 이상의 중요성

1) 이 장(章)은 외교사학지 (la Revue d'histoire diplomatique, 25ᵉ année, n° 2, 1921) 속에 다른 형태로 발표된 바 있다.
2) Froissart, éd. Luce, X, p. 240, 243.
3) Chastellain, Le livre des faits de Jacques de Lalaing, Ⅷ, pp. 158~61.
4) 내가 발표한 바 있는 글 l'État bourguignon etc. dans le Moyen Age, 1930/1을 볼 것.
5) 시편 50, 19(51, 20).
6) Monstrelet, Ⅳ, p. 112; Pierre de Fenin, p. 363; Lefèvre de Saint-Rémy, Ⅱ, p. 63; Chastellain, Ⅰ, p. 331.
7) J. D. Hintzen, De Kruistochtplannen van Philips den Goede, Rotterdam, 1918.
8) Chastellain, Ⅲ, pp. 6, 10, 34, 77, 118, 119, 178, 334; Ⅳ, pp. 125, 128, 171, 431, 437, 541, 470; V, p. 49.
9) La Marche, Ⅱ, p. 382.
10) Uit de voorgeschiedenis van ons nationaal besef, Tien Studièn, Ⅰ.
11) Rymer, Fœdera, Ⅲ, pars 3, p. 158; Ⅶ, p. 407.
12) Monstrelet, Ⅰ, p. 43 ss.
13) Monstrelet, Ⅳ, p. 219.

14) Pierre de Fenin, pp. 626~27; Monstrelet, Ⅳ, p. 244; Liber de Virtutibus, p. 27.

15) Lefèvre de Saint-Rémy, Ⅱ, p. 107.

16) Laborde, Ⅰ, p. 201 ss.

17) La Marche, Ⅱ, pp. 27, 382.

18) F. van Bezold, Aus dem Briefwechsel der Markgräfin Isabella von Este-Gonzaga, Archiv f. Kulturgesch., Ⅷ, p. 396.

19) Papiers de Granvelle, Ⅰ, p. 360 ss.; Baumgarten, Geschichte Karls des Ⅴ, Ⅱ, p. 641; Fueter, Geschichte des europäischen Staatensystems, 1492~1559, p. 307. Cf. 또한 Erasme 가 Nicolas Beraldus 에게 보낸 1522 년 5 월 25 일자 편지. 논문 De ratione conscribendi epistolas, Allen, n° 1284 의 헌사.

20) Erdmannsdörffer, Deutsche Geschichte 1648~1740, Ⅰ, p. 595.

21) A. Piaget, Romania ⅩⅨ, 1890, Oton de Granson et ses poésies.

22) Chastellain, Ⅲ, pp. 33~49; La Marche, Ⅱ, p. 400 ss.; d'Escouchy, Ⅱ, p. 300 ss.; Corp. chron. Flandr., Ⅲ, p. 525; Petit Dutaillis, Documents nouveaux, pp. 113, 137.
위험하진 않은 법적 결투에 관해서는 Deschamps, ⅠⅩ, p. 21 을 볼 것.

23) Froissart, éd. Luce, Ⅳ, pp. 89~94.

24) Froissart, Ⅳ, pp. 127~28.

25) Lefèvre de Saint-Rémy, Ⅰ, p. 241

26) Froissart, ⅩⅠ, p. 3.

27) Rel. de S. Denis, Ⅲ, p. 175.

28) Froissart, ⅩⅠ, p. 24 ss.; Ⅵ, p. 156.

29) Ib. Ⅳ, pp. 110, 115. 같은 유의 다른 전투들에 대해서는 Molinier, Sources, Ⅳ, n° 3707; Molinet, Ⅳ, p. 294.

30) Rel. de Saint-Denis, Ⅰ, p. 392.

31) Le Jouvencel, Ⅰ, p. 209; Ⅱ, pp. 99, 103.

32) Froissart, Ⅰ, p. 65; Ⅳ, p. 49; Ⅱ, p. 32.

33) Chastellain, Ⅱ, p. 140.

34) Monstrelet, Ⅲ, p. 101; Lefèvre de Saint-Rémy, Ⅰ, p. 247.

35) Froissart, Ⅲ, p. 187; ⅩⅠ, p. 22.

36) Chastellain, Ⅰ, p. 374.

37) Molinet, I, p. 65.

38) Monstrelet, Ⅳ, p. 65.

39) Ib., Ⅲ, Lefèvre de Saint-Rémy, I, p. 259.

40) Basin, Ⅲ, p. 57.

41) Froissart, Ⅳ, p. 80.

42) Chastellain, I, p. 260; La Marche, I, p. 89.

43) Commines, I, p. 55.

44) Ms. Chronique d'Audenarde, dans le Rel. de Saint-Denis, I, p. 299.

45) Chastellain, Ⅱ, p. 259.

46) Chastellain, I, p. 28; Commines, I, p. 31; cf. Petit Dutaillis dans Lavisse, Histoire de France, Ⅳ, vol. 2, p. 33.

47) Le débat des hérauts d'armes, par. 86, 87, p. 33.

48) Livre des faits, dans Chastellain, Ⅷ, p. 252 et XIX.

49) Froissart, éd. Kervyn, XI, p. 24.

50) Deschamps, Ⅳ, n° 785, p. 289.

51) Chastellain, V, p. 217.

52) Le songe véritable, Mém. de la soc. de l'hist. de Paris, t. XⅧ, p. 325, dans Raynaud, Les cent ballades, p. LV.

53) Commines, I, p. 295.

54) Livre messires Geoffroi de Charny, Romania, XXⅥ.

55) Commines, I, pp. 36~42, 86, 164.

56) Emerson, Nature, éd. Routledge, 1881, pp. 230~31.

제 8 장 양식화된 사랑

1) Chastellain, Ⅳ, p. 165.

2) Basin, Ⅱ, p. 224.

3) La Marche, Ⅱ, p. 350.

4) Froissart, Ⅸ, pp. 223~36.

5) Deschamps, Ⅶ, n° 1282.

6) Pierre Champion, Histoire poétique du XVᵉ siècle, I, p. 262, cf. Deschamps, Ⅷ, p. 43.

7) Charles d'Orléans, Poésies, éd. P. Champion, Collection des clas-

siques français du moyen âge, 1923.

8) Id., p. 95.

9) Christine Pisan, Œuvres poétiques, éd. M. Roy, II, p. 1. Cf.
   Marie-Josèfe Pinet, Christine de Pisan, 1364~1436, Étude bio-
   graphique et littéraire, Paris, Champion, 1927.

10) 이 논쟁에 관계된 15개의 논문들은 Ch. F. Ward, The Epistles on
    the Romance of the Rose and other documents in the Debate,
    University of Chicago, 1911 로 발간되었다.

11) Martène et Durand, Amplissima collectio, II, col. 1421.

12) Joh. de Monasteriolo, Epistolæ; Martène et Durand, Ampl. coll.
    II, pp. 1409, 1421, 1422.

13) 원텍스트는, 붙어로 E. Langlois에 의해 Romania, t. XLV, 1918
    로 출간되었다. 라틴어 역 Opera, éd. Dupin, III, pp. 293~309 는 15
    세기 말기의 것이다.

14) A. Piaget, Études romanes dédiées à Gaston Paris, p. 119.

15) Gerson, Opera, III, p. 597; id. Considérations sur Saint Joseph,
    III, p. 866; Sermo contra luxuriem, III, pp. 923, 925, 930, 968.

16) Gerson, La lettre de Pierre Col dans Ward, 1. c., n° 9에 따라.

17) Bibl. de l'École des Chartes, LX, 1899, p. 569.

18) E. Langlois, Le Roman de la Rose. Société des anciens textes
    français, 1914, t. Ier, introduction, p. 36.

19) Ronsard, Amours, n° 161.

20) A. Piaget, La cour amoureuse dite de Charles VI, Romania XX,
    p. 417; XXXI, p. 599; Doutrepont, p. 367.

21) Leroux de Lincy, Tentative de rapt, etc... en 1405. Bibl. de
    l'École des Chartes, 2e série, III, 1846, p. 316.

22) Piaget, Romania XX, p. 447.

제 9 장 사랑의 규범

1) H. Cocheris에 의해, 희귀하거나 1860년에 미간행된 작품들의 보전
   (寶典) 속에 출간되었는데, 그는 Sicile의 원작과 후대의 추가본 사
   이의 관계를 잘못 이해하고 있었다.

2) Œuvres de Rabelais, éd. Abel Lefranc, I, Gargantua, ch. IX,

p. 96.

3) Guillaume de Machaut, Le livre du Voir-Dit, éd. P. Paris, Société des bibliophiles françois, 1875, pp. 82, 213, 214, 240, 299, 309, 313, 347, 351.

4) Juvénal des Ursins, p. 496.

5) Gargantua, ch. IX.

6) Christine de Pisan, I, p. 187 ss.

7) E. Hoepffner: Frage-und Antwortspiele in der Franz. Literatur des 14 Jahrh., danz la Zeitschr. f. rom. Phil., XXXIII, 1909, pp. 695, 703.

8) Christine de Pisan, Le dit de la rose, vs. 75, Œuvres poétiques, II, p. 31.

9) Machaut, Remède de fortune, vs. 3879 ss. Œuvres, éd. Hœpffner, Soc. des anc. textes fr., 1908, II, p. 142.

10) Christine de Pisan, Le livre des trois jugements, Œuvres poétiques, II, p. 111.

11) Le livre du Voir-Dit, éd. P. Paris, Soc. des bibliophiles françois, 1875. 이 이야기가 실제적인 기반을 갖지 않았다는 가정은 근거 없는 것이다. 하지만 Hanf 가 Zeitschr. f. Rom. Phil., XXII, p. 145 에서 주장하는 바가 그것이다.

12) Château-Thierry 근처의 성.

13) Voir-Dit, lettre II, p. 20.

14) Voir-Dit, lettre XXVII, p. 203.

15) Voir-Dit, pp. 20, 96, 146, 154, 162.

16) Voir-Dit, p. 371.

17) 나뭇잎 한 장을 사이에 두고 입맞추는 것에 대하여는 Le grand garde derrière str. 6을 볼 것 ; W. Byvanck, Un poète inconnu de la société de François Villon, Paris, Champion, 1891, p. 27.

18) Voir-Dit, pp. 143, 144.

19) Voir-Dit, p. 110.

20) Voir-Dit, pp. 70, 98.

21) Le livre du chevalier de la Tour Landry, éd. A. de Montaiglon (Bibl. elzévirienne), 1854.

22) p. 245.

23) p. 28.

24) pp. 249, 252~54.

제10장 목가적인 삶의 꿈

1) A. Piaget, XXⅦ, 1898, p. 63.

2) Deschamps, n° 315, Ⅲ, p. 1.

3) Deschamps, Ⅰ, pp. 161, n° 65; cf, Ⅰ, p. 78, n° 7, p. 175, n° 75.

4) Deschamps, n°ˢ 1287, 1288, 1289, Ⅶ, p. 33; cf. n° 178, Ⅰ, p. 313.

5) Deschamps, n° 184, Ⅰ, p. 320.

6) Deschamps, n°ˢ 1124, 307; Ⅵ, p. 41; Ⅱ, p. 213, Lai de Franchise.

7) Cf. aussi Deschamps, n°ˢ 199, 200, 201, 258, 291, 970, 973, 1017, 1018, 1021, 1201, 1258.

8) Deschamps, Ⅺ, p. 94.

9) Romania, XXⅦ, 1898, p. 64.

10) N. de Clemanges, Opera, éd. 1613, Epistolæ, n° 14, p. 57, n° 18, p. 72, n° 104, p. 296.

11) Joh. de Monasteriolo, Epistolæ; Martène et Durand, Ampl. Collectio, Ⅱ, c. 1398.

12) Id., c. 1459.

13) Alain Chartier, Œuvres, éd. Duchesne, 1617, p. 391.

14) Thuasne, Ⅰ, p. 37; Ⅱ, p. 202 을 볼 것.

15) Œuvres du roi René, éd. Quatrebarbes, Ⅳ, p. 73; cf. Thuasne, Ⅱ, p. 204; cf. aussi la notice de E. Droz, introduction à l'Abuzé en court, collection des Livres à gravures imprimés à Lyon au XVᵉ siècle, t, Ⅱ. René 왕의 저작으로 간주하는 문제에 대해 반대하는 것에 대해서는, Romania, t. LV, avril 1929, p. 218 ss 에서 V. Chichmaref 의 글을 볼 것.

16) Meschinot, éd. 1522, f. 94, par La Borderie, Bibl. de l'Ec. des Chartes, LⅥ, 1895, p. 313.

17) Cf. Thuasne, 1. c., p. 205.

18) Recollection des merveilles, Chastellain, Ⅶ, p. 200; cf. Froissart 에 의해 언급된 한 시 속에서 Joutes de Saint-Inglevert 에 대한 묘

사. éd. Kervyn,XⅣ, p. 406.

19) Le Pastoralet, éd. Kervyn de Lettenhove (Chron. rel. à l'hist. de Belg. sous la domination des ducs de Bourg.), Ⅱ, p. 573. Le Pastoralet 는 l'Arioste 가 Albertino Boschetti 음모 사건에서 (1506) 추기경 Ippolito d'Este 를 옹호하기 위해 쓴 목가적인 글 속에서 그에 대응하는 것을 볼 수 있다. 추기경의 입장이 Jean sans Peur 의 입장보다 거의 더 나을 게 없어서, l'Arioste 의 태도도 le Pastoralet 를 쓴 무명의 작가의 태도보다 거의 더 호의적이랄 수 없다. G. Bertoni, L'Orlando furioso e la rinascenza a Ferrara, Modena, 1919, pp. 42, 247 을 볼 것.

20) p. 215.

21) Meschinot, Les lunettes des princes, dans la Borderie, l. c., p. 606.

22) La Marche, Ⅲ, pp. 135, 137; cf. Molinet, Recollection des merveilles sur l'emprisonnement de Maximilien de Bruges: Les moutons detenterent, En son parc le bergier, Faictz et dictz, f. 208 V°.

23) Molinet, Ⅳ, p. 389.

24) Molinet, Ⅰ, pp. 190, 191; Ⅲ, p. 138; cf. Juvénal des Ursins, p. 382.

25) P. Champion, Histoire poétique du XVᵉ siècle, Ⅱ, p. 173 을 볼 것.

26) Deschamps, Ⅱ, p. 213; Lay de franchise; cf. Christine de Pisan-Le dit de la Pastoure; Le Pastoralet; roi René, Regnault et, Jehanneton, Martial d'Auvergne, Vigilles du roi Charles Ⅶ, etc.

27) Deschamps, n° 923, cf. Ⅺ, p. 322.

28) Villon, éd. Longnon, p. 83.

제11장 죽음의 환영

1) Directorium vitæ nobilium, Dionysii Opera, t. XXXⅦ, p. 550; t. XXXⅧ, p. 358.

2) Don Juan, c., pp. 11, 76~80; cf. C.H. Becker, Ubi sunt qui ante nos in mundo fuere. Mémoire dédié à Ernst Kuhn, 7, Ⅱ, 1916, pp. 87~105; Supplément à Anglia, 28, 1917, p. 362.

3) Bernardi Morlanensis, De contemptu mundi, éd. Th. Wright, The Anglo-latin satirical poets and epigrammatists of the twelfth century (Rerum Britannicarum medii ævi scriptores). Londres, 1872, 2 vol., Ⅱ, p. 37 (au 3ᵉ vers l'édition porte 'orbita viribus inscita' 이는 아무 뜻도 없는 것이다. 그것을 'incita'로 고친 것은 그 시행의 와미와 절도를 다시 회복시켜 주는 것으로, 베를린으로부터 M. Hans Paret에 의해 나에게 제공되었다).

4) 옛날에는 Bernard de Clairvaux의 것으로 간주되었다 ; 몇몇 비평가들게 의해 Gautier Map의 작품들 속에 넣어졌다 ; cf. H.L. Daniel, Thesaurus hymnologicus, Leipzig, 1841~1856, Ⅳ, p. 288.

5) Deschamps, Ⅲ, nᵒˢ 330, 345, 368, 399; Gerson, Sermo Ⅲ, de defunctis, Opera, Ⅲ, p. 1568; Dion. Cart, De quator hominum novissimis, Opera, Ⅲ, t. XLI, p. 511; Chastellain, Ⅵ, p. 52. 거기서 그 시는 "Le Pas de la Mort"라는 제목을 갖고 있다. Pierre Michault는 한 "Pas de la Mort"라는 운문을 썼다. (éd. Jules Petit, Soc. des Bibliophiles de Belgique, 1869) ; 여기서는 Dame Mort가 있는 la Fontaine des plours 곁에서의 기마 시합을 다루고 있다.

6) Villon, éd. Longnon, p. 33.

7) Id., p. 34.

8) Odon de Cluny, Collationum, lib, Ⅲ, Migne, t. CXXXⅢ, p. 556. 테마와 그 전개는 Jean Chrysostome을 모델로 한다 : 여자들과 아름다움에 관하여 (Opera, éd. B. de Montfaucon, Paris, 1735, t. XⅡ. p. 523).

9) Innocentius Ⅲ, de contemptu mundi sive de miseria conditionis humanæ libri tres, Migne t. CCXⅦ, p. 702.

10) Id., p. 713.

11) Œuvres du roi René, éd. Quatrebarbes, 1, p. CL. 5와 8행 뒤에 한 행이 빠져 있다. 아마도 'menu vair'와 더불어 'mangé des vers' 같은 유 속에 뭔가가 운을 맞추고 있었던 것 같다.

12) Olivier de la Marche, Le Parement et triumphe des dames, Paris, Michel Le Noir, 1520.

13) Villon, Testament, vs. 453 ss., éd. Longnon, p. 39.

14) Molinet, Faictz et dictz, f° 4, f° 42 v.

15) Pierre de Luxembourg의 성인품 심사, 1390, Acta sanctorum Juillet, Ⅰ, p. 562. 영국 왕들과 그들의 근친들의 시신을 싸고 있던 밀랍의 정규적인 갱신을 비교해볼 것, Rymer, Fœdera, Ⅶ, pp. 361, 433; Ⅲ, pp. 140, 168, etc.

16) Les Grandes Chroniques de France, éd. Paulin Paris, Paris, 1836~1838, 6 vol., Ⅵ, p. 334.

17) Dietrich Schaefer, Mittelalterlicher Brauch bei der Überführung von Leichen, Sitzungsberichte der preussischen Akademie der Wissenschaften, 1920, pp. 478~98 의 해박한 연구를 볼 것.

18) Lefèvre de Saint-Rémy, Ⅰ, p. 260. 거기서는 Suffolk 이란 단어가 Oxford 로 대체되어야 한다.

19) Juvénal des Ursins, p. 567; Journal d'un bourgeois, pp. 237, 307, 671.

20) 이 주제에 관해서는 Konrad Burdach, Der Ackermann aus Böhmen, pp. 243~49 (Vom Mittelalter zur Reformation, Ⅲ, 1, 1917) 을 볼 것. A. de Laborde, Origine de la représentation de la mort chevauchant un bœuf (l'Ac. des inscr. et belles lettres의 보고서, 1923, pp. 100~13)은 이 같은 표현의 원천으로서 Pierre Michaut 의 시를 지목하고 있다. 왜냐하면 그것은 이미 1323년의 Missel d'Amiens (Bibl. royale de La Haye)과 또 1400년경의 l'Ackermann 속에 존재하기 때문이다.

21) 이 주제에 관해서는 풍부한 문학적 자료가 존재한다. 특히 G. Huet, Notes d'histoire littéraire, Ⅲ, dans le Moyen Age, XX, 1918, p. 148 을 볼 것.

22) Ed. S. Glixelli, Paris, 1914. 이 주제에 관해서는 E. Mâle, l'Art religieux à la fin du moyen age, Ⅱ, La Mort 를 볼 것.

23) Laborde, Ⅱ, 1, p. 393.

24) Mâle, 1, c.와 la Gazette des beaux-arts, 1918, 4월~6월, p. 167 에 몇몇 복사들이 있다. Huet, 1, c.의 조사들은 원래의 모티프가 사자(死者)들의 춤의 하나였다는 가설을 뒷받침해주었다. 괴테는 그의 Totentanz에서 무의식적으로 이 모티프를 다시 취하고 있다.

25) 과거에는 훨씬 더 이전의 것, 오래된 것 (1350년경)으로 여겨졌으나 그렇진 않다 ; cf. G. Ticknor, Geschichte der schönen Literatur in

Spanien, I, p. 77; II, p. 598; Gröber, Grundriss, II, 1ʳᵉ part.,
p. 1180; II, 2ᵉ part., p. 428.

26) Œuvres du roi René, I, p. CLII.
27) Chastellain, Le pas de la mort, VI, p. 59.
28) Cf. Innocent III, De contemptu mundi, II, c. 42; Denis le Char-
   treux, De IV hominum novissimis, t. XLI, p. 496.
29) Œuvres, VI, p. 49, voir plus haut, p. 166.
30) L.c., p. 69.
31) Villon, Testament, XLI, vs, 321~28, éd. Longnon, p. 33.
32) P. Champion, Villon, I, p. 303.
33) Mâle, 1. c., p. 389.
34) Leroux de Lincy, Livre des légendes, p. 95.
35) Le livre des faits, etc., II, p. 184.
36) Ed. J. Nève, Paris, 1903.

제12장 종교적 사고가 이미지들로 맺혀지다

1) Heinrich Seuse, Leben, éd. Bihlmeyer, Deutsche Schriften, 1907,
   pp. 24, 25. de Worcester 백작으로 Edouard IV 에게 처단된 영혼이며
   동시에 열렬한 인문주의자였던 John Tiptoft 의 행위를 비교해보라.
   그는 사형 집행관에게 삼위일체를 기념하여 자신을 세 토막내달라고
   간청한다. C. Scofield, Edouard, IV, I, p. 547.
2) Gerson, Opera, III, p. 309.
3) Nic. de Clemanges, De novis festivitatibus non instituendis,
   Opera, éd. Lydius, Lugd. Bat., 1613, pp. 151, 159.
4) Dans Gerson, Opera, II, p. 911.
5) Acta sanctorum, avril, t, III, p. 149.
6) Ac aliis vere pauperibus et miserabilibus, quibus convenit jus
   et verus titulus mendicandi.
7) Qui ecclesiam suis mendaciis maculant et eam irrisibilem red-
   dunt.
8) Alanus Redivivus, éd. J. Coppenstein, 1642, p. 77.
9) Commines, I, p. 310; Chastellain, V, p. 27; Le Jouvencel, I,
   p. 82; Jean Lud, dans Deutsche Geschichtsblätter, XV, p. 248;

Journal d'un bourgeois, p. 384; Paston, Lettres, Ⅱ, p. 18; J.H. Ramsay, Lancaster and York, Ⅱ, p. 275; Play of sir John Oldcastle, Ⅱ, p. 2, etc. 내 연구 저서 Onnoozele kinderen als ongeluksdag(재앙의 날처럼 생각된 이노상의 날), dans Tien Studiën 을 볼 것.

10) Contra superstitionem praesertim Innocentum, Gerson, Opera, Ⅰ, p. 203. Gerson에 관하여는 James L. Connolly, John Gerson, Reformer and Mystic 을 비교해보라. Recueil de travaux publiés par les membres des Conférences d'histoire et de philosophie de l'Université de Louvain, 2ᵉ série, fasc. 12, 1928.

11) Gerson, Quaedam argumentatio adversus eos qui publice velunt dogmatizare, etc., Opera, Ⅱ, p. 521~22.

12) Johannis de Varennis Responsiones, etc., Gerson, Ⅰ, p. 909.

13) Journal d'un bourgeois, p. 259. 그 텍스트엔 다음과 같이 되어 있다 : 'Une hucque vermeille par dessoubz' 그러나 아마도 'par dessus'라고 읽어야 할 것이다.

14) Contra vanam curiositatem, Opera, Ⅰ, p. 86.

15) Considérations sur saint Joseph, Ⅲ, p. 842~68; Josephina, Ⅳ, p. 753; Sermo de natalitate beatae Virginis, Ⅲ, p. 1351; Ⅳ, pp. 729, 731, 732, 735, 736.

16) De distinctione verarum visionum a falsis, Opera, Ⅰ, p. 50.

17) C. Schmidt, Der Prediger Olivier Maillard, Zeitschr. f. hist. Theologie, 1856, p. 501.

18) Thuasne, Rob. Gaguini Ep. et Or., Ⅰ, p. 72 ss 을 볼 것.

19) Les cent nouvelles, éd. Wright, Ⅱ, pp. 75ss., 122ss.

20) Le livre du chevalier de la Tour-Landry, éd. de Montaiglon, p. 56.

21) L.c., p. 257; 'Se elles ouyssent sonner la messe ou à veoir Dieu.'

22) Joseph Morawski, Proverbes français, dans les classiques français du Moyen Age, Paris, Champion, p. 192.

23) Froissart, éd. Luce, Ⅴ, p. 24.

24) 'Cum juramento asseruit non credere in Deum dicti episcopi,' Rel. de S. Denis, Ⅰ, p. 102.

25) Laborde, Ⅱ, p. 264, n° 4238, Inventaire de 1420; id., Ⅱ, p. 10, n° 77, Inventaire de Charles le Téméraire. 거기서는 그런 모양의 조각상이 문제될 것이다. Amiens시의 시립도서관은, 16세기말의 스페인의 것으로, 상아로 된 어린 예수가 있는 정사각형의 벽감(壁 龕)과 함께 마리아상을 소장하고 있다. G.H. Luquet, Représentation par transparence de la grossesse dans l'art chrétien, Revue archéologique, t. XIX, 1924, p. 143을 볼 것.

26) Gerson, Opera, Ⅲ, p. 947; Didron, Iconographie chrétienne, 1843, p. 582의 붙어 텍스트를 볼 것. 이것 역시 그 같은 이단의 실제 존재를 나타내는 다음과 같은 기도를 인용하고 있다 : "quant pour les pécheurs se voust en vous hébergier le Père, le Filz et le Saint-Esprit... par quoy vous estes chambre de toute la Trinité."

27) Journal d'un bourgeois, p. 366².

28) Une lettre d'indulgence néerlandaise du XIVᵉ siècle, éd. J. Verdam, Ned. Archief voor Kerkgesch, 1900, pp. 117~22.

29) A. Eekhof, De questierders van den aflaat in de Noordelyke Nederl., La Haye, 1919, p. 12.

30) Chastellain, Ⅰ, pp. 187~89; entrée de Henri Ⅴ et de Philippe de Bourgogne à Paris en 1420; Ⅱ, p. 16; entrée de Philippe de Bourgogne à Gand en 1430.

31) Doutrepont, p. 379.

32) Deschamps, Ⅲ, p. 89, n° 357; le roi René, Traicté de la forme et devise d'un tournoi, Œuvres, Ⅱ, p. 9.

33) Olivier de la Marche, Ⅱ, p. 202.

34) Monstrelet, Ⅰ, p. 285, cf. 306.

35) Liber de virtutibus Philippi ducis Burgundiae, pp. 13, 16 (Chron. rel. à l'hist. de la Belgique sous la dom. des ducs de Bourg., Ⅱ).

36) Molinet, Ⅱ, pp. 84~94; Ⅲ, p. 98; Faitcz et Dictz, f° 47; cf. Ⅰ, p. 240 et aussi Chastellain, Ⅲ, pp. 209, 260; Ⅳ, p. 48; Ⅴ, p. 301, Ⅶ, p. 1ss.

37) Molinet, Ⅲ, p. 109.

38) Gerson, Oratio ad regem Franciae, Opera, Ⅳ, p. 662. 게다가, 제르송은 여기서 성 토마스의 교리와 일치하고 있다: 즉 각 천사는 땅

에서 한 종류라고 부를 그런 것을 형성한다. Cf. E. Gilson, Le Tho-misme, p. 158.

39) Quinze joyes de mariage, p. XⅢ.

40) Gerson, Opera, Ⅲ, p. 229.

41) Friedländer, Jahrb, d.K. Preuss. Kunstsammlungen, XⅦ, 1896, p. 206.

42) K.J. Bernet Kempers, dans De Muziek, 1927, p. 350; cf. Wetzer und Welte, Kirchenlexikon, s.v. Musik, col. 2040.

43) Chastellain, Ⅲ, p. 155.

44) H. van den Velden, Rod. Agricola, een Nederlandsch humanist der vyftiende eeuw, 1ʳᵉ partie, Leyde, 1911, p. 44.

45) Deschamps, X, n° 33, p. XLI.

46) Nic. de Clemanges, De novis celebritatibus non instituendis, Opera, éd. Lydius, 1613, p. 143.

47) Le livre du chevalier de la Tour-Landry, pp. 66, 70.

48) Gerson, Sermo de nativitate Domini, Opera, Ⅲ, pp. 946, 947.

49) Nic. de Clemanges, ouvr. cité, p. 147.

50) O. Winckelmann, Zur Kulturgesch. des Strassburger Münsters, Zeitschr. f.d. Gesch. des Oberrheins, N.F., XXⅡ, 2.

51) Opera, XXXⅦ, p. 198s.

52) Chastellain, V, p. 253ss.

53) Michel Menot, Sermones f. 144, vs., dans Champion, Villon, Ⅰ, p. 202.

54) Le livre du chevalier de la Tour-Landry, p. 65; Olivier de la Marche Ⅱ, p. 89; L'Amant rendu cordelier, p. 25, huitain 68; Rel. de St-Denis, Ⅰ, p. 102.

55) Ouvr. cité. p. 144.

56) Christine de Pisan, Œuvres poétiques, Ⅰ, p. 172, cf. p. 60; L'Epistre au dieu d'Amours, Ⅲ, 3; Deschamps, V, p. 51, n° 871, Ⅱ, p. 185, vs. 75.

57) L'Amant rendu cordelier, 1, c.

58) Menot, 1, c.

59) Gerson, Expostulatio... adversus corruptionem juventutis per

lascivas imagines et alia hujusmodi, Opera, Ⅲ, p. 291; De par-
vulis ad Christum trahendis, ib., p. 281; Contra tentationem
blasphemiae, ib., p. 246.

60) Le livre du chevalier de la Tour-Landry, pp. 80~81; cf. Machaut,
Le Livre du Voir-Dit, p. 143 ss.

61) Ib., pp. 55, 63, 73, 79.

62) Nic. de Clemanges, ouvr. cité, p. 145.

63) p. 127; cf. pp. 19, 29, 124.

64) Froissart, éd. Luce et Raynaud, ⅩⅠ, p. 225ss.

65) Chron, Montis S. Agnetis, p. 341; J.C. Pool, Frederik v. Heilo
en zÿne schriften, Amsterdam, 1866, p. 126; cf. Hendrik Mande
dans W. Moll, Joh. Brugman en het godsdienstig leven onzer
vaderen in de 15e eeuw, 1854, 2 vol., Ⅰ, p. 264.

66) Gerson, Centilogium de impulsibus, Opera, Ⅲ, p. 154.

67) Deschamps, Ⅳ, p. 322, n° 807; cf. Ⅰ, p. 272, n° 146: "Si n'y a
Si meschant qui encor ne die Je regni Dieu..."

68) Gerson, Adversus lascivas imagines, Op. Ⅲ, p. 292; Sermo de
nativitate Domini, Ⅲ, p. 946.

69) Deschamps, Ⅰ, p. 271ss., n°ˢ 145, 146, p. 217, n° 105; cf. Ⅱ, p.
LⅥ et Gerson, Ⅲ, p. 85.

70) Gerson, Considérations sur le péché de blasphème, Op., Ⅲ, p.
889.

71) Regulae morales, ib., Ⅲ, p. 85.

72) P. d'Ailly, De reformatione, cap. 6; de reform, laïcorum, dans
Gerson, Opera, Ⅱ, p. 914.

73) Ordonnances des rois de France, t. Ⅷ, p. 130; Rel. de Saint-
Denis, Ⅱ, p. 533.

74) Gerson, Contra fœdam tentationem blasphemiae, Opera, Ⅲ, p.
243.

75) Gerson, Regulæ morales, Opera, Ⅲ, p. 85.

76) Gerson, Contra fœdam tentationem blasphemiaæ, Opera, Ⅲ,
p. 246: hi qui audacter contra fidem loquuntur in forma joci, etc.

77) Cent nouvelles nouvelles, Ⅱ, p. 205.

78) Gerson, Sermo de Saint Nicolao, Opera, Ⅲ, p. 1577; Deparvulis ad Christum trahendis, ib., p. 279. Contre le même proverbe, voir aussi Denis le Chartreux, Inter Jesum et puerum dialogus, art. 2, Opera, t. XXXⅧ, p. 190.

79) Ib., p. 58.

80) Petrus Damiani, Opera, XⅡ, 29, p. 283; cf. XⅡᵉ, XⅢᵉ 세기에 대하여는 Hauck, Kirchengeschichte Deutschlands, Ⅳ, pp. 81, 898.

81) Froissart, éd. Kerwyn, XⅣ, p. 67.

82) Religieux de Saint-Denis, Ⅰ, pp. 102, 104; Jean Juvénal des Ursins, p. 346.

83) Jacques du Clercq, Ⅱ, pp. 277, 340; Ⅳ, p. 59; cf. Molinet, Ⅳ, p. 390; Rel. de Saint-Denis, Ⅰ, p. 643.

84) Joh. de Monasteriolo, Epistolæ, Martène et Durand, Ampl. coll., Ⅱ, p. 1415; cf. ep. 75, 76, p. 1456, d'Ambroise de Miliis à Gontier Col. 그는 거기서 Jean de Montreuil에 대해 불평하고 있다.

85) Gerson, Sermo Ⅱ in die Sancti Ludovici, Opera, Ⅲ, p. 1451.

86) Gerson, Contra impugnantes ordinem Carthusiensium, Opera, Ⅱ, p. 713.

87) Gerson, De decem præceptis, Opera, Ⅰ, p. 245.

88) Gerson, Sermo de nativitate Domini, Opera, Ⅲ, p. 947.

89) Nicolas de Clemanges, De novis celebr, etc., p. 151.

90) Villon, Grand Testament, vs. 893ss., éd. Longon, p. 57.

91) Gerson, Sermo de nativitate Domini, Opera, Ⅲ, p. 947, Regulæ morales, ib., p. 86, Liber de vita spirituali animæ, ib., p. 66.

92) Hist. translationis corporis sanctissimi ecclesiæ doctoris divi Thom. de Aq., 1368, auct. Fr. Raymundo Hugonis O.P., Acta sanctorum, mars, Ⅰ, p. 725.

93) Rapport des commissaires papaux, l'évêque Conrad d'Hildesheim et l'abbé Hermann de Georgenthal, sur le témoignage concernant sainte Elisabeth à Marbourg en janvier 1235, édité dans Historisches Jahrbuch der Görres-Gesellschaft, XXⅧ, p. 887.

94) Rel. de saint Denis, Ⅱ, p. 37.

95) Quicherat, Procès, Ⅰ, p. 295; Ⅲ, pp. 99, 2192; P. Champion, Pro-

cès de condamnation de Jeanne d'Arc, Paris, 1921, Ⅱ, p. 184; cf. mon article; La Sainte de Bernard Shaw, dans Tien Studien.

96) Chastellain, Ⅲ, p. 407; Ⅳ, p. 216.

97) Deschamps, Ⅰ, p. 277, n° 150.

98) Ib., Ⅱ, p. 348, n° 314.

99) Johann Eck's Pfarrbuch für U.L. Frau in Ingolstadt, dans Archiv f. Kulturgesch, Ⅷ, p. 103.

100) Joseph Seitz, Die Verehrung des hl. Joseph in ihrer geschichtl. Entwicklung usw., Fribourg, Herder, 1908.

101) Le livre du chevalier de la Tour-Landry, p. 212.

102) Paris, Bibl. nat., fr. 1875; dans Ch. Oulmont: Le Verger, le Temple, et la Cellule, essai sur la sensua.ité dans les œuvres de mystique religieuse, Paris, 1912, p. 284ss.

103) 이 주제에 대해서는 E. Mâle, L'art religieux à la fin du Moyen Age, chap. Ⅳ을 볼 것.

104) Deschamps, Ⅰ, p. 144, n° 32, Ⅵ, p. 243, n° 1237.

105) Missel de Bamberg de 1490, dans Uhrig, Die 14 hl. Nothelfer (XⅣ Auxiliatores). Theol. Quartalschrift LXX, 1888, p. 72; cf. le Missel d'Utrecht de 1514 et le Missel Dominicain de 1550, Acta sanctorum, avril, t. Ⅲ, p. 149.

106) L.I. c.c.

107) Erasme, Ratio seu methodus compendio perveniendi ad veram theologiam, éd. Bâle, 1520, p. 171.

108) 앞에서 인용된 Deschamps 의 발라드에서도 la Tarasque(용 모양의 괴수상[怪獸像]를 멸한 성녀 Marthe 가 나온다.

109) Œuvres de Coquillart, éd. Ch. d'Héricault (Bibl. elzévirienne), 1857, Ⅱ, p. 281

110) Deschamps, n° 1230, Ⅵ, p. 232.

111) Rob. Gaguini, Epistole et Orationes, éd. Thuasne, Ⅱ, p. 176. 네덜란드의 Brabant 이란 시에서는 약 30년 전에 한 불구자가 'au pied de Saint Pie'란 별명을 갖고 있었다.

112) Colloquia, Exequiæ Seraphicæ, éd. Elzev., 1636, p. 620.

113) Gargantua, ch. XL.

114) Apologie pour Héro·lote, ch, 38, éd. Ristelhuber, 1879, Ⅱ, p. 324.

115) Deschamps, Ⅷ, p. 201, n° 1489.

116) Gerson, De Angelis, Opera, Ⅲ, p. 1481; De Præceptis decalogi, Ⅰ, p. 431. Oratio ad bonum angelum suum, Ⅲ, p. 511; Tractatus Ⅷ super Magnificat, Ⅳ, p. 370; cf. Ⅲ, p. 137, 533, 739.

117) Opera, Ⅳ, p. 389.

제13장 종교 생활의 유형들

1) Monstrelet, Ⅳ, p. 304.

2) Bernard de Sienne, Opera, Ⅰ, p. 100, dans Hefele, 1, c., p. 36.

3) Les cent nouvelles nouvelles, Ⅱ, p. 157; Les quinze joyes de mariage, pp. 111, 215.

4) Molinet, Faictz et dictz, f. 188 v°.

5) Journal d'un bourgeois, p. 336; cf. p. 242, n°514.

6) Ghillebert de Lannoy, Œuvres, éd. Ch. Potvin, Louvain, 1878, p. 163.

7) Les cent nouvelles nouvelles, Ⅱ, p. 101.

8) Le Jouvencel, Ⅱ, p. 107.

9) Songe du viel pelerin, dans Jorga: Philippe de Mézières, p. 423.

10) Journal d'un bourgeois, pp. 214, 289.

11) Gerson, Opera, Ⅰ, p. 206.

12) Jorga, Philippe de Mézières, p. 506.

13) W. Moll, Johannes Brugman, Ⅱ, p. 125.

14) Chastellain, Ⅳ, pp. 263~56.

15) Chastellain, Ⅱ, p. 300, Ⅶ, p. 222; Jean Germain, Liber de Virtutibus, p. 10; Jean Jouffroy, De Philippo duce oratio(Chron, rel. à l'hist. de Belg. sous la domin. des ducs de Bourgogne, Ⅱ), p. 118.

16) La Marche, Ⅱ, p. 40.

17) G. Fillastre, Le premier livre de la Toison d'or, fol. 131.

18) Jorga, Philippe de Mézières, p. 350.

19) Cf. Jorga, 1, c., p. 444; P. Champion, Villon, Ⅰ, p. 17.

20) Œuvres du roi René, éd. Quatrebarbes, I, p. cx.

21) Monstrelet, V, p. 112.

22) La Marche, I, p. 194.

23) Acta sanctorum, janvier, t. Ⅱ, p. 1018.

24) Jorga, 1, c., pp. 509, 512.

25) André Du Chesne, Histoire de la maison de Chastillon-sur-Marne, Paris 1621; Preuves, pp. 126~31; Extraict de l'enqueste faite pour la canonization de Charles de Blois, pp. 223~234. 또한 Monuments du procès de la canonisation du b. Charles de Blois, duc de Bretagne, Saint-Brieuc, 1921 과 Revue des questions hist. CV, 1926, p. 108 을 볼 것.

26) Froissart, éd. Luce, Ⅵ, p. 168.

27) W. James, The varieties of religious experience, p. 370ss.

28) Ordonnances des rois de France, t. Ⅷ, p. 398, nov. 1400, 426, 1401 년 3 월 18 일자.

29) Mémoires de Pierre Salmon, éd. Buchon, Coll. de chron. nationales, 3ᵉ supplément de Froissart, t. XV, p. 49.

30) Froissart, éd. Kervyn, XⅢ, p. 40.

31) Acta sanctorum, juillet, t. I, pp. 486~628.
날마다 자기의 죄목들을 기록하는 이 같은 습관은 대단한 전통에 의해 공인되어 왔다. 그것은 Jean Climaque (c. 600), Scala Paradisi, éd. Raderus, Paris, 1633, p. 65 에 의해 규정되어 있다. 또 이는 이슬람 세계에서도 Ghazali 에게서 볼 수 있으며, Ignace de Loyola 에 의해 les Exercitia spiritualia (Communication du Professeur Wensinck)에서 권고되고 있다.

32) G. Dupont Renier, Jean d'Orléans, comte d'Angoulême, d'après sa bibliothèque, dans Luchaire, Mélanges d'histoire du Moyen Age, Ⅲ, 1897, pp. 39~88; id., La captivité de Jean d'Orléans comte d'Angoulême, dans Revue historique, t. LXⅡ, 1896, pp. 42~74.

33) La Marche, I, p. 180.

34) Lettres de Louis Ⅺ, t. Ⅵ, p. 514; cf. V, p. 86, X, p. 65.

35) Commines, I, p. 291.

36) Id., Ⅱ, pp. 67, 68.

37) Id., Ⅱ, p. 57; Lettres, X, p. 16, Ⅸ, p. 260.
38) Chron. scandaleuse, Ⅱ, p. 122.
39) Commines, Ⅱ, pp. 55, 77.
40) Acta sanctorum, avril, t. Ⅰ, p. 115. -Lettres de Louis Ⅺ, t. X, pp. 76, 90.
41) Sed volens caute atque astute agere, propterea quod a pluribus fuisset sub umbra sanctitatis deceptus, decrevit variis modis experiri virtutem servi Dei, Acta sanctorum, 1, c.
42) Acta sanctorum, 1, c., p. 108; Commines, Ⅱ, p. 55.
43) Lettres, X, p. 124, 29, juin, 1483.
44) Lettres, X, p. 4, etc.; Commines, Ⅱ, p. 54.
45) Commines, Ⅱ, p. 56, Acta sanctorum, 1, c., p. 115.
46) A. Renaudet, Préréforme et Humanisme à Paris, p. 172.
47) Doutrepont, p. 226.
48) Vita Dionysii auct. Theod. Loer Dion. Opera, Ⅰ, p. XLⅡ, id., De vita et regimine principum, t. XXXⅦ, p. 497.
49) Opera, t. XLI, p. 621; D.A. Mougel, Denys le Chartreux, sa vie, etc., Montreuil, 1896, p. 63.
50) Opera, t. XLI, p. 617; Vita Ⅰ, p. XXXI; Mougel, p. 51; Bydr. en. mededeel, v.h. hist. genootschapte Utrecht, XVⅢ, p. 331.
51) Opera, t. XXXⅨ, p. 496, Mougel, p. 54; Moll, Johannes Brugman, Ⅰ, p. 74; Kerkgesch. Ⅱ, 2, p. 124; K. Krogh-Tonning, Der letzte Scholastiker, Eine Apologie, Freiburg, 1904, p. 175.
52) Mougel, p. 58.
53) Opera, t. XXXⅥ, p. 178; De mutua cognitione.
54) Vita, Opera, t. Ⅰ, p. XXⅣ, XXXⅧ.
55) Vita, Opera, t. Ⅰ, p. XXⅥ.
56) De munificentia et beneficiis Dei, Opera, t. XXXⅣ, art, 26, p. 319.

제14장 종교적 감흥과 환상

1) Gerson, Tractatus VⅢ super Magnificat, Opera, Ⅳ, p. 386.
2) Acta sanctorum, Mars. t. Ⅰ, p. 561; cf. 540, 601.

3) K. Hefele, Der hl. Bernhardin von Siena und die franziskani-
sche Wanderpredigt in Italien während des XV. Jahrhunderts,
Fribourg, 1912, p. 79.

4) W. Moll, Johannes Brugman, Ⅱ, pp. 74, 86.

5) 앞에 chap. 1 을 볼 것.

6) Acta sanctorum, avril, t. Ⅰ, p. 195. 이탈리아에서의 설교에 대해
Hefele, ouvr. cité 가 그린 이미지는 많은 관점에서 불어권 지역들
에서도 적용될 수 있다.

7) La bibliothèque de l'Athénée de Deventer 는 다음과 같은 것들을
소장하고 있다 : Opus quadragesimale Sancti Vincentii 1482 (Cat.
des Incunables 1917, n° 274), et Oliverii Maillardi Sermones
dominicales, etc., Paris, Jean Petit, 1515, Vincent Ferrier 에 관
하여는 다음을 볼 것 : M. Gorce, Saint Vincent Ferrier, Paris, 1924;
S. Brettle, San Vincente Ferrer und sein literarischer Nachlass,
Münster, 1924 (Vorreform, Forschungen, t. X); C. Brunel, Un
plan de sermon de saint Vincent Ferrier, Bibl, de l'École des
Chartes, LXXXV, 1924, 113.

8) La vie de saint Pierre Thomas, Carmélite, par Philippes de
Mézières, Acta sanctorum, janvier, t. Ⅱ, p. 997; Denis le Char-
treux sur le style de la prédication de Brugman; De vita, etc.,
Christ.

9) Acta Sanctorum, avril, t. Ⅰ, p. 513.

10) James, Ⅰ, c., p. 348; "For sensitiveness and narrowness, when
they occur together, as they often do, require above all things
a simplified world to dwell in"; cf. p. 353.

11) Moll, Brugman, Ⅰ, p. 52.

12) 이 같은 습관은 네덜란드의 Baptistes de Giethoorn 의 농부들에게서
아직도 남아 있다. (Communication de M.W.P.A. Smit.)

13) Denis le Chartreux, De quotidiano baptismate lacrimarum, t.
XXIX, p. 84; De oratione, t. XLI, pp. 31~55; Expositio hymni
Audi benigne conditor, t. XXXV, p. 34.

14) Acta sanctorum, avril, t. Ⅰ, pp. 485, 494.

15) Chastellain, Ⅲ, p. 119; Antonio de Beatis (1517); L. Pastor, Die

Reise des Kardinals Luigi d'Aragona, Fribourg, 1905, pp. 51, 52;
Polydorus Vergilius, Anglicæ historiæ libri, XXVI, Basileæ, 1546,
p. 15.

16) Cf. D. de Man, Vervolgingen etc., Bydr. Vad. Gesch. en Oud-
heidk, 6ᵉ série, IV, 283.

17) Gerson, Epistola contra libellum Johannis de Schonhavia, Opera,
I, p. 79.

18) Gerson, De distinctione verarum visionum a falsis, Opera, I,
p. 44.

19) Id., p. 48.

20) Gerson, De examinatione doctrinarum, Opera, I, p. 19.

21) Id., pp. 16, 17.

22) Gerson, De distinctione, etc., I, p. 44. 똑같은 의혹이 14 세기에
아비뇽의 사제 Opicinus de Canistris에 의해 표현되어 있다. R.
Salomon이 펴낸 매우 뛰어난 자서전적인 약전(略傳) 속에서 Vorträge
der Bibliothek Warburg, 1926~1927, p. 165.

23) Gerson, Tractatus II super Magnificat, Opera, IV, p. 248.

24) 65 nutte artikelen van der passien ons Heren; Moll, Brugmann
II, p. 75.

25) Gerson, De monte contemplationis, Opera, III, p. 562.

26) Gerson, De distinctione, etc., Opera, I, p. 49.

27) Id.

28) Acta sanctorum, mars. t. I, p. 562.

29) James, l. c., p. 343.

30) Acta sanctorum, l, c., p. 552ss.

31) Froissart, éd. Kervyn, XV, p. 132; Religieux de Saint-Denis, II,
p. 124; Joannis de Varennis Responsiones ad capita accusationum,
dans Gerson, Opera, I, pp. 925, 926.

32) Responsiones, l, c., p. 936.

33) Id., p. 910ss.

34) Gerson, De probatione spirituum, Opera, I, p. 41.

35) Gerson, Epistola contra libellum Joh. de Schonhavia, Opera, I,
p. 82.

36) Gerson, Sermo contra luxuriem, Opera, Ⅲ, p.924.

37) Gerson, De distinctione, etc., Opera, Ⅰ, p.55.

38) Opera, Ⅲ, p.589ss.

39) Id., p.593.

40) Gerson, De consolatione theologiæ, Opera, Ⅰ, p.174.

41) Gerson, Epistola...super tertia parte libri Joannis Ruysbroeck. De ornatu nupt. spir., Opera, 1, pp.59, 67, etc.

42) Gerson, Epistola cntra defensionem Joh. de Schonhavia (polémique sur Ruysbroeck), Opera, Ⅰ, p.82.

43) 똑같은 감정이 한 근대인에게서는 다음과 같이 표현되고 있다 : "I commited myself to Him in the profoundest belief that my individuality was going to be destroyed, that he would take all from me, and I was willing." James, 1, c., p.223.

44) Gerson, De distinctione, etc., Ⅰ, p.55; De libris caute legendis, Ⅰ, p.114.

45) Gerson, De examinatione doctrinarum, Opera, Ⅰ, p.19; De distinctione, Ⅰ, p.55; De libris caute legendis, Ⅰ, p.114; Epistola super Joh. Ruysbroeck De ornatu, Ⅰ, p.62; De consolatione theologiæ, Ⅰ, p.174; De susceptione humanitatis Christi, Ⅰ, p.455; De nuptiis Christi et ecclesiæ, Ⅱ, p.370; De triplici theologia, Ⅲ, p.869.

46) Moll, Johannes Brugmann, Ⅰ, p.57.

47) Gerson, De distinctione, etc., Ⅰ, p.55.

48) Moll, Brugman, Ⅰ, pp.234, 314.

49) Ecclesiasticus, 24, 29; cf. Meister Eckhart, Predigten, nº 43, pp. 146, 26.

50) Ruysbroeck, Die spieghel der ewigher salicheit, cap. 7; Die Chierh eit der gheesteleker brulocht, 1, Ⅱ, c., p.53; Werken, éd. David, en Snellaert (Maatsch. der Vlaemsche bibliophilen), 1860, 1868, Ⅲ, pp.156~59, Ⅵ, p.132.

51) D'après le manuscrit dans Oulmon, 1, c., p.277.

52) James, 1, c., pp.10, 191, 276 에 의한 이 견해에 대한 반증을 보라.

53) Moll, Brugman, Ⅱ, p.84.

54) Oulmont, 1, c., pp. 204, 210.

55) B. Alanus redivivus, éd. J.A. Coppenstein, Naples, 1642, pp. 29, 31, 105, 108, 116, etc.

56) B. Alanus redivivus, pp. 209, 218.

제15장 쇠퇴하는 상징 체계

1) Seuse, Leben, ·kap., 4. 45, Deutsche Schriften, pp. 15, 154; Acta sanctorum, janvier, t. Ⅱ, p. 656.

2) Hefele, 1, c., p. 167; cf. p. 259. Bernardin 은 그 같은 관습을 옹호하고 있다.

3) Eug. Demole, Le soleil comme cimier des armes de Genève, mentionné dans la Revue historique, CXXⅢ, p. 450.

4) Rod. Hospinianus, De templis, etc., éd. Ⅱa, Tiguri, 1603, p. 213.

5) James, Varieties of religious experience, pp. 474, 475.

6) Irénée, Adversus haereses libri V, 1, Ⅳ, c., p. 21.

7) 이러한 사실주의의 필연성에 관하여, James, 1, c., p. 56.

8) Saint Bernard, Libellus ad quendam sacerdotem, dans Dion, Cart. De vita et regimine curatorum, t. XXXⅦ, p. 222.

9) Bonaventura, De reductione artium ad theologiam, Opera, éd., Paris, 1871, t. Ⅶ, p. 502.

10) P. Rousselot, Pour l'histoire du problème de l'amour (Bäumker et Von Hertling, Beitr. zur Gesch. der Philosophie im Mittelalter Ⅵ, 6), Münster, 1908.

11) Sicard, Ministrale sive de officiis ecclesiasticis summa, Migne, t. CCXⅢ, c., p. 232.

12) Gerson, Compendium Theologiæ, Opera, Ⅰ, pp. 234, 303, 325; Meditatio super septimo psalmo poenitentiali, Ⅳ, p. 26.

13) Alanus redivivus, passim.

14) Froissart, Poésies, éd. Scheler, Ⅰ, p. 53.

15) Chastellain, Traité par forme d'allégorie mystique sur l'entrée du roy Loys en nouveau règne, Œuvres, Ⅶ, p. 1; Molinet, Ⅱ, p. 71, Ⅲ, p. 112.

16) Cf. Coquillart, Les droits nouveaux et d'Héricault, Ⅰ, p. 72.

17) Opera, I, p. XLIVss.

18) J. Mangeart, Catalogue des Mss. de la Bibl. de Valenciennes, 1860, p. 687.

19) Journal d'un bourgeois, p. 96.

20) La Marche, II, p. 378.

21) Cf. Histoire littéraire de la France, t. XXIV, p. 541; Gröber, Gundriss, II, 1re partie, p. 877, II, 2e partie, p. 406; Les cent nouvelles nouvelles, II, p. 183 (nouvelle éd. P. Champion, dans la série Documents artistiques du XVe siècle, Paris, Droz, 1929); Rabelais, Pantagruel, 1, IV, ch. XXIX.

22) H. Grotefend, Korrespondenzblatt des Gesamtvereins, etc. 67, 1919, p. 124.

23) De captivitate babylonica ecclesiæ præludium. Werke, éd. Weimar, VI, p. 562.

제16장 이미지들의 포기로

1) Petri de Alliaco Tractatus I adversus cancellarium Parisiensem, dans Gerson, Opera, I, p. 723.

2) Dion Cart., Opera, t. XXXVI, p. 200.

3) Id., Revelatio II, Opera, I, p. XLV.

4) Id., Opera, t. XXXVII, XXXVIII, XXXIX, p. 496.

5) Alain Chartier, Œuvres, p. XI. 이 일화는 그 시대의 생각을 나타내는 증거로서만 가치가 있다. Alain Chartier 는 1429년에 죽었고 Marguerite 는 1435, 11세의 나이로 프랑스에 왔을 뿐이다. Cf. P. Champion Histoire poétique du XVe siècle, I, p. 131.

6) Gerson, Opera, I, p. 17.

7) Dion. Cart., Opera, t. XVIII, p. 433.

8) Dion. Cart., Opera, t. XXXIX, p. 18ss; De vitiis et virtutibus, p. 363; De gravitate et enormitate peccati, id., t. XXIX, p. 50.

9) L.c., XXXIX, p. 37.

10) Id., p. 56.

11) Dion Cart., De Quatuor hominum novissimis, Opera, t. XLI, p. 545.

12) Id., t. XLI, p. 489ss.

13) Moll, Brugman, p. 320.

14) Saint Gilles, saint Germain, saint Quirice의 전례는 Gerson에 의해 De via imitavia, Ⅲ, p. 777에 인용되어 있다. cf. Contra gulam sermo, id., p. 909 et Olivier Maillard, Serm. de Sanctis, fol. 8a.

15) Wetze und Welter, Kirchenlexikon, XI, 1601.

16) Extravag. commun. lib. Ⅴ, tit. Ⅸ, cap. 2: "Quanto plures ex eius applicatione trahuntur ad justitiam, tanto magis accrescit ipsorum cumulus meritorum."

17) Saint Bonaventure, in secundum librum sententiarum, dist. 41, art. 1, qu. 2; id., pp. 30, 2, 1, 34; in quart. lib. sent. d. 34, a, 1, qu. 2; Breviloquii pars Ⅱ, Opera, éd. Paris, 1871, t. Ⅲ, p. 577a, pp. 335, 438, Ⅵ, p. 327b, Ⅶ, p. 27, ab.

18) Dion, Cart., De vitiis et virtutibus, Opera, t. XXXⅨ, p. 20.

19) Mac Kechnie, Magna Carta, p. 401.

20) 같은 생각이 교황의 교서 Unigenitus에 표현되어 있다. Cf. Marlowe, Faustus: "See, where Christ's blood streams in the firmament! One drop of blood will save me."

21) Dion. Cart., Dialogion de fide cath., Opera, t. XⅧ, p. 366.

22) Dion, Cart., Opera, t. XLI, p. 489.

23) Id., De laudibus sanctæ et individiæ trinitatis, t. XXXV, p. 137; De laud. glor. Virg. Mariæ, et passim. 이 같은 최상급의 표현의 사용은 Pseudo-Denis l'Aréopagite 까지 거슬러 올라간다.

24) Joannis Scoti, De divisione naturæ. 1, Ⅲ, c., p. 19; Migne, Patr. latina, t. CXXII, p. 681—Cherubinischer Wandersmann, Ⅰ, p. 25.

25) 독일 신비주의의 기원에 관해서는 Melline d'Asbeck, La mystique de Ruysbroeck l'Admirable, un écho du néo-platonisme au XⅣ e siècle, Thèse, Paris, 1930 을 비교해보라. 저자에 따르면 성 토마스적인 요소는 Denifle와 그의 후계자들이 생각하는 것보다 덜 중요하다고 볼 수 있을 것이다.

26) Opera, Ⅰ, p. XLIV.

27) Meister Eckhart, Predigten, n°60 et 76, éd. F. Pfeiffer, Deutsche Mystiker des XⅣ, Jh., Leipzig, 1857, Ⅱ, pp. 193, 1. 34 ss; pp. 242,

1, 2ss.

28) Tauler, Predigten, nᵒ 28, éd. F. Vetter (Deutsche Texte des Mittelalters XI), Berlin, 1910, pp. 117, 1. 30ss.

29) Ruusbroec, Dat boec van den rike der ghelieven, cap. 43, éd. David, Ⅳ, p. 264.

30) Id., Van seven trappen in den graet der gheesteliker minnen, cap. 14, éd. David, Ⅳ, p. 53.

31) Ruusbroec, Boec van der hoechster waerheit, éd. David, p. 263; cf. Spieghel der ewigher salicheit, cap. 25, p. 231.

32) Spieghel der ewigher salicheit, cap. 19, p. 144, cap. 23, p. 227.

33) Ⅱ, par. 6, 1; Dominus pollicitus est ut habitaret in caligine, Ps. 17, 13; Et posuit tenebras latibulum suum.

34) Dion. Cart. De laudibus sanctæ et individuæ trinitatis per modum horarum, Opera, t, XXXV, pp. 137~38. id., XLI, p. 263, etc.; cf. De passione domini salvatiros dialogus, t. XXXV, p. 274: "ingrediendo caliginem, hoc est ad supersplendidissimæ ac prorsus incomprehensibilis Deitatis præfatam notitiam pertingendo per omnem negationem ab ea."

35) Dion. Cart., De contemplatione, lib. Ⅲ, art. 5, Opera, t. XLI, p. 259.

36) Dion. Cart. De contemplatione, t. XLI, p. 269, d'après Denis l'Aréopagite.

37) Seuse, Leben, ch. Ⅳ, Bihlmeyer, Deutsche Schriften, 1907, p. 14.

38) Eckhart, Predigten, nᵒ 9, p. 47ss.

39) Soliloquium animæ, Thomas a Kempis, Opera omnia, éd, M.J. Pohl, Fribourg, 1902~1910, 7 Vol., 1, p. 230.

40) L.c., p. 222.

제17장 실생활 속에 반영된 사고의 형태들

1) Aliénor de Poitiers, Les honneurs de la cour, pp. 184, 189, 242, 266.

2) Olivier de la Marche, L'Estat de la maison, etc., t. Ⅳ, p. 56.

3) J.H. Round, The King's sergeants and officers of state with their

coronation services, London, 1911, p. 41.

4) 'les trois frères'와 공작의 다른 몇몇 보석들, 이것들은 後에 Bâle 시에 의해 Fugger에게 팔리는데, 그것들에 대해서는 Rudolf F. Burckhardt, Über vier Kleinodien Karls des Kühnen, dans Anzeiger für Schweizerische Altertumskunde, 1931, fasc. 3을 볼 것.

5) 그 증거로는 영어에서 배를 가리킬 때 'she'라고 하는 것. 이는 기관차·자동차, 그리고 아메리카에서는 엘리베이터에까지 적용되는 어법이다.

6) Le livre des trahisons, p. 27.

7) Rel. de Saint-Denis, Ⅲ, p. 464s; Juvénal des Ursins, p. 440; Noel Valois, La France et le grand schisme d'Occident, Paris, 1896~1902, 4 Vol, Ⅲ, p. 433.

8) Juvénal des Ursins, p. 342.

9) Monstrelet, Ⅰ, pp. 277~342; Coville, Le véritable texte de la justification du duc de Bourgogne par Jean Petit, Bibliothèque de l'École des Chartes, 1911, p. 57, 1408년 9월 11일에 사제 Thomas de Cerisi에 의해 행해진 la contre-démonstration에 대한 답변으로 행해진 Jean Petit의 두번째 변화 계획에 관하여는 O. Cartellieri Beiträge zur Geschichte der Herzöge von Burgund, V, Sitzungsberichte der Heidelberger Akademie der Wissenschaften, 1914, p. 6을 볼 것 ; Wolfgang Seiferth, Der Tyrannenmord von 1407, Thèse de Leipzig (non imprimée).

10) Leroux de Lincy: Les proverbes français
J. Morawski, Les proverbes français, collection des Classiques français du moyen âge; cf. E. Langlois, Bibl. de l'École des Chartes, LX, 1899, p. 569; J. Ulrich, Zeitschr. f. franz. Sprache und Lit., XXⅣ, 1902, p. 191.

11) les Grandes Chroniques de France, éd. P. Paris, Ⅳ, p. 478.

12) Alain Chartier, éd, Duchesne, p. 717.

13) Les fortunes et adversitez de feu noble homme Johan Regnier, éd. E. Droz, Société des anciens textes français, Paris, 1923; P. Champion, Histoire poétique du XVe siècle, Ⅰ, p. 229ss를 볼 것.

14) Roberti Gaguini Ep. et or., éd. Thuasne, Ⅱ, p. 366.

15) Gerson, Opera, Ⅳ, p. 657; id., Ⅰ, p. 936; Carnahan, The Ad Deum vadit of Jean Gerson, pp. 61, 71; cf. Leroux de Lincy, Les proverbes français, Ⅰ, p. LII.

16) Geffroi de. Paris, éd. de Wailly et Delisle; Bouquet, Recueil des Historiens, des Gaules et de la France, XXⅡ, p. 67; index rerum et personarum s.v. Proverbia, p. 926 을 볼것.

17) Froissart, éd. Luce, XⅠ, p. 119; éd. Kervyn, XⅢ, p. 41; XIV, p. 33, XV, p. 10; Le Jouvencel, Ⅰ, pp. 60, 62, 63, 74, 78, 93.

18) Je l'envie 라는 말은 도박 용어이다. 곧 도전의 말 ; Lc houd 은 그 대답이다 ; 받아들인다는 뜻. Cominus et eminus 는 고슴도치가 그 의 가시들을 멀리 뻗칠 수 있다는 믿음에 근거를 둔다.

19) 본인의 연구 저서 Uit de voorgeschiednis van on national besef dans Tien Studien 을 볼 것.

20) A. Piaget, Le livre Messire Geoffroy de Charny, Romania, XXVI, 1897, p. 396.

21) L'Arbre des batailles, Paris, Michel le Noir, 1515. Bonet 에 관 해서는 Molinier, Les sources de l'Histoire de France, n° 3861 을 볼 것.

22) Chap. 35, 85 bis (les n°ˢ 80~90 은 1515 년판에 이중으로 인쇄되어 있다). pp. 124~26.

23) Chap. LⅥ, LX, LXXXⅣ, CXXXⅡ; G.W. Coopland, The tree of battles and some of its sources, Tydschrift voor rechtsgeschie-denis, V, 1923, p. 173. 이 논문은 Bonet 가 Jean de Legnano 에게 서 많은 것을 빚지고 있음을 보여준다. 그러나 우리가 말하고 있는 부분들은 가장 오리지널한 것에 속하는 것 같다. J. de Legnano 에 관해서는 G. Ermini, I trattati della guerra e della pace di G. da Legnano, Studie memorie per la storia dell' universita di Bolo-gna, t. Ⅷ, 1924를 보라. 스페인 소설 ˝Tirante el Blanco 에서는 은자가 종자(從者)에게 기사도에 관한 개론서로서 L'Arbre des bat-ailles 를 준다.

24) Chap. LXXXⅡ, LXXXⅨ, LXXX bis et ss.

25) Le Jouvencel, Ⅰ, p. 222, Ⅱ, pp. 8, 93, 96, 133, 214.

26) Les vers de maître Henri Baude, poète du XVᵉ siècle, éd. Quich-

erat (Trésor, des pièces rares ou inédites), 1856, pp. 20~25.

27) P. Champion, Villon, Ⅱ, p. 182.

28) 이 같은 형식주의는 아직도 남아메리카의 종족들에서는 훨씬 크다. 거기서는 어떤 사람이 우연히 상처를 입으면 그는 그의 종족에게 그가 그 종족의 [피를 흘렸기 때문에 그 피값을 지불해야 한다. L. Farrand, Basis of American history, p. 198 (The American nation, A history, vol. Ⅱ).

29) La Marche, Ⅱ, p. 80.

30) Chastellain, Ⅳ, p. 169.

31) Chron. scand., Ⅱ, p. 83.

32) Petit-Dutaillis, Documents nouveaux sur les mœurs populaires, etc.; cf. Chastellain, V, p. 399 Jacques du Clerq, passim.

33) Du Clercq, Ⅳ, p. 264; cf. Ⅲ pp. 180, 184, 206, 209.

34) Monstrelet, Ⅰ, p. 342, V, p. 333; Chastellain, Ⅱ, p. 389; La Marche, Ⅱ, pp. 284, 331; Le livre des trahisons, pp. 34, 226.

35) Quicherat, Th. Basin, Ⅰ, p. XLⅣ.

36) Chastellain, Ⅲ, p. 106.

37) Sermo de nativitate domini, Gerson, Opera, Ⅲ, p. 947.

38) Le Pastoralet, vs. 2043.

39) Jean Jouffroy, Oratio, Ⅰ, p. 188.

40) La Marche, Ⅰ, p. 63.

41) Gerson, Querela nomine Universitatis..., Opera, Ⅳ, p. 574; cf. Rel. de S. Denis, Ⅲ, p. 185.

42) Chastellain, Ⅱ, p. 375; cf. p. 307.

43) Commines, Ⅰ, pp. 111, 363.

44) Monstrelet, Ⅳ, p. 388.

45) Basin, Ⅰ, p. 66.

46) La Marche, Ⅰ, pp. 60, 63, 83, 91, 94, 134, Ⅲ, p. 101.

47) Commines, Ⅰ, pp. 170, 391, 262, 413, 460.

48) Basin, Ⅱ, pp. 417, 419; Molinet, Faictz et Dictz, f° 205.

49) Deschamps, Œuvres, t. X.

50) Op. cit., p. 219ss.

51) Op. cit., p. 293ss.

52) Monstrelet, Ⅳ, p. 93; Livre des Trahisons, p. 157; Molinet, Ⅱ, p. 129; cf. du Clercq, Ⅳ, pp. 203, 275; Th. Pauli, p. 278.

53) Molinet, Ⅰ, p. 65.

54) Molinet, Ⅳ, p. 417. Courtaulx 는 악기를 지칭하며 Mornifle 은 카드놀이를 가리킨다.

55) Gerson, Opera, Ⅰ, p. 205.

56) Le songe d'un vieil pèlerin, dans Jorga, Philippes de Mézières, p. 69.

57) Juvénal des Ursins, p. 425.

58) L.c., p. 415.

59) Gerson, Opera, Ⅰ, p. 205.

60) Gerson, Sermo coram rege Franciæ, Opera, Ⅳ, p. 620; Juvénal des Ursins, pp. 415, 423.

61) Gerson, Opera, Ⅰ, p. 216.

62) Chastellain, Ⅳ, p. 324, 323, 314[1]; cf, Du Clercq, Ⅲ, p. 236

63) Chastellain, Ⅱ, p. 376, Ⅲ, pp. 446, 447, 448, Ⅳ, p. 213, V, p. 32.

64) Monstrelet, V, p. 425.

65) Chronique de Pierre de Prêtre, dans Bourquelot, La Vauderie d'Arras, Bibl. de l'École des Chartes, 2e série, Ⅲ, p. 109.

66) Jacques du Clercq, Ⅲ, passim; Mathieu d'Escouchy, Ⅱ, p. 416ss.

67) Martin le Franc, Le Champion des Dames, dans Bourquelot, op. cit., p. 86, Dans Thuasne, Gaguin, Ⅱ, p. 474.

68) Froissart, éd. Kervyn, Ⅺ, p. 193

69) Gerson, Contra superstitionem præsertim Innocentum, Op. Ⅰ, p. 205; De erroribus circa artem magicam, Ⅰ, p. 211; De falsis prophetis, Ⅰ, p. 545; De passionibus animae, Ⅲ, p. 142.

70) Journal d'un bourgeois, p. 236.

71) Op. cit., p. 220.

72) Dionysius Cartusianus, Contra vitia superstitionum quibus circa cultum veri Dei erratur, Opera, t. XXXⅥ, p. 211ss; cf. A. Franz, Die kirchlichen Benediktionen im Mittelalter, Fribourg, 1909, 2 vol.

73) 예를 들어, Jacques du Clercq, Ⅲ, pp. 104~07.

제18장 예술과 삶

1) Rel. de Saint Denis, Ⅱ, p. 78.

2) Rel. de Saint Denis, Ⅱ, p. 413.

3) Ib., Ⅰ, p. 358.

4) Ib., Ⅰ, p. 600; Juvénal des Ursins, p. 379.

5) La Curne de Sainte Palaye, Ⅰ, p. 388; cf. aussi Journal d'un bourgeois de Paris, p. 67.

6) Bourgeois de Paris, p. 179 (Charles Ⅵ), 309 (Isabeau de Bavière); Chastellain, Ⅳ, p. 42 (Charles Ⅶ), Ⅰ, p. 332 (Henri Ⅴ); Lefèvre de Saint-Rémy Ⅱ, p. 65; Mathieu d'Escouchy, Ⅱ, pp. 424, 432; Chron. scand., Ⅰ, p. 21; Jean Chartier, p. 319; (Charles Ⅶ): Quatrebarbes, Œuvres du roi René, Ⅰ, p. 129; Gaguini compendium super Francorum gestis, éd. Paris, 1500, enterrement de Charles Ⅷ, f° 164.

7) Martial d'Auvergne, Vigilles de Charles Ⅶ, Les poésies de Martial de Paris, dit d'Auvergne, Paris, 1724, 2 vol., Ⅱ, p. 170.

8) P. Frédéricq, Codex docum. sacr. indulg. neerland., Rŷks Geschiedkundige Publicatiën, petite série 21, 1922, p. 252.

9) 이탈리아 르네상스(15세기)가 한창일 때도, Pie Ⅱ는 예술가의 위엄을 거의 존중하지 않는다. 그는 그가 총애하는 조각가 Paolo Romano 에게 Sigismond Malatesta 의 초상화 둘을 그려 그것들을 엄숙하게 불태운다. 교황은 그의 Commentaires Ⅶ, p. 185 에서 그 완벽하게 닮은 것을 칭찬하고 있다. E. Münte, Les arts à la cour des papes, 1878, p. 248.

10) M. Paul Post 는, 베를린으로부터, 철저히 고증된 한 연구에서, 1608년에 마드리드 근방 Pardo 성의 화재 때 유실된, Philippe le Bon 궁정의 사냥 그림을 Jean van Eyck 의 것으로 간주한 바 있다. 그 그림의 한 오래된 모사품이 베르사이유성에 보존되어 있으며, 그것은 Mᵐᵉ Roblot-Delandre 에 의해 la Revue archéologique, 1911, p. 420ss 에서 충분한 설명 없이 지적된 바 있다. —Jahrbuch der preussischen Kunstsammlungen, t. LⅡ, liv. 2, p. 126, 1931.

11) 예를 들어, Froissart, éd. Luce, Ⅷ, p. 43.

12) Froissart, éd. Kervyn, Ⅺ, p. 367. 한 이본(異本)은 'peintres' 대

신에 'proviseur'란 이문(異文)을 보여준다. 하지만 문맥으로는 'peintres'란 말이 더 적합하게 보인다.

13) Betty Kurth, Die Blütezeit der Bildwirkerkunst zu Tournay und der Burgundische Hof, Jahrbuch der Kunstsammlungen des Kaiserhauses, 34, 1917, 3.

14) Pierre de Fenin, p. 624, au sujet de Bonne d'Artois: "et avec ce ne portoit point d'estat sur son chief comme autres dames à elle pareilles."

15) Chastellain, Ⅲ, p. 375; La Marche, Ⅱ, p. 340, Ⅲ, p. 165; d'Escouchy, Ⅱ, p. 116; Laborde, Ⅱ; Molinier, Les sources de l'Histoire de France, n°ˢ 3645, 3661, 3663, 5030 을 볼 것, Inv. des arch. du Nord, Ⅳ, p. 195.

16) La Marche, Ⅱ, p. 340ss.

17) Laborde, Ⅱ, p. 326.

18) La Marche, Ⅲ, p. 197.

19) Laborde, Ⅱ, p. 375, n° 4880.

20) Id., Ⅱ, pp. 322, 329.

21) 그의 도장의 흔적은 Claus Sluter 란 이름을 가지고 있지만, 프랑스화된 이 형태가 그의 세례명의 원래 형태일 것 같지는 않다.

22) 그는 왕비의 오라버니인, Louis de Bavière에게 인질로 잡혀 거기 머물러 있었다.

23) A. Kleinclausz, Un atelier de sculpture au XVᵉ siècle, Gazette des beaux-arts, t. XXIX, 1903, Ⅰ.

24) 출애굽기 12, 6; 시편 21, 18; 이사야 53, 7; 예레미야 1, 22; 다니엘 9, 26; 스가랴 11, 12.

25) 오늘날은 사라진 이 같은 색채들은 1832년에 기안된 한 보고서에 의해 상세히 알려져 있다.

26) Kleinclausz, L'art funéraire de la Bourgogne au moyen âge, Gazette des beaux-arts, 1902, t. XXⅧ.

27) Etienne Boileau, Le livre des métiers, éd. de Lespinasse et Bonnardot, Histoire générale de Paris, 1879, p. XI, Ⅲ² 를 볼 것.

28) G. Cohen, Le livre de conduite du régisseur et le compte des dépenses pour le Mystère de la Passion joué à Mons en 1501.

Publ. Fac. des lettres de Strasbourg, fasc. 23, 1925.

29) Chastellain, V, pp. 26, 2; Doutrepont, p. 156.

30) Juvénal des Ursins, p. 378.

31) Jacques du Clercq, Ⅱ, 280; Foulquart, dans d'Héricault, Œuvres de Coquillart, Ⅰ, p. 231.

32) Lefèvre de Saint-Rémy, Ⅱ, p. 291.

33) Londres, National Gallery, et Berlin, Kaiser Friedrich Museum.

34) W.H.J. Weale, Hubert and John van Eyck, Their life and work, Londres, New York, 1908, p. 70.

35) Froissart, éd. Kervyn, Ⅺ, p. 197.

36) P. Durrieu, Les très riches de Jean de France, duc de Berry (Heures de Chantilly), Paris, 1904, p. 81.

37) Moll, Kerkgesch, Ⅱ³, p. 313ss.; J.G.R. Acquoy, Het Klooster van Windesheim en zyn invloed, Utrecht, 1875~1880, 3 vol., Ⅱ, p. 249.

38) Th. a Kempis, Sermones ad novitios, n° 28, Opera, éd. Pohl, t. Ⅵ, p. 287.

39) Moll, op. cit., Ⅱ², p. 321; Acquoy, op. cit., p. 222,

40) Chastellain, Ⅳ, p. 218.

41) La Marche, Ⅱ, p. 398.

42) La Marche, Ⅱ, p. 369.

43) Chastellain, Ⅳ, pp. 136, 275, 359, 361, V, p. 225; du Clercq, Ⅳ, p. 7.

44) Chastellain, Ⅲ, p. 332; du Clercq, Ⅲ, p. 56.

45) Chastellain, V, p. 44, Ⅱ, p. 281; La Marche, Ⅱ, p. 85; du Clercq, Ⅲ, p. 56.

46) Chastellain, Ⅲ, p. 330.

47) Du Clercq, Ⅲ, p. 203.

48) Saint Bonaventure à Quaracchi의 편집자들은 이 작품을, San Gimignano 프란체스코회 수사로 1376년에 죽은 Jean de Cauilbus 의 것으로 돌린다.

49) Facius, Liber de viris illustribus, éd. L. Mehus, Florence, 1745, p. 46. 또한 Weale, Hubert and John van Eyck, p. LXXⅢ에서도.

제19장 미학적인 감정

1) Dion Cartus, Opera, t. XXXIV, p. 223,
2) Op. cit., pp. 247, 230.
3) O. Zöckler, Dionys des Kartäusers Schrift De venustate mundi, Beitrag zur Vorgeschichte der Aesthetik, Theol. Studien und Kritiken, 1881, p. 651; cf. E. Anitchkoff, L'esthétique au moyen âge; Le Moyen âge, XX, 1918, p. 271; M. Grabmann, Des Ulrich Engelberti von Strassburg O. Pr. Abhandlung De Pulchro, Sitzungsb. Bayer. Akademie, Phil. hist. Kl. 1925; W. Seiferth, Dantes Kunstlehre, Archiv. f. Kulturgeschichte, XVII, XVIII, 1927, 1928.
4) Summa theologiæ, pars 1, a q. XXXIX, art. 8.
5) Dion Cart., Opera, t. I, Vita, p. XXXVI.
6) Dion Cart., 'De vita canonicorum', art. 20, Opera, t. XXXVII, p. 197; An discantus in divino obsequio sit commendabilis, Cf. Saint Thomas, Summa theologiæ, IIa, II, ae. q. 91, art. 2: "Utrum cantus sint assumendi ad laudem divinam."
7) Molinet, I, p. 73; cf. 67.
8) Petri Alliaci; 'De falsis prophetis', dans Gerson, Opera, I, p. 538.
9) 거기서 영어 'catch'란 말, 즉 포신(砲身)을 가리키는 말이 나옴.
10) La Marche, II, p. 361.
11) "De Venustate...", t. XXXIV, p. 242.
12) Froissart, éd. Luce, IV, p. 90; VII, pp. 43, 58, XI, pp. 53, 129; éd. Kervyn, XI, pp. 340, 360, XIII, p. 150, XIV, pp. 157, 215.
13) Deschamps, I, p. 155; II, p. 211, II, n° 307, p. 203; La Marche, I, p. 274.
14) Livre des trahisons, pp. 150, 156; La Marche, II, pp. 12, 347, III, pp. 127, 89; Chastellain, IV, p. 44; Chron. scand., I, pp. 26, 126.
15) Lefèvre de Saint-Rémy, II, pp. 294, 296. Philippe le Bon의 궁정에서는 사람들이 번쩍거리는 금사슬이 달린 흰옷을 입고 춤을 추는 'danse basse'의 그림이 묘사되어 있는 것을 볼 수 있는데, 그것은 위에서 인용한 글에서 M. Post에 의해 Jean van Eyck의 작이라 여겨진다.

16) Couderc, Les comptes d'un grand couturier parisien au XVe siècle; Bull. de la société de l'histoire de Paris, XXXⅧ, 1911, p. 125ss.

17) Blason des couleurs, éd, Cocheris, pp. 113, 97, 87, 99, 90, 88, 108, 83, 110.

18) 예를 들어 Monstrelet, Ⅴ, p. 2; du Clercq, Ⅰ, p. 348.

19) La Marche, Ⅱ, p. 343; F. M. Graves, Deux inventaires de la maison d'Orléans, p. 28.

20) Chastellain, Ⅷ, p. 223; La Marche, Ⅰ, p. 276; Ⅱ, pp. 11, 68, 345; du Clercq, Ⅱ, p. 197; Jean Germain, Liber de virtutibus, p. 11; Jouffroy, Oratio, p. 173.

21) D'Escouchy, Ⅰ, p. 234.

22) Le miroir de mariage, XⅧ, 1650년경, Deschamps, Œuvres, Ⅸ, p. 57.

23) Chansons fraçaises du XVᵉ siècle, éd. G. Paris (Société des anciens textes français), 1875, n° 40, p. 50; Deschamps, n° 415, Ⅲ, p. 217, n° 419, id., p. 223; n° 423, id., p. 227; n° 481, id., p. 302; n° 728, Ⅳ, p. 199; L'Amant rendu cordelier, p. 23, Molinet, Faictz et Dictz, f° 176.

24) Blason des couleurs, p. 110. 이탈리아에서의 색깔의 상징에 관해서는, Bertoni L'Orlando furioso, p. 221ss 를 볼 것.

25) Cent ballades d'amant et de dame, n° 92; Christine de Pisan, Œuvres poétiques. Ⅲ, p. 299; Cf. Deschamps, X, n° 52; L'histoire et plaisante chronique du petit Jehan de Saintré, éd. G. Hellény, Paris, 1890, p. 415.

26) Le Pastoralet, vers 2054, p. 636; cf. Les cent nouvelles, Ⅱ, p. 118; "craindroit très fort estre du rang des bleux vestuz, qu'on appelle communément noz amis."

27) Chansons du XVᵉ siècle, n° 5, p. 5; n° 87, p. 85.

28) La Marche, Ⅱ, p. 207.

제20장 말과 이미지·1

1) 본인의 글 : Het probleem der Renaissance, dans Tien Studiën,

p. 289, 독일어로는, Wege der Kulturgeschichte, Munich, 1930,
p. 88 을 볼 것.

2) 예를 들어 M. Fierens Gevaert, La Renaissance septentrionale et
les premiers maîtres des Flandres, Bruxelles, 1905 와, 그 후의 많
은 다른 비평서들.

3) Erasmus, Ratio seu Methodus compendio perveniendi ad veram
theologiam, éd. de Bâle, 1520, p. 146.

4) E. Durand-Gréville, Hubert et Jean van Eyck, Bruxelles, 1910,
p. 119.

5) Alain Chartier, Œuvres, éd. Duchesne, p. 594.

6) Chastellain, I, pp. 11, 12; Ⅳ, pp. 21, 393; Ⅶ, p. 160; La Marche,
I, p. 14; Molinet, I, p. 23.

7) Jean Robertet, dans Chastellain, Ⅶ, p. 182.

8) Chastellain, Ⅶ, p. 219.

9) Chastellain, Ⅲ, p. 231ss.

10) 17 janvier.

11) 예배당의 전속 사제인 이 카롱 Caron 은 Cent nouvelles nouvelles 중
하나의 이야기 화자로 나타난다.

12) Chastellain, Ⅲ, p. 46; Cf. Ⅲ, 104, V, 259.

13) Chastellain, V, pp. 273, 269, 271.

14) A. Michel, Histoire de l'art, etc..., Paris, 1907, Ⅳ, 2, p. 711 과 P.
Durrieu, Les belles heures du duc de Berry, Gazette des beaux
arts, 1906, t. XXXV. p. 283 에서 복사해놓은 것들을 보라.

15) Froissart, éd. Kervyn, XⅢ, p. 50, XI, p. 99, XⅢ, p. 4.

16) Auteur anonyme, imprimé avec Deschamps, Œuvres, X, n° 18;
Cf. Le Débat du cuer et du corps de Villon; cf. aussi Charles
d'Orléans, 롱도 192.

17) 이본(異本) : Monstré paix.

18) Ed. de 1522, fol, 101, dans A. de la Borderie, Jean Meschinot,
etc..., Bibl. de l'École des Chartes, LⅥ, 1895, p. 301. Cf. les
ballades de Henri Baude, éd. Quicherat, Trésor des pièces rares
ou inédites, Paris, 1856, pp. 26, 37, 55, 79.

19) Froissart, éd. Luce, I, pp. 56, 66, 71; XI, p. 13; éd. Kervyn, XⅡ,

pp. 2, 23; cf. aussi Deschamps, Ⅲ, p. 42.

20) P. Durrieu, Les très riches heures de Jean de France duc de Berry, 1904, pl. 38.

21) Œuvres du roi René, éd. Quatrebarbes, Ⅱ, p. 105.

22) Deschamps, Ⅰ, nᵒˢ 61, 154, 483, 524; Ⅳ, nᵒˢ 617, 636.

23) Le roi René 는 꿈의 성 le Chastel de Plaisance 를 Saumur 성에 비교한다. Œuvres, Ⅲ, 146.

24) Durrieu, op. cit, pl. 3, 9, 12.

25) Deschamps, Ⅵ, p. 191, n° 1204.

26) Froissart, éd. Luce, Ⅴ, p. 64, Ⅷ, p. 5, 48, Ⅺ, p. 110; éd. Kervyn, XⅢ, pp. 14, 21, 84, 102, 264.

27) Froissart, éd. Kervyn, XV, pp. 54, 109, 184, XⅥ, pp. 23, 52; éd. Luce, Ⅰ, p. 394

28) Froissart, XⅢ, p. 13.

29) G. de Machaut, Poésies lyriques, éd. V. Chichmaref (Zapiski ist. fil. fakulteta imp. S. Petersb. universiteta. XCⅡ, 1909), nᵒ 60, Ⅰ, p. 74.

30) La Borderie, op. cit, p. 618.

31) Christine de Pisan, Œuvres poétiques, Ⅰ, p. 276.

32) Id. p. 164, n° 30.

33) Christine de Pisan, op. cit., Ⅰ, p. 275, n° 5.

34) Froissart, Poésies, éd. Schleer, Ⅱ, p. 216.

35) P. Michault, La dance aux aveugles, etc... Lille, 1748.

36) Recueil de Poésies françoises des XVᵉ et XⅥᵉ siècles, éd. de Montaiglon (Bibl. elzévirienne), t. Ⅸ, p. 59.

제21장 말과 이미지·2

1) 하지만 이 같은 쥐덫 (cette souricière)이 상징일 수 있다. Pierre Lombard, 'Sententiæ' lib. 888, dist. 19, 은 다음과 같은 속담을 상기시킨다. "Dieu a fait une sourcière pour le diable qu'il amorçɪ de la chair humaine du Christ". (하느님이 악마를 위해 덫을 만들어 그리스도의 인간적인 육신으로 악마를 유인했다.)

2) 여기서는 방금 거론한 바 있는 문제, 즉 'maître de Flémalle'이란

사람이 존재했는가를 알아보는 문제는 접어두기로 한다.

3) Deschamps, Ⅵ, n° 1202, p. 188.

4) Froissart, Poésies, Ⅰ, p. 91.

5) Froissart, éd. Kervyn, XⅢ, p. 22.

6) Deschamps, Ⅰ, p. 196, n° 90, p. 192, n° 87; Ⅳ, p. 294, n° 788; Ⅴ, n° 903, 919; Ⅶ, p. 220, n° 1375. Cf. Ⅱ, p. 86, n° 250, n° 247.

7) Fiedländer, Die Altniederländische Malerei, Ⅰ, p. 77 는 그것을 "im frühen Eyck-stil"의 작품들 속에 넣는다. 그 그림은 Philippe de Commines 에게 속했었다.

8) Durrieu, Les très riches heures, pl. 38, 39, 60, 27, 28.

9) Deschamps, n° 1060, V, p. 351, n° 844; V, p. 15.

10) Chastellain, Ⅲ, p. 256ss.

11) Journal d'un bourgeois, p. 352².

12) Deschamps, n°ˢ 1229, 1230, 1233, 1259, 1300, 1477; Ⅵ, pp. 230, 232, 237, 279; Ⅶ, pp. 52, 54; Ⅷ, p. 182. Cf. Gaguin. "De validorum mendicantium astucia," éd. Thuasne, Ⅱ, p. 169ss.

13) Deschamps, n° 219; Ⅱ, p. 44, n° 2; Ⅰ, p. 71.

14) Id., Ⅳ, p. 291, n° 786.

15) Bibliothèque de l'École des Chartes, 2ᵉ série, Ⅲ, 1846, p. 70.

16) Proverbes, 14, 13.

17) Alain Chartier, La belle dame sans mercy, pp. 503, 505; Cf. Le débat du réveille-matin, p. 498; Chansons du XVᵉ siècle, p. 71, n° 73; L'amant rendu cordelier à l'observance d'amours, vs. 371; Molinet, Faictz et dictz, éd. 1537, f. 172.

18) Alain Chartier, Le débat des deux fortunes d'amours, p. 581.

19) Œuvres du roi René, éd. Quatrebarbes, Ⅲ, p. 194.

20) Charles d'Orléans, Poésies complètes, p. 68.

21) Op. cit., p. 88, ballade, n° 19.

22) L.c., chanson n° 62.

23) 사랑의 계율의 수도사가 된 연인은 Martial d'Auvergne 의 것으로 간주되며, 수사본들과 고판본들에 따라 A. de Montaiglon 에 의해 1881 년에 간행되었다(Société des anciens textes français). 이 같

은 추정은 M.P. Champion, Histoire poétique du XVe siècle, I,
p. 365 에서 밝힌 것처럼 잘못된 것이다.

24) Cf. Alain Chartier, p. 549: "Ou se le vent une fenestre boute
Dont il cuide que sa dame d'escoute, S'en va coucher joyeulx..."
25) L. cit., huitains, 51, 53, 57, 167, 188, 192.
26) Musée de Leipzig, n° 509.
27) Hesseling 교수는 정숙함(la pudeur)의 해석과는 다른 해석이 가능하
다는 점에서 나의 주의를 끌었다 : 즉 사자(死者)들은 최후의 심판 때
수의 없이 나타날 수는 없을 것이다. Ⅶ세기의 한 그리스의 텍스트
가 지적하고 있듯이 (Jean Moschus, c. 78, Migne, "Patrol. græ-
ca," t. LXXXⅦ, p. 2933 D), Hesseling 교수의 이 해석은 서구 문학
에서 끌어낸 텍스트에 의해 근거를 대야 할 것이다. 하지만 세밀화들
과 그림들에 그려진 부활 장면들에서는 죽은 자들이 무덤에서 벌거벗
은 채로 나온다는 것을 특기하자. 이 문제에 관해서는 예술도 신학도
뚜렷하게 결정된 바 없었다. G. C. Coulton, Art and the Reforma-
tion, Oxford, 1925, pp. 255~58 을 볼 것. Bâle 성당의 북문에는 부
활체들이 심판을 받기 위해 옷을 입고 있는 것을 볼 수 있다.
28) Chastellain, Ⅲ, p. 414.
29) Chron. scand., I, p. 27.
30) Molinet. V, p. 15.
31) Lefebvre, Théâtre de Lille, p. 54, dans Doutrepont, p. 354.
32) J. Veth, et S. Muller, Fz., A. Dürer's Niederländische Reise,
Berlin-Utrecht, 1918, 2 vol., I, p. 13.
33) Th. Godefroy, Le cérémonial françois, 1649, p. 617.
34) J. B. Houwaert, Declaratie van die triumphante Incompst van
den... Prince van Oraingnien, etc..., t'Antwerpen, Plantyn,
1579, p. 39.
35) 우리는 여기서 회화에 대한 극 상연의 영향에 관한 M. Emile Mâle
의 주장은 젖혀두기로 한다.
36) Christine de Pisan, Épitre d'Othéa à Hector, Ms. 9392 de Jean
Miélot, éd. J. van den Gheyn, Bruxelles, 1913.
37) Op. cit., pl. 5, 8, 26, 24, 25.
38) Van den Gheyn, Épitre d'Othéa, pl. 1 et 3; Michel, Histoire de

l'art, Ⅳ, 2, p. 603; Michel Colombe, tombeau de la cathédrale de Nantes; id., p. 616; la Tempérance sur le tombeau des cardinaux d'Amboise dans la cathédrale de Rouen.

39) 나의 글 Uit de voorgeschiednis van ons national besef, dans Studien, ou dans Wege der Kulturgeschichte 를 보라.

40) Exposition sur vérité mal prise, Chastellain, Ⅵ, p. 249.

41) Le livre de paix, Chastellain, Ⅶ, p. 375.

42) Advertissement au duc Charles, Chastellain, Ⅶ, p. 304ss.

43) Chastellain, Ⅶ, p. 237ss.

44) Molinet, Le miroir de la mort, fragment dans Chastellain, Ⅵ, p. 460.

45) Chastellain, Ⅶ, p. 419.

46) Deschamps, I, p. 170.

47) Le Pastoralet, vs. 501, 7240, 5768.

48) 전원시와 정치의 혼합에 관해서는 cf. Deschamps, Ⅲ, p. 62, n° 344, p. 93, n° 359.

49) Molinet, Chronique, Ⅳ, p. 307.

50) Cité par E. Langlois, Le roman de la rose (Société des anciens textes français), 1914, I, p. 33.

51) Recueil des Chansons, etc… (Soc. des bibliophiles belges), Ⅲ, p. 31.

52) La Borderie, loc. cit., pp. 603, 632.

제22장 새로운 형식의 출현

1) N. de Clemanges, Opera, éd. Lydius, Lugd. Bat., 1613; Joh. de Monasteriolo, "Epistolæ", Martène et Durand, Amplissima collectio, Ⅱ, col. 1310, Ep. 69, c. 1447, ép. 15, c. 1338.

2) Ep. 59, c. 1426, 58, c. 1423.

3) Ep. 40, col. 1388, 1396.

4) Le livre du Voir-Dit, p. XⅧ.

5) Gerson, Opera, I, p. 922.

6) Ep. 38, col. 1385.

7) Dion Cart., t. XXXⅦ, p. 495.

8) Pétrarque, Opera, éd. Bâle, 1581, p. 847; Clemanges, Opera, Ep. 5, p. 24; J. de Monstr., Ep. 50. col. 1428.

9) Chastellain, Ⅶ, pp. 75~143; Cf. V, pp. 38~40, Ⅵ, p. 80, Ⅷ, p. 358; Le livre des trahisons, p. 145.

10) Machaut, Le Voir-Dit., p. 230; Chastellain, Ⅵ, p. 194; La Marche, Ⅲ, p. 166; Le Pastoralet, vs. 2806; Le Jouvencel, Ⅰ, p. 16.

11) Le Pastoralet, vs. 541, 4612.

12) Chastellain, Ⅲ, pp. 173, 117, 359, etc.; Molinet, Ⅱ, p. 207.

13) J. Germain, Liber de virtutibus Philippi ducis Burgundiae. Chron. relat. à l'hist. de Belg. sous la domination des ducs de Bourg., Ⅲ.

14) Chron, scand., Ⅱ, p. 42.

15) Christine de Pisan, Œuvres poétiques, Ⅰ, n° 90, p. 90.

16) Deschamps, n° 285, Ⅱ, p. 138.

17) 아마도 Chaucer 가 Troïlus 와 Cressida 이야기 속에 등장시킨 뚜장이 Pandarus 에 관계된다. 이 고유명사로부터 영어 단어 pander 가 나왔다.

18) Villon, éd. Longnon, p. 15; Rabelais, Pantagruel, Ⅰ, 2, ch. Ⅵ.

19) Chastellain, V, p. 292ss; La Marche, Parement et triumphe des dames, Prologue; Molinet, Faictz et dictz, Prologue, id., Chronique, Ⅰ, pp. 72, 10, 54.

20) Extraits dans Kervyn de Lettenhove, Œuvres de Chastellain, Ⅶ, pp. 145~86; P. Durrieu, Un barbier de nom français à Bruges, Académie des Inscriptions et belles-lettres, Comptes rendus 1917, pp. 542~58 을 볼 것.

21) Chastellain, Ⅶ, p. 146.

22) Chastellain, Ⅶ, p. 180.

23) La Marche, Ⅰ, pp. 15, 184~86; Molinet, Ⅰ, p. 14, Ⅲ, p. 99; Chastellain, Ⅵ, Exposition sur vérité mal prise, Ⅶ, pp. 76, 29, 142, 422; Commines, Ⅰ, p. 3; Cf. Doutrepont, p. 24.

24) Chastellain, Ⅶ, p. 159.

25) Chastellain, Ⅶ, p. 159.

26) Thuasne, R. Gaguini Ep. et Or., Ⅰ, p. 126.

27) Thuasne, I, p. 20.

28) Id., I, p. 178, II, p. 509.

29) Deschamps, n° 63, I, p. 158.

30) Villon, Testament, vs, 899, éd. Longnon, p. 58.

31) Le Pastoralet, vs. 2094.

32) Id., vs. 30, p. 574.

33) Molinet, V, p. 21.

34) Chastellain, Le dit de vérité, VI, p. 221; Cf. Exposition sur vérité mal prise, id., pp. 297, 310.

35) La Marche, II, p. 68.

36) Roman de la Rose, vs. 20141.

인 명 풀 이

고드프로아 드 부이용 Godefroid de Bouillon(1061~1100) : 바스-로렌과
　　로티에 지방의 공작이요 무사. 첫 십자군 때는 뫼즈와 라인 지역의 기
　　사단을 인도했고, 예루살렘 정복 후에는 주권자로 추대되어 생-세펄크
　　르의 소송 대리인이란 직함을 얻었다.
고뱅 Gauvain : 브르타뉴계 로망들에서 자주 언급되는 인물의 하나로 절대
　　군주에의 충성과 기사도적 미덕의 화신으로 그려진다. 그는 노르웨이
　　왕 롯과 아더왕의 누이 앤 사이에 태어나, 로마인들과의 싸움에서 주군
　　아더왕을 돕다가, 배신자 모르드레와의 싸움에서 전사한다.
공티에 콜 Gontier Col : 상스의 부르조아로 베리 공작과 후에는 샤를르 Ⅵ
　　를 섬겼다. 파리의 '사랑의 궁정'의 일원으로 크리스틴 드 피장과 『로
　　망 드 라 로즈』에 관해 두 번에 걸쳐 편지 교환을 했다. 아르마냑파였던
　　그는 1418년 부르고뉴파에 의해 파리에서 암살당했다.
그레고리 대제 Grégoire 1er, le Grand(540~604) : 64번째 교황. 『욥기에
　　있어서의 모럴』과 『대화』등을 썼다.
그뤼네 게뷜베 Grüne Gewölbe, Grünewald, Matthias(1460/1475~1528) :
　　16세기 초반의 화가. 셀링겐슈타트, 아샤펜부르크, 알자스, 마이앙스 등
　　지에서 일했고, 종교개혁에 동조한 것 때문에 프랑크푸르트로 유형 가
　　일하기도 했다. 그의 그림들은 크라나크와 뒤러의 조각들에 대한 지식
　　을 보여주기는 하나 뒤러와는 달리 이탈리아 르네상스의 영향을 보이지
　　는 않는다. 왜냐하면 그는 세속적이고 신화적인 주제들과 이탈리아의
　　장식적 모티프와 건축 양식들을 거부하고 보다 고양되고 비극적인 신비
　　주의에서 영감을 받고 있기 때문이다. 그의 걸작 「이센하임의 제단 뒤 장
　　식벽화」(1512~1515)는 매우 환상적인 기질을 나타내는 것으로 고통스
　　러운 태도와 긴장된 몸짓, 공포에 가까운 사실적인 세부 묘사, 그리고
　　명도 및 색깔 배합의 민감함 등으로 매우 표현주의적인 경향을 보인다.
기요 마르샹 Guyot Marchant : 서적 출판 인쇄업자로 15세기말 파리와 프

랑스에서 가장 인기있는 책들을 발간하였다. 대표적인 것들로는 『남자들과 여인들의 죽음의 무도 *la Danse macabre des hommes et des femmes*』(1499)와 『목동들의 날짜찍기와 달력 *le Compost et Calendrier des bergiers*』 등이 있다.

기욤 뒤페 Guillaume Dufay(1400~1474) : 프랑코-플라망의 작곡가. 로마·플로렌스·볼로뉴에서 주교 성당의 성가대원이었고, 사보아 궁정의 성가대장, 캉브레의 참사원 등을 지냈다. 그의 작품은 다중음악적 양식의 진화 속에서 상당한 위치를 차지하는데, 프랑스의 대위법과 이탈리아의 멜로디와 영국의 하모니의 종합을 이루었다. 미사곡·모텟·성모송·상송 등 다양한 작품을 남겼으며, 형식의 새로움과 영감의 깊이에 의해 서구 음악사에 길이 빛나는 사람이다.

기욤 드 마쇼 Guillaume de Machaut(1300~1377) : 프랑스의 음악가요 시인. 그의 음악적 연구 업적은 15, 6세기의 다중음악 미사를 예고했다. 형태적 완성미를 추구한 그는 서정적 기법들을 갱신하면서 레·비를레·발라드·론도·샹 로아얄 등의 음악적이고 문학적인 규칙들을 가다듬었다.

기욤 필라스트르 Guillaume Fillastre(1348~1428) : 프랑스의 추기경이며 지식인. 랭스의 수도원장으로서 서구의 교권 분열을 줄이고자 애썼다. 1411년 쟝 XXⅢ세에 의해 추기경으로 추대된 그는 콘스탄스 종교회의에 참석, 거기서 피에르 다이이와 함께 교황에 대한 종교회의의 우위성을 주장하였다. 그의 중재는 교권 분열의 제거와 마르탱 Ⅴ세의 선출을 유효하게 했고, 이후 그는 프랑스에서 아르마냑 대 부르고뉴 사이의 평화의 중재자가 되었다.

니콜라스 드 쿠사 Nicolas de Cusa(1401~1464) : 독일의 신학자로 발르 종교회의 때 교황과 종교회의간의 월권 대립 화해에 노력하였다. 그는 교황의 무류성(無謬性)을 명시하는 데 기여했고, 1448년 추기경이 되어 그리스 교회와 로마 교회 사이의 연합을 위해 일했다. 그의 신학 체계는 엄격한 플라토니즘으로 거기에 기욤 도캄(감각적 경험), 던 스콧, 에크하르트(신비적 경험) 등에서 취한 요소들을 통합하였다. 그는 성서를 플라톤과 융해시켜 무한한 초월적 신을 제시하는데, 그 속에 모든 사실과 진리가 집중된다.

니콜라스 드 클레망쥬 Nicolas de Clémanges : 인문주의자로, 아비뇽의 주교궁에 일시 붙어 있다가 순종의 복권을 설교하였다. 1402년 파리 대학 과의 불화로 대부분의 생애를 랑그르에서 보냈고, 친구들인 장 뮈레, 공 티에 콜, 장 드 몽트뢰이으 등과 서신 교환을 하면서 궁정인들을 비난하 는 라틴어 서한들을 썼다.

도나텔로 Donatello(1386~1466) : 이탈리아의 조각가. 그는 이탈리아 르네 상스의 가장 중요한 조각가로 그 시대 예술에 크게 영향을 미쳤다. 부 조 기법에 있어서, 그는 선적 원근법 *perspective linéraire* 의 법칙을 재 발견했고, 고대 기법의 교훈을 초월하여 그의 영웅적 양식의 의미 추구는 비장하기까지 표현적이어서, 현대 미술의 아버지 중의 하나로 손꼽힌다.

뒤러 Dürer(1471~1528) : 독일의 화가·조각가. 르네상스기 최고의 독일 화 가로 그 시대의 이탈리아의 대가들과 겨룰 수 있는 유일한 사람이었다. 그는 게르만적 기초를 보존하면서도 플랑드르적인 추구를 받아들였고, 이탈리아의 발견들을 습득하여 이론적인 논문에서나 새긴 작품들에서나 탁월한 재능을 보였다. 그의 조각은 유럽 전체에 지속적인 영향을 미쳤고 그뤼네발트를 제외한 독일의 모든 르네상스 화가들에게 영감을 주었다.

라 마르슈 Olivier de la Marche(1426~1502) : 프랑스의 시인·연대기 작 가. 부르고뉴 공작들의 궁정과 친했고, 후에는 루이 XI세의 궁정과도 친하게 지냈다. 1435~1492년에 걸친 기록을 남겼고, 『결의에 찬 기사 *Le Chevalier délibéré*』(1443)와 『정숙한 여인들의 치장과 갈채 *le Pare- ment et le Triomphe des dames d'honneur*』(1510)를 남겼다.

라 브뤼에르 Jean de La Bruyère(1645~1696) : 17세기의 프랑스의 모랄리 스트. 보쉬에를 통해 콩데가에 들어가 가정교사로 있으면서, 인간들의 모습과 성격을 관찰, 『성격론 *les Caractères*』(1688)을 썼다.

라블레 François Rabelais(1490?~1553) : 16세기 프랑스의 작가. 그는 원 래 프란체스코 수도회에 들어갔다가 법의를 벗어던지고 의사가 되었다. 1533년 『팡타그뤼엘 *Pantagruel*』을 필두로 1535년 『가르강튀아 *Gar- gantua*』를 냈고, 1546년 『제 3 권』, 1552년 『제 4 권』, 그리고 사후에 출 간되어 논쟁의 여지가 있는 『제 5 권』을 냈다. 그의 특징은 온갖 형태의 인생의 대한 사랑으로 '하고 싶은 대로 하라 *Fais ce que voudras*' 라 는 Thélème 의 원리가 그것을 집약하고 있다. 존재의 모든 힘을 해방 하여 가능한 한 완전히 그 모든 힘을 만족시키자는 그의 팡타그뤼엘리슴 *Pantagruelisme* 은 자연의 선의에 대한 그의 온전한 신뢰를 말해주고 있다.

랑슬로트 Lancelot : 아더왕 이야기군에 나오는 기사. 사랑하는 귀부인에게
절대적인 헌신을 바치는 궁정적 기사의 전형이다.

랭부르 형제 Limbourg, Pol/Jean, Hermann de : 15세기초 플랑드르 출신
의 세밀화가들. 그들은 파리의 채색화가들의 아틀리에에서 성장했다.
1402년 필립 르 아르디와 쟝 상 뿨르 등의 부르고뉴 공작들을 섬기게
되었고 거기서 그들은 『아이이의 아름다운 기도서 *les Belles Heures
d'Ailly*』(1403~1413)라고 불리는 것과 특히 『베리 공작의 매우 아름다
운 기도서 *les Très Belles Heures du duc de Berry*』(1413~1416)를
그렸다. 그들은 환상에 가득찬 서사체적 재능을 보이며 정밀한 세부 묘
사와 강렬한 색채를 좋아한다. 중세의 구상적(具象的)인 체계와 우아한
그라피즘 *graphisme*을 버림이 없이 독창적인 방식으로 그것을 15세기
가 발전시킬 조형적인 추구에 결합시킬 줄을 알았다.

로돌프 아그리콜라 Rodolf Agricola, Roelof Huisman(1443~1485) : 네덜
란드의 박학자요 철학자. 하이델베르크 대학의 교수였다. 『변론법에 관
하여 *De inventione dialectica*』(1479)가 있고, 그 속에서 그는 스콜라
철학을 비판하고 있다.

로랑 드 메디치 Laurent de Médicis(1449~1492) : 15세기 이탈리아의 상
업과 은행가의 가문으로, 플로렌스와 토스카니에서 최고의 역할을 한
가문의 한 사람이다. 메디치가는 유럽의 정치·예술·문예에 크게 기여
하였으며, 특히 로랑 드 메디치는 이탈리아 르네상스의 제왕이라 할 수
있다. 그는 예술가들과 학자들, 특히 베로치오 보티첼리를 보호했으
며, 로랑 아카데미를 세워 학문·예술의 증진에 기여하였다. 한편 로랑
자신도 섬세한 시인이어서, 그의 칸쵸니에들은 신플라토니즘적인 개념에
따라 사랑을 노래하고 있다. 그의 시들의 은근한 사실주의와 생생한 리
듬은 그것들을 르네상스의 대표적인 시들로 만들고 있다.

로뮈알드 saint Romuald(950~1027) : 이탈리아의 사제. 방탕한 젊은 시절
을 보냈으나 베네딕트 수도회에 들어가 방랑 은자가 되었다. 1012년에
캄포 말돌리에 은거했고 그곳은 카말돌리회 은자들 집회의 중심지가
된다.

로베르 가갱 Robert Gaguin : 1433년 아르토아에서 태어나 파리에서 수학
한 그는, 독일·이탈리아·영국 등의 외교관을 지냈고, 문헌학과 인문주
의의 가장 진지한 선구자였다. 『농부·사제·경관의 대담 *le Débat du*

laboureur, du prestre et du gendarme』(1480)을 썼다.

로베르 캉팽 Robert Campin(1378~1444) : 플랑드르의 화가로 플랑드르의 그림의 기초를 세운 사람 중의 하나이다. 그라피즘의 우아함과 전체 구성 속에서 상징적인 요소들에 부여되는 중요성 그리고 공간적 배치에 관계된 망설임을 보인다. 그러나 세부적인 것에 대한 그의 진정한 사랑과 종교적 소재 속에서도 가장 친숙한 사실성을 환기시키려는 노력, 그리고 모델의 힘과 빛나는 다색 배합이 양식의 혼합성을 이룬다.

롱사르 Ronsard(1524~1585) : 16세기의 대표적인 프랑스 시인으로 플레이야드 Pléiade 시파의 한 사람이다. 고대와 근대 이탈리아의 큰 시쟝르들을 병합하려고 시도했고 방대한 시작품을 남겼다. 『오드 *Odes*』;『연애시집 *Amours*』, 『담론 *Discours*』등의 대표적인 시집들이 있고 목가 *Eglogues*와 비가 *Elégies* 등이 있다. 그의 시의 특징은 박식에 있으며 대개는 그것이 지나쳐 시적 영감을 해치는 경우도 있다. 그러나 그는 프랑스 근대시의 형태를 거의 잡았다는 점과 매우 다양한 서정적 운율들을 창조했다는 점에서 프랑스 시사에 크게 공헌하였다.

루이 XI Louis XI(1423~1483) : 프랑스왕(1461~1483) : 부왕. 샤를르 VII와의 불화로 1440년에는 라 프라그리에 참전했고, 1455년에도 반란을 일으켜 부르고뉴의 필립 르 봉에게로 피신해야 했다. 왕이 된 후에는 공익연맹 Bien public 을 결성하고 그에 대항하는 귀족 봉건 제후들과 싸웠으며 그 후에도 여러 차례 제후들의 도전에 직면해야 했다. 그는 특히 제후들과 봉건 영주들의 세력을 분쇄하고 왕권을 강화하는 데 기여했으며 강력한 중앙 집권과 국민 통합에 힘썼다. 그리하여 그가 죽을 때, 프랑스의 영토는 현재의 영토와 일치하게 되었다.

루이 도를레앙 Louis d'Orléans(1372~1407) : 샤를르 VI의 동생으로 1392년에 두번째 오를레앙가를 세웠다. 발로아 백작, 투렌 공작, 오를레앙 공작 등을 겸임하였으며 1392년 형 샤를르 VI가 광인이 되자 왕국 통치권을 놓고 부르고뉴 공작 필립 르 아르디와 다투었다.

뤼스브뢰크 Ruysbroeck. van Ruusbroec dit l'Admirable(1293~1381) : 브뤼셀 근처의 뤼스브뢰크 출신으로 벨기에 중부 브라방 주의 신학자이며 작가. 브뤼셀에서 사제직을 받은 후 그뢰벤다알에서 성 어거스틴회 수도원의 원장이 되며, 그곳을 강렬한 영적 생활의 중심지로 만든다. 『영적 결혼 *les Noces spirituelles*』『영원한 구원의 거울 *le Miroir du salut éternel*』, 『영적 사랑의 칠 단계 *les Sept Degrés de l'amour* *spirituel*』 등의 저서를 남겼다. 그의 가르침과 저서들은 제에르트 그루트의 영향을 강력히 드러내며 근대 신앙 운동 *Devotio moderna*의 신비주의적 경향의 총체를 드러낸다.

르네 당쥬 René d'Anjou, René 1er le Bon(1409~1480) : 드 바르의 공작으로 이사벨 드 로렌과의 결혼, 로렌 공작이 되었으며, 앙쥬 공작과 프로방스 백작도 겸임하였고 나폴리 명예왕을 지냈다. 루이 Ⅱ 당쥬의 아들로서, 그는 1435년 나폴리 왕국을 물려받았으나, 알퐁스 V 다라공에 대항해 그곳을 정복할 수가 없었다. 백년전쟁 당시 그는 영국인들에 대항해 샤를르 Ⅶ를 지지했고, 행정력의 중앙 집권화와 상법 보호 등으로 후세에 선한 왕 르네 le bon roi René로 통할 만한 치세를 보였다. 문예·학술 옹호자이며 시인으로, 그는 여러 영지에서 매우 활동적인 문학·예술의 삶을 영위하였고, 특히 니콜라스 프로망을 보호하였다. 그는 죽을 때 프로방스를 자식 없이 죽은 조카 샤를르 뒤 멘에게 물려주었고, 따라서 루이 XI세는 프로방스를 프랑스에 통합할 수가 있었다.

르페브르 드 생-레미 Lefèvre de Saint-Rémy(1396~1468) : 부르고뉴의 연대기 작가. 필립 르봉의 고문으로 있으면서 1408~1436간의 『연대기 *le Chroniques*』를 남겼다.

리드윈 드 쉬담 sainte Lidwine de Schiedam(1380~1433) : 네덜란드의 신비주의자. 30년 동안 지병으로 고통을 당하면서 침대에서 누워지내야 했다. 그녀는 의도적인 금욕과 고행을 행하였으며, 그녀의 그리스도에 대한 명상과 사색은 가끔씩 엑스타시를 동반하였다. 그녀의 유골은 브뤼셀에 있다.

리차드 Ⅱ Richard Ⅱ(1367~1400) : 영국왕(1377~1399). 조부인 에드워드 Ⅲ의 뒤를 이어 왕이 되었다. 그의 세금 증액은 와트 타일러의 난을 일으켰고(1381), 그 불만은 종교적 형식하에 지속되어 위클리프의 제자들 *collards*의 선동하에 표면화되었다. 그는 귀족들과 의회에 대항, 절대 군주제를 세우려 시도하였고, 급기야 렝카스터의 반란을 야기시켰다.

마르그리트 당쥬 Marguerite d'Anjou(1429~1482) : 르네 I 당쥬의 딸로서 영국의 헨리 Ⅵ와 결혼했다(1445). 그녀는 헨리 Ⅵ에게 막강한 영향력을 행사했고, 백년전쟁 말기에 영국의 역전 패망에 상당한 책임이 있다고 평가된다. 그녀는 또 양장미 간의 전쟁에도 매우 활동적인 영향을 끼쳤는데 결국 거기서 패해 포로가 되고 1475년 석방금으로 풀려나 프랑스에서 죽었다.

마르그리트 데코스 Marguerite d'Ecosse(1424~1445) : 스코틀란드의 **왕 쟈크 Ⅰ세**의 딸로 1436년 왕태자 루이와 결혼하였다. 훗날 **루이 XI세**가 된 그는 그녀를 버렸다.

마르그리트 드 나바르 Marguerite de Navarre(1492~1549) : **나바르 왕비.** 앙굴렘의 백작 샤를르 도를레앙과 루이즈 드 사브와의 딸로 프랑소아Ⅰ세의 누이이다. 알랑송의 공작 샤를르와 결혼(1509), 그후 다시 **나바르 왕**이 된 앙리 달베와 결혼하였다(1527). 그 시대의 가장 지적이고 학식 있는 여자의 하나인 그녀는 자기 궁정을 인문주의의 온상지로 만들었다. 열렬한 기독교도인 그녀는 종교개혁파를 옹호, 르페브르 데타플을 비호하고 칼빈과 교유하였으며 프로테스탄트들을 보호하였다. 그녀를 둘러싼 학자들과 작가들 가운데는 로베르 에티엔, 보나방튀르 데페리에, 클레망 마로, 라블레 등이 있으며, 그녀 자신도 유명한 『엡타메롱 *l'Heptaméron*』을 남겼다.

마르시알 도베르뉴 Martial d'Aubergne(1430~1508) : 5년간 그는 의회에서 검사를 지냈다. 그의 작품 『사랑의 판결 *les Arrêts d'Amour*』(1460)은 '매몰찬 아름다운 부인'을 심판하기 위해 의회 형식을 취하면서 50여 가지의 재미있는 세목들을 다루고 있다.

마르탱 르프랑 Martin Lefranc(1410~1461) : 프랑스의 시인이며 로잔의 고위 성직자. 그의 주저인 『부인들의 옹호자 *Le Champion des Dames*』(1440~1442)는 드높은 궁정 사회의 시적 환기를 보여준다. 한편 보다 종교적인 영감에서 씌어진 『행운과 미덕의 정신 *l'Esprit de Fortune et Vertu*』(1447~1448)도 있다.

마르티아누스 카펠라 Martianus Capella(B.C 5 C) : 라틴 작가, 아프리카 출신으로 자유학과 *arts libéraux*에 관한 백과전서적인 논문을 썼다. 『메르쿠리우스와 문헌학의 결혼 *les Noces de Mercure et de la Philologie*』는 중세의 알레고리 문학에 큰 영향을 미쳤다.

미쇼 타이으방 Michault le Caron dit Taillevent : 1426~1450년 임종시까지 부르고뉴 궁정을 섬긴 작가이다. 필립 르 봉을 섬겨 그 나라의 정신 문화를 풍부하게 하고 웅대한 축제의 구성 및 공작의 영광을 찬미하는 데 기여하였다. 하지만 그는 그러한 공식적인 시뿐만 아니라 모랄에의 사색과 개인적인 사변들을 덧붙였으며, 『황금 양털의 꿈 *le Songe de la Toison d'Or*』, 『마음과 눈의 논쟁 *le Débat du cœur et de l'œil*』,

『평민들의 성가집 *Psautier des Vilains*』『운명의 체제 *Régime de Fortune*』,『비탄 *la Destresse*』,『심심파적 *Passe-temps*』 등을 남겼다.

막시밀리안 도트리슈 Maximilien d'Autriche(1459~1519) : 오스트리아의 대공, 독일 황제(1493). 프레데릭 III의 아들로 샤틀르 르 테메레르의 **상속녀인** 마리 드 부르고뉴와 결혼했다. 새로운 영지를 지키기 위해 루이 XI세와 대결, 귀네가테에서 그를 이기고(1479), 또 아라스 협정에서 프랑슈-콩테와 네덜란드 지방을 얻고, 또 강과 리에쥬의 반란에 대항해 싸워야 했다. 마티아스 코빈의 군대들로부터 비엔나를 해방시키는 한편 독립을 인정해야 했던 수아베 연맹에 가담했고, 이탈리아에서는 큰 실패를 겪었다. 비록 중앙집권화가 완전히 이루어지지 못했고 또 재정적인 문제가 심각하긴 했지만, 막시밀리안은 화려한 제후요, 뛰어난 장수요, 박학자며, 인문주의자들과 예술가들의 후원자며, 기사도적 이상에 젖은 사람으로 후계자 샤틀르 캥에게 유럽의 절반을 통치하는 제국을 물려주었다.

멤링크 Hans Memlinc(1433~1494) : 플랑드르의 화가. 30년 연상의 반 데어 바이덴 Van der Weyden과 반 아이크 Van Eyck에게서 영향을 받았다. 1465년부터는 브뤼쥬에 정착 생애의 대부분을 거기서 보냈으며 또 그의 대부분의 작품은 거기에 소장되어 있다. 그는 초상화뿐 아니라 종교적인 작품에서도 솜씨를 발휘했는데, 그의 조용한 성품은 단순하고 질서 있는 진술 속에 미묘하고 섬세하게 표현되고 있다.

멜키오르 브뢰데를람 Melchior Broederlam : 플랑드르의 화가로 플랑드르 백작을 위해 일했다. 1385년부터는 부르고뉴의 공작 필립 르 아르디의 화가가 되었고 1390~1393까지 파리에 머물렀다. 그는 샹몰의 성 브뤼노 교단의 수도원의 제단 뒤 장식벽화의 측면 덧문들을 그렸다(1394~1399). 「성전에 보이기 Présentation au Temple」와 「애굽으로의 피신 Fuite en Egypté」. 여러 영향들의 절충주의가 국제적인 고딕 양식에 더해져 있고, 이탈리아에서 기원한 공간적 추구, 파리의 세밀화들에서 유전한 선의 세련됨과 우아함이 돋보인다. 그러나 보다 사실적인 모델화에 대한 염려와 피토레스크하고 친숙한 세부그림들에의 취향도 보이며 이는 북부의 영향(곧 부르고뉴파의 특성)의 우세함으로 볼 수 있다.

몰리네 Jean Molinet(1435~1507) : 1475년 죠르쥬 샤틀랭의 뒤를 이어 부르고뉴 궁정의 사료 편찬관이 된 그는 1506년까지 연대기들을 작성하였다. 가장 흥미로운 수사학자의 한 사람인 그는 그 외에도 풍부하고 다양한 시 작품들을 남겼다.

몽스트를레 Enguerrand de Monstrelet(1390~1453) : 프랑스의 연대기 작가. 1400~1440에 걸친 그의 연대기는 뤽상부르가에 관한 것으로 문학적 가치는 별반 없으나 15세기 전반기에 대한 중요한 자료로 평가된다.

뮈리요 Bartoloméo Esteban Murillo(1618~1682) : 스페인의 화가 후안 델 카스틸로 곁에서, 마니에리스트적인 경향의 이탈리아풍의 화가 곁에서 배웠다. 처음에는 리발타, 리베라, 츄르바란 등의 특징을 보이다가 곧 그들의 영향에서 벗어나 플랑드르의 화풍과 베니스의 화풍을 보인다. 뮈리요는 처음에는 어두운 색채에 힘차고 특징 있는 유형들을 선택 테네브리스트 *ténébriste* 유파에 속하나 점차 짜임새가 유연해지며 개인적인 양식을 세우면서 보다 밝고 가벼운 색조를 보인다. 그는 생전에 이미 큰 명성을 누렸고, 대표작「무염시태 Immaculée Conception」는 18,19세기에 경선한 신앙 그림의 원형이 될 정도로 모방되고 복사되었다.

미라보 Mirabeau, Honoré Gabriel Riqüeti, comté de, (1749~1791) : 프랑스의 정치가·웅변가. 왕권의 전제성과 특권 계급의 권력 남용에 대해 고발하는 팜플렛들을 많이 썼다.

미셸 콜롱브 Michel Colombe(1430~1512) : 프랑스의 조각가로 루이 XI 를 위해 일했고, 그후 투르에서 안느 드 브르타뉴를 섬겼다. 그는 공작 프랑소아 II 와 마르그리트 드 프와의 무덤을 만들었고, 기욤 레뇨와 제롬 파슈로를 동역자로 갖고 있었다. 그의 예술은 억제된 사실주의로 고딕의 쇠퇴기와 프랑스 르네상스 사이의 이행을 보인다.

바르톨로메오 파치오 Bartolomeo Fazio(1472~1517) : 이탈리아의 화가. 1494년 함께 코지모 로셀리의 제자였던 마리오토 알베르티넬리와 함께 한 차례의 '보타지 *bottage*'를 열었다. 그러나 사보나롤의 제자가 된 그는 헛된 것들의 환멸 속에 자신의 세속적인 작품들을 불태웠고 결국 산타 마리아 노벨라에 「최후의 심판」을 미완성으로 남겨는 채 도미니크회 수사가 되었다(1500). 그는 산 마르코에서 서품을 받고 1505년 수도원의 작업실의 지도를 맡아 알베르티넬리와 함께 보다 밀 던착된 공동 작업을 재개한다. 그는 베니스(1508), 로마(1514) 등지로의 여행으로 그의 넓은 구성 속에 새로운 기법과 양식을 결합시킬 수 있게 되었다.

바이야르 Pierre du Terrail, seigneur de Bayard(1475~1524) : 루이 XII 세하에서 밀라네 정복(1499~1500)에 기여했다. 그는 특히 스페인들에 대항, 가리글리아노 다리를 지킨 것(1503)으로 유명하다. 브레시아 공략 때 부상(1512), 피카르디에서 영국인들에게 사로잡히나(1513) 곧 놓여져서 이탈리아 원정에 프랑소아 I세를 동반한다. 마리냥 승리에 결정적인 공헌을 하고(1515), 보니베제독의 참패 후엔 세시아에서 로마그라노까지 후퇴를 엄호하다 치명적으로 부상당한다. 그는 전설 속에 '겁과 비난을 모르는 기사 *Chevalier sans peur et sans reproche*' 라는 별명으로 통했다.

뱅상 페리에 Vincent Ferrier(1355~1419) : 스페인의 도미니크회 소속 수도사. 서구라파 교권 분열 때 클레망 VII 편에 가담했다. 생애 말기엔 순회 설교가로 이탈리아, 스페인, 프랑스 등지를 순회했다.

베르나르뎅 드 시엔 Bernardin de Sienne(1380~1444) : 이탈리아의 프란체스코회 소속. 예수의 성스러운 이름을 숭배하는 일의 시초자이다. 한때 이단으로 고소되기도 하나 죄명을 벗고 그의 대설교가로서의 설교집이 라틴어와 이탈리아어로 보존되어 있다.

베르나르 드 클레르보 Bernard de Clairvaux(1090~1153) : 베네딕트파에 속한 교부. 클레르보에서의 사역에 놀랍게 성공, 무려 700명의 수도사들을 헤아리게 되었고, 이를 계기로 160개 수도원이 집산되었다. 서구로 지지자를 모으러 온 템플 기사단의 창시자 위그 드 팽을 열렬히 지지, 트로아 종교회의에서는 그 기사단의 종규를 기안할 임무를 맡고(1128) 템플 기사단원들을 공식적으로 승인하였다. 한편 그는 1130년 오노리우스II가 죽고 두 명의 교황이 선출되었을 때, 아나클레II에 대항하여 이노센트II를 지지, 그를 승리케 하는데 강력한 영향력을 미쳤다. 그는 또 2차 십자군을 주장, 그 파병의 실패로 질책을 받기도 한다. 마리아 숭대를 발전시키고 명상과 완화된 신비주의를 특색으로 하는 그의 신학은 아벨라르파의 합리주의와 스콜라 학파의 기계적 정통주의를 반대한다. 1173년 성인품에 올랐다.

베르톨 saint Bertold(?~1198) : 은자. 팔레스타인까지 순례를 행했고 엘리야 선지자의 비전을 가진 그는 카르멜회에 들어가 은자로 보냈다. 그의 주변엔 곧 제자들이 모여들었다.

베르트랑 뒤 게스클랭 Bertrand du Guesclin(1320~1380) : 프랑스의 무사

로 350년경 프랑스왕을 섬겨 에브뢰 근처 코슈렐에서 샤를르 르 모베를 무찔렀다. 이후 그는 오레 전투, 카스티 유전투, 나제라 전투 등지에서 종횡무진으로 싸웠고 프랑스에 돌아와서는 원수가 되어 영국인들에 대항하여 백년 전쟁에서 싸웠다. 프와투, 노르망디, 기엔, 생통쥬 등지에서 혁혁한 무훈을 세운 그는 완벽한 기사의 전형이며 민족의 영웅으로 많은 시들에서 노래불려졌다.

보나방튀르 Saint Bonaventure(1221~1274) : 1243년에 프란체스코회에 들어가 알렉산드르 드 알레스 밑에서 수업을 마치고 거기서 프란체스코회 수도사들에게 철학과 신학을 지도했다. 1257년 프란체스코회의 총재로 선출되어 세속인들의 공격에 대항하여 탁발수도회들을 옹호하고 수도회 자체내에 나타난 부조화된 경향들을 화합하는 데 힘썼다. 교황 그레고리 X가 그를 1273년 알바노의 주교로 임명, 곧 추기경이 된 그는 리용 종교회의에 교황의 특사로 보내져 그때 죽는다. 식스트 Ⅳ가 그를 1482년에 성인품에 올렸고, 1587년에 식스트 캥 Sixte Quint 은 그를 교회의 박사라고 선언하였다. 성 보나방튀르는 le Docteur séraphique(천사 같은 박사)라는 별명으로 불리웠다.

보이아르도 Boïard, Matteo Maria(1441~1494) : 이탈리아의 시인. 그리스 라틴 작가들의 작품을 번안하였다. 10개의 목가 Eglogues(자연을 노래하기보다는 궁정의 정치적 현상을 주로 다룸)와 8개의 풍자시 Epigrammes(라틴어로), 3개의 연애시집 Livres d'Amour 을 썼다. 페트라르카의 영향을 많이 받긴했으나 사랑하는 여인의 배신이 그에게 안겨준 씁쓸하고 진한 우수와 상상력의 힘으로 독창성을 유지하고 있다. 10개의 전원시 Pastoralet(이탈리아어로)와 『티몽 Timon』이란 냉랭한 희극 그리고 서한집도 남겼다. 하지만 가장 유명한 것은 『사랑에 빠진 오를란도 Orlando innamorato』로 허구적이고 기사도적인 69개의 송가 Chants 로 되어 있다.

부르크하르트 Burckhardt(1818~1897) : 독일어로 글을 쓴 스위스의 역사가. 예술사와 문명사의 전문가이다. 이탈리아 르네상스와 고대 그리스에 대한 저술로 유명하며 각 시대를 개별성 속에 포착, 진보에의 믿음에 회의를 보였다. 『콘스탄틴 대제 시대』(1853), 『키케로, 고대 예술과 근대 이탈리아 예술의 안내자』(1855), 『르네상스 시대의 이탈리아 문명』(1860), 『그리스 문화사』(1898~1902), 『세계사에 대한 고찰』(1905) 등이 있다.

부시코 Jean Ⅱ Boucicaut: 프랑스의 원수. 콘스탄티노플에서 터키인들을 물리친 후(1399), 1401~1407까지 젠느의 통치자가 되었다. 1415년 아쟁쿠르에서 영국인들에게 포로로 잡혀 이후 포로 상태에서 죽었다.

뷔스노아 Antoine Busnois: (1440~1492) 프랑스의 시인·음악가. 1482년까지 부르고뉴의 예배당의 성가대원으로 세 개의 미사곡을 작곡하였다. 그러나 그는 특히 샹송에서 빛을 발했다. 레토리최르 *rhétoriqueurs*(15세기 부르고뉴의 궁정 시인들)의 제자인 그는 가장 세련된 글쓰기의 유희에 능숙함을 보인다.

브느와 XⅢ, Benoît XⅢ, Pierre de Luna(1324~1423): 아비뇽의 반교황 *antipape* 클레망 Ⅶ의 뒤를 이어 반교황으로 선출되었다(1394~1423). 교황 그레고리 XⅡ의 화해 시도와 콘스탄틴 종교회의(1409, 1419)의 교황권 박탈을 거부하였으며, 1409년부터는 아비뇽을 피해 팽니스콜라 요새에 은거했다(1415). 그는 거기서 세 명의 주교들로 구성된 교황청을 이끌었다.

브루넬레스코 Filippo Brunellesco(1377~1446): 이탈리아의 건축가·조각가·화가

브리지트 드 스웨드 sainte Brigitte de Suède(1330~1373): 그녀는 울프 굿마르송 Ulf Gudmarsson 과 결혼하여 8자녀를 두었다. 두 부부는 생 프랑소아 수도회의 제 3 회(재속 수도사 단체)에 가입하여 생-자크-드-콩포스텔 Saint-Jacques-de-Compostelle 로 여행한다. 여행에서 돌아온 얼마 후에 울프가 죽고(1344), 그녀는 바드스태나 Vadstena 의 승원을 세운다. 1349년 순례를 떠난 그녀는 로마에 멈추어 순례자들과 스웨덴 학생들을 위한 수도원 숙박소를 세우고 다시 예루살렘으로 순례한다. sainte Brigitte 는 1391년에 성인품에 올려졌고 『계시집 *Révélations*』을 남겼다. 거기에는 예수 그리스도의 수난과 성모 마리아의 드라마틱한 이야기들과 교회 개혁에의 기원이 섞여 있다.

사보나롤 Girolamo Savonarola(1452~1498): 이탈리아의 설교가로 도미니크회 소속·회개 촉구의 설교로 플로렌스인들의 심금을 울렸다. 사를르 Ⅷ 의 이탈리아 원정 후에는 정치가로 전향, 신권적이고 민주적인 체제로 법과 재무·풍속 등을 개혁하였다. 그의 경건주의는 플로렌스인들을 반대자 *arrabbiati* 와 찬성자 *piagoni* 로 갈리게 했고 교황 알렉산드르Ⅵ에의 공격으로 로마에 소환, 파면당했다. 그는 산 마르코 수도원에

은신하나 반대자들의 공격으로 결국 죽음을 당한다.

사포 Sappho(B.C 7C 말~6세기초) : 그리스의 여류 시인. 마음을 사로잡는 정념과 온 존재를 사로잡는 심리적 갈망을 노래하는 데 뛰어났다.

샤를르 Ⅵ Charles Ⅵ(1368~1422) : 프랑스 왕(1380~1422). 앙쥬, 베리, 부르고뉴, 부르봉 공작들 곧 숙부들의 강력한 도전과 세력다툼으로 고전하였으며, 재정이 달리고 백성들의 반란이 잇따름으로서 고통을 당했다. 게다가 그는 발작적인 광기에 시달렸으며, 결국 명목상의 왕에 불과하게 되었다.

샤를르 도를레앙 Charles d'Orléans(1391~1465) : 프랑스의 왕자로 샤를르 Ⅵ의 조카이며 서정시인. 아쟁쿠르 전투에서 포로가 되어 25년간을 영국에서 보냈다. 1440년 마침내 프랑스로 돌아와 그는 마지막 몇 년을 블로아 성에서 보내며 시인들을 보호하였다. 그의 시는 궁정적 사랑에서 영감을 받은 것으로 그의 기법은 'seconde rhétorique'의 기법을 오랫동안 연구한 예술가의 그것이었다. 그의 작품은 『감옥에서 쓴 책 *Livre de la Prison*』(영국에서 쓴 것) 속에 모아져 있고 거기서 그는 자기 부인에 대한 사랑을 감동적으로 노래하고 있다. 한편 그의 롱도들은 1440년 이후에 씌어졌고 그의 궁정의 다른 시인들이 쓴 것과 한데 섞여 있으며, 여러 지방의 시인들이 보낸 시와도 한데 묶여 있다. 절제되고 신중하고 단순하며 투명한 그는 진정한 의미의 시인이라 할 수 있으며 『로망 드 라 로즈』의 상징적 실체들을 소생시킬 수 있는 진짜 시인이었다.

샤를르 르 테메레르(1433~1477) : 부르고뉴의 공작(1467~1477). 필립 Ⅲ 르 봉의 아들로 프랑스왕 루이 XI에 대항, 공익전쟁에 참가했다. 그는 강력한 행정 구조에 의해 여러 정체(政體)들을 일원화하고 부르고뉴 정체들의 두 파(플랑드르와 부르고뉴) 사이의 연결을 확고히 하고자 노력하였다. 그리하여 그는 프랑스 왕국과 로렌, 스위스 등 이웃들에 심각한 위협을 주었다. 루이 XI세의 지지를 받은 리에쥬 시민들이 샤를르 르 테메레르파 주교에게 반란을 일으키자 샤를르는 루이 XI에게 그들의 진압을 돕도록 강요, 페론 조약에 서명케 했다(1468). 그는 여러 전쟁에 참가했고, 마침내 르네왕과의 전쟁중 낭시의 참호에서 죽었다.

샤를르 보로메 saint Charles Borromée(1538~1584) : 이탈리아의 추기경이자 고위 성직자. 교황 파이 Ⅳ의 조카로 22세에 추기경직을 받았고 1564년에 밀라노 대주교가 되었으며 다음 해에 자기 교구를 얻었다. 로마 교황청에서의 그의 직임은 그로 하여금 로마 사제권의 규율을 개혁하게 해주었고, 그의 노력에 따라 트렌트 종교회의는 그 임무를 마칠 수 있었다. 그가 자리한 밀라노는 당시 카톨릭의 가장 전략적인 지점의 하나였고 샤를르는 카톨릭의 개혁을 이룰 수 있었다. 그의 개혁적인 활동은 그의 교구 전체에 퍼졌고, 그가 죽을 때쯤은 북부 이탈리아 전역에서 프로테스탄티즘이 밀려나는 쾌거를 올렸다.

샤틀랭 Georges Chastellain(1410~1475) : 플랑드르의 연대기 작가로 필립르 봉을 섬겼다. 연대기 『부르고뉴가 공작들의 연대기 *La Chronique des ducs de Bourgogne*』를 남겼다.

세네카 Lucius Annaeus Seneca(B.C 4~AD 65) : 로마의 정치가・작가・철학가. 『메디아』, 『페드르』, 『아가멤논』, 『분노한 헤라클레스』 등의 비극과, 철학서 『관용론』, 『선행론』, 『영혼의 평정에 관하여』 등이 있다.

세미라미스 Sémiramis : 앗시리아와 바빌론의 전설적 여왕. 처음에는 옴네스 Omnès 의 아내였다가 후에는 왕 니노스 Ninos 의 아내가 되었다. 과부로서 그녀는 인도까지 싸우러 갔다고 하며 바빌론에서 사치스러운 건축과 정원들을 만들었다.

세팔과 프로크리스 Céphale et Procris : 그리스 신화의 영웅으로 세팔은 프로크리스와 결혼한다. 그는 프로크리스를 시험하기 위해 8년 동안이나 멀리 떠나 있으며, 변장한 채 다시 돌아와 프로크리스의 사랑을 얻는 데 성공한다. 한편 프로크리스 편에서 세팔을 질투하게 되는데, 그것은 그가 그토록 많은 시간을 사냥에 쏟기 때문이다. 그가 더위를 씻기 위해 구름이나 미풍을 부르곤 하는 것을 알게 된 프로크리스는 그것들을 정부로 오인하고 그의 뒤를 몰래 따르다, 그녀를 짐승으로 오인하고 쏜 그의 검에 맞아 숨진다.

슈타인렌 Théophile Alexandre Steinlen(1859~1923) : 프랑스로 귀화한 스위스 태생의 데생화가・조각가. 1881년 파리에 정주, 몽마르트르 화단에 들어왔고 많은 잡지들에 그의 데생들을 발표했다. 그는 광고와 책의 삽화 등도 그렸는데, 민중생활에 대한 주의깊은 사실주의와 자유주의적인 영감을 보인다.

슈프렝거 Jacob Sprenger(1436~1495) : 독일의 도미니크회 수도사로 콜로뉴・마이양스・트레브 등지의 교구 총감독을 지냈다. 그는 특히 마녀 사냥의 임무를 맡았는데, 주술에 관한 그의 유명한 논문 『악인들의 망치

Malleus Maleficarum(1487)을 썼고 거기서 그는 마술을 이단과 동일시하고 있다.

스코렐 Jean van Scorel(1495~1562) : 네덜란드의 화가·세밀화가. 하아를렘과 암스테르담에서 형성되었고 후에는 고사르 Gossart 에게서 배웠다. 그는 특히 로마와 베니스의 화풍의 영향을 받았고 열렬한 16세기 플랑드르파 화가요 헤렘스케르크 Heremskerck 와 모로 Moro 의 스승으로서 북부 네덜란드에 이탈리아의 영향을 보급시키는 데 기여했다. 종교적이고 신화적이고 알레고리적인 그의 작품들 속에는, 형태의 늘이기와 태도의 비틀림, 구성의 사행적인 선들, 명도의 대비, 톤의 생생함 등이 마니에리스트적인 경향을 드러낸다. 그의 소박한 초상화들 속에서는 보다 개인적인 감수성이 드러난다.

시몽 마르미용 Sinom Marmion(1425~1489) : 프랑스와 플랑드르의 채색화가·화가. 거장 만셀에 의해 형성되고 거장 베드포르의 제자였으며 채색화가로 시작했다. 필립 르 봉을 위해 그린 『생-드니의 대 연대기들 les Grandes Chroniqnes』과 『상스의 주교에 진서 de Saint-Denis le Pontifical de Sens』같은 수사본등 14개 작품에 참여했다. 그 외에도 거장 마리 드 부르고뉴와, 또 다른 일급 채색화가들과 합작한 7,8개 그림이 그의 것으로 증명된다.

아그네스 소렐 Agnès Sorel(1422~1450) : 샤를르 Ⅶ의 총희로 1444년부터 샤를르 Ⅶ에게 깊은 영향력을 미쳤다. 왕으로부터 보테-쉬르-마른느 성의 영유권을 얻어, 보테 부인 dame de Beauté 이라 불리웠으며, 프랑스왕 최초의 공식 정부(情婦)로 많은 추문을 뿌렸다. 그녀는 리슈몽, 쟈크 쾨르, 뷔로 형제 같은 고문관들을 손아귀에 쥐고 있었고, 일설에 의하면 루이 XI 세에 의해 독살되었다고 하나 증거는 없다. 그녀의 유언 집행인이었던 에티엔 슈발리에가 주문한 푸케의 이면화중에서 「아기 예수와 동정녀 la Vierge à l'Enfant」는 그녀의 모습을 그린 것이라 한다. 그녀의 와상은 로슈성에 보관되어 있다.

아리오스토 Ariosto Ludovico(1474~1533) : 이탈리아의 시인. 그의 『라틴 서정시 *Poésies lyriques latines*』(1493~1503)는 책에서 얻어진 기억들로 가득차 있긴 하지만, 모든 형태의 삶에 대한 사랑을 충실하게 그리고 있다. 그는 또 많은 목가·비가·소네트·칸쏘네들을 써서 이미 전통이 된 페트라르키즘과 작가 고유의 경쾌한 관능성을 아울러 표현하고 있다. 7개의 풍자시와 5개의 희극이 있으며, 그의 작품 『미친 오를란도』의 일부를 이루는 5개의 송가 *chants* 는 그 중에서도 가장 걸작이라 할 수 있다.

아르고노트 Argonotes : 아케아의 영웅들. 전설에 따르면 그들은 아르고라는 배를 타고서 황금양털 *la Toison d'Or* 을 구하러 갔다. 약 50명쯤 되는 그들속엔 우두머리인 제이슨과 헤라클레스, 카스토르, 폴뤽스, 오르 페우스 등이 포함되어 있었다. 테살리를 출발, 그들은 렘노스와 사모트라스에 닿았고, 많은 모험을 거친 후에 콜키스에 도착했다. 거기서 제이슨은 에이에데스왕의 딸 메디아의 도움으로 황금양털을 손에 넣고, 그녀는 그와 함께 도망친다. 이 원정의 영웅들과 관련된 수많은 전설들은 진정한 서사적 작품군인 아르고노틱 *les Argonautiques* 을 낳았다.

아베로에스 Averroès(1126∼1198) : 이슬람의 철학가로 아리스토텔레스의 주석가. 그는 주석가로서 네오플라토닉한 요소와 아리스토텔레스적인 교리를 구분하고 아비센느를 공격한다. 형이상학에 있어서 그는 실체에 근거한 존재 이론을 펴는데, ① 요소들이 직선 운동을 가진 이 세계의 감지할 수 있고 썩어질 실체들. ② 순환 운동을 따르는 감지할 수 있고 썩지 않는 하늘의 실체 ③ 움직이지 않고 형체가 없고 썩지 않는 제1동인으로 나눈다. 그에 따르면 개인의 영혼은 몸의 형체처럼 썩어질 것이다. 그러나 썩어질 오성이 어떻게 썩지 않고 영원한 것들을 파악할 수 있을까! 이성은 찾고 추구하나 아무것도 발견치 못한다. 이 점에서 아베로에스는 결정적 해결책을 주는 데까지는 이르지 못한다. 아베로이즘 : 중세와 르네상스 학파들에 매우 유행한 아베로에스 철학의 교리로 13세기 프랑스 철학에 깊은 영향을 미쳤다. 이는 또 14,5,6세기 이탈리아에 널리 퍼졌고 파두아 학파를 이루었다.

알랭 드 라 로슈 Alain de la Roche(1428∼1475) : 복자로 브르타뉴의 도미니크회 수사. 네덜란드의 츠올르에서 죽었다. 묵주신공을 보급시킨 장본인이다.

알랭 샤르티에 Alain Chartier(1385∼1433) : 샤를르 Ⅵ, Ⅶ세를 섬긴 프랑스의 작가로 15세기 당시에는 상당한 문학적 명성을 누렸다. 『매몰찬 아름다운 부인 *La Belle Dame sans mercy*』(1424)을 썼으며 『네 규탄자들의 대담 *Quadriloge invectif*』(1422)으로 프랑스 최초의 정치적 변사가 되었다.

알렉산드르 드 알레스 Alexandre de Halès(1170/1185∼1245) : 논박할 수

없는 박사며 삶의 원천 *le Docteur irréfragable et la Fontaine de vie* 이라고 불린 영국의 수도사·신학자. 그는 파리에서 철학과 신학을 가르쳤고 프란체스코회 학교를 세웠다. 이전의 다른 저서들과 그 시대의 다른 작품들을 모은 『보편적인 신학 총람 *Summa universae theologiae*』은 그를 유명하게 만든 작품이다.

안드레 보느뵈 André Beauneveu(1360~1400?) : 발랑시엔 출신의 프랑스 화가·조각가. 1364년 왕으로부터 필립 Ⅳ·장 르 봉·샤를르 Ⅴ 의 무덤을 만들도록 명령받았다. 샤를르 Ⅴ의 와상은 걸작이며 1370년 이후 그는 장 드 베리 공작을 섬기다 일생을 마쳤다.

앙리 Ⅵ Henri Ⅵ(1421~1471) : 영국왕. 백년 전쟁 말기, 쉬폭의 통치와 왕비 마르그리트 당쥬의 지배력이 양장미간의 전쟁을 발발시켰고(1455), 1461년 에드워드 Ⅳ에 의해 왕위를 찬탈당하고, 다시 1470년에 왕위를 되찾으나, 다시 또 에드워드 Ⅳ에 의해 권좌에서 밀려나 암살당한다 (1471).

앙젤뤼스 실레지우스 Angélus Silésius(1624~1677) : 독일의 시인이며 논전가. 그는 1653년 가톨릭으로 개종했다. 문학적 형식과 감정의 고양으로 탁월한 신비적인 시들을 썼으며, 한편으로는 가톨리시즘을 옹호하기 위해 루터파와 격렬한 논전을 벌였다.

앙트완느 드 라 살르 Antoine de la Sale(1386~?) : 생애가 그 시대의 대사건들에 얽혀 극히 불안정한 삶을 산 프랑스의 작가이다. 고대인들에게서 끌어낸 교훈적인 일화집 『라 살라드 *La Salade*』를 집필했고 매우 무게있는 교훈적인 책 『라 살르 *La Salle*』와 특히 『소 장 드 생트레와 벨르-쿠진의 젊은 귀부인의 이야기와 재미난 연대기 *l'Histoire et plaisante chronique du petit Jehan de Saintré et de la jeune dame des Belles-Cousines*』를 썼다. 이 작품은 문자 그대로 근대적 의미의 최초의 로망으로, 거기서 젊은 주인공은 한 부인에 의해 동정을 잃고 세상 물정에 눈을 뜨며 기사도 예법을 익히나, 사제와 짠 부인에게 배신을 당한다. 이는 그 세기의 이상적인 면과 실제 삶의 사실적인 면을 동시에 보여주고 있다 하겠다. 한편 『결혼의 15가지 즐거움 *Quinze joies de Mariage*』은 오랫동안 그의 것이라 믿어져 왔지만, 그렇지는 않은 것 같다.

앙트완느 드 크로아 Antoine de Croy(1385~1475/77) : 크로아의 영주로 필립 르 봉을 섬겼다. 솜므의 도시들과 뢱상부르 공국의 주권자가 되었고 1463년에는 루이 Ⅺ에 의해 프랑스의 그랑 메트르 grand maitre de

France에 임명되었다.

에드워드 III Edward III(1312~1377) : 영국왕. 처음에는 어머니 이사벨 드 프랑스와 로저 모티머의 섭정하에 통치하였으나 1330년 쿠데타로 로저 모티머를 제거했다. 어머니 쪽으로 필립 IV 르 벨의 손자인 그는 프랑스 왕위를 요구(1337), 백년 전쟁을 일으켰다. 그의 통치는 흑사병과 경제적 위기, 혼란, 위클리프 이단의 출현으로 특징지어지며, 말년에 아들 장 드 강 Jean de Gand에게 권좌를 이양한 그는 가터 수도회를 창설하였다. 왕위는 손자 리차드 II가 계승하였다.

에티엔 saint Etienne : 스데반 집사를 가리킴. 초대 교회의 첫 기독교 공동체의 7집사 중의 한 사람. 그는 서구 기독교 예술에 자주 등장하는데 프랑스에만도 무려 10개의 성당이 그에게 바쳐졌다. 성 에티엔의 그림은 달마티아의 옷을 입고 대개 복음서를 들고 있으며 돌에 맞아죽음을 상징하는 돌그림이 그려져 있다. 생-로랑-오르-레-뮈르 St-Laurent-hors-les-Murs(로마)의 아치 모자이크에서, 세인트-마리-앙티크 Ste-Marie-Antique(로마)의 프레스코에서, 또 샤르트르, 포, 부르쥬, 밤베르의 대성당 정면 현관에, 또 지오토(플로렌스)에 의해 그려졌고, 기베르티 Ghiberti(플로렌스)에 의해 조각되었으며 리멘슈나이더 Riemenschneider(뷔르츠부르크)에 의해 조각되었다. 이 성자의 가장 아름다운 형상들로는 상스 성당의 조각상을 들 수 있는데 그것은 푸케의 플랭의 이면화 속에서 에티엔 슈발리에를 동반한 그림으로 그려져 있다.

엘리자베드 드 옹그리 sainte Elisabeth de Hongrie(1207~1231) : 앙드레 II왕의 딸로 1221년 튀링겐의 독일 백작인 루이 IV와 결혼했다. 1227년 과부가 된 그녀는 마르부르크에 그녀가 세운 한 보육원에 물러나 프란체스코 회에 따른 삶을 살았다. 그녀는 1235년 성녀로 추대되었고, 마르부르크의 성골함에는 그녀의 생애의 사건들이 기록되어있다.

오노레 보네 Honoré Bonnet, Bouvet : 14세기의 베네딕트파 인문주의자. 불어로 정치적인 작품 『전쟁의 나무 l'Arbre des batailles』(1387)를 썼고, 거기서 철인왕의 이상이 전제 군주에 대립된다. 그 외에도 라틴어로 『교권 분열에 관한 꿈 Somnium super materia scismatis』이라는 우의적인 작품이 있고, 불어로는 『거장 장 드 묑의 출현 l'Apparition Maitre Jean de Meung』을 썼다.

오브레히트 Obrecht(1490~1505) : 네덜란드의 작곡가. 대위법과 구성에 대한 배려에 의해 그는 양식면에서 북부적 전통은 따른다. 그는 표면적인 명이한 표현 양식에도 불구하고 엄격하고 섬세한 구조를 보이며, 동시대인들에게서 볼 수 없는 대본의 중첩을 보인다.

오캄 Guillaume d'Occam(1285~1349) : 영국의 논리학자·철학자·신학자. 옥스퍼드에서 공부한 후 프란체스코회에 소속되었다. 형이상학과 신학 앞에서의 논리학의 자율성 회복을 주장했다. 직관적으로 안 명제들을 선호하는 그는, 하나의 명제가 직접적으로 명백하거나 그 자체로서 명백한 전제들에서 나왔다는 것을 밝히는 데 주력하며, 직관적인 지식만이 대상의 존재를 확인해줄 수 있다는 논리를 편다. 오캄에 의해 은혜 유한론적 교리 *la doctrine terministe*는 플라토니즘에 대한 아리스토 텔레스적 비판의 극단화로 귀결되며, 모든 것은 단독물들로 이루어져 있다는 주장이 나오게 된다. "본질들은 필요 없이 증가되어서는 안 된다"는 말로 요약되는 그의 논리는 오캄의 면도날이란 이름하에 잘 알려진 원칙이다.

오통 드 그랑송 Oton de Granson(1340~1391) : 사보아에서 태어나 파란만장한 일생을 산 위대한 기사요 시인. 1372년 라 로셸에서 포로로 잡혀 스페인과 영국에서 머무른 바 있고, 1389년에는 사보아로 돌아와 사보아의 공작 아메데 Ⅶ의 고문관을 지냈다. 그는 또 어떤 범죄의 주모자로 지목되어 영국으로 피신해야 했고, 그후 부르고뉴로 돌아왔으나 다시 고소당하여 종교재판에 넘겨졌다. 1397년 그는 결투에서 제라르 데타베이에에게 죽음을 당한다. 그의 작품은 두 개의 수사본 속에 보전되어 있는데, 하나는 서정시군, 즉 마쇼에 의해 그 형태가 길러진 레·발라드·샹송·탄가 등이며, 다른 하나는 『메시르 오드의 책 *Livre de messire Ode*』이란 제목하에 서정시가 섞인 사랑 이야기이다. 그는 같은 시대의 시인이며 기사인 쟝 드 가랑시에르 보다 더욱 비가적인 슬픔을 유행시켰다.

와토 Watteau(1684~1721) : 프랑스의 화가·사물들의 순간적이고 덧없는 성격과 사랑의 감정의 미묘함을 표현하는 데 주력했다. 그의 작품은 그림의 영웅적이고 화려한 면을 굴절시키고 내밀함과 우아함으로 향하게 하는 데 기여했다.

외스타슈 데샹 Eustache Deschamps(1346~1406) : 프랑스의 시인으로 샤를르 Ⅴ세와 Ⅵ세의 궁정에서 섬겼다. 기욤 드 마쇼의 제자로 『작시 기법 *Art de dictier*』(1392)을 쓴 시학의 이론가였으며, 여러 편의 역사시·발라드·롱도·비를레를 썼다. 사랑과 풍자와 일상적인 에피소드가 주종을 이루며 매우 사실적이고 상황적인 것이 특징이다.

요하네스 에크(1486~1543) : 독일의 가톨릭 신학자로 루터의 주된 적수 중의 하나였다. 1519년 라이프찌히 논전에서 루터를 누르고 종교개혁파의 다른 신학자들에도 저항하였다.

웽슬라스 뤽상부르 Wenceslas Luxembourg(1361~1419) : 샤를르 Ⅳ의 아들로 보헤미아의 왕과 게르만 황제를 지냈다(1363~1419/1378~1400). 그는 통치력이 없어서 독일에서도 왕위를 박탈당했고, 보헤미야를 소란케 한 사회적·정신적 위기를 감당치 못하여, 후스의 난이 발발하는 것을 방치하였다. 그는 결국 동생 시지스몽에게 왕위를 양위하였다.

위고 반 데어 괴즈 Hugo van der Goes(1435, 1445~1482) : 플랑드르의 화가. 1467년 강 Gand시의 길드에 들어가 1474~75에 수석 단장이 된다. 15세기 말의 고문서들은 브뤼쥬와 강의 장식 일에 그를 여러 번 언급하고 있다. 1478년 그는 소아뉴 숲에 있는 아우더겜에서 루쥬 클로아트르 수도원에 들어가 수도사가 되고 거기서 많은 일을 한다. 1481년 그는 쿨로뉴로의 여행에서 돌아와 미치며, 발작 중간중간에만 그림을 그린다. 따라서 그의 작품은 불안정한 영혼의 상태를 드러낸다. 음영과 빛의 대조로 매우 밀도 짙은 톤으로 그려진 그의 그림들은 기념비적 취향을 드러내며 극적 효과를 냄과 동시에 인간적인 풍경의 덧없음을 나타낸다. 과도한 사실주의가 이상적인 양식화와 결합, 이상하면서도 강력한 세계를 형성하고, 그의 그림은 격동적이고 공포로 얼어붙는 세계를 형성한다. 그는 사로잡는 듯한 날카로운 데생과 창작의 독창성으로 많은 걸작을 남겼다.

위그 드 생 빅토르 Hugues de Saint-Victor(?~1141) : 프랑스의 신학자요 철학자. 아직 신학의 시녀로 보긴 했지만 인문주의를 보호하고자 애썼다. 『명상에 관하여』『방법론과 과학에 관하여』『기독교 신학의 성사에 관하여』『자비심 찬미』등을 썼으며, 진리에 도달키 위해 기도와 추론을 합쳐야 한다고 가르쳤다. 그의 동시대인들은 그를 새로운 어거스틴이라고 불렀다.

위그 오브리오 Hugues Aubriot(1307~1382) : 파리의 행정관으로 많은 업적을 남겼다. 바스티유 감옥, 르 프티 샤틀레 다리와 생-미셸 다리, 프티-퐁 교가 그에 의해 세워졌고 하수도 및 부두 정비가 이루어졌다. 샤를르Ⅴ가 죽은 뒤에는 그는 시치와 자유 사상을 이유로 불경 및 이단 사상으로 몰려 기소되었고 감옥에 갇혔다가 1381년 파리 폭동 때 풀려났다.

이그나스 드 로욜라 saint Ignace de Loyola(1491~1556) : 예수회의 창시
자. 원래는 나바르왕의 부왕의 궁내관으로, 팡플륀 공략 때 부상하고
개심, 고독한 금욕 생활을 결심하게 되었다. 로마와 예루살렘 등지를 순
례하고(1523), 망르사에서 첫 신비 체험을 하였으며, 이후 자신의 영적
생활을 노트에 기록, 『영성 훈련 Exercices spirituels』이라는 제목으
로 펴냈다. 그는 함께 이상을 나눌 제자들, 프랑소아 크사비에, 피에르
파브르, 레네, 살메롱 등을 모으고, 1534년 몽마르트르에서 7동료들과
함께 청빈・순결의 서약과 함께, 팔레스틴 복음화의 꿈을 결의하였다.
그러나 이 일이 베니스와 술탄 간의 전쟁으로 불가능해지자, 그는 1541
년 예수회를 창시, 그 총재가 되었다. 이 새로운 수도회는 반-종교개혁
의 도구로 쓰여졌으며, 제수이트는 특별한 복종의 서약으로 거기에 연
결되었다.

이사보 드 바비에르 Isabeau de Bavière(1371~1435) : 프랑스의 왕비 (1385
~1422). 바바리아의 공작 에티엔 Ⅱ의 딸로 샤를르 Ⅵ와 결혼했다. 왕
이 발광하자(1392), 섭정회의를 이끌었다. 쟝 상 푀르를 싫어하고 루이
도를레앙을 옹호함으로써 아르마냑 대 부르고뉴의 내전을 일으켰다.

쟈콥 판 마에를랑 Jacob van Maerlant(1220~13 C 말) : 플랑드르의 시인
으로 로망 달렉산드르 roman d'Alexandre, 로망 드 트르와 Roman
de Troie 등의 프랑스 로망들을 번역・모방하였다. 그 뒤에는 교훈적
인 작품을 썼는데, 그 중에 『마르탱 Martins』이라는 제목의 세 가지 대
담이 있으며 그 시대의 사회상을 그린 것으로 흥미롭다.

쟈크 다레 Jacques Daret(1404~1468) : 옛 남부 네덜란드의 화가. 1428년
로베르 캉팽 밑에 견습으로 들어가 반 데어 바이덴 편에서 일했고 1432
년 투르네에서 직공장의 지위를 얻었다. 그 뒤 그는 브뤼쥬・릴・아라
스 등지로 다니며 일했고, 그의 「성전에 보이기 la Présentation au
temple」(프티 팔레, 파리)는 세인트 바스트 다라스를 위해 1434년에 그
린 제단 뒤 장식 벽화의 일부이다.

쟈크 드 바에르즈 Jacques de Baerze : 북유럽 스칸디나비아의 조각가로 테
르몽드 출신. 1390년에 상몰의 샤르트뢰즈 승원에 제단 뒤 장식벽화 두
개를 그렸다. 그것은 디종 박물관에 보관되어 있으며 그것의 주 장식벽
화는 브뢰데를람에 의해 그려졌다.

쟝 드 몽트뢰이으 Jean de Montreuil : 『로망 드 라 로즈』 논쟁에 참여했던

인문주의자로, 특히 14세기말과 15세기초에 라틴어와 이탈리아어 텍스트 보급에 힘썼다.

장 드 살리스버리 Jean de Salisbury(1115~1180) : 샤르트르의 주교. 1150년 영국에 들어가 대주교 테오발드 드 캔터베리의 비서가 되었고 토마스 베케트의 친구가 되었다. 그는 샤르트르의 주교(1176)로 있으면서 토마스 베케트의 생애와 성 안젤름의 생애를 썼고, 『폴리크라티우스 le Polycratius』라는 시대 풍속 풍자서를 썼다. 또 그는 『메탈로지쿠스 le Metalogicus』와 『엔테티쿠스 l'Entheticus』라는 거짓 철학에 대한 풍자를 썼고 『교황사 Historia pontificalis』(1148~1152)를 썼다.

장 레니에 Jean Régnier(1390~1468) : 프랑스의 시인. 부르고뉴 산하에 있던 옥세르의 대법관으로 Charles Ⅶ의 지지자들에 의해 임기중에 체포되었다. 보베에서의 억류 생활은 그로 하여금 시를 쓰게 했다. 그의 시들은 『운명과 재난 les Fortunes et Adversitez』이란 시집 속에 모여졌다. 후일 그는 궁정 축제들에서도 발라드들을 썼다.

장 말루엘 Jean Malouel : 프랑스 플랑드르의 화가. 니메그 출신으로 1396년 이자보 드 바비에르를 위해 파리에서 일했고, 1397년에는 장 드 보메를 뒤이어 부르고뉴 공작의 화가로 일했다. 샹몰의 샤르트뢰즈 승원을 장식, 「모세의 샘 Puits de Moïse」를 그렸고, 루브르에 있는 「거대한 둥근 피에타 la Grande Pietà ronde」와 베를린 다렘 박물관에 있는 「천사들에게 둘러싸인 동정녀 une Vierge entourée d'anges」도 그의 것으로 쳐진다.

장 메쉬노 Jean Meschinot(1420~1491) : 프랑스의 시인. 모럴을 가르치는 우의적인 개론서, 『제후들의 안경 Les junettes des princes』(1493)을 썼다. 그는 또 여러 편의 론도와 발라드들을 남기고 있다.

장 상 푀르 Jean sans Peur(1371~1419) : 부르고뉴 공작으로 필립 Ⅱ 르 아르디의 아들. 샤를르Ⅵ가 광기를 발하자 루이 도를레앙과 권력다툼을 벌였고 마침내 그를 암살, 내란을 일으켰다(아르마냑 대 부르고뉴의 싸움). 결국 한 왕태자파 당기 뒤 샤텔에 의해 몽토로교(橋)에서 살해되었다.

장 스콧 에리겐 Jean Scot Erigène(810~877) : 아일랜드의 신학자로 중세 신학에 큰 영향을 미쳤다. 네오플라토니스트인 그는 어거스틴적인 형성과 문화를 보이며, 신학 속에서 이성에 높은 위치를 부여함으로써 합리적(합리주의적은 아니다) 사고의 길을 열었다. 『예정론에 관하여』(851)

와 범신론적인 톤의 『자연의 분할에 관하여』(865)를 남겼는데, 후자는 1210년 파리에서, 그리고 1225년 상스 종교회의에서 오노리우스Ⅲ에 의해 단죄되었다.

장 제르송 Jean Gerson(1363~1429) : 프랑스의 철학자요 신학자. 탁월한 설교가. 교회와 모든 크리스찬의 연합에 의해 교권 분열을 해결하고자 노력하였다. 인간 이성의 과도한 야심을 불신하는 그는, 명상가들의 경험에서 가장 좋은 것들만을 끌어낸 신비적 신학에 기초하였다. '가장 크리스찬다운 박사 *Docteur très chrétien*' 란 별명을 얻은 그는 파리 대학의 총재를 지냈고(1414~1418), 콩스탕스 종교회의에 참가하여 서구 교권 분열에 종지부를 찍고자 노력하였다.

장 쥐베날 데 쥐르생 Jean Juvénal des Ursins(1351~143þ) : 렝스의 주교로 『샤를르Ⅵ의 연대기』를 썼다. 그는 쟌 다르크의 재판의 재심에 참여했다.

제라르 다비드 Génard David(1460~1523) : 네덜란드의 데생 화가. 하아를렘에서 형성되었고, 1484년 브뤼쥬 길드에 가입했다. 그는 멤링크에 이어 그 도시의 공적 화가가 되었고, 브뤼쥬 화단을 대표하는 마지막 위대한 대표자로 생각되었다. 보수적인 정신의 그는 「처녀들에 둘러싸인 동정녀 마리아 La Vierge entre les vierges」에서 이탈리아의 모티프를 도입하면서도, 또 한편으로는 절충적으로 반 아이크에로의 복귀를 나타내기도 한다. 조용한 형태들, 부드러운 표현들, 달콤한 표현들이 지배적이며 특히 종교적 장면들의 친숙함과 내밀함이 강조된다.

제라르 생-쟝 Gérard Saint-Jean : 15세기말의 활동적인 네덜란드 화가.

제에르첸 드 생-쟝 드 하아를렘 Geertien de Saint-Jean de Haarlem : 15세기말의 활동적인 네덜란드의 화가로, 반 우바터 곁에서 배웠다. 그는 「그리스도의 수난 La Curcifixion」「피에타의 그리스도 le Christ de pitié」 같은 작품 속에서 불안한 감수성과 표현주의적인 경향을 보인다. 집단 초상화를 그렸고 진기하고 빛나는 색조와 밤의 빛의 효과를 추구, 네덜란드 학파를 예고하는 것처럼 보인다.

제에르트 그로트 Geerte Groote(1340~1384) : 네덜란드의 신비주의자. 새로운 정신의 주창자로 근대 신앙 *Devotio moderna* 운동의 장본인이다. 그는 복음적인 교훈들에 따라 그리스도의 인성과 일상 생활의 정신성의 문맥 속에서 사실주의와 절도로 구성된 영적인 삶에 강조를 두었다.

쥐스탱 Justin, Marcus Junianus Justinus : 2세기의 라틴 역사가. 44권으

로 된 『세계사』의 저자이며, 이는 트로그 폼페우스의 『철학사』를 요약한 것이다.

쥬다스 마카비우스(B.C 200~B.C 166) : 마타티아스 Mattathias 의 아들로 안티오쿠스 에피파네스에 대항, 반란을 주도한 유대의 무사이다.

지오토 Giotto(1266~1337) : 이탈리아의 화가·조각가·건축가. 그의 작품은 많이 분실되고 도 확실치가 않다. 지오토 자신은 시마뷔·카발리니·아르놀플로엘리·캄비오·니콜라·지오반니·피사노 등에게서 배웠음에도 불구하고 아무도 모방하지 않았다. 공간에 대한 그의 근대적 비전과 연결된 인물들을 개별화하는 그의 방식, 자연과 인간에 대한 그의 감각은 결정적으로 그리스적인 방식과 중세적 인지 규범들과는 대조를 이룬다.

카스티글리온 Baldassare Castiglione(1478~1529) : 이탈리아의 작가·예술가. 만투아 후작 궁정과 우르비노 공작궁에서 살았다. 라틴어와 이탈리아어로 시를 썼으며, 이탈리아 르네상스를 특징지어 주는 작품 『완벽한 궁정인 le Parfait Courtisan』(1508~1516, 1528년 인쇄)을 썼다. 이 작품은 모든 언어로 번역되어 유럽에서 크게 영향을 미쳤고 '교양인 l'honnête homme'의 개념을 확립시키는 데 기여하였다.

카트린 드 시엔 sainte Catherine de Sienne(1347~1380) : 이탈리아의 수녀로 성 도미니크회의 제3회에 들어간 그녀는 성스러움과 풍성한 신비주의로 많은 사람을 끌었다(신비적 결혼과 그리스도의 상흔). 그녀의 명성은 전 이탈리아에 퍼졌고, 1374년부터는 그레고리 XI 세 곁에서, 그를 아비뇽에서 로마로 되돌려 보내기 위한 주요 공적 생애를 살았다. 그녀의 이상은 기독교 통합이었고 이슬람에 대한 전면적인 십자군 결성에 있었다. 그녀의 저서 『신적 교리에 관하여 De la doctrine divine』와 그녀의 『서한집 Correspondance』은 이탈리아 문학의 고전에 속한다.

칵스톤 Caxton(1422~1491) : 영국의 인쇄업자. 1441년까지 런던에서 견습 나사직공으로 또 1476년까지 브뤼쥬에서 재 네덜란드 영국인 도매상 대리인을 지냈다. 1471~72 콜로뉴에서 인쇄업을 공부, 콜라스 맨션과 동업으로 1473년 브뤼쥬에 인쇄기를 도입했다. 그것으로 그는 『트로아의 이야기 모음집 Recueil des histoires de Troyes』과 『장기 놀이 Jeu des échecs』(쟈크 드 세솔의 것)의 번역판을 인쇄했다. 1476년 영국으로 돌아와 웨스트민스터에 인쇄기를 세우고, 영국 최초로 인쇄된 책,

『철학자들의 말과 금언 The Dictes and Sayenges of the Philosophers』 (1477)을 발간했다. 그는 또 프랑스 · 그리스 · 라틴에서 끌어낸 80여 권 의 책들을 발간하였다.

캥틴 Quinten, Metsys(1465~1466~1530) : 플랑드르의 화가 · 조각가 · 데 생화가. 15세기의 플랑드르의 전통의 계승자이면서 동시에 이탈리아로 부터 온 혁신들도 받아들였다. 그는 균형있고 풍부한 배치와 르네상스 의 건축적 모티프들, 그뫼고 투명한 그림자들의 미묘한 부각을 채택했 으며 그의 몇몇 종교적 작품들은 마니에리스트적인 경향도 보인다. 파 고드는 듯한 초상화들은 르네상스의 인문주의적 이상의 각인을 보이며, 각 개인들에 대한 그의 호기심은 풍자화에까지 이른다.

캥트 퀴르스 Quinte Curce, Quintus Curtius Rufus(AD. 1.) : 라틴의 역 사가로 『알렉산더 대왕전』을 썼다. 이는 10권으로, 첫 두 권은 유실되었 으며 나머지 것도 후세의 작가들에 의해 개작되어 전할 뿐이다.

코민 Commynes, 혹은 Comines, Philippe de,(1477~1511) : 프랑스의 역 사가. 루이 XI와 샤를르 Ⅷ의 치세에 관한 연대기 『회고록 Mémoires』 8 권(1489~1498)을 썼다. 그의 연대기는 진정한 역사가의 그것으로, 예리 한 통찰력과 혜안의 인물 묘사, 그리고 사건들의 원인 측정 및 교훈 등 을 특징으로 한다.

콜레트 sainte Colette(1381~1447) : 성 클라라회 수녀회의 개혁자. 그녀는 21세에 코르비에 은둔하였고, 은둔 생활에의 서약에서 벗어나자(1406) 교 황 브느와 XIII에 의해 원시 정신 속에 성 클라라회 수녀회를 개혁할 것 을 위임받았다. 지대한 업적을 세운 그녀는 1807년 성인품에 올랐다.

콜루치오 살루타티 Coluccio Salutati(1331~1406) : 이탈리아의 인문주의자. 라틴어로 된 많은 서한과 논문들을 남겼다. 키케로에게서 문학적 · 철학 적 · 윤리적 · 정치적인 모든 전반적인 인문주의를 끌어왔고, 1392년 그 는 키케로의 편지 『친지들에게 Ad familiares』를 발견했다.

크리스틴 드 피장 Christine de Pisan(1361~1430) : 이탈리아 출신의 프랑 스의 여류 시인. 3자녀를 데리고 과부가 되어, 여러 소송 사건에 시달리 면서 1400~1415년에 걸쳐 시를 썼다. 그 후 그녀는 수도원에 은거한 다. 산문 작품으로는 『부인들의 도시 La Cité des Dames』(1405)(복카 치오의 『이름높은 부인들』의 모방작), 『세 가지 미덕의 책 Le Livre des Trois Vertus』, 『샤를르 Ⅴ세의 치적과 품행 Le Livre des faits et bonnes mœurs du roi Charles Ⅴ』(1404)이 있다. 시로는 여러 편의 롱도·발라드 외에, 『잔 다르크를 기리는 글 le Ditié en l'honneur de Jeanne d' Arc』(1429)과 『기나긴 연구의 길 Le Chemin de longue étude』 (1402)이 있다. 그녀는 자신의 과부로서의 설움을 담고, 또 마쇼의 전통에 따라 사랑을 노래한 『사랑의 신의 편지 Epitre du dieu d' Amour』 (1399), 『장미의 말 Dit de la Rose』(1400), 그리고 부드러움과 신뢰에 가득찬 모랄적이고 가정적인 교육 개론서 『세 가지 미덕의 책 Livre des Trois Vertus』에서 스스로 여성들의 옹호자가 되고 있다. 교양있고 생기 있고 부드러운 그녀는 자신의 마음과 영혼을 우아한 스타일로 노래하는 것이 특징이다.

클라에스 드 베르브 Claes de Werve, Klaas Van de Werve(1380~1439) : 네덜란드의 조각가. 슬루터의 조카로 샹 몰의 아틀리에에서 일했다(1396). 그는 필립 르 아르디의 무덤의 곡자상들을 마쳤고, 쟝 상 푀르에게서 명령받은 묘지 조각엔 그 데생만을 주었다. 그는 1430년에 베세-레-시토의 수난상 제단 뒤 장식벽화를 그렸다.

클라우스 슬루터 Claus Sluter(1340/1350~1405/1406) : 네덜란드의 조각가. 1380년 이후 브뤼셀에서 길드에 가입한 후 1385년 이후에는 디종에서 공작 필립 르 아르디를 섬겼다. 1389년 그는 디종에서 샹-몰 승원의 작업장의 우두머리가 되었고, 거기서 문의 조각들, 부르고뉴 공작과 공작 부인과 그들의 수호성인들과 성모 등의 조각상들을 조각했다. 1395년 이후에는 그는 조카 클라에스 드 베르브의 도움을 받아 「모세의 샘 les Puits de Moïse」을 조각하였고, 공작의 무덤의 곡자상들을 시작했다. 표현적이고 극적인 그의 예술, 슬루터식 사실주의 le réalisme sluterien 는 15세기 프랑스 조각에 큰 영향을 미쳤다.

클레망 마로 Clément Marot(1496~1544) : 프랑스의 시인으로 마르그리트 드 나바르의 보호를 받았다. 독서와 시에 열중한 호기심 많고 경쾌한 시인이었지만 종교개혁에 뛰어듦으로써 지극히 파란 많은 생애를 보내야 했다. 시인으로서 그는 특히 '멋진 익살 élégant badinage'로 정의 되는데, 찬사나 풍자, 간청·감사·지껄이기·이야기 등에 능했다. 자연에도, 죽음에도, 심지어는 연애에조차도 무관심한 이 경쾌한 영혼은 특히 롱도·발라드·에피그람 같은 소장르와 서간시에 뛰어났다. 순수하고 강렬하고 완전히 프랑스적인 그의 언어는 오직 민족의 재능을 더 잘 개발하기 위해서만 고대를 이용한 완전히 프랑스적인 정신의 그것이었다.

키케로 Cicéro(BC 106~BC 43) : 라틴의 정치가요 웅변가. 주요 저서로는
『공화국』『우정론』 등이 있다.

데느 Hippolyte Taine(1828~1893) : 프랑스의 문학 비평가요 철학자요 역
사가. 종족·환경·시대가 문학 예술적 산물을 결정하는 3대 요인이라
고 주장한 결정론으로 유명하다.

토마스 바쟁 Thomas Basin(1412~1491) : 프랑스의 주교며 연대기 작가.
샤를르 Ⅶ와 루이 XI 시대의 역사와 잔다르크 복권을 위한 『정당성 증
명의 기록 Mémoire justificatif』이 그의 것이라 여겨진다.

토마스 아 켐피스 Thomas à Kempis, Thomas Hemerken(1379/1380~
1471) : 독일의 신비주의자. 그의 형제 장과 함께 진트 아그니텐베르크
승원에서 명상 생활의 형제단으로 지냈다. 『예수 그리스도를 본받아』의
저자로 알려져 있다.

토미리스 Tomyris(BC. 6c) : 메사제트의 여왕. 헤로도투스에 따르면, 페
르스 시루스가 그녀와 결혼하기를 원하나 그녀가 거절, 마침내 시루스
가 전쟁을 일으킨다. 그 전쟁에서 시루스는 그녀의 아들 스파르가피세
스를 사로잡으나 결국 자살하고 만다. 전승에 따르면 시루스는 토미리
스에게 패해 포로로 잡혔다고도, 하고 또 크세노폰에 의하면 시루스는
파사르가데스에서 자유로이 죽었다고도 한다.

톨러 Jean Tauler(1300~1361) : 도미니크회 수사이며 신비적 신학자. 거장
에크하르트의 제자이며 복자 쉬송 및 반 뤼즈부뤼크와 함께 에크하르
트의 가장 뛰어난 계승자 중의 한 사람이다. 설교가요 양심의 지도자로
서 그의 영향력은 상당했다. 83개의 설교가 남아있으며, 그는 기독교의
영적 지도자의 한 사람으로 생각된다.

트로일루스 Troïlus : 그리스 로마 신화에서 프리암과 헤큐베 사이에 난 막
내아들로 아킬레스에 의해 죽임을 당한다.

티에리 부츠 Thierry Bouts(1415~1475) : 네덜란드 출신의 화가로 하아를
렘, 브뤼셀 등지에서 형성되었다. 반 데어 바이덴의 문하생으로 성장.
1468년 루뱅 시의 화가로 임명되어, 「생-사크르망의 제단 뒤 장식벽화」
(1464~1468)와 「한 남자의 초상」(1462), 「동방박사들의 경배」(1457년
이후) 등이 그의 것으로 여겨진다. 능숙한 원근법으로 빛나는 대기를
섬세함과 동질성으로 그려냈고, 친밀한 세부 그림들의 정확한 묘사와
차가운 톤의 색조가 특징이다. 우리는 그의 그림에서 종교적 감정의 표

현이 억제되고 모난 형태들과 부동 자세의 인물들, 예리한 그라피즘의 연장으로부터 어떤 표현적인 긴장이 생겨나는 것을 볼 수 있다.

티트-리브 Tite-Live, Titus-Livius(BC 59~AD16) : 라틴의 역사가. 지금은 유실되고 없는 『철학적 대담』과 『웅변에 관하여』와 지금까지 남아있는 『로마사』 142권을 썼다. 이 『로마사』는 로마 발생부터 아우구스투스 때까지의 로마사를 이야기하고 있는데, AD 5세기까지만 해도 완전히 남아 있었으나, 지금은 1~10, 21~45권까지만 남아있으며 그것도 끝의 15권은 매우 손상된 채로 남아있을 뿐이다. 이 책은 지나간 위대했던 시절을 이야기함으로써 로마를 영화롭게 하려는 애국적 견지에서 쓰여졌고, 로마인들의 미덕을 환기시킴으로써 동시대인들에게 내적·외적인 정치적 교훈을 주려는 데 목적이 있었다. 따라서 이 책은 과학적 진실이 외면되고 정통 자료들이 무시되는 등 원전들이 무비판적으로 수용된 흠이 있다. 하지만 그의 표현의 정확성과 명료함, 구성 기법과 뛰어난 웅변은 그를 고전 라틴 산문의 대가로 꼽히게 한다.

파리나타 데 글리 Uberti Farinata De Gli : 플로렌스의 정치가(1264). 플로렌스의 기벨린 당원으로 시에나에 피신하였다(1258). 그는 몽타페르티에서 교황당원을 분쇄하였으나, 단테의 『신곡』 지옥편 X편을 보면 플로렌스의 파괴에는 반대한 것으로 나온다. 사후에 그는 이단으로 정죄되었다.

팡타그뤼엘 Pantagruel : 16세기 프랑스의 작가. 프랑소아 라블레의 작품 『가르강뤼아』, 『팡타그뤼엘』에 나오는 호탕하고 선량한 거인왕. 르네상스와 삶의 풍요를 대표한다.

팡테실레 Penthésilée : 아마존 족의 여왕으로 아레스와 오트레라의 딸이다. 헥토르의 장례식에 트로이를 구하려 온 팡테실레는 처음에는 크게 승리하나 마지막에 아킬레스와 싸우다가 아킬레스의 칼에 오른쪽 가슴이 찔려 죽는다. 죽어가는 팡테실레의 용기와 아름다움에 반한 아킬레스가 트로이인들에게 그녀의 시체를 묻도록 반환하고, 아킬레스의 사랑을 비웃는 테르시트의 머리를 아킬레스가 칼로 쳐 죽인다.

페늘롱 Fénelon, François de Salignac de la Mothe(1651~1715) : 프랑스의 추기경으로 변증법에 능하고 관용 이론으로 교육에 있어서 근대적이어서 부르고뉴 공작가의 가정교사가 되었다. 공작을 위해 『우화집 les Fables』(1690), 『사자(死者)들의 대화 les Dialogues des morts』(1712),

『텔레마크 의모험 *Les Aventures de Télémaque*』(1699) 등을 썼는데 그 대담한 정치 사상이 루이 XIV 를 거슬렸다. 양심적이고 신중한 크리스찬으로 정적주의 *quiétisme* 에 몰입하였으며, 『성자들의 금언 *Maximes des saints*』이 교회의 비난을 받게 되자, 자기 교구에 머물러 교구를 헌신적으로 돌보는 데 힘썼다. 신비적인 꿈의 사도가 되면서 개인의 행복을 보장하고 싶어했고 전제 정치를 물리치고 시민적 미덕을 앙양함으로써 사회적 행복을 보장하고자 한 그는 민감한 영혼의 소유자로서 18세기 유토피스트들의 선구가 되었다.

포쥬 Pogge, Gian Francesco Poggio Bracciolini(1380~1459) : 이탈리아의 작가로, 고대 그리스 로마에 매혹된 열렬한 인문주의자. 로마 교황청의 비서관으로 있으면서 직위를 이용, 프랑스·스위스·독일·영국 등지를 방문하고 그곳 수도원들의 수사본들을 뒤져 문헌 연구에 힘썼다. 유연하고 생생한 라틴어를 구사, 『플로렌스사 *Historia Florentina*』를 썼고 생생하고 강렬한 사실주의적인 톤으로 『리 바그니 디 바덴 *Li Bagni di Baden*』(1415)을 썼다. 특히 여러 가지 일화와 재담, 질탕한 이야기들을 모은 『해학담 *Liber Facetiarum*』(1438~1452)은 전유럽에서 크게 평가받았다.

푸케 Jean Fouquet(1420~1477/1481) : 프랑스의 화가며 세밀화가. 파리의 아틀리에에서 형성되었고, 그의 세밀화의 양식은 렝부르 형제의 수사본들에서 지식을 취했음을 보여준다. 이탈리아로 가 교황 외젠 IV의 초상화를 그렸고 거기 머무르는 동안 원근법에 대한 알베르티의 발견을 습득하고 필라르티와 연결되었으며 이탈리아의 건축 양식과 장식적 모티프들을 채택하였다. 투르에 돌아오자 그는 샤를르 VII와 에티엔 슈발리에를 위해 일했고, 후에 루이 XI세의 공식적인 정식 화가가 되었다. 그의 그림들은 거의 보관되어 있지 않으며 쥬베날 데 쥐르생의 초상화와 「믈룅」이라 불리는 이면화, 그리고 중심엔 아그네스 소렐을 모델로 그려진 「아기 예수와 동정녀 La Vierge à l'enfant」 등이 그의 독창성을 드러낸다. 심리적 표현의 정확성과 사실성에의 유의, 전체에의 부분 세밀화의 종속성, 군중들의 구성 방향, 구성의 균형, 매끈깨끈하고 둥근 조각적 형태들 등의 양식적 특성들이 중세 정신에의 집착을 보여준다. 그는 정확한 관찰자였고, 그 시대의 충실한 기록자였으며 특히 군중들 풍경 포착에 능했다. 15세기 최대의 화가의 한사람이다.

풀치 Luigi Fulci(1432~1484) : 이탈리아의 시인. 베르나르도 풀치, 루카 풀치의 형제로 그들보다 훨씬 더 유명하다. 그의 걸작이며 이탈리아 르네상스기의 대표적인 걸작의 하나로 꼽히는 『모르간테 마기오레 le Morgante Maggiore』(1483)는 28개의 노래로 된 로마네스크한 시이다. 주인공은 롤랑과 싸우는 거인으로, 팔라댕인들이 마간짜에 대해 싸운 싸움에서 그를 도왔던 거인이다. 내용은 이전의 여러 기사도 소설에서 차용되었으나 시적인 창안과 거인의 의미, 마르쿠타, 아스타롯, 파르펠로 같은 인물들의 창안, 그리고 희극과 영웅적인 것의 혼합에 의해 훨씬 높은 차원에 달하고 있다. 단어들과 표현들의 창안, 재미있는 박학, 대상을 다루는 방식 등이 이후의 보이야르도와 아리오스트, 라블레 등에게 많은 영향을 끼쳤다.

풀크 드 툴르즈 Foulques de Toulouse(1160~1231) : 프로방스 지방의 고위 성직자며 시인. 남불의 여러 영주들의 친구로 30여개의 샹송을 썼고, 세련되고 가끔은 섬세하기까지 한 문체가 특징이다. 1195년 교계로 들어가 토로네의 사제가 되고 1205년 툴르즈의 주교가 된다. 그는 레이몽 Ⅵ 드 툴르즈에 대항하여 시몽 드 몽포르를 지지하며, 이단 카타리파에 대항하여 열렬하게 싸운다. 그는 또 자기 교구에 종교재판을 도입하고, 설교자 형제단의 설립을 권장한다.

프랑소아 다시즈 saint François d'Assise(1182~1226) : 이탈리아 성 프란시스회의 창시자.

프란체스코 드 올란다 Francesco de Holanda(1517~1584) : 포르투갈의 예술가・이론가・세밀화가. 이탈리아와 로마 체류 후, 그는 포르투갈 궁정에 기술자・건축가・화가・장식화가로 있었다. 그는 논문 『다 팽투라 앙티가 Da pintura antiga』(1548)로 유명한데, 그것은 그 시대 이탈리아 예술 속에서 현행의 미학적 개념들의 충실한 증거인 첫 부분과 미켈란젤로가 그 중심 인물이 된 네 개의 『대화편』으로 되어 있다.

프랑소아 드 폴 François de Paule(1416~1507) : 이탈리아의 금욕주의자. 14세에 은자가 되고 19세에 후에 미니모 수도회가 된 금욕적인 공동체의 우두머리가 되었다. 루이 ⅩⅠ의 병을 고치기 위해 루이 ⅩⅠ세에 의해 프랑스로 데려와진 그는 왕이 죽은 후에도 프랑스에 남아 앙브르와즈와 몽틸-레-투르 등지에 수도원을 세웠다. 그는 1519년에 성인품에 올려졌다.

프랑소아 비용 François Villon(1431~1463) : 프랑스의 시인. 원래는 프랑소아 드 몽코르비에 또는 데 로쥬인데, 스승이자 양아버지 기욤 드 비용

의 성을 받아 프랑소아 비용이라고 하게 되었다. 학사학위를 받고 문학사
가 되었으나 매우 방탕하고 떠도는 삶을 살았다. 관능적인 열망과 파고
드는 듯한 페시미즘이 깊은 종교적 신앙심과 뒤섞여 **복합적이고 감동적**
인 톤의 사실주의를 이루고 있다. 『소유언집 *Le Petit Testament*』(원
제는 『르 레 *le Lais*』 1456)과 『대유언집 *Le Grand Testament*』(1462)
이 있다.

프로아사르 Jean Froissart(1337~1400) : 프랑스의 연대기 작가·시인·로
망 작가. 1370~1400에 걸쳐 영국·스코틀랜드·아키텐·이탈리아 등지
를 두루 돌아다닌 결과 『연대기 *Chroniques*』네 권을 쓸 수 있었다.

프쇠도-드니 아레오파지트 le Pseudo-Denis l'Aréopagite(5~6c.) : 확인되
지 않은 작가. 4개의 신학적 논문과 11개의 서한이 있고, 그는 작품을
드니 라레오파지트 Denys l'Aréopagite 라는 이름으로 오는 겁봉에 넣
어서 냈다. 이 진위를 알 수 없는 저작물들은 네오플라토니즘의 성격을
띠는데 그것을 기독교의 신학과 일치시키려 시도하고 있다. 프쇠도-드
니의 작품들은 고선적 스콜라 철학에 영향을 미치게 된다.

피에르 다이이 Pierre d'Ailly(1350~1420) : 서구 교권 대분열에 종지부를 찍
고자 노력한 신학자로 콘스탄스 종교회의 때 중요한 역할을 하였다. 파
리에서 유행하던 유명론자적 사상에 합께하면서, 논리학자들과 법학자
들의 적이었고 창조주의 전능성을 제한하는 신학자들에 맞섰다. 파리 대
학 학장, 퓨이 주교, 캉브레 주교, 추기경을 지낸 그는 수많은 저서를
남겼다.

피에르 살몽 Pierre Salmon, le Fruictier 라고도 함 : 15세기초의 프랑스
의 연대기 작가. 샤틀르 Ⅵ의 비서로 교권 분열 때 아비뇽과 로마와 피
사에 외교관으로 보내졌다. 부르고뉴인들 속에서 보내면서 프로아사르
의 연대기들의 보충 부록들을 기록하였다.

피에르 브뤼겔 Pierre Breughel(1525~1569) : 플랑드르의 화가. 제롬 보슈
의 영향을 받았다. 1552~1553 이탈리아 여행 후 앙베르로 돌아와 이에
로니무스 코크의 조각가들을 위해 데생화가로 일했다. 1563년 브뤼셀에
정착, 그의 그림들은 1557~1568에 일정한 간격으로 늘어져 있다. 초기
작품들은 보슈의 환상적인 작품들과 비슷하나 다른 것들은 민속과 플랑
드르의 속담, 시골 생활 등에서 영감을 얻고 있다. 그의 「달」과 「계절」
의 일련의 걸작들은 거대하고 깊은 파노라마의 환기 속에 거대하고 세부
적인 것에 있어서 정확한 풍경화가로서의 재능을 보여준다. 이 재능은

존재의 비극성에 대한 매우 씁쓸한 감정과 결합되어 있다.

피에르 콜 Pierre Col : 노트르담의 참사원으로 1402년 크리스틴 드 피장과 제르송에 대항하여 『로망 드 라 로즈』논쟁에 참가했다. 그는 쟝 드 몽트뢰이으와 의견을 같이했다.

필립 드 메지에르 Philippe de Mézières(1327~1405) : 프랑스의 작가. 시프르의 왕 피에르 I 의 상서(尙書)로 있다가, 그가 암살된 후로는 샤를르 V의 고문관과 왕태자의 가정교사가 되었다. 그는 일생을 십자군과 예루살렘에 라틴 왕국을 재건하려는 생각으로 보냈다. 주요 작품은『노순레자의 꿈 *le Songe du vieil pélerin*』(1389)과 『비극적인 성극 *l'Oratorio tragedica*』(1390), 『비통한 편지 *l'Epitre lamentable*』(1396)(니코폴리스의 참사에 관하여) 등이 있다.

필립 드 비트리 Philippe de Vitry(1291~1391) : 프랑스의 음악 이론가요 작곡가. 발로아 가의 필립VI와 쟝 II 르 봉의 궁정에서 중요한 역할을 하였다. 프랑스 인문주의의 선구라 할 수 있으며 새로운 예술의 구축에 중대한 영향을 미쳤다. 『음악에 관하여 *Liber musicalium*』『대위법 *Ars contrapuncti*』『새로운 음악기법 *Ars nova musicae*』등이 있다.

필립 르 봉 Philippe le Bon(1396~1467) : 부르고뉴 공작(1419~1467). 아버지 쟝 상 푀르의 암살을 복수하기 위해 영국과 연합, 프랑스 왕태자 샤를르 VII의 상속권을 폐적(廢嫡)한 트로아 협정에 참가한다. 프랑스와의 싸움 후 아라스 협정으로 화해한 그는 라 솜므 지방의 여러 도시들과 플랑드르에 대한 영유권(領有權)을 얻어낸다(1435). 부르고뉴·프랑슈-콩테·플랑드르·아르토아·벨기에 등지를 다스렸던 그는 유럽에서 가장 강한 제후였고, 자치 도시들의 제거와 삼부회·재판소·최고 평의회 등의 창설로 좋은 통치력을 보였다. 학술·문예의 옹호자였던 그는 예술가들을 보호했고 황금양털 기사단을 만들기도 했다.

필립 르 아르디 Philippe le Hardi(1342~1404) : 부르고뉴의 공작(1363~1404). 프랑스왕 쟝 II 의 아들. 프와티에에서의 용감한 행적으로 '르 아르디 le Hardi'(용맹한)란 별명을 얻었다. 그리고 그는 부르고뉴 공작령의 영유권을 얻었으며 부르고뉴의 제2 카페가의 기초를 세웠다. 마르그리트 드 말과 결혼, 그는 플랑드르의 영유권을 갖게 되었고, 투르네 협정으로 강 시민들의 반란에 종지부를 찍었다. 프랑스의 형 샤를르V가 죽자 그는 샤를르VI의 섭정 중 하나가 되며, 1388년 밀려났다가, 1392년 다시 정치 일선으로 돌아와 루이 도를레앙과 맞서 권력다툼을 벌였다. 그는 조각가 클라우스 슬루터의 보호자였고, 쟝 상 쾨르의 아버지이다.

하피즈 Hafiz(1325~1390) : 페르시아의 시인으로 이란에서 라잘 *rhazal*의 대가였다. 그는 아랍의 신학·문학·언어를 공부하고 쉬라즈 Chirāz의 두 모자파리데스 Mozaffarides 왕자들의 보호를 받았으며 코란 주석 선생이 되기도 하였다. 그의 『디완 *diwān*』은 시집으로 대부분 라잘로이루어져 있다. 그는 서정적인 전통의 모든 이미지들을 천재적인 단순함 속에 구사하여 동방에서 크게 영향을 미쳤고 괴테 덕분에 서구에도 그 영향이 확산되었다.

홀바인 Hans Holbein(1477~98~1543) : 독일의 화가며 조각가. 가장 위대한 초상화가 중의 한 사람. 그는 표면적인 외모 밑에 얼굴의 깊은 의미를 찾으려는 인문주의적 추구를 더할줄 아는 위대한 화가였다. 발르를 중심으로 이탈리아·프랑스 등지를 다녔고, 발르 박물관에는 그의 작품의 대부분이 소장되어 있다. 그뤼네발트의 사실주의를 이어받아, 그의 양식은 그 시대 르네상스의 새로운 개념들에 길을 열었다.

후스 Jean Huss(1371~1415) : 체코의 종교개혁자며 작가·설교가, 프라하대학 총장. 영국의 개혁자 위클리프의 교리의 영향으로 성직 매매와 계급의 폐습에 반대하여 싸웠다. 1411년 첫 파문을 당한 그는 반교황 쟝XXⅢ의 반대편에 가담하고, 1412년 다시 파문을 당한 그는 코지 헤라덱으로 물러난다. 거기서 그는 교리를 계속 주장하고, 그의 교리는 헝가리와 폴란드에 확산된다. 콘스탄스 종교회의에 소환된 그는 거기서 이단으로 처단되어 사형에 처해진다. 그의 순교는 후스파의 전쟁을 발발시켰다. 『그리스도의 피에 관하여 *De Sanguine Christi*』(1405), 『교회론 *De Ecclesia*』(1413), 『오류의 성 *De Sex Srroribus*』(1413) 등의 저서가 있다. 그러나 읽혀지고 이해받고 설득하려는 바람에서 그는 『포스틸라 *Postilla*』(1413), 『하나님 우리 아버지의 10계명과 신앙 해설』(1412) 『기독교 교리의 본질』(1414) 등의 체코어로 된 책들을 썼다.

후안 마누엘 Juan Manuel(1282~1348) : 후안 마누엘은 14세기 스페인의 작가로 알폰소 X의 조카이다. 산문의 미학적 효과에 관심을 기울여 어휘를 엄선하고, 계층이나 계급을 중시, 기독교의 도덕적 교리와 중세의 전통적 개념을 교시하였다. 대표작 『루카노르 *Conde Lucanor*』는 동양의 우화나 중세의 전설 혹은 연대기를 바탕으로 하므로 독창성은 없으나, 초기 기사도 소설이라는 데 중요한 의미를 갖는다.

작품・용어 풀이

Amadis de Gaule : 스페인의 유명한 기사도 소설. 원텍스트는 14세기초로 거슬러 올라가서, 1508년에 몽탈보에 의해 개편 발간되었다. 내용은 기사 아마디스와 오리안느간의 사랑, 그의 고행, 짐승들과의 싸움, 요정 우르간다의 출현과 그녀의 보호 등을 이야기하고 있다. 아마디스는 모든 기사도 소설의 무한정한 모방의 본이 되었으며, 돈키호테는 거기서 영감을 받아 모델로서 그 주인공을 취했다. 그처럼 아마디스는 전유럽에 퍼져서 시와 극작품・소설의 에피소드들의 마를 줄 모르는 광맥이 되었다.

A viz 회 : 포르투갈의 기사단. 무어인들을 물리치기 위해 1145년 알퐁스 I세에 의해 세워졌다. 아비 왕조는 1385~1580년에 통치한 포르투갈의 두번째 왕조의 이름.

Blason, le Blason des couleurs : 15세기 프랑스에서 생겨난 문학 장르. G. 알렉시스의 『거짓 사랑의 블라종 *Blason de fausses amours*』(1486)에 의해 예고되었고, 16세기에는 매우 풍부하게 다루어졌다. 전쟁・부인 등의 동일한 테마를 찬사로건 풍자로건 특수 국면들 하에 노래하며, 특히 여성의 신체의 각 부위들을 노래한 것들이 유명하다. 이 장르는 1535~1550년대에 가장 절정에 달했다.

Cent nouvelles nouvelles : (백가지 새로운 이야기책)여러 사람에 의해 쓰어진 단편 모음집으로 1455년에 발간되었다. 주 저자(혹은 단독 저자)는 앙토안 드 라 살르로, 작품 구성상 여러 화자들이 돌아가면서 이야기하는 것으로 되어 있다는 점에서 복카치오의 『데카메론』을 연상시키는 점이 있다.

Chanson de geste(무훈시) : 11세기초, 십자군의 열렬한 활동 속에서 성직자들과 속인들이 수도원에 보존되어 있던 전설을 이용하여 꾸민 무훈 서사시이다. 『롤랑의 노래 *Chanson de Roland*』는 그 대표작이다. 주로

492

11세기 말에서 13세기 말에 걸쳐 씌어졌으며, 다소 모호한 역사적 근거 위에 샤를르마뉴 대제 시대와 그 아들 루이 시대의 영웅들의 전설적인 무훈을 테마로 하고 있다.

Constance 종교회의 : (1414. 11. 5~1418. 4. 22) 서구 교권 분열로 교황이 그 레고리 XII, 브느와 XIII, 장 XXIII 셋으로 나뉘어 있을 때, 장 XXIII 가 교계와 황제 시지스몽드의 압력에 굴복하여 자치 도시 콘스탄스에서 종교회의를 소집했다(1413. 12. 9). 모임에는 세 가지 임무, 곧 교권 분열을 종식시키고, 위클리프와 후스파 이단의 뿌리를 뽑는 일이 부과되었다. 종교회의는 피에르 다이이와 장 제르송에 의해 주도되었고, 장 XXIII 에게 양위를 요구, 결국 별 저항 없이 양위를 받아냈다. 다음으로는 그레고리 XII 가 양위, 추기경으로 내려앉았다(1415. 7. 4). 하지만 브느와 XIII 만은 고집을 부려 결국 교황권을 박탈당하고 축출되는 사태를 빚었다 (1417. 7. 26). 이 같은 결정의 합법화를 위해, 종교회의는 종교회의가 교황들보다 우세하다는 선언을 하게 된다. 또 위클리프의 교리는 금지되고 장 후스는 종교회의에 소환되어 처난되었나. 마침내 위원회(추기경들과 30인의 고위성직자들로 이루어진)는 추기경 콜로나를 마르탱 V 교황으로 추대하였다(1417. 11. 11). 차후로는 교권 분열이 있을 경우 종교회의가 소집 없이도 모이도록 결정되었고, 또 주교 선출은 외부의 압력에 의해 얻어지지 않도록 결정되었다. 교황의 권위가 엄격히 제한되었고 종교회의의 모임이 정규적으로 예견되게 되었다. 새로운 교황은 이 마지막 결정들을 인정하기를 거부하였다.

Convivio : 이탈리아의 시인 단테의 1307년 작품. 철학서로 예지(지식과 이성)의 개념에 대해 진술하였다. 그는 거기서 도덕적 선은 인간의 모든 활동의 궁극적인 목표라는 생각을 펼치고 있다.

Devotio moderna : 14세기 말 네덜란드에서 일어난 금욕적이고 신비적인 신앙 운동. 메방테의 공동체 생활 형제 자매단에서 꽃피었고 제에르트 그루트에 의해 모여졌으며, 그가 죽은 뒤에는 윈데샤임에서 자리를 잡았다. 특히 그리스도의 수난과 성육신에 대한 명상과, 영혼이 신께로 고양되는 것을 돕는 기도, 그리고 금언 형태하의 교훈들을 특성으로, 재질 있는 많은 작가들의 지지를 얻었다. 장 보스 드 외스뎅 Jean Vos de Heusden, 플로렌스 라드빈스 Florens Radewijns, 토마스 아 켐피스 Thomas à Kempis 등. 가장 주요 저서로는 토마스 아 켐피스의 것으로 여겨지는 『예수 그리스도를 본받아』가 있다.

Farce : 중세의 극장르로 희극적인 것이다. 지금까지 보존된 것 가운데 톤 과 언어, 방식의 다양성, 희극적인 삽입 등으로 가장 우스운 소극들로 는, 『빨래대야의 소극 *farce du cuvier*』; 『생선 파이와 과일 파이의 소극 *farce du Pâté et de la Tarte*』; 『가련한 쥬앙의 소극 『*farce du Pauvre Jouhan*』; 『세 불한당의 소극 *farce des Trois Coquins*』; 『새들의 소극 *farce des oiseaux*』 등이 있다.

Fabliau : 파블리오. 웃기기 위해 운문으로 쓴 짧은 중세의 콩트. 문체는 매 우 다양하며 톤은 유머러스하고 거칠다. 인물들은 대체로 탐욕스러운 사제들과 속은 남편, 불충실한 부인 등이며 의심스러운 풍속들을 비웃 고 있다. 대부분의 파블리오는 13세기에 속하나 어떤 것들은 12세기 말이나 14세기 초기에 속하는 것도 있다. 지금까지 남아있는 것은 약 150편이며, 『콩피에뉴의 세 소경 *Les Trois Aveugles de Compiègne*』 (코르트바르브); 『말르 옹트 *Male Honte*』(위옹 드 캉브레); 『아리스토 텔레스의 레 *Le Lai d'Aristote*』(앙리 도들리) 등이 그 대표적인 것 들이다.

Hospitaliers de Saint-Jean-de-Jérusalem : 자선 수도회. 1113년 팔레스타 인을 방문하는 순례자들을 보호하기 위해 제라르 탕크 Gérard Tenque 에 의해 세워진 기사단이다. 이들은 1140년에야 무장 기사단이 되었으 나, 그 자선적 성격은 잃지 않았다. 성지를 잃은 후에는 (1211년 생- 쟝-다크르 점령) 시프르에 주둔했고, 그 후 로드 섬을 정복하여(1309) 가끔은 로드 기사단이라고 불리기도 했다. 1530년 샤를르 캥이 그들에 게 새 거주지로 말타 섬을 양도한 이후로, 이 기사단은 나폴레옹에 의 해 그 섬이 장악되기까지(1798) 그 섬에 주둔하였다. 지금은 로마에 위 치하나 명예만 남았을 뿐이다.

Lai : 중세의 프랑스 문학 장르. 매우 짧은 이야기로 12세기말부터는 로망 이나 파블리오와 혼동된다. 1170~1180년경 마리 드 프랑스에 의해 만 들어졌고 그후 100년간 그녀의 영향하에 발전하였다.

Livre de Cent ballades : 14세기의 프랑스의 시 모음집. 동방에 포로로 잡 혀서 무료한 시간을 사랑 논쟁 *casuistique amoureuse*으로 보낸 4명 의 영주들에 의해 아비뇽에서 이루어진 논쟁의 결과이다. 텍스트에서 찾아볼 수 있는 이상은 궁정적 사랑 *courtoisie*의 이상이다.

Les Lunettes des Princes(제후들의 안경) : 시인 쟝 메쉬노(1420~1491)의 작품. 인간의 일반적인 비참상에 대한 고찰 후에 자기에게 잘해 주었던

제후들의 죽음에 대한 애도, 그리고는 자신의 불행담을 늘어놓고 그 다음
에 꿈의 형태하에 그에게 이성 Raison 을 보내준 신께 기도를 올린다. 이
성 Raison 은 장에게 『양심 Conscience』이란 제목의 작은 책을 갖다주
고 그 의미를 밝히도록 안경을 갖다준다. 안경의 한쪽 알엔 '신중 Pru-
dence', 다른 한쪽 알엔 '정의 Justice'가 씌어 있고, 그것들을 고정시키
고 있는 상아는 "힘 Force"라 이름하며, 그것들을 묶는 철은 '절제 Tem-
pérance'라 이름한다. 시인은 꿈에서 깨어나고, 그러자 이성 Raison
은 사라지나 책과 안경은 남는다. '양심 conscience'을 살찌운 아름다
운 생각들은 차후 메쉬노에게 삶의 규칙들을 부과할 것이다. 작품의 운
율은 매우 특기할 만한데 7행시 8음절 septain octosyllabique 로부터
7행과 3운각이 교대로 된 서창부 récitatif 까지 있고, 그 외에도 10행
-4운각과 8행-3운각 등도 있다. 다양하고 풍부한 운과 다양한 리듬이
특징이다.

Mahābārata : 마하바라타. 9권 120,000행으로 된 인도의 대 서사이야기.
베다 시대(B.C. 1000)로 기슬리 올라가는 고대의 집난적 삭품으로 A.D.
6세기까지 계속되었다. 영웅적이고 서정적인 방식으로 파벌에 따라 왕
의 원한의 과녁이 된 5형제들의 모험과 잇따른 인도-유럽족간의 싸움을
노래하고 있다. 이 거대한 시는 사실상 인도-유럽족이 인도-갠지즈 분지
로 쳐들어와 자리잡는 것에 관한 서사시이며 고대 인도-유럽족의 신성하
고 세속적인 지식의 백과전서의 일종이다.

Mariken de Nieumeghen : 네덜란드의 성모 기적극의 하나. 산문으로 된
부분과 운문으로 된 부분이 있고, 그 극적 가치와 심리적 특성과 사실
주의는 중세 네덜란드 문학의 최고 걸작을 이룬다(1485~1510).

Méliador(1365~1370) : 14세기의 프랑스의 시인 장 프로아사르의 작품으로
약 3,000행으로 이루어진 장시이다.

l'ordre de la Jarretière(The Most Noble Order of the Garter) : 가터
기사단. 1346~1348년 사이에 영국의 에드워드 Ⅲ에 의해 세워진 기사
단. 전설에 의하면 살리스버리 백작 부인(에드워드 Ⅲ의 애인)이 궁정무
도회에서 양말대님을 떨어뜨렸고 왕이 그것을 재빨리 주워 백작 부인에
게 주었다. 궁정인들의 조롱 앞에 왕은 "사념을 품는 자에겐 화있을진
저 *Honni soit qui mal y pense*"라고 하였고 이는 그 기사단의 명구
가 되었다고 한다. 왕은 이 기사단원들에게 푸른색 휘장을 달게 하였
고 오만한 궁정인들은 즐겨 그것을 달고 다녔다. 왕을 총재로 하여 영

국 황태자 이외에도 가장 지위가 높은 귀족 중에서 엄선된 24명의 귀족들이 포함되어 있었고 더러는 외국인들에게도 기회가 주어졌다.

Orlando innamorato『사랑에 빠진 오를란도』: 보이야르도의 1467년 작품. 오를란도와 앙젤리카, 로저와 브라다망트 간의 사랑을 이야기하고 있다. 거기에는 샤를르마뉴가 그라다소와 아그라망에 대해 펼친 전쟁이야기도 아울러 하고 있어, 브르타뉴 시클과 카롤링거 시클, 사랑의 정감과 무사적 영웅주의를 능숙하게 용해시키고 있다. 보이야르도는 이 전통적 테마에 고대 및 근대의 문학작품에서 끌어온 많은 것들을 삽입시키고, 또 이 모든 요소를 강력한 상상력과 현란한 장광설로 다룸으로써 매우 독창적인 작품을 만들고 있다.

Perceforest : 1340년경에 씌어진 산문으로 된 프랑스의 장편 로망. 아더왕 이야기군의 마지막 증거 중의 하나이다. 그것은 기사도적 세계의 이상주의를 부각시키면서 아더왕 시대 이전에 영국에서 일어났을 사건들을 이야기하고 있다.

Philoctete :『필록테트』소포클레스의 비극(B. C 409). 필록테테스는 병에 걸려 그리스인들에 의해 무인도에 버려진다. 그러나 그리스인들은 신탁에 의해 트로이 함락은 아킬레스의 아들 네옵토렘과 필록테테스의 협력에 의해서만 가능하다는 것을 알게 된다. 필록테테스는 헤라클레스의 무적의 활을 가지고 있다. 율리우스를 동행한 네옵토렘은 그 성에 가서 상처입은 영혼의 신뢰를 끌어낸다. 극 작품은 그리스인들의 승리라는 문제와 목적에 도달하기 위한 수단의 문제 곧 활을 갖기 위해 필록테테스를 속이는 일의 문제를 제기한다. 정치적인 법과 윤리적인 법 사이의 갈등에, 그를 믿은 영웅을 속였다는 수치심에 피로와하는 네옵토렘의 양심의 논쟁이 덧붙여진다. 헤라클레스의 개입으로, 즉 헤라클레스가 필록테테스에게 그리스인들을 따르라고 명령함으로써 작품은 결말을 맺는다.

Pyrame et Thisbé :『피람과 티스베』12세기 후반에 쓰여진 900행의 서술체의 시. 주제는 오비디우스의 『변신 *Métamorphoses*』에서 따왔고 비슷한 아류들을 많이 낳았다. 내용은 바빌론의 두 어린 소년 소녀가 서로 사랑하고 헤어지고 다시 찾고 만나는 이야기다.

Le Quadriloge invectif : 알랭 샤르티에의 1422년도 작품. 민중·기사·성직자·프랑스를 대표하는 네 명의 인물이 등장, 작가 자신의 꿈을 대변한다. 프랑스는 많은 고통을 겪고 있으며 그의 권위를 무시하는 일은 모두에게 불행을 초래한다고 말한다. 민중은 고통을 겪고 반항하나

조국 때문에 헌신한다고 답변한다. 그는 다른 사람들을 위해 일하는 나귀와도 같고 따라서 그가 압정에 반항하는 것은 당연하다. 이에 다른 사람들이 격렬히 반대하고 특히 세속적 특권 계급인 귀족 계급의 반대가 완강하다. 프랑스는 서로 대립하는 이들을 화해시키고 조화시킨다. 백년 전쟁 말기에 프랑스 정국에 대한 역사적 자료의 가치를 지닌 이 작품은 르네상스와 더불어 개화하게 될 문학적 형식 운동을 집적하고, 이 작품 때문에 그는 '프랑스 웅변의 아버지'로 여겨진다.

Quinze joies de Mariage『결혼의 15가지 즐거움』: 산문으로 된 프랑스의 교훈적 콩트. 15세기 중엽의 것으로 작자 미상이다. 매우 반어적이고 반 여권적인 작품이다.

Roman courtois : 궁정적 로망. 12세기 중반에 유행한 프랑스의 서사체 쟝르로 8음절 운문으로 쎄어졌고 길이는 8,000~30,000행 정도이다. 기사도 무훈과 사랑의 모험이 뒤섞인 이 궁정적 로망은 전승에 따라 고대 로망 *roman antique*, 브르타뉴계 로망 *roman breton* 으로 나뉜다. 무훈시와는 달리 작자가 알려져 있는 이 궁정적 로망은 섬세한 궁정의 삶을 반영하며 사랑의 이상적인 고결한 개념을 표현한다.

Roman de la Rose『장미 로망』: 13세기에 쎄어진 프랑스의 상징적인 시. 1230년경에 기욤 드 로리스 Guillaume de Lorris에 의해 쎄어진 것 (4058행)과 1275~1280년경에 쟝 드 묑 Jean de Meung에 의해 쎄어진 부분(17722행), 두 부분으로 이루어져 있다.

Sirventès : 랑그 독 Langue d'oc 지방의 중세 시 형태로 불어권의 시르방 토아 *sirventois*에 맞먹는다. 샹송에 가깝고 사랑을 제외한 모든 테마들을 다루며, 일반적으로 개인적 특수성들로 유명해진 공통된 모랄을 다루며 가끔은 정치적 풍자도 있다. 이 쟝르는 특히 베르트랑 드 보른 Bertran de Born에 의해 다루어졌다.

la Sottie : 소티. 14~15세기에 유명한 희극 쟝르. 중세에는 광대 *sots* 라고 불리우는 일군의 인물들이 있어 이 극을 연기했다. 보슈 극단 les Compagnons de la Basoche과 근심 없는 아이들 les Enfants sans souci 등 전문화된 극단들에 의해 설명된다. 소티의 전형은 『죄 드 라 푀이예 *le jeu de la feuillée*』로, 거기서는 소티가 다른 극형태들과 섞여 있고 우의적인 윤리성을 주고 있다. 소티의 희극적인 힘은 무례한 언행 심지어는 음탕한 언어 행위에 근거하며, 이 같은 말의 광기, 말의 도착은 정치적으로나 풍습의 풍자로 되게 마련이었다.

Temple 기사단 : 1119년 위그 드 팽과 고드프로아 드 생타무르에 의해 세워진 기사단. 성지 순례를 보호하기 위해 세워졌다. 성 베르나르가 기안한 규칙을 지키고, 여러 지방과 요새들을 소유하고, 순례자들에게 은행 역할을 하였으며, 후에는 왕의 재정을 대는 역할을 하였다. 하지만 성지를 잃은 후엔 유럽의 영지로 물러나 수많은 반대자들의 비난의 과녁이 되었고, 1307년부터는 노가레와 필립 Ⅳ 르 벨에 의해 핍박을 받았다. 바포메 *Baphomet* 라는 우상 숭배죄와 소도미 *Sodomie* 등의 사실 같지 않는 죄목으로 기소되어 결국 사형 선고를 받은 템플 기사단원들은 재산 몰수와 함께 폐지되는 운명을 겪었다.

Trente 종교회의 : 1545~1549;1551~1552;1562~1563 세 차례에 걸쳐 트렌트에서 열린 종교회의.

Virelai : 비를레. 중세의 시 형태. 각 절이 9행으로 되어 있으며 짧은 2개의 행과 더 짧은 1개의 행이 교대로, 운은 aab, aab, aab 로 배열된다. 두번째 절은 bba, bba, bba 로 행의 길이에 있어 운의 배열을 전도시켜 놓았다.

Vita nuova : 『신생』. 단테의 작품. 1292~1293년 사이에 쓰어졌고 1576년 플로렌스에서 처음 출간되었다. 9세 때 만난 베아트리체의 이미지를 중심으로 사적인 삶이 이야기되고 있다. 그녀의 화려한 아름다움과 정신성은 그에게 사랑과 갈망을 일깨우고, 비로소 그에게는 새로운 삶이 시작된다.

Vœu : 신에게 바쳐지는 서정적 혹은 풍자적인 시 장르.

역 자 후 기

2년 반에 걸친 작업이 끝났다. 처음 김현 선생님의 권고로 번역을 시작할 때는 이 책이 주는 매력도, 저자의 깊은 의도도 충분히 알지 못한 채 서투른 글바꾸기에 급급했었다. 르네상스라고 하는 빛나는 시대에만 관심이 있었던 나는 쇠퇴하는 것, 스러져가는 것에 대해서는 그다지 알려고 하지 않았다. 새로운 것, 피어나는 것, 아름답고 힘에 넘치는 것만이 온통 내 마음을 사로잡고 있었기 때문이다. 그러나 수백 페이지에 걸친 대작을 조금씩 음미해 나가면서 ──왜냐하면 번역이라고 하는 작업이 단숨에 이루어질 수는 없는 것이므로── 또 우리 말로 표현할 수 있는 최적의 단어와 어조를 골라 나가면서, 어느덧 나는 호이징가 교수의 그 깊은 눈길에 마주치게 되었다. 삶을 응시하고──물론 그 삶은 역사학자가 보는 삶이므로 집단적이고 총체적이지만── 삶을 이해하는 저자의 눈길 앞에서 얼마나 깊은 감동에 사로잡혔던가.

「삶의 쓰라림」이라는 첫 장(章)의 제목으로 시작하는 『중세의 가을』은 "세계가 지금보다 5세기쯤 더 젊었을 때"라는 문장과 더불어 마치 한 개인의 삶과 내면의 여정처럼 전개된다. 어리고 그래서 서투른 세기, "어린 아이의 정신" 속에서처럼 "즐거움과 고통과 모든 경험이 즉각적이고도 절대적인 강도를 띠는" 세기, 이 세기를 바라보는 대사학자의 눈길은 조용한 용납과 깊은 이해를 동반한다. 흔히 한 문명의 말기를 이야기할 때 붙기 쉬운 '노쇠'나 '퇴락'이니 하는 비난의 말보다는 모든 것을 이해하고 용서하는 듯한 지극한 위로 같은 것이 있다. "재난과 궁핍과 질병과 유난히도 혹독한 겨울

외 추위와 어둠"에 대하여 대사학자는 조용히 들려준다. 14, 5세기는 인류 역사라는 여정 속에서 결코 돋보이거나 빼어난 세기가 아니다. 게다가 그 세기는 한 문명의 종지부, 좋았건 나빴건 나름대로의 양식과 이상을 갖고 꽃피었던 중세라는 문명이 사라져가는 조락기이다. 거기엔 증오와 폭력이 난무했고, 가난과 죽음이 있었고, "악마가 그 어두운 날개로 지면을 암흑으로 뒤덮고 있는 것" 같은 전반적인 쇠퇴의 시기였다. 그러나 인간의 비참상이 야기시킨 깊은 절망 속을 살아가는 사람들의 그 순진한 바람과 열망들은 그만큼 또 얼마나 진실한가.

비참하고 가난할수록 부유하고 호화로운 것은 얼마나 끊을 수 없는 매력이 되는가. 노쇠와 죽음에의 강박관념은 건강하고 아름다운 삶을 얼마나 더욱 그리워하게 하는가. "보다 아름다운 삶에의 열망," 그것은 어쩌면 모든 사람이, 살아 있으면서도 살아 있다는 그 사실 자체 속에 이미 죽음을 안고 있는 우리네 인생 전체가 안고 있는 영속적인 숙제가 아닌가. 호이징가 교수는 역사의 한 접힌 부분과도 같은 14, 5세기를 이렇게 제시한다. 사실은 비속하기 그지없고 거칠기 그지없는 일상 생활과 감정 생활 속에서, 사람들은 꿈꾸는 이상주의와 영웅주의와 사랑의 꿈을 온 존재로 끌어안는다. 성대한 입성식들과 기마 시합들, 기사서임시의 엄숙한 맹세와 양식화된 사랑의 표현들, 그리고 무엇보다도 경탄을 자아내는 종교적 신비주의와 금욕적 경건주의에 대한 경탄. 그러나 사실은 그 모든 것들이 고딕식 첨탑들의 그 아스라한 비상의 몸짓처럼 현실 속에서 손에 잡히지 않은 이상과 꿈을 향한 지난한 몸짓이다. 게다가 그것들은 서툴고 조잡한 이 세기 사람들에게서는 현실을 이상화하기보다는 이상을 구상적인 색채와 형상 속에 가두는 형식주의로 화하기가 일쑤다. 반짝거리는 은종들을 수없이 꿰매 입는 순진한 과시욕과 말총으로 짠 거친 고행옷과 금욕에의 격렬한 집착, 어쩔 할 수 없는 육욕과 현세적 즐거움들에의 몰입과 그에 대한 자책, 눈앞에 널려 있는 질병과 가난과 죽음 앞에서의 꿈으로의 도피, 이 모든 것이 격한 대조와 갈등 속에 어둡고 불안한 기운을 드리우지만, 그 기운 위로 14, 5세기는 다른 어느 세기도 흉내낼 수 없는 오롯한 진실의 꽃을 피운다. 그리고 사실 르네상스라는 새로운 문명도 이 같은 맥락 속에서 큰 단절없이 이해할 수 있는 것이다.

2년여의 세월이 지나는 동안, 홀로 수백 페이지의 글을 번역해 내야 하는 어려움으로 힘겨워하긴 했지만, 한 문장 한 문장을 대할 때마다 본질을 꿰뚫는 대사학자의 힘 앞에 나는 가슴벅차 했었다. 그리고 아직 미숙하고 모든 점에서 부족한 내게 이 책의 번역을 권 유해주시고 오래 참고 격려해주신 김현 선생님께 무한히 감사드린 다. 선생님께서는 내게 여러 가지 조언을 주셨을 뿐만 아니라 바쁘 신 중에도 많은 양의 원고를 친히 읽고 점검해주시기까지 하셨다. 이제 이 책을 내면서 바라는 작은 소망이 있다면, 중세에 대해 관 심이 있으신 분들과 특히 호이징가 교수의 저서에 관심이 있는 분 들에게 미력하게나마 도움이 되었으면 하는 것이다. 한가지 아쉬운 것은 이 책을 번역함에 있어서 호이징가 교수의 원본인 네덜란드어 판을 직접 옮기지 못하고 불역판과 영역판을 사용한 점이다. 그 점 에서 많은 어려움이 있었지만, 그러나 이 책을 기다리고 있는 많은 사람들이 이 책이 속히 우리말로 번역되어 나오기를 기다리고, 또 이 책의 많은 부분과 원전이 불어로 씌어진 시와 연대기들이라는 점에서 어느 정도 위안이 된다고 하겠다. 번역에 있어서 이와 같은 아쉬움은 앞으로 이 분야를 전공하는 분들과 특별히 네덜란드어를 전공하시는 분들의 관심을 통해 보충되었으면 한다. 끝으로 이 책 을 낼 수 있도록 힘써주신 김병익 선생님과 문학과지성사 여러분들 의 노고에 감사드리며 라틴어 번역에 도움을 주신 언어학과의 신익 성 선생님께 깊은 감사를 드린다. 그리고 마지막까지 인내할 수 있 도록 힘주신 하나님께 모든 영광과 존귀를 돌려드리고 싶다.

1988. 7

최　홍　숙

우리 시대의 고전 1
중세의 가을

초판 1쇄 발행__1988년 7월 30일
초판 7쇄 발행__1995년 5월 15일
재판 1쇄 발행__1997년 5월 20일
재판 12쇄 발행__2014년 10월 10일

지은이__호이징가
옮긴이__최홍숙
펴낸이__주일우
펴낸곳__㈜**문학과지성사**
등록번호__제1993-000098호
주소__121-894 서울 마포구 잔다리로7길 18(서교동 377-20)
전화__02)338-7224
팩스__02)323-4180(편집) 02)338-7221(영업)
전자우편__moonji@moonji.com
홈페이지__www.moonji.com

한국어판 ⓒ 최홍숙

ISBN 89-320-0355-6

* 이 책의 판권은 옮긴이와 ㈜**문학과지성사**에 있습니다.
  양측의 서면 동의 없는 무단 전재 및 복제를 금합니다.